(4)
SR 94/257
Réd. : 9 x

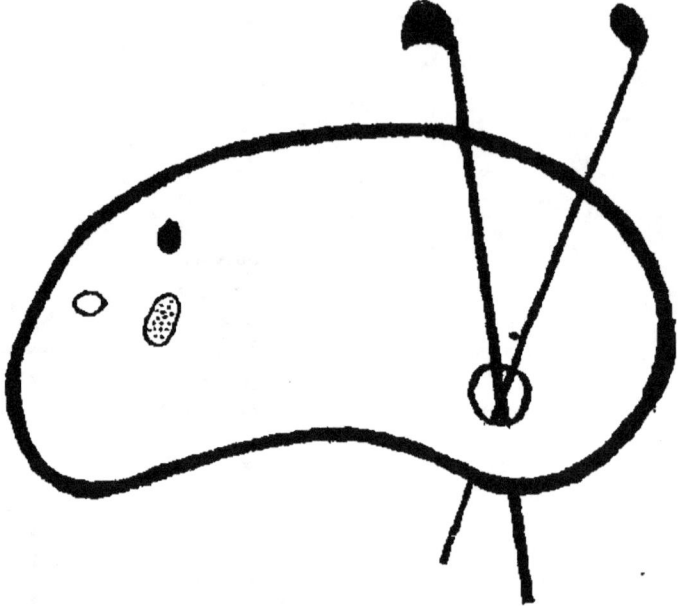

COUVERTURE SUPÉRIEURE ET INFÉRIEURE
EN COULEUR

RECTO ET VERSO

PUBLIÉ SOUS LA DIRECTION
DE LA SECTION HISTORIQUE DE L'ÉTAT-MAJOR DE L'ARMÉE

CORRESPONDANCE INÉDITE

DE

NAPOLÉON IER

CONSERVÉE AUX ARCHIVES DE LA GUERRE

PUBLIÉE PAR

Ernest PICARD
Colonel d'Artillerie breveté

ET

Louis TUETEY
Bibliothécaire-Archiviste adjoint au Ministère de la Guerre

TOME IV. — 1811

PARIS
Henri CHARLES-LAVAUZELLE
Éditeur militaire
10, Rue Danton, Boulevard Saint-Germain, 118
(MÊME MAISON A LIMOGES)

1913

CORRESPONDANCE INÉDITE
DE
NAPOLÉON PREMIER

Tous droits de reproduction, de traduction et d'adaptation réservés pour tous pays.

Copyright by Henri CHARLES-LAVAUZELLE
1913

PUBLIÉ SOUS LA DIRECTION
DE LA SECTION HISTORIQUE DE L'ÉTAT-MAJOR DE L'ARMÉE

CORRESPONDANCE INÉDITE

DE

NAPOLÉON IER

CONSERVÉE AUX ARCHIVES DE LA GUERRE

PUBLIÉE PAR

Ernest PICARD
Colonel d'Artillerie breveté

ET

Louis TUETEY
Bibliothécaire-Archiviste adjoint au Ministère de la Guerre

TOME IV. — 1811

PARIS
Henri CHARLES-LAVAUZELLE
Éditeur militaire
10, Rue Danton, Boulevard Saint-Germain, 118
(MÊME MAISON A LIMOGES)

1913

CORRESPONDANCE
DE
NAPOLÉON PREMIER

4943. — NOTES SUR LES ILES D'HOUAT ET D'HOÉDIC (1).

Le régiment de Belle-Ile doit me donner suffisamment de troupes pour occuper les deux îles.

On pourra envoyer dans chacune un bataillon de 600 hommes.

On travaillerait d'abord aux batteries, ensuite aux ouvrages de campagne, ce qui pourrait mettre la garnison dans le cas de soutenir un siège.

Cela fait, on pourrait travailler à un réduit en maçonnerie.

La marche des idées est telle, il faut la suivre.

On doit trouver au Comité des plans de ces deux îles meilleurs que celui qu'on a présenté.

L'île est-elle montueuse ? Il faudrait que le camp retranché eût la propriété d'avoir une communication avec la mer, qu'il pût battre les points de débarquement et être maître du point où les secours sont plus faciles.

Il faut demander au ministre de la marine un officier qui connaisse parfaitement ces îles, parce qu'il est à craindre que les Anglais ne les occupent, ce qui gênerait le cabotage: d'ailleurs, le régiment de Belle-Ile me donne la facilité de les occuper.

Bertrand me fera un projet avec un plan, après en avoir raisonné avec l'officier de marine.

L'expédition devrait partir de Belle-Ile ou de Lorient. Il faudrait que l'expédition portât tout ce qui serait nécessaire.

---

(1) Non signées. — 1811, sans date de mois.

4944. — AU GÉNÉRAL CLARKE.

2 janvier 1811.

Monsieur le duc de Feltre, faites-moi connaître où en est le régiment que j'ai ordonné qu'on organisât en Illyrie; à quelle époque pourrai-je compter sur ce régiment? Donnez ordre aux deux escadrons du 25ᵉ régiment de chasseurs, qui sont dans le Frioul, de rejoindre leur corps, et aux deux bataillons du 11ᵉ, du 60ᵉ et du 79ᵉ de se rendre à Toulon: de sorte qu'il y aura à Toulon les deux bataillons du 5ᵉ, les deux du 81ᵉ, ceux des 11ᵉ, 60ᵉ et 79ᵉ, en tout dix bataillons.

NAPOLÉON.

4945. — AU GÉNÉRAL CLARKE.

2 janvier 1811.

Monsieur le duc de Feltre, faites-moi connaître ce que c'est que le dépôt de gendarmerie de l'armée d'Espagne qui est à Saint-Denis. Il me semble qu'il y a là 400 hommes, quel parti peut-on en tirer? Pourrait-on former un bataillon de marche d'une compagnie de chacun des 32ᵉ, 58ᵉ, 2ᵉ, 4ᵉ, 12ᵉ et 14ᵉ léger, et un autre composé d'une compagnie de chacun des 34ᵉ, 88ᵉ et 25ᵉ léger?

NAPOLÉON.

4946. — AU GÉNÉRAL CLARKE.

Paris, 2 janvier 1811.

Monsieur le duc de Feltre, présentez-moi un projet pour organiser huit ou dix bataillons de marche, chacun de six compagnies, et chaque compagnie de 120 hommes, des dépôts des régiments qui ont leurs bataillons de guerre en Espagne. Vous réunirez ces bataillons de marche de manière qu'un bataillon soit formé des hommes dont les corps sont dans la Navarre, un autre d'hommes dont les corps sont dans la Biscaye, un autre d'hommes dont les corps sont à l'armée du Midi, un autre d'hommes dont les corps sont en Portugal, ce qui ferait un renfort de 8.000 à 10.000 hommes pour l'armée d'Espagne. Il ne faudrait prendre aucun homme dans les dépôts dont les régiments ne sont pas en Espagne ni en Portugal.

On pourrait également retirer des dépôts de cavalerie dont les régiments sont en Espagne les hommes disponibles pour en faire un certain nombre d'escadrons de marche.

On pourrait former un bataillon du 26ᵉ à 600 hommes, et un de 200 hommes de chacun des 31ᵉ léger, 82ᵉ et du 66ᵉ, ce qui ferait deux bataillons de 1.200 hommes, qu'on enverrait sur-le-champ à Bayonne, pour escorter le trésor qui doit en partir. Il faudrait, à cet effet, disposer de ce que ces régiments ont à l'île d'Aix et à l'île d'Yeu.

Il faudrait faire sortir de Belle-Ile les détachements du 47ᵉ et du 86ᵉ qui s'y trouvent, et former, de deux compagnies de chacun de ces régiments, d'une compagnie du 15ᵉ de ligne et d'une du 70ᵉ, un bataillon de six compagnies ou de 840 hommes. Ce bataillon serait complété de tout ce que ces régiments ont de disponible à leurs dépôts, de ce qu'ils ont à Belle-Ile et d'une partie de ce qui est resté des bataillons expéditionnaires destinés pour l'Ile de France.

Par ce moyen, on pourrait réunir à Bayonne trois bataillons qui feraient près de 3.000 hommes, lesquels pourraient y être rendus avant la fin de janvier, ce qui ferait trois bataillons sur les dix.

NAPOLÉON.

4947. — DÉCISION.

Paris, 2 janvier 1811.

Le général Lacuée demande l'autorisation de disposer d'une somme de 10.000 francs, non employée, pour être répartie, à titre de gratification, entre ceux des employés du ministère de l'administration de la guerre qui ne jouissent que d'un modique traitement et qui ont donné des preuves de zèle et de dévouement.

Accordé.

NAPOLÉON.

4948. — DÉCISIONS (1).

Paris, 2 janvier 1811.

Sa Majesté est priée de faire connaître ses intentions sur la destination à donner aux 18.000 fusils appartenant à des particuliers et déposés dans les magasins d'artillerie en Hollande.

De mauvais fusils ne sont bons à rien, il faut les faire mettre dans une place forte, comme Naarden, afin que la canaille ne puisse en abuser (2).

Proposition de laisser au dépôt à Würzburg l'artillerie qui avait été cédée à l'Empire par le roi de Bavière et dont la propriété est encore en litige entre ce souverain et le grand-duc de Würzburg.

Au moyen de ce dépôt, on pourra retirer de cette place une compagnie d'artillerie française.

Me présenter les pièces de ce procès que je déciderai sans délai.

On propose à Sa Majesté de nommer au commandement du département du Simplon l'adjudant commandant Grundler.

Approuvé.

On propose à Sa Majesté d'accorder un congé de convalescence de quatre mois avec appointements à M. le général de division Rouyer, employé à l'armée de Catalogne, et qui attend à Perpignan la décision de Sa Majesté.

Accordé.

M. le maréchal duc de Tarente demande qu'il soit accordé un congé de trois mois avec appointements à M. l'adjudant commandant Ordonneau, employé à l'armée de Catalogne.

Accordé.

---

(1) Non signées; extraites du « Travail du ministre de la guerre avec S. M. l'Empereur et Roi, daté du 2 janvier 1811 ».

(2) Une autre décision de l'Empereur, non datée mais faisant partie du même travail du 2 janvier 1811, relative à la même question, est ainsi conçue : « Ne pas les acheter, prendre des mesures de police. » Elle est de la main de Maret.

On propose à Sa Majesté d'accorder un congé de six mois au colonel Gallo, employé en qualité de commandant d'armes dans les Iles ioniennes.	L'employer ailleurs.
Le colonel Christophe, du 25ᵉ régiment de chasseurs, en congé, sollicite une convalescence de deux mois pour soigner sa santé.	Accordé.
On prend les ordres de Sa Majesté sur la demande que fait Abdelal, ex-aga des janissaires d'Egypte, jouissant à Marseille d'un secours comme réfugié, de se rendre à Paris pour s'y occuper pendant quelque temps de l'éducation de sa famille.	Accordé.
On met sous les yeux de Sa Majesté la demande que fait le sieur Auguste de Choiseul, major au 2ᵉ régiment de chasseurs espagnols, d'être autorisé à rester au service de Sa Majesté Catholique.	Accordé.
On propose à Sa Majesté d'accorder le traitement de sous-lieutenant prisonnier de guerre aux religieux espagnols détenus à Montmédy comme soldats.	Refusé.
D'après les renseignements favorables transmis par le général César Berthier, on propose à Sa Majesté d'approuver le renvoi dans leurs foyers ou l'admission au service de France de quatre officiers valaisans faits prisonniers en Espagne.	Approuvé.
On informe Sa Majesté que M. le comte de Laforest et M. le maréchal duc de Castiglione ont rendu de bons témoignages en faveur d'un ancien capitaine espagnol prisonnier de guerre, qui désire	Accordé.

retourner à Madrid. Sa mère était Française et son frère sert Sa Majesté Catholique comme lieutenant-colonel.

Le général Collaert, ex-colonel général des gardes du roi de Hollande, qui jouit d'une solde de retraite, demande à être remis en activité et employé à l'avant-garde d'une armée.

L'envoyer en Illyrie.

4949. — DÉCISION.

Paris, 2 janvier 1811.

L'Empereur ayant prescrit de réunir à Avignon tous les hommes démontés des régiments de cuirassiers, chasseurs et dragons de l'armée de Catalogne, 200 hommes du 3e provisoire de cuirassiers ont été envoyés de la Haute-Catalogne à ce dépôt. Quant aux hommes démontés des 24e dragons et 29e chasseurs, ils ont été renvoyés à leurs dépôts respectifs à Castres et à Carcassonne dès le 11 novembre, c'est-à-dire antérieurement à l'ordre de l'Empereur qui a prescrit la formation du dépôt d'Avignon. Dans ces conditions, le général Clarke demande s'il n'est pas préférable de laisser les hommes des 24e dragons et 29e chasseurs à leurs dépôts. Le dépôt général deviendrait alors sans utilité, à moins que l'Empereur ne voulût y envoyer les hommes à pied des corps de cavalerie italienne et napolitaine employés en Catalogne.

Il paraît par ce rapport qu'il ne reste plus en Catalogne que deux régiments de cavalerie, le 29e de chasseurs et le 24e de dragons. Je crois que le 24e de dragons est toujours en Piémont. Si cela est, il faut le faire revenir à Castres. Il faut laisser à Carcassonne le dépôt du 29e de chasseurs. Il faut faire passer la revue de ces dépôts afin de faire les fonds nécessaires pour les remontes et pour le harnachement, afin de mettre ces deux régiments en état. Il faut dissoudre le régiment provisoire de cuirassiers et en revoyer les détachements à leurs corps. Il faut faire revenir à Avignon les Napolitains, Italiens, Allemands et réunir là les petits dépôts à moins que le ministre ne trouvât une autre ville où les fourrages fussent abondants et qui offrît les mêmes ressources.

NAPOLÉON.

4950. — AU MARÉCHAL BERTHIER (1).

Paris, 4 janvier 1811.

Mon Cousin, vous verrez demain, dans le *Moniteur*, des nouvelles du Portugal. Les Anglais se moquent beaucoup de Gardane; cet imbécile n'était plus qu'à trois lieues du corps français sur le Zézère. Comme j'ai retranché plusieurs choses à la dépêche de lord Wellington, qui sera demain dans le *Moniteur*, je vous l'envoie entière. Envoyez-la au général Drouet, en lui donnant l'ordre de renvoyer en France le général Gardane qui paraît être un archi-imbécile. Envoyez des *Moniteurs* de demain sur toute la route d'Espagne. Envoyez-en également à Madrid.

NAPOLÉON.

4951. — DÉCISION (2).

Au palais des Tuileries, 4 janvier 1811.

On demande à Sa Majesté si Elle veut permettre que le général Puget de Barbentane, qui jouissait de la solde de retraite dans le département des Bouches-du-Rhône, la touche à Paris où il n'est pas né.

Le laisser chez lui. Être inutile à Paris.

4952. — AU GÉNÉRAL CLARKE.

Paris, 4 janvier 1811.

Monsieur le duc de Feltre, je désire lever la conscription. Proposez-moi un état de situation de l'armée, au 1er janvier, qui puisse me servir de base pour le recrutement. Mon intention est d'employer 30.000 hommes de la conscription de l'année à recruter les 16 régiments du corps du prince d'Eckmühl, et tous les régiments qui ont leurs bataillons de guerre en France, en y joignant les deux bataillons du 5e d'infanterie légère, les 3e et 5e du 6e léger et les 4e et 5e du 1er léger; en formant un 6e bataillon aux 15e léger, 25e de ligne, 19e, 2e, 37e, 46e, 56e et 93e de ligne, ce qui ferait huit nouveaux batail-

---

(1) Publié par M. Lecestre, *Lettres inédites de Napoléon Ier*, mais avec variante.
(2) Non signée; extraite du « Travail du ministre de la guerre avec S. M. l'Empereur et Roi, date du 2 janvier 1811 ».

lons. On joindrait également les 4ᵉ et 5ᵉ bataillons du 51ᵉ, les 3ᵉ et 4ᵉ du 44ᵉ, les 3ᵉ et 4ᵉ du 113ᵉ, et les 3ᵉ et 4ᵉ du 55ᵉ. Tout cela ferait un total de 154 bataillons, que mon intention est d'avoir au complet de 140 hommes par compagnie.

J'emploierai 20.000 hommes à porter l'armée d'Italie au grand complet, et enfin 35.000 hommes à porter au complet les 131 cinquièmes bataillons, ce qui fera l'emploi de 85.000 hommes; les 35.000 restants seront employés de la manière suivante :

12.000 à la jeune garde à Paris, et 23.000 pour recruter les cuirassiers, l'artillerie, le train et les sapeurs.

Par ce moyen, j'aurais trois armées que je composerais selon les circonstances, et qui m'offriraient 154 bataillons pour l'armée d'Allemagne, 100 bataillons pour l'armée d'Italie, et enfin une armée de réserve de 131 5ᵐᵉˢ bataillons. J'emploierais la conscription de 1812, que j'évalue à 120.000 hommes, à recruter 150 bataillons des cadres de l'armée d'Espagne, que je ferais venir en France, ce qui me ferait pour 1812 une quatrième armée. En supposant donc qu'il dût y avoir guerre en 1812, j'aurais disponible pour le continent près de 550 bataillons complétés.

Je désire que les états que vous me présenterez soient faits dans l'ordre suivant :

1° Le corps du prince d'Eckmühl;

2° Les régiments qui sont en France;

3° Tous les corps qui sont au delà des Alpes, soit de l'armée d'Italie, soit de l'armée de Naples, soit des divisions militaires, sans parler de composition d'armées, sur lesquelles il est impossible de rien arrêter actuellement.

NAPOLÉON.

1953. — DÉCISION.

Au palais des Tuileries, 4 janvier 1811.

Rapport du général Lacuée au sujet d'une soumission proposée par une maison de Marseille pour le ravitaillement de Barcelone.

Approuvé.

NAPOLÉON.

4954. — DÉCISION.

Paris, 4 janvier 1811.

Le duc de Feltre prie l'Empereur de faire connaître si son intention est que l'on fasse sortir des régiments ci-devant hollandais, les militaires nés sujets des souverains de la Confédération du Rhin, qui pourraient les réclamer.

Non, les officiers de la Confédération n'ont rien à voir dans nos régiments.

Napoléon.

4955. — AU MARÉCHAL BERTHIER.

Paris, 6 janvier 1811

Mon Cousin, je reçois votre lettre du 5 janvier avec la copie de la lettre que vous avez écrite au général Dorsenne. Je n'approuve pas les modifications que vous avez mises dans mes ordres et j'entends que le général Dorsenne ne puisse envoyer aucun individu qui n'ait à la rigueur toutes les qualités requises par le décret. Je préfère qu'il m'envoie moins de soldats. Je désire que cet envoi ne soit pas fait tout d'un coup et que, d'abord, aussitôt que le général Dorsenne aura choisi 100 fusiliers-grenadiers et 150 fusiliers-chasseurs, il les envoie; cela fera toujours le fonds du bataillon de fusiliers-sergents, parce que les compagnies sont déjà à 100 hommes. Lorsque ces 250 hommes seront partis, sur le compte qui m'en sera rendu, je verrai si, dans les fusiliers, il y a de quoi en prendre d'autres, et, selon les circonstances, je me résoudrai à affaiblir les fusiliers. Ordonnez également au général Dorsenne qu'il compose de 800 hommes le premier envoi destiné aux bataillons de caporaux. Ce sera 100 hommes par régiment, l'un portant l'autre; et, lorsque ces 800 hommes seront arrivés, je verrai s'il y a lieu à affaiblir davantage les corps que j'ai en Espagne; mais 800 hommes, joints aux 100 qui sont en France, me fourniront toujours de beaux cadres pour les deux bataillons de caporaux. Recommandez au général Dorsenne de faire ses opérations par procès-verbaux. Ces hommes devront toujours compter au régiment. Je désire qu'il procède dans ses choix par régiment, mais il peut ne pas procéder avec une égalité des plus rigoureuses par compagnie et par bataillon; l'important est de faire remplacer dans les compagnies les choix qui les diminueraient trop, en ayant soin de niveler les bataillons et les compagnies autant que possible. Il est probable que les deux régiments de tirailleurs, qui sont plus anciens, lui offriront un plus grand nombre de meilleurs sujets. Dans ce cas, je l'autorise, pour cette fois seulement, à tirer de ces deux régiments tout le nombre nécessaire; mais il faudra les remplacer par des hommes qu'il tirera des autres régiments. Si, contre mon attente, il ne trouvait pas 250 fusiliers et 800 tirailleurs, etc..., ayant les conditions requises, dans ce cas mon intention est qu'il n'envoie que les cadres. Je tiens à toutes les conditions et je vérifierai par moi-même si elles ont été remplies. C'est de très bons sous-officiers que je veux retirer de là. Je blâme également dans votre lettre que vous vouliez charger le général Dorsenne de fournir les officiers et sous-officiers de la vieille garde qui est en France. Vous devez également réformer cette partie de votre lettre. Les officiers, sergents et caporaux de la vieille garde seront pris à Paris.

Par ces modifications, les corps d'Espagne seront moins affaiblis et mon corps de voltigeurs, caporaux et fusiliers-sergents sera mieux composé. Dépêchez-vous de transmettre ces nouvelles instructions.

NAPOLÉON.

4956. — AU GÉNÉRAL CLARKE.

Paris, 6 janvier 1811.

Monsieur le duc de Feltre, je reçois votre lettre du 6 janvier. Puisque des troupes que j'avais désignées pour faire partie de la division de Puycerda sont à Barcelone, donnez ordre au général Baraguey d'Hilliers de les y laisser.

NAPOLÉON.

4957. — AU GÉNÉRAL CLARKE.

Paris, 6 janvier 1811.

Monsieur le duc de Feltre, j'approuve l'organisation des 1er, 2e et 3e bataillons de marche pour l'armée d'Espagne, avec les modifications suivantes : le 1er sera de quatre compagnies, le 2e sera de trois et le 3e de quatre. Tous ces bataillons se réuniront à Bayonne: le général Quesnel sera chargé de leur formation.

NAPOLÉON.

4958. — AU MARÉCHAL BERTHIER.

Paris, 8 janvier 1811.

Mon Cousin, donnez sans délai l'ordre que les 300.000 francs qui se trouvent dans la caisse du payeur à Saragosse, depuis que le 3° corps est à la solde de l'Aragon, soient employés à payer à la gendarmerie qui est en Aragon tout ce qui lui serait dû jusqu'au 1er janvier 1811.

NAPOLÉON.

4959. — AU GÉNÉRAL CLARKE.

Paris, 8 janvier 1811.

Monsieur le duc de Feltre, le corps d'observation de Hollande n'existant plus, il faut porter dans le livret des divisions militaires les troupes qui se trouvent dans les 17° et 31° divisions.

Je désire que les états des armées de Naples, d'Italie et d'Illyrie soient compris dans les mêmes livrets, ainsi que le camp de Boulogne, qui sera placé dans la 16° division, en distinguant les troupes qui sont campées de celles qui ne le sont pas. Ainsi, pour avoir l'état général de la situation de mes troupes, je n'aurai que le livret des divisions militaires, le livret des armées d'Espagne et de Portugal, le livret de l'armée d'Allemagne, le livret de l'artillerie et du génie, et le livret des régiments, par ordre numérique.

Faites-moi faire une récapitulation de l'état de mes troupes, au 1er janvier 1811, par divisions militaires, par armées et par corps. Faites-en ôter ce qui ne serait pas à la solde de la France, tels que les étrangers qui sont en Espagne et en Portugal, les Italiens, les Napolitains, etc... On mettra un article à part pour les étrangers qui sont payés par le Trésor.

Écrivez au roi de Naples et au vice-roi de vous envoyer tous les mois des états de situation, afin que vous puissiez toujours me faire bien connaître la situation de mes troupes.

NAPOLÉON.

4960. — AU GÉNÉRAL LACUÉE.

Paris, 8 janvier 1811.

Monsieur le comte de Cessac, je vous envoie une lettre du prince d'Eckmühl. Il est nécessaire que vous donniez des ordres pour qu'on essaie combien les chariots du nouveau modèle pourraient contenir de barils. Faites-moi connaître la différence qu'il y aurait dans le chargement d'un chariot qui porterait du biscuit en barils ou du biscuit en caisse.

Suivant l'état ci-joint, il y a à Magdeburg :

932 quintaux de riz....................	932	quintaux.
A Hamburg, Brême et Neuwerk............	448	—
A Stettin, sous la garde des employés français.	778	—
A Glogau, de même sous la garde des employés français..	140	—
Je crois qu'il y en a 1.700 quintaux à Passau...	1.700	—
Cela fait donc un total de..................	3.988	quintaux.
Ce qui, joint aux 900 quintaux qui sont à Danzig......................................	900	—
fera près de 5.000 quintaux	4.898	quintaux,

indépendamment de ce que j'ai ordonné qu'on achetât à Danzig. Donnez des ordres pour que ces différents transports s'effectuent sans délai. Il faut également que les 2.300.000 rations de biscuit portées dans l'état ci-joint soient prêtes à être chargées sur des caissons et à suivre l'armée.

NAPOLÉON.

4961. — DÉCISION (1).

On propose à Sa Majesté de décider que la seconde ration de pain qui se distribue aux forçats et déportés napolitains, les jours de repos, est supprimée, et qu'il leur sera payé les mêmes jours, en remplacement de cette seconde ration de pain, 20 centimes.

A renvoyer au ministre de la guerre, pour mettre à la charge du génie.

---

(1) Sans signature ni date, de la main de Maret; extraite du « Travail du ministre directeur de l'administration de la guerre avec S. M. l'Empereur et Roi, daté du 9 janvier 1811 ».

4902. — DÉCISION (1).

Proposition d'autoriser la reprise, sur la liste civile, d'une maison sise à Versailles, pour être affectée au casernement fixe des vétérans de la garde impériale qui doivent évacuer sans délai le bâtiment dit des Écuries de Monsieur, en exécution du décret du 12 août dernier.

Renvoyé à l'intendant général de la maison de Sa Majesté (2).

4903. — AU GÉNÉRAL CLARKE.

Paris, 11 janvier 1811.

Monsieur le duc de Feltre, je réponds à votre lettre du 9. Vous ferez connaître au duc de Raguse que je ne veux point qu'il soit procédé à la formation en Dalmatie de deux régiments frontières sans qu'on m'ait présenté l'état de ce qu'ils doivent me coûter : ce n'est que sur un décret, que je prendrai sur votre rapport, que ces régiments peuvent être formés.

J'approuve la levée de 1.500 hommes en Dalmatie pour compléter le régiment dalmate qui est au service du royaume d'Italie; mais je n'entends pas que l'Istrie, ni l'intendance de Fiume fournissent rien à l'Italie. L'arrondissement de ces deux provinces doit faire partie du régiment illyrien.

J'attendrai donc un nouveau rapport de vous et de plus amples détails pour autoriser la formation des deux nouveaux régiments croates. La première question à laquelle le duc de Raguse doit répondre est de savoir combien coûteront ces deux régiments.

NAPOLÉON.

4964. — AU GÉNÉRAL CLARKE.

Paris, 11 janvier 1811.

Monsieur le duc de Feltre, je reçois votre lettre du 9 sur le régiment illyrien. Il est indispensable que vous me présentiez la nomi-

---

(1) Sans signature ni date; extraite du « Travail du ministre de la guerre avec S. M. l'Empereur et Roi, daté du 9 janvier 1811 ».
(2) De la main de Maret.

nation du colonel, du major, du quartier-maître, de l'adjudant-major et des 4 chefs de bataillon; que vous autorisiez le duc de Raguse à nommer provisoirement 12 capitaines, 12 lieutenants, 12 sous-lieutenants, 12 sergents-majors, et enfin à organiser les cadres des deux premiers bataillons. Mon intention est que les caporaux fourriers soient français : on peut les prendre dans les lycées ou dans les régiments qui sont en Illyrie. Il faudrait prendre des jeunes gens des départements de la Roër ou du Rhin qui parlent allemand; ces deux bataillons se formeront à Goritz. Le ministre de l'administration de la guerre doit prendre ses moyens d'habillement dans les provinces illyriennes, même s'il y en a. Vous prescrirez l'uniforme que doit porter le régiment. Aussitôt que le 1er bataillon sera formé et complété, vous le ferez diriger sur Alexandrie; on procédera ensuite à la formation du 2e: aussitôt que le 3e sera formé, on procédera à la formation du 4e.

Vous ferez connaître au duc de Raguse que mon intention est qu'au mois d'avril ce régiment soit entièrement formé et puisse entrer en campagne. Il faut avoir soin que le colonel, le major, les chefs de bataillon, le quartier-maître et les adjudants-majors que vous me proposerez, parlent parfaitement la langue.

NAPOLÉON.

1965. — AU GÉNÉRAL CLARKE.

Paris, 11 janvier 1811.

Monsieur le duc de Feltre, je reçois votre rapport de ce jour, contenant la proposition de répartir dans des corps un certain nombre de conscrits retardataires.

J'ai besoin d'un travail général sur cette matière, que je vous ai déjà demandé: aussitôt que je l'aurai, je compte envoyer des colonnes mobiles, pour faire rejoindre les conscrits réfractaires, et en former ensuite autant de régiments que je pourrai, en les réunissant en Corse, à Belle-Ile, dans les îles de Ré, d'Oléron et autres endroits.

Faites-moi connaître si l'on s'est bien trouvé de l'essai que l'on a fait d'envoyer des conscrits réfractaires dans des régiments sur le continent, et s'ils n'ont pas déserté de nouveau.

Je ne serais pas éloigné d'organiser en Corse huit ou dix bataillons de ce genre, ce qui ferait 8.000 à 9.000 hommes.

Je voudrais en réunir un régiment à Belle-Ile, et un aux îles d'Oléron et d'Aix, soit pour garder ces points importants, soit pour envoyer aux colonies.

J'aurais donc aussi quatre ou cinq régiments de conscrits, toujours en partant de l'idée qu'il n'est pas prudent de les mettre dans des corps; car si je me trompais dans cette dernière opinion, je serais disposé à en recruter mon armée d'Allemagne; on les réunirait et habillerait à Wesel, d'où on les ferait partir pour Hamburg. Les régiments du corps du prince d'Eckmühl pourraient recevoir facilement 15.000 hommes.

Napoléon.

4966. — DÉCISION.

Paris, 12 janvier 1811

Devra-t-on autoriser 69 hommes de la cavalerie de la légion hanovrienne à se rengager pour quatre ans, à raison de 36 francs chacun ?

Approuvé.

Napoléon.

4967. — DÉCISIONS (1).

12 janvier 1811.

On demande à Sa Majesté si les dispositions du décret du 11 avril dernier relatif au retrait des équipages régimentaires à la suite des corps rentrant en France ou en Italie sont applicables aux corps de l'armée de Naples.

Approuvé.

On propose à Sa Majesté d'approuver que les officiers employés isolément dans les régiments provisoires soient remplacés, dans leurs emplois, aux régiments primitifs, sur les contrôles desquels ils continueront néanmoins d'être portés.

Non, placer s'il le faut des officiers à la suite; mais les titulaires doivent rester et trouver les places sans aucune difficulté.

---

(1) Non signées; extraites du « Travail du ministre de la guerre avec S. M. l'Empereur et Roi, daté du 9 janvier 1811 ».

On propose à Sa Majesté d'ordonner la régularisation sur les fonds de son domaine extraordinaire d'une somme de 1.305 fr. 63, payée par le Trésor public à la 16ᵉ compagnie du 6ᵉ régiment d'artillerie à pied, à Bois-le-Duc, pour le mois de solde accordé en gratification aux troupes qui se sont trouvées dans ces places lors du voyage de Sa Majesté dans le Brabant et les îles de la Zélande.	Accordé.
On propose à Sa Majesté d'approuver le remboursement d'une somme de 517 fr. 87, montant d'un vol avec effraction commis au préjudice du 3ᵉ bataillon de sapeurs et légalement constaté.	Accordé.
On soumet à Sa Majesté la demande d'un congé de quatre mois faite par M. Vandernoot, lieutenant au 1ᵉʳ régiment de chevau-légers lanciers de la garde.	Accordé.
Sa Majesté est priée de faire connaître si Elle consent à accorder un congé absolu à un caporal du 9ᵉ régiment de ligne, en ce moment en semestre à Paris.	Accordé.
On demande à Sa Majesté si le nommé Vanderhaegen-Mussain sous-lieutenant, nommé auditeur au Conseil d'État, sera autorisé à donner sa démission.	Accordé.
On demande à Sa Majesté si Elle veut permettre qu'un sous-inspecteur aux revues du royaume d'Italie cumule son traitement avec la pension de 336 francs qu'il a obtenue en France.	Approuvé.
Un soldat du 3ᵉ bataillon du 10ᵉ régiment d'infanterie de ligne sollicite l'autorisation de passer au service de Naples.	Accordé.

Les deux frères Casenove, nés à Londres d'un père Génevois, viennent de s'évader de Genève où ils étaient venus, avant la déclaration de guerre, pour leur éducation.

On vient d'écrire aux personnes qui les avaient recommandés au prédécesseur du ministre.

Faire arrêter les cautions.

On demande à Sa Majesté si Elle veut permettre le retour en Catalogne de cinq prisonniers espagnols réclamés par M. le maréchal duc de Tarente et l'intendant de la Haute-Catalogne, comme nécessaires à l'existence de leurs familles.

Accordé.

Le général de brigade Laborde, en retraite, âgé de 80 ans et comptant cinquante et un ans de service effectif, demande la décoration de la Légion d'honneur.

Accordé.

Le ministre rend compte à Sa Majesté que, pour compléter le payement des dépenses faites par M. le général Tousard, il serait nécessaire de lui accorder une somme de 12.000 francs.

Approuvé.

On propose à Sa Majesté de remettre en activité de service le général hollandais David Bruce, qui par erreur a été admis à la retraite.

Accordé.

Le colonel Blanmont, du 105⁰ régiment d'infanterie, à Cherbourg, sollicite un congé d'un mois avec solde pour venir à Paris et y conduire son épouse atteinte d'une maladie grave.

Accordé

4968. — AU GÉNÉRAL CLARKE.

Paris, 12 janvier 1811.

Monsieur le duc de Feltre, je reçois votre lettre du 10. Il n'y a pas besoin de décret pour les mesures relatives au transport en Corse des conscrits réfractaires de la Toscane, de Rome, etc. Vous devez ordonner que ceux de la Toscane soient envoyés à Livourne, où ils seront consignés dans la citadelle, et, quand il y en aura une cinquantaine, on les embarquera pour la Corse; que ceux des États romains soient envoyés à Civita-Vecchia; ceux du Piémont à Gênes, et ceux de quelques parties de la France à Toulon. Il n'y a point de difficulté qu'indépendamment du dépôt du régiment de la Méditerranée, qu'il y aura au fort Lamalgue, il y ait le cadre d'une compagnie à Gênes, le cadre d'une autre à Livourne et le cadre d'une autre à Civita-Vecchia. C'est une grande sottise de faire voyager les conscrits réfractaires.

Napoléon.

4969. — DÉCISION.

Paris, 13 janvier 1811.

Le général Clarke demande des ordres au sujet du détachement qui devra être désigné pour relever celui du 26ᵉ de ligne à l'île d'Yeu.

Il n'y a qu'à prendre dans le régiment du grand-duché de Berg.

Napoléon.

4970. — AU MARÉCHAL BERTHIER.

Paris, 13 janvier 1811.

Mon Cousin, donnez ordre en Espagne d'évacuer sur France tous les hommes blessés et qui sont hors de service, ainsi que tous les soldats, soit des transports militaires, soit du train d'artillerie, qui n'ont point de chevaux. Prévenez de cela le duc d'Istrie, parce que, dans l'arrondissement du Nord et dans celui de l'armée du Centre, les hommes qui sont dans ce cas sont très nombreux.

Napoléon.

4971. — DÉCISION.

Paris, 14 janvier 1811.

Rapport sur la situation numérique du dépôt de gendarmerie de l'armée d'Espagne.

Faire partir le 20 janvier tout ce qu'il y a de disponible à ce dépôt pour se rendre à Bayonne, d'où ils recevront de nouveaux ordres.

NAPOLÉON.

4972. — DÉCISION.

Paris, 14 janvier 1811.

Rapport de l'ordonnateur de la 29ᵉ division militaire au sujet des troupes parties de l'île d'Elbe et de celles qui y sont arrivées.

Renvoyé au ministre de la guerre pour me faire un rapport là-dessus.

NAPOLÉON.

4973. — AU GÉNÉRAL LACUÉE.

Paris, 15 janvier 1811.

Monsieur le comte de Cessac, le produit des droits mis sur les marchandises coloniales qui étaient à Stettin s'élève à 1 million. J'ai ordonné que ce million serait employé à compléter l'approvisionnement des trois places de l'Oder. Prenez les mesures nécessaires pour diriger cette opération et veiller au bon emploi de cette somme.

NAPOLÉON.

4974. — DÉCISION (1).

Paris, 16 janvier 1811.

On présente à Sa Majesté l'organisation actuelle de la gendarmerie du département des Bouches-de-l'Escaut.

Avec cette gendarmerie, le général qui commande dans les îles de Walcheren a les moyens de la bien employer.

---

(1) Non signée; extraite du « Travail du ministre de la guerre avec S. M. l'Empereur et Roi », daté du 16 janvier 1811.

4975. — AU MARÉCHAL BERTHIER.

Paris, 16 janvier 1811.

Mon Cousin, la première instruction pour le duc d'Istrie, dont vous m'avez remis le projet, me paraît bonne. Envoyez-la-lui, ainsi que mon décret, que vous devez regarder comme signé et que vous transmettra le ministre de la guerre. Vous pouvez envoyer le général Lecamus auprès du duc d'Istrie : faites-le partir sans délai. Le duc d'Istrie est maître de faire tel mouvement qu'il jugera convenable, de concentrer ses hôpitaux, ses magasins, enfin de faire toutes les dispositions qui lui paraîtront nécessaires pour le bien de mon service. Vous l'autoriserez à correspondre avec le roi d'Espagne, avec le duc de Dalmatie, avec le général Suchet, avec le général Drouet et avec le prince d'Essling pour s'instruire de ce qu'ils font. Vous lui ferez connaître qu'il commanderait le corps du général Drouet, si ce corps rentrait en Espagne, et que, dans des circonstances imprévues, il doit appuyer et porter des secours à l'armée de Portugal.

NAPOLÉON.

4976. — AU MARÉCHAL BERTHIER.

Paris, 16 janvier 1811.

Mon Cousin, donnez ordre au commandant du 9° régiment de hussards, qui est à La Rochelle, de compléter le 2° escadron à 150 hommes à cheval bien montés et en bon état et de le diriger sur Bayonne, d'où il rejoindra son régiment dans la Navarre. Donnez le même ordre au commandant du dépôt du 13° de chasseurs à Niort. Cet escadron se réunira à Bayonne au 2° escadron du 9° de hussards, et ces 300 hommes en partiront ensemble pour aller renforcer la cavalerie de la Navarre aux ordres du général Reille.

NAPOLÉON.

4977. — DÉCISIONS (1).

Projet de constructions à la citadelle d'Anvers pour y établir une salle d'armes, des ateliers et des	A présenter au conseil du génie.

(1) Sans signature ni date; extraites du « Travail du ministre de la guerre avec S. M. l'Empereur et Roi, du 16 janvier 1811 ».

hangars pour le service de l'artillerie.

On expose les considérations d'après lesquelles on prie Sa Majesté de décider que les déserteurs rentrés par l'effet des colonnes mobiles ou autres mesures extraordinaires, cesseront d'être regardés comme déserteurs lorsqu'ils seront en activité aux dépôts des réfractaires ou dans les régiments qui les auront reçus de ces dépôts.

Renvoyé au Conseil d'Etat (1).

4978. — AU GÉNÉRAL CLARKE.

Paris, 16 janvier 1811.

Monsieur le duc de Feltre, je vous renvoie vos rapports sur les officiers de l'ex-garde hollandaise, que vous proposez de placer dans les régiments de voltigeurs et de tirailleurs de la garde.

Puisque les chefs de bataillon et les capitaines des tirailleurs et des voltigeurs sont officiers de la garde, il est évident qu'aucun capitaine ni chef de bataillon de la garde hollandaise ne peut être placé dans ces régiments, et qu'il faut se contenter d'y mettre les lieutenants et sous-lieutenants. Quant aux capitaines et chefs de bataillon de la garde hollandaise, il faut les mettre à la disposition du duc d'Istrie, qui les placera dans les corps de l'armée du Nord qui en auront besoin; on les enverra à l'armée de Portugal, pour y être employés.

A cette occasion, je pense qu'il est nécessaire que vous me fassiez un rapport et que vous me présentiez un projet de décret, pour que les régiments de tirailleurs et de voltigeurs de la garde soient organisés sur ce principe, que les chefs de bataillon et les capitaines sont de la vieille garde et que les lieutenants et sous-lieutenants sont de l'armée. Il est bien important de marquer cette différence entre l'officier qui est de la garde et celui qui n'en est pas, puisque l'officier de la garde a un rang supérieur. Il faut que, désormais, un officier de l'armée qui entrera dans la garde ne puisse y être admis que dans le grade au-dessous, c'est-à-dire qu'un chef

(1) De la main de Maret, ainsi que la précédente.

de bataillon ne puisse entrer que comme capitaine et qu'un capitaine ne puisse y entrer que comme lieutenant. Cela ne doit souffrir d'exception que pour les officiers qui auraient quatre ans de grade; et, dans ce cas, avant leur admission, pour conserver le principe, on les élèverait au grade supérieur.

Napoléon.

4979. — AU GÉNÉRAL CLARKE (1).

Paris, 16 janvier 1811.

Monsieur le duc de Feltre, je ne puis consentir à augmenter les compagnies de canonniers gardes-côtes.

J'approuve que la compagnie de vétérans qui est à Porto-Maurizio soit envoyée aux îles d'Hyères.

4980. — AU GÉNÉRAL CLARKE (2).

Paris, 16 janvier 1811.

Monsieur le duc de Feltre, donnez ordre que le 2e escadron du 9e d'hussards et le 2e escadron du 13e de chasseurs, complétés chacun à 150 hommes à cheval, bien montés et bien équipés, se mettent en route de La Rochelle et de Niort pour Bayonne, vingt-quatre jours après la réception de votre ordre.

Le premier de ces deux escadrons qui arrivera à Bayonne attendra l'autre. Lorsqu'ils seront réunis, le plus ancien chef d'escadron prendra le commandement des deux escadrons, et ils se dirigeront sur Tolosa, d'où ils rejoindront la cavalerie du général Reille qui, par ce moyen, aura quatre escadrons au lieu de deux.

4981. — AU GÉNÉRAL CLARKE.

Paris, 16 janvier 1811

Monsieur le duc de Feltre, je vois que le 1er bataillon du régiment de la Méditerranée est à l'île d'Elbe, et y est complet; que le 2e bataillon y est également, hormis le détachement de 500 hommes parti pour Corfou. Je vous ai donné l'ordre de faire rayer des contrôles les officiers, sous-officiers et soldats faisant partie de ce

---

(1) Non signée, copie certifiée.
(2) Non signée, copie certifiée.

bataillon, et de les remplacer au régiment de la Méditerranée. On pourrait faire fournir des officiers par le 29°, qui est à Livourne, et ordonner que les hommes provenant des départements romains et de la Toscane, c'est-à-dire ceux envoyés à Civita-Vecchia et à Livourne, soient incorporés dans le 2° bataillon qui est à l'île d'Elbe.

Dans l'état des régiments, par ordre de numéros, j'ai trouvé à la suite de l'infanterie légère le régiment de la Méditerranée : mais je n'y ai pas trouvé les noms du colonel, du major et des chefs de bataillon.

NAPOLÉON.

4982. — AU GÉNÉRAL LACUÉE.

Paris, 16 janvier 1811.

Monsieur le comte de Cessac, il est bien important que le 2° bataillon d'équipages militaires se rende à Commercy. Faites-moi connaître quand le 12° pourra se rendre à Hamburg. Il serait nécessaire que ce 12° bataillon pût partir de Strasbourg pour Wesel vers les premiers jours d'avril, pour, de là, continuer sa route et faire le service de l'armée du prince d'Eckmühl. Ecrivez au major général pour qu'il réitère l'ordre que tous officiers, sous-officiers et soldats du train des équipages militaires qui se trouvent en Espagne sans chevaux et sans pouvoir être employés, soient dirigés sur la France, afin qu'on puisse voir à organiser plusieurs bataillons. J'avais donné des ordres à cet égard : faites-moi connaître où en est leur exécution.

NAPOLÉON.

4983. — DÉCISION.

Paris, 17 janvier 1811.

Rapport au sujet de la revue des petits dépôts, passée à Bayonne par le général Quesnel : les officiers qui commandent plusieurs de ces dépôts sont incapables et devraient être changés.

Renvoyé au major général pour donner des ordres conformes à la conclusion de ce rapport.

NAPOLÉON.

4984. — AU GÉNÉRAL CLARKE.

Paris, 17 janvier 1811.

Monsieur le duc de Feltre, donnez l'ordre au 1er bataillon principal du train d'artillerie que le détachement que ce bataillon a en Portugal soit effacé de ses contrôles. Ce détachement sera incorporé dans un des bataillons qui sont en Portugal.

Donnez l'ordre que les hommes et chevaux disponibles des 4e, 5e et 6e compagnies du 2e bataillon principal soient incorporés dans les 1re, 2e et 3e compagnies, et que les cadres des 4e, 5e et 6e compagnies se rendent au dépôt de Pau.

Donnez le même ordre pour le 3e bataillon principal. Les cadres des 4e, 5e et 6e compagnies se rendront à Toulouse où est le dépôt de ce bataillon.

Donnez le même ordre pour le 4e bataillon qui est en Portugal.

Donnez ordre que les cadres des 5e et 6e compagnies du 5e bataillon principal, qui sont au 6e corps en Portugal, se rendent au dépôt d'Auch, en versant les hommes et chevaux disponibles dans les 1re et 2e compagnies, qui sont au même corps.

Donnez l'ordre que les cadres des 4e, 5e et 6e compagnies du 10e bataillon principal versent leurs hommes et chevaux disponibles dans les trois premières compagnies et se rendent à Auch.

Donnez ordre que la 3e compagnie du 12e bataillon principal, qui est en Catalogne, verse ce qu'elle a de disponible dans les autres compagnies du train qui sont en Catalogne, et que le cadre rentre au dépôt de Pau, et que les 5e et 6e compagnies du même bataillon, qui sont en Portugal, soient incorporées dans les 2e et 4e, après quoi les cadres rentreront au dépôt.

Donnez le même ordre pour les 4e, 5e et 6e compagnies du 1er bataillon (bis), qui est en Aragon. Les cadres se rendront à Metz.

Les 4e et 5e compagnies du 2e bataillon (bis), qui sont en Portugal, verseront leur disponible dans les 1er et 3e, et le cadre rentrera au dépôt de Pau.

Les cadres des 4e, 5e et 6e compagnies du 4e bis, qui est en Catalogne, rentreront à Toulouse, après avoir versé leur disponible dans les trois premières compagnies. Les trois premières compagnies du 5e (bis), qui est au 5e corps, en Andalousie, recevront le disponibles des 4e, 5e et 6e, et les cadres de ces dernières rentreront à Pau.

Même ordre pour le 9ᵉ bataillon (*bis*), qui est en Catalogne.

La 6ᵉ compagnie du 10ᵉ (*bis*), qui est en Portugal, versera ce qu'elle a de disponible dans la 5ᵉ compagnie, et le cadre rentrera à Auch.

La 4ᵉ compagnie du même bataillon versera ce qu'elle a de disponible dans les trois premières compagnies, en Andalousie, et le cadre se rendra à Auch.

Les cadres des 5ᵉ, 6ᵉ, 4ᵉ et 3ᵉ compagnies du 13ᵉ (*bis*), qui sont en Catalogne ou à Toulouse, recevront l'ordre de se rendre à Metz, après avoir versé tout ce qu'elles ont de disponible dans la 2ᵉ, qui restera en Catalogne.

Faites revoir ce travail fait à la hâte, et proposez-moi les ordres à donner dans le même esprit; mon but étant, indépendamment de ce que j'ai en France et en Italie, de pouvoir former la valeur de six bataillons du train de ce qui me reviendra d'Espagne. Faites attention que, dans les cadres, indépendamment des officiers et sous-officiers, il faut ajouter quelques hommes, ainsi que des ouvriers pour donner de l'allure au bataillon qui sera reformé.

NAPOLÉON.

4085. — AU GÉNÉRAL CLARKE.

Paris, 17 janvier 1811.

Monsieur le duc de Feltre, donnez ordre que le 6ᵉ bataillon principal du train et le 11ᵉ bataillon (*bis*) partent d'Italie pour se rendre, par le plus court chemin, à Besançon.

Ils laisseront des chevaux pour compléter le 7ᵉ bataillon principal et le 7ᵉ bataillon *bis* du train d'artillerie, qui resteront seuls en Italie.

Faites-moi connaître combien il sera nécessaire qu'ils cèdent de chevaux pour compléter les 7ᵉ principal et *bis*, que mon intention est de tenir bien complets.

Vous me ferez connaître quand le 6ᵉ principal et le 11ᵉ *bis* arriveront à Besançon et ce qu'il leur faudra en hommes et en chevaux pour les compléter, comme ceux de l'armée d'Allemagne, à 1.000 hommes, les destinant à cette armée.

J'ai en tout vingt-six bataillons du train d'artillerie, principaux et *bis*, savoir : quatre en Allemagne, quatre en Italie, un en Hollande, et, par conséquent, dix-sept en Portugal et en Espagne. Je vous ai écrit pour faire venir de ces armées des cadres qui puissent former six bataillons.

Proposez-moi un décret pour porter les quatre bataillons qui sont en Allemagne et les deux bataillons qui viennent d'Italie au complet de 1.000 hommes par bataillon de six compagnies, chaque compagnie étant de 150 hommes, officiers non compris, et le surplus pour le dépôt. Chaque compagnie doit avoir 225 chevaux de trait, sans compter les chevaux de selle, ce qui fera par bataillon 1.350 chevaux, et pour les six bataillons 8.100 chevaux.

Le 14e bataillon, qui est en Hollande, aura la même organisation, ce qui fera, pour les sept bataillons, 9.500 chevaux.

NAPOLÉON.

4986. — AU GÉNÉRAL CLARKE.

Paris, 17 janvier 1811.

Monsieur le duc de Feltre, donnez ordre que le 23e régiment d'infanterie légère (3e, 4e et 5e bataillons) se rende à Auxonne. Par ce moyen, il ne restera, dans la 27e division militaire, que quatre 5es bataillons.

NAPOLÉON.

4987. — AU GÉNÉRAL CLARKE.

Paris, 17 janvier 1811.

Monsieur le duc de Feltre, j'ai lu avec attention votre travail du 16 janvier sur les bases du recrutement: voici les changements que je désire :

Etat n° 1. — Il faut appeler au nombre des bataillons de guerre les 6es bataillons du 15e et du 25e, et laisser les 5es bataillons aux dépôts. A cette observation près, l'état n° 1 me semble très bien et il n'y a rien autre chose à y changer.

Etat n° 2. — Il faut ôter aux 1er et 6e d'infanterie légère et au 51e de ligne le 5e bataillon du nombre des bataillons de guerre et le mettre comme bataillon de dépôt, ce qui réduira le nombre des bataillons de 92 à 89. Je préfère que les 5es bataillons restent partout bataillons de dépôt, et que, dans les bataillons où l'on crée plus de cinq bataillons, le 6e bataillon soit considéré comme bataillon de guerre.

Il faut que le 33ᵉ léger, le 123ᵉ, le 124ᵉ, le 125ᵉ et le 126ᵉ, qui sont recrutés par la conscription de Hollande, et le 113ᵉ, qui l'est par la conscription de Toscane, soient portés sur un état à part; ce qui, de 92 bataillons, en réduirait le nombre à 69, et ne rendrait plus nécessaires, pour compléter les bataillons, que 20.000 conscrits, au lieu de 25.000.

Je n'ai rien à dire à l'état n° 3.

Ainsi, les 120.000 conscrits seront employés de la manière suivante :

Pour l'artillerie.	7.000	hommes.
Pour la cavalerie.	5.000	—
Pour le génie.	2.000	
Pour l'armée d'Allemagne.	10.000	—
État n° 2.	20.000	—
Pour l'Italie.	20.000	—
Pour les 5ᵉˢ bataillons, non compris les 3.000 hommes nécessaires pour compléter les régiments hollandais, et les 1.000 pour compléter le 113ᵉ.	44.000	—
Pour les régiments de la petite garde.	12.000	—
Total.	120.000	—

Ces 120.000 hommes pourront être appelés de deux manières : d'abord, un appel de 80.000 hommes, et ensuite un appel de 40.000 hommes. Ce second appel ne serait fait que dans le mois de mai.

L'appel de 80.000 hommes serait employé de la manière suivante, savoir :

Pour l'artillerie.	4.000	hommes.
Pour la cavalerie.	3.000	—
Pour le génie.	1.000	—
Pour l'armée d'Allemagne.	10.000	—
Pour l'état n° 2.	20.000	—
Pour l'Italie.	20.000	—
Pour la jeune garde.	6.000	—
	64.000	—

D'autre part.....	64.000	
Pour les 5ᵉˢ bataillons, 16.000 dont 7.000 hommes pour les quinze 5ᵉˢ bataillons de l'armée d'Allemagne, et 9.000 pour les 5ᵉˢ bataillons de l'armée d'Espagne, auxquels il n'est rien affecté pour les 4ᵉˢ bataillons...	16.000	80.000 hommes.

L'appel de 40.000 hommes serait ainsi employé, savoir :

Pour l'artillerie..	3.000	
Pour la cavalerie..	2.000	
Pour le génie.	1.000	40.000
Pour la jeune garde	6.000	
Pour les 5ᵉˢ bataillons	28.000	

TOTAL GÉNÉRAL...	120.000

Remettez-moi les états corrigés, comme je vous les demande. Vous aurez, en outre, à faire un état sur deux colonnes, l'une qui fasse connaître les contingents qui composeront le premier appel, et l'autre ceux du second appel. Il faut faire en sorte que, dans les deux appels, les mêmes départements fournissent au même corps.

Il faut prendre le 20ᵉ de la conscription pour les hommes d'élite. Le 20ᵉ de 80.000 hommes est de 4.000, qui seront distribués, comme il suit, savoir :

 800 hommes pour les régiments de cuirassiers;
 200 hommes pour les carabiniers, à raison de 2 hommes par département;
 1.000 hommes ou le 80ᵉ de la conscription prélevé sur tous les départements, pour les fusiliers de la garde, en choisissant des hommes qui sachent parfaitement lire, écrire et les quatre règles, nés de parents ayant de l'aisance et domicile, bons artisans ou fermiers, et étant d'une structure et d'une santé robustes. On fera comprendre aux préfets l'avantage qu'il y a pour ces jeunes gens, qui sont dans la garde, comme dans une école, pour passer sergents dans la ligne.

Le reste des hommes d'élite sera donné à l'artillerie, et employé au recrutement de l'artillerie à cheval et des régiments d'artillerie à pied, qui en ont le plus besoin.

Présentez-moi le travail conçu de manière que la conscription puisse se mettre en marche au commencement de mars.

NAPOLÉON.

4988. — DÉCISIONS (1).

18 janvier 1811.

Compte rendu d'une économie de plus de 300.000 francs, faite par l'administration des poudres. On propose à Sa Majesté d'accorder aux agents de cette administration une gratification d'environ 13.500 francs.	Accordé.
On met sous les yeux de Sa Majesté la demande d'une prolongation de congé, faite par le général de division Lagrange, employé à l'armée de Portugal.	Accordé.
M. Wimpffen, colonel du 2ᵉ régiment d'infanterie de ligne (Hollande), demande à être autorisé à se rendre au dépôt de son régiment à Besançon pour y régler la comptabilité arriérée.	Approuvé.
On propose à Sa Majesté de faire passer à Albi, département du Tarn, le capitaine Dagot, commandant la gendarmerie de la Haute-Loire;	Approuvé.
D'exempter la veuve Rebilly du payement de la somme de 122 francs dont elle est redevable pour la pension de son fils, ex-vélite chasseur à pied de la garde impériale.	Accordé.
On demande à Sa Majesté si Elle veut permettre qu'un ex-maître	Accordé.

---

(1) Non signées; extraites du « Travail du ministre de la guerre avec S. M. l'Empereur et Roi, daté du 16 janvier 1811 ».

tailleur au 8ᵉ régiment de chasseurs à cheval, retiré à Cassel, en Westphalie, où il exerce sa profession, touche sa solde de retraite à Paris par fondé de pouvoir.

On demande à Sa Majesté si son intention est que trois militaires qu'on désigne jouissent de leur solde de retraite dans les provinces illyriennes où ils sont employés dans les douanes.

Accordé.

On met sous les yeux de Sa Majesté la demande de démission formée par M. Plantade, lieutenant de l'ex-garde hollandaise, auquel le mauvais état de sa santé ne permet pas de supporter les fatigues du service.

Accordé.

On propose d'accorder la démission demandée par M. Vion, ex-lieutenant en premier de la compagnie d'ouvriers pontonniers de la garde, qui jouit du traitement de réforme et qui est hors d'état de reprendre jamais le service.

Accordé.

Démission du sieur Hombach, ci-devant adjudant-major du régiment d'artillerie (hollandais), présentée à l'acceptation de Sa Majesté.

Accordé.

On pense que le nombre des lieutenants ou sous-lieutenants commandant les divisions des escadrons de gendarmerie d'Espagne ne doit être effectivement que de quatre au lieu de cinq mentionnés au décret du 13 novembre 1810.

Accordé.

4989. — EXTRAIT D'UN ORDRE DE L'EMPEREUR (1).

18 janvier 1811.

Monsieur le duc de Feltre, les conscrits réfractaires des 16°, 24°, 25° et 26° divisions militaires, qui sont envoyés en Corse, désertent en route, ou restent dans les hôpitaux, et coûtent extrêmement cher au Trésor. Je désire que vous me présentiez un projet pour former un régiment dans l'île de Walcheren, lequel portera le titre de régiment de Walcheren. On y nommerait un colonel et des officiers et sous-officiers tirés de la garde ou des régiments voisins. Ce régiment, de 2.400 hommes, serait excellent pour défendre l'île. On en ferait l'essai, en formant d'abord un bataillon. Le bataillon colonial pourra être l'un des bataillons de ce régiment.

NAPOLÉON.

4990. — DÉCISION.

Paris, 20 janvier 1811.

Le général Clarke rend compte que les hommes démontés appartenant à divers corps de cavalerie de l'armée d'Espagne arriveront le 22 janvier au dépôt général établi à Pau.

Aussitôt que je connaîtrai à quels corps ils appartiennent, je leur donnerai probablement l'ordre de rejoindre leurs corps.

NAPOLÉON.

4991. — DÉCISION.

Paris, 20 janvier 1811.

Le général Clarke rend compte du départ pour Auxonne des 3°, 4° et 5° bataillons et du dépôt du 23° légère, et il demande si ces bataillons et ce dépôt doivent demeurer stationnés dans cette ville où se trouvent déjà beaucoup de troupes et prisonniers anglais.

Faire connaître s'il y a des casernes où l'on pourrait les placer dans la 6° division militaire.

NAPOLÉON.

---

(1) Copie.

4992. — DÉCISION.

Paris, 21 janvier 1811.

Le maréchal Berthier propose un tarif pour les traitements extraordinaires des officiers généraux et autres employés aux armées d'Espagne.

Approuvé.

NAPOLÉON.

4993. — DÉCISION (1)

23 janvier 1811.

On propose à Sa Majesté de conférer le grade de sous-lieutenant surnuméraire au 7ᵉ régiment de cuirassiers au sieur F. d'Oultremont, d'Anvers, qui avait été désigné pour se rendre à l'École militaire de Saint-Germain.

L'envoyer à l'école de Saint-Germain pour se former.

4994. — DÉCISIONS (2).

23 janvier 1811.

On propose à Sa Majesté de remettre en activité dans le corps impérial du génie, en sa qualité de capitaine, suivant son rang d'ancienneté, M. Brunsweld-Vanhulten, ex-directeur du dépôt des colonies de Hollande.

Accordé.

On présente de nouveau à Sa Majesté une liste des officiers des gardes nationales actives qui demandent du service dans l'infanterie de ligne, en qualité de sous-lieutenants.

Accordé pour être employés dans les expéditions maritimes.

---

(1) Non signée; extraite du « Travail du ministre de la guerre avec S. M. l'Empereur et Roi, daté du 2 janvier 1811 ».

(2) Non signées; extraites du « Travail du ministre de la guerre avec S. M. l'Empereur et Roi, daté du 16 janvier 1811 ».

4995. — DÉCISION (1).

23 janvier 1811.

On propose à Sa Majesté d'employer dans l'intérieur, comme adjudant commandant, M. Behr, colonel à la suite du 33ᵉ régiment d'infanterie légère, qui a été colonel du 6ᵉ régiment de ligne hollandais.

Le placer à Naples en le faisant connaître.

4996. — DÉCISIONS (2).

On désigne à Sa Majesté le colonel Larcilly, du 13ᵉ régiment d'infanterie de ligne, pour commander, comme directeur de l'instruction, les trois bataillons de fusiliers-sergents, voltigeurs-caporaux et tirailleurs-caporaux de la garde.

Ce sera le colonel (3).

On présente à Sa Majesté un état nominatif des officiers ci-devant hollandais des 33ᵉ régiment d'infanterie légère, 123ᵉ, 124ᵉ, 125ᵉ et 126ᵉ régiments d'infanterie de ligne, pour être confirmés dans leurs grades respectifs, à la date de leur nomination aux grades qu'ils occupent.

Sa Majesté n'a pas agréé cette proposition et m'a donné l'ordre d'informer le ministre de la guerre, que les cinq régiments d'infanterie, les deux régiments de cavalerie et le régiment d'artillerie ci-devant hollandais fixaient son attention, qu'elle désirait que le ministre lui présentât sous huit jours un état des officiers de ces huit régiments afin de statuer sur leur sort et breveter les conservés. Sa Majesté désire que les colonels soient des hommes sûrs et que moitié des officiers supérieurs d'état-major soient Français; où

---

(1) Non signée; extraite du « Travail du ministre de la guerre avec S. M. l'Empereur et Roi, daté du 9 janvier 1811 ».
(2) Sans date; extraites du « Travail du ministre de la guerre avec S. M. l'Empereur et Roi, daté du 23 janvier 1811 ».
(3) Non signée.

le colonel sera français, le major sera hollandais et *vice versa*. Donner à chaque bataillon deux capitaines, deux lieutenants, deux sous-lieutenants. Les répartir pour que chaque compagnie ait un officier français. Les officiers français qui permuteront ainsi pourront être pris dans toutes les armées, celle d'Espagne exceptée, et remplacés par des officiers hollandais. N'envoyez aux régiments hollandais que des officiers français recommandables. Retirer des régiments hollandais les officiers qui pourraient conserver le plus d'esprit national, afin de parvenir à les franciser. Faire la même chose pour les officiers des autres armes. Cet état de choses établi pourra se maintenir pendant 1811; pendant 1812, les régiments hollandais auront au moins moitié Français parmi leurs officiers de compagnie; on arrivera à ce but d'une manière insensible par les remplacements ordinaires qui se présenteront. Les officiers de cuirassiers hollandais permuteront avec les officiers de cuirassiers français; il en sera de même des hussards et de l'artillerie qui changeront de corps avec des officiers de même arme.

Le général, comte DE LOBAU.

4997. — DÉCISIONS (1).

Paris, 24 janvier 1811.

Proposition d'acquérir le château de La Fère pour y placer une salle d'armes, une caserne et des écuries.	Approuvé.
Le ministre de la marine annonce que Sa Majesté consent au renvoi des infirmes anglais dans la proportion des Français renvoyés par ce gouvernement et comparativement au nombre total.	Je ne veux renvoyer personne.
On propose à Sa Majesté d'accorder une gratification aux officiers du génie qui ont été employés en 1810 aux travaux extraordinaires des places du Havre, Calais et Venloo et aux projets de Cherbourg, montant à 4.400 francs.	Accordé.
On rend compte à Sa Majesté qu'il existe à la caisse du 1er bataillon de sapeurs un déficit de 4.183 fr. 53, par suite des dilapidations de l'officier qui en était chargé. On propose à Sa Majesté de faire couvrir la caisse du corps par le Trésor public, qui exercera son recours contre qui de droit.	Accordé.
On rend compte à Sa Majesté que M. Wéry, ancien major au 6e régiment de hussards, est comptable envers le Trésor public d'une somme de 5.915 fr. 03 et on propose de décider qu'en raison des malheurs et des services de cet officier supérieur, la garantie du Trésor public sera restreinte à la rete-	Accordé.

(1) Non signées; extraites du « Travail du ministre de la guerre avec S. M. l'Empereur et Roi, daté du 23 janvier 1811 ».

nue du cinquième de son traitement de réforme.

On propose à Sa Majesté d'accorder une gratification de 600 francs comme témoignage de satisfaction à M. le chef d'escadron de gendarmerie Robquin, commandant le dépôt des prisonniers anglais à Bitche.

Accordé.

Proposition d'employer dans la 7ᵉ division militaire le général de brigade Motte, qui commande dans le département du Finistère.

Accordé.

On propose à Sa Majesté de nommer commandant d'armes les colonels Guéret et Cazeaux; le premier à Sarrelouis et le second à Douai.

Accordé.

Le général de brigade Maupetit, qui commande le département de l'Orne, demande un congé pour venir à Paris prendre l'avis des médecins sur la surdité dont il est atteint.

Accordé.

On met sous les yeux de Sa Majesté la demande que fait le général de brigade Roest van Alkemade, pour obtenir un congé de convalescence de deux mois avec appointements.

Accordé.

M. le prince d'Eckmühl demande pour M. Vasserot, colonel du 17ᵉ régiment de ligne, un congé de quatre mois pour se rendre à ses foyers.

Accordé.

On propose à Sa Majesté d'autoriser le prince architrésorier à régler la retraite des généraux de brigade hollandais Sandick et Voët.

Leur rendre leur retraite.

L'intendant de la Haute-Catalogne demande, d'après l'avis favorable de la junte à Girone, la liberté de 4 prisonniers réclamés par leurs familles, comme leur soutien.

Accordé.

Suivant l'ordre de Sa Majesté, on soumet un rapport sur le chef d'escadron Barry, qui demande la décoration de la Légion d'honneur.	Accordé.
On propose à Sa Majesté de nommer à l'emploi de capitaine au Prytanée militaire de La Flèche, vacant par la mort du capitaine Ollagnier, le capitaine Hartlieb, adjudant-major au 6ᵉ régiment des chasseurs illyriens.	Refusé.
On propose au commandement du régiment vacant à l'Ile de France M. Barois, major, aide de camp du général Decaen, ou M. Vallet, colonel hollandais à la suite.	Refusé.
On demande à Sa Majesté si Elle veut permettre que M. Brousse, capitaine, admis à la retraite, touche sa pension en Espagne, où il a toute sa famille qui est attachée au service de Sa Majesté Catholique.	Accordé.
On demande à Sa Majesté si son intention est que le sieur Aubry, ex-lieutenant, jouisse de sa solde de retraite à Zara, en Dalmatie, où réside son épouse qui y possède quelques biens.	Accordé.

4998. — DÉCISION.

Paris, 24 janvier 1811.

Composition de l'escorte qui peut être formée actuellement à Bayonne pour le convoi de 3 millions qui est prêt à partir.	Attendre de plus fortes escortes. NAPOLÉON.

4999. — AU GÉNÉRAL CLARKE.

Paris, 24 janvier 1811.

Monsieur le duc de Feltre, j'approuve l'état de l'armement de Rome, de Civita-Vecchia et des côtes, que vous proposez par l'un de vos rapports du 23, hormis que je désire qu'il y ait quatre mortiers de 12 pouces au lieu de deux. Faites passer cette artillerie par mer, et vendez au roi de Naples la mauvaise artillerie qui est à Rome. Gardez les pièces qui ont des boulets, mais en en diminuant le nombre. Par exemple, il me paraît suffisant de garder quatre pièces de 17, deux de 13, deux de 11, deux de 9 et deux de 5, au lieu du nombre de pièces que vous voulez garder.

NAPOLÉON.

5000. — AU GÉNÉRAL CLARKE.

Paris, 24 janvier 1811.

Monsieur le duc de Feltre, je reçois votre rapport du 23 sur les trente-six cadres du train d'artillerie à retirer d'Espagne. Ce travail me paraît bien; ordonnez-en l'exécution. Ainsi ces trente-six compagnies équivaudront à six bataillons.

Comme ces six bataillons ne sont pas rigoureusement nécessaires en France, vous pouvez laisser une certaine latitude aux généraux commandant l'artillerie pour n'envoyer que deux cadres au lieu de trois, lorsqu'ils croiraient que l'absence de trois cadres nuirait au service.

NAPOLÉON.

5001. — AU GÉNÉRAL CLARKE.

Paris, 24 janvier 1811.

Monsieur le duc de Feltre, mon intention est d'avoir grande parade dimanche. Donnez des ordres en conséquence.

NAPOLÉON

5002. — AU GÉNÉRAL CLARKE.

Paris, 24 janvier 1811.

Monsieur le duc de Feltre, présentez-moi un projet de décret pour lever trois régiments d'infanterie de ligne et un régiment de lanciers dans les trois nouveaux départements du nord de l'Allemagne.

Le prince d'Eckmühl sera chargé de cette organisation. Il faudrait choisir trois bons colonels et trois bons majors français parlant allemand.

NAPOLÉON.

5003. — DÉCISION.

Paris, 24 janvier 1811.

Le général Clarke propose d'autoriser la formation à Bourges d'une 6ᵉ compagnie de pionniers volontaires étrangers, dont un détachement de 55 pionniers blancs revenu d'Espagne formerait le noyau.

Approuvé.

NAPOLÉON.

5004. — AU GÉNÉRAL LACUÉE.

Paris, 24 janvier 1811.

Monsieur le comte de Cessac, je désire que vous me remettiez un projet pour porter les régiments de cavalerie à 804 chevaux, pour ceux qui ont, en hommes, une force moindre de ce nombre de chevaux, et pour porter au delà de 804 chevaux, jusqu'à due concurrence, les régiments qui ont plus de 800 hommes. Il faut que l'état que vous me remettrez présente la situation des hommes, des chevaux et des harnais, afin que je voie bien quelle est la situation de ma cavalerie.

NAPOLÉON.

5005. — AU GÉNÉRAL LACUÉE.

Paris, 24 janvier 1811.

Monsieur le comte de Cessac, je reçois votre rapport du 23. Je vois avec plaisir que le 2ᵉ bataillon d'équipages militaires arrive à Commercy. Présentez-moi un projet de décret ayant pour but de porter les 2e et 12e bataillons du train chacun à six compagnies. Je pense qu'il serait convenable d'augmenter les compagnies et de les porter, au lieu de 36, à 40 voitures. Alors le bataillon, composé de six compagnies, aurait 240 voitures. En supposant un corps d'armée de deux ou trois divisions, un bataillon attaché à ce corps d'armée pourrait fournir aux régiments trois ou quatre compagnies et avoir deux ou trois compagnies à la réserve. L'expérience a prouvé qu'un bataillon, tel qu'il est composé aujourd'hui, est un peu trop faible pour un corps d'armée. Moyennant cette augmentation, le 12e bataillon serait suffisant pour le corps du prince d'Eckmühl, puisque, indépendamment de ces 240 voitures, il y en a environ 80 appartenant aux régiments. Par ce moyen, les six bataillons qui rentrent en France auraient 1.200 à 1.300 voitures, en supposant qu'on les portât à 240 voitures par bataillon. Je suppose que vous avez pris des mesures pour avoir dans le courant de 1811 la quantité de voitures nécessaires, ainsi que les harnais. Je ne pense pas qu'il faille retirer ni chevaux, ni voitures de Pau.

NAPOLÉON.

5006. — DÉCISION.

Paris, 26 janvier 1811.

Le duc de Nassau a exprimé le désir de faire passer en Catalogne un détachement destiné à y renforcer ses troupes.

Approuvé.

NAPOLÉON.

5007. — DÉCISION.

Paris, 27 janvier 1811.

Le commandant du dépôt de lanciers de la Vistule demande l'autorisation de faire partir douze sous-officiers pour l'Espagne.

Il n'est pas convenable d'envoyer des sous-officiers en Espagne sans soldats. On les fera partir lorsqu'il y aura assez d'hommes pour leur donner une direction.

NAPOLÉON.

5008. — DÉCISION.

Paris, 28 janvier 1811.

Le maréchal Berthier rend compte que, conformément à l'ordre de l'Empereur, il a fait ajourner le départ du convoi de 3 millions destiné à l'armée de Portugal.

J'approuve le mouvement de ce convoi jusqu'à Burgos. Le major général me fera connaître la destination des fonds. Il est important surtout que l'armée de Portugal soit bien pourvue. Combien coûte un mois de solde pour cette armée? Il faudrait pouvoir lui assurer quatre mois de solde, aussitôt qu'on pourra communiquer avec elle?

Napoléon.

5009. — AU MARÉCHAL BERTHIER.

Paris, 29 janvier 1811.

Mon Cousin, donnez ordre qu'il ne reste aucun prisonnier espagnol au dépôt de Pau. Rendez responsable le général Quesnel, s'il en restait aucun dans son commandement à portée des côtes, sous prétexte de maladie ou sous tout autre prétexte; il faut que tout le monde soit évacué.

Napoléon.

5010. — AU MARÉCHAL BERTHIER.

Paris, 29 janvier 1811.

Mon Cousin, répondez à la lettre du 11, du général Suchet, qu'il doit presser la rentrée des contributions de guerre de Lérida, afin de mettre à jour la solde de son corps d'armée; que je trouve faible la contribution de 3 millions de réaux qu'il a mise sur Tortose, qu'il doit en presser la rentrée sans délai; que la gendarmerie de l'Aragon n'est pas payée; que j'attends, pour lui donner des ordres ultérieurs, la nouvelle de la prise de Tarragone; qu'il aide et appuie de tous ses moyens le maréchal Macdonald dans la conquête de cette place si importante.

Napoléon.

5011. — ORDRE DU JOUR.

Au palais des Tuileries, 29 janvier 1811.

Sa Majesté l'Empereur ordonne ce qui suit :

En l'absence des quatre maréchaux, colonels généraux de notre garde, notre grand maréchal du Palais, duc de Frioul, prendra le commandement de ladite garde.

Les généraux et colonels commandant les différents régiments, l'inspecteur aux revues et les commissaires des guerres lui feront des rapports tous les jours; et il prendra nos ordres pour tout ce qui est relatif au service de notre garde.

NAPOLÉON (1).

5012. — AU GÉNÉRAL CLARKE.

Paris, 29 janvier 1811.

Monsieur le duc de Feltre, j'approuve qu'une commission, composée des généraux Andréossy et Lariboisière et des colonels Drouot et Villantroys, s'occupe de la plus grande portée à donner aux mortiers.

J'approuve aussi que les deux frégates que j'envoie à Malaga prennent à bord 3.000 boulets de 36, 4.000 de 24, 6.000 de 12, 2.000 bombes de 12 pouces, 1.000 de 10 pouces, 6.000 kilogrammes de tôle.

Il faudrait envoyer au moins 100 milliers de poudre. Quant aux 6.000 obus de 8 pouces, il serait peut-être convenable d'envoyer 6.000 bombes de 8 pouces; car il me semble que c'est avec des mortiers qu'on les tire.

NAPOLÉON.

5013. — DÉCISION (2).

On propose à Sa Majesté de remplacer, dans le commandement de Belle-Ile, le général de division Quantin, qui a été admis à la retraite.

Accordé.
L'Empereur a désigné le général Beker.

---

(1) Malgré le préambule : « Sa Majesté l'Empereur ordonne », cet ordre du jour est signé Napoléon.
(2) Sans signature ni date; extraite du « Travail du ministre de la guerre avec S. M. l'Empereur et Roi, daté du 30 janvier 1811 ».

On présente en conséquence à Sa Majesté les généraux de division Beker, Rusca et Tharreau, qui sont disponibles, ou les généraux de brigade Vachot, Girardot et Dutruy.

5014. — DÉCISIONS (1).

On propose à Sa Majesté d'accorder le titre et le traitement de reforme de médecin principal des armées à trois membres du conseil d'administration.

On propose à Sa Majesté d'accorder un fonds de 676.000 francs pour l'achat de 8.000 demi-fournitures à établir dans la Haute-Catalogne, afin d'améliorer le sort du soldat et de faire cesser les maladies qui résultent du défaut de casernement dans cette province.

Présenter un projet de décret pour établir un membre hollandais au conseil de santé.

Ecrire à ce sujet au général Baraguey d'Hilliers.

5015. — AU GÉNÉRAL CLARKE.

Paris, 30 janvier 1811.

Monsieur le duc de Feltre, je reçois la lettre du duc de Raguse, du 22 janvier, que je vous renvoie. Ce Wilhelm Amuller, de Stuttgart, est évidemment un intrigant. Donnez l'ordre qu'il soit amené sous bonne et sûre escorte à Paris, en l'adressant au ministre de la police. Envoyez à ce ministre cette lettre, pour qu'à Stuttgart, sur la route et ailleurs, il fasse prendre des renseignements sur cet individu.

NAPOLÉON.

---

(1) Sans date ni signature, de la main de Maret; extraites du « Travail du ministre directeur de l'administration de la guerre avec S. M. l'Empereur et Roi, daté du 30 janvier 1811 ».

5016. — NOTES REMISES PAR LE MINISTRE A LA SORTIE DU CONSEIL DU 30 JANVIER 1811 (1).

1° Envoyer à Vannes les réfractaires destinés pour Belle-Ile.
2° Combien de compagnies du régiment de la Méditerranée sont sorties de l'île d'Elbe pour Corfou? et combien de troupes?

5017. — DÉCISION.

Paris, 31 janvier 1811.

Le général Clarke rend compte des opérations de la colonne mobile du département de la Lys, envoyée à la recherche des réfractaires.

Approuvé.

NAPOLÉON.

5018. — DÉCISION.

Paris, 31 janvier 1811.

Rapport sur la Rapita au point de vue de la valeur militaire de ce port.

Renvoyé au major général pour demander au général Suchet des renseignements sur ce port et sur la manière dont il est armé.

NAPOLÉON.

5019 — DÉCISION.

Paris, 31 janvier 1811.

Le maréchal Berthier rend compte qu'il a écrit au général Suchet de presser la rentrée de la contribution de 3 millions de réaux imposée à la ville de Tortose.

Il faudrait que, sur les trois millions de réaux qu'on lève à Tortose, il en fût envoyé un million à Barcelone pour être versé dans la caisse de la garnison.

NAPOLÉON.

---

(1) Copie certifiée.

5020. — DÉCISION.

Paris, 31 janvier 1811.

Le général Clarke soumet à l'approbation de l'Empereur l'ordre qui a été donné de faire occuper les postes d'Orbaiceta par 540 hommes du 2ᵉ bataillon de chasseurs des montagnes.

Approuvé, mais au lieu de 500 hommes, il en faudrait 900 pour occuper toute la vallée de Bastan.

NAPOLÉON.

5021. — DÉCISION.

Paris, 31 janvier 1811.

Le général Clarke propose de mettre à la disposition de la marine à Rochefort 200 hommes, destinés à être embarqués pour Batavia sur la frégate *l'Hortense*.

Approuvé.

NAPOLÉON.

5022. — DÉCISION.

Paris, 31 janvier 1811.

Le ministre de la marine demande qu'il soit fourni au vaisseau *le Regulus* une garnison de 97 hommes d'infanterie.

Renvoyé au ministre de la guerre pour faire prendre ce détachement dans les troupes qui sont dans la division militaire.

NAPOLÉON.

5023. — DÉCISION.

Paris, 31 janvier 1811.

Détachements qui pourraient être désignés pour former les garnisons de trois vaisseaux en armement dans le port de Lorient.

Accordé.

NAPOLÉON.

5024. — AU GÉNÉRAL CLARKE.

Paris, 31 janvier 1811.

Monsieur le duc de Feltre, il est indispensable que vous donniez des ordres pour que, désormais, aucun soldat français envoyé en semestre, ou voyageant sous quelque prétexte que ce soit, ne sorte de France, et pour que, dans le cas où ils seraient à l'armée du prince d'Eckmühl, on les fasse rentrer en France par le plus court chemin.

Ainsi, ceux qui sont à Hanovre, à Magdeburg, rentreront par Wesel, ceux qui sont à Hamburg et dans le Mecklenburg seront aussi dirigés par la route la plus courte sur Wesel, qui sera la place de dépôt de l'armée d'Allemagne.

Il faut que tous les semestriers qui reviendront d'Italie soient dirigés, par le Simplon, sur Genève et, de là, sur Wesel.

Etablissez une correspondance avec Wesel pour qu'on vous rende compte de tout. Etablissez bien les lignes d'étapes de Wesel à Hamburg. Ecrivez au prince d'Eckmühl, aux commandants des divisions militaires et aux commandants des départements. Il y a un grand mouvement des semestriers. Mon intention n'est pas qu'ils passent par le Tyrol, ni par Francfort, ni par aucun point d'Allemagne. Tout doit passer par Wesel.

NAPOLÉON.

5025. — DÉCISION.

Paris, 2 février 1811

Le général Clarke demande des ordres au sujet du départ pour l'armée d'Espagne du bataillon de marche composé de tous les hommes disponibles aux dépôts de la garde.	Le ministre de la guerre me remettra cela sous les yeux au 15 février. NAPOLÉON.

5026. — AU MARÉCHAL BERTHIER.

Paris, 2 février 1811.

Mon Cousin, donnez ordre au général Reille de renvoyer en Aragon les détachements des régiments de la Vistule, afin que ces détachements rejoignent leurs corps, et de faire rentrer le plus tôt possible en France le bataillon d'Isembourg qui, arrivé à Bayonne, sera mis à la disposition du ministre de la guerre.

NAPOLÉON.

5027. — AU GÉNÉRAL CLARKE.

2 février 1811.

Monsieur le duc de Feltre, je possède beaucoup de mines de plomb dans les provinces illyriennes et surtout à Villach. On m'assure que ces mines souffrent, parce qu'elles ont beaucoup de plomb qu'elles ne peuvent pas débiter. Envoyez un officier pour acheter et payer comptant tous les plombs qui existent.

NAPOLÉON.

5028. — AU GÉNÉRAL LACUÉE.

Paris, 2 février 1811.

Monsieur le comte de Cessac, vous verrez, par mon décret, que sur les 10.250.101 francs des exercices 1808 et 1809, j'ai donné 4.500.000 francs à l'infanterie de ligne, 2.000.000 à l'infanterie légère et 2.000.000 à la cavalerie, ce qui fait moitié de ce que porte votre état pour l'infanterie et le quart pour la cavalerie.

Arrangez les choses de manière que le résultat du travail que vous ferez soit de rendre à la masse de linge et chaussure toutes ses avances, et de faire payer une bonne partie de ce qui est dû aux ouvriers et fournisseurs. J'ai prévu le cas où la meilleure partie de ces sommes seraient dues à des officiers ou soldats morts ou absents depuis longtemps. Je pense qu'en faisant le travail dans l'esprit de mon décret, il y aura économie de 50 p. 100.

NAPOLÉON.

5029. — AU GÉNÉRAL CLARKE (1).

Paris, 3 février 1811.

Monsieur le duc de Feltre, il n'y a à Danzig que deux compagnies d'artillerie du 5ᵉ régiment; je désire en envoyer quatre autres du même régiment, de sorte qu'il y ait à Danzig six compagnies

---

(1) Extrait non signé d'un ordre de l'Empereur.

d'artillerie, formant 800 hommes, une demi-compagnie au moins d'ouvriers et un état-major d'artillerie suffisant.

Il faut approvisionner Danzig de tout ce qu'il est nécessaire qu'il y ait.

Je vous ai mandé de ne plus rien laisser évacuer de Magdeburg : je suppose que les évacuations qui se faisaient l'année dernière ont entièrement cessé.

Prenez mes ordres, au prochain conseil, sur la suite de ces opérations, et portez-moi un rapport sur l'organisation du service dans cette place.

5030. — AU GÉNÉRAL CLARKE.

Paris, 3 février 1811.

Monsieur le duc de Feltre, j'approuve la proposition de supprimer le 7e régiment d'artillerie à cheval. En conséquence, la 1re compagnie du 7e d'artillerie, qui est en Espagne, fera partie du 4e d'artillerie à cheval, dont elle formera la 7e compagnie, et la 2e compagnie du 7e, qui est à l'armée d'Allemagne, formera la 7e compagnie du 1er régiment d'artillerie à cheval.

NAPOLÉON.

5031. — AU GÉNÉRAL CLARKE.

Paris, 3 février 1811.

Monsieur le duc de Feltre, donnez ordre que la compagnie du train de la garde italienne, la compagnie d'artillerie à cheval de la garde italienne, et le tiers de compagnie du train d'artillerie de cette garde, qui sont en Catalogne, rentrent en Italie. La compagnie du train, et le tiers de compagnie du train d'artillerie verseront les chevaux qu'ils ont disponibles dans les deux compagnies qui restent en Catalogne.

NAPOLÉON.

5032. — DÉCISION.

Paris, 4 février 1811.

MM. Veersteeg, capitaine, et Vaillant, lieutenant du génie hol-	Accordé. NAPOLÉON.

landais, offrent leur démission pour cause d'infirmités ou de mauvaise santé.

5033. — DÉCISION.

Paris, 4 février 1811.

Gratifications demandées pour 12 officiers et 1 employé de l'artillerie, montant à 10.400 francs. Exposé de leurs services.

Approuvé.

NAPOLÉON.

5034. — DÉCISIONS (1).

Paris, 4 février 1811.

Le roi de Westphalie demande l'autorisation de faire fabriquer à son compte à la manufacture impériale d'armes de Mutzig 4.000 fusils d'infanterie et de les exporter en exemption de tout droit.

Accordé.

On rend compte à Sa Majesté de la construction en pilotis d'une partie du pont sur le Rhin, vis-à-vis Neuf-Brisach, en profitant d'une île qui s'est formée au milieu du fleuve.

Me proposer d'augmenter l'octroi de passage, de manière à ce qu'il suffise à l'entretien.

M. le maréchal prince d'Eckmühl demande comment les troupes devront être nourries et soldées dans les départements de l'Ems supérieur, des Bouches-du-Weser et de l'Elbe.

Toutes les contributions et ressources de ces pays doivent être employées à l'entretien des troupes.

On présente à Sa Majesté la liste des officiers d'artillerie hollandaise en retraite ou en réforme, reconnus susceptibles de reprendre un service actif.

Il faudrait savoir si ces officiers sont bons à quelque chose.

Sa Majesté est priée d'approuver

---

(1) Non signées; extraites du « Travail du ministre de la guerre avec S. M. l'Empereur et Roi, daté du 30 janvier 1811 ».

la destination qu'on propose de leur donner en Allemagne.

Sa Majesté est priée de faire connaître si son intention est d'employer dans une division militaire l'adjudant commandant Molard, ancien chef de l'état-major de la 2ᵉ division du 3ᵉ corps, revenu d'Espagne pour cause de maladie et d'infirmités.

Approuvé.

On propose à Sa Majesté de confier le commandement provisoire de la place de Grenoble au chef de bataillon Bourgade, sortant du 35ᵉ régiment, qui a commandé en Espagne la place de Saint-Sébastien, et est rentré en France pour cause de maladie.

Approuvé.

On propose à Sa Majesté de nommer inspecteur aux revues et d'attacher en cette qualité à l'expédition de Nantes, un sous-inspecteur aux revues hollandais;

L'expédition de Nantes est partie. Je préfère d'ailleurs envoyer à Batavia un Français plutôt qu'un Hollandais.

De nommer chef de bataillon et d'employer dans les expéditions maritimes le capitaine Desjardins, aide de camp du général Schaal, commandant la 26ᵉ division militaire.

Approuvé pour six mois.

On met sous les yeux de Sa Majesté la demande que fait le prince architrésorier d'être autorisé à conserver à l'état-major de son gouvernement un officier qui était attaché à l'état-major du général de division comte de Bergerduin.

Si cet officier est bon, l'envoyer à Batavia; il recevra le grade en arrivant dans l'île.

On propose à Sa Majesté d'autoriser le passage au service du roi de Naples de MM. Bianchetti et Göldlin, lieutenants en premier, et Dupeye, lieutenant en second au 1ᵉʳ régiment suisse.

Approuvé.

On soumet à Sa Majesté la demande d'un congé de deux mois avec appointements que fait le sieur Eulner, colonel du 7ᵉ régiment de hussards, pour se rendre au dépôt de ce corps.

Accordé.

On propose à Sa Majesté d'admettre à la retraite le capitaine Dumas, du 21ᵉ régiment de dragons. Cet officier est sans espoir de guérison.

Accordé.

Les frères Casenove, Anglais, prisonniers sur parole, évadés de Genève, n'étaient point cautionnés et ont seulement obtenu des marques d'intérêt et de protection de la part de M. le comte Regnaud de Saint-Jean d'Angély et des banquiers Perregaux et Lafitte.

On n'a pas pu, par ce motif, faire exécuter la décision de Sa Majesté pour l'arrestation des cautions.

Je ne puis que réitérer l'ordre que tous les Anglais qui s'évaderont et qui seront repris soient traduits devant des commissions militaires pour être jugés conformément aux lois.

Je n'entends pas dire qu'il y ait encore eu aucun jugement de rendu; il faut que ces sentiments soient affichés dans tous les dépôts et prisons.

Le ministre de la guerre n'exécute pas les lois.

5035. — AU GÉNÉRAL CLARKE.

Paris, 5 février 1811.

Monsieur le duc de Feltre, je vois sur l'état numérique des troupes, au 15 janvier, que le 3ᵉ régiment provisoire de cuirassiers est composé de 900 hommes et de 300 chevaux, et que ces hommes et ces chevaux sont à Toulouse et Avignon. Il me semble que j'avais ordonné que ce régiment fût dissous, et que chaque détachement rejoignît son régiment.

Le 13ᵉ de cuirassiers est, je crois, à 1.300 hommes. Faites-moi connaître la situation de son dépôt, et s'il a été fait des dispositions pour sa remonte.

NAPOLÉON.

5036. — AU GÉNÉRAL CLARKE.

Paris, 5 février 1811.

Monsieur le duc de Feltre, mettez à la disposition de la marine à Toulon, pour être embarqués sur les bâtiments qui vont à Malaga : 1.500 boulets de 36, 1.500 boulets de 24, 3.000 boulets de 12, 1.000 bombes de 12 pouces, 1.000 bombes de 10 pouces, 6.000 bombes de 8 pouces, et 80.000 kilogrammes de poudre.

Vous donnerez ordre, qu'en retour, ces bâtiments se chargent de plomb. C'est mal à propos que le bureau d'artillerie a proposé d'envoyer du plomb en Andalousie, où il y en a une si grande abondance.

NAPOLÉON.

5037. — DÉCISION.

Paris, 6 février 1811.

Le maréchal Berthier propose de faire réformer et vendre les chevaux hors de service existant au dépôt général de cavalerie de l'armée de Portugal.

Approuvé.

NAPOLÉON

5038. — DÉCISION.

Paris, 6 février 1811.

On demande l'autorisation de renvoyer au dépôt en France trois officiers du 26° régiment de chasseurs, jugés incapables de servir activement.

Accordé.

NAPOLÉON.

5039. — DÉCISION.

Paris, 6 février 1811.

On propose à Sa Majesté d'employer aux travaux de Cherbourg la 3° compagnie du 1er bataillon de mineurs et la 9° du 3° bataillon de sapeurs stationnées à Bayonne, et qui sont inutiles dans cette place pour le service du génie.

Approuvé.

NAPOLÉON.

5040. — DÉCISION.

Paris, 6 février 1811.

On propose à Sa Majesté M. le général de brigade du génie Cazals pour exercer les fonctions de commandant du génie à l'armée du Nord de l'Espagne.

Il y a assez de généraux du génie en Espagne.

NAPOLÉON.

5041. — AU GÉNÉRAL CLARKE.

Paris, 6 février 1811.

Monsieur le duc de Feltre, donnez ordre que toute l'artillerie de la garde qui était sur la Loire rentre à Vincennes et à La Fère.

NAPOLÉON.

5042. — AU GÉNÉRAL LACUÉE.

Paris, 6 février 1811.

Monsieur le comte de Cessac, mon intention est d'avoir un approvisionnement de réserve en grains, froment, de 50.000 quintaux métriques, dans chacune des villes de Toulouse et de Metz. Le froment, pour la réserve de Toulouse, sera acheté dans les départements de l'Ouest, celui de la réserve de Metz dans les départements du Mont-Tonnerre, de Rhin-et-Moselle et de la Roër. La formation de ces réserves et le soin de leur conservation seront confiés à la direction générale des vivres de la guerre, qui établira une comptabilité particulière pour ces opérations. Vous me ferez connaître quelle somme est nécessaire pour former chacun de ces deux approvisionnements de réserve, pour leur entretien et leur conservation pendant six mois. Lorsque les réserves dont il s'agit seront formées, vous m'en rendrez compte, et je vous ferai passer mes ordres sur l'emploi que je voudrai en être fait.

NAPOLÉON.

5043. — DÉCISION.

Paris, (1) février 1811.

Rapport du général Clarke tendant à ce qu'une garde d'honneur, tirée du 7ᵉ cuirassiers, soit désignée pour le service de l'impératrice au château de Navarre.

Le ministre peut donner l'autorisation qu'il soit fourni un détachement de cuirassiers pour garde d'honneur, qui prendra les ordres des écuyers de l'impératrice.

NAPOLÉON.

5044. — DÉCISIONS (2).

Paris, 7 février 1811.

Sa Majesté est priée de faire savoir si son intention est de faire acheter des chevaux pour les deux bataillons du train d'artillerie qui viennent d'Italie à Besançon.

On me représentera cela au 15 mars; en attendant, on aura soin que les harnais existent en bon état, afin que, s'il le fallait, on puisse se procurer en Franche-Comté tous les chevaux nécessaires pour compléter les bataillons.

Sa Majesté est priée de faire connaître ses intentions sur l'achat de chevaux à faire pour porter au complet de 1.428 les quatre bataillons du train d'artillerie de l'armée d'Allemagne en exécution du décret impérial du 29 janvier dernier.

Cela doit être fait plus doucement et partiellement. Il faut : 1° que le ministre me fasse connaître la situation du personnel, compagnie par compagnie, celle des présents sous les armes, ainsi que du nombre des chevaux, afin d'ordonner sur-le-champ le complément des chevaux, à raison de deux par homme présent; 2° que le ministre fasse connaître ce que l'activité de la conscription fournira à ces bataillons, l'époque à laquelle on peut

---

(1) Sans date de jour; le rapport du ministre est du 6 février.
(2) Non signées; extraites du « Travail du ministre de la guerre avec S. M. l'Empereur et Roi, daté du 6 février 1811 ».

supposer que les hommes seront arrivés et, dès lors, me proposer d'acheter des chevaux à cette époque qui ne peut pas arriver avant le mois de mai, afin que les hommes soient arrivés avant les chevaux; j'ai perdu beaucoup de chevaux l'année dernière pour avoir eu les chevaux avant les hommes.

On propose à Sa Majesté d'accorder une indemnité de 500 francs à chacune des quatre compagnies de gardes-côtes de la direction de Cherbourg qui ont été employées pendant deux mois à un service extraordinaire.

Approuvé.

On demande les ordres de Sa Majesté sur la régularisation d'une somme de 50.000 francs, mise à la disposition du général Verdier par ordre de S. A. I. le prince vice-roi d'Italie, en date du 20 septembre 1805, et que ce général annonce avoir employée en dépenses secrètes, frais d'espionnage, etc.

En écrire au vice-roi.

On propose à Sa Majesté d'approuver le remboursement d'une somme de 2.384 fr. 42 prise par l'ennemi au 1er régiment d'artillerie à pied et appartenant à la masse de linge et chaussure;

Approuvé.

D'approuver le remboursement d'une somme de 163 fr. 31, appartenant à la masse de linge et chaussure d'un détachement du 5e régiment d'artillerie à pied et prise par l'ennemi devant Bayreuth le 8 juillet 1809;

Approuvé.

D'accorder aux commissaires des guerres qui ont rempli les fonctions

Approuvé.

de sous-inspecteurs aux revues pendant le 2ᵉ semestre 1810, une somme de 28.500 francs, à titre de gratification, pour les rembourser des frais de bureau extraordinaires auxquels ces fonctions les ont assujettis.

On rend compte à Sa Majesté de l'évasion d'un négociant et otage anglais, placé en surveillance à Douai, des mesures qui ont été prises pour l'arrestation du négociant français qui l'avait cautionné.

Approuvé.

On demande à Sa Majesté si Elle veut permettre qu'un employé au service des écuries de Sa Majesté sicilienne jouisse de sa solde de retraite à Naples.

Approuvé.

On propose à Sa Majesté d'autoriser le payement, sur les fonds extraordinaires de la guerre, d'une somme annuelle de 2.410 francs, accordée à titre de secours à cinq anciens serviteurs du ministère désignés au rapport.

Approuvé.

On met sous les yeux de Sa Majesté l'état numérique des sous-lieutenants surnuméraires dans les régiments de troupes à cheval.

Le nombre s'en élève actuellement à 274. Il serait de 312 par la nomination des 38 vélites dont l'état a été envoyé par Sa Majesté.

Il faut d'abord placer tous les sous-lieutenants à la suite, cependant on placera dans le 5ᵉ escadron dont je viens d'ordonner la formation, les meilleurs de ces vélites.

On fait connaître à Sa Majesté que le détachement de 73 hommes du 2ᵉ régiment de grenadiers à pied de la garde, qui a été dirigé sur le dépôt du régiment de La Tour d'Auvergne à Strasbourg, était formé de militaires de l'ex-garde hollandaise que Sa Majesté a ordonné d'envoyer à ce régiment.

Aussitôt que possible, le faire passer par le Simplon à Naples.

S. A. I. le prince vice-roi désire que le général de brigade Thiry, disponible, soit employé à l'armée d'Italie.

Approuvé.

Le général de division Delmas, réformé, à Colmar, et qui a l'ordre de s'éloigner de 30 lieues de Paris, demande la permission de venir à Paris, avec la députation du collège électoral du département du Haut-Rhin, dont il est membre.

Refusé.

On propose à Sa Majesté d'accorder un congé jusqu'au 1er mai prochain à M. Luchaire, colonel du 7e régiment d'infanterie légère, pour vaquer à ses affaires particulières.

Accordé lorsque le major l'aura remplacé.

Sa Majesté est priée de faire connaître si Elle approuve qu'un chef d'escadron au 1er régiment de chevau-légers de la garde et un lieutenant au même corps, qui sont employés à l'armée d'Espagne, jouissent d'un congé de trois mois avec demi-solde.

Refusé pour le chef d'escadron, accordé avec appointements pour le lieutenant.

On met sous les yeux de Sa Majesté la demande d'un congé de deux mois formée par un lieutenant en second au 2e régiment de grenadiers à pied de la garde, pour se rendre à Bentheim, où le décès de son père rend sa présence nécessaire.

Accordé.

Un Hollandais, capitaine de hussards au service de Prusse depuis dix-sept ans, sollicite l'autorisation de rester au service de Sa Majesté prussienne.

Accordé.

Mme veuve Guyot de Saint-Amand, née Wimpffen, demande que son fils, âgé de 18 ans, soit autorisé à accepter une lieutenance dans la garde du roi de Wurtemberg.

Accordé.

On soumet à Sa Majesté la demande faite par S. A. le prince Borghese pour qu'un fusilier grenadier de la garde impériale, actuellement en congé de semestre, passe dans la compagnie de ses gardes d'honneur.	Refusé.
On propose à Sa Majesté d'admettre à la solde de retraite le lieutenant Druet, du 20e régiment de dragons.	Accordé.
S. A. I. le vice-roi demande qu'il soit accordé à M. Durrieu, adjudant commandant, un congé de quatre mois avec appointements. Sa Majesté est priée de faire connaître ses ordres sur cette demande.	Refusé.

5045. — AU GÉNÉRAL CLARKE.

Paris, 7 février 1811.

Monsieur le duc de Feltre, aussitôt que les conseils du génie seront terminés, je commencerai les conseils d'artillerie. Il me semble convenable d'y faire venir les directeurs des principaux arsenaux et les officiers qui entendent le mieux ce qui est relatif aux armes, afin de pouvoir faire le budget de 1811 en connaissance de cause et sur des bases fixes.

NAPOLÉON.

5046. — AU GÉNÉRAL LACUÉE.

Paris, 7 février 1811.

Monsieur le comte de Cessac, j'ai lu avec attention votre rapport du 6 février. Il me semble que le gouverneur de Corfou tire toujours des blés d'Albanie. Toutefois, je ne m'oppose pas à ce que 10 nouveaux milliers de quintaux, poids de marc, lui soient envoyés d'Alger et de Tunis; car c'est en vain que de nouvelles commandes seraient faites à Ancône et dans le royaume de Naples, puisque tous ces ports sont encombrés. Je vous autorise donc à écrire à mon consul à Tripoli, qui a des correspondances avec Alexandrie, pour qu'il fasse passer 10.000 quintaux de blé à Corfou. Je vous autorise à écrire la même chose à mes consuls d'Alger et de Tunis. Ils pourront tirer, pour cette opération, sur France.

NAPOLÉON.

5047. — DÉCISION.

Paris, 8 février 1811.

Etat des détachements d'hommes démontés de l'armée d'Espagne, arrivés au dépôt général de cavalerie établi à Pau.

Le ministre de la guerre donnera l'ordre que tous les détachements rejoignent leurs dépôts. Prévenir de cela le ministre de l'administration de la guerre.

NAPOLÉON.

5048. — AU GÉNÉRAL CLARKE.

Paris, 8 février 1811.

Monsieur le duc de Feltre, faites rentrer à leurs dépôts en France tous les détachements d'hommes à pied qui sont au dépôt de Pau. Faites également rejoindre au dépôt de la garde les 100 hommes démontés de l'artillerie de la garde, qui sont arrivés à Bayonne.

NAPOLÉON.

5049. — DÉCISION.

Paris, 8 février 1811.

Le 4ᵉ bataillon du régiment d'Isembourg, stationné à Pampelune, a reçu du maréchal Berthier l'ordre de rentrer en France.

Approuvé.

NAPOLÉON.

5050. — DÉCISION.

Paris, 8 février 1811.

Conformément aux propositions faites par le général Donzelot, le général Clarke demande si les Albanais en excédent doivent être

Renvoyer le général Donzelot à l'exécution littérale de mon ordre. Il est inutile d'avoir à Corfou des troupes qui ne sont pas

laissés à Corfou, et s'il convient de préparer un décret pour réunir les bataillons septinsulaire et des chasseurs d'Orient.

sûres. C'est dépenser beaucoup d'argent inutilement.

NAPOLÉON.

5051. — DÉCISION.

Paris, 9 février 1811.

Proposition du général Clarke au sujet des détachements de grenadiers devant être désignés pour composer les garnisons de quatre vaisseaux en rade de Toulon.

Approuvé.

NAPOLÉON.

5052. — AU GÉNÉRAL CLARKE.

Paris, 9 février 1811.

Monsieur le duc de Feltre, je vous envoie un passeport, qui a été donné par un chef de bataillon d'artillerie, pour le transport des armes que je cède à la Saxe. Qui est-ce qui a autorisé cet officier à délivrer un pareil passeport ? Je vous avais fait connaître que je voulais que cet envoi fût secret. Il y a donc une grande négligence de la part du bureau de l'artillerie de n'avoir pas donné des instructions à ses agents.

NAPOLÉON.

5053. — EXTRAIT D'UN ORDRE DE L'EMPEREUR (1).

9 février 1811.

Monsieur le duc de Feltre, faites réunir à Toulon, avant le 10 mars prochain, un chef de bataillon d'artillerie, deux compagnies d'artillerie et douze pièces de canon.

---

(1) Copie certifiée.

5054. — AU GÉNÉRAL CLARKE (1).

Paris, 11 février 1811.

Monsieur le duc de Feltre, faites-moi connaître ce qu'il y a de disponible à Genève et qu'on pourrait faire partir pour renforcer la brigade du général Gareau.

Ecrivez à ce général, que toutes les promesses qu'il fera au commandant du petit fort d'Urgel seront tenues.

5055. — AU GÉNÉRAL CLARKE.

11 février 1811.

Monsieur le duc de Feltre, témoignez ma satisfaction au duc de Raguse, de l'envoi qu'il a fait de 400 marins et du complément de l'équipage du vaisseau *le Rivoli*.

NAPOLÉON.

5056. — AU GÉNÉRAL CLARKE.

Paris, 11 février 1811.

Monsieur le duc de Feltre, il n'y a à l'armée d'Allemagne que quinze régiments; le seizième sera le 33e d'infanterie légère.

Mon décret, qui porte à quatre les pièces de chaque régiment, doit donc être appliqué à ce régiment.

Vous noterez que les seize régiments de l'armée d'Allemagne seront augmentés de leurs 4es bataillons en mai.

Ils auront ainsi tout le mois de mai pour se former, car il n'est pas probable que les 4es bataillons puissent arriver aux régiments avant la fin de mai.

Donnez ordre que le 33e se tienne prêt à entrer en campagne et à se rendre à l'armée d'Allemagne. Faites passer la revue de ce régiment; faites former sa compagnie de canonniers, et faites-lui fournir ses caissons, harnais, etc...

NAPOLÉON.

---

(1) Non signé, copie conforme.

5057. — AU GÉNÉRAL CLARKE (1).

Paris, 11 février 1811.

Monsieur le duc de Feltre, je vois, par votre rapport du 10, qu'il n'y a en France que 76.000 fusils d'un calibre étranger, savoir : 11.000 de 14, 11.000 de 16, 42.000 de 18, 4.000 de 20 et 7.000 de 22.

Faites-moi connaître : 1° ce qu'il m'en coûterait pour réunir tout cela à Danzig; 2° combien de temps faut-il que vous soyez prévenu à l'avance pour que tout cela soit encaissé et prêt à partir à une époque donnée ? Faites-moi connaître également s'il ne serait pas possible que des fusils de 16 et de 20 fussent bons pour des cartouches de 18; 3° si ce nombre de 76.000 fusils ne me suffisait pas, et que j'eus besoin de 54.000 autres, où pourrais-je les prendre ?

5058. — DÉCISION.

Paris, 11 février 1811.

Le général Clarke demande quelles seront les compagnies d'artillerie de la garde impériale venant des bords de la Loire et arrivant à Paris qui devront rester à Vincennes.

Je m'en rapporte là-dessus à ce que fera le général Lariboisière.

NAPOLÉON.

5059. — DÉCISION.

Paris, 11 février 1811.

Le général Clarke propose d'envoyer au parc de l'armée d'Allemagne 17 pièces autrichiennes en remplacement de 19 autres hanovriennes qui seront mises en batterie à Cuxhaven et Travemünde.

Approuvé.

NAPOLÉON.

---

(1) Copie conforme, non signé.

5060. — DÉCISION.

Paris, 11 février 1811.

Le dépôt du régiment de Prusse ne devant plus se recruter, 800 hommes deviennent disponibles. Le général Clarke propose de prélever sur ce nombre 300 hommes pour le 2ᵉ bataillon qui n'a, dans Sud-Beveland, que 590 hommes.

Approuvé.

Napoléon.

5061. — DÉCISION.

Paris, 13 février 1811.

Le général Reynier, commandant le 2ᵉ corps de l'armée d'Espagne, demande l'autorisation d'incorporer les 4ᵉˢ bataillons des régiments d'infanterie de ce corps d'armée dans les trois premiers bataillons de ces régiments et d'en renvoyer les cadres en France.

J'approuve beaucoup cette mesure.

Napoléon.

5062. — AU GÉNÉRAL CLARKE (1).

Paris, 13 février 1811.

Monsieur le duc de Feltre, vous donnerez l'autorisation au général Plauzonne de répartir ses troupes en cantonnements jusqu'à la distance d'une journée de Toulon.

5063. — AU GÉNÉRAL CLARKE.

Paris, 13 février 1811.

Monsieur le duc de Feltre, j'approuve que vous donniez au général Quesnel le commandement de la division de Puycerda; il aura sous ses ordres les généraux de brigade Gareau et Palmarole, et l'adjudant commandant Noguès. Je désire qu'il ait réuni au moins 4.000 hommes d'infanterie, 4 pièces de canon et 250 hommes de cavalerie, avant d'entrer dans le pays.

(1) Non signé, copie conforme.

Vous donnerez l'ordre aux deux bataillons du 23ᵉ léger, qui sont à Avignon, d'en partir, pour faire partie de la division du **général Quesnel** et entrer dans la Cerdagne. Vous me ferez connaître quand ces deux bataillons arriveront à Foix. Il me semble qu'il est important de s'occuper sérieusement de la formation de cette division.

Donnez l'ordre au 2ᵉ escadron du 20ᵉ de chasseurs, qui est à Nantes, de se compléter à 200 hommes, et de se rendre à **Foix**, où il fera partie de la division Quesnel.

Le général Baraguey d'Hilliers n'aura plus qu'à envoyer au général Quesnel 3.000 hommes d'infanterie et 200 chevaux. Par ce moyen, ce général sera en état d'entrer dans la Cerdagne, de s'y nourrir, de pacifier le pays et de contribuer aux opérations.

NAPOLÉON.

5064. — DÉCISION.

Paris, 13 février 1811.

Le général Belliard demande qu'il soit mis à la disposition du génie de l'armée du Centre la somme nécessaire pour la construction de magasins à poudre au Retiro.	Renvoyé au roi d'Espagne pour faire construire ces magasins. <div align="right">NAPOLÉON.</div>

5065. — DÉCISION.

Paris, 13 février 1811

On demande l'autorisation de l'Empereur pour expédier les ordres relatifs à la rentrée en France des cadres de 25 compagnies du train d'artillerie.	Approuvé. <div align="right">NAPOLÉON.</div>

5066. — DÉCISION.

Paris, 14 février 1811.

Le général Clarke propose de constituer un détachement à l'aide des officiers et soldats disponibles dans les dépôts des 8ᵉ légère, 60ᵉ et 79ᵉ de ligne, et de diriger ce détachement sur Perpignan.	Approuvé, en les dirigeant en droite ligne sur Foix. <div align="right">NAPOLÉON.</div>

5067. — DÉCISIONS (1).

Paris, 14 février 1811.

Les officiers de gendarmerie qui commandent des départements en l'absence des généraux de brigade réclament des indemnités pour frais de bureau.

On pense qu'il pourrait leur être accordé 50 francs par mois pour les dédommager de leurs dépenses extraordinaires.

On propose à Sa Majesté de restreindre pour cette fois à deux campagnes seulement les conditions d'admission dans la gendarmerie.

On met sous les yeux de Sa Majesté la situation actuelle du recrutement de cette arme.

Il y a un grand nombre d'officiers qui ne font rien. On peut mettre partout des commandants.

Je ne puis pas consentir à recruter la gendarmerie par des hommes qui n'auraient pas deux années de service. Il vaudrait mieux, dans le cas où cela serait nécessaire, suppléer à la gendarmerie en détachant dans chaque légion une compagnie de cavalerie, ou employer d'autres moyens de cette espèce. Mais on peut encore trouver, parmi les militaires qui ont la vétérance beaucoup d'hommes propres à la gendarmerie.

Il faut s'en tenir au décret.

Sa Majesté est priée de faire connaître si Elle approuve que des vélites ayant quatre ans de service, mais qui n'ont assisté qu'à l'une des batailles indiquées dans le décret du 16 mai 1810 soient incorporés dans la garde, s'ils ont d'ailleurs fait une ou plusieurs campagnes en Espagne.

On propose à Sa Majesté de nommer commandant d'armes à Alkamaer le sieur Chaudron, chef de

Approuvé.

_____

(1) Non signées; extraites du « Travail du ministre de la guerre avec S. M. l'Empereur et Roi, daté du 13 février 1811 ».

bataillon au 122ᵉ régiment, échappé des pontons devant Cadix, en remplacement du chef de bataillon Bigi, admis à prendre sa retraite.

On rend compte à Sa Majesté que le sieur Ausou, ex-trompette-major de la garde impériale, est détenu, comme lieutenant espagnol, prisonnier de guerre à Mâcon;

Qu'il résulte des renseignements pris à son égard qu'il a été contraint au péril de sa vie de servir parmi les rebelles.

On propose à Sa Majesté d'approuver qu'il soit placé comme trompette dans la ligne.

    Cet individu doit être mis dans un cachot et on doit le traduire devant une commission militaire pour faire un exemple. L'ôter en conséquence du dépôt des prisonniers de guerre et l'enfermer dans une prison.

On propose à Sa Majesté d'accorder au colonel Séron, du 7ᵉ régiment de dragons, un congé de deux mois avec appointements, pour se rendre à Paris pour affaires de service.

    Approuvé.

Le sieur Casier, adjudant de place de 2ᵉ classe à Guise, admis à la retraite du grade de lieutenant, demande la faveur d'être traité comme capitaine pour sa pension de retraite.

On met sous les yeux de Sa Majesté les services de cet officier qui est couvert de blessures.

    Approuvé.

On propose à Sa Majesté, d'après les renseignements obtenus par le duc de Cadore, de remettre à la légation des Etats-Unis trois Américains qui n'étaient embarqués que comme simples passagers sur des navires espagnols capturés.

    Refusé. Les mettre à la disposition du ministre de la marine pour mes escadres.

Le préfet du Simplon demande le renvoi en surveillance dans leurs foyers de huit officiers valaisans, faits prisonniers en Espagne. Un

    Accordé.

seul d'entre eux est noté défavorablement.

On propose de les renvoyer dans le département du Simplon sous la condition de prêter serment de fidélité.

5068. — AU GÉNÉRAL CLARKE.
Paris, 14 février 1811.

Monsieur le duc de Feltre, je reçois votre lettre du 13, par laquelle vous me rendez compte que vous avez donné l'ordre à tous les détachements d'hommes à pied des corps de l'armée d'Espagne qui se trouvaient aux dépôts de la 11e division militaire de rejoindre leurs dépôts dans l'intérieur de la France. Je désire que vous preniez des mesures pour utiliser dans les équipages d'artillerie tout ce qui pourrait se trouver dans les différents dépôts du train d'artillerie.

Donnez le même ordre dans les 9e et 10e divisions militaires, afin qu'il ne reste pas, dans ces petits dépôts, un tas d'hommes inutiles, soit du train, soit de l'artillerie, soit de la cavalerie

Les dépôts des 29e de chasseurs et 24e de dragons, qui sont dans ces divisions, doivent être l'objet d'un travail particulier. Vous devez en faire passer la revue, et vous entendre avec le ministre de l'Administration de la guerre, pour faire monter les hommes qui n'ont pas de chevaux. Faites la même chose pour les dépôts italiens et napolitains qui se trouvent à l'armée de Catalogne.

NAPOLÉON.

5069. — AU GÉNÉRAL CLARKE.
Paris, 14 février 1811.

Monsieur le duc de Feltre, donnez l'ordre que les 10e et 20e régiments restent trois ou quatre jours à Florence. Après ce séjour, ils en partiront, le 10e pour rejoindre son dépôt à Plaisance, le 20e pour se rendre à Alexandrie, où il sera près de son dépôt, qui est à Verceil. Donnez l'ordre aux colonels de ces deux régiments de vous faire connaître le nombre d'hommes qui sont détachés et où ils sont, et de prendre des mesures pour que ces hommes reviennent de Naples sur-le-champ.

NAPOLÉON.

5070. — DÉCISION.

Paris, 15 février 1811.

Le général Lacuée met sous les yeux de l'Empereur une lettre de l'intendant général de l'armée de Portugal sur les désordres commis par les troupes chargées d'escorter les convois.

Renvoyé au major général pour mander au duc d'Istrie de mettre un frein à ces abus.

Napoléon.

5071. — DÉCISIONS (1).

Paris, 15 février 1811.

On rend compte à Sa Majesté que le passage du mont Saint-Bernard a occasionné au 23ᵉ régiment d'infanterie légère plusieurs dépenses extraordinaires ou des pertes d'effets.

On propose à Sa Majesté d'accorder une indemnité de 2.000 francs à ce régiment.

Accordé.

On propose à Sa Majesté d'accorder à la 30ᵉ légion de gendarmerie (Etats romains) une augmentation de deux brigades à cheval et d'approuver que les brigades à pied de cette légion soient provisoirement composées de 10 hommes chacune.

Approuvé.

5072. — AU GÉNÉRAL CLARKE.

Paris, 15 février 1811.

Monsieur le duc de Feltre, faites-moi un rapport sur l'exécution du décret du 29 janvier, relatif aux quatre bataillons du train qui seront portés à 1.400 chevaux. Il est nécessaire que les chevaux n'arrivent qu'à fur et à mesure que les hommes arriveront. Je dé-

(1) Non signées; extraites du « Travail du ministre de la guerre avec S. M. l'Empereur et Roi, date du 13 février 1811 ».

sire donc que vous me fassiez connaître les remontes que vous avez ordonnées avant mai, et celles que vous avez remises après cette époque.

NAPOLÉON.

5073. — DÉCISION.

Paris, 15 février 1811.

Rapport du général Clarke au sujet des dépenses que nécessiterait la création de deux régiments frontières en Dalmatie.

Je n'ai pas besoin de cela, c'est trop cher.

NAPOLÉON.

5074. — AU GÉNÉRAL LACUÉE.

Paris, 15 février 1811.

Monsieur le comte de Cessac, j'ai reçu votre rapport, par lequel vous me faites connaître les mesures que vous prenez pour les remontes. Ce que vous vous proposez de faire pour les remontes d'Italie est inutile, et je désire que ces onze régiments opèrent de la même manière que les autres, vu que mon intention est de faire mettre incessamment en marche, pour la 6e division militaire, tous les 4es escadrons des régiments qui sont en ce moment à l'armée d'Italie. Je viens d'ordonner que 200 hommes seront retirés du 13e de cuirassiers, pour être répartis entre les quatre régiments de cette arme qui sont en Allemagne. Donnez des ordres pour que le 12e bataillon du train soit, sans délai, porté à l'organisation voulue par mon décret du 2 février. Hommes, caissons, chevaux et harnais lui seront sur-le-champ fournis. Quant aux remontes des 2e et 9e bataillons du train, je désire que vous me rendiez compte des ordres que vous avez donnés pour les achats : je pense qu'une partie seulement des achats doit être faite avant le mois de mai et que le reste ne sera fait, passé cette époque, qu'après avoir demandé mes ordres.

NAPOLÉON.

5075. — AU GÉNÉRAL LACUÉE.

Paris, 15 février 1811.

Monsieur le comte de Cessac, je vous renvoie votre rapport sur les deux magasins de réserve de 50.000 quintaux, dont j'ai ordonné la formation à Metz et à Toulouse, en achetant les blés dans les départements du Rhin et de la Vendée. Je ne pense pas qu'il soit besoin de prendre à ce sujet de nouveaux décrets. Il suffira que sur les feuilles de distribution de mars prochain, on vous accorde sur la masse de boulangerie tous les fonds qui vous seront nécessaires. On intitulera ce chapitre : *Extraordinaire de la boulangerie*, et les fonds seront pris sur vos 30.000.000 de réserve. L'avantage que présente cette manière de procéder est que, si les blés sont employés au service de la guerre, il ne sera pas nécessaire d'ouvrir un nouveau compte. Si, au contraire, ces blés sont cédés au service de l'intérieur, alors je vous les ferai solder.

NAPOLÉON.

5076. — DÉCISION.

Paris, 15 février 1811.

Sur le mode de recrutement qu'il paraît convenable d'employer à l'égard des étrangers qui seront admis dans les régiments ci-devant hollandais.

Ne pourrait-on pas se servir du dépôt de recrutement de Gorcum jusqu'à nouvel ordre ?

NAPOLÉON.

5077. — PROJET D'ORGANISATION DE L'ARTILLERIE DE L'ARMÉE D'ALLEMAGNE (1).

15 février 1811.

Supposer l'armée organisée en quatre divisions d'infanterie, composées chacune de quatre régiments d'infanterie.

Que ces régiments seront portés à quatre bataillons, ce qui donnerait 16 pièces de canon par division.

Qu'il devra y avoir une compagnie d'artillerie à cheval servant une batterie de pièces de 6 dans chaque division, et une compagnie d'artillerie à pied servant une autre batterie, ce qui donnerait 12 pièces par division et 48 pour le corps d'armée.

Qu'une batterie à cheval sera attachée à chaque brigade de cuirassiers, ce qui ferait 12 pièces pour les deux brigades.

Qu'une batterie d'artillerie à cheval, deux batteries de pièces de

---

(1) Copie, non signé.

12 seront à la réserve de l'armée, plus deux pièces de canon, ce qui ferait 80 pièces qui, avec les 64 du régiment, formeraient un total de 144 bouches à feu.

Deux compagnies de pontonniers et une d'armuriers.

Qu'au parc il y ait au moins six compagnies d'artillerie à pied.

Que le corps d'armée doit avoir 16 caissons d'infanterie avec les bataillons de chaque division servis par les régiments, 20 caissons par division à l'artillerie de la division, 80 au parc du corps d'armée, total 224 caissons portant 3.584.000 cartouches attelées, plus 3.000.000 de cartouches, prêtes à distribuer aux corps, à Magdeburg ou à Hamburg.

Double approvisionnement, savoir, un entier, avec les pièces, un demi, avec le parc de la division et un demi, avec le parc de l'armée.

Les bataillons du train devant être portés au complet, il faut les économiser le plus possible. On suppose que 600 voitures d'artillerie seront suffisantes, sans y comprendre l'artillerie des régiments, et qu'ainsi il ne faudrait que deux bataillons ayant 3.000 chevaux, ce qui rendra disponible deux autres bataillons.

Si huit bataillons étaient complétés, ils pourraient suffire à quatre équipages de 80 bouches à feu.

Ayant pris des mesures pour avoir promptement des pontons à Danzig, il est inutile de s'occuper d'un équipage de pont à l'armée.

On observe que, dans les six compagnies d'artillerie du parc, on ne doit pas comprendre celles des places de l'Oder et de Danzig.

M. Evain est prié de désigner nominativement les officiers qui seront compris dans ce projet d'organisation, d'y indiquer les compagnies par numéro et les corps dont elles font partie. Il sera également nécessaire d'inscrire en encre rouge dans le tableau tout ce qui ne se trouve pas maintenant à l'armée d'Allemagne, et ce qu'il faudrait y envoyer si l'on mettait à exécution le projet d'organisation.

5078. — AU GÉNÉRAL LACUÉE.

Paris, 16 février 1811.

Monsieur le comte de Cessac, c'est par erreur qu'on a omis dans le décret du 5 de ce mois les 4e, 5e, 6e, 7e et 8e de cuirassiers. Mon intention est d'incorporer dans ces régiments le 3e régiment provisoire de cuirassiers, qui était en Catalogne. Faites-moi connaître ce que ces quatre régiments gagneront par cette incorporation en hommes et en chevaux, et présentez-moi un décret supplémentaire pour ces quatre régiments, fondé sur les mêmes bases que mon décret du 5 février.

Napoléon.

5079. — AU GÉNÉRAL CLARKE.

Paris, 17 février 1811.

Monsieur le duc de Feltre, faites donc partir le détachement de grenadiers hollandais qui est à Strasbourg, où il est très maltraité. Donnez ordre qu'il parte, sans délai, pour Naples. J'autorise le roi de Naples à l'incorporer dans sa garde.

Napoléon.

5080. — DÉCISION (1).

17 février 1811.

Sa Majesté est priée de faire connaître si Elle juge convenable de conférer le grade de colonel à M. Maréchal, chef du bataillon expéditionnaire de Brest, à son arrivée aux colonies.

Accordé.

5081. — AU GÉNÉRAL LACUÉE.

Paris, 17 février 1811.

Monsieur le comte de Cessac, je réponds à votre rapport du 17 février. Vous compléterez, avant le mois de mai, le 2e, le 9e et le 12e bataillon à 600 chevaux. Ainsi, ce sera 158 chevaux à acheter pour le 12e bataillon, 250 pour le 9e, et 400 pour le 2e, c'est-à-dire, à peu près, 800 chevaux.

Après le mois de mai, vous me rendrez compte, et je verrai ce qui restera à faire.

Napoléon.

---

(1) Non signée; extraite du « Travail du ministre de la guerre avec S. M. l'Empereur et Roi, daté du 23 janvier 1811 ».

5082. — DÉCISIONS (1).

17 février 1811.

M. Zenowitz, chef du 4ᵉ bataillon du 4ᵉ régiment d'infanterie de ligne à Nancy, maintenant en convalescence à Paris, demande un nouveau congé de six mois pour se rendre en Russie, pour affaires urgentes de famille.

Accordé avec appointements.

On propose à Sa Majesté de rappeler au service, en qualité de second capitaine dans le 8ᵉ régiment d'artillerie à pied, M. Bouchot, retiré depuis 1807, avec retraite, pour raisons de santé qui n'existent plus aujourd'hui.

Accordé.

5083. — AU GÉNÉRAL CLARKE (2).

Paris 18 février 1811.

Monsieur le duc de Feltre, je réponds à votre lettre de ce jour, relative à l'achat de chevaux du train.

J'approuve que vous fassiez sur-le-champ acheter :

100 chevaux pour le 1ᵉʳ bataillon principal du train:
100 pour le 9ᵉ;
200 pour le 3ᵉ;
et 100 pour le 8ᵉ.

TOTAL.. 500 chevaux.

Il est nécessaire que les harnais soient prêts sans délai, et que, vers le mois de juin, vous me présentiez un nouveau rapport d'après lequel je donnerai des ordres pour qu'il soit procédé à l'achat de 1.500 autres chevaux.

---

(1) Non signées; extraites du « Travail du ministre de la guerre avec S. M. l'Empereur et Roi, daté du 6 février 1811 ».
(2) Non signé, copie conforme.

5084. — DÉCISION.

Paris, 19 février 1811.

Proposition de la commission chargée d'étudier les formes et dimensions à donner à l'obusier-canon.

Approuvé.

NAPOLÉON.

5085. — DÉCISION (1).

Attendu les circonstances atténuantes de la désertion de deux chasseurs du 1ᵉʳ régiment de Prusse au service de France, Sa Majesté est priée d'ordonner que la peine de mort prononcée contre eux, sera commuée en celle de trois ans de travaux publics.

Renvoyé au grand juge.

5086. — DÉCISION.

Palais des Tuileries, 23 février 1811.

Le général Lacuée propose d'attribuer à titre de secours à la veuve d'un adjoint provisoire aux commissaires des guerres, mort à l'armée d'Espagne dans l'exercice de ses fonctions, une somme de 975 francs, équivalant à trois mois du traitement dont jouissait son mari.

Accordé.

NAPOLÉON.

5087. — DÉCISION.

Paris, 24 février 1811.

Le général Clarke rend compte que les militaires de la légion portugaise sortant des hôpitaux ont été dirigés sur Bayonne en prévision

On a eu grand tort de préjuger un mouvement de troupes. Mais puisque ces hommes sont à Bayonne, il n'y a pas d'inconvé-

---

(1) Ni datée, ni signée, mais de la main de Maret; extraite du « Travail du ministre de la guerre avec S. M. l'Empereur et Roi, daté du 20 février 1811 ».

d'un mouvement prochain de ce corps.

nient à les y laisser encore quelque temps.

Napoléon.

5088. — DÉCISIONS (1).

Paris, 24 février 1811.

On propose à Sa Majesté d'approuver que les digues aux abords des différentes places de la Hollande soient entretenues par les soins et sur les fonds mis à la disposition de la commission déjà chargée de ces digues hors des limites de la fortification.

Approuvé.

On propose à Sa Majesté de décider que les résidences des deux sous-directeurs de la direction d'artillerie d'Amsterdam qui avaient été établies, l'une à Rotterdam et l'autre à Alkmaër, seront transférées la première à Hellevoetsluis et la seconde au Helder.

Approuvé.

On rend compte à Sa Majesté que plusieurs Espagnols, qui ont quitté les bandes des insurgés, témoignent le désir de servir Sa Majesté Catholique et que 4 d'entre eux souhaitent de rester en France. On propose d'accueillir leur demande, à l'exception de 7 officiers qui pourraient être envoyés à Châlons-sur-Marne.

Approuvé.

On propose à Sa Majesté d'autoriser le remboursement d'une somme de 182 fr. 32 appartenant à la masse de linge et chaussure de 29 sous-officiers et dragons faisant partie d'un détachement de 25 dra-

Approuvé.

(1) Non signées; extraites du « Travail du ministre de la guerre avec S. M. l'Empereur et Roi, daté du 20 février 1811 ».

gons faits prisonniers de guerre à Baylen et qui sont rentrés au corps.

On demande à Sa Majesté l'autorisation nécessaire pour faire payer à M. Saintou, capitaine quartier-maître du 34ᵉ régiment de ligne, officier dont on rend les meilleurs témoignages et dont les appointements ne peuvent suffire pour soutenir sa famille, une gratification de 500 francs une fois payée.

Approuvé.

Sa Majesté est priée de vouloir bien faire connaître si son intention est d'accorder au sieur Elias Pharaon, réfugié égyptien, à qui Elle a accordé une gratification de 1.000 francs et qui expose qu'elle est insuffisante pour le tirer d'embarras, une seconde gratification.

Approuvé.

Sa Majesté est priée de faire connaître si Elle approuve l'incorporation dans le 11ᵉ régiment de hussards d'un brigadier et de cinq hussards de l'ex-garde hollandaise, qui sont nés Prussiens.

Approuvé.

Le général de brigade Travers, employé dans la 24ᵉ division militaire, demande un congé d'un mois pour aller régler quelques affaires de famille.

Accordé.

On met sous les yeux de Sa Majesté la demande que forme d'un congé absolu le sieur Hugues, vélite chasseur à cheval, ayant 5 ans de service, afin de se mettre à la tête du commerce de son beau-père, tanneur à Paris et qui est infirme.

Approuvé.

On propose à Sa Majesté de fixer au service de l'artillerie française le capitaine Languan, qui sert à l'armée de Catalogne depuis la réunion de son pays à la France.

Approuvé.

Renseignements demandés par Sa Majesté sur le jeune Davout, élève de l'Ecole de Saint-Cyr, parent de M. le maréchal Davout, qui a demandé en sa faveur une sous-lieutenance dans un régiment d'infanterie de l'armée d'Allemagne.

Faire connaître au prince d'Eckmühl que j'ai décidé qu'il resterait à l'Ecole de Saint-Cyr jusqu'au mois d'octobre.

5089. — DÉCISION.

Paris, 24 février 1811.

Le général Clarke rend compte d'une proposition du ministre de la marine tendant à ce que les conscrits réfractaires destinés à passer à Belle-Ile soient réunis à Lorient plutôt qu'à Vannes.

Approuvé.

NAPOLÉON.

5090. — DÉCISION.

Paris, 24 février 1811.

On demande les ordres de l'Empereur au sujet du départ de 128 ouvriers tirés de différents régiments de l'armée de Naples pour passer à Corfou, où le général Donzelot a besoin de bras pour les travaux du génie et de l'artillerie.

Le général Donzelot a suffisamment d'ouvriers à Corfou. Il ne faut pas affaiblir les régiments.

NAPOLÉON.

5091. — DÉCISION.

Paris, 24 février 1811.

Le général Clarke propose de tirer des 124e et 125e régiments de ligne deux détachements demandés par le ministre de la marine pour former la garnison des vaisseaux mouillés à Hellevoetsluis.

Approuvé.

NAPOLÉON.

5092. — DÉCISION.

Paris, 24 février 1811.

Le général Clarke propose d'envoyer à Wesel la 5ᵉ compagnie de pionniers volontaires étrangers.

Il sera plus convenable de l'envoyer à Walcheren.

NAPOLÉON.

5093. — DÉCISION.

Paris, 24 février 1811.

Proposition du général Clarke tendant à faire venir à Lyon l'un des deux bataillons provisoires de la légion portugaise qui sont à Genève.

Approuvé le mouvement d'un bataillon portugais sur Lyon.

NAPOLÉON.

5094. — DÉCISION.

Paris, 24 février 1811.

Le général Hulin propose d'abréger le séjour à Paris des conscrits réfractaires que reçoit le 15ᵉ d'infanterie légère, attendu la désertion assez considérable qui s'est manifestée dans ce régiment.

Approuvé.

NAPOLÉON.

5095. — DÉCISION (1).

24 février 1811.

On propose à Sa Majesté de décider que les Suisses qui se rengagent dans un même corps ne sont point considérés comme recrues entrant au service, et que, par conséquent, ils n'ont pas de droit aux 365 journées de première mise d'habillement et d'équipement.

Approuvé.

---

(1) Non signée; extraite du « Travail du ministre directeur de l'administration de la guerre avec S. M. l'Empereur et Roi, daté du 20 février 1811 ».

5096. — AU GÉNÉRAL CLARKE.

Paris, 24 février 1811.

Monsieur le duc de Feltre, le général Thouvenot a fait couler en balles, à Saint-Sébastien, les 100.000 kilogrammes de plomb que vous y avez fait passer. Il a besoin de 100 milliers de poudre pour confectionner les cartouches. Donnez l'ordre au directeur de l'artillerie de Bayonne d'envoyer successivement cette poudre à Saint-Sébastien, et de s'entendre avec le directeur de l'artillerie de cette place, afin de n'expédier à la fois que ce qui pourra être contenu dans les magasins. Au moyen de cette mesure, on pourra compléter les approvisionnements en cartouches de Santander, Bilbao et Vitoria.

николай.

5097. — DÉCISION.

Paris, 24 février 1811.

Le général Clarke propose de tirer du dépôt du 13ᵉ cuirassiers les 210 hommes que l'Empereur a prescrit d'incorporer dans les quatre régiments de cuirassiers de l'armée d'Allemagne.

Approuvé.

Napoléon.

5098. — AU MARÉCHAL BERTHIER.

Paris, 26 février 1811.

Mon Cousin, pressez le général Quesnel de vous faire connaître la situation des trois bataillons de marche qu'il a formés, leur composition en officiers, l'état de leur habillement, de leur armement, etc., parce que, lorsque j'aurai l'avis de leur formation, j'en disposerai.

Napoléon.

5099. — AU GÉNÉRAL CLARKE.

Paris, 26 février 1811.

Monsieur le duc de Feltre, envoyez-moi l'état de situation des 1ᵉʳ, 2ᵉ et 3ᵉ bataillons de marche qui doivent être réunis à Bayonne.

Faites-moi connaître la situation de ce qui est resté du bataillon expéditionnaire qui s'est embarqué à Nantes, et ce qu'on a fait du reste; la situation du 1er bataillon expéditionnaire qui s'est embarqué à Brest; enfin, la situation du 2e bataillon expéditionnaire qui est à Rochefort; enfin, celle du bataillon expéditionnaire hollandais qui est à Saint-Malo. Je ne trouve point ces corps portés dans votre livret des régiments.

NAPOLÉON.

5100. — AU GÉNÉRAL CLARKE.

Paris, 26 février 1811.

Monsieur le duc de Feltre, je désirerais envoyer quelque part 2.500 hommes du régiment de la Méditerranée; ils iraient par mer. Faites-moi connaître quand je pourrai avoir ce nombre d'hommes disponible.

NAPOLÉON.

5101. — DÉCISION.

Paris, 27 février 1811.

Renseignements sur l'artillerie régimentaire des régiments qui sont dans les 17e et 31e divisions militaires.
Demande d'ordres à cet égard.

Laisser les choses comme elles sont. Il me suffit que chaque régiment ait sa compagnie formée, qu'elle s'exerce perpétuellement à l'exercice du canon. Les pièces et les chevaux seront assez promptement fournis.

NAPOLÉON.

5102. — DÉCISION.

Paris, 27 février 1811.

L'Empereur est prié de faire connaître la destination qui doit être donnée aux déserteurs prussiens, danois et suédois qui se présentent à l'armée d'Allemagne pour servir dans les troupes françaises.

Les envoyer tous dans les trois bataillons étrangers.

NAPOLÉON.

5103. — AU GÉNÉRAL CLARKE.

Paris, 27 février 1811.

Monsieur le duc de Feltre, les îles de Lussin, Lesina, Curzola, Lissa, Meleda et Langosta, dans la Dalmatie, sont nécessaires à occuper. Faites-moi faire un projet pour chacune de ces îles, soit pour mettre en état les fortifications qui y existeraient, soit pour construire de nouvelles fortifications. Il faudrait, dans ces îles, une batterie de 6 pièces de 24, que protégerait une tour ou fort capable d'être défendu par 200 hommes, à l'abri d'un coup de main, et pouvant tenir, pendant plusieurs jours, contre 700 à 800 hommes.

NAPOLÉON.

5104. — AU GÉNÉRAL CLARKE (1).

Paris, 27 février 1811.

Monsieur le duc de Feltre, donnez des ordres pour que La Rochelle soit à l'abri d'un coup de main, pour que les pièces soient sur les remparts, les ponts-levis levés tous les soirs, les barrières en bon état. Tout cela doit se faire sans causer d'alertes; mais, comme les Anglais ont trois vaisseaux mouillés dans la rade des Basques, il ne faudrait pas que 1.500 hommes vinssent piller La Rochelle.

Donnez des ordres pour que les batteries de Ché et de Châtelaillon soient armées chacune d'un mortier et d'un obusier et de deux pièces de campagne pour tirer du côté de terre.

Donnez des ordres pour que ces deux batteries soient fermées à la gorge. Il faut adopter un plan économique et sûr.

5105. — DÉCISION.

Paris, 28 février 1811.

Le maréchal Marmont propose d'incorporer dans un bataillon colonial ou de pionniers 70 individus détenus pour brigandage dans les prisons de Trieste.

Les envoyer à l'île d'Elbe.

NAPOLÉON.

---

(1) Non signé, copie certifiée.

5106. — DÉCISION.

Paris, 28 février 1811.

Rapport du maréchal Davout à l'Empereur sur le nombre de chevaux qui manquent aux bataillons du train d'artillerie pour être portés au complet.

Renvoyé au ministre de la guerre. Je ne sais pas si j'ai réglé les époques auxquelles doivent se faire ces achats. Il serait contraire à mes intentions qu'on achetât à la fois les 2.800 chevaux que demande le prince d'Eckmühl. Cela coûterait beaucoup, enchérirait les chevaux et aurait le grand inconvénient d'avoir des chevaux avant d'avoir des hommes. Je désire donc que le premier achat soit de 1.000 chevaux, que vous ferez acheter par une commande en avril et en mai. Au 1er juin, vous me rendrez compte de ce que cet achat aura coûté et s'il a réussi; et, selon les événements, je donnerai des ordres pour acheter les 1.800 chevaux restant. Je pense que vous pouvez autoriser des achats en Hanovre, dans le Holstein et dans le Mecklenburg. S'il y a besoin aux bataillons de guerre d'hommes et de harnais, vous pouvez en envoyer des dépôts.

NAPOLÉON.

5107. — NOTE SUR L'EXPÉDITION DE SARDAIGNE (1).

6 frégates, 10 flûtes, 4 gabarres, 20 corvettes, tartanes, bricks, goëlettes, grosses chaloupes-canonnières le tout portant 12.000

---

(1) Sans signature ni date, présumée de mars 1811.

hommes d'infanterie et 120 chevaux, avec vingt écuries portant 600 hommes et 400 à 500 chevaux, en tout plus de 12.000 hommes et de 600 chevaux, formant une soixantaine de bâtiments, partiraient de Toulon du 15 au 30 octobre.

1° Cette expédition irait mouiller aux Sanguinaires et enverrait l'ordre au commandant de la Corse de diriger sur Bonifacio tous les bâtiments qui se trouveraient sur les différents points de l'île, et de s'y rendre de sa personne;

2° Elle arriverait entre l'île d'Asinari et le détroit d'Ajaccio, se porterait sur Castel-Aragonèse, dit ordinairement Castel-Sardo, y débarquerait 12.000 hommes; 3.000 investiraient la ville pour s'en emparer; 6.000 se dirigeraient sur Sassari, qui n'est qu'à trois heures de là, avec le commandant en chef, et 3.000 mrâcheraient sur les côtes, vis-à-vis de Bonifacio, pour s'emparer de toutes les tours;

3° Les frégates resteraient en croisière. Les bâtiments vides, qui seraient réunis dans le port de Bonifacio, prendraient toutes les troupes qui s'y trouveraient et iraient les débarquer.

Les 10 grosses flûtes et les 4 gabarres entreraient dans le port de Bonifacio, avec une partie des corvettes. L'autre partie des corvettes entrerait dans le port de Castel-Sardo;

4° 2 frégates, 1 corvette et 1 flûte, ayant à bord des moyens d'artillerie, iraient à Porto-Conti;

5° Le lendemain de l'arrivée à Sassari, 2.000 hommes resteraient dans la ville, et 4.000 hommes iraient investir Alghero, et, de là, se porteraient sur Porto-Conti, qui est un excellent mouillage;

6° Les frégates resteraient à croiser entre Porto-Conti et Ajaccio, jusqu'à ce que, prenant chasse devant des forces supérieures, elles gagneraient Bonifacio et Ajaccio;

7° Des bâtiments légers, en croisière à Gênes, en Toscane, se rendraient à l'île d'Elbe, embarqueraient 1.200 hommes dans cette île, et les porteraient, s'ils pouvaient arriver assez promptement, au lieu du débarquement, à Castel-Sardo: sans quoi, ils iraient à Porto-Vecchio, d'où ils passeraient en Sardaigne, à fur et mesure. Les troupes de l'île d'Elbe relèveraient les troupes envoyées de Corse à Sassari, à Alghero et sur la côte.

L'expédition de Toulon, continuerait sa route sans s'arrêter, sur Cagliari, de manière à y arriver avec 12.000 hommes, 500 chevaux et 18 pièces d'artillerie, pour s'emparer des batteries de la rade, de la ville basse et mettre le siège devant la citadelle, de sorte que, le 8° jour de l'expédition, 12.000 hommes seraient devant Cagliari, 3.000 à Oristaguy et 3.000 à Sassari. Les 500 hommes démontés, qui seraient à Sassari avec leurs selles, se remonteraient.

En huit jours, l'île serait conquise. La citadelle de Cagliari pourrait tout au plus résister.

Il faudrait deux équipages d'artillerie de siège pour Castel-Sardo et pour Alghero. Cette même artillerie serait dirigée par mer sur Oristaguy, et, de là, sur Cagliari, aussi par mer. On aurait des attelages propres à atteler des bœufs pour traîner l'artillerie.

5108. — AU GÉNÉRAL CLARKE (1).

Paris, 1er mars 1811.

Monsieur le duc de Feltre, je reçois votre rapport sur l'autorisation que demande le roi de Naples de faire recruter en Corse pour le régiment Royal-Corse.

Comme il est possible que je juge utile de lever en Corse un bataillon par district, ce qui ferait cinq bataillons, on prendrait pour les commander les officiers qui ont ou doivent avoir leur traitement de réforme. Consultez le général Morand, pour savoir s'il y a possibilité de faire cette levée et de se procurer ainsi 2.000 à 3.000 hommes du pays.

5109. — AU GÉNÉRAL CLARKE.

Paris, 1er mars 1811.

Monsieur le duc de Feltre, je reçois et lis avec intérêt votre note sur le régiment de la Méditerranée. Je vois que le 1er bataillon, fort de 1.100 hommes, est à Porto-Ferrajo.

Voyez le ministre de la marine et donnez des ordres pour que le cadre du 2e bataillon se rende, sans délai, à Bastia, pour que le 3e et le 4e bataillons, qui sont à Bastia et à Ajaccio, soient réunis à Ajaccio.

Vous me présenterez un projet de décret et la composition des officiers, pour former un 5e et un 6e bataillons.

Donnez des ordres pour que les officiers et sous-officiers qui ont

---

(1) Non signé, copie conforme.

été envoyés avec les hommes embarqués sur les frégates, pour Corfou, soient rayés des contrôles et remplacés.

Vous donnerez ordre que le 5ᵉ bataillon qui va être formé soit réuni à Porto-Ferrajo, et le 6ᵉ à Calvi.

Le régiment de la Méditerranée aurait ainsi le 1ᵉʳ bataillon à Porto-Ferrajo, fort de 1.200 hommes et prêt à partir, le 5ᵉ bataillon également à Porto-Ferrajo, le 2ᵉ à Bastia, le 3ᵉ et le 4ᵉ à Ajaccio, et le 6ᵉ à Calvi.

Prescrivez au général Morand de compléter, sans délai, les 3ᵉ et 4ᵉ bataillons, pour les tenir prêts à partir à Ajaccio.

Donnez ordre que les 200 hommes qui sont à Gênes et les 450 hommes qui sont au fort Lamalgue soient embarqués pour la Corse.

Tirez des dépôts du royaume d'Italie et des 7ᵉ, 8ᵉ, 27ᵉ, 28ᵉ et 29ᵉ divisions militaires un bon nombre de sergents et de caporaux que vous enverrez en Corse, pour être sergents, fourriers et caporaux dans le régiment de la Méditerranée. Il faut qu'on choisisse de bons sous-officiers. Veillez à ce que ces bataillons aient leurs tambours-majors et leurs tambours, et ordonnez qu'il n'y ait qu'une seule musique pour les six bataillons.

Napoléon.

5110. — DECISION.

Paris, 2 mars 1811.

Le maréchal Berthier propose soit le général d'Aultanne, soit le général Darmaignac, pour commander la 2ᵉ division du 5ᵉ corps d'armée, en remplacement du général Gazan, nommé chef d'état-major de l'armée du midi de l'Espagne.

Approuvé. Envoyez Darmaignac dans le Midi.

Napoléon.

5111. — AU MARÉCHAL BERTHIER.

Paris, 2 mars 1811.

Mon Cousin, je vous envoie un état du ministre de la guerre sur la formation des trois bataillons de marche qui sont à Bayonne. Vous verrez qu'ils formeront 2.000 hommes. Je désire que vous me présentiez un colonel en second pour commander ces trois bataillons et veiller à leur organisation. Il faudra tâcher de les égaliser de manière à ce qu'ils soient forts chacun de 600 hommes; il est indispensable que vous vous assuriez qu'on ait envoyé 3 chefs de bataillon pour les commander. Enfin, il faut faire mettre ces bataillons en bon état et ne pas les laisser partir de Bayonne qu'ils ne soient bien organisés et bien constitués.

NAPOLÉON.

5112. — DÉCISION.

Paris, 2 mars 1811.

Le maréchal Berthier demande l'autorisation de faire tirer le canon dans l'arrondissement des armées d'Espagne et de Portugal au moment où l'on apprendra la nouvelle de l'accouchement de S. M. l'Impératrice.

Approuvé.

NAPOLÉON.

5113. — DÉCISION.

Paris, 2 mars 1811.

Le maréchal Berthier rend compte que le convoi de fonds de trois millions, parti de Bayonne, est arrivé à Burgos.

Chargez le maréchal Bessières de les renvoyer à leur destination, surtout le million pour Séville et pour l'Andalousie.

NAPOLÉON.

5114. — AU GÉNÉRAL CLARKE.

Paris, 2 mars 1811.

Monsieur le duc de Feltre, je donne ordre que la compagnie d'artillerie expéditionnaire française, qui est embarquée à bord de *la Pallas* et de *l'Elbe*, soit débarquée. Cette compagnie doit se réunir à la seconde colonne mobile, qui sera employée à la défense de la rade des Basques.

Vous laisserez, jusqu'à nouvel ordre, à Saint-Malo, les 218 hommes du 1er bataillon expéditionnaire hollandais. Lorsque *la Pregel* et *la Revanche* seront parties et que l'on sera certain que la partie du 1er bataillon qui est embarquée sur ces deux bâtiments a une destination, vous m'en rendrez compte pour que je dispose de ces 218 hommes.

NAPOLÉON.

5115. — AU GÉNÉRAL CLARKE.

Paris, 2 mars 1811.

Monsieur le duc de Feltre, je suis instruit que tous les fusils qui sont en Corse sont épuisés par l'armement du dernier envoi qui a été fait de Toulon, du 16 au 21, et qu'ainsi, il n'y a plus de fusils pour armer le 5e bataillon.

NAPOLÉON.

5116. — DÉCISION.

Paris, 2 mars 1811.

Le ministre de la guerre propose qu'un semestre de six mois tous les quatre ans soit accordé aux officiers des régiments suisses, en exécution de l'article 8 de la capitulation.	Approuvé pour ceux qui sont en France. <div align="right">NAPOLÉON.</div>

5117. — AU GÉNÉRAL LACUÉE.

Paris, 2 mars 1811.

Monsieur le comte de Cessac, plus de 2.000 conscrits ont été envoyés dans le mois de février en Corse. Plus de 3.000 vont y être envoyés en mars. Veillez à ce qu'arrivés dans l'île, ces hommes ne manquent de rien de ce qui leur est nécessaire. Vous savez que le pays ne produit rien et ne peut leur procurer que quelques souliers.

NAPOLÉON.

5118. — DÉCISION.

Paris, 2 mars 1811.

Le général Clarke propose à l'Empereur de donner au 29e régiment de chasseurs la couleur chamois, comme couleur distinctive.

Approuvé.

Napoléon.

5119. — AU GÉNÉRAL CLARKE.

Paris, 3 mars 1811.

Monsieur le duc de Feltre, j'ai ordonné la levée de trois régiments d'infanterie dans le nord; mon intention est que ces régiments aient le tiers d'officiers français, c'est-à-dire deux capitaines, deux lieutenants et deux sous-lieutenants par bataillon, et au moins un officier français par compagnie. Il faut que le colonel et le major soient Français. Je ne crois pas que les ordres que j'ai donnés soient dans ce sens; rectifiez-les d'après cette lettre. Même chose pour les régiments illyriens. Il suffit que, dans ces corps, il y ait les deux tiers d'officiers du pays.

Napoléon.

5120. — AU GÉNÉRAL CLARKE (1).

Paris, 3 mars 1811.

Monsieur le duc de Feltre, mon intention est d'avoir à Danzig, outre les deux compagnies d'artillerie qui s'y trouvent, quatre autres compagnies que vous dirigerez sur cette place, savoir :

Deux compagnies du 5e régiment, en prenant celles qui se trouvent à Magdeburg et en ayant soin de les compléter à 140 hommes;

Deux compagnies du 9e régiment, et celles qui sont à Hamburg, de sorte qu'il y aura à Danzig six compagnies de 140 hommes, ou 840 hommes.

Mon intention est que vous y envoyiez également une compagnie de pontonniers, qui ferait au besoin fonction de canonniers;

Une compagnie de sapeurs pour servir aux travaux;

---

(1) Non signé, copie certifiée conforme par le secrétaire général Fririon.

Que vous complétiez deux escouades de la compagnie d'ouvriers qui y est, de manière qu'elle ait au moins 60 ouvriers;

Que vous y envoyiez une compagnie de mineurs, de sorte qu'il y ait à Danzig :

      6 compagnies d'artillerie;
      1 compagnie de pontonniers;
      1 compagnie de sapeurs;
      1 compagnie de mineurs,
          et une demi-compagnie d'ouvriers.

TOTAL.. 9 compagnies et demie françaises formant environ 1.500 hommes.

Il y aura, en outre, deux compagnies d'artillerie polonaises et une compagnie d'artillerie saxonne, ce qui fera neuf compagnies d'artillerie, et, en tout, douze compagnies et demie.

Le 10° et 11° régiments de ligne polonais tout entiers, un régiment de chevau-légers polonais de 500 chevaux et le régiment entier de saxons de Rechten seront réunis à Danzig; toutes ces troupes seront recrutées de manière qu'elles forment toujours 7.000 à 8.000 hommes, ce qui, avec les troupes françaises du génie et d'artillerie, composera une garnison de près de 10.000 hommes.

Mon intention est que cette garnison soit nourrie et soldée à mes frais, et, en conséquence, je prends à ma solde, à dater du 1ᵉʳ avril, les 10° et 11° régiments polonais formant six bataillons, les deux compagnies d'artillerie polonaises et, enfin, le régiment de chevau-légers polonais.

Mon intention est que chacun de ces régiments ait ses trois bataillons à Danzig, mais non les dépôts; je ne prends à ma solde que les présents et non les absents. Je n'entends pas payer l'habillement ni les remontes. J'entends seulement payer le pain, les vivres, le logement, le bois et la solde.

Vous écrirez, en conséquence, à mon ministre en Saxe, pour qu'il prévienne le ministre de la guerre de Saxe et s'entende avec lui (*mais secrètement*) (1).

Mon intention est que les corps soient tenus au grand complet, de sorte que les régiments étant de 2.400 hommes présents sous

---

(1) Entre parenthèses et souligné dans le texte.

les armes, les deux régiments polonais de Danzig présentent une force de 4.800 hommes, ce qui, avec les 500 chevau-légers, 240 hommes d'artillerie, portera la garnison polonaise de Danzig à 5.580 hommes.

Un général de brigade polonais marchera avec ces troupes; il faut que ce soit un homme sûr.

Vous recommanderez à mon ministre de Saxe que tout cela reste le plus secret possible.

Comme la Saxe a déjà 60 hommes d'artillerie à Danzig, je désire qu'elle complète cette compagnie à 140 hommes, avec deux bons officiers.

Je désire qu'elle complète également le régiment de Rechten, que je destine aussi à faire partie de la garnison de Danzig, et, qu'à cet effet, elle envoie à Danzig tout ce que ce régiment a à Stettin, et ensuite, tout ce qui peut être resté en Saxe, de manière à le porter au complet, et que, si la force des régiments saxons est de trois bataillons, les trois bataillons se trouvent à Danzig; que si le complet n'est que de deux bataillons, ces deux bataillons, du moins, s'y trouvent.

Il y a un gouverneur et un commandant en second à Danzig; je voudrais qu'il y eût un colonel commandant d'armes, six adjoints d'état-major, et un colonel, pour commander le fort de Weichselmunde. Vous pouvez envoyer dans cette place un certain nombre d'officiers hollandais d'artillerie et du génie.

Je prendrai aussi à ma solde le 5ᵉ régiment polonais, qui tiendra garnison à Küstrin et sera complété à 2.500 hommes.

Vous demanderez à la Saxe que le régiment saxon qui est à Glogau soit complété. Je désire que, de 1.000 hommes, il soit porté au grand complet, et qu'une compagnie d'artillerie saxonne soit envoyée à Glogau.

Le prince d'Eckmühl enverra à Stettin tout le 2ᵉ régiment de chasseurs, qui tiendra un escadron à Küstrin. Il enverra également un régiment de ligne à Stettin avec la batterie à cheval de la division Friant.

Moyennant ce, la garnison de Stettin sera formée d'un régiment d'infanterie de ligne de 2.000 hommes et d'un régiment de chasseurs de 500 chevaux, ce qui, avec l'artillerie, fera près de 3.000 hommes.

Aussitôt que le régiment français sera arrivé, le prince d'Eckmühl dirigera le bataillon polonais du 10ᵉ sur Danzig.

Quant au bataillon saxon qui est à Stettin, il attendra les ordres du roi, car je ne suis pas bien sûr qu'il appartienne au régiment saxon qui est à Danzig.

Il est nécessaire que ces ordres soient envoyés sans délai au prince d'Eckmühl; *que tout se fasse sans bruit, sans affectation et à la fois* (1).

Il faut donc que tout le personnel d'artillerie qui doit se rendre à Danzig se réunisse à Magdebourg et parte en une seule colonne avec le régiment d'infanterie et le 2e de chasseurs : qu'on en donne avis à la Prusse, en disant que c'est pour relever la garnison de Stettin, et, qu'enfin, le mouvement soit calculé de manière que cela ne fasse qu'une seule nouvelle.

Donc, ne point multiplier les courriers, vous enverrez votre lettre pour mon ministre de Saxe au ministre des relations extérieures.

5121. — AU GÉNÉRAL CLARKE.

Paris, 3 mars 1811.

Monsieur le duc de Feltre, donnez des ordres pour qu'il soit formé un bataillon de marche de 400 hommes de ce que le 4e régiment suisse a à Rennes, et dirigez-le sur Brest, pour tenir garnison dans cette place.

Donnez ordre aux trois bataillons du 105e qui sont à Cherbourg de se rendre à Brest. Il y aura ainsi à Brest le 10e d'infanterie légère, le 3e et le 105e de ligne et un bataillon suisse de 400 hommes.

Aussitôt que le 1er bataillon du régiment de Belle-Ile sera arrivé dans cette île, et qu'il y aura 400 soldats habillés et armés, vous ordonnerez que le bataillon suisse qui est à Belle-Ile se rende également à Brest.

NAPOLÉON.

5122. — EXTRAIT D'UN ORDRE DE L'EMPEREUR (2).

3 mars 1811.

Outre les deux compagnies d'artillerie qui se trouvent à Danzig, quatre autres compagnies sont à diriger sur cette place, savoir :

---

(1) Souligné dans le texte.
(2) Non signé, copie certifiée conforme par le secrétaire général Travot.

Deux compagnies du 5ᵉ régiment, en prenant celles qui se trouvent à Magdeburg, en ayant soin de les compléter à 140 hommes;

Deux compagnies du 9ᵉ régiment, de celles qui sont à Hamburg, de sorte qu'il y aura à Danzig six compagnies de 140 hommes, ou 840 hommes.

Y envoyer également une compagnie de pontonniers, qui ferait au besoin les fonctions de canonniers.

Compléter deux escouades de la compagnie d'ouvriers qui y est, de manière qu'elle ait au moins 60 ouvriers.

Tout ce personnel doit se réunir à Magdeburg pour en partir en une seule colonne.

M. le général Gassendi est prié de s'entendre avec M. Gérard sur l'époque des mouvements.

P.-S. — L'Empereur permet d'envoyer à Danzig un certain nombre d'officiers hollandais de l'artillerie et du génie.

5123. — AU GÉNÉRAL LACUÉE.

Paris, 3 mars 1811.

Monsieur le comte de Cessac, j'ai déjà nommé les officiers des régiments de Walcheren, de Belle-Ile et de l'Ile de Ré. Il doit y avoir déjà du monde aux dépôts de ces régiments; on m'assure qu'il n'y a aucune espèce d'habits. Prenez des mesures pour que ces régiments aient des hommes habillés.

NAPOLÉON.

5124. — AU GÉNÉRAL LACUÉE.

Paris, 3 mars 1811.

Monsieur le comte de Cessac, il n'y a point de difficulté que vous fassiez fournir 100 chevaux entre le dépôt des dragons Napoléon et celui des chasseurs royaux italiens. Vous écrirez au vice-roi, qui fera payer ces 100 chevaux. Quant aux Napolitains, tous les hommes à pied doivent retourner à Naples.

NAPOLÉON.

5125. — AU GÉNÉRAL LACUÉE.

Paris, 3 mars 1811.

Monsieur le comte de Cessac, il ne saurait y avoir trop de vivres à Barcelone, parce que, indépendamment de la place, Barcelone peut être dans le cas d'en fournir à l'armée. Il ne faut donc pas restreindre les expéditions de blés, de farines, de vins sur cette place. Dans l'état des approvisionnements que vous m'envoyez, avez-vous compris ce qu'a porté le convoi parti de Toulon sous l'escorte des frégates ?

NAPOLÉON.

5126. — AU GÉNÉRAL LACUÉE.

Paris, 3 mars 1811.

Monsieur le comte de Cessac, je reçois votre rapport du... (1), sur la remonte des régiments de cavalerie de l'armée d'Espagne. Au lieu de 1.478 chevaux, j'en accorde 3.000, ce qui, avec les 3.000 accordés par mon décret du 28 octobre dernier, fera 6.000 chevaux. J'en distribue 1.500, conformément à l'état que vous m'avez envoyé. Les 1.500 autres seront en réserve. Vous me ferez connaître chaque mois le nombre d'hommes à pied qui seront revenus de l'armée d'Espagne et je leur ferai donner des chevaux. J'ai donné des ordres pour que les hommes à pied des régiments de cavalerie des armées d'Espagne et de Portugal rentrassent à leurs dépôts en France. Il y en a un grand nombre à l'armée d'Espagne.

NAPOLÉON.

5127. — AU GÉNÉRAL CLARKE.

Paris, 4 mars 1811.

Monsieur le duc de Feltre, j'ai ordonné la formation des 5° et 6° bataillons du régiment de la Méditerranée. Je désire que les officiers étrangers au corps, appelés à former les cadres de ces deux bataillons, soient pris dans les régiments qui font partie de l'armée de Naples, où il doit y avoir de l'ancienneté de grade. Ces officiers s'embarqueront à Livourne ou à Civita-Vecchia.

(1) La date manque sur le document.

Il convient aussi de former des cadres de sous-officiers de ces deux bataillons et de ceux des nouveaux régiments de Walcheren, de l'île de Ré et de Belle-Ile. Vous me ferez connaître le nombre de sous-officiers nécessaires pour la formation de ces cadres et vous ordonnerez, pour éviter de nouveaux choix, qu'ils soient désignés par les généraux commandant les divisions, en leur recommandant de ne pas s'en rapporter, dans ce cas, au travail des colonels ou commandants des corps. Vous continuerez à employer dans ces nouveaux régiments les officiers et sous-officiers le plus à portée du point d'organisation. Cette méthode a de grands avantages. Il sera, néanmoins, nécessaire de s'étendre assez pour ne pas trop appauvrir les anciens cadres.

NAPOLÉON.

5128. — AU GÉNÉRAL CLARKE.

Paris, 4 mars 1811.

Monsieur le duc de Feltre, je désire que vous mettiez à la disposition de l'amiral qui commande à Toulon 200 hommes, à choisir parmi les conscrits réfractaires qui, dans le courant de mars, passeront au dépôt du fort Lamalgue. La marine prendra ces 200 hommes parmi les conscrits qui sont nés sur les côtes et dont les habitudes sont le moins étrangères à la mer.

NAPOLÉON.

5129. — DÉCISION (1).

4 mars 1811.

On propose à Sa Majesté de nommer chef d'escadron le capitaine Armand de La Loyère, aide de camp du général Nansouty.

L'Empereur a décidé qu'une autre proposition serait faite en faveur du capitaine La Loyère, mais pour être placé dans la ligne.

---

(1) Non signée; extraite du « Travail du ministre de la guerre avec S. M. l'Empereur et Roi, daté du 20 février 1811 ».

5130. — AU GÉNÉRAL CLARKE (1).

5 mars 1811.

Monsieur le duc de Feltre, témoignez mon mécontentement au général Du Muy, de ce qu'il a gardé 400 conscrits réfractaires à Aix : tout doit être envoyé au fort Lamalgue, à Toulon, et être embarqué dans les **vingt-quatre heures**.

5131. — DÉCISION (2).

Paris, 5 mars 1811.

On propose à Sa Majesté de nommer à des emplois qui sont disponibles dans le 2ᵉ régiment des chevau-légers lanciers de la garde impériale.	L'Empereur a ajourné le travail de ce corps; il devra peu en souffrir, d'autant qu'il doit s'y trouver un excédent d'officiers, en raison d'une réduction dans le cadre. Il eût été bien, cependant, qu'on conservât 5 officiers par compagnie, comme dans les autres corps de cavalerie de la garde, puisque dans le 2ᵉ de lanciers, comme dans les autres, chaque compagnie forme escadron de guerre ou de manœuvre.

5132. — DÉCISION.

Paris, 5 mars 1811.

Le général Clarke soumet à l'Empereur l'état indicatif de 42 départements dans lesquels, aux termes du décret du 24 juin 1808, il y aurait lieu d'envoyer des garnisaires.	Approuvé. NAPOLÉON.

---

(1) Copie sans signature.
(2) Non signée; extraite du « Travail du ministre de la guerre avec S. M. l'Empereur et Roi, daté du 13 février 1811 ».

5133. — DÉCISION.

Paris, 5 mars 1811.

Rapport par lequel le général Clarke propose de faire répartir dans les corps, sans les obliger à séjourner dans les dépôts de réfractaires, environ 6.000 conscrits retardataires, qu'on présume devoir rentrer, par suite des opérations des colonnes mobiles.

Renvoyé au général Dumas pour me faire connaître ce qui a été fait depuis ce rapport. Mon intention est que les conscrits retardataires, réfractaires, déserteurs, soient envoyés tous aux régiments de la Méditerrannée, de l'île de Ré, de Belle-Ile et de Walcheren.

Napoléon.

5134. — DÉCISION (1).

Sa Majesté est priée de faire connaître ses intentions sur la démission demandée de nouveau par le général de brigade Pamphile Lacroix.

Renvoyé au ministre de la guerre (2).

5135. — AU GÉNÉRAL LACUÉE.

Paris, 6 mars 1811.

Monsieur le comte de Cessac, je réponds à votre lettre du 4 mars. Puisqu'il n'y a pas à Toulon des effets d'habillement suffisants pour 400 conscrits, je n'en ai pas besoin. Je pense qu'il ne faut pas rendre au préfet de la Seine les 1.400 habits d'infanterie. Vous devez les garder, en déclarant que vous ne voulez pas les payer, parce qu'ils ne sont pas bons. Vous en enverrez moitié à Belle-Ile et moitié à l'île de Walcheren, pour servir à l'habillement des deux régiments de ce nom. Je vois que vous faites confectionner des culottes pour ces deux régiments. Ne faudrait-il pas les laisser faire là-bas ? Je crains qu'à ma première revue, on me fasse beaucoup de plaintes de ce que les draps n'auront pas été mouillés, de ce que

---

(1) Sans signature ni date; extraite du « Travail du ministre de la guerre avec S. M. l'Empereur et Roi, daté du 6 mars 1811 ».
(2) De la main de Maret.

les habits seront mal cousus, etc... Faites connaître au directeur de l'atelier qu'une grande responsabilité pèse sur lui, et que, si l'on fournit de mauvais effets, c'est à lui que je m'en prendrai. Je vois que vous faites venir de Mayence beaucoup d'effets confectionnés; est-ce que vous avez un atelier de confection à Mayence ?

NAPOLÉON.

5136. — AU GÉNÉRAL CLARKE.

Paris, 7 mars 1811.

Monsieur le duc de Feltre, donnez l'ordre que tout ce qui est disponible du 5e bataillon du 122e à Vendôme soit versé dans le 4e bataillon, ce qui portera ce 4e bataillon à 400 hommes et pourra le rendre disponible pour une des deux colonnes destinées à la protection de la côte de la Loire à la Gironde.

Donnez ordre au major général de faire incorporer dans le 3e bataillon du 121e tout ce qu'il y a de disponible dans le 4e bataillon, et de renvoyer le cadre du 4e bataillon à Blois.

Donnez ordre que tout ce qui est disponible dans le 5e bataillon du 119e, à Dax, soit versé dans le 4e bataillon.

Donnez le même ordre pour le 118e.

Chargez le major général de faire revenir en France le cadre du 4e bataillon du 117e, qui est en Aragon, après avoir versé ses hommes disponibles dans les trois premiers bataillons.

Faites organiser le 4e bataillon du 116e, qui ne l'est pas.

Chargez le major général de faire verser dans les trois premiers bataillons du 115e tout ce que le 4e bataillon a de disponible, et de faire rentrer le cadre de ce bataillon en France.

Donnez le même ordre pour le 114e.

Donnez ordre que le 3e bataillon du 113e se rende à Cherbourg pour y tenir garnison. Vous en ferez passer la revue avant son départ, afin de vous assurer qu'il est habillé, armé, au complet de 840 hommes, et qu'il ne manque ni officiers, ni sous-officiers.

Donnez ordre que ce qu'il y a de disponible au 5e bataillon du 112e soit versé dans les trois premiers bataillons.

Même ordre pour les 111e, 108e, 106e et 105e.

Tous les hommes en congé, appartenant aux deux bataillons du 102e qui sont en Catalogne, doivent rejoindre les 1er et 4e bataillons qui sont à Savone.

Donnez ordre que tout ce qui est disponible dans le 5ᵉ bataillon du 92ᵉ soit versé dans le 4ᵉ bataillon.

Même ordre pour le 84ᵉ et pour le 81ᵉ.

Donnez ordre que tout ce qui est disponible au dépôt du 79ᵉ soit versé dans le 3ᵉ bataillon.

Donnez ordre que ce qu'il y a de disponible dans le dépôt du 72ᵉ soit versé dans le 4ᵉ bataillon.

Même ordre pour les 62ᵉ, 61ᵉ, 57ᵉ, 55ᵉ, 53ᵉ, 52ᵉ, 51ᵉ, 48ᵉ, 44ᵉ; 35ᵉ; 33ᵉ, 30ᵉ, 29ᵉ. Pour ce dernier régiment, le dépôt a 400 hommes et le 4ᵉ bataillon, 50.

Faites verser dans le 3ᵉ bataillon du 60ᵉ tout ce que le dépôt de ce régiment a de disponible.

Donnez ordre au major général de faire rentrer en France le 4ᵉ bataillon du 28ᵉ, qui est à Madrid, en laissant ce qu'il a de disponible aux premiers bataillons.

Donnez ordre que les dépôts des 23ᵉ, 21ᵉ, 18ᵉ, 17ᵉ, 13ᵉ, 12ᵉ, 11ᵉ, 9ᵉ, 5ᵉ, 4ᵉ, 3ᵉ et 1ᵉʳ de ligne versent ce qu'ils ont de disponible dans le 4ᵉ bataillon. Le dépôt du 11ᵉ a 300 hommes et le 4ᵉ bataillon n'en a que 40.

Donnez ordre que les dépôts des tirailleurs corses et des tirailleurs du Pô envoient au camp de Boulogne ce qu'ils ont de disponible.

Donnez ordre aux dépôts des 24ᵉ, 23ᵉ, 22ᵉ, 18ᵉ, 13ᵉ, 10ᵉ, 7ᵉ et 1ᵉʳ légers de verser ce qu'ils ont de disponible dans le 4ᵉ bataillon.

Donnez ordre que les dépôts des 8ᵉ et 6ᵉ légers versent leur disponible dans le 3ᵉ bataillon, et celui du 5ᵉ léger dans les 1ᵉʳ et 2ᵉ bataillons.

Remettez-moi un projet d'ordre pour les cadres à retirer d'Espagne. Vous aurez égard aux lieux où se trouvent les bataillons. Par exemple, ce qui se trouverait dans la Navarre, dans la division Seras, ne pourrait être versé en Andalousie ou en Portugal. Il ne faut opérer que sur les régiments qui ont au moins trois bataillons ensemble.

Napoléon.

5137. — AU GÉNÉRAL CLARKE (1).

Paris, 7 mars 1811.

Monsieur le duc de Feltre, il faudrait s'occuper sérieusement des régiments suisses. Le 1ᵉʳ est à Naples et n'a que 2.800 hommes; il devrait en avoir 4.000.

Le 2ᵉ régiment a trois compagnies de son 1ᵉʳ bataillon à Valladolid; donnez ordre que ces trois compagnies soient réunies en une et que le cadre des deux autres se rende à Marseille, pour se joindre aux six compagnies du même bataillon qui s'y trouvent. Le 2ᵉ bataillon est à Toulon; le 3ᵉ est en Catalogne et le 4ᵉ à Cette et à Marseille. Donnez ordre que le 2ᵉ bataillon se rende de Toulon à Marseille, pour y tenir garnison. Le 1ᵉʳ bataillon, de Marseille, se rendra à... (2). Le 4ᵉ bataillon se réunira en entier à Cette pour la défense de la côte.

Le 3ᵉ régiment paraît avoir son 1ᵉʳ bataillon prisonnier, puisqu'il est porté pour mémoire. Le 2ᵉ bataillon a trois compagnies à Valladolid; donnez ordre qu'elles soient formées en une et que le reste rentre au dépôt à Lille. Les 3ᵉ et 4ᵉ bataillons sont dans les Bouches-de-l'Escaut; le dépôt de Lille y enverra tout ce qu'il a de disponible, pour renforcer ces deux bataillons. Ce régiment n'a que 2.000 hommes; il devrait en avoir 4.000. Le 2ᵉ régiment, qui devrait avoir également 4.000 hommes, n'en a que 2.400.

Le 4ᵉ régiment a son 1ᵉʳ bataillon à Valladolid, fort de 700 hommes; les 2ᵉ et 3ᵉ bataillons sont à Rennes : faites-les compléter autant que possible, et envoyez-les à Brest. Réunissez également, en entier, à Brest, le 4ᵉ bataillon, qui est à Rennes et à Belle-Ile.

Il faut prendre des mesures pour recruter les régiments suisses; nous en avons peu et ils tombent de tous côtés. Il faut demander que les deux bataillons qui sont dans l'île de Walcheren soient complétés, ainsi que les quatre bataillons qui sont à Naples, les trois bataillons qui sont à Marseille et à Cette, et les trois du 4ᵉ régiment, destinés à la défense de Brest.

Ainsi, des seize bataillons qui composent les régiments suisses, quatre sont et restent à Naples, trois sont employés à la défense des côtes de la Méditerranée, deux pour la défense de l'île de

---

(1) Copie certifiée conforme.
(2) En blanc sur le document.

Walcheren, trois pour la défense de Brest, un à Valladolid, un en Catalogne, deux compagnies à Valladolid, et un bataillon prisonnier porté pour mémoire.

Ecrivez au colonel général des Suisses de faire des démarches très actives pour recruter ces régiments; de s'occuper des moyens de leur donner une organisation conforme à la nôtre. Ces régiments sont aujourd'hui de quatre bataillons de neuf compagnies chacun, ou de trente-six compagnies. Je préférerais avoir par régiment cinq bataillons, savoir : quatre de six compagnies, et un cinquième, de quatre compagnies ou de dépôt, ce qui ne ferait que vingt-huit compagnies par régiment. Cette organisation produirait une diminution considérable de frais et de dépenses, et rendrait plus facile le recrutement dans les cantons suisses. Faites-moi un rapport sur cela.

5138. — AU GÉNÉRAL CLARKE.

Paris, 7 mars 1811.

Monsieur le duc de Feltre, donnez l'ordre que les deux premiers bataillons du 123e, qui sont dans l'île de Walcheren, se rendent au camp de Boulogne, et que les 3e et 4e bataillons du même régiment, qui sont à Berg-op-Zoom, se rendent également à Boulogne. Vous donnerez ordre que le bataillon irlandais, qui est à Bois-le-Duc, tienne 200 hommes à Willemstad, et que le bataillon du régiment de Prusse, fort de 800 hommes, qui est dans l'île du Sud-Beveland ait la moitié de son monde à Berg-op-Zoom. Les deux bataillons du 123e se trouveront remplacés dans l'île de Walcheren par le régiment de l'île de Walcheren.

Donnez ordre que la 5e compagnie de pionniers étrangers, qui est à Bourges, se rende dans l'île de Walcheren, pour travailler aux fortifications, ainsi que la 4e compagnie de pionniers français, qui est à Strasbourg, et la 8e compagnie, qui est à Ijzendijke.

Donnez ordre que les 104 hommes du bataillon colonial qui sont à l'île d'Oléron se rendent à Belle-Ile pour y tenir garnison, et que les 200 hommes qui sont à l'île de Ré passent à l'île d'Aix.

Ainsi, des quatre bataillons coloniaux, l'un sera dans l'île de Walcheren, un à l'île d'Aix, un à Belle-Ile et un en Corse.

NAPOLÉON.

5139. — AU GÉNÉRAL CLARKE.

Paris, 7 mars 1811.

Monsieur le duc de Feltre, on me représente qu'il y a du danger à laisser les compagnies de canonniers du 9ᵉ régiment en Hollande. On pourrait ainsi répartir ces compagnies, savoir .

2 à Danzig. (J'ai déjà donné cet ordre);
4 sur les côtes hanséatiques;
1 dans l'île de Walcheren;
1 dans l'île de Kadzand;
4 au camp de Boulogne;

12 compagnies.

Il resterait dix compagnies en Hollande. Deux compagnies françaises remplaceraient les deux compagnies qui iraient dans les îles de Walcheren et de Kadzand, et quatre compagnies françaises iraient remplacer les quatre compagnies hollandaises envoyées au camp de Boulogne. Vous ordonnerez que les colonels et chefs de bataillon d'artillerie qui seront en Hollande soient Français. Présentez-moi un rapport pour faire ce mouvement d'une manière convenable et remplir le but que j'ai de mettre un grand nombre de Français sur les côtes de Hollande.

NAPOLÉON.

5140. — AU GÉNÉRAL CLARKE (1).

Paris, 7 mars 1811.

Monsieur le duc de Feltre, donnez ordre que les trois bataillons du 33ᵉ léger, forts de 600 hommes chacun, partent au 1ᵉʳ avril prochain pour se rendre à l'armée d'Allemagne et faire partie d'une des divisions du corps du prince d'Eckmühl.

Le 4ᵉ bataillon restera à Emden.

---

(1) Non signé, copie certifiée conforme par le secrétaire général Fririon.

5141. — DÉCISIONS (1).

Paris, 7 mars 1811.

On propose à Sa Majesté d'approuver que les 80 employés du ministère de la guerre hollandais seront payés de leur traitement pendant trois mois, que 20 seront admis dans les bureaux de la guerre et de l'administration, que 13 seront admis à la retraite et que 47 seront employés dans les administrations en Hollande. — Accordé.

M. de Fontanges, ancien maréchal de camp en France, et actuellement au service du roi d'Espagne, sollicite une pension en raison de ses 30 ans de services dans l'armée française. — Refusé.

On demande à Sa Majesté si Elle veut permettre au nommé Issoire, employé dans les vivres à Brescia, en Italie, d'y toucher sa solde de retraite. — Accordé.

On demande à Sa Majesté si Elle veut permettre à un ancien sergent, qui a obtenu une retraite, de résider à Brescia, en Italie, où il remplit les fonctions d'aide-garde-magasin. — Accordé.

5142. — DÉCISIONS (1).

Paris, 8 mars 1811

Proposition de prendre 10 soldats du train du génie, au lieu de 10 sapeurs de 2ᵉ classe, pour être conducteurs des pompes et du caisson de la compagnie des sapeurs de la garde. — Approuvé.

---

(1) Non signées; extraites du « Travail du ministre de la guerre avec S. M. l'Empereur et Roi, daté du 27 février 1811 ».

La chambre administrative d'Erfurt demande l'autorisation de former une compagnie de gendarmerie pour réprimer le brigandage et mettre un terme aux assassinats qui se commettent journellement dans cette province.

Il ne faut rien innover dans cette province; le prince d'Eckmühl y laissera de l'infanterie pour la police, jusqu'à ce qu'on ait disposé de ce pays.

On propose à Sa Majesté d'ordonner le remboursement au 23e régiment d'infanterie légère d'une somme de 13.971 francs provenant de la masse de linge et chaussure et qui fait partie des pertes faites par ce corps en Calabre.

On fait remarquer à Sa Majesté que ce corps était alors à la solde du roi de Naples et on demande si cette perte ne doit pas être remboursée par le Trésor de ce royaume.

Elle doit être payée par le roi de Naples.

On demande à Sa Majesté si Elle veut bien accorder au sieur Jean Joseph, réfugié égyptien, ancien mameluck, un congé d'un an pour aller au Caire où il est appelé par des affaires de famille, et ordonner que pendant ce temps le secours de 2 francs par jour dont il jouit à Marseille cessera de lui être payé.

Approuvé.

On rend compte à Sa Majesté des renseignements donnés par le maréchal prince d'Eckmühl sur la demande de congé faite par M. Luchaire, colonel du 7e régiment d'infanterie légère.

Il paraît que cet officier supérieur peut sans inconvénient être remplacé dans le commandement de ce régiment par le 1er chef de bataillon.

Accordé.

On soumet à Sa Majesté la demande d'une permission de quinze

Accordé.

jours que fait le sieur Ameil, colonel du 24ᵉ régiment de chasseurs, pour se rendre à Paris, lieu de sa naissance et de son domicile.

On met sous les yeux de Sa Majesté la demande que forme d'un congé absolu le sieur Bérenger, ouvrier bourrelier au bataillon principal du train d'artillerie de la garde, afin de pouvoir par son travail venir au secours de sa femme qui est constamment malade. Il a 7 ans de service et s'est engagé volontairement.

Accordé.

5143. — DÉCISION.

Paris, 8 mars 1811.

On consulte l'Empereur au sujet d'un escadron de l'ex-garde hollandaise employé à l'armée d'Espagne, qui devait être réuni à l'ex-garde à cheval hollandaise et qui est actuellement isolé. Le colonel qui est à la tête de cet escadron commandait, avant d'être envoyé en Espagne, la garde à cheval hollandaise.

Renvoyé au major général pour ordonner que cet escadron se rende à Valladolid, où il sera sous les ordres du duc d'Istrie qui rendra compte de ce qu'est cet escadron, et si l'on peut l'incorporer dans la garde.

NAPOLÉON.

5144. — DÉCISIONS (1).

8 mars 1811.

On propose à Sa Majesté de décider : 1° que l'administration de l'armée d'Allemagne reprendra les approvisionnements de siège dans les villes hanséatiques; 2° que toutes les dépenses relatives à ces approvisionnements seront jusqu'à

L'administration militaire doit prendre tout cela.

NAPOLÉON.

---

(1) Extraites du « Travail du ministre directeur de l'administration de la guerre avec S. M. l'Empereur et Roi, daté du 6 mars 1811 ».

nouvel ordre supportées par la caisse du pays.

On prie Sa Majesté de faire connaître ses intentions au sujet de l'approvisionnement des places de Bréda, Berg-op-Zoom et Willemstad.

Il suffit actuellement de mettre dans ces places les vivres les plus nécessaires, tels que la farine et le biscuit. On aura toujours le temps de faire entrer des bœufs dans un cas d'urgence.

NAPOLÉON.

On rend compte à Sa Majesté :

1° Que les 490.633 rations de biscuit existantes à Dresde ont été reconnues de bonne qualité et susceptibles de se conserver encore pendant quatre années;

2° Que le gouvernement saxon a réclamé successivement et avec instance l'évacuation de cet approvisionnement.

Jusqu'à nouvel ordre, laisser cela à Dresde.

NAPOLÉON.

On rend compte à Sa Majesté des ordres qui ont été donnés en vue d'assurer la subsistance du 1er régiment de chasseurs à cheval stationné à Munster et à Rées.

Ne rien changer à la situation de ce corps, jusqu'à nouvel ordre. Il va être relevé et il n'en sera plus question.

NAPOLÉON.

On propose à Sa Majesté d'accorder à la masse d'habillement du 120e régiment sur l'exercice 1810 un secours de 43.269 francs comme indemnité de pertes d'effets. On la prie de faire connaître ses intentions.

Accordé.

NAPOLÉON.

On propose à Sa Majesté d'accorder à la masse d'habillement du 1er bataillon de mineurs (exercice 1810) une somme de 13.667 fr. 43 nécessaire pour le paiement des fournitures restant dues sur cet exercice ou d'en augmenter d'autant le budget. On la prie de faire connaître ses intentions.

Accordé.

NAPOLÉON.

Dispositions faites pour assurer la première mise de la nouvelle compagnie de pionniers volontaires formée dans la 21ᵉ division.	Accordé.
	NAPOLÉON.
On prie Sa Majesté d'accorder un supplément, au budget de 1811, de 23.884 fr. 64 pour cette dépense, attendu qu'elle n'y a pas été prévue.	
On rend compte à Sa Majesté que le régiment de la Méditerranée est mal administré, que les autorités militaires en Corse sont divisées d'opinion et qu'on ne peut obtenir d'elles aucun renseignement précis sur la situation de ce corps et l'emploi qu'il a fait des fonds qui avaient été mis à la disposition du conseil. On propose d'envoyer en Corse M. Aubernon, auditeur au Conseil d'Etat, pour examiner extraordinairement la comptabilité de ce régiment.	Approuvé.
	NAPOLÉON.
On propose à Sa Majesté la nomination des lieutenants et sous-lieutenants nécessaires aux 2ᵉ, 9ᵉ et 12ᵉ bataillons du train des équipages militaires, d'après la nouvelle organisation donnée à ces corps.	Je ne me suis jamais occupé de ces nominations.
	NAPOLÉON.
On rend compte à Sa Majesté que le sieur Thévenin, major des équipages militaires, a déclaré ne pouvoir plus faire un service actif. On la prie de faire connaître ses intentions sur cet officier.	Accordé.
	NAPOLÉON.
On représente à Sa Majesté la proposition de réduire le nombre des officiers de santé attachés à chaque régiment croate à 1 chirurgien-major, 2 chirurgiens aides-majors, 6 chirurgiens sous-aides.	Approuvé.
	NAPOLÉON.
On met sous les yeux de Sa Majesté copie d'un rapport par lequel	Approuvé.
	NAPOLÉON.

on lui a proposé de relever de sa déchéance l'hospice de Castel-Franco pour la production tardive de ses états de journées de 1809, montant à la somme de 333 fr. 38.

On propose à Sa Majesté d'accorder un secours de 450 francs à la veuve d'un employé des hôpitaux de l'armée d'Espagne mort en activité de service.

Accordé.

Napoléon.

5145. — AU MARÉCHAL BERTHIER.

Paris, 8 mars 1811.

Mon Cousin, donnez ordre au général Reille de faire partir aussitôt pour l'armée d'Aragon le 1er bataillon d'Aragon, qui est composé de 500 hommes de la Vistule et du 5e d'infanterie légère, afin que ces hommes rentrent à leurs corps.

Napoléon.

5146. — AU MARÉCHAL BERTHIER.

Paris, 8 mars 1811.

Mon Cousin, donnez ordre que 3.000.000 partent de Bayonne pour Burgos. Vous ferez répartir 500.000 francs entre les corps de la province de Santander et des autres arrondissements de l'armée du Nord qui en ont le plus besoin, en recommandant spécialement de mettre la solde de la gendarmerie à jour. Vous destinerez 1.500.000 francs à être envoyés à l'armée de Portugal, ce qui, avec les 3.500.000 francs que je vous ai donné l'ordre d'envoyer à cette armée, fera un total de 5.000.000. Vous enverrez 1.000.000 à l'armée du Centre. Ces fonds seront pris sur les fonds des armées d'Espagne et de Portugal de 1810. Faites-moi connaître ce qui est redû par le Trésor pour 1810 et pour cette année.

Napoléon.

5147. — AU MARÉCHAL BERTHIER.

Paris, 8 mars 1811.

Mon Cousin, il y a 3.000.000 à Burgos et 2.000.000 à Valladolid.

Les 2.000.000 qui sont à Valladolid sont destinés pour l'armée de Portugal, ainsi qu'un des 3.000.000 qui sont à Burgos. Ordonnez au duc d'Istrie de faire réunir les 3.000.000 destinés à l'armée de Portugal, et de les diriger sur cette armée aussitôt qu'elle aura pris une position définitive, soit qu'elle se dirige sur l'Alentéjo, soit qu'elle revienne sur Coïmbre. Tout porte à penser qu'à l'heure qu'il est, un mouvement quelconque est décidé. Un des deux autres millions qui restent à Burgos est destiné pour Madrid. Donnez l'ordre au duc d'Istrie de le faire partir pour cette destination. L'autre million est destiné pour l'armée du Midi; mais cette armée en a moins besoin. J'autorise le duc d'Istrie à disposer de 500.000 francs pour payer les détachements de l'armée de Portugal qui sont dans la province de Salamanque, et à envoyer les 500 autres mille francs à Madrid, pour l'armée du Centre.

NAPOLÉON.

5148. — DÉCISION.

Paris, 8 mars 1811.

Le général Lacuée rend compte de la prise, par les insurgés, d'un convoi de 281 voitures chargées de biscuit, expédié de Valladolid sur les places de Ciudad-Rodrigo et d'Almeida.

Renvoyé au major général pour demander au maréchal duc d'Istrie d'où vient cette négligence ?

NAPOLÉON.

5149. — DÉCISION.

Paris, 8 mars 1811.

Propositions du général Clarke au sujet d'achats et de réformes de chevaux.

J'approuve la répartition de la manière suivante :

500 tout de suite ;
800 en juin ;
1.500 en juillet.

Au reste les achats en juin et juillet ne se feront pas sans mes ordres. Je n'approuve pas qu'on réforme 600 chevaux. Il ne faut réformer que ceux qui sont dans le plus mauvais état.

NAPOLÉON.

5150. — DÉCISION.

Paris, 8 mars 1811.

Le général Clarke rend compte que les ordres ont été donnés pour que la compagnie d'artillerie expéditionnaire française qui est à bord des navires l'*Elbe* et la *Pallas*, à La Rochelle, soit débarquée et réunie à la seconde colonne mobile, qui doit être employée à la défense de la rade des Basques.

Le ministre rappelle à l'Empereur que 50 hommes de cette compagnie sont encore sur la frégate l'*Hortense*.

Les 50 hommes de cette compagnie qui sont embarqués sur cette frégate doivent être aussi débarqués.

NAPOLÉON.

5151. — DÉCISION.

Paris, 8 mars 1811.

Mouvements proposés à l'effet de transférer dans la 6ᵉ division militaire les 4ᵉˢ escadrons et dépôts des 15 régiments de cavalerie qui sont en Italie.

J'approuve ces propositions. Le ministre donnera des ordres en conséquence. Les 4ᵉˢ escadrons laisseront leurs chevaux aux trois premiers escadrons à raison de 250 chevaux par escadron, c'est-à-dire 750 chevaux pour les trois escadrons qui resteront en Italie. Ils ne laisseront pas d'hommes à pied. On laissera les dépôts des Portugais où ils sont, et on placera à Vienne le dépôt d'un des régiments d'Italie. Il sera à Vienne assez à proximité de l'Italie. Il y aurait de l'inconvénient à avoir tant de Portugais dans la 7ᵉ division militaire.

NAPOLÉON.

5152. — AU GÉNÉRAL CLARKE.

Paris, 8 mars 1811.

Monsieur le duc de Feltre, donnez ordre que 100.000 rations de biscuit, 100.000 cartouches d'infanterie, 20 milliers de poudre, 500 outils de pionniers et 5 affûts de place ou de siège soient embarqués à Bayonne sur les bâtiments que le ministre de la marine désignera pour être transportés à Santona, dont j'ai ordonné l'occupation en force. Mon intention est de compléter l'armement de Santona à 30 pièces de canon, dont 15 d'un calibre supérieur à 18 pour les batteries du côté de la mer et 15 d'un calibre inférieur à 18 pour les batteries du côté de terre. Cette artillerie sera tirée de Saint-Sébastien.

Il y a à Santona beaucoup de bombes; il faudrait prendre à Saint-Sébastien ou autres places environnantes 3 mortiers du calibre de ces bombes et les diriger sur Santona.

NAPOLÉON.

5153. — DÉCISION.

Paris, 8 mars 1811.

M. Mollien, ministre du Trésor, sollicite les ordres de l'Empereur au sujet du mode de remboursement de l'emprunt de 195.907 fr. 15 fait par le maréchal Soult à son corps d'armée.

Renvoyé au major général pour tenir la main à l'exécution des règlements sur la comptabilité.

NAPOLÉON.

5154. — DÉCISION.

Paris, 8 mars 1811.

On met sous les yeux de l'Empereur une lettre du général Desailly au sujet de la contrebande qui se fait avec les Anglais dans les îles formant un cordon en avant de l'Ost-Frise.

Donner l'ordre qu'une colonne mobile, composée d'une compagnie de douaniers, deux compagnies de voltigeurs, commandée par un officier probe et intelligent, fasse des visites dans toutes ces îles et confisque les marchandises qui s'y trouveraient.

NAPOLÉON.

5155. — NOTES DE SA MAJESTÉ SUR QUELQUES ARTICLES DU BUDGET (1).

9 mars 1811.

Fort Ruyter. — Mon intention est que la batterie soit placée dans la redoute, afin de ne pas faire une double dépense, ce qui n'empêchera pas d'établir par la suite une seconde batterie sur la digue du chemin couvert.

Au 1er août, six pièces de 36 seront mises en batterie dans la redoute pour battre la communication de l'île de Goeree, ainsi que trois mortiers, dont un à plaque et à grande portée, les autres de 12 pouces à la Gomer.

Flessingue. — Au fort Rammekens, il faut démolir toutes les maisons qui ne sont pas à l'abri de la bombe.

Ajouter ceci : Une des plus précieuses propriétés de Flessingue, et qu'il faut lui conserver le plus longtemps possible, c'est d'être maître de la côte depuis Rammekens jusqu'au fort Montebello et d'avoir sur cette étendue, indépendamment de l'embouchure du canal de Rammekens, une autre ouverture, havre ou chenal, entre le fort Saint-Hilaire et Rammekens, dans cet intervalle enfermé par deux digues, où puissent arriver les barques venant de la rive gauche. On étudiera les travaux à faire pour être maître de ce dernier havre.

Un quatrième point de débarquement devra être entre le fort Montebello et Flessingue, dans l'anse que forment les digues. On présentera les projets de ce qu'il est nécessaire de faire pour faciliter le débarquement; par ce moyen, il y aura quatre points où on pourra arriver.

Breskens. — L'emplacement du port ou chenal demandé devra être au pied du glacis du Fort Impérial, afin que les mouvements de l'embarquement et du débarquement soient le plus longtemps possible protégés.

Sas de Gand. — Etant décidé à faire le bassin à Terneuse, le Sas de Gand prend une grande importance. Je suis décidé à faire cette année la dépense de 100.000 francs, dont le premier inspecteur du génie fera la répartition.

De manière que l'année prochaine, lorsqu'il s'agira d'établir

---

(1) Non signées.

la défense du bassin de Terneuse, le génie soit tout prêt pour les fortifications à établir pour la défense de ce bassin.

Ostende. — J'accorde pour le fort de l'Ouest, sur les dunes, 150.000 francs; pour celui de l'Est, 150.000 francs.

Je me résous à cette dépense parce que le temps qu'on tarde est un temps perdu et qui peut devenir très précieux. C'est en vain qu'on espère présenter une défense raisonnable à Ostende, si on n'occupe pas les deux dunes; c'est donc une difficulté qu'il faut surmonter.

Je désire donc que ces forts soient entièrement en état de défense l'année prochaine.

L'occupation des dunes rendrait impossibles les approches vis-à-vis le port. Il faut, si cela se peut, placer le fort sur les dunes, de manière qu'il puisse protéger le fort en bois et se maintenir aussi longtemps que possible en communication avec la batterie.

Je regarde les dépenses d'Ostende comme se confondant avec celles de l'Escaut et spécialement l'occupation de ces deux dunes, pour lesquelles je ne regarderai pas à quelques 100.000 francs de plus, si on les dépense avec économie et qu'on puisse me présenter un résultat dès cette année.

Le ministre enverra un officier général pour projeter ces forts, qui demandent de l'expérience et de la méditation. Il y fera travailler avec la plus grande activité; on ne saurait en avoir trop tôt, on ne doit pas considérer quelques 100.000 francs de plus ou de moins pour arriver à ce résultat.

On s'assurera, cette année, de l'effet des inondations des eaux de mer et des eaux douces sur le bassin environnant Ostende et on me présentera des projets l'année prochaine, pour couvrir Ostende d'une flaque d'inondation, de manière que l'ennemi soit obligé de cheminer sur la digue de gauche. Je dis sur la digue de gauche, car, du moment que celle de droite sera occupée, l'ennemi ne s'amusera point à la prendre, puisque cela ne le conduit à rien.

Slickens. — J'accorde également 100.000 francs pour l'écluse de Slickens; il faudrait environner toutes les maisons d'un fort en terre, mais ce n'est pas à cela que je veux travailler cette année. Je veux faire un réduit en maçonnerie qui contienne l'écluse. Si on a eu le temps de faire l'ouvrage en terre, on conservera les maisons; si on n'a pas eu le temps, on brûlera les maisons.

Montreuil et Abbeville. — J'accorde pour Montreuil 150.000 francs. J'accorde également pour Abbeville 150.000 francs.

Ile de Groix. — On fera le projet d'un fort, dont on me présentera les détails dans le courant de l'année, où une garnison de 500 hommes pourrait se réfugier et y être secourue. Mais, avant de faire les détails du projet, le Comité et les ingénieurs qui connaissent les lieux traceront l'idée principale, dont les détails seront faits sur les lieux, après qu'on m'aura soumis l'ensemble du projet. On me soumettra ensuite les détails.

Lorient. — J'accorderai, pour cette année, 150.000 francs.

L'île d'Yeu. — L'île d'Yeu nous appartient parce que l'ennemi ne veut pas la prendre. Aussitôt que l'ennemi le voudra, les 300 hommes qui y sont seront prisonniers. J'accorde, pour cette année, 150.000 francs.

Au reste, sitôt que les projets seront établis, fallût-il 300.000 francs, il faudrait les donner et finir dès cette année, de manière que cette île si importante pour notre cabotage n'ait rien à craindre.

Le Comité des fortifications fera faire ce projet dont les détails seront faits sur les lieux. On ne s'en rapportera pas, pour les projets, à l'officier du génie qui doit exécuter; on enverra un colonel ou officier du génie parmi les officiers d'un tact sûr.

Toulon. — Le fort de l'île Cépet doit être projeté à la tour d'Ordre (vérifier avec la carte).

Alpes. — On me présentera des projets, l'un pour le Mont-Cenis, l'autre pour le Simplon. Il est indispensable d'avoir une fortification sur ces deux points importants, d'abord, pour qu'un détachement de 200 hommes soit à l'abri des barbets, de toute insurrection du pays et des troupes légères de l'ennemi.

Au Mont-Cenis, on pourrait environner le couvent d'une enceinte, occuper les hauteurs de gauche par des tours fort épaisses et peu élevées. On se lierait même, s'il était possible, jusqu'au lac, en ayant une tour sur l'autre hauteur.

La caserne que j'ai fait établir à ce couvent, les magasins qu'on peut y avoir, tout cela est un objet de plusieurs millions. Il serait malheureux qu'au moindre mouvement tout cela fût perdu. Sans doute qu'ayant la route pour monter de l'artillerie, on pourrait s'emparer de tout cela, mais on obligera à un siège dans un pays difficile et qui occupera pendant un certain temps, et certainement ce ne sera pas pendant que l'ennemi sera occupé au siège d'Alexandrie qu'il emploiera de l'artillerie de siège sur le Mont-Cenis.

Ce projet est important, mais il exige beaucoup d'attention pour ne pas se jeter dans des dépenses folles.

Ile d'Oléron. — La batterie des Saumonards devrait être fermée à la gorge, car, si on attaque mon escadre, on commencera par détruire cette batterie. J'accorderai pour cela 100.000 francs si cela est nécessaire.

La Rochelle. — J'accorderai 100.000 francs pour La Rochelle; il faut me présenter ce qu'il y a à faire.

Rade des Basques. — Il faut présenter le projet des fermetures ou les réduits des batteries qui défendent cette rade.

Rochefort. — Il faut me présenter le projet de Rochefort.

Iles d'Ouessant, etc. — Je veux arrêter également, avant de signer le budget, ce qu'il y a à faire dans les îles d'Ouessant et dans toutes les îles qui entourent la Bretagne, ainsi que dans les îles d'Oléron et de Mai.

Total : 1.300.000 francs.

5156. — AU MARÉCHAL BERTHIER.

Paris, 9 mars 1811.

Mon Cousin, écrivez au duc d'Istrie : 1° pour qu'il fasse solder, avec les 500.000 francs que j'ai mis à sa disposition, tout ce qui fait partie de l'armée de Portugal dans la province de Salamanque, et les parties de l'armée du Nord qui en auraient le plus besoin; 2° pour qu'il fasse remplacer à Ciudad-Rodrigo le général Cacault qui se livre à toute espèce de dilapidations et qu'il lui demande, avant, compte de l'emploi des contributions qu'il a perçues. Faites connaître aussi au duc d'Istrie que je pense qu'il ne doit pas perdre un moment à faire sauter les fortifications d'Almeïda, et à en faire évacuer l'artillerie sur Ciudad-Rodrigo; mais qu'il est nécessaire d'employer la mine pour faire sauter ces fortifications, de manière qu'on ne puisse pas les rétablir. Les places d'Almeïda et de Ciudad-Rodrigo font un double emploi. Ciudad-Rodrigo me suffit. D'ailleurs, la place d'Almeïda est très bonne; avec la difficulté de l'approvisionner, elle court risque d'être prise, et il serait alors très difficile d'en chasser l'ennemi. Ce qu'il y a de mieux à faire est donc de la détruire; mais, avant, il faut ordonner que tout ce qui peut être utile dans cette place, soit artillerie, soit approvisionnement, soit transporté à Ciudad-Rodrigo.

NAPOLÉON.

5157. — AU GÉNÉRAL CLARKE.

Paris, 9 mars 1811.

Monsieur le duc de Feltre, donnez l'ordre au 3ᵉ bataillon du 1ᵉʳ régiment de ligne, qui est à l'armée de Naples, de revenir à son dépôt à Marseille, avec la compagnie d'artillerie du régiment, l'artillerie et les caissons. Il complètera les 1ᵉʳ et 2ᵉ bataillons à 840 hommes, en laissant : 1° les 75 hommes qui sont aux hôpitaux, lesquels seront rayés des matricules du 3ᵉ bataillon; 2° 200 hommes pris sur les 550 qui forment le présent du bataillon, de sorte que ce bataillon viendra en France fort de 280 hommes. Le colonel reviendra avec ce bataillon, et les deux bataillons qui resteront à Naples seront commandés par un major en second.

Vous recommanderez au colonel de ramener les compagnies de grenadiers et de voltigeurs entières et tous les anciens soldats, mon intention étant que les 200 hommes qui resteront soient pris parmi les conscrits et les hommes ayant moins d'un an de service.

NAPOLÉON.

5158. — AU GÉNÉRAL LACUÉE.

Paris, 9 mars 1811.

Monsieur le comte de Cessac, j'ai signé un décret qui vous accorde, pour les remontes et le harnachement, un supplément de budget de 3.711.728 francs. Vous demandiez de quoi acheter 8.400 chevaux. Mais, comme sur les 3.000 chevaux destinés à remonter les dépôts de l'armée d'Espagne, je ne vous en accorde que 1.500, qui suffisent pour le moment, j'ai réduit d'autant votre demande. La somme qui vous est accordée est calculée pour l'achat de 6.900 chevaux.

NAPOLÉON.

5139. — DÉCISIONS (1).

Paris, 10 mars 1811.

On fait connaître à Sa Majesté qu'on lui a rendu compte des motifs qui exigent la conservation des bâtiments des casernes de Saint-Cyr, à Rennes, et qui s'opposent à ce qu'il soit donné aucune suite à la demande en cession des mêmes bâtiments, formée par les sœurs du Refuge.

Renvoyé au ministre de la guerre pour prendre d'autres mesures.

On rend compte à Sa Majesté des observations du général gouverneur de Barcelone, concernant la nécessité de réparer le port de cette place si on veut le conserver.

Me faire faire un rapport détaillé par les officiers du génie.

Le canton de Berne demande, par l'organe du landamman de la Suisse, l'autorisation d'acheter à la manufacture d'armes de Mutzig des pièces assorties pour fabriquer 3.000 fusils d'ancien modèle.

Accordé.

On propose à Sa Majesté :

1° D'accorder une indemnité de 1.000 francs aux officiers supérieurs du génie, et de 500 francs aux capitaines qui ont été convoqués pour les conseils d'administration tenus par Sa Majesté;

2° D'accorder la même gratification au chef de bataillon Allent, pour l'indemniser des frais de représentation auxquels il a été obligé en sa qualité de directeur du dépôt des fortifications.

Accordé

On propose à Sa Majesté d'accorder à quatre capitaines en se-

Accordé.

---

(1) Non signées; extraites du « Travail du ministre de la guerre avec S. M. l'Empereur et Roi, daté du 6 mars 1811 ».

cond d'artillerie, employés à la manufacture d'armes de Charleville, une gratification de 200 francs à chacun, pour le travail extraordinaire dont ils ont été dernièrement chargés.

Sur la demande du général de division Delaborde, commandant supérieur de la 13ᵉ division militaire, on prie Sa Majesté de faire connaître si son intention est d'accorder à ce général un congé de quatre mois avec appointements.

Me proposer quelqu'un pour remplacer ce général.

Compte rendu d'un congé de convalescence de six mois, accordé au colonel Tuffet Saint-Martin, directeur général des manufactures d'armes et des forges, et de la désignation du colonel Cotty, pour le suppléer pendant cette absence.

Approuvé.

On rend compte à Sa Majesté que M. le maréchal duc d'Istrie a permis au gouverneur de Tortose et à deux officiers de la même garnison de passer un mois à Saint-Sébastien, pour cause de santé et sous la responsabilité de leurs familles.

Je désapprouve cette mesure, ces officiers doivent entrer en France.

Le colonel espagnol de Levielleuze, qui s'est distingué dans le Nord par une conduite très honorable, a empêché l'insurrection de son régiment et a rendu de grands services aux Français. réclame son renvoi à Madrid; Sa Majesté Catholique a manifesté l'intention où elle était de le réemployer.

Accordé.

Sa Majesté Catholique désire que le sieur Sobral, employé civil en retraite, qui a été mis par erreur au nombre des prisonniers espagnols, soit renvoyé libre à Madrid

Accordé.

Cet individu a prêté serment et pourrait être tenu de le renouveler par écrit si Sa Majesté l'autorisait à y retourner.

Le général Seras écrit de Benavente pour demander le retour dans ses foyers d'un aumônier espagnol qui a prêté serment, et que le général Kindelan a jugé digne de la bienveillance du gouvernement.

Accordé.

On propose, en concurrence, pour le commandement d'armes de Strasbourg, vacant par le décès du général Leclaire, les généraux Freytag, Fresia et Mengaud, généraux de division.

Je ne nommerai pas au commandement de Strasbourg avant que la nouvelle organisation du commandement d'armes m'ait été présentée.

On demande les ordres de Sa Majesté sur le sort des bataillons de l'ex-régiment de ligne hollandais qui sont restés isolés, ainsi que sur le petit dépôt de ces bataillons existant à Bayonne.

J'ai déjà ordonné que les deux bataillons passent à l'armée du Nord. Je verrai ce que me dira le duc d'Istrie; on pourrait les incorporer dans les deux nouveaux régiments qui n'ont chacun que trois bataillons.

On demande à Sa Majesté si on doit conserver aux lanciers de la Vistule les bonnets polonais, ou y substituer les schakos français.

Oui.

On propose à Sa Majesté d'accorder l'emploi de 1er porte-aigle au 24e régiment d'infanterie légère, au sieur Forest, sous-lieutenant du corps, recommandé par son colonel.

Approuvé.

5160. — EXTRAIT D'UN ORDRE DE L'EMPEREUR EN DATE DU 10 MARS 1811 (1).

Donnez ordre que les deux bataillons de Würzburg soient réduits en un seul et que le cadre du 2e se dirige sur Würzburg.

(1) Non signé.

Donnez ordre que le cadre du 112ᵉ régiment d'infanterie de ligne se rende de la Catalogne à Lyon. Il y attendra les conscrits destinés pour le régiment, et que les officiers de recrutement amèneront jusque-là. Ces conscrits arrivés à Lyon, le cadre les prendra et les conduira à Florence.

5161. — DÉCISION.

Paris, 10 mars 1811.

Rapport du général Clarke au sujet de l'effectif des dépôts des deux régiments de chasseurs à cheval napolitains stationnés dans l'Ariège.

Les renvoyer à Naples.

NAPOLÉON.

5162. — DÉCISION.

Paris, 10 mars 1811.

Le général Clarke demande les ordres de l'Empereur au sujet des deux bataillons de l'ex-2ᵉ régiment de ligne hollandais restés en Espagne.

J'ai déjà ordonné que ces deux bataillons passent à l'armée du Nord. Je verrai ce que me dira le duc d'Istrie. On pourrait les incorporer dans les deux nouveaux régiments qui n'ont chacun que trois bataillons.

NAPOLÉON.

5163. — AU MARÉCHAL BERTHIER.

Paris, 10 mars 1811.

Mon Cousin, l'armée du Centre a suffisamment; je n'approuve point qu'il lui soit accordé, pour compléter le personnel de l'artillerie, des hommes non montés qui se trouvent à Salamanque; je désire, au contraire, que le duc d'Istrie fasse rentrer en France, aussitôt, tous les hommes du train d'artillerie qui ne sont point montés : nous en avons besoin. Quant au 3ᵉ corps, la réunion de l'armée active de Catalogne lui fournira tout le personnel dont elle peut avoir besoin pour l'artillerie.

NAPOLÉON.

5164. — AU GÉNÉRAL CLARKE.

10 mars 1811.

Monsieur le duc de Feltre, le général Quesnel doit commander la division de Puycerda. Il aura sous ses ordres le général Gareau; il lui faudrait un second général de brigade et un adjudant commandant; faites-moi connaître ceux que vous aurez nommés.

Envoyez un officier à Foix, pour suivre les mouvements de la division Quesnel. Il sera porteur d'ordres pour le général Quesnel, pour le général commandant la 10ᵉ division militaire et pour le directeur d'artillerie; il faut qu'on tâche d'organiser huit pièces de canon à cette division.

Donnez ordre au général Quesnel de former des magasins et de tâcher de s'emparer du fort d'Urgel, qui est mal armé; enfin, recommandez-lui de faire régner une sévère discipline et de pacifier toute la Cerdagne en désarmant et en prenant toutes les mesures convenables; il est nécessaire qu'il y ait, avec la division Quesnel, deux officiers du génie, un officier d'artillerie, une demi-compagnie de sapeurs et 500 outils. Recommandez bien au général, à mesure qu'il avancera dans le pays, de faire fortifier les points principaux de sa route, de faire créneler les maisons et d'établir quelques redoutes dans de bonnes localités pour assurer ses communications.

Donnez ordre au commandant de la division militaire d'avoir en arrière de la division Quesnel des bataillons de gardes nationales qui gardent également ses communications.

Je suppose que vous avez envoyé un commissaire des guerres à la division de Puycerda. Proposez-moi la nomination d'un auditeur qu'on puisse y envoyer pour être intendant de la Cerdagne espagnole. Faites passer des revues dans les 9ᵉ et 10ᵉ divisions militaires pour que tous les hommes disponibles, appartenant aux corps de Catalogne, rejoignent.

Enfin, portez un soin particulier à tirer des 11ᵉ, 10ᵉ et 9ᵉ divisions militaires tout ce qui est nécessaire pour parfaitement organiser cette division de Puycerda.

NAPOLÉON.

5165. — AU GÉNÉRAL CLARKE (1).

Paris, 10 mars 1811.

Monsieur le duc de Feltre, je suis surpris que la légion de Catalogne ne soit pas encore entrée dans ce pays. Voilà près de six mois que j'ai ordonné l'organisation de cette légion; faites donc entrer sans délai tout ce qui est disponible.

Faites également entrer, à la disposition du général Baraguey d'Hilliers, quelques bataillons de gardes nationales.

Donnez ordre que les deux bataillons de Würzburg soient réduits à un seul, et que le cadre du second se dirige sur Würzburg.

Donnez ordre que le 4e bataillon du 112e verse dans le 102e tous les hommes qu'il a disponibles, et que ce cadre du 112e se rende ensuite à Lyon; il y attendra les conscrits destinés pour le régiment et que les officiers de recrutement amèneront jusque-là. Ces conscrits arrivés à Lyon, le cadre du bataillon les prendra et les conduira à Florence.

Donnez ordre que le bataillon de La Tour d'Auvergne qui est en Catalogne verse également tout ce qu'il a de disponible dans un régiment que le général Baraguey d'Hilliers désignera, et que le cadre se rende à Avignon: mon intention est qu'il se rende à Naples; mais, au lieu de n'y envoyer que le cadre, je désire qu'il y arrive avec des hommes. Vous me ferez connaître sur quel point il convient de le diriger pour qu'il prenne en route des conscrits et les conduise à Naples.

5166. — EXTRAIT D'UN ORDRE DE L'EMPEREUR (2).

Paris, 10 mars 1811.

Monsieur le duc de Feltre, je réponds à votre lettre du 2 mars, relative à la lettre du général Rapp, sur la caisse des douanes, à Danzig.

Mon intention n'est pas que cette caisse soit pour la ville et à la disposition de la ville. J'ai ordonné, au contraire, que les sommes provenant des douanes fussent mises dans une caisse particulière, à votre disposition, pour les travaux des fortifications et du génie.

---

(1) Non signé, copie conforme.
(2) Copie conforme.

Donnez donc l'ordre que ces sommes soient versées dans la caisse du génie, et qu'il n'en soit rien dépensé sans votre ordre.

Je fais faire cette année beaucoup de travaux à Danzig, et mon intention est d'y dépenser au moins un million, qui sera réparti entre l'artillerie et le génie.

5167. — AU GÉNÉRAL CLARKE.

Paris, 11 mars 1811.

Monsieur le duc de Feltre, j'ai parcouru votre rapport sur l'artillerie de Danzig; je n'ai point pu fixer mes idées, parce qu'il manque l'état de ce qui existe dans cette place en objets d'artillerie. Je vois seulement qu'on demande, pour son armement, 74 pièces au-dessus du calibre de 12, 94 pièces de 12, 104 pièces de 6 ou de 3, 18 obusiers, 23 mortiers et 15 pièces de campagne; cela me paraît suffisant, hormis pour l'artillerie de campagne. Je pense qu'il faudrait à Danzig 72 pièces de campagne, savoir : 12 pièces de 12, 24 de 6, 24 de 3 et 12 obusiers. Il est nécessaire, pour la défense de cette place, que l'artillerie puisse se porter facilement sur plusieurs points; d'ailleurs Danzig est une grande place de dépôt, qui doit fournir de l'artillerie à une armée qui en aurait besoin. Ces 72 pièces doivent être sur affûts de campagne et avoir 5 caissons par pièce, ce qui ferait 360 caissons, sur lesquels une soixantaine doivent être des caissons d'infanterie.

Il faut aussi qu'il y ait des triqueballes, des chariots de munitions, etc... Des pompes sont également nécessaires dans une ville comme Danzig. Aussitôt que vous m'aurez fait connaître tout ce qui existe dans cette place, je pourrai décider ce qu'il faudra y envoyer.

Je vous renvoie les pièces qui étaient jointes à votre rapport, pour que vous me les représentiez, avec un travail complet.

Mon intention est de ne rien envoyer par mer. Je préfère faire partir à la fois, sur cinq convois qui marcheront à trois jours de distance l'un de l'autre, 300 voitures, lesquelles seront attelées de 1.200 chevaux des quatre bataillons du train de l'armée du prince d'Eckmühl. Il faudra voir si l'on ne pourrait pas utiliser leur retour en leur faisant rapporter de Danzig des objets qui peuvent encore s'y trouver. 100 de ces voitures porteront 200 milliers de poudre.

Envoyez-moi aussi l'état de tous les objets et approvisionnements d'artillerie qui se trouvent à Stettin, Küstrin, Glogau et Hamburg.

J'ai sur l'Elbe une immense quantité de boulets; on pourrait en envoyer à Danzig, par eau, en leur faisant suivre les rivières et le canal de Berlin. Il faut aussi, à Danzig, une salle d'armes de 15.000 fusils.

Faites-moi également connaître si toutes les pièces hors de service qui étaient à Danzig ont été évacuées sur la France, ou bien si ce bronze s'y trouve encore.

Rendez-moi compte s'il n'y a pas une fonderie à Varsovie; je crois que les Polonais y en ont établi une; dans ce cas on pourrait en profiter, à cause de la communication facile que donne la Vistule.

Joignez aussi à votre travail l'état de l'artillerie que la Pologne a dans ses différentes places; et présentez-moi également l'état de l'artillerie et des munitions que j'ai dans toute l'Allemagne. Il doit y avoir sur l'Elbe et sur l'Oder beaucoup de munitions confectionnées.

Ces objets pourront être traités au prochain conseil d'administration d'artillerie, qui aura lieu jeudi; on pourra commencer par là.

NAPOLÉON.

5168. — AU GÉNÉRAL CLARKE.

Paris, 11 mars 1811.

Monsieur le duc de Feltre, je vous envoie l'état de ce qui manque en chevaux aux corps de cavalerie de ma garde. Faites-moi connaître si la masse de remonte suffit pour l'achat de ces chevaux, ou s'il faut un fonds extraordinaire pour les mettre au complet.

NAPOLÉON.

5169. — AU GÉNÉRAL CLARKE (1).

Paris, 11 mars 1811.

Monsieur le général Clarke, il me paraît nécessaire d'avoir à Danzig un colonel d'artillerie, trois chefs de bataillon, un capi-

---

(1) Non signé, copie certifiée par le secrétaire général Fririon.

taine d'ouvriers, huit capitaines en second en résidence, un garde principal, quatre conducteurs d'artillerie, un chef artificier et quatre ouvriers vétérans.

Je pense que le tiers de ces officiers peut être pris dans l'artillerie hollandaise.

5170. — AU GÉNÉRAL LACUÉE.

Paris, 12 mars 1811.

Monsieur le comte de Cessac, vous aurez reçu le décret par lequel je forme un nouveau régiment de la Méditerranée qui doit être habillé de l'uniforme de l'infanterie de ligne. Vous pouvez calculer, par les mesures que je prends pour faire rejoindre les conscrits réfractaires, que ce régiment sera complété dans le courant d'avril. Il est donc indispensable que vous pourvoyiez à tout ce qui est nécessaire pour le prompt habillement et équipement de ce régiment. Le 1er régiment doit être de 4.000 hommes et de cinq bataillons; ainsi, ces deux régiments, composant dix bataillons, formeront 8.000 hommes. Mais, comme j'en retire des hommes, qui seront remplacés, il faut calculer sur au moins 10.000 hommes, qui se seront trouvés présents avant le mois de mai, et qu'il est nécessaire d'avoir habillés et équipés.

NAPOLÉON.

5171. — DÉCISION (1).

Paris, 13 mars 1811.

On fait connaître à Sa Majesté les dispositions qui ont été prises pour l'organisation du 2e régiment des chevau-légers lanciers de la Vistule.

Le duc de Frioul me présentera demain ce travail.

---

(1) Non signée; extraite du « Travail du ministre de la guerre avec S. M. l'Empereur et Roi, daté du 13 mars 1811 ».

5172. — AU GÉNÉRAL CLARKE.

Paris, 13 mars 1811.

Monsieur le duc de Feltre, j'avais donné l'ordre que le 3ᵉ bataillon du 1ᵉʳ de ligne se rendît à Marseille; mais de nouvelles dispositions me font désirer que le 1ᵉʳ de ligne tout entier, c'est-à-dire les trois bataillons qui sont à l'armée de Naples, se rende à Rome, où il attendra de nouveaux ordres.

Donnez également l'ordre que le 62ᵉ de ligne se rende à Rome. Donnez le même ordre au 4ᵉ régiment de chasseurs.

Vous ferez connaître au roi de Naples que, si la cavalerie de sa garde et la cavalerie napolitaine ne sont pas suffisantes, je lui enverrai un autre régiment de cavalerie, un régiment de dragons; mais que j'ai besoin du 4ᵉ de chasseurs.

Ecrivez au général Grenier, chef de l'état-major général de l'armée de Naples, pour qu'aucun détachement des 10ᵉ, 20ᵉ, 101ᵉ, 62ᵉ et 1ᵉʳ de ligne et du 4ᵉ de chasseurs ne soit retenu, et pour que ces régiments soient dirigés en entier sur Rome.

NAPOLÉON.

5173. — DÉCISIONS (1).

Paris, 14 mars 1811.

On rend compte que, sur 30 officiers dont le corps du génie hollandais était composé, il n'y en a en ce moment que 10 d'employés sous les ordres des directeurs et sous-directeurs français.	On peut de ces dix en retirer quelques-uns pour Danzig.
Propositions relatives aux destinations à donner aux officiers d'artillerie ex-hollandaise qui restent encore en Hollande.	Approuvé.
Sa Majesté est priée de faire connaître si le traitement extraordinaire de 1.000 francs par mois qu'Elle a accordé au général Sor-	Approuvé.

(1) Non signées; extraites du « Travail du ministre de la guerre avec S. M. l'Empereur et Roi, daté du 13 mars 1811 ».

bier par décision du 17 février 1808 et qui lui a été payé jusqu'au 1ᵉʳ janvier 1810 doit être acquitté depuis cette époque jusqu'au jour où ce général a quitté l'armée d'Italie.

On propose à Sa Majesté de prendre les capitaines qui doivent commander les bataillons de guerre parmi les adjoints de 1ʳᵉ classe du génie et les capitaines de sapeurs actuellement en réforme.

Approuvé.

On propose à Sa Majesté d'accorder un congé de quinze jours avec appointements à M. Loritz, chef de bataillon, commandant d'armes à Dieppe;

Accordé.

De dispenser le sieur Bonniot du payement de la somme de 948 francs dont il est redevable pour la pension de son fils, vélite chasseur à cheval, tué à la bataille de Wagram.

Le sieur Bonniot a aussi perdu un autre fils en Espagne.

Accordé.

Conformément aux ordres de l'Empereur, on n'a proposé que les officiers destinés à former le cadre des deux premiers bataillons du régiment de l'île de Walcheren et du 1ᵉʳ bataillon des deux autres régiments.

Il faut présenter les cadres de tous les autres bataillons.

De permettre que le jeune Eltz-Rubenach, au lieu de se rendre comme pensionnaire à l'Ecole militaire de Saint-Germain, où il a déjà un frère, passe en qualité d'élève du gouvernement à l'Ecole militaire de Saint-Cyr.

Accordé.

On propose à Sa Majesté de mettre à la disposition de l'Ecole de Saint-Germain 7.115 fr. 70 qui restaient dans la caisse de l'Ecole d'équitation lors de sa suppression.

Accordé.

M. Coppens, membre du collège électoral de Jemmapes et maire de la commune de Wandres, que le ministre de la police a fait venir à Paris en décembre, s'obstine à refuser d'envoyer son fils à l'Ecole militaire de Saint-Germain, en alléguant qu'il est en fuite et qu'il ne sait où il est.

On demande les ordres de Sa Majesté si M. Coppens persévère dans son obstination.

On propose à Sa Majesté de permettre qu'un élève de l'Ecole militaire de Saint-Germain soit rayé des contrôles, vu son état constant de maladie.

Faire connaître à cet individu que, si, sous très peu de temps, son fils n'est pas revenu, je ferai mettre le séquestre sur ses biens; je n'entends pas raillerie là-dessus.

Le destituer de sa place de maire.

Accordé.

5174. — DÉCISION.

Paris, 14 mars 1811.

Le général Lacuée rend compte des malversations dont on accuse le colonel du 9ᵉ provisoire de dragons, un chef d'escadron du 8ᵉ provisoire de même arme et le colonel d'une demi-brigade provisoire.

Renvoyé au major général pour me faire un rapport et pour donner ordre au duc d'Istrie de punir ces officiers et de les suspendre s'il y a lieu.

NAPOLÉON.

5175. — DÉCISION.

Paris, 14 mars 1811.

Le ministre propose de retirer de la Hollande dix compagnies du 9ᵉ régiment d'artillerie.

Approuvé, en ayant soin de mettre de l'artillerie française pour la défense de Willemstad, de l'île de Goeree et des Bouches-de-la-Meuse.

NAPOLÉON.

5176. — DÉCISION.

Paris, 14 mars 1811.

Motifs paraissant devoir empêcher des changements dans l'organisation actuelle des régiments suisses.

L'important, c'est de compléter ces régiments, afin qu'ils nous soient de quelque utilité.

NAPOLÉON.

5177. — AU GÉNÉRAL CLARKE.

Paris, 14 mars 1811.

Monsieur le duc de Feltre, les sieurs Dufour, Détrimont et Guérin, fusiliers-chasseurs, seront attachés comme adjudants sous-officiers au régiment de Walcheren. Faites-les partir pour l'île de Walcheren où se réunit ce régiment.

Les sieurs Augier, Rigollot, Gobet, Olivier et Bouisson, fusiliers-grenadiers, seront attachés également comme adjudants sous-officiers au régiment de l'île de Walcheren.

Les sieurs Bourbier et Guyot, fusiliers-grenadiers, seront attachés comme sergents-majors au même régiment.

Les sieurs Decuyper, Bauwent, Hamille (Augustin), Dubost, Vol, Baudinot et Pizard, fusiliers-grenadiers, seront également attachés comme sergents-majors au régiment de Walcheren.

Les sieurs Jeantrel et Fourneau, fusiliers-chasseurs, Somasso, Giorello, Doré, Lorin, Malnuit, Marin et Poussy, fusiliers-grenadiers, seront attachés comme sergents-majors aux régiments de la Méditerranée.

Les sieurs Delonge, Gallé et Gros, fusiliers-grenadiers, seront attachés au régiment de Belle-Ile, comme sergents-majors.

Les sieurs Carrère et Maugin, fusiliers-grenadiers, seront attachés en la même qualité de sergents-majors au régiment de Belle-Ile.

Donnez ordre que tous ces sous-officiers partent pour se rendre à leur destination.

NAPOLÉON.

5178. — AU GÉNÉRAL CLARKE.

Paris, 14 mars 1811.

Monsieur le duc de Feltre, je viens de nommer 48 vélites de ma garde sous-lieutenants dans les régiments de la Méditerranée, dont 30 parlent italien, 24 dans le régiment de Walcheren, 24 dans le régiment de Belle-Ile et 24 dans le régiment de l'île de Ré. Donnez ordre que ces jeunes gens soient placés sur-le-champ dans des compagnies. Arrivés aux régiments, ceux qui ne seraient pas titulaires, seront à la suite pour être placés à fur et mesure qu'il y aura des places vacantes.

Ces hommes ont tous quatre ou cinq ans de service, ont fait deux ou trois campagnes; c'est un véritable choix; ils seront fort utiles aux colonels.

NAPOLÉON.

5179. — DÉCISION.

Paris, 14 mars 1811.

Le général Rapp, gouverneur de Danzig, n'a pas cru devoir enrôler les marins russes, prussiens, suédois, danois, qui sont en grand nombre sur les bâtiments stationnés dans les ports de la Prusse.

Répondre qu'on a eu tort, et répondre qu'on doit envoyer tous les Russes, Suédois, Danois, Prussiens, qui seraient de bonne volonté. Donner des instructions en conséquence dans le Nord.

NAPOLÉON.

5180. — DÉCISION.

Paris, 14 mars 1811.

Par mesure de sûreté, le maréchal Davout a cru devoir interdire le séjour de Stettin aux Américains ou soi-disant tels, quand bien même ils se trouveraient munis de passeports.

Approuvé la conduite du prince d'Eckmühl et prendre toutes les mesures pour la sûreté des places.

NAPOLÉON.

5181. — AU GÉNÉRAL CLARKE.

Paris, 15 mars 1811.

Monsieur le duc de Feltre, je vous ai fait connaître, par ma lettre du 13 février dernier, mes intentions sur l'organisation définitive de l'armée d'Allemagne. Faites-moi connaître sa situation, ce qui existe au 1er mars, et ce qui existera au 1er avril, en conséquence de ce que j'ai prescrit.

NAPOLÉON.

5182. — AU GÉNÉRAL CLARKE.

Paris, 15 mars 1811.

Monsieur le duc de Feltre, je vous avais chargé d'envoyer à Otrante un officier général chargé de connaître tout ce qui est relatif à l'approvisionnement de Corfou. Faites-moi connaître quel est cet officier et le résultat de sa correspondance.

NAPOLÉON.

5183. — AU GÉNÉRAL CLARKE.

Paris, 15 mars 1811.

Monsieur le duc de Feltre, deux envois d'artillerie sont partis pour Corfou, l'un sur la *Pauline* et la *Themis*, l'autre sur la *Pomone* et la *Persane*. Je reçois avis de l'arrivée de ces quatre frégates à Corfou.

Le vice-roi a aussi expédié tout ce qu'il devait envoyer; une partie seule est arrivée, l'autre est en route. Faites-moi un état de l'armement de Corfou, en plusieurs colonnes :

1° Ce qui est nécessaire pour son armement général;

2° Ce qui existait;

3° Ce qui a été porté par les quatre frégates arrivées;

4° Ce qui est arrivé, suivant les nouvelles du vice-roi, du 1er mars;

5° Ce qui reste du vice-roi en relâche à Otrante;

6° Enfin, le total de tout ce qui est arrivé, et la situation de la place, au 1er mars.

Faites-moi connaître s'il y manque encore quelque chose; j'attache la plus grande importance à Corfou, je viens d'y envoyer des vivres et tout ce qui est nécessaire pour la rendre imprenable.

NAPOLÉON.

5184. — AU GÉNÉRAL CLARKE.

Paris, 15 mars 1811.

Monsieur le duc de Feltre, les frégates *la Danaë* et *la Flore* ont rapporté de Corfou beaucoup de pièces de bronze; je donne ordre à la marine de transporter ces pièces à Ponte-de-Lagoscuro, sous Ferrare. Vous les ferez prendre et transporter à Turin.

NAPOLÉON.

5185. — AU GÉNÉRAL CLARKE.

Paris, 15 mars 1811.

Monsieur le duc de Feltre, les semestriers de l'armée d'Allemagne vont commencer à retourner à leurs corps. Il faut donner l'ordre que les semestriers qui sont en deçà des Alpes se réunissent à Wesel pour former des compagnies de 100 hommes avec un officier ou un sous-officier à leur tête; que ceux au delà des Alpes se réunissent à Vérone, d'où ils partiront en bataillon de marche de 400 hommes. Il est nécessaire de pourvoir à leurs moyens de passage à travers l'Allemagne, vu que les princes de la Confédération se refusent à leur donner des étapes. Prenez des mesures pour y suppléer, vu que c'est un mouvement en temps de paix.

NAPOLÉON.

5186. — DÉCISIONS (1).

15 mars 1811.

Le général de division Ambert, destitué, demande que sa conduite soit examinée.	Cette demande est ajournée.

---

(1) Non signées: extraites du « Travail du ministre de la guerre avec S. M. l'Empereur et Roi, daté du 13 mars 1811 ».

Rapport demandé par Sa Majesté sur les services du sieur Jobert, officier de vétérans pensionné, qui sollicite la décoration de la Légion d'honneur.	Il faudrait une enquête qui constatât bien la conduite et les actions de M. Jobert.

5187. — DÉCISIONS (1).

15 mars 1811.

On propose à Sa Majesté d'employer comme adjudant commandant M. le colonel Panis.	Accordé, il sera nommé adjudant commandant.
On propose à Sa Majesté d'employer dans les expéditions maritimes le sieur Levasseur, ex-lieutenant de gendarmerie.	L'Empereur a décidé qu'on pourrait l'employer en Catalogne, ainsi que l'avait proposé le duc de Conegliano.
On propose à Sa Majesté de placer par exception près du général Salme, en qualité d'aide de camp, le sieur Lengliemé de Sangles, sous-lieutenant au 3ᵉ régiment de ligne.	Dans un an.

5188. — AU GÉNÉRAL LACUÉE.

Paris, 15 mars 1811.

Monsieur le comte de Cessac, il est nécessaire qu'au 1ᵉʳ avril le 12ᵉ bataillon d'équipages militaires parte de Strasbourg pour se rendre à Wesel; que vous donniez ordre aux dépôts des régiments de l'armée d'Allemagne de diriger sur Wesel tout ce qu'ils auraient à envoyer à leurs corps, pour en charger les caissons du 12ᵉ bataillon, qui, de Wesel, continueront leur route pour le quartier général du prince d'Eckmühl. Faites-moi connaître si les six compagnies de ces bataillons pourront partir, ou s'il n'y aura que quatre compagnies.

NAPOLÉON.

---

(1) Non signées; extraites du « Travail du ministre de la guerre avec S. M. l'Empereur et Roi, daté du 6 mars 1811 ».

5189 — AU GÉNÉRAL LACUÉE.

Paris, 15 mars 1811.

Monsieur le comte de Cessac, je viens de compléter la garnison de Danzig à 10.000 hommes. Faites-moi connaître quelle est la situation des services de l'administration de la guerre dans cette place. Faites-y diriger les rations de biscuit qui sont à Dresde. Il est nécessaire que cette place importante soit approvisionnée pour longtemps.

NAPOLÉON.

5190. — DÉCISION (1).

15 mars 1811.

Sa Majesté est suppliée d'accorder une sous-lieutenance d'infanterie au sieur Peuchet, hussard au 10ᵉ régiment, précédemment sous-lieutenant de grenadiers de cohortes nationales et fils du sieur Peuchet, homme de lettres, l'un des rédacteurs du *Moniteur*, qui a perdu un fils qu'il destinait au service de Sa Majesté, par suite d'une maladie contractée à l'Ecole militaire de Fontainebleau.

Accordé.

5191. — DÉCISION.

Paris, 15 mars 1811.

Rapport du maréchal Berthier sur une lettre par laquelle le roi d'Espagne exprime le désir d'être fixé au sujet des rapports de son gouvernement avec les autorités militaires dans les arrondissements des armées d'Espagne.

Renvoyé au major général pour me représenter cela à son premier travail avec moi.

NAPOLÉON.

---

(1) Non signée; extraite du « Travail du ministre de la guerre avec S. M. l'Empereur et Roi, date du 27 février 1811 ».

5192. — DÉCISION.

Paris, 15 mars 1811.

Le maréchal Marmont propose d'envoyer provisoirement à Palmanova, au lieu d'Alexandrie, les deux premiers bataillons du régiment illyrien, qui ne sont point encore armés ni habillés.

Approuvé, mais faites en sorte qu'il soit promptement habillé.

NAPOLÉON.

5193. — AU MARÉCHAL BERTHIER.

Paris, 16 mars 1811.

Mon Cousin, faites sentir au roi d'Espagne la nécessité de faire partir pour Séville tous les détachements qui peuvent appartenir aux 4e, 5e et 1er corps, dans l'arrondissement de son armée. Faites-lui connaître que cela est de rigueur et qu'il est indispensable que le général Lahoussaye appuie sur la gauche du Tage pour se mettre en communication avec le duc de Dalmatie.

NAPOLÉON.

5194. — AU GÉNÉRAL CLARKE (1).

Paris, 16 mars 1811.

Monsieur le duc de Feltre, je vous renvoie les états de l'armée d'Allemagne, telle qu'elle doit être formée au 1er avril. Je désire que vous me les renvoyiez avec quelques légers changements qu'il est convenable d'y faire.

Les 4es bataillons resteront en France jusqu'à nouvel ordre.

Les trois premiers bataillons seuls seront à l'armée; ainsi chaque division formée de quatre régiments ne sera provisoirement forte que de douze bataillons.

Le 23e de chasseurs ne fera pas partie de l'armée d'Allemagne.

Le 2e régiment de chasseurs, quoique à Stettin, fera toujours partie de la brigade Jacquinot.

Le 108e, détaché à Stettin, continuera toujours à faire partie de la division Dessaix.

Vous porterez le général Pajol dans son grade et dans son rang

---

(1) Non signé, copie conforme.

d'ancienneté, comme employé à Stettin: il y commandera toute la cavalerie.

Vous écrirez au prince d'Eckmühl, pour qu'il presse le complément des trois régiments polonais et du régiment de chevau-légers, qui sont à Danzig et Küstrin.

ARTILLERIE.

L'artillerie doit avoir 144 bouches à feu, savoir : 4 pièces de 3 ou de 4 par régiment, ce qui fait 64, et 12 pièces par division; mais ces 12 pièces doivent former deux batteries, une à pied et l'autre à cheval, chaque batterie composée de 4 pièces de 6 et de 2 obusiers, de sorte que les 80 bouches à feu, déduction faite des 64 régimentaires, se composent :

de 12 pièces de 12;
de 44 pièces de 6;
et de 24 obusiers.

—

80 bouches à feu.

Sur 144 pièces, ce nombre d'obusiers est indispensable.

Ainsi, les 80 bouches à feu existant, il ne manque que 34 pièces de 3. Faites-moi connaître d'où on peut les tirer, si vous pouvez les prendre à Magdeburg sans faire de trop grands mouvements d'artillerie : cela me paraît convenable; si vous les tirez de France, il faut les faire venir par Wesel et la Hollande et non par l'Allemagne.

Faites-moi un rapport qui me fasse connaître quand ces 34 pièces et leurs caissons partiront, et la route qu'ils devront suivre; mon intention est que, s'ils partent de France, ce soit avant le 1er avril.

En général, je désire que tout ce qui est nécessaire pour compléter le parc de l'armée d'Allemagne soit mis en marche, mais après un rapport que vous m'aurez fait et l'approbation que j'aurai donnée à l'ordre de marche.

Je vois qu'il faut quatorze compagnies d'artillerie à pied pour l'armée; or, il y en a aujourd'hui vingt et une en Allemagne, ce nombre me paraît donc suffisant. Il faut porter comme faisant partie des quatorze compagnies de l'armée quatre des six compagnies qui sont à Danzig, la compagnie qui est à Würzburg et celle des deux qui sont à Magdeburg; ainsi, je pense qu'il ne sera pas nécessaire d'envoyer aucune nouvelle compagnie d'artillerie à pied.

Faites faire un état qui explique bien cela au prince d'Eckmühl.

14 compagnies paraissent nécessaires pour l'armée :
1 pour Stettin;
1 pour Küstrin;
1 pour Glogau;
1 pour Magdeburg,
et 2 pour Danzig.

En tout, c'est donc vingt compagnies qu'il faut : or, vous en avez vingt et une.

Indépendamment de ce nombre, il faut trois compagnies pour les batteries des côtes de Hamburg; mais cela entre dans le service de la division militaire.

Ainsi, il y a lieu à compléter toutes les compagnies d'artillerie à pied, mais non pas à envoyer de nouvelles compagnies.

Quant à l'artillerie à cheval, il faut sept compagnies : je crois qu'il n'y en a que cinq; c'est donc deux nouvelles compagnies à envoyer.

Je désire qu'on n'entame pas le 2ᵉ régiment d'artillerie à cheval et qu'on prenne dans d'autres, par exemple dans le 3ᵉ et dans le 5ᵉ, afin de se composer le plus possible d'une même artillerie. Il serait convenable qu'il n'y ait tout au plus que deux régiments d'artillerie à pied et un ou deux d'artillerie à cheval, qui fournissent à cette armée.

J'approuve de n'employer à l'armée d'Allemagne que le 1ᵉʳ principal et le 9ᵉ principal, en les complétant à 3.600 chevaux.

Vous donnerez 3.500.000 cartouches à cette armée qui n'a pas 50.000 baïonnettes; c'est donc 70 cartouches par homme; c'est plus qu'il ne faut. Mais cette proportion diminuera lorsque l'armée deviendra plus considérable : c'est ce qui me porte à désirer que, dans le cas où il faudrait prendre une compagnie d'un autre bataillon du train, on employât de préférence cette compagnie pour atteler un caisson d'infanterie, qui pourrait facilement repasser dans un autre corps d'armée ou au parc. Le principe est que le maximum des cartouches attelées avec le bataillon doit être de 20 cartouches par homme et de 20 avec le corps d'armée. Total, 40. 20 autres doivent être au parc de l'armée; ainsi cela fait 60 cartouches par homme; pour 50.000 hommes ce serait 3.000.000 de cartouches; vous en avez 3.500.000, c'est donc 500.000 cartouches de trop, ou à peu près l'attelage d'une compagnie du train.

GÉNIE.

Quant au génie, l'état n° 1 ne m'explique pas suffisamment ce qui existe aujourd'hui. Je crois qu'il y a trois compagnies de sapeurs, mais il en faut un plus grand nombre. Je ne vois pas combien il y a d'outils attelés et de non-attelés.

Après ces légers changements, renvoyez-moi ces états, et surtout ne faites faire aucun mouvement qu'après avoir pris mes ordres et m'avoir fait connaître la route qu'on doit prendre, soit pour le matériel, soit pour le personnel.

5195. — AU GÉNÉRAL CLARKE.

Paris, 16 mars 1811.

Monsieur le duc de Feltre, donnez ordre que le bataillon hollandais destiné pour Batavia, qui est embarqué sur la *Prégel*, se rende à Brest, où il sera mis à la disposition de la marine qui le soldera et l'habillera et s'en servira pour la garde de l'arsenal, jusqu'au moment où je jugerai convenable de le faire partir pour Batavia. La marine emploiera également l'artillerie à garder les batteries les plus importantes du port.

NAPOLÉON.

5196. — AU GÉNÉRAL CLARKE.

Paris, 16 mars 1811.

Monsieur le duc de Feltre, donnez ordre que le 3° bataillon du 17° léger, le 6° bataillon des 26° de ligne, 66° et 82°, après avoir versé les hommes qu'ils ont de disponibles dans les autres bataillons, se rendent en France à leurs dépôts. Donnez le même ordre aux 4es bataillons des 22°, 65° et 86°, 14° de ligne et 120°; et, en général, laissez les maréchaux, lorsque les corps ont trois ou quatre bataillons réunis, maîtres de renvoyer en France les cadres des 3es ou 4es bataillons, en gardant les hommes disponibles pour les autres bataillons.

NAPOLÉON.

5197. — AU GÉNÉRAL CLARKE.

Paris, 16 mars 1811.

Monsieur le duc de Feltre, j'apprends par une correspondance de Walcheren que le 13 de ce mois il y avait 2.000 hommes déjà réunis dans cette île. Il est bien urgent de s'occuper à former les cadres pour les trois derniers bataillons. Faites-moi un rapport là-dessus. Je crois vous avoir donné l'ordre de faire venir le 123e à Boulogne. Par ce moyen, il y aura des casernes libres à Flessingue.

NAPOLÉON.

5198. — AU GÉNÉRAL LACUÉE.

Paris, 16 mars 1811.

Monsieur le comte de Cessac, je reçois votre rapport du 16. J'approuve le parti que vous prenez de faire acheter en Allemagne les chevaux destinés pour les régiments de l'armée d'Allemagne. Cela aura l'avantage de soulager le pays, puisque le prince d'Eckmühl peut les lever à compte des contributions. Mais il faut que les selles soient confectionnées sans délai et envoyées le plus tôt possible. Faites-moi connaître ce que vous avez de disponible et ce que chaque régiment a à son dépôt, et, en cas qu'il n'y ait rien aux dépôts, les mesures que vous prenez pour qu'ils aient promptement les effets d'équipement nécessaires.

NAPOLÉON.

5199. — AU GÉNÉRAL LACUÉE.

Paris, 16 mars 1811.

Monsieur le comte de Cessac, mon intention est d'approvisionner Corfou pour tout 1811 et 1812, à raison de 12.000 rations. Faites-moi connaître quelle était la situation des magasins de Corfou au 1er janvier 1811, ce que vous avez ordonné qu'on y envoie, et ce que le roi de Naples et le vice-roi doivent y envoyer, afin que je voie ce qui me reste à faire pour arriver à ce grand résultat, et pour approvisionner cette île pour deux ans, par mer, avec des forces maritimes.

NAPOLÉON.

5200. — DÉCISION.

Paris, 17 mars 1811.

Proposition de confier le commandement des deux colonnes destinées à la surveillance des côtes de la 12ᵉ division militaire aux adjudants commandants Fourn et Simmer.

Je préfère qu'on nomme deux chefs d'escadron qui ont été mes officiers d'ordonnance et qu'on leur donne des instructions bien positives sur ce qu'ils doivent faire.

Napoléon.

5201. — DÉCISION (1).

Paris, 17 mars 1811.

On propose à Sa Majesté de nommer au commandement d'armes du fort Saint-Ange, en remplacement de M. Poli, décédé, M. Jaimebon, chef de bataillon, commandant d'armes à Udine.

Refusé, cet individu a eu constamment des tracasseries à Udine pour indemnité, frais de bureau, etc..., qui ne lui étaient pas dus. Me proposer d'envoyer là un homme qui ait servi en France et qui n'ait pas d'autres prétentions qu'on ne doit en avoir ici.

5202. — DÉCISION.

Paris, 17 mars 1811.

Le maréchal Berthier propose un officier supérieur pour commander, en qualité de colonel en second, les trois bataillons de marche d'infanterie qui se forment à Bayonne.

Approuvé.

Napoléon.

---

(1) Non signé; extrait du « Travail du ministre de la guerre avec S. M. l'Empereur et Roi, date du 13 mars 1811 ».

5203. — DÉCISION.

Paris, 17 mars 1811.

Le général Lacuée rend compte que le 12ᵉ bataillon des équipages militaires n'a que trois compagnies disponibles, et il propose en conséquence d'ajourner au commencement de mai le départ de ce bataillon.

Il faut que les trois compagnies partent au 1ᵉʳ avril comme je l'ai ordonné, mais les cadres des trois autres doivent rester à Strasbourg; au 1ᵉʳ juin, on fera partir ces trois compagnies avec ce qui sera nécessaire pour compléter les trois premières. Le ministre donnera des ordres en conséquence et le mandera au prince d'Eckmühl.

Napoléon.

5204. — DÉCISION (1).

Paris, 18 mars 1811.

On fait connaître à Sa Majesté les traitements que reçoit, en ce moment, le prince d'Eckmühl.

Il sera payé au prince d'Eckmühl 12.500 francs par mois depuis son arrivée à Hamburg et pendant tout le temps de son service dans cette ville pour les dépenses diverses de son gouvernement, y compris les frais de bureau, les dépenses secrètes et généralement toutes autres dépenses.

5205. — EXTRAIT D'UN ORDRE DE L'EMPEREUR (2).

18 mars 1811.

Monsieur le duc de Feltre, donnez ordre au 24ᵉ de chasseurs qui est au camp de Boulogne de se rendre à Utrecht, où il sera à la disposition du général Molitor.

---

(1) Non signée; extraite du « Travail du ministre de la guerre avec S. M. l'Empereur et Roi, daté du 6 mars 1811 ».

(2) Non signé, certifié conforme par le secrétaire général Fririon.

5206. — AU GÉNÉRAL CLARKE.

Paris, 18 mars 1811.

Monsieur le duc de Feltre, voici les dispositions que je juge convenable de prendre pour les colonnes mobiles :

RÉGIMENT DE LA MÉDITERRANÉE.

La 1re colonne mobile sera commandée par le général Durosnel et comprendra les 19e, 7e et 8e divisions militaires; il aura sous ses ordres :

- 60 gendarmes d'élite;
- 60 gendarmes de départements;
- 8 compagnies de voltigeurs tirées du camp de Toulon;
- 2 compagnies, chacune de 60 chevaux, tirées des dépôts de cavalerie qui sont dans la 6e division militaire.

Total : 120 gendarmes, 120 hommes de cavalerie et 800 hommes d'infanterie.

Il partagera ces 1.040 hommes en trois colonnes, l'une pour la 19e, une autre pour la 7e et l'autre pour la 8e division militaire.

Il donnera le commandement de chaque colonne à un adjudant commandant ou à un chef d'escadron intelligent; mettez à cet effet sous ses ordres l'adjudant commandant Montfalcon et deux chefs d'escadron qui sortent de mes officiers d'ordonnance.

Il se portera successivement sur le chef-lieu de chaque département; les commandants des trois colonnes mobiles correspondront avec lui, et lui correspondra avec vous.

Il donnera des ordres aux colonels de gendarmerie, aux généraux commandant les départements, aux compagnies départementales.

Il se concertera avec les préfets et avec les généraux commandant les divisions, afin de prendre toutes les mesures pour faire réussir sa mission.

La 2e colonne mobile sera commandée par le général de gendarmerie Lagrange, et comprendra les 9e et 10e divisions militaires; il aura sous ses ordres :

- 1 compagnie de voltigeurs du 1er de ligne;
- 2 compagnies de voltigeurs du 62e;

3 compagnies de voltigeurs du régiment suisse qui est à Cette et à Marseille;
60 gendarmes d'élite;
120 Portugais à cheval de la légion portugaise qui est à Aurillac
Total : 240 hommes de cavalerie et 600 hommes d'infanterie.

Il divisera ce nombre d'hommes en quatre ou cinq colonnes qu'il distribuera entre les différents départements, selon l'esprit récalcitrant du département et les difficultés qu'il éprouvera.

Vous mettrez sous ses ordres le colonel Rolland, qui est disponible, et trois ou quatre chefs d'escadron pour commander les colonnes, lesquels correspondront avec lui, et lui seul avec le ministre de la guerre. Vous lui donnerez les mêmes instructions qu'au général Durosnel.

La 3ᵉ colonne mobile sera commandée par le général de brigade Reynaud, et comprendra la 21ᵉ division militaire. Elle sera composée :

De 2 compagnies du 7ᵉ de cuirassiers, de 60 hommes chacune;
De 20 gendarmes pris dans les départements de la 21ᵉ division;
De 3 compagnies de voltigeurs portugais, formant 180 hommes, en ne prenant que des Portugais bons sujets,
Et de 1 compagnie de voltigeurs du 122ᵉ.

Il fera deux ou trois colonnes dont il donnera le commandement à des officiers au moins du grade de chef d'escadron, soit en les prenant dans la gendarmerie, soit en employant des officiers du département. Vous lui donnerez les mêmes instructions qu'aux commandants des deux premières colonnes mobiles.

La 4ᵉ colonne sera commandée par le général de division duc de Padoue et comprendra les 27ᵉ et 28ᵉ divisions militaires; elle sera composée de :

4 compagnies de voltigeurs du 10ᵉ de ligne:
2 compagnies du 14ᵉ de chasseurs, formant 160 hommes;
40 gendarmes de département.
Ce qui fera 600 hommes.

Le duc de Padoue les partagera entre quatre ou cinq colonnes. Vous lui donnerez les mêmes instructions qu'aux autres.

La 5ᵉ colonne mobile sera commandée par le général de brigade Pouchin, et comprendra la 29ᵉ division militaire. Elle sera composée de 7 compagnies de voltigeurs des 112ᵉ et 29ᵉ, et de

120 hommes du 9ᵉ de chasseurs qui partiront de Rome. Vous donnerez au général Pouchin la même instruction qu'aux autres.

Voilà pour le régiment de la Méditerranée.

Le général Durosnel aura l'inspection du dépôt du fort Lamalgue, veillera au prompt départ des conscrits pour la Corse et correspondra avec qui de droit pour faire arrêter ceux qui déserteraient en route.

Le général Lagrange, qui est chargé de faire rejoindre les hommes qui doivent alimenter le dépôt du fort Lamalgue, lui enverra l'état de ceux qu'il fera partir. Faites-leur à tous une instruction bien détaillée.

RÉGIMENT DE L'ÎLE DE WALCHEREN.

Ce régiment n'aura qu'une seule colonne mobile, qui sera commandée par le général Le Marois, mon aide de camp. Cette colonne comprendra les 15ᵉ, 16ᵉ, 24ᵉ, 25ᵉ et 26ᵉ divisions militaires.

Le général Le Marois aura sous ses ordres le colonel Henry, de la gendarmerie, et quatre colonels ou chefs d'escadron ; attachez à la colonne le chef d'escadron Talhouet et d'autres de mes officiers d'ordonnance que je viens de faire chefs d'escadron.

Cette colonne mobile sera composée de :

Trois compagnies de voltigeurs du 19ᵉ ;
Trois compagnies de voltigeurs du 72ᵉ ;
Trois compagnies de voltigeurs du 26ᵉ légère (au total, neuf compagnies tirées du camp de Boulogne et d'Anvers);
60 gendarmes d'élite ;
60 gendarmes départementaux ;
Quatre compagnies du 11ᵉ hussards, fortes de 70 hommes chacune, ce qui fera 900 hommes d'infanterie et 400 de cavalerie.

Le général Le Marois partagera ces 1.300 hommes en cinq colonnes. Vous lui donnerez les mêmes instructions qu'aux autres.

Il aura la surveillance du dépôt de Lillo, de Breskens et de Flessingue.

RÉGIMENT DE BELLE-ILE.

La première colonne mobile sera commandée par le général de division Saint-Sulpice, et comprendra les 1ʳᵉ, 2ᵉ, 3ᵉ, 4ᵉ et 5ᵉ divisions militaires. Elle sera composée de :

Trois compagnies de voltigeurs du 24° d'infanterie légère;
Deux compagnies de dragons de la garde de 60 hommes chacune;
Une compagnie du 8° cuirassiers de 60 hommes;
Une compagnie du 1er cuirassiers de 60 hommes;
100 gendarmes départementaux.

Le général Saint-Sulpice divisera ces 600 hommes en trois colonnes : la première sera chargée de battre la 1re division militaire, la deuxième les 3° et 4°, et la troisième colonne, la 5° division. Vous lui donnerez la même instruction qu'aux autres généraux.

La deuxième colonne mobile sera commandée par le général de brigade Berckheim, mon écuyer, et comprendra la 13° division militaire. Elle sera composée de :
Neuf compagnies de voltigeurs du 105°, 3° de ligne et 10° légère;
Deux compagnies des chasseurs de ma garde à cheval de 60 hommes chacune;
20 gendarmes d'élite;
20 gendarmes de départements.

Vous donnerez au général Berckheim la même instruction qu'aux autres.

La troisième colonne mobile sera commandée par le duc Charles de Plaisance, mon aide de camp, et comprendra la 14° division militaire. Elle sera composée de :
Deux compagnies du 5° léger (voltigeurs);
Trois compagnies du 4° de ligne (voltigeurs);
Deux compagnies du 4° de cuirassiers de 80 hommes chacune.
Et une compagnie de 40 gendarmes de départements.

Le duc de Plaisance partagera ces 700 hommes en quatre colonnes; donnez-lui les mêmes instructions.

La quatrième colonne mobile sera commandée par le colonel de ma garde, le général Colbert, et comprendra la 22° division militaire. Elle sera composée de :
Trois compagnies du 113°, de 60 hommes chacune;
Une compagnie de 60 chevau-légers hollandais de la garde;
Une compagnie de 40 hommes du 26° de chasseurs;
20 hommes de gendarmerie départementale.

RÉGIMENT DE L'ILE DE RÉ

Ce régiment n'aura qu'une colonne mobile, qui sera commandée par le général de brigade Defrance, mon écuyer, et qui comprendra les 11° et 20° divisions militaires. Elle sera composée de :

Deux compagnies de voltigeurs du régiment du duché de Berg;
80 gendarmes d'élite;
80 gendarmes de département.

Le général Defrance, aura sous ses ordres le colonel Desargus et le chef d'escadron Meckenem. Vous lui donnerez la même instruction qu'aux commandants des autres colonnes mobiles.

5207. — AU GÉNÉRAL CLARKE (1).

Paris, 18 mars 1811.

Monsieur le duc de Feltre, donnez ordre que les 36.000 fusils, les 100 fusils de rempart et les 50 espingoles qui se trouvent à Amsterdam soient achetés et dirigés, le plus promptement possible, sur Hamburg, d'où on les fera passer à Danzig.

NAPOLÉON.

5208. — AU GÉNÉRAL CLARKE (2).

Paris, 18 mars 1811.

Monsieur le duc de Feltre, je vous ai rendu le travail que vous m'aviez remis; je vous prie de me l'envoyer demain avec les changements que j'ai demandés. Je voudrais que vous me présentiez un projet pour y envoyer (3) ce qui est le plus pressé, tel que la poudre et les armes, et cela par deux bataillons du train qui sont sous les ordres du prince d'Eckmühl; on pourrait y ajouter aussi une partie des bataillons qui sont en Hollande, à Saint-Omer, enfin ce que j'ai en France, afin de faire d'immenses convois, qui puissent approvisionner rapidement Danzig. La Prusse doit m'envoyer une grande quantité de denrées coloniales; ces transports pourraient être employés en retour pour porter à Danzig les objets de l'artillerie.

NAPOLÉON.

---

(1) Extrait.
(2) Extrait.
(3) A Danzig.

5209. — AU GÉNÉRAL CLARKE.

Paris, 18 mars 1811.

Monsieur le duc de Feltre, donnez ordre à la compagnie du grand-duché de Berg, qui est à Metz, de se rendre à Düsseldorf.

Donnez ordre que la compagnie du grand-duché de Berg, qui est à Hostalrich et à Benavente, ainsi que la compagnie du train qui est à Hostalrich, rentre en France.

Faites-moi connaître où est le détachement de 106 hommes de lanciers de Berg, partis de Berg pour se rendre en Espagne.

Napoléon.

5210. — AU GÉNÉRAL LACUÉE.

Paris, 18 mars 1811.

Monsieur le comte de Cessac, je reçois votre rapport du 17 mars. Je vois que vous avez, aux dépôts des dix régiments qui sont à l'armée d'Allemagne, 511 selles. Je pense qu'il faut sans délai les diriger sur Wesel, les faire charger sur les voitures du 12e bataillon des équipages militaires, qui se rend à Hamburg.

Il faut avoir soin que les selles des quatre régiments de cuirassiers soient mises dans un même caisson, parce qu'elles devront être dirigées ensemble sur Hanovre. Par la même occasion, il faut mettre en marche pour Hamburg tous les hommes à pied qui se trouvent dans ces dépôts et qui y sont inutiles.

En même temps, faites des commandes à ces dépôts pour un nombre de selles égal aux chevaux qu'ils ont. Chacun de ces dix dépôts aura bientôt fait les selles dont il a besoin; ils ont des ouvriers qu'il faut maintenir en activité de travail.

Je n'approuve pas que l'on fasse faire en Allemagne tout le reste des selles; le prince d'Eckmühl n'a pas d'ouvriers, et, d'ailleurs, les dépôts sont faits pour fournir à ces travaux. Indépendamment de ce que vous envoyez, partagez par moitié le nombre de selles dont les régiments ont encore besoin. Une moitié sera faite par les dépôts, et l'autre moitié, vous autoriserez le prince d'Eckmühl à la faire faire en Allemagne. C'est de l'argent qui restera à dépenser en France et c'est de l'occupation que l'on donnera aux dépôts : cette marche présente donc toute espèce d'avantages. D'ailleurs, en France, on travaille mieux.

Napoléon.

5211. — DÉCISION.

Paris, 19 mars 1811.

Le maréchal Davout demande si l'Empereur autorise le passage du matériel d'artillerie que le gouvernement prussien fait diriger par la voie de l'Oder sur Kolberg et Spandau.

Je ne vois pas de difficulté à laisser passer cela.

NAPOLÉON.

5212. — DÉCISION.

Paris, 19 mars 1811.

On prie Sa Majesté de faire connaître quelle destination recevront les sous-officiers qui ne seront pas dirigés sur Batavia, où ils ont dû être envoyés, et on demande s'il ne conviendrait pas de prendre le consentement des élèves des lycées nommés sergents pour la même expédition avec l'expectative du grade d'officier, avant de les placer sergents-majors dans les régiments de réfractaires.

Il ne faut rien changer aux dépôts de Batavia, puisque j'expédie de Bayonne des bâtiments, goëlettes, etc. Ceux de ces jeunes gens qui voudront entrer comme sergents dans ces régiments en seront les maîtres, ceux qui préfèreront aller à Batavia resteront aux dépôts.

NAPOLÉON.

5213. — AU GÉNÉRAL CLARKE (1).

Paris, 19 mars 1811.

Monsieur le duc de Feltre, je vois avec surprise, dans la lettre du général Molitor du 13, que la batterie qui maintient la communication de l'île de Goeree avec Willemstad, n'est pas armée. Cependant, de toutes les batteries de Hollande, la plus importante est celle-là. Je ne sais ce qu'a fait la commission dans son inspection.

La séance du conseil de jeudi sera employée à l'examen de son travail; apportez à ce conseil : 1° les plans des côtes de Hollande avec l'emplacement des batteries et l'opinion de la commission sur celles qu'il faudrait établir; 2° la situation du matériel d'artillerie qui se trouve en Hollande et dans quelles places.

---

(1) Non signé, copie conforme.

5214. — AU GÉNÉRAL CLARKE (1).

Paris, 19 mars 1811.

Monsieur le duc de Feltre, j'ai reçu votre rapport et les états qui l'accompagnent sur l'armement de Danzig. Je désire faire à l'état n° 3 les changements suivants :

Au lieu de 3 pièces de 14, faites-en mettre 5:
Au lieu de 25 pièces de 8, faites-en mettre 30:
Au lieu de 5 pièces de 4, faites-en mettre 8.

Je désire ajouter aux mortiers : 4 mortiers de 10 pouces 6 lignes et 4 autres de 8 pouces 6 lignes qu'on tirera de Magdeburg, ce qui, avec 15 mortiers à la Cohorn qu'on tirera également de Magdeburg, où ils existent, fera 41 mortiers au lieu de 18.

Enfin, je voudrais qu'au lieu de 16 obusiers de 6 pouces 4 lignes, il y en eût 24. 16 existent : ce sera 8 à tirer de Magdeburg, où il y en a 30. Il faudra tirer un nombre de boulets, de bombes et d'obus proportionné à l'augmentation de ces pièces.

Par ce moyen, au lieu de 330 bouches à feu que vous proposez, il y en aura 371, ce qui, avec les 372 pièces de l'équipage de campagne, portera le nombre de pièces de tout calibre à 443.

Ce qui me porte à augmenter le nombre de mortiers, c'est la nécessité d'avoir un équipage de siège, et la nécessité d'avoir une grande quantité de bombes sans dégarnir la place. Une autre raison de l'augmentation des pièces est qu'il faut être en mesure de suppléer aux pertes qu'on fait dans les sièges.

Je n'approuve pas que vous tiriez les mortiers à la Cohorn de France. Je n'approuve pas non plus qu'on tire de France 6 pièces de 12 et 12 pièces de 6. Mon intention est que, sur les 12 pièces de campagne de 6 nécessaires, on en tire 6 de Magdeburg et 6 de Küstrin; que, des 18 pièces de 6 nécessaires, on en tire 6 de Magdeburg et 12 de Küstrin. On tirera les pièces de 3 de Hollande.

On remplacera à Küstrin les 18 pièces qu'on en tirera par un envoi de 18 pièces de 20 qui seront envoyées de Stettin: l'armement de Küstrin y gagnera.

J'approuve qu'on tire de Magdeburg les affûts et boulets manquants portés dans l'état n° 3.

Je n'approuve pas qu'on tire de la poudre de Stettin ni de

---

(1) Non signé, copie conforme.

Glogau; ces places sont trop mal approvisionnées; ce serait compromettre leur sûreté, même momentanément.

J'approuve l'extraction de 150.000 kilogrammes de poudre de Magdeburg, ce qui fera 480.000 kilogrammes ou 960 milliers, quantité prodigieuse.

J'approuve qu'on envoie à Danzig les cartouches à canon, à balle et à boulet qui sont à Magdeburg et en dépôt à Stettin et Glogau. Ce sera toujours une augmentation de poudre.

Je désire qu'on y envoie 20.000 baïonnettes, 5.000 mousquetons et 10.000 sabres qu'on tirera de Magdeburg.

Je vous renvoie vos états pour les faire refaire en conséquence de ces changements et les soumettre de nouveau à mon approbation jeudi.

Toutes les pièces avec leurs affûts seront conduites par terre et par des chevaux, tous les boulets iront par eau avec des escortes.

Les poudres, les baïonnettes, les mousquetons, les sabres iront par terre; faites faire le calcul de la quantité de chevaux qu'il faudra pour les transports par terre, et de la quantité de bateaux nécessaires aux transports par eau: il faut qu'il y ait au moins 40 hommes et 1 officier sur chaque bateau. On leur recommandera d'avoir leurs vivres, de ne pas sortir des bateaux et de se comporter avec la prudence convenable.

Je pense qu'il ne faut rien retirer de l'équipage de campagne: cet équipage est organisé; il ne faut pas s'exposer à le désorganiser; il vaut mieux tirer directement de France en faisant prendre les convois d'artillerie à Wesel par les bataillons du train qui sont encore en France.

5215. — DÉCISION (1).

On soumet à Sa Majesté un projet de décret pour la formation d'une commission mixte, qui sera chargée de rédiger un projet de rétablissement du port du Passage.

En proposer un semblable pour Raguse (2).

---

(1) Sans signature ni date; extraite du « Travail du ministre de la guerre avec S. M. l'Empereur et Roi, daté du 20 mars 1811 ».
(2) De la main de Maret.

5216. — AU GÉNÉRAL CLARKE.

Paris, 20 mars 1811.

Monsieur le duc de Feltre, j'approuve que vous achetiez les 18.000 armes qui appartiennent à des particuliers en Hollande; je désire que vous les envoyiez à Wesel, avec les 76.000 autres, ce qui fera 94.000 armes réunies à Wesel.

J'approuve la saisie des 3.000 fusils que le prince d'Eckmühl a faite à Hamburg. Donnez-lui l'ordre de diriger ces 3.000 fusils, par le Mecklenburg, sur Stettin, ainsi que tous ceux qui seraient trouvés à Brême, Lübeck, Osnabrück et autres villes de son gouvernement appartenant aux Anglais, fusils de guerre s'entend.

Le général Molitor parle, dans une de ses lettres, de 35.000 fusils, qu'il dit se trouver dans un des plus mauvais quartiers d'Amsterdam. Je suppose que ces 35.000 fusils sont indépendamment des 18.000. Si cela est, faites-les venir également à Wesel, ce qui portera à 133.000 le nombre de fusils que nous aurons à Wesel.

NAPOLÉON.

5217. — DÉCISION.

Paris, 21 mars 1811.

Le général Clarke propose à l'Empereur de n'apporter aucun changement aux mesures que Sa Majesté avait prescrites par son ordre du 31 janvier dernier concernant le retour des semestriers à l'armée d'Allemagne.

Approuvé.

NAPOLÉON.

5218. — DÉCISION.

Paris, 21 mars 1811.

Le général Clarke propose de constituer l'approvisionnement de 15.000 fusils, ordonné par l'Empereur, à Danzig au moyen de fusils français tirés de Liège, de préférence aux fusils étrangers existant dans les places d'Allemagne. Le transport de ces armes s'effectuerait par des voitures amenant des denrées coloniales à Cologne.

Approuvé, en ayant soin que les voitures de Rostock qui portent des denrées coloniales aillent jusqu'à Stettin au moins. Les faire accompagner par des sous-officiers et en instruire le prince d'Eckmühl.

NAPOLÉON.

5219. — AU GÉNÉRAL CLARKE (1).

Paris, 21 mars 1811.

Monsieur le duc de Feltre, donnez des ordres pour que les 4°, 5° et 6° régiments de la 5° division de la Confédération du Rhin se dirigent sur Metz.

Faites prévenir les différents souverains de l'arrivée de ces régiments en Allemagne, en leur faisant comprendre qu'il deviendra peut-être nécessaire de porter ces régiments à leur complet.

5220. — DÉCISION.

21 mars 1811.

Le général Clarke propose :

1° De faire incorporer les hommes du 4° bataillon du régiment de La Tour-d'Auvergne qui sont Allemands, dans le bataillon valaisan;

2° De faire diriger les cadres sur Turin, où ils prendront des recrues qu'ils conduiront à Naples.

Approuvé.

NAPOLÉON.

5221. — DÉCISION.

Paris, 21 mars 1811.

Le maréchal Davout propose d'incorporer dans le 108° de ligne, à Stettin, un détachement du 33° de ligne.

Il n'est pas possible d'incorporer cette compagnie dans le 108°, il faut la laisser comme elle est.

NAPOLÉON.

5222. — DÉCISION.

Paris, 21 mars 1811.

Dispositions proposées par le maréchal Berthier en vue de retirer d'Espagne tout ce qui y reste du 2° régiment suisse.

Approuvé.

NAPOLÉON.

---

(1) Non signé, copie certifiée conforme par le secrétaire général.

5223. — AU GÉNÉRAL CLARKE (1).

Paris, 22 mars 1811.

Monsieur le duc de Feltre, donnez ordre au général Miollis de faire faire une inspection de la côte depuis Civita-Vecchia jusqu'à Terracine pour la faire armer.

5224. — AU GÉNÉRAL CLARKE.

Paris, 23 mars 1811.

Monsieur le duc de Feltre, il faut faire sortir des régiments hollandais tous les hommes hors de service, en donnant la retraite à ceux qui y ont droit, ou la réforme, ou en les plaçant dans les vétérans; enfin, il est nécessaire de débarrasser les cadres de tous les hommes inutiles.

J'ai ordonné que le 123e régiment se rendît à Boulogne. Il faut que le 5e bataillon lui envoie tout ce qu'il a de disponible. Le général Vandamme en passera la revue et chargera un général de brigade de prendre un soin particulier de ce régiment.

NAPOLÉON.

5225. — AU GÉNÉRAL CLARKE (2).

Paris, 23 mars 1811.

Monsieur le duc de Feltre, faites-moi connaître si le bataillon suisse est sorti de Belle-Ile.

5226. — AU GÉNÉRAL LACUÉE.

Paris, 23 mars 1811.

Monsieur le comte de Cessac, je vous renvoie un rapport que me remet le prince d'Eckmühl sur les approvisionnements de Danzig, Küstrin, Stettin, Glogau et Magdeburg. Comme on a vendu une partie des blés qui étaient dans ces places, il faut qu'on les réapprovisionne sans délai. Je vois qu'à Stettin il n'y a que 5.000 quintaux de blé, c'est-à-dire le quart de ce qui doit y être. Stettin doit avoir 20.000 quintaux de blé. Quant à Magdeburg.

---

(1) Non signé, extrait conforme.
(2) Non signé, copie conforme.

l'approvisionnement de cette place doit être fait par le roi de Westphalie. Faites les démarches pour les approvisionnements que la Prusse doit faire dans les trois places de l'Oder.

NAPOLÉON.

5227. — DÉCISION.

Paris, 24 mars 1811.

Le général Clarke demande l'autorisation d'employer au Helder la 4ᵉ compagnie de pionniers français; mais il ne croit pas devoir proposer d'y envoyer des prisonniers espagnols.

J'approuve que cette compagnie aille au Helder. Rien n'empêche qu'on y mette aussi une compagnie de prisonniers espagnols.

NAPOLÉON.

5228. — DÉCISION.

Paris, 24 mars 1811.

Le général Clarke propose de prendre dans les dépôts des 115ᵉ, 118ᵉ et 119ᵉ d'infanterie trois détachements destinés à former les garnisons de trois vaisseaux en armement à Bayonne.

Approuvé.

NAPOLÉON.

5229. — DÉCISION.

Paris, 24 mars 1811.

Le prince Borghese demande l'autorisation d'envoyer de Plaisance à Turin un bataillon du 10ᵉ de ligne.

Approuvé l'envoi à Turin des deux premiers bataillons.

NAPOLÉON.

5230. — AU MARÉCHAL BERTHIER

Paris, 24 mars 1811.

Mon Cousin, écrivez au duc d'Istrie et aux différents commandants en Espagne que nous avons par l'Angleterre des nouvelles de Lisbonne du 13 mars et qu'à cette époque il n'y avait encore rien de nouveau.

NAPOLÉON.

5231. — DÉCISION.

Paris, 25 mars 1811.

Retards par suite desquels le 4ᵉ bataillon du 4ᵉ régiment suisse ne pourra quitter Belle-Ile que vers le 20 avril.

Le faire partir sans délai.

NAPOLÉON.

5232. — AU MARÉCHAL BERTHIER.

Paris, 25 mars 1811.

Mon Cousin, comme le 3ᵉ de ligne n'est pas en Espagne, donnez ordre que tout ce qui appartient à ce régiment dans les bataillons de marche qu'on organise à Bayonne soit définitivement incorporé dans le 26ᵉ régiment pour les hommes qui font partie du 1ᵉʳ bataillon, dans le 66ᵉ et le 82ᵉ pour ceux qui font partie du 2ᵉ bataillon, et dans le 70ᵉ pour ceux qui font partie du 3ᵉ bataillon.

NAPOLÉON.

5233. — DÉCISIONS (1).

Paris, 25 mars 1811.

On remet sous les yeux de Sa Majesté, d'après l'ordre qu'Elle en a donné, la question de savoir s'il faut acheter des chevaux pour compléter les deux bataillons du train d'artillerie qui arrivent le 23 de ce mois à Besançon.

Me remettre l'état de situation de ces deux bataillons en hommes, en chevaux et en harnais.

21.000 lames de sabres de cavalerie existent à Paris dans les magasins de quelques fabricants d'armes blanches qui en fournissaient avant l'an VIII.

Ces lames sont mauvaises et d'ancien modèle.

Sa Majesté est priée de faire connaître ses intentions sur ce dépôt.

Me faire connaître de quelle espèce de cavalerie sont ces armes. Sont-elles des chasseurs, des dragons ou de grosse cavalerie. Combien il faudrait pour les acheter ? Négocier avec le fabricant pour en avoir le meilleur prix possible.

(1) Non signées; extraites du « Travail du ministre de la guerre avec S. M. l'Empereur et Roi, daté du 20 mars 1811 ».

On propose à Sa Majesté d'ordonner le placement dans une maison d'orphelins en France de deux enfants abandonnés à Fürth, en Bavière, par leur père, musicien du 94° régiment d'infanterie, et qu'une somme de 342 fr. 57, due à la personne qui en a pris soin, ainsi que leurs frais de conduite, seront acquittés sur les fonds du ministère de la guerre.

Approuve.

On propose à Sa Majesté d'accorder une gratification de 215 francs pour être répartie entre les douze gendarmes qui ont été employés au quartier général du général Grandjean, lors de l'apparition des Anglais sur la rade de la Hougue.

Approuvé (1).

Sa Majesté est priée d'accorder à M. Jourdan, adjudant du génie, qui fait les fonctions de chef à Chambéry et qui y dirige la construction de la caserne neuve, une gratification de 300 francs.

Approuvé.

On propose à Sa Majesté d'accorder au sieur Grandjean, colonel du 8° régiment de cuirassiers, un congé de deux mois avec appointements.

Accordé.

Le roi des Deux-Siciles désire que le chef d'escadron Rosetti, son aide de camp, soit autorisé à passer à son service. M. Rosetti sollicite lui-même cette faveur.

Accordé.

Le prince architrésorier désire conserver à l'état-major de son gouvernement le sieur Vermasen, ex-officier d'état-major hollandais. Sa Majesté est priée d'accorder cette

Accordé.

---

(1) Cette décision existe aussi à l'état d'original signé.

faveur au sieur Vermasen qu'Elle vient de nommer chef de bataillon par décret du 2 de ce mois.

Le général de division Carcome, commandant la légion portugaise, demande la faveur d'avoir, par exception, sous ses ordres, en qualité d'aide camp, le sieur Ducouret, sous-lieutenant dans la légion portugaise.

Accordé.

On soumet à Sa Majesté la demande de mise en liberté d'un citoyen américain, qui a été fait prisonnier à bord du navire anglais *la Pallas*, où il s'était embarqué comme passager, avec sa femme et sa fille âgée de 15 ans.

Refusé.

M. le maréchal Pérignon demande pour aide de camp le sieur Esclignac, lieutenant au 1er régiment prussien.

Mon intention n'est pas que les officiers des corps étrangers soient aides de camp.

Cet officier appartenant à un corps étranger, Sa Majesté est priée de faire connaître si Elle approuve qu'il en soit retiré pour servir comme aide de camp auprès du maréchal Pérignon.

Sa Majesté est priée d'accorder un congé de quinze jours à M. de Blanmont, colonel du 105e régiment d'infanterie, à Brest, qui désire venir à Paris où son épouse est dangereusement malade.

Accordé.

On propose à Sa Majesté d'accepter la démission du lieutenant Vion, aide de camp du général de brigade Digonnet; la démission du chef de bataillon Durelle, du 6e régiment d'artillerie à pied.

Accordé.

Sa Majesté est priée de faire connaître si Elle veut qu'on place un tiers d'officiers français dans le 30ᵉ régiment de chasseurs qui s'organise à Hamburg.	Oui.
Le ministre de Bade demande qu'un Badois, soldat au régiment d'Isembourg, soit renvoyé à Carlsruhe.	Accordé, s'il y consent.
On met sous les yeux de Sa Majesté un rapport du directeur général de la conscription qui demande une dispense de service pour un conscrit dont les quatre frères sont morts ou sont en activité de service. La mère de ces conscrits paraît digne de la bienveillance de Sa Majesté.	Approuvé.

5234. — AU GÉNÉRAL CLARKE.

Paris, 25 mars 1811.

Monsieur le duc de Feltre, vous ne m'avez pas encore fait connaître les personnes que vous avez nommées pour commander les deux colonnes mobiles placées sur les côtes depuis la Loire jusqu'à la Charente, ni de quelles troupes ces colonnes sont composées.

NAPOLÉON.

5235. — AU GÉNÉRAL CLARKE.

Paris, 25 mars 1811.

Monsieur le duc de Feltre, faites-moi connaître si les colonels, majors et officiers du cadre de Belle-Ile sont arrivés. C'est là le cas principal. Les 600 hommes qui doivent être arrivés à ce régiment peuvent être considérés comme bons.

Faites-moi connaître s'il y a des fusils, et si le ministre de l'administration de la guerre a envoyé des habits pour les habiller.

NAPOLÉON.

5236. — DÉCISION.

Paris, 25 mars 1811.

Il est rendu compte à l'Empereur que le roi de Naples est disposé à prendre à son service les régiments d'Isembourg et de La Tour-d'Auvergne et le 1er régiment suisse, en remboursant le prix de leur habillement et armement.

Non. Il faut auparavant que le roi commence à payer tout ce qu'il doit aux corps français.

NAPOLÉON.

5237. — DÉCISION.

Paris, 25 mars 1811.

La cour de Bavière demande que trois Français (deux lieutenants et un caporal) employés dans l'armée bavaroise soient autorisés à continuer d'y servir, quoique appelés comme conscrits de 1811.

Accordé.

NAPOLÉON.

5238. — DÉCISION.

26 mars 1811.

On propose de remettre en activité MM. Deveye, capitaine, et Masseur, lieutenant de l'ancien corps du génie hollandais, savoir : l'un en qualité de capitaine en second, et l'autre en qualité de lieutenant de l'état-major du corps impérial du génie, pour prendre rang à compter du jour de la décision de Sa Majesté.

Accordé.

NAPOLÉON.

5239. — DÉCISION (1).

On propose à Sa Majesté de nommer le chef d'escadron Picard, ex-aide de camp de M. le maréchal duc de Reggio, adjudant commandant.

L'Empereur l'a nommé major en second, dans l'infanterie.

---

(1) Sans signature ni date; extraite du « Travail du ministre de la guerre avec S. M. l'Empereur et Roi, daté du 27 mars 1811 ».

5240. — DÉCISION.

Paris, 27 mars 1811.

Le général commandant la 17ᵉ division militaire propose de transférer de Haarlem à Arnhem le dépôt du 126ᵉ régiment, et de Leyde à Gorcum celui du 125ᵉ.

Jusqu'à cette heure, il faut les laisser où ils sont.

NAPOLÉON.

5241. — DÉCISION.

Paris, 27 mars 1811.

Chefs d'escadron proposés pour commander les deux colonnes mobiles destinées à la surveillance des côtes de la 12ᵉ division militaire.

Approuvé.

NAPOLÉON.

5242. — AU GÉNÉRAL CLARKE.

Paris, 27 mars 1811.

Monsieur le duc de Feltre, cet hiver vous m'avez porté des plaintes sur le placement de plusieurs régiments de cuirassiers. Mon intention est que les dépôts restent où ils sont; mais je ne ferais pas difficulté de profiter de la belle saison pour déplacer ces régiments et les rapprocher de Wesel ou de Mayence, en les mettant à Mons ou autres garnisons dans cette direction.

Faites-moi connaître les villes où il y a des manèges, des casernes de cavalerie, et les lieux où ces régiments seraient le mieux, afin que j'ordonne ces déplacements.

NAPOLÉON.

5243. — AU GÉNÉRAL CLARKE (1).

Paris, 27 mars 1811.

Monsieur le duc de Feltre, j'attends toujours le nouvel état pour l'armement de Danzig et les mouvements à faire à ce sujet.

---

(1) Non signé, copie conforme.

5244. — AU GÉNÉRAL CLARKE (1).

Paris, 27 mars 1811.

Monsieur le duc de Feltre, je vois par votre rapport du 26 mars, bureau de l'artillerie, qu'il y a en Hollande d'un côté 36.000 fusils et de l'autre 18.000. Total : 54.000 fusils.

Mon intention est que vous les fassiez acheter et diriger sur Mayence, après les avoir fait nettoyer, mettre en état et en caissons, de sorte que j'aurai 60.000 fusils à Wesel et 54.000 à Mayence, en tout 115 à 120.000 fusils étrangers.

Négociez cela de manière à avoir ces fusils au meilleur marché possible.

5245. — DÉCISION (2).

Paris, 27 mars 1811.

| Un neveu du général Wedel, qui a servi dans l'armée prussienne, sollicite la grâce d'être admis au service français. | Renvoyé au ministre de la guerre, par ordre de l'Empereur. |

5246. — DÉCISION.

Paris, 28 mars 1811.

| On fait connaître à Sa Majesté la situation de la levée du régiment d'Illyrie. | Faites-moi connaître si j'ai nommé les colonels et officiers qui doivent commander ce régiment, combien il y a d'anciens sergents et soldats, et quand ce régiment sera disponible ? |

NAPOLÉON.

5247. — DÉCISION.

28 mars 1811.

| Etat du matériel d'artillerie existant à Danzig. | Approuvé. |

NAPOLÉON.

---

(1) Non signé, copie conforme.
(2) Non signée.

5248. — DÉCISION.

Paris, 28 mars 1811.

Le général Clarke rend compte qu'il a prescrit de réunir à Soissons les deux détachements du cadre du 2ᵉ bataillon du 1ᵉʳ régiment d'infanterie de Berg, venant l'un de Perpignan, l'autre de Paris.

Approuvé. Les diriger sur Düsseldorf.

Napoléon.

5249. — AU GÉNÉRAL CLARKE (1).

Paris, 28 mars 1811.

Monsieur le duc de Feltre, il est nécessaire d'ordonner que tous les officiers, sous-officiers et soldats qui débarquent à Morlaix, venant des prisons d'Angleterre, aient à se rendre au dépôt de Brest, où ils resteront jusqu'à nouvel ordre.

Tous ceux qui viennent des îles de France et de Bourbon feront partie du 29ᵉ régiment d'infanterie légère, que je viens d'organiser.

Tous ceux qui font partie de la garnison de Santo Domingo, dont les régiments n'existent pas en France, pourront également servir à compléter le nouveau régiment; le surplus sera réparti entre les quatre régiments qui ont leurs dépôts dans la 13ᵉ division militaire, savoir : le 15ᵉ de ligne, le 47ᵉ, le 70ᵉ et le 86ᵉ. Je suppose que ces régiments ont beaucoup perdu en Portugal. D'ailleurs, les commandants de ces dépôts vous enverront leurs états de situation, et vous réglerez cette répartition dans la proportion convenable.

Quant aux hommes venant de la Guadeloupe et de la Martinique, ils devront rejoindre leurs corps, qui sont le 82ᵉ, le 26ᵉ et le 66ᵉ.

5250. — AU GÉNÉRAL CLARKE.

Paris, 28 mars 1811.

Monsieur le duc de Feltre, je reçois votre rapport du 28. Vous me faites connaître que déjà 3.200 hommes sont arrivés au régiment de Walcheren. Je suppose que les cadres des cinq bataillons du 1ᵉʳ régiment sont formés; ces cinq bataillons ne peuvent contenir

---

(1) Non signé, copie conforme.

que 4.000 hommes. Il faudra donc former un nouveau régiment et nommer les cadres des deux premiers bataillons.

Je désire que ces deux régiments ne soient pas de la même arme et que, si le premier est d'infanterie de ligne, le second soit d'infanterie légère et *vice versa*. Si les cadres sont arrivés, et que le ministre de l'administration de la guerre ait envoyé les effets d'habillement, je peux espérer qu'au 1er mai, ces 3.000 pourront déjà me rendre un bon service et assurer la défense de l'île.

Je désirerais recevoir tous les jours un rapport sur ces régiments de réfractaires.

Il serait nécessaire de mettre quelque gendarmerie de plus dans l'île de Walcheren, afin que le général Gilly eût plus de moyens d'empêcher la désertion; mais comme la gendarmerie est rare, donnez-lui une compagnie du 11e de chasseurs, avec laquelle il renforcera sa gendarmerie et fera faire les patrouilles nécessaires pour empêcher la désertion.

Je suppose que Flessingue, Middelburg et Terveere pourront contenir ces troupes; je suppose aussi que vous avez pourvu à leur armement.

Comme je vous ai mandé de faire revenir les deux bataillons suisses, il sera nécessaire qu'un bataillon du nouveau régiment, le 3e ou le 4e, lorsqu'il sera bien formé et bien habillé, soit envoyé dans l'île de Schouwen, pour y tenir garnison. Nommez un commandant pour cette île.

NAPOLÉON.

5251. — AU GÉNÉRAL CLARKE (1).

Paris, 28 mars 1811.

Monsieur le duc de Feltre, j'approuve l'armement de Danzig tel que vous venez de m'en remettre l'état.

Faites partir les 65 pièces qu'on doit tirer de Magdeburg et les 18 qu'on doit tirer de Küstrin, et que le transport en soit fait par les transports d'artillerie.

Faites partir également les 93 affûts que doit fournir Magdeburg et les 18 qu'on doit tirer de Küstrin.

Faites partir les 52 pièces de Wesel et les 9 affûts.

---

(1) Non signé. copie conforme.

Enfin, faites partir les 300 milliers de poudre de Magdeburg, les 5.000 mousquetons, les 10.000 sabres de cavalerie, les 20.000 baïonnettes et les 13.000 à 14.000 cartouches à balles ou à boulets que doit fournir Magdeburg, les cartouches à balles et à boulets que doit fournir Glogau et les 14.000 fusils de Wesel. Faites partir tout cela par terre.

Faites-moi connaître comment vous organiserez les convois; je vous laisse le maître de les faire faire de Wesel à Magdeburg, soit par les transports d'artillerie, soit par les transports ordinaires; mais de Magdeburg à Danzig, le transport doit être fait par les transports d'artillerie. Le prince d'Eckmühl doit être chargé de les faire exécuter et en avoir la direction.

Un seul convoi me paraît suffisant; s'il ne faut que 800 chevaux, il pourrait partir en quatre sections de 200 chevaux chacune, à un jour de distance l'un de l'autre et sous de fortes escortes.

Faites embarquer sans délai sur les 26 bateaux tous les boulets et toutes les bombes que doivent fournir Magdeburg, Küstrin et Glogau. Il est nécessaire que ces bateaux soient divisés en deux convois et soient chargés un peu de toutes choses. Le prince d'Eckmühl donnera les ordres pour leur départ, les fera escorter par des soldats qui ne devront pas sortir des bateaux, et enfin, mettra à la tête de ce transport un officier qui pourra correspondre avec le commandant de Danzig, avec mon ministre à Berlin et avec le prince d'Eckmühl pour lever tous les obstacles.

5252. AU MARÉCHAL BERTHIER.

Paris, 29 mars 1811.

Mon Cousin, vous donnerez ordre à Bayonne que 4 millions partent sur-le-champ, savoir : 2 millions pour l'armée de Portugal, 1 million et demi pour l'armée du Centre et 500.000 francs pour l'armée du Midi. Ce convoi partira de Bayonne sous l'escorte du 1er bataillon de marche, qui le conduira jusqu'à Vitoria. Ce 1er bataillon restera à Vitoria, sous les ordres du général Caffarelli, pour le service de la Biscaye. Le général Caffarelli fournira d'autres troupes pour escorter le convoi jusqu'à Valladolid. Là, le maréchal duc d'Istrie fera partir les 2 millions du Portugal sous l'escorte ordinaire et les 2 millions de l'armée du Centre et de l'armée du Midi sous l'escorte des régiments de marche. Vous donnerez ordre à Bayonne qu'on prépare un autre convoi de 4 millions pour la semaine prochaine et vous prendrez mes ordres pour se second convoi, qui partira sous l'escorte du 2° bataillon de marche. Remettez-moi un état qui me fasse bien connaître les différents convois que j'ai ordonnés pour l'armée de Portugal, pour l'armée du Midi et pour celle du Centre, où ils se trouvent et quel jour ils arriveront? Relatez mes ordres, l'époque du départ de Bayonne et les nouvelles que vous en avez.

Napoléon.

5253. — DÉCISIONS (1)

29 mars 1811.

On propose à Sa Majesté d'accorder une indemnité de 300 francs au sieur Decans, adjudant de place, commandant l'île d'Ouessant, pour le dédommager des dépenses extraordinaires auxquelles il est assujetti par sa position.	Accordé
On propose à Sa Majesté d'accorder une indemnité de 600 francs au chef de bataillon Foussenquy pour le mettre en état d'aller aux eaux de Barèges et s'y rétablir des blessures qu'il a reçues à l'armée d'Espagne.	Accordé.
On demande à Sa Majesté si Elle veut bien autoriser la remise au général Souham d'une somme de 5.250 francs qu'il a perçue en trop sur ses appointements pendant le congé qui lui a été accordé. Cette somme provient de la différence du pied de paix à celui de guerre, et le paiement paraît devoir en être maintenu, attendu l'empressement que le général a mis à rejoindre avant l'expiration de son congé.	Accordé

(1) Non signées; extraites du « Travail du ministre de la guerre avec S. M. l'Empereur et Roi, daté du 27 mars 1811 ».

On propose à Sa Majesté de dispenser les parents d'un vélite grenadier à pied de payer la somme de 350 francs qu'ils redoivent pour sa pension, en considération des services de ce militaire et de l'insolvabilité de sa famille;

Accordé.

De ne donner aucune suite à la nomination du sieur d'Auxy de Launois au grade de sous-lieutenant d'infanterie.

Accordé.

Il a été nommé auditeur au Conseil d'Etat et ensuite a été appelé à la sous-préfecture de Namur.

M. le duc de Cadore a reçu une demande de M. le landamman de la Suisse pour obtenir le renvoi dans leurs foyers de MM. Zegler, officiers prisonniers de guerre, qui sont frère et fils du landamman du canton d'Unterwalden, qui a un autre fils au service de la France.

Accordé.

M. le général Baraguey d'Hilliers demande le renvoi dans leurs foyers, en Catalogne, de trois prisonniers qui n'ont pas porté les armes et dont les familles sont dans un grand dénuement depuis leur absence.

Accordé.

M. l'ambassadeur d'Autriche a demandé, par l'intermédiaire de M. le duc de Cadore, la mise en liberté du nommé Jankewitz, détenu comme prisonnier de guerre dans un dépôt d'Anglais et qui n'a jamais servi militairement en Angleterre.

Accordé.

Le prince d'Eckmühl transmet la demande de mise en liberté faite par les anciens bourgmestres et sénateurs de Lübeck pour cinq habitants de cette ville retenus comme

Accordé.

prisonniers de guerre et qui se trouvaient à bord d'un vaisseau anglais qui les avait recueillis après un naufrage sur les côtes de Norvège.

Sa Majesté est priée de faire connaître si son intention est d'accorder la prolongation de congé jusqu'au 1er mai prochain avec appointements que demande M. le maréchal Pérignon.

Accordé.

5254. — AU GÉNÉRAL CLARKE (1).

Paris, 29 mars 1811.

Monsieur le duc de Feltre, faites-moi connaître si vous avez pris des mesures pour envoyer à l'armée d'Allemagne tous les canons et tout le complément d'artillerie qui est nécessaire à son organisation.

5255. — DÉCISION.

Paris, 30 mars 1811.

Observations présentées par le maréchal Davout à l'Empereur au sujet de la nouvelle organisation de l'artillerie de l'armée d'Allemagne.

Renvoyé au ministre de la guerre pour me faire connaître les observations du bureau d'artillerie sur ce rapport.

Napoléon.

5256. — DÉCISION.

Paris, 1er avril 1811.

Le général Clarke demande si l'on attendra le retour d'Espagne du général Defrance, qui doit commander la colonne mobile des 11e et 20e divisions militaires.

Lui adresser les ordres à Bayonne pour qu'ils lui soient remis à son retour d'Espagne d'où il va revenir. Cependant on pourrait le remplacer jusqu'à ce qu'il arrive.

Napoléon

---

(1) Non signé, copie conforme

5257. — DÉCISION

Paris, 1ᵉʳ avril 1811.

Le général commandant la 12ᵉ division militaire demande à conserver dans l'île de Ré le dépôt du 3ᵉ bataillon colonial.

Approuvé.

NAPOLÉON.

5258. — AU GÉNÉRAL CLARKE.

Paris, 1ᵉʳ avril 1811.

Monsieur le général Clarke, je pense qu'il faut organiser le 29ᵉ d'infanterie légère, et qu'il vaut mieux affecter ces hommes au service de Brest. Je pense qu'il est préférable d'envoyer à Belle-Ile le 3ᵉ bataillon du 105ᵉ, qui doit être au moins de 500 hommes. Ce bataillon y restera jusqu'à ce que le régiment de Belle-Ile soit organisé.

Je désire donc que vous renouveliez l'ordre au commandant de la division militaire d'organiser promptement le 29ᵉ régiment.

Pour cela faire, il faut que le colonel et le major soient nommés. Vous n'aurez pas de difficulté pour trouver les officiers et sous-officiers qui devront former les cadres, et ce devra être un bon régiment, puisque le fonds se trouvera composé d'anciens officiers et d'anciens soldats.

Quand il sera ainsi formé, on le complètera. Il ne faut pas que tous les hommes disponibles soient mis dans le même bataillon. Je suppose qu'il reviendra près de 2.000 hommes. Il faut d'abord en former les trois compagnies de grenadiers et les trois compagnies de voltigeurs des trois premiers bataillons; après cela, répartir le reste entre les vingt autres compagnies des quatre bataillons. Vers le mois de mai, quand on connaîtra bien la situation de ce régiment, on y enverra des conscrits qu'on répartira dans les cadres. On pourra alors avoir un bon régiment d'infanterie légère, et qui aura suffisamment de vieux officiers et soldats pour faire un bon service.

Il est également convenable que les hommes de la garnison de Saint-Domingue, qui reviennent avec le général Rochambeau, soient réunis dans un dépôt à Brest. Les corps auxquels ces hommes peuvent avoir appartenu ont éprouvé de grands changements. La formation d'un dépôt pour les recevoir me paraît nécessaire, sans quoi ces hommes rentrés en France vont chez eux et se perdent.

NAPOLÉON.

5259. — AU MARÉCHAL BERTHIER.

Paris, 2 avril 1811.

Mon Cousin, je réponds à votre lettre du 30 mars. Il n'y a pas de doute que les détachements des 75ᵉ et 28ᵉ régiments, qui entrent dans la composition du 1ᵉʳ régiment de marche du Midi, et dont les régiments appartiennent à l'armée du Centre, doivent s'arrêter à Madrid, d'où ils rejoindront leurs bataillons de guerre.

NAPOLÉON.

5260. — AU MARÉCHAL BERTHIER.

Paris, 2 avril 1811.

Mon Cousin, je reçois l'état des 14.000 hommes de renfort qui marchent sur l'armée du Midi. Il est nécessaire que vous vous concertiez avec le ministre de la guerre, afin de bien connaître les numéros des compagnies et des bataillons auxquels appartiennent les détachements qui composent ces renforts. Par exemple, dans les troupes tirées de l'armée du Centre, je vois 80 hommes du 24ᵉ de ligne, 179 du 45ᵉ, 118 du 63ᵉ, etc... Il faut savoir si ce sont des piquets, des hommes isolés ou des cadres de compagnies. Dans l'état des troupes tirées de l'armée du Nord, je vois trois compagnies du 5ᵉ bataillon du 51ᵉ, trois *idem* du 55ᵉ, trois *idem* du 75ᵉ, quatre *idem* du 32ᵉ, quatre *idem* du 58ᵉ. Cela est clair, Mais ensuite je vois : détachement du 5ᵉ bataillon du 54ᵉ, etc... Qu'est-ce que ces détachements ? Il faut que le ministre de la guerre me présente un projet de décret qui ordonne, dans des désignations claires et précises, que tous les détachements provenant des 5ᵉˢ bataillons, officiers, sous-officiers et soldats, qui rejoindront les quatre premiers bataillons y seront incorporés aussitôt qu'ils les auront rejoints. Cela est très important, parce qu'il serait fâcheux de faire revenir les cadres, et que tout ce qui sera incorporé doit être effacé du contrôle du bataillon resté en France. Je n'ai pas besoin de vous faire remarquer qu'on a également besoin d'officiers et sous-officiers dans les bataillons de guerre, mais il est nécessaire de ne pas comprendre dans ce travail ce qui continue à rester dans la Navarre et d'éviter les doubles emplois.

NAPOLÉON.

5261. — AU GÉNÉRAL CLARKE.
Paris, 2 avril 1811.

Monsieur le duc de Feltre, je reçois enfin la première lettre du général Decous, datée d'Otrante, que vous m'envoyez avec votre rapport du 31 de ce mois. Mandez-lui de renvoyer à leurs compagnies les ouvriers des 1er de ligne et 22e léger. Il peut faire passer ceux du 62e et du 101e.

Il doit faire passer tous les hommes du 14e et du 6e.

NAPOLÉON.

5262. — AU GÉNÉRAL CLARKE.
Paris, 2 avril 1811.

Monsieur le duc de Feltre, le régiment de l'île de Ré aura ses bataillons répartis de la manière suivante :

Le 1er et le 2e bataillon : à l'île d'Aix, ce qui fera 1.600 hommes; le colonel y passera et commandera ces deux bataillons;

Le 3e bataillon : les trois premières compagnies, faisant 420 hommes, à l'île d'Yeu, avec le chef de bataillon: les trois autres compagnies dans l'île de Ré;

Le 4e id., aussitôt qu'il sera formé, à l'île d'Oléron;

Le 5e bataillon et le major à l'île de Ré.

Aussitôt que ces bataillons seront arrivés à leur destination, les détachements que le régiment du grand-duché de Berg a dans les îles d'Oléron, d'Yeu, d'Aix et de Ré, reviendront sur le continent, et feront partie de la 2e colonne mobile.

Donnez ordre au commandant de la 12e division militaire de passer dans l'île de Ré, de visiter en détail les batteries de cette île, de passer en revue le dépôt du nouveau régiment, de vous rendre compte de tous les officiers qui arrivent, de ce qui existe pour l'armement et l'habillement de ce régiment, enfin de présider à son organisation. Il passera, à cet effet, plusieurs jours dans l'île. Vous lui ferez connaître la destination des différents bataillons, afin que, si les conscrits arrivent en abondance, il puisse désobstruer le dépôt en les faisant répartir entre les îles, comme ils doivent l'être.

NAPOLÉON.

5263. — AU GÉNÉRAL CLARKE.

Paris, 2 avril 1811.

Monsieur le duc de Feltre, j'ai lu votre rapport du 30 mars sur la formation des deux colonnes mobiles chargées de la surveillance des côtes depuis la Loire jusqu'à la Gironde.

Mon intention est que le 4ᵉ bataillon du 122ᵉ, qui était destiné à faire partie de la première colonne, se rende à la seconde. C'est dans ce moment la plus importante. Ce bataillon, joint à ce que le régiment du grand-duché de Berg pourra fournir, portera la force de cette seconde colonne à environ 900 hommes. Le chef d'escadron Labourdonnaye la mettra sur-le-champ en activité de service.

Je viens de vous faire connaître par ma lettre de ce jour la destination qu'il convenait de donner aux différents bataillons de l'île de Ré, et que, par suite de ces dispositions, le régiment du grand-duché de Berg sera relevé des garnisons qu'il tient dans les différentes îles de cette côte.

Aussitôt que ce régiment sera entièrement revenu sur le continent, ce qui ne peut être éloigné, vous l'emploierez dans la seconde colonne mobile, et alors le bataillon du 122ᵉ retournera dans la première colonne.

En attendant, donnez ordre au général commandant la 12ᵉ division militaire de laisser le chef d'escadron de Vence prendre le commandement de ces 80 hommes du 20ᵉ de chasseurs et de ce qu'il pourra se procurer d'infanterie. Il inspectera la côte de son arrondissement, visitera les batteries, reconnaîtra les postes de douanes et les ressources que les localités lui offrent; il fera exercer sa troupe aux manœuvres du canon.

NAPOLÉON.

5264. — AU GÉNÉRAL CLARKE.

Paris, 2 avril 1811.

Monsieur le duc de Feltre, vous devez faire connaître au général d'artillerie, à Corfou, qu'il doit trouver dans le port des pièces de 8 en fer, pour suppléer à ce qui lui manque.

Je désire que vous ayez rendu à Toulon, en septembre prochain, tout ce qu'il demande, à l'exception des sacs à terre qu'il n'a pas, et qu'il est ridicule de demander, puisqu'il a à sa disposition de vieilles voiles, et tous les moyens d'en faire.

Je pense qu'il ne demande pas assez d'outils; il n'en a que 9.000, il faut en envoyer 12.000.

C'est trop de 80.000 kilogrammes de poudre pour les mines, 40.000 suffiront.

C'est trop de 4.000 fusils; 2.000 suffiront. À cela près, j'approuve toutes les autres demandes. Que cette expédition soit prête au 1er septembre, à Toulon.

Accordez les fonds que l'artillerie de Corfou demande pour faire un hangar.

NAPOLÉON.

5265. — AU GÉNÉRAL CLARKE (1).

Paris, 2 avril 1811.

Monsieur le duc de Feltre, la quantité de cartouches à balles et à boulets que vous transportez à Danzig, est trop considérable; d'ailleurs, cela est irrégulier et sans système.

Toutes les munitions confectionnées qui se trouvent à Danzig, Küstrin, Glogau et Magdeburg, ne font pas partie de l'équipage de siège, mais sont à l'équipage de campagne (mais, comme, à Glogau, il n'y a que des pièces de campagne, il faudra distinguer les munitions qui doivent faire partie de l'équipage de siège). Cela établi, le transport des munitions confectionnées pour l'équipage de campagne peut être l'objet d'un travail à part; rien n'est pressé là-dessus; en attendant, j'adopte tout le reste du travail.

J'approuve que sans délai vous fassiez partir de Wesel et de Magdeburg tout ce qui doit partir, hormis les cartouches confectionnées qui seront l'objet d'un détail à part.

Je vous répète seulement que vous devez adresser vos ordres au commandant de l'artillerie en Allemagne, mais en lui recommandant bien d'en faire part au prince d'Eckmühl, de ne rien exécuter qu'après en avoir fait le rapport au prince, de rendre compte jour par jour au prince d'Eckmühl de l'endroit où se trouvent les convois, pour qu'en cas d'événements le prince puisse prendre les mesures nécessaires pour tirer cette artillerie des mauvais pas et donner des ordres et contre-ordres selon ce qui se passera.

---

(1) Non signé, copie conforme.

5266. — AU MARÉCHAL BERTHIER.

Paris, 3 avril 1811.

Mon Cousin, on a formé à Bayonne trois bataillons de marche, un de 605 hommes, un autre de 578 et le troisième de 618. J'ai déjà ordonné que le 1er entrât avec un trésor de 4 millions en Espagne. Le 2e y entrera quelques jours après avec un autre trésor de 4 millions. Enfin, le 3e y entrera également avec 4 autres millions. A cette occasion, je vous rappellerai que je vous ai demandé un état des fonds qui étaient à Bayonne, des sommes dont j'ai disposé pour les différentes armées d'Espagne et enfin un relevé des ordres que j'ai donnés pour tous ces envois d'argent.

Je désire que vous écriviez au général Caffarelli pour lui envoyer la composition de ces trois bataillons, telle que votre rapport du 24 mars la présente et pour lui faire connaître mes intentions.

1° Tout ce qu'il y a dans ces trois bataillons, appartenant aux 5e, 10e et 30e d'infanterie légère, sera définitivement incorporé dans le 3e bataillon du 25e léger qui est en Biscaye. Tout ce qui est du 31e léger se rendra à son régiment au 6e corps.

2° Tout ce qui appartient aux 3e et 105e de ligne (et pour le reconnaître, il faudra dépouiller la formation des compagnies dans lesquelles ces détachements se trouvent confondus avec d'autres) sera incorporé définitivement dans le 130e de ligne.

3° Tout ce qui appartient au 26e, et j'aperçois que cela monte à plus de 400, sera réuni aux 200 hommes que le 26e a déjà dans le régiment de marche de Portugal et formera un bataillon du 26e, fort de 600 hommes, ce qui fera le 1er bataillon du régiment de marche de l'armée de Portugal.

4° Tout ce qui appartient, dans les trois bataillons, au 66e et au 82e, sera réuni aux 182 hommes du 66e et aux 200 hommes du 82e qui sont déjà dans le régiment de marche. On en formera le 2e bataillon du régiment de Portugal.

5° Le détachement du 2e de ligne, qui, joint aux détachements des 3e et 4e bataillons coloniaux, forme un total de 150 hommes, ainsi que les détachements du 47e, du 70e et du 86e, seront réunis aux détachements des mêmes régiments qui se trouvent dans les régiments de marche et il en sera formé deux bataillons de 500 à 600 hommes chacun, qui seront les 3e et 4e bataillons du régiment de Portugal.

6° Enfin, le 5e bataillon se trouvera formé des différents détachements qui composent le 3e actuel.

Par ce moyen, le général Caffarelli aura en Biscaye cinq bataillons du régiment de marche de Portugal, plus un bataillon du 50° et un du 25° d'infanterie légère, ce qui fera environ 5.000 hommes.

Pour être certain que vous avez compris mon ordre, je désire que vous me fassiez faire un état des cinq bataillons de Portugal, tels que je viens de les composer, avec un autre indiquant la décomposition des trois bataillons de Bayonne.

Faites-moi connaître quand le 1er bataillon de marche arrivera, afin de voir quand je pourrai mettre en mouvement le 1er de marche de Portugal, ce qui serait très important.

Concertez-vous avec le ministre de la guerre pour bien indiquer les bataillons auxquels les compagnies appartiennent, et de quelles compagnies font partie les différents détachements, afin qu'on puisse donner des ordres exacts, pour effacer du contrôle des 5es bataillons tous les détachements qui ont l'ordre de rejoindre des bataillons de guerre.

Napoléon.

5267. — AU GÉNÉRAL CLARKE.

Paris, 3 avril 1811.

Monsieur le duc de Feltre, je vois par votre rapport du 31 mars, que vous n'êtes pas certain que le 2e régiment suisse puisse former deux bataillons.

En conséquence, je désire que vous donniez les ordres suivants :

Les 2e et 4e bataillons suisses se réuniront à Avignon, sous le commandement du colonel. Le colonel les reformera de la manière suivante :

1er *bataillon*. — La compagnie de grenadiers du 1er bataillon, la compagnie de grenadiers du 4e, les voltigeurs du 1er bataillon, et trois compagnies de fusiliers du bataillon. Total : six compagnies.

2e *bataillon*. — La compagnie de grenadiers du 2e bataillon, la compagnie de voltigeurs du 2e bataillon, la compagnie de voltigeurs du 4e bataillon et trois compagnies du bataillon. Total : six compagnies.

La 6e compagnie (fusiliers) de chaque bataillon restera à Marseille pour recevoir les recrues; et, aussitôt qu'elle sera complétée à 200 hommes, elle reviendra joindre à Paris son bataillon.

Vous ferez faire la même opération pour le 4e régiment, dont les deux bataillons se réuniront à Rennes, et pour le 3ᵉ régiment, dont les bataillons se réuniront à Berg-op-Zoom.

Les généraux commandant les divisions dans lesquelles ces bataillons se réunissent les passeront en revue après leur nouvelle formation, et vous rendront compte de leur armement, de leur habillement et de leur situation en hommes. Après avoir reçu ce rapport, je me réserve d'ordonner leur départ.

Envoyer le général Latour en Illyrie; il aura le comandement du régiment illyrien, se chargera en détail de sa formation, et, à mesure que les bataillons seront organisés et armés, il les dirigera sur Alexandrie.

NAPOLÉON.

5268. — AU MARÉCHAL BERTHIER.

4 avril 1811.

Mon Cousin, j'ai reçu l'état que vous m'avez remis des convois d'argent qui sont entrés en Espagne; il est nécessaire de numéroter ces convois pour, désormais, nous entendre.

Le convoi de 3.000.000, parti de Bayonne le 16 août dernier, sous le commandement de l'adjudant commandant Gressot, s'appellera *le 1ᵉʳ convoi*. Celui de 2.500.000 francs, parti le 2 octobre de Bayonne, en vertu de mon ordre du 16 septembre, et sous le commandement du chef de bataillon Corozis, s'appellera *le 2ᵉ convoi*. Celui de 3.000.000, parti le 1ᵉʳ février, en vertu de mon ordre du 13 décembre, sous le commandement de l'adjudant commandant Dentzel, s'appellera *le 3ᵉ convoi*. Enfin, celui de 4.000.000, qui va partir en vertu de mon ordre du 29 mars, sous le commandement de l'adjudant commandant Simonin, sera *le 4ᵉ convoi*.

Par ces convois, l'armée de Portugal a reçu ou doit recevoir :

1° 2.500.000 francs qui faisaient partie du 2ᵉ convoi et dont 500.000 francs ont été donnés au 9ᵉ corps;

2° 1.500.000, qui faisaient partie du 2ᵉ convoi:

3° 2.000.000 qui font partie du 4ᵉ convoi, dont le départ doit avoir lieu en ce moment à Bayonne, sous le commandement de l'adjudant commandant Simonin.

Total : 6.000.000.

Ainsi, l'armée de Portugal aura donc reçu après l'arrivée de ce dernier convoi 6.000.000, dont 500.000 francs pour le 9ᵉ corps.

Reste 5.500.000 francs pour l'armée de Portugal, ce qui doit faire la solde de six mois au moins. Faites-moi un rapport là-dessus.

L'armée du Midi a reçu :

1° 3.000.000, qui faisaient partie du 1er convoi;

2° Elle recevra 500.000 qui, en vertu de mon ordre du 29 mars, doivent faire partie du 4e convoi.

L'armée du Midi aura donc reçu 3.500.000 francs.

L'armée du Centre a reçu :

1° 1.500.000, qui faisaient partie du 3e convoi; elle va recevoir 1.500.000, qui partent dans le 4e convoi: elle aura reçu 3.000.000.

Comme les envois d'argent sont très difficiles à l'armée du Midi, je désire que les 500.000 francs qui devaient être envoyés à l'armée du Midi, en vertu de mon ordre du 29 mars, soient envoyés à l'armée de Portugal, ce qui portera à 6.000.000 les envois faits à cette armée et qu'en remplacement, le Trésor envoie à l'armée du Midi 500.000 francs. Le remplacement en sera fait pour l'armée du Midi dans le 5e convoi.

Un cinquième convoi partira de Bayonne le 15 avril et sera escorté jusqu'à Vitoria par le 2e bataillon de marche. Ce convoi se composera de 6.000.000 dont 3 en argent et 3 en traites. Ces 6.000.000 seront destinés, savoir :

	En argent.	En traites.
Pour l'armée de Portugal.	2.000.000	1.000.000
Pour l'armée du Midi.	»	1.000.000
Pour l'armée du Centre.	1.000.000	1.000.000
	3.000.000	3.000.000
	6.000.000	

Après l'arrivée de ce 5e convoi, l'armée de Portugal aura donc reçu 9.000.000 de francs, l'armée du Midi, 4.500.000 et l'armée du Centre 5.000.000.

Vous ferez connaître au roi d'Espagne que j'ai autorisé le Trésor à lui prêter 500.000 francs par mois, à compter du 1er avril: que les 500.000 francs d'avril seront payés sur les 1.500.000 francs du 4e convoi; que les 500.000 francs de mai seront payés sur le million qui part dans le 5e convoi et que ce prêt lui sera continué pendant toute l'année 1811.

NAPOLÉON.

5269. — DÉCISION.

Paris, 4 avril 1811.

La 4ᵉ compagnie du 2ᵉ bataillon de mineurs étant réduite aux deux tiers de son complet par suite des pertes qu'elle a faites au siège de Tortose, on propose de faire diriger 25 hommes de la compagnie de dépôt sur le 3ᵉ corps de l'armée d'Espagne, à l'effet d'être incorporés dans la 4ᵉ compagnie du 2ᵉ bataillon de mineurs.

Approuvé.

Napoléon.

5270. — AU GÉNÉRAL CLARKE.

Paris, 4 avril 1811.

Monsieur le duc de Feltre, vous donnerez ordre au général Donzelot de compléter toutes les compagnies d'artillerie française qu'il a à Corfou à 140 hommes. A cet effet, il doit tirer les plus beaux hommes des conscrits réfractaires envoyés pour renforcer le 14ᵉ régiment et le 6ᵉ d'infanterie légère.

Il doit également retirer du 2ᵉ italien le nombre d'hommes qui lui sera nécessaire pour porter à 140 hommes les compagnies d'artillerie italiennes, en ayant soin de ne pas prendre d'anciens soldats, mais de nouveaux conscrits. Ainsi, il réorganisera la compagnie du 2ᵉ régiment d'artillerie, dont une partie a été prise, et, par conséquent, on ne lui enverra plus de conscrits pour cette destination. Il ne doit pas non plus s'attendre à ce qu'on lui envoie de nouveaux ouvriers. Dans les régiments français, il y a des ouvriers qu'il faut faire travailler par corvée et par détachements.

Il doit également se procurer des matelots dans l'île, pour ses canonnières, en ayant la précaution de mélanger les équipages. En général, le gouverneur ne tire pas assez grand parti des ressources de l'île, où il devrait en trouver beaucoup : son administration n'est pas assez forte.

Napoléon.

5271. — AU GÉNÉRAL CLARKE (1).

Paris, 4 avril 1811.

Monsieur le duc de Feltre, je reçois votre rapport sur la situation du 6ᵉ bataillon principal du train d'artillerie et sur celle du 11ᵉ *bis* qui sont arrivés à Besançon. Je vois qu'ils ont 1.200 chevaux.

Je voudrais que vous prissiez des mesures pour utiliser ces 1.200 chevaux en les employant aux transports d'artillerie, soit de l'armée d'Allemagne, soit de l'intérieur, mais de manière que ces chevaux ne me coûtent pas de l'argent à ne rien faire et que, cependant, en quinze jours ou un mois, on puisse les utiliser pour l'armée.

J'approuve le projet de remonte pour 850 chevaux : présentez-moi le projet de décret; mais il faudrait faire un travail général pour les bataillons du train, que j'ai en France et en Italie; me faire connaître leur situation au 1ᵉʳ avril, en hommes et en chevaux; ce qu'ils doivent recevoir de la conscription; ce qu'il faut de chevaux pour que tous les hommes, y compris ceux de la conscription, aient des chevaux, ce qu'il y a de porté au dernier budget pour cette dépense et ce qu'il faudra de supplément. Il faudra me mettre aussi ce qu'il faudrait pour compléter tous les bataillons, tant en hommes qu'en chevaux, à 1.500 chevaux.

Je crois que j'ai ordonné à plusieurs détachements du train de revenir d'Espagne; faites-moi connaître ce que dit votre correspondance là-dessus. Il faudra comprendre ces compagnies dans votre travail pour les hommes et pour les remontes.

5272. — AU GÉNÉRAL CLARKE (2).

Paris, 4 avril 1811.

Monsieur le duc de Feltre, je vous ai autorisé à faire des mouvements d'artillerie, de Magdeburg, Stettin, Küstrin et Glogau sur Danzig, à condition que ces mouvements s'exécuteraient par l'intermédiaire du prince d'Eckmühl, qui resterait le maître d'y apporter les changements qu'il croirait nécessaires.

Quant aux mouvements de Wesel et de Strasbourg sur l'Allema-

---

(1) Non signé, copie conforme.
(2) Non signé, copie certifiée conforme.

gne, je désire que vous me soumettiez les ordres de départ et la feuille de route, et que vous ne fassiez exécuter ces mouvements qu'après que je vous les aurai renvoyés approuvés. J'en excepte les transports qui auront lieu en dedans de la ligne de nos frontières, par exemple ceux de Wesel à Hamburg; mais, quant aux mouvements qui partiraient de Wesel pour traverser les Etats de la Confédération, je désire approuver le mouvement du départ et la route à suivre.

5273. — DÉCISION.

Paris, 5 avril 1811.

Rapport du ministre de la marine annonçant la rentrée de captivité des garnisons qui avaient capitulé au Cap français. Leur effectif est de 541 officiers, sous-officiers et soldats.

Renvoyé au ministre de la guerre pour me faire connaître dans quels corps il faut incorporer tous ces hommes.

NAPOLÉON.

5274. — DÉCISION.

Paris, 5 avril 1811.

Les compagnies de voltigeurs du 2ᵉ régiment suisse devant être comprises dans la composition des bataillons de marche que ce corps doit envoyer à l'armée d'Allemagne, le général Clarke propose de faire remplacer ces compagnies de voltigeurs à la colonne mobile du général Lagrange par des compagnies du centre tirées des corps d'infanterie rassemblés sous Toulon.

Il est inutile de remplacer ces compagnies de voltigeurs; elles peuvent compter au corps comme présentes. Le service détaché qu'elles font en ce moment à la colonne mobile sera terminé dans peu de temps et alors elles rejoindront leur bataillon. Il faut donc les considérer comme présentes au corps.

NAPOLÉON.

5275. — DÉCISION.

Paris, 5 avril 1811.

Des denrées coloniales ont été introduites de Valence en Navarre, à la faveur du brigandage. Le maré-

Oui, elles doivent être confisquées.

NAPOLÉON.

chal Berthier demande si elles doivent être confisquées ou seulement soumises aux droits.

5276. — AU GÉNÉRAL CLARKE.

Paris, 5 avril 1811.

Monsieur le duc de Feltre, je reçois votre lettre du 4 avril par laquelle vous demandez qu'il soit formé une compagnie d'artillerie au régiment de Walcheren, laquelle sera chargée de concourir à la défense des côtes de l'île. Ceci me fait naître l'idée de créer un bataillon de gardes-côtes de Walcheren. On pourra réunir ainsi 800 conscrits réfractaires, qui formeraient six compagnies de canonniers et qu'on placerait sous le commandement d'anciens officiers d'artillerie. Lorsque ce bataillon aurait réussi, vous licencieriez les gardes-côtes dont vous pourriez placer les officiers dans le nouveau bataillon. Vous mettriez à la tête un officier distingué. Il n'y aurait à craindre dans le service isolé des batteries que l'inconvénient de la désertion; mais, s'ils ont un bon chef, qui se fasse donner tous les signalements, l'indication de leur pays, etc..., on pourrait facilement faire arrêter les déserteurs, et, en faisant quelques exemples, on aurait un bon bataillon.

Cette idée peut s'étendre aux îles d'Aix, de Ré, de Belle-Ile, d'Oléron, à l'île d'Elbe, à la Corse, aux îles d'Hyères, etc... On retirerait de ces îles tous les gardes-côtes qui y sont actuellement et qu'on renverrait chez eux ou bien qu'on emploierait à renforcer les autres compagnies de conscrits réfractaires.

Faites-moi un rapport là-dessus et joignez-y des projets de décret.

NAPOLÉON.

5277. — AU GÉNÉRAL CLARKE.

Paris, 5 avril 1811.

Monsieur le duc de Feltre, donnez ordre aux quatre premiers bataillons du 20e de ligne et du 10e de ligne, de se rendre à Besançon par la route la plus courte. Je suppose que ce sera par le Simplon.

Donnez ordre au 62e, au 1er, au 101e, qui, de Naples, seront rendus à Rome, de continuer leur route et de se rendre à Plaisance.

Vous me ferez connaître le jour de leur arrivée.

Donnez ordre au 4e de chasseurs, qui doit être arrivé à Rome, de continuer sa route et de se rendre à Parme, et vous m'indiquerez le jour qu'il arrivera.

NAPOLÉON.

5278. — AU GÉNÉRAL CLARKE.

Paris, 5 avril 1811

Monsieur le duc de Feltre, j'ai pourvu à la correspondance de Paris avec Danzig. Un service d'estafette était monté de Paris à Hamburg. Je viens de prendre un décret pour en établir un de Hamburg à Danzig. Ainsi la communication avec Danzig sera extrêmement prompte.

NAPOLÉON.

5279. — DÉCISION.

Paris, 5 avril 1811.

Le directeur des fortifications de l'île de Walcheren demande qu'il soit tiré 150 hommes du régiment de Walcheren pour compléter les deux compagnies de sapeurs employées à Flessingue.

Je ne puis pas adhérer à cette demande. On oubliera qu'il y a des réfractaires dans cette compagnie, on les mettra en marche et ils déserteront tous.

Il me paraît préférable de former un bataillon de sapeurs de conscrits réfractaires. Ce bataillon sera chargé des travaux de Flessingue et de l'île de Walcheren, et comme on travaillera encore cinq ans à ces ouvrages, on fera sortir de Walcheren les compagnies de sapeurs qui s'y trouvent et on les emploiera ailleurs.

NAPOLÉON.

5280. — DÉCISION.

Paris, 5 avril 1811.

La prise de Badajoz a engagé Sa Majesté Catholique à donner ordre au général Lahoussaye, qui se portait sur Truxillo, à retourner à Tolède où sa présence est nécessaire.

Témoignez mon mécontentement au général Belliard de ce qu'il n'y a qu'ordre et contre-ordre dans son armée et aucun système. On dirait qu'on y fait exprès de tout mal faire.

NAPOLÉON.

5281. — DÉCISION.

Paris, 5 avril 1811.

Demandes faites par la députation de la ville et du commerce de Barcelone.

Renvoyé tout ce qui est relatif au port au ministre de la marine qui m'en fera le rapport et pour le reste au ministre de la guerre.

NAPOLÉON.

5282. — AU GÉNÉRAL CLARKE.

Paris, 6 avril 1811.

Monsieur le duc de Feltre, faites-moi connaître si les sept régiments français qui sont en Italie, les deux régiments qui sont en Toscane, ceux qui sont en Piémont, ceux qui sont à l'armée de Naples et qui reviennent de cette armée, ont leurs compagnies de canonniers; si ceux qui sont à Toulon, en Dalmatie et en Illyrie ont également leurs compagnies de canonniers. Je désire que vous me fassiez un rapport, en général, sur tous les régiments, sous ce point de vue, afin que je donne les ordres nécessaires pour que tous les régiments aient leurs compagnies de canonniers. Vous noterez dans votre rapport les régiments qui n'auraient que des caissons, ceux qui n'auraient que le matériel et point de chevaux, etc.

NAPOLÉON.

5283. — AU GÉNÉRAL CLARKE.

Paris, 6 avril 1811.

Monsieur le duc de Feltre, donnez ordre au 4° régiment de cuirassiers de se rendre à Cambrai, au 6° de se rendre à Maubeuge, et au 7° de se rendre à Bruxelles.

Les dépôts de ces trois régiments resteront où ils sont, parce qu'il me paraît avantageux de laisser les dépôts et les conscrits près de la Normandie où se remonte la grosse cavalerie.

NAPOLÉON.

5284. — AU GÉNÉRAL CLARKE.

Paris, 6 avril 1811.

Monsieur le duc de Feltre, rendez-moi donc un compte de la situation des différents régiments de conscrits réfractaires. Vous devez avoir ces comptes dans vos bureaux. Faites-m'en faire un extrait. Faites-moi connaître aussi s'il y a de la désertion.

NAPOLÉON.

5285. — AU GÉNÉRAL CLARKE

Paris, 6 avril 1811.

Monsieur le duc de Feltre, les 200 hommes du 105°, qui ont été embarqués à Cherbourg et qui sont débarqués, doivent rejoindre leurs régiments.

Faites rentrer les 20 sous-officiers tirés des régiments stationnés dans la 14° division militaire.

Employez les 30 sous-officiers du régiment hollandais de la garde dans les 5es bataillons des quatre régiments qui sont stationnés en Bretagne.

Employez de même les élèves des lycées, nommés sergents. Cela renforcera ces cadres, qui doivent en avoir besoin, par suite des pertes qu'ils ont faites en Portugal.

NAPOLÉON.

5286. — AU GÉNÉRAL CLARKE (1).

Paris, 6 avril 1811.

Monsieur le duc de Feltre, j'ai reçu l'état de situation de l'armée d'Allemagne, qui m'a paru bien fait.

Je crois qu'il ne faut pas mettre le général Lacroix dans la division Dessaix, parce qu'il serait possible qu'ils eussent eu quelques rapports ensemble en Italie

Il faut envoyer un général pour commander les cuirassiers; il faut charger le général Bruyère du commandement de la cavalerie légère.

Je vois que vous ne portez pour les équipages militaires que deux compagnies, tandis que trois devraient s'y trouver; en juin, vous ne portez également que deux compagnies, tandis qu'à cette époque il devra y en avoir six, c'est-à-dire tout le 12° bataillon.

Enfin, je trouve une autre erreur à l'article de Danzig : indépendamment des chevau-légers polonais, que je forme à Sedan, il doit y avoir à Danzig un régiment polonais, qui sera probablement de 600 chevaux.

5287. — AU GÉNÉRAL CLARKE (1).

Paris, 6 avril 1811.

Monsieur le duc de Feltre, donnez ordre que le détachement de 45 hommes et de 12 chevaux, du détachement du train du grand-duché de Berg, qui est au 8° corps, rentre à Düsseldorf.

5288. — DÉCISIONS (2).

6 avril 1811.

On prend de nouveau les ordres de Sa Majesté sur le départ de l'habillement de la légion portugaise.	Ajourné.	NAPOLÉON.
On propose à Sa Majesté d'accorder un crédit supplémentaire de 12.617 fr. 37 à la masse du 4° ba-	Approuvé.	NAPOLÉON.

---

(1) Non signé, copie conforme.
(2) Non signées, excepté deux; extraites du « Travail du ministre directeur de l'administration de la guerre avec S. M. l'Empereur et Roi, date du 3 avril 1811 ».

taillon colonial pour donner au conseil d'administration les moyens de pourvoir à tous les remplacements de 1810, ainsi qu'à la première mise de 293 recrues.

On propose à Sa Majesté de faire payer les hospices civils de leurs journées de traitement de militaires sans ordonnances ministérielles préalables et sur la simple présentation de leur mouvement numérique de mois, arrêté et décompté par les ordonnateurs.

Il est impossible de faire payer des hospices sans ordonnances du ministre. Cela peut donner lieu aux plus grands abus sans qu'on puisse y remédier.

On rend compte à Sa Majesté des motifs qui ont provoqué la décision qu'Elle a prise le 21 novembre 1810 envers le sieur Durand, chirurgien sous-aide de l'hôpital sédentaire de Bayonne, et par laquelle cet officier de santé a été condamné à une année de détention dans un château fort, et à être remis ensuite à la disposition du ministre de la guerre pour servir comme soldat.

Lui faire grâce.

On prie Sa Majesté d'accorder à la masse d'habillement du 1er bataillon colonial un crédit supplémentaire de 25.479 francs, à laquelle somme s'élève la dépense de première mise des 190 recrues qu'il a reçues en 1810.

Approuvé.

On prie Sa Majesté d'accorder à la masse d'habillement de la 7e compagnie de pionniers un crédit supplémentaire de la somme de 20.637 fr. 49.

Approuvé.

On rend compte à Sa Majesté de la mesure prise par M. le maréchal prince d'Eckmühl d'autoriser les négociants débiteurs de droits sur les denrées coloniales saisies à Stettin à s'acquitter en grains à livrer ou à Küstrin ou à Stettin.

Approuvé la mesure prise par le prince d'Eckmühl.

On rend compte à Sa Majesté de l'avis que l'on a pris dans un conseil sur la question de donner des roues plus hautes aux avant-trains des caissons des équipages.	Approuvé.
On prie Sa Majesté d'accorder à titre de secours, à la masse d'habillement du 4ᵉ régiment de hussards, une somme de 51.938 francs reconnue nécessaire.	Approuvé.

5289. — AU GÉNÉRAL LACUÉE.

Paris, 6 avril 1811.

Monsieur le comte de Cessac, je désirerais avoir le détail de l'approvisionnement de Danzig réglé à peu près de la même manière que je viens de le faire pour Corfou. Il faudra porter de même, en déduction de la consommation de la viande, ce que les productions du pays pourront fournir pour des distributions équivalentes. Je vous renvoie l'état de l'approvisionnement de Magdeburg; je désire que vous mettiez l'approvisionnement en blé, en riz et en légumes secs pour un an, parce que, quelques choses qu'on fasse, il y a bien des cas où on est forcé de prendre sur l'approvisionnement de siège pour les troupes qui passent et que, d'ailleurs, quelque temps avant le siège, la consommation journalière est presque toujours prélevée sur les magasins de la place, de manière qu'au moment où le siège est établi l'approvisionnement se trouve beaucoup au-dessous de ce qui avait été calculé. Vous porterez donc un approvisionnement en blé, en riz, et en légumes secs, pour un an; en viande salée, en lard, pour six mois, savoir : pour soixante jours de viande fraîche, pour soixante jours de viande salée et pour soixante jours de fromage, riz, huile, etc... Quant à la paille et au foin, il faut ajourner cela jusqu'au dernier moment; quant à l'avoine, il n'y a pas d'inconvénient à s'approvisionner pour un an, pour 500 chevaux. Quant au vin, à l'eau-de-vie et au vinaigre, il faut s'approvisionner pour six mois de la manière suivante : soixante jours de vin et cent vingt jours d'eau-de-vie. Refaites cet état d'approvisionnement dans ce sens et faites-moi connaître ce que cela coûtera au prix moyen du pays. Vous ajouterez une colonne dans laquelle vous porterez la dépense à faire sur-le-champ, et dans cette colonne, vous porterez pour mémoire : 1° le bois que l'on pourra prendre dans Magdeburg; 2° la paille, le foin et la viande fraîche, que l'on pourra prendre, au dernier moment, dans toutes les fermes des environs, car ce pays est très abondant. Je vous renvoie les rapports que vous m'avez présentés sur l'approvisionnement des trois places de Stettin, Küstrin et Glogau. Pour que j'approuve les dépenses que vous proposez, il faudrait me soumettre les bases de l'approvisionnement de ces places et me faire connaître ce qui doit exister, ce qui existe et ce qui manque.

NAPOLÉON.

5290. — DÉCISIONS (1).

Paris, 6 avril 1811.

M. le maréchal duc de Raguse demande un supplément d'armement pour compléter celui des régiments croates.	Approuvé.
Compte rendu d'une explosion arrivée à Mayence en déchargeant des obus.	Approuvé.
On propose à Sa Majesté d'approuver la répartition de la gratification de 850 francs demandée pour quinze individus qui ont rendu des services à l'occasion de cet événement et ont empêché une plus grande explosion de munitions.	
Sa Majesté est priée de faire connaître ses intentions sur la demande faite par M. le colonel Krasinski, pour qu'il soit fourni, en 1811, 300 recrues au 1er régiment de chevau-légers lanciers de la garde impériale.	On écrira dans ce sens à mon ministre de Saxe, pour qu'il en parle au roi.
Les préfets du Gard et des Bouches-du-Rhône, le général de division et les ingénieurs demandent à	Combien en est-il déserté depuis le commencement ?

(1) Non signées; extraites du « Travail du ministre de la guerre avec S. M. l'Empereur et Roi, daté du 3 avril 1811 ».

conserver quatre à cinq cents prisonniers espagnols aux travaux d'Arles et de Beaucaire pour profiter de la saison favorable; Sa Majesté est priée de prononcer sur cette exception à ses ordres relatifs à l'envoi de tous les Espagnols dans le Nord.

On propose à Sa Majesté de réduire le bail du fermier des droits divers, dans les îles Ioniennes, attendu que l'occupation de plusieurs de ces îles par l'ennemi empêche la perception de droits qui étaient imposés sur les denrées tirées de ces îles.

Approuvé.

Le maréchal Marmont demande qu'une indemnité de 11.000 francs soit accordée au propriétaire d'un navire qui avait été mis en réquisition pour le transport des troupes allant à Corfou, et qui s'est perdu.

Approuvé.

On propose à Sa Majesté d'ordonner, au profit de la 4ᵉ compagnie de canonniers vétérans, le remboursement de la somme de 385 francs, perdue dans le combat qu'elle a soutenu le 21 juillet 1808 sur la route de Junquera à Figuières ;

Approuvé.

D'ordonner le remboursement, au 100ᵉ régiment d'infanterie, d'une somme de 1.341 fr. 20 représentant la solde d'un détachement de ce corps, prise en Prusse le 29 janvier 1807 par un parti de brigands.

Approuvé.

On propose à Sa Majesté d'accorder un congé de quinze jours, pour terminer des affaires de famille, au général de division Macors, commandant d'armes à Lille.

Approuvé.

Le général de brigade Guillot, employé à l'armée de Catalogne, demande un congé de trois mois avec appointements.

Le général Baraguey d'Hilliers déclare que cet officier est très malade.

Approuvé.

Sa Majesté est priée de prononcer sur la demande d'un congé d'un mois faite par le général du génie Dode, pour se rendre dans sa famille, en attendant que sa nouvelle destination ait été déterminée par Sa Majesté.

Approuvé.

On propose à Sa Majesté d'accorder un congé d'un mois avec appointements au général de brigade Roulland, commandant d'armes à Belle-Ile-en-Mer.

Le général de division Beker, commandant supérieur à Belle-Ile-en-Mer, est arrivé à son poste.

Approuvé.

Sa Majesté est priée de faire connaître si Elle approuve le congé de convalescence de quatre mois, avec appointements, donné par S. M. le roi des Deux-Siciles à l'adjudant Chavardel, employé à l'armée de Naples.

Approuvé.

L'adjudant commandant Mériage, employé à Laybach, en 1809, par ordre de Sa Majesté et dont la présence me paraît plus utile dans les provinces illyriennes, demande un congé d'un mois. Sa Majesté est priée de faire connaître ses intentions sur cette demande et de décider si cet officier peut recevoir une destination purement militaire.

Approuvé.

On met sous les yeux de Sa Majesté la demande faite par S. A. le prince Borghese pour que deux vé-

Approuvé.

lites du bataillon de Turin soient autorisés à passer dans la compagnie de ses gardes d'honneur.

Sa Majesté est priée de faire connaître si Elle consent à ce qu'un soldat au bataillon des militaires français rentrés soit mis à la disposition du roi de Bavière, son souverain, qui le réclame comme conscrit.

Approuvé.

Sa Majesté est priée de faire connaître ses intentions relativement aux soldes de retraite à accorder aux officiers, sous-officiers et soldats du 2ᵉ régiment de chevau-légers lanciers et du 2ᵉ régiment de grenadiers à pied de la garde.

Non. Les traiter un peu mieux que la ligne.

On propose à Sa Majesté d'accorder le minimum de la retraite à M. de Florainvil, colonel de la 10ᵉ légion de gendarmerie.

Approuvé.

On demande à Sa Majesté si M. Abéma, général-major, aujourd'hui membre de la Cour des comptes en Hollande, peut obtenir sa pension sur le pied hollandais et être traité dans son grade de général-major qu'il n'avait pas exercé depuis deux ans, lorsqu'il fut nommé au Conseil d'Etat en 1807. Cet officier général n'a conservé aucun traitement militaire.

Suivre les lois.

M. le comte de Cessac demande le renvoi en Angleterre du nommé John Simpson, prisonnier anglais, atteint d'infirmités incurables et dont le corps exhale une odeur qui ne permet pas de le conserver ni dans les hôpitaux ni dans les dépôts des prisonniers.

Approuvé.

M. Winter, ex-administrateur des hôpitaux anglais en Espagne,

Approuvé.

maintenant prisonnier à Verdun, demande sa liberté en considération des soins qu'il a eus des militaires français blessés, restés à Astorga.

Le ministre rend compte à Sa Majesté que les travaux qu'il a été indispensable de faire au château de Saint-Germain pour l'établissement de l'Ecole militaire ont exigé l'emploi d'une somme de 170.000 francs, indépendamment des 300.000 francs qui avaient d'abord été affectés à cet établissement.

Le ministre propose à Sa Majesté de décider que ces 170.000 francs seront prélevés sur les économies de l'école, mais que provisoirement le ministère de la guerre en fera l'avance.

Modification au décret du 31 octobre 1810, qui place dans les écoles militaires de France les élèves de l'Ecole militaire de La Haye.

On propose à Sa Majesté de faire passer au Prytanée de La Flèche 27 fils d'officiers croates, envoyés à l'Ecole de Châlons, et de laisser au Prytanée 18 fils de sous-officiers croates envoyés à La Flèche et qui doivent revenir à Châlons.

Approuvé.

Approuvé ces modifications au décret.

Approuvé.

5291. — AU MARÉCHAL BERTHIER.

Paris, 7 avril 1811.

Mon Cousin, il serait peut-être plus convenable de laisser l'armée partagée en trois corps. L'un serait le 6° corps, commandé par le maréchal Marmont, qui aurait sous ses ordres : 1° la division Marchand, qui serait la 1re division de l'armée de Portugal; on laisserait le prince d'Essling maître de renvoyer le général Marchand. en faisant général de division le général Maucune ou le général

Marcognet; 2° la division Clauzel, qui serait la 2° division. Ces deux divisions formeraient les huit régiments de l'ancien 6° corps.

Le général Reynier commanderait le 2° corps, composé des 3° et 4° divisions. La 3° division serait commandée par le général Loison et composée des 31°, 26°, 66° et 82°, comme elle est portée dans l'état. Le général Heudelet commanderait la 4° division, composée comme l'est dans l'état la 6° division actuelle.

Le général Junot commanderait le 8° corps, composé de la 4° division actuelle, qui serait la 5°, et de la 5° division, qui serait la 6°.

Au lieu du général Heudelet, la 6° division actuelle serait commandée par le général Ferey.

On joindrait à chaque corps d'armée une brigade de cavalerie légère. On laisserait au prince d'Essling à en faire la distribution, de sorte que la brigade du général Fournier et la brigade de dragons formassent la réserve, sous les ordres du général de cavalerie actuel. Du reste, aucun changement à la formation qui est faite.

Napoléon.

Je vous envoie votre travail pour que vous y fassiez ces changements et que votre aide de camp puisse partir demain. Envoyez-moi la lettre que vous avez écrite au prince d'Essling, pour les instructions militaires, portées par votre aide de camp.

Portez-moi vous-même demain ce travail et ces lettres, afin que je puisse dicter de nouvelles instructions.

5202. — DÉCISION.

Paris, 8 avril 1811.

Rapport du général Clarke faisant connaître que la batterie d'Ooltgensplaat va être renforcée de 6 canons de 36 sur affûts de côte.

Il résulte de ce rapport que la batterie d'Ooltgensplaat est armée. Mais la batterie qui est vis-à-vis sur le continent, à 1.800 toises de Willemstad, et où on doit faire un fort appelé le fort Ruyter, est-elle armée ? C'est là qu'on doit placer les six pièces de 36, afin que si l'ennemi venait à s'emparer de l'île, la passe fût défendue de notre côté avec cette belle batterie de 36.

Napoléon.

5293. — AU GÉNÉRAL CLARKE (1).

Paris, 8 avril 1811.

Monsieur le duc de Feltre, vous pouvez donner ordre à Danzig que l'on commence à travailler à l'équipage de ponts, mais il faut que ce soit sans affectation, de manière à ce que cela ne fasse pas une nouvelle.

Il suffit que cet équipage de pont soit fait avant le 1er janvier prochain.

Vous aurez soin de recommander que le langage soit que ces pontons sont censés servir à la défense de la ville.

5294. — AU GÉNÉRAL CLARKE.

Paris, 8 avril 1811.

Monsieur le duc de Feltre, je vous envoie une réponse du conseiller d'État Maret.

J'ai, en outre, fait envoyer 10.000 quintaux métriques par le ministre de la marine. Demandez à ce ministre s'il a des nouvelles de ce départ. Envoyez l'état des envois au général Morand, et recommandez à ce général de prendre des mesures pour que le paiement de ces blés rentre. Vous recevrez un décret que je viens de prendre à ce sujet.

Napoléon.

5295. — AU GÉNÉRAL CLARKE.

Paris, 8 avril 1811.

Monsieur le duc de Feltre, j'ai reçu et lu avec le plus grand intérêt le travail du 5 avril sur l'artillerie; il est parfaitement bien et j'en suis satisfait. Je vous ferai connaître ultérieurement mes intentions.

Je ne trouve pas, dans vos états, les renseignements suivants : est-ce que je n'ai pas encore donné d'ordre, ni mis de fonds à votre disposition pour compléter les deux bataillons du prince d'Eckmühl à 1.500 chevaux ? Cela est pressant, et je croyais l'avoir fait. Si je ne l'ai pas fait, présentez-moi un état de la dépense et un projet de décret.

---

(1) Non signé, copie conforme.

Je vois que vous portez comme prisonnières de guerre, détruites ou aux colonies, deux compagnies du 3ᵉ régiment, une du 6ᵉ, une du 6ᵉ à cheval et deux du 9ᵉ à pied, ce qui fait six compagnies.

Présentez-moi un projet de décret pour que ces compagnies soient formées de nouveau.

NAPOLÉON.

5296. — EXTRAIT D'UN ORDRE DE L'EMPEREUR DU 8 AVRIL 1811.

Je vous ai mandé que je voulais former un bataillon de canonniers de Walcheren; cela peut avoir également de l'inconvénient et me constituerait en dépense; comme mes compagnies d'artillerie ne sont pas complètes, il serait préférable de prendre trois cadres du 8ᵉ régiment et un cadre du 9ᵉ, et d'avoir ainsi quatre compagnies d'artillerie qui seraient administrées par les dépôts de ces deux régiments; cela ne me ferait aucune nouvelle dépense; et on saurait que ces compagnies ne doivent pas sortir de l'île de Walcheren.

Je voudrais faire la même chose pour Belle-Ile, en prenant des cadres des compagnies d'artillerie qui sont à Rennes, et pour les îles de Ré et d'Oléron, en prenant des cadres des compagnies qui sont à Toulouse.

Je voudrais prendre la même mesure en Corse, en prenant des cadres des compagnies du 4ᵉ régiment d'artillerie. Je vous ai mandé de donner l'ordre au général Donzelot de recruter ses compagnies de canonniers, de sapeurs et de mineurs avec les conscrits réfractaires qu'il a reçus.

Enfin, je veux retirer deux cadres de compagnies d'artillerie des quatre compagnies que j'ai dans le royaume de Naples et je les compléterai par des conscrits réfractaires, comme celles de Walcheren, de Belle-Ile et de l'île de Ré. Voilà le système que j'adopte et qui me paraît préférable.

Quelque chose qui arrive, je n'augmenterai plus les cadres des régiments formés de conscrits réfractaires; j'aurai un régiment dans l'île de Walcheren, deux en Corse, un à Belle-Ile et un dans l'île de Ré, en tout cinq régiments, et je les recruterai par des conscrits réfractaires de la manière que je viens de déterminer.

NAPOLÉON.

5297. — DÉCISION.

Paris, 8 avril 1811.

Les compagnies de voltigeurs du 10⁰ régiment de ligne qui ont été désignées pour faire partie de la colonne mobile qui est destinée à agir dans les départements au delà des Alpes doivent-elles suivre le mouvement de leurs corps sur Besançon ?

Les compagnies de voltigeurs peuvent rester. Quand elles auront rempli leur mission, elles pourront rejoindre leur régiment.

NAPOLÉON.

5298. — DÉCISION.

Paris, 8 avril 1811.

Le général Clarke propose d'autoriser les commandants des colonnes mobiles à employer comme garnisaires les troupes sous leurs ordres.

Approuvé.

NAPOLÉON.

5299. — DÉCISION.

Paris, 8 avril 1811.

Le maréchal Soult propose de confisquer les marchandises coloniales séquestrées en Andalousie pour lesquelles les propriétaires refusent de payer les droits.

Approuvé, les faire vendre au profit de l'armée.

NAPOLÉON.

5300. — AU GÉNÉRAL CLARKE.

Paris, 9 avril 1811.

Monsieur le duc de Feltre, faites-moi connaître qui est-ce qui a ordonné les dispositions suivantes :

1° Que le 5⁰ de ligne ait embarqué ses compagnies de grenadiers sur le vaisseau *l'Austerlitz* et que ce régiment ait envoyé 260 hommes en semestre;

2° Que le 11⁰ de ligne ait 170 hommes embarqués;

3° Que le 81° ait embarqué deux détachements sur le *Majestueux* et envoyé en congé 200 hommes.

Par ces mesures, le corps du général Plauzonne se trouve entièrement désorganisé.

Napoléon.

5301. — AU GÉNÉRAL CLARKE.

Paris, 9 avril 1811.

Monsieur le duc de Feltre, la batterie d'Ooltgensplaat, suivant le rapport que vous m'avez fait ce matin, est armée de 6 pièces de 18, et vous m'avez mandé que vous y envoyez d'Anvers 6 pièces de 36. Je vous ai mandé que je voulais laisser la batterie d'Ooltgensplaat telle qu'elle était, et placer à la batterie du fort Ruyter les 6 pièces de 36 que vous faisiez venir d'Anvers. Le fort Ruyter ne sera fait qu'à la fin de l'année. Cependant, il est très pressant d'avoir là une batterie. Ainsi, il faut envoyer l'ordre de mettre sur-le-champ en batterie 6 des plus grosses pièces qui se trouveront à Willemstad et 2 mortiers On fera la batterie, soit en coupant sur la digue et n'ayant qu'un petit parapet, soit de toute autre manière, mais de sorte, enfin, que, si les vaisseaux s'approchent, on puisse leur envoyer des bombes et des coups de canon.

On se placera un peu plus à droite ou à gauche, de manière à ne pas gêner les travaux du fort Ruyter. J'ai ordonné qu'on fît cette batterie dès l'année dernière. Prenez des mesures pour qu'elle soit établie avant le 15 avril, de manière qu'elle puisse tirer le 15 à midi, si cela est nécessaire. Cela donnera de la confiance à la garnison de l'île de Goeree.

Napoléon.

5302. — AU GÉNÉRAL CLARKE.

Paris, 10 avril 1811.

Monsieur le duc de Feltre, les dépôts de cavalerie de l'armée d'Espagne doivent recevoir 6.000 hommes montés, indépendamment de ce qui arrive de l'armée de Portugal et est en marche des différents points d'Espagne.

Présentez-moi un projet pour former sur la Loire, près de Tours, un ou deux régiments provisoires de l'armée du Midi, un ou deux régiments de l'armée de Portugal, un régiment de l'armée d'Arag^{on} et un de l'armée du Nord. On y ferait entrer ce que les dépôts ont de disponible pour recruter les régiments.

Je suppose que cela doit se monter à 3.000 ou 4.000 hommes.

NAPOLÉON.

5303. — AU GÉNÉRAL CLARKE.

Paris, 10 avril 1811.

Monsieur le duc de Feltre, il faut compléter les détails de l'organisation du génie et de l'artillerie à Hamburg.

Je suppose que vous avez donné des ordres pour compléter les trois compagnies de gardes-côtes.

Envoyez des gardes-magasins tant du génie que de l'artillerie.

NAPOLÉON.

5304. — AU GÉNÉRAL CLARKE.

Paris, 10 avril 1811.

Monsieur le duc de Feltre, j'approuve que le convoi par 450 chevaux du 8e bataillon principal du train d'artillerie parte le 30 de Wesel et soit dirigé sur Magdeburg.

De Magdeburg, les objets d'artillerie qui composent ce convoi seront transportés sur Danzig par le retour des voitures qui portent à Magdeburg les marchandises coloniales, et les trois compagnies du 8e bataillon du train rentreront dans leurs cantonnements.

NAPOLÉON.

5305. — AU GÉNÉRAL CLARKE (1).

Paris, 10 avril 1811.

Monsieur le duc de Feltre, j'ai pris deux décrets : l'un pour rappeler le général Morand, commandant en Corse, l'autre pour nommer le général César Berthier commandant de la 23e division militaire.

Je désire que vous lui donniez les mêmes pouvoirs qu'avait le général Morand.

Vous vous concerterez avec le ministre de la marine pour qu'il

---

(1) Non signé, copie conforme

s'embarque à Toulon et qu'une ou deux frégates soient mises à sa disposition.

Il débarquera à Ajaccio : il sera porteur du décret par lequel je rappelle le général Morand. Vous lui donnerez l'ordre de partir de Paris avant le 15 de ce mois.

5306. — AU GÉNÉRAL CLARKE.

Paris, 10 avril 1811.

Monsieur le duc de Feltre, remettez-moi demain un projet de mouvement pour diriger le 5°, le 81°, le 79°, le 11°, et, en général, les troupes faisant partie de la division du général Plauzonne qui sont à Toulon, sur Bayonne, avec leurs pièces d'artillerie et leurs caissons.

Il sera nécessaire de retirer à cet effet ce qui est embarqué sur l'escadre.

Faites-moi connaître les régiments qui pourraient remplacer la garnison à bord de l'escadre.

NAPOLÉON.

5307. — AU GÉNÉRAL CLARKE.

Paris, 10 avril 1811.

Monsieur le duc de Feltre, je vous ai mandé de diriger le 10° et le 20° de ligne sur Besançon; je change d'avis et je désire que vous donniez une nouvelle direction à ces régiments, en les faisant venir à Lyon, par le mont Cenis. Si votre ordre ne devait pas arriver à temps par l'estafette, envoyez-le par le télégraphe et par l'estafette.

NAPOLÉON.

5308. — DÉCISION (1).

Paris, 10 avril 1811.

| On propose à Sa Majesté d'allouer aux régiments suisses un prix d'engagement de 80 francs pour | J'approuve qu'on donne 80 francs, pour tout Suisse qui sera recruté dans les dépôts de pri- |

---

(1) Sans signature ni date; extraite du « Travail du ministre de la guerre avec S. M. l'Empereur et Roi, daté du 10 avril 1811 ».

chaque recrue faite en Espagne qui n'aurait pas précédemment fait partie d'un des quatre régiments capitulés.

sonniers et qu'on distribue ces hommes entre le régiment qui est à Naples et les bataillons qui sont en France, mais je ne veux rien payer pour les prisonniers que les régiments auraient recrutés en Espagne parmi les Suisses au service d'Espagne. Ces prisonniers employés dans la péninsule auraient trop de facilités pour déserter.

5309. — AU GÉNÉRAL LACUÉE.

Paris, 10 avril 1811.

Monsieur le comte de Cessac, je reçois votre lettre du 9. J'ai pris en conséquence un décret pour ordonner la seconde commande en mai, de sorte que les chevaux soient présents dans le courant de juin. Il me revient qu'il y a du tripotage dans ces remontes et qu'on fournit de mauvais chevaux. Prenez des mesures pour surveiller les fournisseurs et pour que les remontes soient bien faites. Remettez-moi un état des hommes et des chevaux qui me fasse connaître la situation effective de ces régiments au 1er avril, les conscrits qu'ils ont dû recevoir sur l'appel de 1811 et le total des hommes existant, les chevaux qui existent, ceux qu'ils ont de la première commande, ceux qu'ils recevront de la seconde, afin que je connaisse bien la situation de chaque régiment.

Je vous prie de me faire connaître également la situation des corps de l'armée d'Espagne. Je leur ai accordé 3.000 chevaux par mon décret d'octobre : depuis, je leur en ai accordé 1.500; ils vont en recevoir 1.500, ce qui fait 6.000. Ne pourrai-je pas réunir des régiments provisoires de 300 à 400 chevaux pour secourir cette armée ? J'ai également signé le décret pour la remonte des 2e, 12e et 9e bataillons d'équipages militaires.

NAPOLÉON.

5310. — DÉCISIONS (1).

On demande à Sa Majesté si Elle approuve qu'il soit remis aux entrepreneurs du dessèchement des marais de Bourgoin 600 prisonniers espagnols travailleurs, et, dans ce cas, si Elle veut les laisser sous une simple surveillance locale ou les soumettre à une organisation militaire telle qu'elle est fixée par le décret du 23 février.

Proposer d'en faire un bataillon.

On soumet à l'approbation de Sa Majesté un état de propositions à des emplois d'officiers, vacants dans les cinquièmes bataillons de différents régiments d'infanterie.

Les officiers réformés qui sont compris dans cet état sont désignés par les inspecteurs comme pouvant, avec avantage, être rappelés au service.

Renvoyé au Conseil d'Etat.

5311. — DÉCISION.

Paris, 11 avril 1811.

Le général Lacuée rend compte à Sa Majesté des circonstances qui ont retardé la rentrée en France des cadres des 3ᵉ, 4ᵉ, 6ᵉ et 7ᵉ bataillons du train des équipages militaires, rappelés d'Espagne par un décret du 24 octobre 1810.

Renvoyé au prince de Neuchâtel pour me faire connaître le jour où ces bataillons arriveront.

NAPOLÉON.

---

(1) Sans signature ni date, de la main de Maret; extraites du « Travail du ministre de la guerre avec S. M. l'Empereur et Roi, date du 10 avril 1811 ».

5312. — DÉCISIONS (1).

Paris, 11 avril 1811.

On propose à Sa Majesté d'accorder une gratification d'une paire de souliers pour les sous-officiers et canonniers des douze compagnies d'artillerie qui ont travaillé toute l'année dernière à l'armement des places de l'Escaut et à la construction des batteries de côtes.

Approuvé.

On propose à Sa Majesté d'approuver que les généraux chargés du commandement des colonnes mobiles soient traités, pour le temps de cette mission particulière, comme les généraux chargés d'inspection.

Approuvé.

On demande à Sa Majesté si son intention est d'accorder une somme de 2.000 francs par mois pour toutes les dépenses du secrétariat général des Suisses.

Accordé 1.000 francs par mois.

Le général de division Grandjean, commandant la 14e division militaire, demande un congé de six semaines avec appointements pour aller prendre les eaux.

Accordé.

On propose à Sa Majesté d'accorder à M. le général du génie Croiset, membre du comité des fortifications, un congé de six semaines avec appointements pour aller en Hollande.

Accordé.

On soumet à Sa Majesté la demande d'un congé de quinze jours avec appointements que fait le sieur de Jumilhac, major, commandant les escadrons du dépôt de la brigade de cavalerie portugaise.

Approuvé.

(1) Non signées; extraites du « travail du ministre de la guerre avec S. M. l'Empereur et Roi, daté du 10 avril 1811 ».

On soumet à Sa Majesté la demande d'une convalescence de trois mois que fait le sieur Vilatte, chef d'escadron, ex-aide de camp du prince royal de Suède, attaché au 25e régiment de chasseurs à cheval en qualité de surnuméraire.	Approuvé.
On propose à Sa Majesté d'autoriser 16 militaires des 6e régiment de hussards, 8e et 23e de chasseurs, 9e et 35e d'infanterie de ligne et du 4e régiment d'artillerie à pied à passer au service du royaume d'Italie.	Approuvé.
On demande à Sa Majesté si Elle veut autoriser le retour dans le département de Girone de quatre prisonniers espagnols réclamés par M. le maréchal duc de Tarente.	Approuve.
M. le duc de Cadore a transmis une liste de 6 officiers de marine espagnols dont Sa Majesté Catholique désire le retour dans son royaume. Sa Majesté est priée de faire connaître si Elle veut autoriser leur retour dans leur patrie.	Approuvé.

5313. — AU GÉNÉRAL CLARKE.

Paris, 11 avril 1811.

Monsieur le duc de Feltre, dans un décret que j'ai pris dernièrement, j'ai ordonné que le 4e bataillon du 22e léger verserait ses hommes disponibles dans le 5e bataillon et que le cadre de ce bataillon se rendrait en Corse, où il se recruterait par des conscrits de la Méditerranée. Considérant aujourd'hui les dangers attachés à la navigation en Corse, et vu la situation des croisières ennemies, je préfère que le cadre de ce 4e bataillon, au lieu de se rendre en Corse, se rende dans les îles d'Hyères, où il sera rejoint par 900 hommes du dépôt du fort Lamalgue. J'ai donné le même ordre pour le 6e bataillon du même régiment; vous recevrez le décret que j'ai pris à cet effet. Vous verrez, dans le même décret, que le 5e bataillon du 102ᵉ se réunira dans l'île Sainte-Marguerite, où il sera complété par 500 conscrits du dépôt du fort Lamalgue. Vous voyez que, par là, je donne de l'emploi à 2.300 conscrits réfractaires.

Je désirerais placer 500 autres conscrits au château d'If, ou dans l'île de Pomègue. Je crois qu'il y a à Pomègue un grand lazaret qui ne sert point dans ces circonstances. J'ordonne que le 5ᵉ bataillon du 1ᵉʳ de ligne, qui est à Marseille, se rende à Pomègue et château d'If, où il recevra 500 conscrits; par ce moyen, le dépôt du fort Lamalgue serait dégagé de 2.800 conscrits et on éviterait des transports très dangereux pendant l'été.

Ces dispositions sont urgentes. Il est nécessaire que vous preniez des mesures pour que les cadres des bataillons du 22ᵉ léger se mettent en marche au plus tard le 20 avril, de sorte que, le 25 ou le 26, ils soient rendus à leur destination et que la marine cesse ses envois en Corse.

Je pense qu'il faut laisser aller en Corse le cadre du 2ᵉ régiment de la Méditerranée. Le 1ᵉʳ régiment est déjà fort de près de 6.000 hommes; 2.000 hommes pourraient être versés dans le cadre du 2ᵉ régiment, et l'on enverrait, après le mois de septembre, des conscrits pour le compléter. Il est bon que le cadre soit organisé à l'avance.

NAPOLÉON.

5314. — AU GÉNÉRAL CLARKE.

Paris, 11 avril 1811.

Monsieur le duc de Feltre, vous donnerez l'ordre au général commandant l'île de Walcheren de garder les compagnies de grenadiers et de voltigeurs du 126ᵉ régiment de ligne, pour s'en former une réserve, jusqu'à ce que les bataillons du régiment de l'île de Walcheren soient bien organisés, et de renvoyer à Bruges les 1ᵉʳ et 2ᵉ bataillons de ce régiment (126ᵉ).

Par ce moyen, il y aura des emplacements libres pour le régiment de Walcheren. Aussitôt que le commandant de l'île de Walcheren croira n'avoir plus besoin des grenadiers et des voltigeurs, il les enverra rejoindre le régiment à Bruges.

Au moyen de ces dispositions, 1.600 hommes du 126ᵉ et 1.000 Suisses, c'est-à-dire 2.600 hommes, auront quitté l'Escaut, ce qui donnera du logement au régiment de Walcheren.

NAPOLÉON.

5315. — AU GÉNÉRAL CLARKE (1).

Paris, 11 avril 1811.

Monsieur le général Clarke, donnez ordre que le bataillon colonial qui est à Flessingue soit spécialement employé aux travaux de l'île de Walcheren avec les pionniers français et étrangers.

5316. — DÉCISION.

Paris, 11 avril 1811.

On propose à Sa Majesté de faire diriger sur Maestricht ou sur Juliers les 7ᵉ et 8ᵉ compagnies de pionniers mutilés qui sont inutiles dans l'île de Kadzand.	Pourquoi ces pionniers sont-ils inutiles dans l'île de Kadzand? NAPOLÉON.

5317. — DÉCISION.

Paris, 11 avril 1811.

On rend compte à Sa Majesté de la composition du dépôt de la cavalerie de la légion hanovrienne et on demande ses ordres.	Ce dépôt sera dissous. Les hommes seront tous envoyés à Hamburg et incorporés dans le 30ᵉ régiment de chasseurs qui se forme dans cette ville. NAPOLÉON.

5318. — AU GÉNÉRAL LACUÉE.

Paris, 11 avril 1811.

Monsieur le comte de Cessac, en me faisant connaître le jour où les 3ᵉ, 6ᵉ et 7ᵉ bataillons du train arriveront à Bayonne, je désire que vous me disiez où sont les dépôts de ces bataillons et le nombre d'hommes qui est nécessaire pour les compléter. Quant à la compagnie du 12ᵉ, donnez des ordres d'avance pour que, aussitôt son arrivée, elle file sur Strasbourg. L'arrivée des cadres de ces trois bataillons me fait grand plaisir. Mon intention est de les compléter sur-le-champ à six compagnies, comme les autres bataillons du train. Il est donc convenable que, dans l'aperçu des augmentations

---

(1) Non signé, copie conforme.

de votre budget dont vous vous occupez, vous y compreniez cette dépense. Avez-vous le nombre de voitures nécessaire pour ces bataillons ?

NAPOLÉON.

5319. — DÉCISION.

Paris, 11 avril 1811.

Le général Clarke propose d'envoyer à Breda ou à Berg-op-Zoom le 2ᵉ bataillon du régiment Joseph Napoléon, qui se trouve en garnison à Anvers, afin d'empêcher tout rapport avec les prisonniers espagnols.

Je ne puis pas approuver ce mouvement.

NAPOLÉON.

5320. — AU GÉNÉRAL CLARKE.

Paris, 12 avril 1811.

Monsieur le duc de Feltre, le 13ᵉ d'infanterie légère a 254 hommes à bord de l'escadre. Il est indispensable que ces hommes soient débarqués au 1ᵉʳ mai et rejoignent leur 4ᵉ bataillon, ce qui portera ce 4ᵉ bataillon à 500 hommes.

Le 33ᵉ régiment d'infanterie légère n'a que 1.800 hommes à ses trois bataillons qui sont en Allemagne. Il est indispensable que le 5ᵉ bataillon (de dépôt) fasse partir de Groningue 100 hommes pour recruter ces trois bataillons. Les 200 conscrits que le régiment va recevoir porteront le 4ᵉ bataillon à 700 hommes, ce qui pourra le mettre à même de partir avec tous les 4ᵉˢ bataillons des corps d'armée d'Allemagne.

Le 4ᵉ bataillon du 48ᵉ a 78 hommes embarqués. Il faut que ces hommes débarquent avant le 1ᵉʳ mai et rejoignent leur 4ᵉ bataillon, ce qui le portera à 400 hommes.

Le 4ᵉ bataillon du 108ᵉ a 316 hommes embarqués ; faites-les également débarquer avant le 1ᵉʳ mai, pour rejoindre le 4ᵉ bataillon, ce qui le portera à 700 hommes.

NAPOLÉON.

5321. — AU GÉNÉRAL CLARKE.

Paris, 12 avril 1811.

Monsieur le duc de Feltre, donnez ordre au 84ᵉ régiment, qui est en Italie, aussitôt qu'il aura reçu ses 1.000 conscrits, de les répartir entre ses quatre bataillons, ce qui portera chaque bataillon à 700 hommes, et de se tenir prêt à partir, pour entrer en campagne vers le 1ᵉʳ juin.

Donnez de même l'ordre au 92ᵉ de répartir ses 800 conscrits entre ses quatre premiers bataillons, qui, par ce moyen, se trouveront forts de 800 hommes, et de se tenir également prêts à entrer en campagne au 1ᵉʳ juin.

Je ne vois pas encore où en est le régiment illyrien.

Napoléon.

5322. — AU GÉNÉRAL CLARKE.

Paris, 12 avril 1811.

Monsieur le duc de Feltre, je vous envoie l'état des trois régiments qui se forment à Hamburg; le prince d'Eckmühl me mande qu'il n'est encore arrivé aucun officier : cependant, j'ai nommé les colonels et les majors.

Faites-moi connaître ce que j'ai décidé pour les chefs de bataillon et présentez-moi la nomination des adjudants-majors, et de la moitié des capitaines, lieutenants et sous-lieutenants. Pour les sous-lieutenants, vous pouvez les choisir dans les grenadiers et vélites de Fontainebleau, parmi ceux qui parlent allemand. Il faut nommer également les trois quartiers-maîtres.

Les sous-lieutenants, pour la cavalerie, pourront être pris dans les vélites à cheval de la garde, qui ont beaucoup de sujets.

Pour l'autre moitié, le prince d'Eckmühl fera connaître s'il y a des sujets dans le pays, soit parmi les officiers sortant du service de Westphalie, soit parmi ceux sortant du service des divers princes dont le territoire est incorporé. Il faudrait faire revenir ceux qui sont au service de Prusse.

Napoléon.

5323. — AU GÉNÉRAL CLARKE.

Paris, 12 avril 1811.

Monsieur le duc de Feltre, on me mande qu'il y a déjà 6.000 conscrits arrivés au régiment de Walcheren. Les cadres de ce régiment peuvent contenir 4.000 hommes. Je viens de disposer de 1.800 de ces hommes par le décret que j'ai pris aujourd'hui. J'attendrai votre premier rapport, pour savoir quand la force de ce régiment passera 6.000 hommes, parce que je désignerai six nouveaux 5es bataillons, pour passer dans l'île de Walcheren, et recevoir 1.800 autres hommes. Moyennant ces dispositions, les bataillons du régiment de Walcheren resteront dans l'île pour sa défense.

Proposez-moi un major en second, pour commander les bataillons qui doivent se rendre dans l'île de Schouwen et ceux qui doivent se rendre dans l'île de Goeree.

Napoléon.

5324. — AU GÉNÉRAL CLARKE.

Paris, 12 avril 1811.

Monsieur le duc de Feltre, j'ai pris hier un décret pour porter à 5.000 chevaux les bataillons du train d'artillerie. Mon intention est de comprendre dans cette remonte les 500 chevaux que je vous avais précédemment autorisé à acheter.

Aussitôt que vous serez instruit de l'arrivée des 37 cadres de compagnies du train qui reviennent d'Espagne et de Portugal, faites-moi connaître le jour de leur arrivée à leur dépôt, ce qui leur manque en hommes et en chevaux, avec le projet de décret et les évaluations nécessaires.

Napoléon.

5325. — AU GÉNÉRAL LACUÉE.

Paris, 12 avril 1811.

Monsieur le comte de Cessac, vous avez annoncé 5.400 habits pour le régiment de Walcheren. On me mande qu'il y a déjà 6.000 hommes à ce régiment, mais l'annonce ne suffit pas; il n'est encore arrivé d'habits que pour 822 hommes, de sorte que j'ai là un très grand nombre nus. J'ai pris hier un décret pour placer 1.800 hommes de ligne dans six 5⁰˙ bataillons qui vont se rendre dans les îles de Walcheren. Il est nécessaire que vous envoyiez sans délai aux conseils d'administration de ces corps des draps pour habiller ces conscrits.

NAPOLÉON.

5326. — AU GÉNÉRAL LACUÉE.

Paris, 13 avril 1811.

Monsieur le comte de Cessac, je reçois votre lettre. Il faut que vous fournissiez des effets d'habillement aux hommes du 6ᵉ bataillon du 29ᵉ léger et du 5ᵉ bataillon du 1ᵉʳ de ligne. Il faut également que vous en fournissiez aux hommes que le 5ᵉ bataillon du 102ᵉ doit recevoir. Je n'ai ôté aucun conscrit ni au 102ᵉ ni au 1ᵉʳ de ligne, parce que les cadres de ces régiments ont besoin de conscrits pour se compléter et se mettre en état d'entrer en campagne.

NAPOLÉON.

5327. — AU GÉNÉRAL CLARKE (1).

Paris, 14 avril 1811.

Monsieur le duc de Feltre, je désire qu'au 1ᵉʳ mai tout ce qui est nécessaire pour compléter l'infanterie, l'artillerie, le génie, en matériel et en personnel, de l'armée d'Allemagne, parte pour Wesel et, de là, se dirige sur cette armée.

5328. — AU GÉNÉRAL CLARKE.

Paris, 14 avril 1811.

Monsieur le duc de Feltre, donnez ordre aux deux bataillons des tirailleurs corses et des tirailleurs du Pô de partir le 20 avril du camp de Boulogne pour se rendre à Wesel.

NAPOLÉON.

---

(1) Non signé, copie conforme.

5329. — AU GÉNÉRAL CLARKE.

Paris, 14 avril 1811.

Monsieur le duc de Feltre, faites partir d'Ostende pour Anvers la 3ᵉ compagnie du 3ᵉ bataillon de sapeurs, le 1ᵉʳ mai. Ayez soin que cette compagnie ait son caisson d'outils attelé.

Faites partir pour Anvers la 8ᵉ compagnie du 5ᵉ bataillon, avec tout ce qui lui est nécessaire. On se passera de ces deux compagnies de sapeurs pour les travaux d'Ostende et d'Anvers.

NAPOLÉON.

5330. — AU GÉNÉRAL CLARKE.

Paris, 14 avril 1811.

Monsieur le duc de Feltre, vous donnerez l'ordre que le 4ᵉ régiment de chasseurs se réunisse à Parme où il recevra de nouveaux ordres. Le 4ᵉ escadron de ce régiment se mettra en route de Vienne sur Parme pour y attendre les trois premiers escadrons. Le dépôt seulement restera à Vienne. Par ce moyen, les quatre escadrons du 4ᵉ de chasseurs, forts de 1.000 chevaux, seront réunis à Parme vers le 1ᵉʳ mai.

Le 3ᵉ bataillon du 1ᵉʳ régiment de ligne restera à Plaisance et y attendra les 1ᵉʳ et 2ᵉ bataillons. Le 3ᵉ bataillon sera reformé comme il était avant et reprendra les hommes qu'il avait fournis aux 1ᵉʳ et 2ᵉ bataillons. Ces trois bataillons recevront de nouveaux ordres à Plaisance. Vous ferez passer la revue du 4ᵉ bataillon du même régiment, et, lorsqu'il sera muni de tout ce qui lui est nécessaire, vous donnerez ordre qu'il se tienne prêt à partir, s'il y a lieu, le 20 mai, pour rejoindre les trois premiers bataillons.

Les 1ᵉʳ et 2ᵉ bataillons du 62ᵉ s'arrêteront également à Plaisance. Le 3ᵉ bataillon de ce régiment et le 4ᵉ bataillon qui est, je crois, à Genève, se tiendront également prêts à rejoindre le régiment.

Les 1ᵉʳ, 2ᵉ et 3ᵉ bataillons du 101ᵉ s'arrêteront également à Plaisance. Le 4ᵉ bataillon de ce régiment recevra tout ce qu'il y a de disponible dans le 5ᵉ bataillon et se tiendra prêt à rejoindre le régiment.

Vous donnerez des ordres, sans délai, pour que les compagnies d'artillerie avec les caissons soient fournies pour les 10ᵉ, 20ᵉ, 84ᵉ et 92ᵉ régiments, ainsi que pour les 1ᵉʳ de ligne, 62ᵉ et 101ᵉ. Les compagnies seront organisées de manière qu'elles aient leurs caissons, voitures et leurs pièces, à raison de deux pièces par régiment.

NAPOLÉON.

5331. — DÉCISION.

Au palais des Tuileries, 14 avril 1811.

Le général Savary rend compte d'un complot ayant eu pour objet de livrer Belle-Ile-en-Mer aux Anglais et de l'arrestation des coupables, parmi lesquels se trouve un officier du 4e régiment suisse.

Renvoyé au grand juge pour faire exécuter les lois de l'Empire.

NAPOLÉON.

5332. — AU GÉNÉRAL LACUÉE.

Paris, 14 avril 1811.

Monsieur le comte de Cessac, mon intention n'est pas de faire un nouveau régiment de Walcheren. Je suis donc porté à penser que 3.000 habits suffiront pour ce régiment.

J'ai déjà accordé 1.800 hommes pour six 5es bataillons. Aussitôt que je saurai qu'il y a plus de 6.000 hommes, j'accorderai pour six autres bataillons; de sorte que je ne formerai pas de nouveaux cadres. Comme je prends tous ces cadres dans la 16e division militaire, vous pouvez diriger tous les habits sur Lille; ainsi, ce sera 6.000 hommes qui seront prélevés sur le régiment de la Méditerranée, 1.800 hommes qui seront pris sur le régiment de Walcheren et 1.800 autres que je vais ordonner d'y prendre : en tout 9.600 hommes. Je vais, en outre, ordonner de porter au grand complet plusieurs compagnies d'artillerie, qui seront prises dans les 8e et 9e régiments d'artillerie.

NAPOLÉON.

5333. — DÉCISION.

Paris, 15 avril 1811.

Le général Clarke propose d'envoyer à la division de Puycerda, commandée par le général Quesnel, la 5e compagnie du 1er bataillon de sapeurs, stationnée à Alexandrie.

Refusé.

NAPOLÉON.

5334. — AU MARÉCHAL BERTHIER.

Paris, 15 avril 1811.

Mon Cousin, je vous renvoie la lettre du général Suchet du 6 mars. Donnez l'ordre en Navarre de lui fournir les secours qu'il demande en grains.

Ecrivez aussi au général Suchet qu'il est indispensable qu'il se présente devant Tarragone au 1er mai au plus tard: c'est le seul moyen d'empêcher les insurgés de porter leurs forces dans la haute Catalogne.

NAPOLÉON.

5335. — DÉCISION.

Paris, 15 avril 1811.

Le maréchal Berthier fait connaître à l'Empereur une lettre du maréchal Bessières relative à une demande du commerce de Biscaye, tendant à être autorisé à envoyer aux colonies espagnoles ou aux Etats-Unis du fer extrait des mines de cette province, en obligeant les expéditionnaires à donner caution valable pour les navires et les cargaisons. Cette autorisation ranimerait le commerce de Biscaye, et aurait, en outre, l'avantage de retenir dans leurs foyers 20.000 ouvriers qui, n'ayant pas de quoi vivre, vont successivement grossir les bandes de brigands.

Approuvé.

NAPOLÉON.

5336. — AU GÉNÉRAL CLARKE (1).

Paris, 15 avril 1811.

Monsieur le duc de Feltre, donnez ordre aux deux bataillons du 5e régiment de ligne, aux deux bataillons du 11e de ligne, aux deux bataillons du 79e qui sont à Toulon, formant six bataillons,

---

(1) Non signé, copie conforme.

de se mettre en marche sous les ordres du général Plauzonne pour se rendre à Béziers et à Narbonne.

Les deux bataillons du 81° sont destinés à se rendre également à Narbonne, mais ils resteront à Toulon jusqu'à ce que les deux bataillons du 60°, qui doivent y arriver le 4 mai, soient arrivés. Les deux bataillons du 81° partiront immédiatement après.

Les 5°, 11° et 79° marcheront par régiment, à un jour de distance l'un de l'autre; le 1ᵉʳ régiment se mettra en marche le 20. Ils ne feront aucun séjour jusqu'à Narbonne, où ils seront arrivés du 5 au 7 mai.

Une des deux compagnies du 4° régiment d'artillerie, qui est à Toulon, marchera avec cette division.

Il est nécessaire que tous les hommes appartenant à ces régiments qui sont ou embarqués ou détachés dans les îles, les rejoignent sans délai.

Vous donnerez l'ordre au général Durosnel de renvoyer les compagnies de voltigeurs dont il n'a pas besoin; il peut encore garder celles du 81°, mais renvoyer celles des trois autres régiments.

Les dispositions de mon décret, relatives aux compagnies de grenadiers à embarquer sur les vaisseaux à trois ponts, ne doivent avoir lieu qu'à l'arrivée des conscrits et ne concernent que des hommes de l'ancienne France. Elles ont été mal exécutées, mais il n'en faut pas moins près de 700 à 800 hommes, qui peuvent être fournis par les 62°, 60° et 52°.

Avant que cette belle division, de huit bataillons, soit arrivée à Narbonne, je me déciderai à l'envoyer en Catalogne, où à la diriger sur Bayonne.

Ces bataillons mèneront avec eux leurs compagnies d'artillerie, leurs pièces et leurs caissons.

Le 4° bataillon du 1ᵉʳ de ligne se rendra à Toulon pour renforcer la garnison, qui sera composée de deux bataillons du 60°, d'un bataillon du 62°, d'un bataillon du 1ᵉʳ de ligne, d'un bataillon du 32° léger et du dépôt du 16°.

5337. — AU GÉNÉRAL CLARKE (1).

Paris, 15 avril 1811.

Monsieur le duc de Feltre, j'ai disposé de six bataillons suisses. Quatre sont à Naples, ce qui fait dix. J'en ai quinze ; il en reste donc six. On assure que le recrutement manque par défaut d'argent. Ecrivez à mon ministre en Suisse pour que je puisse avoir au moins quatre de ces six bataillons suisses en Allemagne.

Faites-moi connaître quand les conscrits auront rejoint. Je suppose que vous avez pris des mesures pour leur armement.

Je compte, au 1er juin, ordonner la réunion à Wesel des 4es bataillons appartenant aux seize régiments de l'armée d'Allemagne. Seront-ils prêts ?

5338. — AU GÉNÉRAL CLARKE.

Paris, 15 avril 1811.

Monsieur le duc de Feltre, les seize régiments qui sont à l'armée d'Allemagne ont chacun leurs quatre pièces de canon. Je désire que vous me présentiez un rapport et un projet de décret, pour que les quatre régiments hollandais restant, ceux des régiments qui sont au camp de Boulogne, en Hollande, en Italie, qui n'ont pas leur compagnie d'artillerie, l'aient sur-le-champ, et que les pièces, les chevaux, les caissons leur soient fournis, à raison de deux pièces par régiment, d'un caisson d'infanterie par bataillon, d'un caisson pour les vivres, etc... Faites-moi connaître quelle dépense cela occasionnera.

NAPOLÉON.

5339. — DÉCISION.

Paris, 15 avril 1811.

Etat indicatif des munitions d'artillerie nécessaires dans les places de Danzig, Kustrin, Stettin et Magdeburg, pour le triple approvisionnement en dépôt, destiné à l'équipage de campagne.

Renvoyé au général Lariboisière pour me porter un rapport là-dessus.

NAPOLÉON.

(1) Non signé, copie conforme.

5340. — AU GÉNÉRAL LACUÉE.

Paris, 15 avril 1811.

Monsieur le comte de Cessac, faites-moi connaître à quelle époque tout ce qui est nécessaire pour habiller et équiper les 4es bataillons des seize régiments qui font partie du corps du prince d'Eckmühl, sera arrivé.

Prenez les mesures nécessaires pour que la confection de ces effets soit poussée avec activité, et qu'il n'y ait rien en retard, car je désire que les seize bataillons puissent se réunir à Wesel passé la mi-mai.

Je suppose que vous avez donné des ordres pour les remontes et pour l'organisation des bataillons du train.

Faites-moi connaître si, dans le courant de mai, il pourra partir une ou plusieurs compagnies du 12e bataillon d'équipages militaires.

NAPOLÉON.

5341. — INSTRUCTIONS POUR LA DÉFENSE DES ILES DE LA HOLLANDE (ILE DE GOEREE).

15 avril 1811.

Un général de brigade est chargé de la défense de l'île de Goeree.

Ce général de brigade dépend de la 17e division militaire, c'est-à-dire d'Amsterdam.

Il doit rendre compte tous les huit jours de tout ce qui se passe au général commandant la 17e division militaire, par le canal du général de brigade qui commande le département des Bouches-de-la-Meuse, à Rotterdam.

Il doit également envoyer les nouvelles de tout ce qui vient à sa connaissance au général de brigade qui commande à Anvers le département des Deux-Nèthes; il doit également en informer le général de brigade qui commande le département des Bouches-du-Rhin, à Bois-le-Duc. Il doit encore correspondre avec le général de brigade qui est à l'île de Schouwen; celui-ci instruira de tous les rapports le général de division qui commande à Walcheren.

Le général de brigade qui est à Anvers doit faire part des mouvements au général commandant la 24e division à Bruxelles, et le général de brigade de Bois-le-Duc en doit instruire le général commandant la 25e division à Maestricht. Par ce moyen, les trois divisions de Bruxelles, de Maëstricht et d'Amsterdam, chargées toutes les trois de la défense de l'île de Goeree seront en mesure de la secourir.

Le général de brigade qui est à Anvers aura sous ses ordres un colonel qui commandera toute la côte, depuis Willemstad jusqu'à l'île de Tholen.

Au moindre mouvement offensif de l'ennemi contre l'île de Goerée, le général de brigade qui est à Anvers portera toutes ses forces disponibles sur Willemstad.

Le général de brigade qui est à Rotterdam dirigera toutes ses forces disponibles sur Hellevöet, le général de brigade de Bois-le-Duc portera toutes ses forces disponibles sur Willemstad, en attendant que les généraux des 17ᵉ, 24ᵉ, 25ᵉ divisions militaires se portent, suivant les circonstances, sur Hellevöet et Willemstad, points menacés.

La nécessité, pour le général qui commande à Goeree, d'envoyer des rapports tous les huit jours, est fondée sur la nécessité de tenir au courant des événements les généraux commandant les trois divisions qui doivent pourvoir à la défense de l'île et s'y porter au moindre mouvement, avec toutes les forces disponibles, si, du reste, ils ne sont menacés sur aucun point.

Le général commandant à l'île de Goeree correspondra tous les jours avec l'amiral commandant l'escadre de l'embouchure de la Meuse, en rade d'Hellevöet, et celui-ci aura sous la main les moyens nécessaires de débarquer dans l'île de Goeree toutes les troupes convenables pour protéger l'île.

MARINE

Un bâtiment ou grosse corvette sera mis en station entre Willemstad et le fort Duquesne, de manière à protéger le passage dans l'île de Goeree; ce bâtiment lui-même sera protégé par les deux batteries des forts Ruyter et Duquesne.

Le ministre de la marine donnera les ordres pour que ce bâtiment soit placé au plus tard au 1ᵉʳ mai : il aura le double avantage d'assurer la communication de Willemstad avec l'île de Goeree et de servir de réduit à la garnison de l'île jusqu'à ce que le fort Duquesne soit établi.

Ce bâtiment aura sous ses ordres quatre bateaux canonniers et quatre péniches ou chaloupes armées, qui se tiendront toujours à la voile, pour le service de la garnison de l'île de Goeree et pour le détail de ce service; il sera sous les ordres du général de brigade commandant l'île, mais sous les ordres supérieurs du général qui commande à Hellevoet.

L'officier commandant la corvette stationnaire commandera, en outre, le port et la marine de Willemstad; il sera assuré à l'avance de tous les moyens de transport que peuvent offrir les bateaux du pays pour pouvoir porter rapidement le plus de monde possible de Willemstad à l'île de Goeree. Il enverra tous les huit jours au ministre de la marine le détail du service et des mouvements qu'auront faits les bateaux.

L'officier de marine commandant la flottille de canonniers établie pour la défense des quatre embouchures de la Meuse sera également sous les ordres du général commandant l'île, pour le service de cette île, et sous les ordres de l'amiral commandant les vaisseaux en rade d'Hellevoet, pour les mouvements maritimes.

Le commandant de la flottille tiendra toujours une canonnière avec des bateaux à portée du général commandant l'île, près de la côte de Goeree, vis-à-vis le passage, et enverra tous les jours à terre, à l'heure convenue, un officier pour prendre les ordres. Ces bateaux porteront tous les ordres et feront la correspondance de l'île avec l'amiral et le port d'Hellevoet.

Si l'ennemi menace l'île de Goeree, l'amiral commandant en rade d'Hellevoet prendra les mesures pour faire passer, sans délai, toutes les troupes que le général de Rotterdam pourrait y envoyer, comme le commandant de la corvette stationnaire près Willemstad prendra des mesures pour faire passer toutes les troupes des 24° et 25° divisions militaires au fort Duquesne, à Ooltgensplaat.

En cas que l'ennemi se fût emparé de l'île, les vaisseaux de ligne remonteraient jusqu'en rade de Willemstad, et prendraient toutes les mesures convenables pour protéger l'île et sa garnison.

L'amiral doit avoir douze canonnières ou bateaux canonniers en état, qu'il armera au moindre besoin, et, avec ces vingt-quatre bâtiments, y compris les douze qui sont en station à Hellevoet, qui, joints aux trois de la douane et aux quatre bateaux canonniers attachés à la corvette stationnaire de Willemstad, feront trente et une canonnières employées à la défense de l'île de Goeree, dans toutes les directions et devront observer l'ennemi, défendre les passes, protéger les communications de l'île avec Hellevoet et Willemstad, et, enfin, si une partie de l'île était prise, elles devraient porter tous les secours possibles à la garnison.

Il est donc nécessaire que le service de la marine soit bien organisé. La corvette fera servir par son équipage les quatre bateaux canonniers et quatre péniches.

L'officier commandant cette corvette, ainsi que l'officier commandant la flottille, seront sous les ordres du général de brigade, pour la défense de l'île, et sous les ordres supérieurs de l'amiral commandant l'escadre, pour les mouvements maritimes.

La flottille de Goeree se portera sur Schouwen, si Schouwen était menacé, et, de même, la flottille de Schouwen se porterait sur Goeree, si cette île était menacée.

INSTRUCTION POUR LA DÉFENSE DE L'ILE DE SCHOUWEN

La défense de l'île de Schouwen est confiée à un général de brigade, sous les ordres du général de division qui commande à Walcheren.

Le général de brigade de Schouwen enverra tous les jours des rapports au général de division de Walcheren, et tous les huit jours au général de Goeree et au général de Berg-op-Zoom, lequel les fera passer au général qui commande à Anvers et au général qui commande à Bois-le-Duc et à Willemstad.

En cas d'attaque de l'ennemi sur Schouwen, le général commandant l'île de Goeree enverra les canonnières qui sont à sa disposition au secours de l'île de Schouwen, et les dirigera pour concourir, autant qu'il sera possible, à la défense de l'île de Schouwen.

Le général commandant à Willemstad appuiera ses forces sur Tholen, pour aller au secours de Schouwen, sitôt que les mouvements de l'ennemi seront démasqués.

Le général de brigade de Berg-op-Zoom portera aussi ses forces sur Tholen; enfin, les généraux d'Anvers et de Bois-le-Duc, ainsi que les généraux de division des 24e et 25e divisions, dirigeront toutes leurs forces disponibles sur Berg-op-Zoom, pour concourir à la défense de Schouwen.

C'est de l'île de Tholen qu'il faudra aller au secours de l'île de Schouwen. Toute la flottille de l'Escaut oriental et occidental se dirigerait pour favoriser ce passage, dans le temps que la flottille de l'île de Goeree se dirigerait de l'autre côté, de sorte qu'on aurait les moyens de passer à la fois 5.000 à 6.000 hommes.

La garnison se tiendrait dans la ville de Zierikzée, résisterait là quatre ou cinq jours, et donnerait le temps de la débloquer.

DE LA MARINE

Il sera attaché pour la défense de l'île de Schouwen, ainsi que pour la défense de l'Escaut oriental, une corvette qui mouillera constamment près de Zierikzée; cette corvette aura sous ses ordres une flottille de canonnières, spécialement destinée à la défense des îles de Schouwen et Nord-Beveland.

A cet effet, six canonnières, six bateaux canonniers seront mis sous le commandement de cette corvette, qui aura, en outre, quatre caïques et quatre péniches; ces bâtiment seront constamment en station le long de la côte de Schouwen, Nord-Beveland et jusqu'à la pointe nord de Walcheren.

La corvette enverra tous les jours un rapport au général de Schouwen et assistera la garnison de tous ses moyens.

Le commandant se sera assuré de tous les moyens de transport qui existent à Zierikzee, Nord-Beveland et toute la côte, pour pouvoir rapidement réunir dans le canal le nombre de bateaux nécessaire pour aller au secours de l'île de Schouwen.

Le commandant de la corvette enverra fréquemment des rapports à l'amiral Missiessy, sous les ordres duquel il se trouve pour les opérations maritimes.

En cas d'attaque, l'amiral enverra les bricks, corvettes, chaloupes canonnières et bateaux canonniers qui se trouvent dans l'Escaut, à Zierikzée, avec un capitaine de vaisseau de confiance, pour diriger tous les mouvements.

L'officier de marine commandant la corvette et la flottille de l'Escaut oriental enverra tous les jours son journal au commandant de la marine, pour lui faire part de tout ce qui se passe et de ses besoins pour assurer la défense et les communications de l'île.

DÉFENSE DE L'ILE DE WALCHEREN

Pendant tout le temps que l'amiral sera mouillé à l'embouchure de l'Escaut, il désignera six canonnières et un officier de marine pour les commander, qui sera constamment sous les ordres du général de division commandant à Walcheren. Ces canonnières lui serviront pour envoyer sur les points de la côte que l'ennemi menacerait, ou pour éclairer les côtes, et avoir ses moyens particuliers indépendants de ceux de l'amiral pour assurer ses communications avec l'île de Kadzand et Schouwen, et enfin pour concourir à la défense de l'île.

En cas que l'escadre remontât l'Escaut, à la hauteur du Sud-Beveland, tous les canonnières, bricks et corvettes seront laissés près Flessingue, sous les ordres d'un commandant de la flottille, et tiendront constamment la ligne d'embossage de cette partie, et finiront par s'enfermer dans la place pour concourir à sa défense.

L'amiral Missiessy fera une instruction, qui sera soumise à notre approbation, sur le service et le placement des bateaux qui seront sur l'Escaut oriental et occidental, et sur tout ce qui est relatif à la défense de Sloe.

Le général commandant l'île de Walcheren enverra fréquemment des rapports au général commandant la 24ᵉ division militaire, et, en cas d'événement, au général commandant à Kadzand, lequel préviendra le général commandant la 24ᵉ division, le général qui est à Ostende, et ce dernier enverra au général commandant au camp de Boulogne.

Les généraux commandant à Walcheren, Schouwen, Goeree, indépendamment des rapports envoyés aux généraux de division sous lesquels ils se trouvent, en enverront fréquemment au ministre de la marine.

Le général commandant l'île de Kadzand aura sous ses ordres un officier de marine avec une flottille composée de : 1 canonnière, 2 bateaux canonniers, 3 caïques et 3 péniches, total, 9 bâtiments ; il tiendra toujours la mer, pour l'observation et la défense des côtes de l'île de Kadzand ; en cas que l'escadre remonte, ils mouilleront dans le port de Breskens et s'embosseront pour concourir à la défense et faire le transport des conscrits et munitions nécessaires à Walcheren.

En cas que l'escadre reste à l'embouchure de l'Escaut, l'amiral pourra disposer de cette flottille, mais seulement dans le cas de nécessité et sans perdre de vue sa première destination.

Les caïques, dans les beaux temps, seront toujours embossés sur la côte et sous la protection des batteries, dans les circonstances où on pourrait craindre que l'ennemi soit assez fort pour aborder à terre.

L'officier de marine rendra compte tous les jours au général de Kadzand de tout ce qui se passe.

INSTRUCTION POUR LA DÉFENSE DU TEXEL

L'amiral Deventer sera spécialement chargé de la défense du Helder, ainsi que des deux îles du Texel et de Vlieland.

A cet effet, un brick ou corvette, six canonnières et six schrones ou chaloupes, commandés par un officier de marine, seront chargés d'éclairer les côtes de l'île, sous les ordres du général qui commande à l'île du Texel et sous les ordres supérieurs de l'amiral. Ces bâtiments feront des patrouilles et mouvements pour observer l'ennemi; une canonnière sera mouillée le plus près possible du fort. L'officier de marine enverra demander, au moins une fois par jour, les ordres de l'officier commandant, de sorte qu'en cas d'événement, la garnison du fort puisse être renforcée des troupes qui seront disponibles au Helder ou à Harlingen, afin de pouvoir chasser l'ennemi de l'île ou retirer la garnison du fort lorsqu'elle aura fait toute sa défense.

Il enverra tous les jours son rapport à l'amiral; l'amiral instruira le général commandant au Helder et les généraux commandant les divisions d'Amsterdam et de Groningue, de tous les mouvements.

Enfin, l'événement arrivant, les troupes de la 31ᵉ division se porteront sur Harlingen, celles de la 17ᵉ division se porteront au Helder, par terre et par mer; l'amiral rassemblera tous ses moyens de défense pour porter rapidement des secours dans l'île du Texel, dont la défense de terre et de mer lui est exclusivement confiée.

Il y aura un général de brigade au Helder; les signaux seront établis pour correspondre rapidement avec Amsterdam et instruire de tous les mouvements de l'ennemi.

Les troupes de la 31ᵉ division militaire se rendront à Harlingen, et par les soins de l'amiral, au Texel ou au Helder, si l'ennemi le menaçait.

L'amiral Dewinter fera connaître les dispositions qu'il aura prises pour faire arriver, au besoin, dans l'île du Texel, tous les secours convenables. Je mets cette île sous ses ordres, parce qu'il doit en sentir toute l'importance.

Il demandera au général commandant à Groningue d'envoyer ses troupes à Harlingen, les fera transporter au Helder, au Texel, et partout où il sera nécessaire.

Il y aura une corvette stationnaire pour la défense de Vliet; cette corvette sera une grande prame portant au moins 4 pièces de 36, outre sa batterie; elle sera stationnée près l'île de Vlieland, ayant avec elle une division de canonnières. 100 hommes tiendront garnison dans l'île, empêcheront toute communication avec l'ennemi; mais, si l'ennemi vient avec des forces trop considérables, ce détachement se retirera sur la corvette; il sera fourni par la 17e division et par le régiment qui tient garnison à Harlingen.

NAPOLÉON.

5342. — DÉCISION.

Paris, 15 avril 1811.

Le général Clarke propose de transférer de Longwy à Metz le dépôt du régiment d'Isembourg.

Approuvé.

NAPOLÉON.

5343. — EXTRAIT D'UN ORDRE DE L'EMPEREUR DATÉ DE PARIS, 16 AVRIL 1811 (1).

Il est nécessaire de mettre à Anvers un jeune général de division qui sera sous les ordres du général commandant la 24e division militaire et qui aura un général de brigade commandant à Berg-op-Zoom, l'île de Tholen et Willemstad.

Ce général pourra se tenir à Willemstad, mais pouvant réunir toutes ses troupes suivant les circonstances pour la défense de l'île de Schouwen ou de l'île de Goeree.

Il sera nécessaire que ce général ait un escadron afin de communiquer promptement sur les différentes parties de la côte.

---

(1) Non signé, copie conforme.

5344. — ILE DE GOEREE (1).

NOTE SUR LE SYSTÈME DE DÉFENSE A ÉTABLIR DANS L'ILE DE GOEREE.

16 avril 1811.

1re observation.

Le système adopté pour l'île de Goeree est incomplet.

L'île de Goeree est la plus importante des îles de la Hollande; elle est éloignée de 2.000 toises d'Hellevöet, c'est-à-dire du continent de la Hollande, et seulement de 800 toises du fort Ruyter.

On a donc pensé que la première de toutes les considérations était d'avoir un réduit où la garnison pût se retirer, se défendre et où elle pût recevoir des secours: ce réduit, qu'on a nommé fort Duquesne, on l'a placé à Ooltgensplaat, parce que ce point n'est que de (*sic*) 800 toises du continent, que ce continent est celui de France, c'est-à-dire la rive gauche de la Meuse, que de là à Anvers il n'y a plus aucun obstacle. On s'est dit que la première importance de l'île de Goeree doit être considérée sous le point de vue d'Anvers.

Or, l'ennemi qui s'en emparerait ferait de cette île sa place d'armes pour bloquer Willemstad et marcher de là sur Anvers, ayant assuré sa retraite, puisqu'il aurait Willemstad à l'île de Goeree (*sic*).

Ce point de vue sous lequel on a considéré l'île a paru le plus important, parce que tout ce qui, dans ce système, touche directement ou indirectement Anvers est de la plus grande importance.

On conçoit donc que si, la garnison de Goeree étant de 800 hommes, l'ennemi venait y débarquer 7.000 à 8.000 hommes et que le réduit d'Olgensplaat fût terminé tel qu'il a été arrêté cette année, et tel qu'on suppose qu'il sera au mois d'octobre prochain, les troupes d'Anvers et Bois-le-Duc se dirigeant aussitôt sur Willemstad, ainsi que toutes les troupes de la 24e et 25e divisions militaires, elles débarqueraient au fort Duquesne avant les quinze jours qui sont nécessaires pour le prendre et que, dès lors, elles pourraient chasser l'ennemi de l'île.

Ce projet est donc parfaitement connu. Il faut tracer le fort et y travailler avec la plus grande activité.

---

(1) Non signé, copie conforme.

2ᵉ *observation*.

Mais l'île de Goeree a un autre but, et un but plus immédiat, c'est la protection de l'escadre qui se trouve dans la rade d'Hellevöet.

En effet, il ne peut guère arriver deux fois dans une seule (*sic*) que les circonstances soient telles que l'Angleterre puisse espérer d'opérer sur Anvers. Ses projets sont plus journaliers, plus de tous les moments, doivent être de surprendre les vaisseaux qui sont dans la rade d'Hellevöet.

Or, pour une pareille opération, l'ennemi jetterait 4.000 ou 5.000 hommes dans l'île de Goeree, en repousserait la garnison, prendrait à dos toutes les batteries et jetterait la garnison dans le fort Duquesne; ce serait l'affaire du (*sic*) jour.

Dès lors, il se trouverait maître des batteries qui défendent la rade de Goeree et ses vaisseaux entreraient.

Le fort Duquesne ne pourrait rien; les deux ou trois vaisseaux qui seraient en appareillage seraient pris, puisque, non seulement l'ennemi les attaquerait par mer avec des forces supérieures, mais encore qu'il dirigerait contre eux les batteries dont il se serait emparé. Ces vaisseaux ne pourraient résister une heure.

Il faut bien observer que des vaisseaux qui sont en appareillage, sortant de la rade d'Hellevöet, passent le pampas et viennent mouiller à 100 toises de l'île de Goeree.

Il devient donc nécessaire d'adopter un autre système pour l'île de Goeree; ce système est tout simple.

Les seules batteries à établir au nord de l'île de Goeree doivent consister en pièces de 12 de campagne et un obusier, qu'on placera successivement dans les trois batteries actuelles, et on réunira toute l'artillerie de ces trois batteries dans un point de l'île de Goeree vis-à-vis le pampas correspondant avec la grande batterie d'Hellevöet, dont on se trouvera éloigné d'environ 3.600 toises.

Alors, l'ennemi ayant débarqué dans un point quelconque de l'île, les pièces de campagne seraient conduites dans la redoute, ou bien les affûts seraient brisés, les pièces enclouées et mises hors d'état de service; la garnison se retirerait, moitié dans le nouveau fort, moitié dans le fort Ruyter.

Alors on resterait maître de toute l'île d'Overflakkee; l'île de Goeree seule serait au pouvoir de l'ennemi; que ferait-il? Ses vaisseaux rentreraient bien dans la rade de Goeree, où sont actuellement les batteries de côte, mais ils seraient arrêtés par la batterie du fort, et il serait impossible à ses vaisseaux de passer entre ce fort et le banc de sable qui est à moins de 1.500 toises, et ainsi ils ne pourraient approcher du pampas, qui serait protégé par cette batterie et qui est déjà enfilé par la batterie avancée d'Hellevöet.

L'emplacement de ce fort est facile à déterminer. Les îles de Goeree et d'Overflakkee ont été réunies par l'art. Si cet isthme pouvait être inondé, il faudrait profiter de cette circonstance.

Je désire donc que cette année, et le plus tôt possible, on me présente le projet du fort à établir, pour empêcher que l'ennemi, maître de Goeree, ne puisse se porter dans l'île d'Overflakkee, et pour réunir les batteries dans un fort tel que l'escadre anglaise puisse mouiller en sûreté sous sa protection.

Ce fort, outre l'avantage d'assurer le mouillage d'Hellevöet, aura encore celui de faciliter la communication de Goeree à Hellevöet; ainsi, pendant le temps que les troupes des 24ᵉ et 25ᵉ divisions militaires se réuniraient pour passer au fort Duquesne, toutes les forces d'Amsterdam, c'est-à-dire de la 30ᵉ division militaire, passeraient par Hellevöet dans le nouveau fort ou dans l'île d'Overflakkee, et toutes ces forces réunies déboucheraient dans l'île de Goeree pour jeter l'ennemi à la mer.

5345. — AU GÉNÉRAL CLARKE.

Paris, 17 avril 1811.

Monsieur le duc de Feltre, donnez ordre au général Kindelan de se rendre à l'armée d'Allemagne avec les 2ᵉ et 3ᵉ bataillons de son régiment. Il fera compléter chaque bataillon au grand complet en tirant ce qui sera nécessaire du dépôt de Maestricht. Cela formera donc deux beaux bataillons de 1.000 hommes chacun. Vous recommanderez au prince d'Eckmühl d'en avoir soin.

Je désire que ces deux bataillons ne passent pas par Wesel, mais se dirigent d'Anvers et Maestricht par Coeverden, etc... Faites-les partir le 1ᵉʳ mai.

Aussitôt que le 2ᵉ et le 3ᵉ bataillons seront partis, proposez-moi un autre emplacement que Maestricht pour le dépôt espagnol : il ne faut pas que ce soit dans une place forte; de même, pour le 4ᵉ bataillon espagnol qui est à Alexandrie; de même pour le 1ᵉʳ bataillon qui est à Palmanova.

(1) Non signé, copie conforme.

5346. — EXTRAIT D'UN ORDRE DE L'EMPEREUR (1).

Paris, 17 avril 1811.

Monsieur le duc de Feltre, vous recevrez un décret que j'ai pris sur le mont Argentario. Par un premier décret, j'ai déjà ordonné que les cadres des deux dernières compagnies des 5ᵉˢ bataillons du 29ᵉ et du 112ᵉ régiment d'infanterie de ligne se rendissent sur ce point et que 600 conscrits réfractaires fussent également dirigés sur le mont Argentario pour être incorporés dans les cadres de ces compagnies.

Une compagnie d'artillerie, de celles qui sont à Livourne, y sera envoyée et pourra être complétée par les meilleurs sujets qu'on pourra tirer de ces conscrits.

J'ai le projet de faire de ce point important une forte place qui serait le refuge des provinces de Rome et de Toscane, de sorte qu'en cas d'événement on pût se retirer sur ce point, dont la correspondance avec l'île d'Elbe est sûre et se trouver là à peu près comme sur les côtes de Provence; mais j'attendrai des plans, des devis, des sondes, et la discussion qui aura lieu au mois de décembre prochain.

Ecrivez à la grande-duchesse, pour que tout cela se fasse avec ensemble.

5347. — NOTE DICTÉE PAR L'EMPEREUR
AU GÉNÉRAL LARIBOISIÈRE, LE 17 AVRIL 1811 (2).

Sa Majesté approuve le projet de composition de l'équipage de campagne, tel qu'il est présenté sur l'état n° 2.

Cet équipage se divise en trois parties. L'une qui existe en Allemagne : les trois nouveaux départements de Hamburg sont compris dans l'Allemagne.

L'autre, qui sera fournie par les places de l'intérieur de l'empire et qui doit se rassembler à Strasbourg, Mayence et Wesel.

Le ministre est autorisé à ordonner tous les mouvements dans l'intérieur et d'un arsenal sur l'autre, pour rassembler dans les places de la frontière les objets nécessaires au complément de l'équipage.

La 3ᵉ colonne comprend tout ce que doit fournir l'Italie; elle se

---

(1) Non signé, copie conforme.
(2) Non signée, copie.

rassemblera à Vérone pour, de là, se diriger vers l'Allemagne en passant par Innsbruck. L'Italie fournira du personnel et du matériel.

Voir si l'Italie pourrait fournir le sixième du matériel nécessaire pour les trois corps.

Il y aura, de plus, une division italienne qui aura son matériel, mais ce matériel rentre dans celui fixé pour les troupes alliées et celles de la Confédération.

Les trois corps d'armée sont composés chacun de quatre divisions d'infanterie, chaque division de quatre régiments.

Il y aura, de plus, quatre divisions de cuirassiers. Chacune de ces divisions aura 12 bouches à feu d'artillerie légère. L'intention de Sa Majesté est qu'on emploie, pour commander l'artillerie attachée à ces divisions, les mêmes officiers supérieurs qui y ont été employés pendant la campagne dernière.

Ces divisions marcheront les premières. Il faut leur donner le matériel et le personnel qui sera le plus tôt prêt et choisir un matériel très solide.

Indépendamment de ce que le personnel de l'artillerie à cheval peut être réduit, l'Italie pourra contribuer à la formation de l'équipage en personnel et matériel, et l'on pourra en tirer de l'artillerie à cheval et à pied, du train et même des ouvriers, si cela est nécessaire.

Les notes que Sa Majesté a envoyées pour parvenir à un projet définitif donnent la facilité de laisser un plus grand nombre de compagnies sur les points les plus importants des côtes, comme Anvers et Boulogne.

Faire connaître à Sa Majesté les places où les différentes parties de l'équipage se trouveront rassemblées, l'époque de leur réunion et le moment où elles seront prêtes à partir.

Joindre au projet général pour la formation de l'équipage un projet d'exécution.

Présenter ce qui sera disponible au 1er mai en matériel et personnel, le matériel que les chevaux existants et ceux qui seront levés au 1er mai pourraient enlever.

Faire connaître également la situation au 1er juin, et, successivement, au 1er juillet, au 1er août, au 1er septembre, de sorte que Sa Majesté n'ait plus à s'occuper d'artillerie;

Qu'Elle connaisse dans quelle situation elle se trouvera à ces différentes époques et les accroissements graduels que l'artillerie pourra recevoir.

Comme il s'agit d'exécuter, il est nécessaire que le personnel et les attelages se rendent de suite où est le matériel.

Il peut y avoir une réduction de voitures à raison des chevaux qui manqueront. On peut laisser en arrière un demi-approvisionnement.

Il faut aussi s'occuper de l'artillerie régimentaire, donner aux régiments leurs bouches à feu, caissons et forges.

Sa Majesté approuve qu'on mette un demi-approvisionnement au parc général. Le parc général pourra se diviser en plusieurs colonnes, marcher par échelons pour servir de communication entre l'armée et les dépôts.

Sa Majesté voudrait qu'on ne mît pas de conscrits de l'année dans les compagnies qui serviront à l'armée.

Elle veut qu'on fasse le calcul du personnel, en comptant 80 hommes par compagnie.

Elle demande si les poudres sont parties pour Danzig; c'est un objet important. Combien en existe-t-il dans cette place?

Elle désire qu'on lui présente des états sur le modèle de ceux qui lui étaient fournis à l'armée.

Elle désire connaître la marche des convois pour les mouvements au delà du Rhin, les jours du départ, la durée présumée du voyage et que, par approximation, on estime où ils se trouveront chaque jour.

OBSERVATIONS SUR LE PROJET D'ORGANISATION.

Cinq approvisionnements, dont deux portés dans des caissons attelés, sont très suffisants et assurent le service pour une campagne, quelque laborieuse et longue qu'elle puisse être, et même fourniraient de grandes ressources pour une seconde campagne.

Outre les caissons attelés qui portent les deux approvisionnements, il faudrait 500 à 600 voitures distribuées dans les dépôts, mais sans attelages, pour faciliter les transports, les remplacements.

Si les compagnies étaient fortes de 120 hommes et même de 100 hommes, on pourrait les réduire à 14 par corps d'armée, au lieu de 17, savoir : dix compagnies à pied, quatre compagnies à cheval.

Il faut une compagnie d'ouvriers et une compagnie d'armuriers de plus.

Les chevaux nécessaires à l'équipage de ponts ont été calculés pour des bateaux de l'ancien modèle qui pèsent plus de cinq milliers.

Les bateaux du modèle de Munich, ou de l'an XI, ne pèsent que 1.400.

Le haquet porte, avec le bateau, les poutrelles, les ancres et les cordages. On n'a besoin de voitures du pays que pour porter les madriers.

Mais comme les poutrelles n'ont que 22 pieds au lieu de 28, il faut augmenter le nombre de bateaux en proportion. J'en mets 70 pour le grand équipage; il n'en résultera pas moins une diminution de 1.020 chevaux.

5348. — AU GÉNÉRAL CLARKE.

Paris, 18 avril 1811.

Monsieur le duc de Feltre, la 16ᵉ compagnie du 5ᵉ régiment d'artillerie à pied, les 6ᵉ, 15ᵉ et 19ᵉ compagnies du 7ᵉ régiment, ayant fourni des hommes pour compléter les compagnies d'artillerie qui ont été envoyées à Danzig, se trouvent réduites à 19 et 20 hommes, c'est-à-dire à rien. Il est donc important que, soit du dépôt de ces régiments, soit des compagnies qu'ils ont en France, 50 hommes soient envoyés à la compagnie du 5ᵉ régiment et 150 aux trois compagnies du 7ᵉ, afin que ces quatre compagnies soient au moins complétées à 70 ou 80 hommes.

Sur le tableau de la formation de l'armée d'Allemagne, vous avez oublié la 5ᵉ compagnie du 5ᵉ régiment à pied, qui cependant est à l'armée d'Allemagne.

Sur cet état, vous ne parlez pas non plus de la 7ᵉ compagnie d'ouvriers.

La 3ᵉ compagnie d'ouvriers a peu de monde en Allemagne. Il n'y a qu'un officier. La partie qui est en Espagne ne pourra pas arriver à temps; cependant, il est urgent d'avoir au corps du prince d'Eckmühl au moins une compagnie d'ouvriers.

Napoléon.

5349. — AU GÉNÉRAL CLARKE (1).

Paris, 18 avril 1811.

Monsieur le duc de Feltre, je vous ai mandé que je désirais que le bataillon espagnol qui est à Anvers et celui qui est à Maestricht, complétés par ce que leur dépôt a de disponible, se tinssent prêts à partir pour l'armée d'Allemagne. Donnez-leur ordre de se réunir à Nimègue.

Chargez le commandant de la division militaire d'en passer la revue; prescrivez au général espagnol de s'y rendre; on y mettra les meilleurs officiers et l'on me fera connaître leur situation, leur armement et leur habillement, etc...

Par ce moyen, je pourrai avoir là deux beaux bataillons.

Je désire aussi que, dans le mois qui suivra le départ, vous transportiez leur dépôt dans une ville ouverte, telle que Liège ou toute autre.

5350. — AU GÉNÉRAL CLARKE.

Paris, 18 avril 1811.

Monsieur le duc de Feltre, je vous envoie un rapport du prince d'Eckmühl sur la situation de l'armée d'Allemagne. Je désire que vous fassiez le renvoi aux différents bureaux des observations contenues dans ce rapport et qu'on y fasse réponse article par article. Je vous renvoie également les états, pour que vous puissiez faire faire toutes les corrections.

NAPOLÉON.

5351. — AU GÉNÉRAL CLARKE.

Paris, 18 avril 1811.

Monsieur le duc de Feltre, je reçois votre lettre du 17. Je vois avec plaisir que les cadres du 2ᵉ régiment de la Méditerranée sont encore en France. Réunissez-les à Toulon et faites-en passer la revue. On pourrait mettre deux bataillons de ce régiment aux îles d'Hyères et deux bataillons dans la presqu'île du cap Cépet. Il me semble qu'il est possible d'empêcher la désertion, en mettant quelques détachements de gendarmerie à l'isthme et quelques corps de garde de la garnison.

---

(1) Non signé, copie certifiée.

Cela étant, il y aurait dans les îles d'Hyères les 4ᵉ et 6ᵉ bataillons du 22ᵉ régiment d'infanterie légère de 900 hommes chacun faisant.. 1.800 hommes.
Et deux bataillons du 2ᵉ régiment de la Méditerranée de 900 hommes chacun.............. 1.800 —
Il y aurait au cap Cépet deux bataillons du 2ᵉ régiment de la Méditerranée de 900 hommes chacun 1.800 —
Dans l'île Sainte-Marguerite le 5ᵉ bataillon du 102ᵉ... 500 —
A Ratonneau le 5ᵉ bataillon du 1ᵉʳ de ligne... 500 —

TOTAL.................. 6.400 hommes.

Voilà donc l'emploi de 6.400 hommes, il faudra une partie de l'été pour avoir ce nombre d'hommes. Les conseils d'administration et l'habillement se tiendraient à Toulon.

Vous donnerez l'ordre que les 500 premiers conscrits qui arriveront au dépôt du fort Lamalgue soient donnés aux bataillons du 22ᵉ léger, qui seront dans l'île de Porquerolles ;

Que les 500 conscrits qui arriveront après soient distribués entre les deux premiers bataillons du 2ᵉ régiment de la Méditerranée, qui seront dans l'île de Port-Cros ;

Que les 400 qui viendront après soient donnés au bataillon du 1ᵉʳ de ligne, qui est à Marseille ;

Que les 500 conscrits qui arriveront après soient donnés à l'un des bataillons du 2ᵉ régiment de la Méditerranée qui seront au cap Cépet ; et les 500 venant après à l'autre bataillon de la Méditerranée en dépôt au cap Cépet.

Vous répartirez les 3.000 autres conscrits entre les différents corps. Quant au 5ᵉ bataillon du 102ᵉ, comme il est fort loin et que ses recrues doivent aller aux îles Sainte-Marguerite par mer, on profitera de toutes les occasions favorables qui se présenteront pour les faire passer.

Vous aurez soin que le dépôt soit tenu en règle à Toulon ; que les conscrits y soient toisés, classés, habillés et équipés, et que les différents mouvements se fassent avec ordre, par mer, sur les îles d'Hyères, au cap Cépet et autres points.

Si le nombre des conscrits réfractaires est de plus de 6.000 hommes, on pourra en être embarrassé. On en rendra compte alors et je donnerai des ordres ultérieurs.

Le passage en Corse n'est pas tout à fait interdit; il pourra se présenter des moments dans l'été où le passage pourra avoir lieu. Après l'équinoxe d'automne tous les transports se feront par mer.

Le roi de Naples peut envoyer aux îles d'Hyères des canonnières et des felouques pour embarquer les hommes du 22ᵉ léger, puisque ces bâtiments peuvent longer la côte et se rendre sans danger à Ischia ou à Procida; passé le mois de septembre, le régiment de la Méditerranée pourra passer en Corse, quand le temps n'y mettra aucun obstacle.

Napoléon.

5352. — AU GÉNÉRAL CLARKE (1).

Paris, 18 avril 1811.

Monsieur le duc de Feltre, je désire que sans perdre un moment vous fassiez savoir au général qui commande en Illyrie que mon intention est de lever les deux bataillons de Croates, de les réunir à deux bataillons du 8ᵉ léger et d'en former une brigade à Laibach, d'où ensuite ils devront se tenir prêts à partir.

Il ne restera donc en Illyrie que deux bataillons du 23ᵉ, deux du 18ᵉ, et on suppléera à ce qui manquera pour le service par la mise en activité de quatre à cinq bataillons croates.

On ne fera cependant de nouvelle levée que lorsque celle dont je viens d'ordonner l'organisation recevra ordre de partir de Laibach.

Vous devez également donner l'ordre au bataillon espagnol qui est à Palmanova et à celui qui est à Alexandrie, de se diriger l'un sur Vienne et l'autre sur Bolzano, où le vice-roi les fera passer en revue et me fera connaître leur situation, les dispositions des officiers et des soldats et si l'on peut raisonnablement s'y fier.

Il faudrait avoir un major en second pour commander ces deux bataillons.

5353. — AU GÉNÉRAL LACUÉE.

Paris, 18 avril 1811.

Monsieur le comte de Cessac, je reçois votre rapport du 17. Vous avez dix compagnies d'infirmiers formant 900 hommes. La compagnie qui est dans les provinces illyriennes est inutile. Faites-la marcher avec le corps de l'armée d'Italie qui se réunit à Laibach. La

---

(1) Non signé, copie conforme.

compagnie qui est en Portugal y est nécessaire. La compagnie qui est à Strasbourg et à Metz y est inutile; envoyez-la à l'armée d'Allemagne. Pour celle qui est en Catalogne et celles qui sont en Espagne, je n'ai rien à dire. La 9ᵉ compagnie, qui a 69 hommes en Italie et 41 hommes en Illyrie, peut se diriger sur Besançon. La 10ᵉ compagnie, qui est en Italie, peut aussi être envoyée à Besançon. Vous avez ainsi quatre compagnies de 120 hommes disponibles. La Hollande, l'Italie, les provinces illyriennes, la France n'ont pas besoin de compagnies d'infirmiers; tout cela doit être à l'armée. Je ne puis comprendre comment il y a deux compagnies d'infirmiers dans les provinces illyriennes où je n'ai que quatre régiments. Quel besoin y a-t-il d'infirmiers en Italie où le peuple est charitable, où il y a de superbes établissements ? Envoyez à l'armée d'Allemagne et au corps qui doit se former à Laibach les compagnies qui sont en Illyrie, en Italie, en Hollande, en France. Quatre compagnies d'infirmiers peuvent servir 10.000 à 15.000 malades. En Allemagne même, on n'a pas besoin d'infirmiers que sur la première ligne.

Napoléon.

5354. — AU GÉNÉRAL LACUÉE.
Paris, 18 avril 1811.

Monsieur le comte de Cessac, je vois par votre rapport du 17 qu'au 1ᵉʳ mars, l'approvisionnement de siège de Corfou était de huit mois. Ce que les royaumes d'Italie et de Naples ont envoyé, et ce que le gouverneur de Corfou se procurera en Albanie, maintiendront j'espère cet approvisionnement à ce niveau. J'ai déjà prescrit d'approvisionner Corfou pour plusieurs mois par la récolte du maïs, lorsqu'elle se fera.

Napoléon.

P. S. — Réitérez les ordres pour qu'il suffise jusqu'au 1ᵉʳ mars.

5355. — AU GÉNÉRAL LACUÉE.
Paris, 18 avril 1811.

Monsieur le comte de Cessac, on me mande du 57ᵉ que le 6 avril le conseil d'administration n'avait encore reçu que 200 schakos; des draps, que pour 200 capotes, habits, vestes et culottes; que 200 sacs de peau et rien pour les effets de linge et chaussure; que cependant on devait recevoir un grand nombre de conscrits dans le courant d'avril, de sorte qu'on craignait qu'ils n'éprouvassent beaucoup de retard pour être habillés. Je désire que vous me fassiez un rapport là-dessus et sur l'époque à laquelle tous les 6ᵉ et 7ᵉ bataillons que j'ai formés, surtout ceux de l'armée d'Allemagne, auront leur drap et tout ce qui leur est nécessaire pour habiller leurs conscrits. Puis-je espérer que les 4ᵐˢ bataillons pourront faire leur mouvement dans le courant de mai pour rejoindre les bataillons de guerre où l'instruction fera plus de progrès ?

NAPOLÉON.

5356. — AU GÉNÉRAL DUMAS.

Paris, 18 avril 1811.

Monsieur le comte Dumas, tout me porte à penser que je serai obligé de lever bientôt la réserve. Voyez les deux ministres de la guerre, pour me remettre l'état de ce dont j'aurai besoin. Les quatre régiments de cuirassiers qui sont en Allemagne auront besoin de 400 hommes pour être au complet de 4.400 hommes ou de 1.100 hommes par régiment. Les quatre régiments de chasseurs auront besoin de 360 hommes pour arriver au même but.

Les deux régiments de hussards auront plus d'hommes qu'il ne faut.

Les cinq régiments de dragons qui sont en Italie auront besoin de 500 hommes pour être au complet de 900 hommes par régiment. Les cinq régiments de chasseurs auront besoin de 400 hommes pour être également au complet.

Le régiment de hussards aura besoin de 15 hommes.

Les deux régiments de carabiniers et les neuf régiments de cuirassiers qui sont dans l'intérieur auront besoin de 900 hommes pour être à 1.000 hommes.

Les trois régiments de chasseurs qui sont dans l'intérieur auront besoin de 400 hommes, pour être à leur complet de 900 hommes.

Les trois régiments qui n'avaient qu'un escadron dans l'intérieur auront besoin de 400 hommes.

Vous trouverez dans les bureaux de l'administration de la guerre des détails là-dessus. Indépendamment de cela, je désirerais, par l'appel de la réserve, augmenter l'effectif des cinq régiments de dragons de l'armée d'Italie, de 100 hommes, et, au lieu de 900 hommes, les porter à 1.000 hommes, ainsi que l'effectif des sept régiments de chasseurs et du régiment de hussards. Ce serait donc une augmentation de 1.300 hommes.

Je voudrais porter à 1.100 hommes les onze régiments de carabiniers et de cuirassiers qui sont en France, au lieu de 1.000 hommes qui est leur effectif actuel, ainsi que le régiment de hussards qui est en France; ce qui serait une augmentation de 1.200 hommes.

Je voudrais porter à 1.000 hommes l'effectif des 11°, 12° et 24° de chasseurs, et du 5° de hussards, c'est-à-dire donner à ces quatre régiments 400 hommes de plus.

Je voudrais porter l'effectif des 13°, 7° et 20° de chasseurs et du 9° de hussards à 700 hommes.

Les régiments de cavalerie de l'armée d'Allemagne auront leur complet.

Dans le rapport que vous me remettrez sur l'appel de la réserve, vous comprendrez la cavalerie sous deux chapitres : 1° ce qu'il faut pour compléter l'effectif déterminé par mes décrets; 2° ce qui est nécessaire pour porter les régiments au nombre d'hommes que je viens d'indiquer (1).

Le ministre de l'administration de la guerre vous fera connaître les hommes dont les bataillons d'équipages militaires ont besoin. Vous trouverez au ministère de la guerre des renseignements sur les besoins des bataillons du train d'artillerie.

NAPOLÉON.

5357. — AU GÉNÉRAL DUMAS.

Paris, 18 avril 1811.

Monsieur le comte Dumas, les conscrits destinés aux quinze régiments de cavalerie qui sont en Italie, ont-ils été dirigés sur l'Italie ou sur la 6° division militaire où sont les dépôts de ces régiments ?

NAPOLÉON.

P. S. — Les conscrits destinés au 23° de chasseurs ont-ils été dirigés sur la Hollande ou sur son dépôt ?

---

(1) L'Empereur a barré de sa main « je viens d'indiquer » et mis, à la place « le nouveau complet ».

5358. — DÉCISION.

19 avril 1811.

Proposition de renforcer avec des hommes du dépôt de leur bataillon respectif les 2°, 6° et 9° compagnies du 2° bataillon de sapeurs, employées à l'armée de Portugal, et la 3° du 3° bataillon, en ce moment à Ostende, et destinée à l'armée d'Allemagne.

Approuvé.

NAPOLÉON.

5359. — DÉCISIONS (1).

Paris, 19 avril 1811.

On propose à Sa Majesté d'autoriser, au profit de la caisse du 3° bataillon de sapeurs, le remboursement d'une somme de 255 fr. 39, que ce corps a perdue à la retraite de Sacile, le 16 avril 1809.

Approuvé.

On met de nouveau sous les yeux de Sa Majesté le rapport qui lui a été présenté dans les premiers jours de janvier 1811, ayant pour objet de proposer des mesures qui fassent cesser la pénurie d'officiers qui existe dans les dépôts de régiments de cavalerie employés en Espagne.

Approuvé; on peut ajouter aussi la mesure de mettre à chacun des régiments qui sont en Espagne un ou deux sous-lieutenants pris parmi les vélites de la garde qui ont 4 ou 5 ans de service et sont très propres à former des hommes.

On propose à Sa Majesté :
D'employer le second capitaine d'artillerie Saint-Michel dans la direction de Toulon;

Accordé.

De nommer aide de camp de M. le maréchal duc de Raguse le capitaine C.-N. Fabvier, lieutenant d'artillerie en 1ᵉʳ dans la garde impériale; M. le duc de Raguse désire avoir cet officier sous ses ordres.

Approuvé.

---

(1) Non signées; extraites du « Travail du ministre de la guerre avec S. M. l'Empereur et Roi, daté du 17 avril 1811 ».

On soumet à Sa Majesté la demande que fait M. Boyeldieu, colonel du 4ᵉ régiment d'infanterie de ligne, au Havre, d'un congé de deux mois pour se rendre à Paris.

Accordé.

Le nommé Schmid, soldat, qui a obtenu une retraite de 150 francs, demande l'autorisation de se retirer à Danzig, d'où il est originaire.

Approuvé.

On met sous les yeux de Sa Majesté la proposition d'échange du colonel de La Grange, prisonnier en Angleterre, contre un major de milice, nommé Forbes, qui s'est évadé et qui est à Londres.

Avant que j'approuve cet échange, me faire une note de tous les officiers espagnols qui se sont évadés. Il y en a beaucoup.

On soumet à Sa Majesté la demande d'admission au service d'Espagne, adressée par M. le duc de Cadore en faveur du sieur P.-M. Deflue, ancien sous-lieutenant dans le régiment suisse de Traxler, détenu au dépôt des prisonniers de guerre à Autun.

Le renvoyer chez lui.

Le prince d'Eckmühl demande le renvoi de trois Lübeckois, pris sur un bâtiment anglais et détenus en France : ils ont des femmes et des enfants dans l'indigence.

Accordé.

Le nommé L. Ulrich, soldat suisse, fait prisonnier en Espagne, infirme et hors d'état de servir, demande son renvoi dans ses foyers.

Accordé.

On propose à Sa Majesté d'ordonner le payement, sur son domaine extraordinaire, d'une somme de 2.881 fr. 56 au profit des 7ᵉ et 18ᵉ compagnies du 6ᵉ régiment d'artillerie à pied, pour le mois de solde accordé en gratification aux troupes qui se sont trouvées dans le Brabant, lors du passage de Sa Majesté.

Approuvé.

5360. — DÉCISION (1).

19 avril 1811.

On demande à Sa Majesté si son intention est que M. Guenal, ex-sous-lieutenant, touche sa solde de retraite à Cattaro (provinces illyriennes), cumulativement avec le traitement de directeur des postes aux lettres.

Accordé.

5361. — AU GÉNÉRAL CLARKE (2).

Paris, 19 avril 1811.

Monsieur le duc de Feltre, donnez ordre au détachement de 120 hommes montés du 26° de chasseurs, qui est à Saumur, et commandé par un officier, de se rendre à Bayonne.

5362. — AU GÉNÉRAL CLARKE (2).

Paris, 19 avril 1811.

Monsieur le duc de Feltre, mon intention est que les trois bataillons d'élite portugais qui arrivent les 26, 28 et 30 de ce mois à Orléans, n'y séjournent pas, de manière que deux bataillons ne se montrent plus et qu'on les dirige sur la 4° division militaire.

Proposez-moi dans cette division une petite garnison qui soit éloignée de deux marches de toutes places importantes et où il y ait cependant des casernes. Vous y réunirez aussi les deux bataillons de marche pour y être incorporés.

Ordonnez un semblable mouvement pour la cavalerie et placez-la à quatre marches des bataillons d'élite. Il faudrait avoir un projet d'organisation pour tâcher de faire un régiment de ces quatre escadrons.

Je vois avec peine qu'on ait envoyé 120 hommes du 2° régiment à Toulouse: faites-les revenir sur-le-champ. Ecrivez au général Lagrange que, s'il peut se passer de ces hommes, il les renvoie tous.

J'attends votre rapport pour utiliser tous ces Portugais.

---

(1) Non signée; extraite du « Travail du ministre de la guerre avec S. M. l'Empereur et Roi, daté du 10 avril 1811 ».
(2) Non signé, copie conforme.

5363. — AU GÉNÉRAL CLARKE (1).

Paris, 19 avril 1811.

Monsieur le duc de Feltre, il sera formé un régiment provisoire de hussards et de chasseurs, sous le titre de 1er régiment provisoire.

Ce régiment, sera formé en quatre escadrons, de la manière suivante :

1er escadron.	{ 160	hommes du	1er de hussards..	} 260	hommes.
	100	— du	2e —		
2e escadron.	250	— du	3e —	250	—
3e escadron.	{ 100	— du	4e —	} 260	—
	160	— du	10e —		
4e escadron.	{ 50	— du	5e de chasseurs.	} 350	—
	80	— du	10e —		
	60	— du	21e —		
	100	— du	22e —		
	60	— du	27e —		

TOTAL............. 1.120 hommes.

Ce régiment sera commandé par un colonel en second.

Chaque escadron sera commandé par un chef d'escadron; s'il n'y en avait pas dans les dépôts, vous en nommeriez parmi les officiers à la suite.

Il y aura au moins par escadron cinq sous-lieutenants, cinq maréchaux des logis et brigadiers et deux trompettes.

Les détachements seront alimentés par leurs dépôts et correspondront avec eux.

Vous désignerez dans la 24e division militaire une place où ce régiment se réunira et sera organisé, Bruxelles ou Gand.

Immédiatement après la formation de ce régiment, mon intention est d'en employer deux escadrons en Hollande, un à Anvers, et le 4e à Saint-Omer, au camp de Boulogne. Au reste, je donnerai des ordres quand vous m'aurez rendu compte de la formation de ce régiment, et que vous m'aurez dit qu'il est en bon état.

(1) Non signé, copie conforme.

5964. — AU GÉNÉRAL CLARKE.

Paris, 19 avril 1811.

Monsieur le duc de Feltre, il sera formé deux régiments de marche de dragons. Le premier prendra le titre de régiment de marche de l'armée du Midi, le deuxième de régiment de marche de l'armée de Portugal. Ces deux régiments seront composés de quatre escadrons et chacun commandé par un major en second.

RÉGIMENT DE MARCHE DE L'ARMÉE DU MIDI.

1er *escadron*. — Le 1er escadron sera composé de 2 officiers, 3 maréchaux des logis, 1 brigadier et 50 dragons du 1er régiment; d'un semblable détachement de 50 dragons du 2e; d'un semblable détachement de 50 dragons du 4e.

Total du 1er escadron : 150 hommes.

Un capitaine, pris dans un de ces trois régiments, commandera ce premier escadron. Chaque commandant de détachement correspondra avec son dépôt.

2e *escadron*. — Le 2e escadron sera composé de : 50 hommes du 9e régiment, 40 du 14e, 30 du 17e, 30 du 26e.

Total du 2e escadron : 150 hommes.

3e *escadron*. — Le 3e escadron sera composé de : 30 hommes du 27e régiment de dragons, 30 du 5e, 50 du 12e, 40 du 21e.

Total du 3e escadron : 150 hommes.

4e *escadron*. — Le 4e escadron sera composé de : 50 hommes du 16e régiment, et de 90 du 20e.

Total du 4e escadron : 140 hommes.

Vous réglerez le nombre des officiers et sous-officiers, de manière qu'il y ait au moins un capitaine et cinq lieutenants ou sous-lieutenants par escadron. Si les dépôts ne peuvent pas présenter ce nombre d'officiers, vous prendrez des sous-lieutenants dans les vélites de la garde. Ce régiment se réunira à Niort; les détachements devront partir de leur dépôt avant le 25 pour se rendre à Niort, et vous donnerez des ordres pour qu'ils soient parfaitement armés et équipés.

Le régiment de marche de Portugal sera de même composé de quatre escadrons et organisé dans les mêmes principes.

Les escadrons seront formés de la manière suivante :

1er *escadron.* — 50 hommes du 13e régiment, 40 du 22e, 50 du 18e. Total : 140 hommes.

2e *escadron.* — 90 hommes du 8e régiment, 30 du 19e. Total : 120 hommes.

3e *escadron.* — 60 hommes du 3e régiment, 50 du 6e, 50 du 10e. Total : 160 hommes.

4e *escadron.* — 50 hommes du 11e régiment, 60 du 15e, 50 du 25e. Total : 160 hommes.

Ce régiment se réunira à Nantes.

Napoléon.

5365. — AU GÉNÉRAL CLARKE.

Paris, 19 avril 1811.

Monsieur le duc de Feltre, je vous ai ordonné de former deux régiments de marche de dragons et un régiment provisoire de chasseurs.

Je vous ai ordonné de faire retirer tout ce qu'il y a du 13e, du 20e, du 7e de chasseurs et du 9e de hussards sur les côtes et de leur faire rejoindre leurs dépôts.

Mon intention est de suppléer par des escadrons de dragons au service que faisaient ces régiments, et, quant au régiment provisoire de cavalerie légère, mon intention est de le bien former à Gand, à Bruxelles, ou dans toute autre place de la 24e division militaire, et de l'employer en Hollande, afin de me rendre disponibles le 11e de hussards, le 23e et le 24e de chasseurs. Ainsi, en conséquence de ces dispositions, j'aurai sept régiments de cavalerie légère qui pourront se rendre à l'armée.

Les dépôts doivent recevoir encore 1.500 chevaux. Mon intention est qu'ils les reçoivent sans délai afin d'avoir bientôt encore 3.000 hommes disponibles, pour envoyer des renforts à l'armée d'Espagne, et pour garder mes côtes.

Napoléon.

5366. — AU GÉNÉRAL CLARKE (1).

Paris, 19 avril 1811.

Monsieur le duc de Feltre, donnez ordre au 9ᵉ régiment de chasseurs, qui est à Rome, de se rendre à Plaisance;

A l'escadron du 13ᵉ de chasseurs, qui est à Niort, de rejoindre son dépôt à Belfort;

Aux 1ᵉʳ et 2ᵉ escadrons du 7ᵉ de chasseurs, qui sont à Pontivy, de rejoindre leur dépôt à Strasbourg:

Au 1ᵉʳ escadron du 20ᵉ de chasseurs, qui est à Nantes, de rejoindre son dépôt à Bonn;

Au 1ᵉʳ escadron du 9ᵉ de hussards, qui est à La Rochelle, de rejoindre son dépôt à Schlestadt.

Ces escadrons seront remplacés dans les positions importantes qu'ils occupent par les deux régiments de marche de dragons de l'armée du Midi et de l'armée d'Espagne.

5367. — DÉCISION.

19 avril 1811.

Le général Clarke propose de diriger sur les 2ᵉ, 6ᵉ et 9ᵉ compagnies du 2ᵉ bataillon de sapeurs, employées à l'armée de Portugal, 117 hommes du dépôt de leur bataillon.

Approuvé.

NAPOLÉON.

5368. — DÉCISION (2).

19 avril 1811.

On propose à Sa Majesté d'admettre à la retraite le général de brigade d'Azemar, employé dans la 29ᵉ division militaire.

L'Empereur a ajourné cette proposition.

---

(1) Non signé, copie conforme.
(2) Non signée; extraite du « Travail du ministre de la guerre avec S. M. l'Empereur et Roi, daté du 3 avril 1811 ».

5369. — DÉCISION.

Paris, 19 avril 1811.

Le général Clarke soumet à l'approbation de l'Empereur l'ordre qu'il a donné à la 3ᵉ compagnie du 3ᵉ bataillon de sapeurs et à la 8ᵉ du 5ᵉ bataillon de partir pour Wesel.

Approuvé.

NAPOLÉON.

5370. — AU GÉNÉRAL LACUÉE.

Paris, 19 avril 1811.

Monsieur le comte de Cessac, pour ne pas perdre un moment, je vous autorise à disposer de 790 chevaux sur les 1.230 qui restent du crédit des 3.000 des dépôts d'Espagne. Ces 790 chevaux sont accordés : 1° 200 pour le 13ᵉ de cuirassiers et 590 pour achever de monter les hommes à pied dans les dépôts de l'armée d'Espagne, conformément à la colonne de votre état de situation du 1ᵉʳ avril. Il est surtout bien important de mettre sans délai sur pied le 28ᵉ de chasseurs, car je suis pressé d'avoir bientôt 600 hommes de ce régiment disponibles.

Je viens d'ordonner la formation d'un régiment provisoire de 1.200 hommes, composé de détachements de chasseurs et d'hussards et de deux régiments provisoires de marche de dragons. Aussitôt que les hommes destinés pour ces régiments seront partis des dépôts, il faudra faire faire une revue de ces dépôts, afin de me présenter ensuite un projet de distribution des 440 chevaux qui resteront à acheter. Mon intention est de vous accorder encore 3.000 chevaux, s'il est nécessaire, pour mettre à cheval tous les dépôts de l'armée d'Espagne.

NAPOLÉON.

5371. — AU GÉNÉRAL LACUÉE.

Paris, 19 avril 1811.

Monsieur le comte de Cessac, j'ai lu avec attention votre rapport sur les remontes des régiments de cavalerie de l'armée d'Espagne. Je vois avec peine que 400 chevaux aient été livrés aux 13ᵉ, 7ᵉ et 20ᵉ de chasseurs et au 9ᵉ de hussards. Cela met de la confusion dans les états. Ces régiments doivent préparer des chevaux pour l'armée d'Allemagne; c'est au compte de cette armée qu'il fallait leur remettre les chevaux. En effet, je vois le 9ᵉ de hussards porté dans les états de l'intérieur comme ayant 390 chevaux, comme devant recevoir de la première commande 192, et de la seconde commande 238. Total : 820 chevaux.

Doit-il recevoir encore 238 chevaux de la remonte de l'armée d'Espagne, comme vous le portez dans votre état ? La même observation s'applique aux 7ᵉ, 13ᵉ et 20ᵉ de chasseurs. Cela est contraire à une bonne comptabilité. Je ne vois pas pourquoi, sur l'état des régiments de l'armée d'Espagne, vous ne portez pas le 20ᵉ de chasseurs et le 13ᵉ de cuirassiers. Le 28ᵉ de chasseurs, d'un autre côté, ne doit pas être porté comme étant de l'armée d'Espagne, puisqu'il y a trois escadrons en France. Rectifiez ces erreurs. Vous devez avoir reçu l'état des hommes à pied qui sont partis de l'armée de Portugal pour se rendre en France. Faites-moi connaître quand les 1.470 chevaux que j'ai accordés, sur les 3.000 du décret du 3 mars, seront rendus aux régiments. Je vous ai écrit de me proposer la distribution de 590 chevaux pour les dépôts de l'armée d'Espagne qui en ont besoin, et de 200 chevaux pour le 13ᵉ de cuirassiers, qui a 200 hommes à pied, total : 790, sur les 1.230 qui restent.

Napoléon.

P.-S. — Quand vous m'aurez remis cet état, avec ces corrections, je donnerai des ordres.

5372. — AU GÉNÉRAL LACUÉE.

Paris, 19 avril 1811.

Monsieur le comte de Cessac, je pense que la deuxième commande, pour les remontes de l'armée d'Allemagne, doit être partagée par moitié et que moitié doit s'en faire au dépôt et moitié en Allemagne. Donnez une décision dans ce sens.

Napoléon.

5373. — DÉCISION.

Paris, 19 avril 1811.

On prie Sa Majesté de faire connaître si Elle consent que deux Bavarois, militaires dans l'armée française, soient renvoyés dans leur patrie.

Accordé.

NAPOLÉON.

5374. — DÉCISION.

Paris, 19 avril 1811.

Propositions du général Clarke à l'effet de tirer de trois régiments de cavalerie les éléments devant entrer dans la composition de l'escadron qui devra rester stationné à Willemstad.

Le 1er régiment provisoire de hussards sera formé à Gand avant le 1er mai. Celui-ci pourra fournir une compagnie.

NAPOLÉON.

5375. — DÉCISION.

Paris, 19 avril 1811.

Dans quels corps d'infanterie de ligne français devront être pris les détachements destinés à former les garnisons de quatre vaisseaux de l'escadre de l'Escaut ?

Prendre dans les neuf régiments qui sont en Hollande et au camp de Boulogne et qui n'ont pas encore fourni de détachements à la marine. Avoir soin de ne pas prendre plus de 100 à 120 hommes par régiment.

NAPOLÉON.

5376. — AU GÉNÉRAL CLARKE.

Paris, 20 avril 1811.

Monsieur le duc de Feltre, je vous renvoie votre travail sur l'artillerie; après les bases que je viens de poser pour la formation des corps d'observation de l'Elbe, du Rhin et d'Italie, vous aurez des données plus sûres : vous verrez que les 4e et 2e régiments d'artillerie à pied et le régiment d'artillerie à cheval qui est en Italie sont appelés à contribuer au service de l'armée d'Allemagne, ce qui rendra votre travail plus facile. J'ai chargé le général Lariboisière de se concerter avec vos bureaux. Les bases étant arrêtées et les idées éclaircies, vous me représenterez un travail définitif.

NAPOLÉON.

5377. — AU MARÉCHAL BERTHIER (1).

Saint-Cloud, 21 avril 1811.

Mon Cousin, écrivez au général Reille pour lui témoigner mon mécontentement du peu d'énergie qu'il met dans le gouvernement de la Navarre, qu'il ne prend aucune mesure, qu'il a dans les mains tous les moyens de rétablir les affaires dans cette province et qu'il ne s'en sert pas; écrivez-lui de faire arrêter les parents des brigands et de les envoyer en France, de frapper des contributions sur les villes qui reçoivent les brigands, de brûler les maisons de leurs parents (2); qu'il est inouï que, dans sa position, il ne sache faire autre chose que se plaindre. Il est tout simple que les brigands punissent sévèrement tout manquement qui leur est fait; si le général Reille, de son côté, laisse tout impuni, toute la faveur est donc pour les brigands. S'il brûlait les maisons de ceux qui sont avec les insurgés, s'il envoyait leurs parents en France comme otages, il ne les enhardirait pas. Mais le pouvoir est mort dans sa main, et il ne montre aucune énergie.

NAPOLÉON.

5378. — DÉCISION.

Saint-Cloud, 21 avril 1811.

| Le général Vandamme demande si l'adjudant commandant Borghese, venu de Boulogne avec les tirailleurs du Pô et les tirailleurs Corses, doit suivre leur destination actuelle sur Wesel, cet officier ne convenant nullement pour commander ces deux corps. | Je ne connais pas cet adjudant commandant. Je ne vois pas ce qu'il a de commun avec les deux bataillons. C'est aux bataillons que je donne des ordres et non à l'adjudant commandant.

NAPOLÉON. |

---

(1) Publié partiellement par Du Casse, publié *in extenso* par Lecestre, mais avec quelques variantes.
(2) Le membre de phrase depuis « sur les villes » jusqu'à « de leurs parents » a été ajouté de la main de l'Empereur.

5379. — AU GÉNÉRAL CLARKE.

Saint-Cloud, 21 avril 1811.

Monsieur le duc de Feltre, faites-moi un rapport sur le régiment d'Illyrie. Les hommes sont-ils armés ? Quelle est sa situation ?

NAPOLÉON.

5380. — AU GÉNÉRAL LACUÉE.

Saint-Cloud, 21 avril 1811.

Monsieur le comte de Cessac, il est nécessaire que les chevaux que vous procurez au 23e régiment de chasseurs soient envoyés à son dépôt, à Mons, et non en Hollande.

NAPOLÉON.

5381. — DÉCISION.

21 avril 1811.

Le prince Borghèse propose de transférer de Plaisance à Parme les 3e et 4e escadrons du 19e chasseurs, la place de Plaisance étant destinée à recevoir le 9e bataillon du train des équipages qui va y être réorganisé.

Je ne change pas le décret.

NAPOLÉON.

5382. — AU GÉNÉRAL LACUÉE.

Paris, 22 avril 1811.

Monsieur le comte de Cessac, je viens de prendre un décret pour mettre à votre disposition 3.000.000 pour 1808 et 3.000.000 pour 1809, en augmentation de votre budget de ces deux exercices, chapitre de l'habillement, ce qui portera le chapitre de l'habillement pour 1808 à 51.000.000 et celui de 1809 à 53.000.000; tout cela est bien cher, indépendamment de ce qui a été payé par le trésor de l'armée sur ces deux exercices. Ces 6.000.000 vont être soldés sans délai : distribuez-les entre les différents fournisseurs. Je viens, en outre, de vous accorder une distribution extraordinaire de 5.000.000 sur l'exercice 1811, ce qui portera à 45.000.000 ce que vous aurez reçu pour les quatre premiers mois et, en y ajoutant

11.000.000, que vous recevrez dans la distribution du mois de mai, cela fera 56.000.000 que vous aurez touchés pour cinq mois.

Napoléon.

5383. — AU GÉNÉRAL CLARKE.

Saint-Cloud, 23 avril 1811.

Monsieur le duc de Feltre, vous recevrez le décret par lequel j'ai réglé la formation des 6es bataillons de l'armée d'Allemagne. J'ai changé les éléments de cette formation. Vous verrez par l'état joint au décret que ces bataillons sont composés de trois manières : 1° avec des conscrits fournis par les dépôts de leurs régiments; 2° avec ce qu'on peut tirer d'anciens soldats des dépôts de l'armée d'Espagne; 3° avec des conscrits tirés des dépôts de l'armée d'Espagne. J'y ai ajouté pour chaque sixième bataillon un détachement de 150 conscrits, tirés du régiment de Walcheren.

Donnez l'ordre que les détachements d'anciens soldats qui se trouvent dans les dépôts des régiments se mettent en marche du 1er au 10 mai; les cadres doivent être formés en Allemagne, dans le même délai, de sorte que, dès leur arrivée, ces hommes formeront de petits bataillons de 300 à 400 hommes. Ces bataillons seront ensuite complétés par la conscription, tant par les conscrits arrivant du dépôt du régiment que par ceux venant des autres dépôts qui fournissent à cette incorporation.

Quant aux détachements à prendre dans l'île de Walcheren, vous donnerez les ordres suivants : la 2e compagnie de chaque 5e bataillon, composée d'un capitaine, de deux lieutenants, deux sous-lieutenants, un sergent-major, quatre sergents, un caporal-fourrier, huit caporaux et deux tambours, doit se mettre en marche du 1er au 10 mai pour l'île de Walcheren. A son arrivée, le général commandant dans l'île y incorporera 150 hommes choisis parmi les conscrits les plus sûrs et de la meilleure volonté. Vous aurez soin de faire envoyer d'avance au régiment de Walcheren des boutons de ces douze régiments, afin que le changement d'uniforme des conscrits puisse être préparé sans frais.

Aussitôt que ces détachements, bien habillés, bien équipés et bien armés, se trouveront formés, le général commandant l'île de Walcheren les passera lui-même en revue avant leur départ. Un inspecteur aux revues en dressera les contrôles et aura soin d'y inscrire les noms, prénoms et signalement, afin que, si ces hommes désertent, on puisse les faire poursuivre dans leurs familles par des garnisaires. Il ne partira de l'île de Walcheren que deux détachements par semaine. Ces détachements remonteront par eau jusqu'à Willemstad et Berg-op-Zoom, d'où ils rejoindront les bataillons de guerre en traversant la Hollande. Il y aura quelques brigades de gendarmerie pour observer leur passage.

Vous remarquerez, dans l'état joint au décret, que j'ai sauté le 44e. Ce régiment a ses 3e et 4e bataillons en France. Je lui ai donné, à cet effet, 1.300 conscrits, de sorte qu'il pourra fournir deux bataillons complets.

A l'article du 54e, vous avez porté dans votre travail 600 hommes comme disponibles au dépôt de ce régiment : ce doit être une erreur.

Le 51e et le 55e ont en France leur 4e bataillon, qui doit faire partie de l'armée. Je ne les comprends donc pas parmi les régiments qui doivent fournir aux 6es bataillons.

Quant à l'infanterie légère, j'ai d'abord ôté de la liste le 23e, qui a ses 3e et 4e bataillons en France et qui doit les fournir à l'armée.

J'ai également ôté le 6e d'infanterie légère, qui a son 4e bataillon en France.

Le 7e peut fournir 600 à 700 hommes à son 6e bataillon.

Le 13e d'infanterie légère peut également fournir à son 6e bataillon.

Le 15e d'infanterie légère reçoit 1.200 hommes; son 6e bataillon est déjà formé. Il a besoin de 300 hommes pour compléter ses bataillons de guerre. 700 serviront à recruter le 6e et 200 resteront encore pour le 4e, qui va arriver de Portugal et qu'on complètera à son retour.

Le 25e de ligne n'a également que son 6e bataillon à former. Ce régiment a besoin de 300 hommes pour compléter ses bataillons de guerre; il en reçoit 1.200; il aura donc de quoi recruter son 6e bataillon et il restera quelques hommes pour le 4e bataillon, qui revient en France.

Ainsi, il n'est pas nécessaire de toucher aux 1.200 hommes d'infanterie légère qui sont en France, ce qui pourrait me décider à en former deux bataillons de marche pour l'armée d'Espagne.

Quant au 33e, il n'est susceptible que d'avoir tout au plus quatre bataillons à l'armée. Le 6e bataillon ne sera pas formé.

NAPOLÉON.

5384. — AU GÉNÉRAL LACUÉE.

Saint-Cloud, 23 avril 1811.

J'ai l'honneur de vous faire le renvoi des états de la conscription (du mois passé); l'Empereur désire que, dans les livrets du mois prochain, vous mettiez l'indication du dépôt et, par conséquent, du lieu sur lequel vous dirigez les conscrits. Dans le cas où, par exception, les conscrits ne seraient pas dirigés sur le dépôt, Sa Majesté voudrait qu'on en fît mention.

Baron Fain.

5385. — AU GÉNÉRAL CLARKE.

Saint-Cloud, 24 avril 1811.

Monsieur le duc de Feltre, je reçois votre état de situation des seize régiments d'infanterie de l'armée d'Allemagne.

Je comprends bien comment le 13° léger a 700 hommes à son 4° bataillon, mais je ne comprends pas qu'il manque aux 1er, 2°, 3° et 4° bataillons 1.100 hommes. Cela est tout à fait en contradiction avec les états que j'ai. Je ne sais pas ce que vous entendez par effectif au complet; il me semble que ces deux mots sont contradictoires; cet état est pour moi un véritable logographe. Je vous prie de le faire refaire, de manière que je le comprenne. Le 13° d'infanterie légère a en Allemagne 2.384 hommes à l'effectif; il devrait avoir 2.580 hommes, en comprenant la compagnie de canonniers. Il lui manque donc 200 hommes. Le 4° bataillon est de 702 hommes, il devrait être de 840 hommes; il lui manque donc 138 hommes; total de ce qui manque aux quatre bataillons : 338 hommes, et non pas 1.106 hommes. Il reçoit 870 hommes; il doit lui rester 532 hommes pour son 6° bataillon.

Le 17° de ligne a en Allemagne 2.328 hommes : il lui en manque donc 230. Son 4° bataillon est de 184 hommes, il lui en manque donc 668, ce qui fait près de 900 hommes et non pas 1.106.

Je ne comprends de cet état ni les titres, ni les chiffres.

Napoléon.

5386. — AU GÉNÉRAL CLARKE.

24 avril 1811.

Monsieur le duc de Feltre, je reçois l'état n° 2 et des quinze régiments de cuirassiers et des douze régiments de cavalerie légère. Je vois qu'il manque au complet 365 hommes à la 1re division de cuirassiers et 600 hommes à la seconde. Mais mon intention est de compléter la 1re division, ainsi que la 2e, à 1.100 hommes, par l'appel de la réserve. Ainsi, au lieu de 588 hommes, il manquerait au complet 3.388 hommes. Mon intention est de compléter tous les régiments de cuirassiers à 1.000 chevaux; ainsi, au lieu de 1.100 chevaux, il en manquera 1.900, c'est-à-dire qu'il en faudra 800 de plus.

Pour la cavalerie légère, j'ai ordonné que les 11e et 8e de hussards fussent portés à 1.100 hommes. Ainsi, au lieu de 379 hommes qui sont portés comme manquants, et de 149 chevaux, il faut mettre 579 hommes et 349 chevaux. Les 4e, 5e et 6e régiments de hussards doivent être portés à 1.000 hommes et 900 chevaux; le 24e de chasseurs à 1.000 hommes et 900 chevaux, les 11e et 12e *idem*. Vous avez oublié dans votre état les 7e, 13e et 20e de chasseurs et le 9e de hussards. Faites rectifier cet état, qui m'a paru du reste clair et bien fait, et remettez-m'en un nouveau, en prenant pour base ce que je viens de dire et le décret que j'ai pris. Comprenez-y les régiments français qui sont en Italie, les régiments italiens et les huit régiments de cavalerie légère qui font partie du corps d'observation de l'Italie. Il me semble que tout cela doit faire 40.000 hommes de cavalerie française.

Napoléon.

5387. — AU GÉNÉRAL CLARKE.

Saint-Cloud, 24 avril 1811.

Monsieur le duc de Feltre, proposez-moi de porter à 500 hommes la garnison de Willemstad, avec ce qu'on peut tirer de Bois-le-Duc et d'ailleurs.

Napoléon.

5388. — AU GÉNÉRAL CLARKE.

Saint-Cloud, 24 avril 1811.

Monsieur le duc de Feltre, je conçois que le port demandé pour Breskens est mieux situé en C, près du cap le plus avancé; mais là, il est bien loin du fort Impérial.

On veut faire une écluse pour inonder les environs du fort, et il n'est admissibloe de placer en C l'éclusé qui servirait à la fois pour les inondations et la navigation, qu'autant qu'on pourrait comprendre le point C dans le système du fort Impérial, en le joignant par une inondation, et le soutenant par deux ou trois forts sur la digue, pour qu'on ne vienne pas sur l'estran. Dans ce cas seul, ce projet est admissible. Il paraît que l'inondation ne peut être sûre qu'autant que ce sera le canal de Bruges qui y conduira les eaux de la Lys. Ce projet ne peut s'exécuter cette année. Il faut se borner à améliorer, à peu de frais, autant qu'on le pourra, le chenal actuel de Breskens; se concerter avec les Ponts et Chaussées, pour présenter le projet d'un port et d'une écluse au point C.

On présentera en même temps les projets et devis d'une écluse d'inondation située près du fort, telle qu'elle puisse donner passage à des canonnières qui se réfugieraient dans les fossés, afin de pouvoir comparer la dépense et les avantages des deux projets.

NAPOLÉON.

5389. — AU GÉNÉRAL CLARKE.

Paris, 24 avril 1811.

Monsieur le duc de Feltre, j'ai examiné les projets de Hamburg, Lauenburg et Domitz. Je vous envoie une note (1) sur les avantages que présentent ces diverses positions. Il faut charger le comité d'examiner quel point il conviendrait de fortifier, soit Cuxhaven, soit Hamburg, Lauenburg ou Domitz. Le comité réunira tous les plans et mémoires, et me remettra le tout sous les yeux.

Il faudrait présenter pour Hamburg le projet de deux ou trois forts extérieurs sur les fronts attaquables, occuper deux ou trois points d'où on pût brûler la ville, et faire le projet d'une citadelle placée immédiatement sur la rive droite, qui se liât, s'il était possible, avec le fort

---

(1) Voir la note sur Hamburg dans la *Correspondance*, n° 17.667.

de Harburg, au moyen des îles qui couvrent cette partie de l'Elbe, et qui, étant inondées, pourraient être occupées par des forts qui feraient système et dont on tirerait un grand parti. Dès lors, l'ennemi serait obligé à une circonvallation immense, et Hamburg pris, il n'aurait encore rien.

NAPOLÉON.

5390. — DÉCISIONS (1).

24 avril 1811.

Sa Majesté est priée d'accorder grâce au nommé Leclerc, déserteur du 32ᵉ régiment de ligne, qui n'a été condamné que parce qu'il n'a pu produire assez tôt le certificat constatant qu'il avait bénéficié de l'amnistie du 25 mars.	Accordé.
On expose les motifs qui militent en faveur du nommé Molle, fourrier au 19ᵉ régiment de chasseurs, qu'une étourderie a porté à déserter. Sa Majesté est priée de pardonner à ce jeune militaire et de permettre qu'on le fasse passer, sans grade, dans un autre corps.	Accordé.
On demande à Sa Majesté si son intention est d'accorder la solde entière aux fusiliers de la garde qui avaient obtenu des congés de semestre et qui ont rejoint leur corps avant l'expiration de ces congés.	Approuvé.
Sa Majesté est priée de faire connaître si Elle veut bien permettre que le nommé Benoît, ex-carabinier au 18ᵉ régiment d'infanterie légère, qui a obtenu un emploi dans les douanes en Illyrie, touche sa pension dans cette province.	Approuvé.

---

(1) Non signées; extraites du « Travail du ministre de la guerre avec S. M. l'Empereur et Roi, daté du 24 avril 1811 ».

5391. — AU GÉNÉRAL LACUÉE.

Saint-Cloud, 24 avril 1811.

Monsieur le comte de Cessac, j'approuve les bases de l'approvisionnement de Magdeburg. Il faut faire écrire au prince d'Eckmühl et au ministre des relations extérieures pour qu'on demande à la Westphalie de le compléter. On pourrait demander que la Westphalie fît cet approvisionnement par tiers : le premier tiers au 1er juin et les deux autres tiers de juin en septembre, à moins que les circonstances n'obligeassent à accélérer ces mesures.

NAPOLÉON.

5392. — DÉCISION.

Saint-Cloud, 25 avril 1811.

Conformément à l'opinion émise par la section de la guerre du Conseil d'État, le maréchal Berthier propose de ne donner aucune suite aux inculpations portées contre les généraux Kellermann et Avril et l'adjudant commandant Berthelmy.

Approuvé.

NAPOLÉON.

5393. — AU GÉNÉRAL CLARKE.

Saint-Cloud, 25 avril 1811.

Monsieur le duc de Feltre, témoignez mon mécontentement au général Baraguey-d'Hilliers de ce qu'il a laissé 400 hommes seuls à Olot, lorsqu'il concentrait toutes ses forces en conséquence de l'événement inattendu de Figuières. Ce qui est arrivé à ces 400 hommes est le résultat de cette faute.

Vous donnerez ordre à la division du général Plauzonne de se rendre à Perpignan et de se réunir là en masse pour entrer en Catalogne. Vous annoncerez ce secours au général Baraguey d'Hilliers.

Il est nécessaire que vous donniez l'ordre que chacun des bataillons de la division Plauzonne envoie à Fontainebleau cent sujets propres à être sergents ou caporaux, ayant au moins trois ans de service. Cela doit faire près de 80 hommes d'élite que le général Plauzonne choisira lui-même avec une attention scrupuleuse.

Comme ces hommes sont destinés à faire partie de la petite garde, il faut que ce soient des hommes de choix. Ils seront rayés des contrôles du corps et mis sur-le-champ en marche pour Fontainebleau.

Recommandez au général Plauzonne de ne pas s'en rapporter aux colonels, et de porter dans cette opération importante tout le soin qu'elle mérite.

. Vous enverrez la note de ces hommes et de l'époque de leur arrivée à Fontainebleau au commandant de la garde. A Fontainebleau, on fera le triage de ces hommes pour mettre les meilleurs aux sergents et les autres aux caporaux.

Vous me ferez connaître quand la division Plauzonne arrivera à Perpignan.

Napoléon.

5394. — DÉCISION.

Saint-Cloud, 26 avril 1811.

On demande les ordres de Sa Majesté sur 47 sous-officiers hollandais destinés à être embarqués et qui, en attendant, ont été admis dans le 1er bataillon expéditionnaire hollandais à Brest.

Les employer comme sous-officiers dans les régiments qui en ont besoin.

Napoléon.

5395. — DÉCISION.

Saint-Cloud, 26 avril 1811.

Le général Clarke demande si le détachement des lanciers de Berg, qui attend des ordres à Bordeaux, doit continuer sa route sur l'Espagne ou rétrograder sur Paris.

Les laisser continuer leur route et les faire rejoindre leur régiment en Espagne.

Napoléon.

5396. — DÉCISIONS (1).

Saint-Cloud, 26 avril 1811.

Compte rendu du résultat du dernier examen de sortie des élèves de l'école d'application d'artillerie à Metz.

On propose à Sa Majesté d'en recevoir 35 officiers, d'en laisser 3 à l'école et d'en exclure 5 qui n'ont pas travaillé et qui ont montré la plus mauvaise volonté.

Approuvé. Présenter le projet de décret.

Situation actuelle de la 34ᵉ légion de gendarmerie, pour laquelle on propose une avance de 190.000 francs, remboursable en quatre années.

Elle doit être là comme dans le reste de la France; pas d'exception.

Sa Majesté est priée d'accorder le traitement de chef d'escadron titulaire, à titre d'exception, à M. Hupet, chef d'escadron surnuméraire dans le 1ᵉʳ régiment de lanciers de la Vistule, dont la bravoure et la conduite méritent distinction.

Accordé.

On propose à Sa Majesté de rendre à leurs régiments respectifs des soldats napolitains réclamés par la cour de Naples et qu'on annonce avoir été incorporés dans la légion portugaise à leur retour des prisons de l'ennemi;

Accordé.

De décider que le conscrit de 1811 Marquion, appelé à partir, sera placé au dépôt de sa classe. Il est l'unique ressource de son père, ancien militaire, et il a trois frères au service.

Accordé.

---

(1) Non signées; extraites du « Travail du ministre de la guerre avec S. M. l'Empereur et Roi, daté du 24 avril 1811 ».

Sa Majesté est priée de faire connaître ses intentions sur la demande que fait le sieur Desplan, sous-officier au 102º régiment de ligne, de quitter ce corps pour passer au service de Naples.

Approuvé.

On prend les ordres de Sa Majesté sur la demande d'un congé de six mois que fait le conseil d'administration du régiment de La Tour d'Auvergne, en faveur d'un sergent-major du 6º bataillon de ce corps.

Approuvé.

On soumet à Sa Majesté un nouveau projet d'organisation du personnel des places de la 30º division militaire, basé sur l'importance et la position militaire de ces places.

Présenter un projet de décret.

Sa Majesté est priée de faire connaître si Elle approuve que le général major Roussel, qui a obtenu sa démission du service d'Autriche et qui, en vertu du décret du 6 avril 1809, est rentré en France, soit porté sur le tableau des généraux de brigade de l'armée française

De quel pays est-il? Comment est-il passé au service d'Autriche? Quel âge a-t-il?

5397. — DÉCISION.

Saint-Cloud, 26 avril 1811.

Modifications proposées par le général Clarke en ce qui concerne la composition des compagnies de sapeurs employées en Portugal et en Espagne.

Approuvé. Renvoyé au prince de Neuchâtel.

NAPOLÉON.

5398. — DÉCISION.

Saint-Cloud, 26 avril 1811.

Le général Clarke annonce qu'un second détachement du 26º chasseurs sera dirigé sur l'Espagne dès

Il vaut mieux retarder le départ de ces hommes pour que le détachement parte ensemble.

que les hommes de ce régiment détachés à la colonne mobile du général Colbert seront de retour.

Sans quoi, ils ne se rejoindront plus.

NAPOLÉON.

5399. — DÉCISION.

Saint-Cloud, 26 avril 1811.

Rapport du général Clarke sur l'organisation des deux premiers bataillons du régiment d'Illyrie.

Ne pas laisser de régiments étrangers dans mes places fortes. Diriger ces deux premiers bataillons sur Trévise.

NAPOLÉON.

5400. — DÉCISION.

Saint-Cloud, 26 avril 1811.

Le général Gilly demande que les bataillons du 126ᵉ régiment d'infanterie ne quittent Flessingue qu'une fois l'organisation et la discipline du régiment de conscrits suffisamment raffermies.

Le général Gilly fera un nouveau rapport de la situation de ce régiment au 15 mai. On verra alors si on peut ôter ces quatre bataillons.

NAPOLÉON.

5401. — AU MARÉCHAL BERTHIER.

Saint-Cloud, 27 avril 1811.

Mon Cousin, je vous envoie un état que je reçois du ministre de l'Administration de la guerre. Je suppose que les effets portés comme existant à Bayonne sont indépendamment de ce qu'y ont les corps et de ce qu'ils ont fait passer en Espagne. Faites faire la visite de ces divers magasins généraux et chargez le général Monthion de vérifier à Bayonne ce qu'il y a appartenant aux corps et ce qui y a passé, de vous en envoyer l'état et de presser les expéditions.

NAPOLÉON.

5402. — AU GÉNÉRAL CLARKE.

Saint-Cloud, 27 avril 1811.

Monsieur le duc de Feltre, donnez ordre que 200 hommes du

2ᵉ régiment d'infanterie de ligne, 100 du 4ᵉ et 200 du 12ᵉ (total 500) forment à Paris un bataillon de marche et se mettent en route pour Bayonne.. 500 hommes.

Donnez ordre que le 17ᵉ d'infanterie légère envoie à Bayonne.. 150 —
Que le 25ᵉ y envoie........................ 100 —
Que le 9ᵉ id .... 120 —
Que le 16ᵉ id. .... 100 —
Que le 21ᵉ id. .... 120 —
Que le 27ᵉ id. .... 120 —
Que le 28ᵉ id. .... 120 —

Total de ce que les régiments enverront à Bayonne............... 1.330 hommes.

Ayez soin que chacun de ces détachements ait au moins deux sergents, quatre caporaux et deux tambours. A leur arrivée à Bayonne, on formera de ces détachements deux bataillons de marche que l'on composera de la manière suivante : les détachements des 2ᵉ, 4ᵉ, 17ᵉ et 25ᵉ régiments, qui appartiennent à l'armée de Portugal, marcheront ensemble.

Ceux du 9ᵉ, du 12ᵉ, du 16ᵉ, du 21ᵉ, du 27ᵉ et du 28ᵉ, qui appartiennent à l'armée du Midi, formeront l'autre bataillon.

Vous aurez soin que ces détachements soient bien armés et bien équipés. Les dépôts pourront profiter de leur départ pour faire des envois à leurs régiments. Vous me rendrez compte d'ailleurs du mouvement de ces détachements, afin que je sois toujours à même de donner les ordres que pourraient nécessiter les circonstances. Mon intention est qu'aucun conscrit de 1811 ne fasse partie de ces détachements. Le nombre d'hommes que je viens de vous indiquer est porté dans les états comme existant au dépôt avant l'arrivée de la conscription; vous pouvez donc les faire partir deux à trois jours après la réception des ordres.

Faites passer en revue le bataillon de Paris avant son départ; ayez soin qu'un major en second se trouve à Bayonne pour organiser les deux bataillons. Les premiers arrivés attendront les autres. Mais il sera toujours avantageux que le général qui commande à Bayonne ait des troupes sous sa main qui peuvent être utiles pour la protection des frontières.

NAPOLÉON.

5403. — AU GÉNÉRAL CLARKE.

Saint-Cloud, 27 avril 1811.

Monsieur le duc de Feltre, mon intention n'est pas du tout que les Suisses qui sont à Rennes forment deux bataillons de marche, mais que les deux bataillons qui marchent soient le 2e et le 4e.

En conséquence, les grenadiers et voltigeurs du 2e bataillon, les 1re, 7e et 8e compagnies du 2e bataillon, ce qui fait cinq compagnies, formeront ensemble le 2e bataillon. On y joindra, pour former la 6e compagnie, les grenadiers du 3e bataillon.

Le 4e bataillon sera composé des grenadiers et des voltigeurs du 4e bataillon et des 3e, 5e et 7e compagnies du 4e bataillon, ce qui fera cinq compagnies. Pour avoir une 6e compagnie, on y mettra les voltigeurs du 3e bataillon.

La composition que contient votre rapport du 26 avril n'est pas bien raisonnée, en ce qu'on met les grenadiers du 4e bataillon avec les fusiliers du 2e.

Ordonnez d'abord que ces bataillons soient formés ainsi que je viens de vous l'indiquer.

Ce ne sont pas deux bataillons de marche qu'il s'agit de former; c'est le 2e et le 4e bataillon qui doivent marcher, complétés à six compagnies par les grenadiers et voltigeurs du 3e bataillon, qui seront mis, une compagnie dans un bataillon et une compagnie dans l'autre. Chargez le général Delaborde de passer des revues de ces deux bataillons et de leur faire faire les grandes manœuvres.

J'attendrai que vous m'ayez envoyé l'état des deux bataillons d'Avignon et des deux qui sont à Berg-op-Zoom, pour arrêter définitivement la destination de ces bataillons.

NAPOLÉON.

5404. — AU GÉNÉRAL CLARKE.

Saint-Cloud, 27 avril 1811.

Monsieur le duc de Feltre, j'ai reçu l'état de la formation des corps d'observation d'Italie.

J'approuve que le général Cazals commande le génie. Je n'approuve pas les nouveaux généraux de brigade que vous proposez.

Il faut envoyer le général Collaërt au général Delzons.

Le général Sénécal sera laissé au roi de Naples.

J'ai pensé que le mouvement fait le 1ᵉʳ mai serait trop brusque. Il sera plus convenable qu'il n'ait lieu que le 15 mai.

Le général Porson ne partira également que le 15 mai (1).

En ne partant que le 15 mai, on pourra, à la réception de vos ordres, acheter des chevaux, se compléter, et se trouver en position au 1ᵉʳ juin.

La division de Mantoue ne pourra pas rester le mois de juin dans cette place.

Représentez-moi cela au 20 mai, afin que je pousse les troupes de Trente à Bolzano, et de Vérone à Trente.

Mon intention est que trois bataillons du régiment d'Illyrie fassent partie de la 1ʳᵉ division et soient dirigés sur Trente. Au lieu de deux brigades, on en formera trois à cette division. Je désire que chaque division soit portée à 15.000 hommes avec l'artillerie et les sapeurs, de manière que le corps d'armée soit fort de 60.000 hommes. Aujourd'hui, il n'est que d'environ 40.000 hommes. C'est donc une augmentation d'un tiers.

Vous devez diviser cet accroissement en deux époques, au 1ᵉʳ juillet et au 1ᵉʳ septembre. Vous me ferez connaître quelle augmentation ce corps pourra avoir à ces deux époques. Au 1ᵉʳ juillet, la conscription sera arrivée; on pourrait, dès lors, envoyer un bataillon de plus, et même deux, à chacun des 84ᵉ et 92ᵉ. Il resterait en Italie trois bataillons ou douze compagnies.

Quant à la cavalerie, faites-moi connaître quand les régiments auront 900 chevaux, ce qui, pour les douze régiments, ferait 11.000 chevaux, au lieu de 7.000. Je dois avoir donné des chevaux à ces corps. Les dépôts feraient partir pour un point déterminé.

Mon intention est de porter ce corps d'armée insensiblement à 80.000 hommes, tout compris, avec l'artillerie et le génie.

Vous n'avez pas formé d'état particulier pour l'artillerie de ce corps d'armée. Cela est bien important, afin de connaître si deux bataillons du train sont suffisants.

Donnez ordre au 9ᵉ bataillon des transports militaires de se préparer; mais, à moins de nécessité absolue, rien ne doit partir de Plaisance avant que vous ayez pris mes ordres.

NAPOLÉON.

---

(1) Ce qui précède a été publié par A. Chuquet, *Ordres et Apostilles de Napoléon*, t II, p. 193.

5405. — AU GÉNÉRAL CLARKE.

Saint-Cloud, 27 avril 1811.

Monsieur le duc de Feltre, je vous envoie un rapport du ministre de la marine qui contient des renseignements de localités sur les différentes îles et presqu'îles où j'ai ordonné d'établir des bataillons de conscrits réfractaires.

NAPOLÉON.

5406. — AU GÉNÉRAL LACUÉE.

Paris, 27 avril 1811.

Monsieur le comte de Cessac, je vois par votre rapport du 24 avril que vous avez donné ordre aux 6ᵉ et 7ᵉ bataillons des équipages militaires de se diriger de Bayonne sur Metz. Quant au 3ᵉ, qui n'est pas encore arrivé à Bayonne, je désire qu'aussitôt qu'il y sera arrivé vous m'en fassiez le rapport et je déciderai alors ce qui sera convenable. Les deux nouveaux bataillons qui arrivent à Metz et les 12ᵉ, 2ᵉ et 9ᵉ font cinq bataillons, qui, à 240 voitures par bataillon, peuvent atteler 1.200 voitures. C'est déjà un résultat satisfaisant pour l'armée d'Allemagne, surtout si on y ajoute les 200 caissons qu'ont aujourd'hui les corps, ce qui fait 1.400 voitures. Alors peut-être me résoudrai-je à tenir le 3ᵉ bataillon à Pau, à l'y faire compléter, à le former également à six compagnies et à lui faire servir 1.400 mulets de bât, ce qui serait une ressource bien précieuse pour la guerre d'Espagne.

NAPOLÉON.

5407. — AU GÉNÉRAL LACUÉE.

Saint-Cloud, 27 avril 1811.

Monsieur le comte de Cessac, je reçois votre rapport sur le 12ᵉ bataillon d'équipages militaires. Puisque vous n'avez fait partir que 62 voitures, il eût mieux valu ne faire partir que deux compagnies au lieu de trois. Il serait donc inutile de faire partir de nouvelles compagnies; mais je voudrais faire partir les caissons qui doivent compléter les attelages et les porter de 69 à 126.

NAPOLÉON.

5408. — AU GÉNÉRAL DUMAS.

Saint-Cloud, 27 avril 1811.

Monsieur le comte Dumas, je vous renvoie vos propositions pour la réserve. Vous me les représenterez avec un état qui contient les renseignements suivants :

1° La situation de l'armée au 1er mars, bataillon par bataillon, et les 5es bataillons, compagnie par compagnie ;

2° Les conscrits qu'on a accordés à chaque régiment sur la conscription, dès lors l'effectif après l'arrivée de ce premier recrutement et ce qui manque encore au complet ;

3° Me faire connaître tous les cadres de l'armée d'Espagne qui ont eu ordre de rentrer en France ; les 6es bataillons qu'on a formés, etc.

Il est bon que cet état soit fait dans l'ordre suivant : 1° les seize régiments qui sont en Allemagne ; 2° ceux qui sont en Espagne ; 3° ceux qui sont au delà des Alpes et en Italie ; 4° enfin ceux de l'intérieur. Je crois que tous les régiments qui ont leur dépôt dans les 11e, 12e et 13e divisions militaires, en y comprenant les 121e et 122e, font revenir leur 4e bataillon en France. Il faudrait donc leur donner des conscrits de la réserve pour qu'avec ce qu'ils reçoivent de la conscription, ces 4es bataillons pussent être complétés et former une réserve pour l'armée d'Espagne.

NAPOLÉON.

5409. — AU MARÉCHAL BERTHIER.

Saint-Cloud, 28 avril 1811.

Mon Cousin, faites-moi connaître régiment par régiment les hommes de cavalerie démontés qui, de l'armée de Portugal, sont partis pour Bayonne et le jour où ils arriveront dans cette place. Donnez-moi les mêmes renseignements sur les hommes à pied du train d'artillerie et des équipages militaires de cette armée.

NAPOLÉON.

5110. — DÉCISION.

Saint-Cloud, 28 avril 1811.

Le maréchal Davout a fait réserver pour le service de l'armée les produits pharmaceutiques existant dans les magasins de la douane de Hamburg.

Approuvé.

Napoléon.

5411. — AU GÉNÉRAL CLARKE.

Saint-Cloud, 28 avril 1811.

Monsieur le duc de Feltre, par votre lettre du 7 mars, vous avez ordonné une remonte de 500 chevaux pour les quatre bataillons du train d'artillerie qui sont en Allemagne. Ces chevaux sont achetés. Les harnais devaient venir de France; ils ne sont pas encore arrivés. Faites-moi connaître quand ces harnais sont partis de Paris.

Le nombre des chevaux hors de service se montait à 600. Ainsi les nouveaux achats remplaceront à peine les chevaux qu'on vient de réformer. Il est vrai que je n'ai accordé la réforme que de 100 chevaux. Avez-vous ordonné que ces 100 chevaux fussent remplacés par de nouveaux chevaux ? Quand avez-vous envoyé les ordres pour que les bataillons fussent portés à 1.428 chevaux ? Où s'achètent les chevaux ? Où se font les harnais ? Qu'y a-t-il de présent au dépôt ?

Où se réunissent les conscrits ? Dites-moi un mot sur ces différentes opérations.

Napoléon.

5412. — AU GÉNÉRAL CLARKE (1).

Saint-Cloud, 28 avril 1811.

Monsieur le duc de Feltre, je désire que vous me présentiez un projet d'équipage de siège pour Figuières.

---

(1) Non signé, copie conforme.

5413. — AU GÉNÉRAL CLARKE.

Saint-Cloud, 28 avril 1811.

Monsieur le duc de Feltre, j'ai donné ordre que tous les hommes à pied de la cavalerie, du train d'artillerie et des équipages militaires de l'armée de Portugal se rendissent à Bayonne. Mon intention est qu'ils y restent jusqu'à ce que j'aie donné de nouveaux ordres. Il est nécessaire que vous me fassiez connaître le jour où ils arriveront et leur situation. Comme on doit avoir reçu par avance l'avis de leur départ de Salamanque et des autres points d'Espagne, je désire savoir le jour de leur arrivée à Bayonne avant qu'ils n'arrivent dans cette place.

Il me paraît convenable d'acheter 1.200 chevaux et de préparer 2.000 harnais pour réparer le train de l'armée de Portugal.

Vous avez sans doute reçu le rapport de l'artillerie de l'armée de Portugal. Dans le cas où il ne vous serait pas encore parvenu, je vous envoie celui qui m'est remis par le major général. Le matériel est considérablement réduit; mais il doit y avoir en Espagne une grande quantité de caissons et de munitions. Faites-moi connaître où se trouvent les munitions qui ne sont pas attelées et les moyens de réorganiser l'artillerie de Portugal.

NAPOLÉON.

5414. — DÉCISION.

Saint-Cloud, 28 avril 1811.

Le maréchal Davout demande l'autorisation de mettre à la disposition du général Rapp 3.900 paires de souliers qui existent dans les magasins de Küstrin, afin de pourvoir à la chaussure des Polonais.

Approuvé.

NAPOLÉON.

5415. — AU GÉNÉRAL LACUÉE.

Saint-Cloud, 28 avril 1811.

Monsieur le comte de Cessac, j'approuve l'état joint à votre lettre du 26 avril sur l'organisation des administrations pour les corps d'observation de l'Elbe, du Rhin et d'Italie. Mon intention est que les 312 employés du corps d'observation de l'Elbe et les 450 sous-employés du même corps, total 762, soient rendus avant le 1ᵉʳ juin au quartier général du prince d'Eckmühl, en Allemagne. Vous leur enjoindrez à tous de passer par la Hollande ou par la ligne de Wesel à Brême et de ne prendre aucune autre route qui les ferait sortir du territoire français, à moins qu'ils n'aient un ordre particulier pour se rendre aux divisions qui sont en Westphalie. Vous organiserez et tiendrez prêts à partir les employés des corps du Rhin et d'Italie; mais mon intention, pour l'un et l'autre de ces corps d'observation, est que les employés ne partent pas du lieu où ils se trouvent d'ici au 15 mai, époque où je ferai connaître le lieu de rassemblement de ces deux corps d'armée et où les mouvements commenceront. Envoyez au prince d'Eckmühl et au vice-roi et tenez tout prêt pour celui que j'aurai nommé au corps d'observation du Rhin, l'état de tous ces employés. L'ordonnateur du corps de l'Elbe et celui du corps d'Italie sont nommés : faites-moi connaître l'ordonnateur qu'on pourra nommer pour le Rhin. Il faudra aussi un intendant général.

NAPOLÉON.

5416. — DÉCISION.

Saint-Cloud, 28 avril 1811.

Le général Clarke propose de renforcer la garnison de Willemstad avec les 309 hommes du 1ᵉʳ bataillon irlandais qui sont à Bois-le-Duc.

Approuvé.

NAPOLÉON.

5417. — ORDRE (1).

29 avril 1811.

L'Empereur désire connaître si on a commencé les travaux du fort du Helder, et si les vaisseaux, soit dans le Zuyderzée, dans l'Escaut ou au Helder, auraient plus ou moins de malades que dans les garnisons, afin de prendre des mesures à cet égard.

---

(1) Non signé, copie.

5118. — AU GÉNÉRAL CLARKE.

Saint-Cloud, 29 avril 1811.

Monsieur le duc de Feltre, le cadre du 6e bataillon du 22e régiment d'infanterie légère, qui devait se former en Calabre, devait se rendre aux îles d'Hyères; mais ce mouvement sera bien long, et nous serons en automne avant que ce bataillon soit arrivé. Cela étant, je préfère qu'il se forme dans l'île d'Ischia, près Naples. Le chef de bataillon et les sous-lieutenants s'y rendront de France.

Le roi de Naples enverra des canonnières et des bâtiments à rames, pour prendre ces hommes dans les bataillons du régiment de la Méditerranée, en Corse, et même dans celui qui est à l'île d'Elbe. Rendez-moi compte des dispositions que j'ai ordonnées pour ce mouvement.

Où est le cadre du 2e régiment de la Méditerranée ?

Quand le cadre du 4e bataillon du 22e sera-t-il dans les Iles d'Hyères ?

Les sous-lieutenants et le chef du 6e bataillon que j'ai formé n'ont pas encore été présentés à ma nomination.

Napoléon.

5119. — AU GÉNÉRAL CLARKE.

Saint-Cloud, 30 avril 1811.

Monsieur le duc de Feltre, les 6es bataillons de l'armée d'Allemagne ne seront pas formés avant les 4es.

Je prends donc le parti de contremander l'ordre que contient mon décret du 23 avril, de tirer 1.800 anciens soldats des dépôts de l'armée d'Espagne pour servir à la formation des 6es bataillons de l'armée d'Allemagne.

Les détachements que les différents dépôts de l'armée d'Espagne devaient fournir, savoir : le 8e, 80 hommes; le 14e, 60 hommes; le 22e, 60 hommes, etc..., se mettront en marche pour Orléans, où il en sera formé deux bataillons de marche, un pour l'armée du Midi et l'autre pour l'armée de Portugal.

Le bataillon de marche de l'armée du Midi sera composé :

De 80 hommes du 8e;
— 170 — 28e;
— 60 — 34e;
— 60 — 40e;
— 80 — 43e;
— 60 — 45e;
— 60 — 54e;
— 80 — 75e;
— 70 — 88e;
— 90 — 95e;
— 70 — 96e;
— 70 — 100e;
— 60 — 63e;
— 60 — 64e;
— 100 — 32e;
— 80 — 58e.

Total du bataillon de marche de l'armée du Midi : 1.250 hommes.

Le bataillon de marche de l'armée du Portugal sera composé :

De 60 hommes du 14e;
— 60 — 22e;
— 60 — 27e;
— 60 — 39e;
— 60 — 50e;
— 50 — 59e;
— 60 — 76e;
— 150 — 65e;
— 60 — 69e.

Total : 620 hommes pour l'armée de Portugal.

Envoyez dans la journée des ordres à tous ces régiments pour que la destination de ces détachements soit changée et qu'on les dirige sur Orléans. Vous ferez connaître au corps que ces détachements devant désormais former des régiments de marche et servir à recruter les bataillons de guerre, on ne doit plus rayer des contrôles les hommes qui les composent.

Ces 1.800 hommes seront remplacés, pour la formation des 6es bataillons de l'armée d'Allemagne, par une augmentation équivalente dans le nombre de conscrits que ces dépôts de l'armée d'Espagne doivent fournir.

Ainsi ces dépôts, au lieu de fournir seulement 1.430 conscrits, ainsi qu'il est indiqué dans l'état joint à mon décret du 23 avril, compléteront en conscrits le nombre total de 3.300 conscrits qu'ils doivent fournir conformément audit état.

Ceci aura le double avantage de fournir de bonnes recrues à l'armée d'Espagne, et de ne faire aucun changement dans les contrôles des corps, en même temps qu'on laisse à l'armée d'Allemagne le même nombre d'hommes qu'elle doit recevoir.

5420. — AU GÉNÉRAL CLARKE (1).

Saint-Cloud, 30 avril 1811.

Monsieur le duc de Feltre, vous trouverez ci-joint une lettre du prince d'Eckmühl qui vous fera connaître qu'il a dirigé sur France les cadres des 6es bataillons.

Le prince d'Eckmühl paraît désirer que ces cadres aillent à leurs dépôts, où il pense qu'ils seraient mieux formés; mais je trouve la plupart des dépôts trop éloignés pour adopter cette idée.

Envoyez au-devant de ces cadres un officier d'état-major qui les fera arrêter moitié à Wesel et moitié à Munster, et faites diriger sur ces deux places les conscrits qui doivent remplir ces cadres.

Par exemple, le 7e d'infanterie légère, dont le dépôt est à Huningue, pourrait se servir du Rhin jusqu'à Wesel pour envoyer ses conscrits, lorsqu'ils seront habillés et armés selon l'ordre que vous en donnerez à la fin de mai.

Il est de même du 30e et du 33e qui sont à Mayence, du 57e qui est à Strasbourg, du 61e qui est à Worms, du 85e qui est à Coblenz et du 111e qui est à Spire.

Ainsi, le Rhin pourra servir au mouvement des dépôts sur les cadres des 6es bataillons.

5421. — AU GÉNÉRAL CLARKE.

Saint-Cloud, 30 avril 1811.

Monsieur le duc de Feltre, vous pouvez écrire aux colonels des deux régiments de carabiniers que, pourvu qu'ils soient prêts à partir au 1er juin, cela sera suffisant.

NAPOLÉON.

5422. — AU GÉNÉRAL CLARKE.

30 avril 1811.

Monsieur le duc de Feltre, je reçois l'état de situation du corps d'observation de l'île d'Elbe. Je vois que le 15e régiment d'infanterie légère n'aurait que 3.600 hommes et qu'il manquerait pour le compléter 400 hommes; qu'il manque au 33e de ligne, 340 hommes; au

---

(1) Non signé, copie conforme.

13e de ligne, 300 hommes; au 33e léger, pour les quatre bataillons, 400 hommes; au 25e de ligne, 500 hommes.

Il est nécessaire que vous fassiez un travail sur les moyens de se procurer ce supplément, en les tirant des dépôts des régiments de l'armée d'Espagne qui sont du côté du nord.

Napoléon.

5423. — AU GÉNÉRAL CLARKE.

Saint-Cloud, 30 avril 1811.

Monsieur le duc de Feltre, donnez ordre aux 8e, 18e et 23e régiments, qui sont en Illyrie, de faire chacun un choix de 100 hommes sachant bien écrire, ayant plus de quatre ans de service, bons sujets et propres à faire des caporaux et des sergents distingués. Ces hommes seront dirigés sur Fontainebleau. Donnez le même ordre aux 10e et 20e de ligne. Ces deux derniers corps, aussitôt après leur arrivée à Lyon, devront diriger sur Fontainebleau chacun 200 hommes ayant les qualités qui viennent d'être indiquées pour faire de bons sergents et de bons caporaux. Faites faire un pareil choix de 200 hommes dans le 60e de ligne, aussitôt que ce régiment sera arrivé à Toulon; mais il faut que l'on n'envoie que des soldats qui puissent être utiles et non des hommes médiocres. Ces nouveaux détachements porteront à 1.700 le nombre des hommes à diriger sur Fontainebleau.

Napoléon.

5424. — AU GÉNÉRAL CLARKE.

Paris, 30 avril 1811.

Monsieur le duc de Feltre, les onze bataillons du train que j'ai en Allemagne, en France et en Italie, me paraissent suffisants, puisqu'ils me fournissent plus de 16.000 chevaux pour mettre en bon état le service de l'armée d'Allemagne. Je désirerais donc que les trente-sept compagnies du train dont les cadres reviennent d'Espagne, restassent en tout ou en partie à Pau, Toulouse et Auch, et fussent là complétées en hommes, en harnais et en chevaux. On réunirait ainsi 4.000 à 5.000 chevaux d'artillerie pour remonter au mois d'août tous les équipages de l'armée d'Espagne.

Je désirerais également que tous les hommes à pied de la cavalerie de l'armée d'Espagne, qui reviennent en France, fussent envoyés dans un dépôt général et que là on pût réunir 3.000 à 4.000 chevaux qui remonteraient la cavalerie de cette armée.

La même mesure sera prise pour les équipages militaires.

Je ne veux faire aucun mouvement rétrograde. Cela n'est que pour les hommes qui n'auraient pas dépassé Bayonne et Bordeaux. Donnez ordre qu'on retienne à Bayonne et Bordeaux les hommes qui y arriveraient et rendez-m'en compte.

NAPOLÉON.

5425. — AU GÉNÉRAL CLARKE.

Saint-Cloud, 30 avril 1811.

Monsieur le duc de Feltre, j'approuve que le nombre de généraux de brigade de l'artillerie soit complété à dix-huit.

NAPOLÉON.

5426. — DÉCISION.

30 avril 1811.

Le maréchal Berthier rend compte d'une demande du général Suchet tendant à obtenir le maintien du paiement d'une somme de 400 francs qu'il touche journellement comme frais de représentation et de service.

Approuvé.

NAPOLÉON.

5427. — AU MARÉCHAL BERTHIER.

Saint-Cloud, 1er mai 1811.

Mon Cousin, je reçois vos états, l'un de 2.000 hommes, l'autre de 3.800 à pied, qui arrivent de l'armée de Portugal et des armées d'Espagne. Il me semble que le deuxième renferme le premier. Vous ne me donnez pas assez d'explications. Vous ne me remettez pas l'état de ce qui se réunissait à Salamanque pour partir, et de ce qui doit arriver. Donnez ordre au général Monthion de retenir tous les hommes à pied de cavalerie, du train et des équipages militaires qui arriveraient d'Espagne ou de Portugal, de vous en envoyer l'état, ainsi que la situation des petits dépôts de Pau, d'Auch et autres, afin que je voie ce dont je puis disposer. Vous-même envoyez-moi l'état de ce qui vous est annoncé comme devant partir, soit de l'armée de Portugal, soit des armées du Midi, du Centre, de l'Aragon, du Nord. Mon intention serait de faire de tous ces hommes à pied un dépôt général dans le Midi, pour les remonter là sans les envoyer à leurs dépôts. Envoyez-moi ces états d'annonce et le dernier état de la 11e division militaire : je suppose que vous le recevez tous les jours.

NAPOLÉON.

5428. — AU GÉNÉRAL CLARKE.
Saint-Cloud, 1er mai 1811.

Monsieur le duc de Feltre, donnez ordre au général Peyri, qui est en Catalogne, de rejoindre l'armée d'Aragon, par Jaca.

Donnez ordre que l'escadron du 24e qui est en Catalogne prenne la même route, et se dirige sur l'armée d'Aragon.

NAPOLÉON.

5429. — AU GÉNÉRAL CLARKE.
Saint-Cloud, 1er mai 1811.

Monsieur le duc de Feltre, donnez ordre que le 4e bataillon du 33e régiment d'infanterie légère soit complété avec ce qu'il y a de disponible dans le 5e bataillon. Il laissera le cadre de sa 6e compagnie pour prendre tous les conscrits que le régiment doit recevoir; et aussitôt qu'ils seront habillés et armés, vous les dirigerez sur l'armée d'Allemagne pour rejoindre les bataillons de guerre; aussitôt que le 5e bataillon n'aura plus de conscrits, qu'ils seront tous partis pour rejoindre les bataillons de guerre, vous ordonnerez au 5e bataillon et au dépôt de se rendre à Charleville.

Donnez ordre au 5e bataillon du 124e qu'aussitôt qu'il aura 100 hommes habillés et armés, il les envoie aux bataillons de guerre. Mon intention est que, lorsqu'il aura envoyé tous les conscrits habillés et armés aux bataillons de guerre, le 5e bataillon et le dépôt se dirigent sur Abbeville.

Donnez ordre aux 5es bataillons des 123e, 125e et 126e d'envoyer leurs conscrits disponibles à leurs bataillons de guerre. Faites connaître aux généraux commandant les deux divisions militaires où se trouvent ces 5es bataillons que mon intention est que, lorsqu'ils auront reçu et habillé leurs conscrits et qu'ils les auront envoyés aux bataillons de guerre, les 5es bataillons et le dépôt se rendent en France, savoir : le 123e à Saint-Omer, le 125e à Amiens et le 126e à Liège, mon intention étant de n'avoir aucun dépôt en Hollande parce que tout y est trop cher et parce que je préfère que les conscrits hollandais passent sur-le-champ en France.

Je donne le même ordre pour le 14e de cuirassiers et le 11e de hussards : le 14e de cuirassiers a déjà son dépôt à Lille; le 11e de hussards a son dépôt à Arras.

Par ce moyen, il ne restera plus en Hollande que le dépôt du 9e d'artillerie qu'il faudra placer dans une école d'artillerie en France.

Les régiments de ligne qui sont en Hollande, n'y ayant plus leurs dépôts, en sortiraient si je formais le corps d'observation du Rhin; et je compte alors occuper la Hollande par les régiments de conscrits réfractaires, par des demi-brigades qu'on composerait des 5es bataillons qui seraient formés au moment où l'armée passerait le Rhin, etc.

NAPOLÉON.

5130. — AU GÉNÉRAL LACUÉE.

Saint-Cloud, 1er mai 1811.

Monsieur le comte de Cessac, je vous envoie deux états des détachements d'hommes à pied de cavalerie, du train, des équipages militaires venant de Portugal et d'Espagne et arrivés à Bayonne. Il en résulte qu'au 8 avril, il était rentré en France :

1.700 hommes de cavalerie;
300 du train d'artillerie;
25 des équipages militaires.

Total : 2.025 hommes venant de l'armée de Portugal.

Que des armées d'Espagne, il était rentré en France :
2.800 hommes de cavalerie;
760 hommes du train;
230 hommes des équipages militaires.

Total : 3.800 hommes.

Ce qui fait 5.000 à 6.000 hommes non montés. Faites-moi connaître où sont aujourd'hui ces hommes, s'il y en a encore dans la 11ᵉ division militaire, et ce que vous avez fait de tous les hommes à pied provenant du train d'artillerie.

Je vous ai mandé que cinq bataillons d'équipages militaires seraient suffisants pour l'armée d'Allemagne, et que mon intention était de compléter le sixième et de le rendre disponible pour l'armée d'Espagne. Faites-moi savoir quand ce bataillon arrive. Je vous prie de me remettre un état de situation des dépôts de l'armée d'Espagne au 1ᵉʳ avril indiquant ce qui est arrivé en janvier, février et mars et ce qui est annoncé pour avril et mai, afin que je voie quelle sera la situation de ces dépôts en juin, et si les dispositions que vous avez faites pour leur procurer des chevaux sont suffisantes.

Je désirerais que désormais tout ce qui arrivera à Bayonne fût placé dans un lieu où le fourrage est à bon marché, pour en former le dépôt général de l'armée d'Espagne. Vous feriez fournir à ce dépôt des chevaux, des selles, etc., et les hommes seraient là beaucoup plus tôt prêts pour former des régiments et entrer en Espagne.

NAPOLÉON.

5431. — DÉCISIONS (1).

Saint-Cloud, 2 mai 1811.

On propose à Sa Majesté d'ordonner, au profit du 93ᵉ régiment d'infanterie, le remboursement d'une somme de 600 francs confiée à deux capitaines dont l'un a été tué et l'autre fait prisonnier de guerre dans le Tyrol, le 6 juin 1809.

Approuvé.

On soumet à Sa Majesté la demande qu'à faite M. le duc de Frioul d'admettre dans les chasseurs à pied de la vieille garde des tambours de la ligne auxquels il ne manque qu'un ou deux ans pour avoir les dix ans de service exigés.

Approuvé.

---

(1) Non signées; extraites du « Travail du ministre de la guerre avec S. M. l'Empereur et Roi, daté du 1ᵉʳ mai 1811 ».

On propose à Sa Majesté de donner le brevet de capitaine titulaire à M. Saint-Hérem-Montmorin, capitaine titulaire aux invalides, devenu aveugle par suite d'un coup de feu. C'est un ancien page de Louis XVI, fils d'un maréchal de camp et neveu de l'ancien ministre Montmorin.

Ceci est impossible, cela fera tort aux autres; mais il faut chercher un autre moyen de lui être utile.

Sa Majesté est priée de faire connaître si Elle veut autoriser le retour à Madrid du capitaine espagnol Portola pour rester à la disposition du ministre de la guerre de l'Espagne.

Accordé.

On soumet à Sa Majesté une demande de congé absolu en faveur du sieur Maurice, maréchal ferrant dans les grenadiers à cheval de la garde impériale.

Il était libéré de la conscription lorsqu'il est entré dans ce corps par enrôlement volontaire.

Accordé.

On propose à Sa Majesté de décider que des dix prisonniers de guerre espagnols du dépôt de Lille qui sont étrangers à l'Espagne, sept, qui sont Français, seront incorporés dans le bataillon de déserteurs français rentrés, deux, qui sont Italiens, seront mis à la disposition du ministre de la guerre et un Westphalien sera envoyé à Cassel.

Accordé.

5432. — DÉCISION.

Saint-Cloud, 2 mai 1811.

Rapport au sujet du bon effet produit par les dispositions qu'a ordonnées l'Empereur à l'égard des officiers démissionnaires du service

Il faudra former quelques régiments pour y placer tous ces officiers, mon intention n'étant pas de les disséminer ainsi dans

d'Autriche, qui désirent prendre du service en France.

tous les corps, avant d'avoir pu se former une opinion sur chacun d'eux. Les trois régiments qui se forment du côté de Hamburg et le régiment de chasseurs sont très propres à cela. Le ministre peut leur donner le tiers des places; le ministre pourrait également les placer dans le régiment illyrien. En conséquence, sans les faire venir en France, le ministre peut diriger de Passau sur Hamburg ceux qui ont les qualités requises.

NAPOLÉON.

5433. — AU GÉNÉRAL CLARKE.

Saint-Cloud, 2 mai 1811.

Monsieur le duc de Feltre, il y avait, au 20 avril, dans la 11e division militaire, à Pau :

13 hommes du 2e bataillon *bis* du train d'artillerie;
105 — du 6e, *id.*;
43 — du 12e, *id.*;
115 — du 2e bataillon principal, *id.*;
8 — du 10e bataillon principal, *id.*;

Ce qui fait près de 300 hommes.

Faites-moi connaître comment cela est composé, s'il y a des harnais, et la remonte qu'on peut accorder, afin d'employer ces hommes pour recruter le train d'artillerie. Il faudrait distinguer les hommes qui, sur ces 300, sont disponibles de ceux qui ne le sont pas, de ceux qui sont là pour attendre leur retraite. Les 105 hommes du 6e bataillon (*bis*) du train, et 24 hommes du 12e *bis* sont portés dans l'état que j'ai sous les yeux comme étant prêts à partir; on pourrait donc fournir 200 chevaux à ce bataillon.

NAPOLÉON.

5434. — EXTRAIT DU PROCÈS-VERBAL DE LA SÉANCE DU CONSEIL D'ADMINISTRATION DE L'ARTILLERIE, TENUE AU PALAIS DE SAINT-CLOUD, LE 2 MAI 1811 (1).

Sa Majesté s'occupe de l'armement des côtes de la Hollande et prescrit les dispositions suivantes :

Batterie d'Heppens. — Sa Majesté désire que cette batterie soit construite pour huit pièces d'artillerie, que les plates-formes s'y trouvent, mais qu'elle ne soit armée que de trois pièces.

Batterie de Knoque. — Sa Majesté désire également que cette batterie soit construite pour six pièces, mais qu'elle soit armée de deux pièces seulement.

Batterie d'Outerdum. — Cette batterie sera construite aussi pour six pièces; elle ne sera pas armée, mais pourra l'être au besoin par l'artillerie de Delfzyl;

A l'égard d'Oestmaoo, d'Oostcamp, de Zudkamps, de Delfzyl, d'Harlingen, Sa Majesté juge convenable de ne rien changer à ce qui est projeté. Quant à la défense d'Amsterdam, les trois points choisis par le comité et désignés sous les numéros 5, 3 et 1 pourraient être achevés et armés, ainsi qu'il le propose. On n'armerait qu'un tiers de ce qui est proposé; on placerait les boulets et les pièces dans les batteries, et les affûts resteraient en magasin, et, s'il n'y a pas de magasin, on les déposerait à Naarden. Ainsi, pour le n° 5, par exemple, on ne mettrait que cinq pièces armées, et, sur les cinq, on n'aurait des hommes que pour une partie; de manière que, si on était menacé, le directeur de l'artillerie armerait et on aurait cinq pièces dans le n° 5, trois dans le n° 3 et trois ou quatre dans le n° 1, et on n'aurait des hommes que pour la moitié.

Comme dans une ville telle qu'Amsterdam, la populace est à craindre, Sa Majesté aimerait mieux n'avoir que deux points armés et à l'abri d'un coup de main. On laisserait subsister les autres batteries sans les armer, sauf à conserver leur armement à Naarden, pour les armer selon les circonstances.

Le point d'appui du Zuiderzée doit être Naarden; il ne faut rien conserver à Amsterdam, ni poudre, ni canons, ni fusils.

A Muyden, on n'armera que le fort; on y placera quatre pièces

---

(1) Copie conforme.

de 24, qu'on pourrait porter dans les batteries voisines, selon les circonstances.

En général, Sa Majesté recommande qu'on ne tienne en place que les canons et les boulets, qu'il n'y en ait qu'un tiers de montés, que les affûts des deux autres tiers restent en magasin, et qu'on tienne sur les batteries le moins d'hommes possible.

Sa Majesté remarque que l'armement d'Ostende n'est pas fait : elle désire qu'on le dispose du côté de terre en mettant au moins une pièce dans chaque bastion ; les autres pièces se trouveront d'ailleurs dans la place.

Sa Majesté désire qu'on s'occupe également de l'armement de Dunkerque. Si les pièces ne sont point toutes en batterie, il faut que celles qu'on ne jugera point indispensable de mettre en place existent et soient à la disposition du commandant.

On en fera de même pour Gravelines.

Sa Majesté désire aussi qu'on prépare l'armement d'Abbeville pour que le commandant puisse en disposer au besoin.

Sa Majesté recommande de veiller à l'armement de Montreuil.

Elle ordonne que le ministre de la guerre enverra une instruction aux commandants pour qu'il y ait dans chaque place tout ce qui est nécessaire pour l'armer, de manière qu'au besoin le commandant puisse faire les dispositions convenables pour armer la place, sauf à en rendre compte sur-le-champ au ministre.

Le ministre de la guerre donne lecture du rapport préparé par le comité sur le budget de l'artillerie pour 1811.

L'attention de Sa Majesté se porte sur l'approvisionnement en bois. Elle remarque que les magasins de l'artillerie ne se trouvent pas suffisamment pourvus de bois vieux, et Elle ordonne qu'il soit présenté un projet pour réapprovisionner suffisamment les arsenaux.

5435. — AU GÉNÉRAL LACUÉE.

Saint-Cloud, 2 mai 1811.

Monsieur le comte de Cessac, je réponds à votre lettre du... (1) bureau des étapes, convois et équipages. Le corps d'observation de l'Elbe n'est composé que de seize régiments et non de vingt, ne comprenant point, pour les équipages militaires, les Portugais et

---

(1) La date manque.

les 127ᵉ, 128ᵉ et 129ᵉ régiments. Il suffit que vous procuriez des chevaux et des caissons aux quinze régiments français pour cinq régiments au lieu de quatre, au 33ᵉ léger pour quatre bataillons seulement, aux Portugais et aux 127ᵉ, 128ᵉ et 129ᵉ rien. Toutefois, dans le courant de juillet, vous me remettrez sous les yeux ce qui regarde ces derniers régiments, afin que, s'ils sont assez avancés, je donne des ordres pour qu'il soit pourvu à leurs équipages.

Quant au corps d'observation du Rhin, le 5ᵉ régiment d'infanterie légère n'aura point de canons ni de caissons. Les Suisses, les Espagnols, les tirailleurs corses et du Pô et les Portugais n'en auront point, ce qui réduit considérablement les demandes que vous faites. Il n'y aura que les régiments français, les régiments d'élite qui ont deux bataillons et quelques régiments, à raison de quatre bataillons, qui auront des canons et des caissons. Au corps d'observation d'Italie, les Espagnols et les Illyriens n'auront pas de caissons. Ces décisions modifiant beaucoup les résultats de votre rapport, je vous renvoie votre projet de décret pour que les fonds soient diminués en conséquence. Mais ces formalités ne doivent pas vous empêcher d'aller de l'avant. Je suppose que vous avez donné ordre aux régiments d'acheter des chevaux, des harnais et tout ce qui est nécessaire pour former leurs compagnies régimentaires.

NAPOLÉON.

5836. — DÉCISIONS (1).

Saint-Cloud, 3 mai 1811.

On propose à Sa Majesté d'augmenter la compagnie de gendarmerie du 5ᵉ arrondissement maritime de deux brigades à pied de la gendarmerie des départements qui servent auxiliairement dans cette compagnie depuis l'an XII.	Approuvé.
On soumet à la signature de Sa Majesté un projet de décret pour attacher au 11ᵉ bataillon de vétérans un état-major composé de la	Avant de constituer ce bataillon, je voudrais le déplacer ou le mélanger; je préfère avoir en Hollande un bataillon de vété-

---

(1) Non signées; extraites du « Travail du ministre de la guerre avec S. M. l'Empereur et Roi, daté du 1ᵉʳ mai 1811 ».

même manière que ceux des bataillons de cette arme, créés par le décret du 10 juin dernier.

rans français et envoyer les vétérans hollandais soit à Hamburg, soit à Emden, soit même les faire rentrer en France.

5437. — DÉCISION.

Saint-Cloud, 3 mai 1811.

Le général Clarke rend compte des mesures qu'il a prises en vue de l'organisation du 2ᵉ régiment de la Méditerranée.

Le général commandant la 8ᵉ division militaire doit avoir reçu l'ordre de placer les deux premiers bataillons du régiment de la Méditerranée dans la presqu'île du cap Cépet. On en peut mettre un au lazaret et l'autre à l'hôpital qui y existe, ou le faire camper. Deux autres bataillons seront mis à l'île d'Hyères; on prendra des précautions pour que la gendarmerie ait un service extraordinaire à la presqu'île du cap Cépet et que les conscrits ne puissent s'échapper; moyennant ce, les quatre bataillons se formeront comme il vient d'être indiqué. Le 5ᵉ bataillon entrera au fort Lamalgue; telle est l'instruction qu'il faut transmettre au commandant de la division militaire.

NAPOLÉON.

5438. — DÉCISION.

Saint-Cloud, 4 mai 1811.

Le général Clarke rend compte qu'il a donné des ordres pour faire diriger sur l'île de Walcheren le cadre de la 2ᵉ compagnie du 5ᵉ bataillon des régiments désignés par

Comme les 6ᵉˢ bataillons ne se forment plus en Allemagne, mais à Wesel et à Munster, ces hommes ne pourront pas partir au

le décret du 23 avril pour recevoir chacun 150 conscrits du régiment de Walcheren. 15 mai. Il sera convenable qu'ils restent à Walcheren jusqu'au commencement de juin. A-t-on déterminé qui doit les habiller ? Sont-ce les conseils d'administration des régiments ou le dépôt de Walcheren ? Si ce sont les conseils d'administration, le ministre leur donnera des ordres de faire partir sans délai ce qui est nécessaire. Si c'est le dépôt de Walcheren, il lui sera donné les moyens d'y pourvoir. Le ministre donnera donc ordre que ces onze cadres, complétés à 150 hommes par les conscrits, restent dans l'île de Walcheren, et, aussitôt qu'ils seront armés, habillés et équipés, il prendra mes ordres pour leur départ. Le général Gilly passera la revue des cadres à mesure qu'ils arriveront, et, s'ils n'étaient pas complets, il écrirait aux majors pour qu'ils aient à envoyer ce qui manque.

NAPOLÉON.

5439. — AU GÉNÉRAL CLARKE.

Paris, 4 mai 1811.

Monsieur le duc de Feltre, je réponds à votre lettre du 1er mai, relative à des compagnies de canonniers de ligne, à compléter par des conscrits réfractaires. Cette mesure me paraît hasardeuse. Je pense qu'il faut commencer par faire un essai. En conséquence, je désire que vous ordonniez que le cadre de la 19e compagnie du 8e régiment d'artillerie à pied et le cadre de la 19e compagnie du 9e régiment se rendent dans l'île de Walcheren; que le cadre de la 22e compagnie du 5e régiment qui est à Rennes se rende à Belle-Ile.

et le cadre de la 7⁹ compagnie du 6⁹ régiment dans l'île de Ré. Ces quatre compagnies seront complétées par cent conscrits réfractaires des régiments de ces îles. Si cette mesure réussit, on augmentera le nombre. J'ai pris un décret là-dessus, que vous recevrez.

Napoléon.

5440. — AU GÉNÉRAL CLARKE.

4 mai 1811.

Monsieur le duc de Feltre, je réponds à votre rapport du 1ᵉʳ mai sur l'armement du mont Argentario. Je remarque qu'il y a beaucoup de pièces par terre, sans affût. Il faudrait savoir si elles sont en bon état et de quel calibre elles sont, parce qu'il serait peut-être inutile d'y envoyer de nouvelles pièces. Vous vérifierez ce point et si Orbetello ne peut rien fournir. Je pense qu'il ne faut rien tirer de Gênes ni de Livourne; mais de Rome, de Civita-Vecchia, des citadelles de Sienne, de Florence et d'Arezzo. Cependant, comme la place de Livourne a 28 pièces de 36 et que ce nombre est considérable, il n'y aurait pas d'inconvénient d'y prendre ce qui sera nécessaire sans rien retirer de l'intérieur.

Napoléon.

5441. — AU GÉNÉRAL CLARKE.

4 mai 1811.

Monsieur le duc de Feltre, je réponds à votre lettre du 3, bureau du génie. Une compagnie de sapeurs à Ostende, une à Anvers et une au Helder sont indispensables; mais le corps d'observation du Rhin ne peut pas n'avoir que trois compagnies; il lui en faut au moins cinq, savoir : une par division et une pour le parc, ce qui ferait six compagnies avec celle de mineurs; mais il sera facile d'y pourvoir après selon les circonstances. Il suffira que les corps d'observation de l'Elbe et d'Italie puissent, en cas d'événement, en céder une ou deux au corps d'observation du Rhin.

Je dois vous répéter ici ce que je vous ai déjà dit : ne faites aucun mouvement sans mon ordre, à moins que ce ne soit pour le corps d'observation de l'Elbe.

Napoléon.

5442. — AU GÉNÉRAL LACUÉE.

Saint-Cloud, 4 mai 1811.

Monsieur le comte de Cessac, je vois que le 1er bataillon des équipages militaires est en Espagne, fort de 300 hommes et de 300 chevaux. Il pourrait avoir 200 chevaux de plus, à ne calculer que sur le nombre d'hommes disponibles. Ne serait-il pas convenable de ne donner des voitures qu'à la 1re et à la 2e compagnies et de donner à la 3e des mulets de bât, qui seraient levés en Andalousie ou à Madrid. Donnez ordre au général Lecamus de renvoyer le sous-officier qu'il a auprès de lui, appartenant à ce bataillon. Il faut également faire revenir celui qui est à l'armée de Portugal. Le 3e bataillon rentre en France, il n'y a rien à dire. Quant au 4e bataillon qui est à l'armée de Portugal, ne pourrait-il pas être organisé de même que je viens de l'indiquer pour le 1er bataillon? Il ne doit avoir presque plus de voitures; ne pourrait-on pas réunir les voitures pour la 1re compagnie, et donner des mulets aux autres? On trouvera à les remonter en Espagne. Au 5e bataillon, il faut organiser deux compagnies avec des voitures et deux avec des mulets à bât (le 6e et le 7e bataillons sont en France). Le 8e pourra se former de même en Andalousie; deux ou trois compagnies auront des voitures et les autres compagnies auront des mulets à bât (le 9e est en Italie). Je crois que le 10e est déjà organisé comme cela. Par ce moyen, des treize bataillons d'équipages militaires, le 1er sera à l'armée du Centre, le 2e et le 3e à Pau pour se reformer, et on pourra les organiser tout entiers à bâts, s'il n'y a pas de voitures; le 4e bataillon sera à l'armée de Portugal, le 5e à l'armée de Catalogne, le 6e et le 7e en France, le 8e à l'armée du Midi, le 9e en Italie, le 10e à l'armée de Portugal, le 11e au 3e corps, le 12e en France et le 13e en Portugal. L'armée de Portugal se trouvera avoir trois bataillons d'équipages militaires, l'armée du Midi un, l'armée du Centre un, l'armée d'Aragon un, l'armée de Catalogne un : ce qui fait sept bataillons au delà des Pyrénées et six en France. Comme je suppose que la plus grande partie des équipages de l'armée de Portugal a été démontée, tout cela doit être en route pour se rendre à Bayonne; il faut y arrêter tout ce qui arrivera afin de le reformer.

NAPOLÉON.

5443. — DÉCISION.

Saint-Cloud, 4 mai 1811.

Le ministre de la marine demande des garnisons pour neuf vaisseaux que l'on arme en Hollande.

Approuvé. Renvoyé au ministre de la guerre.

Napoléon.

5444. — DÉCISION.

Saint-Cloud, 6 mai 1811.

On propose à Sa Majesté d'accorder aux élèves de l'école militaire de Saint-Germain douze sous-lieutenances dans les régiments de cavalerie légère employés en Espagne.

Approuvé.

Napoléon.

5445. — AU ROI D'ESPAGNE (1).

Paris, 6 mai 1811.

Sire, j'ai montré à l'Empereur la lettre de Votre Majesté en date du 25 avril, par laquelle Elle me fait connaître qu'Elle se met en route pour Paris. L'Empereur a été surpris de cette résolution; il pensait qu'il était convenu avec Votre Majesté qu'Elle ne quitterait pas l'Espagne que l'Empereur n'eût pris de concert avec Elle les mesures qu'une pareille détermination eût exigées. Le départ de Votre Majesté dans la circonstance actuelle, d'après ce que pense l'Empereur, aurait dû être précédé de l'évacuation de l'Andalousie, afin de concentrer les armées françaises; car il est hors de doute que les insurgés ont connu vos projets de campagne par le coup que Votre Majesté vient de donner à l'Espagne et qui peut être funeste. Il aurait mieux valu que Votre Majesté quittât l'Espagne au mois de janvier, où la campagne n'était pas commencée, que dans ce moment.

Sa Majesté s'était fiée sur la parole que vous lui aviez donnée comme roi, comme général en chef. Votre retour sera interprété selon la volonté ou le désir des Anglais.

Il est donc à prévoir que votre retour sera d'un mauvais effet

---

(1) Minute de la main de **Berthier**.

parmi les troupes. Il est pénible que vous vous soyez porté à cette démarche qui n'aura aucun avantage et qui peut avoir des inconvénients.

Il est sans exemple qu'une armée se trouve ainsi sans chef et que cette détermination soit prise sans le consentement ni sans en avoir prévenu l'Empereur. Il semble que Votre Majesté aurait pu aller passer la revue de l'armée de Portugal ou d'Andalousie, si Elle ne voulait pas rester à Madrid. Vous ne me dites pas si vous avez donné le commandement de l'armée, si vous avez prévenu le duc de Dalmatie qui est en marche et qui trouvera par là ses embarras augmentés.

S'il était possible que Votre Majesté reçût cette lettre encore en Espagne, je ne pourrais que l'engager à sentir les inconvénients de son retour si contraire aux circonstances.

Que Sa Majesté aurait désiré avoir des nouvelles de l'armée du Centre ou d'Andalousie... (1).

5446. — DÉCISION.

Saint-Cloud, 6 mai 1811.

Le maréchal Berthier fait connaître que les deux bataillons hollandais qui doivent entrer dans la composition du 130° régiment d'infanterie, stationné dans la province de Santander, sont actuellement employés dans la province de la Manche.

Si ces deux bataillons peuvent aller dans le Nord, ils iront; sinon ils seront organisés comme étant du 130°. Ils correspondront avec le dépôt du 130° et seront considérés comme bataillons détachés.

NAPOLÉON.

5447. — AU GÉNÉRAL CLARKE.

Saint-Cloud, 6 mai 1811.

Monsieur le duc de Feltre, le régiment de Belle-Ile peut contenir 4.200 hommes. Donnez ordre que le cadre du 4° bataillon du 29° d'infanterie légère, qui est à Brest, bien complet avec son chef de bataillon, se rende à Belle-Ile pour tenir garnison, et qu'il lui soit donné 150 conscrits par compagnie, non habillés; le conseil

---

(1) Resté inachevé.

d'administration du 29º les habillera ; ce qui, avec les compagnies d'artillerie et de sapeurs qui doivent être recrutés dans le régiment de Belle-Ile, portera les cadres à remplir à plus de 5.000 hommes.

Faites-moi connaître si l'on pense que ce régiment pourrait fournir de plus assez d'hommes pour remplir les cadres des 3ᵉ et 4ᵉ compagnies des 5ᵉˢ bataillons des 15ᵉ, 47ᵉ, 70ᵉ et 86ᵉ qui sont dans la 13ᵉ division militaire et s'il y aurait de l'inconvénient à envoyer à Belle-Ile les cadres de ces compagnies. Les hommes qu'elles ont de disponibles seraient versés dans les autres compagnies, et ces cadres recevraient 300 hommes du régiment de Belle-Ile, ce qui porterait à 7.000 hommes ce qu'on pourrait recevoir de conscrits réfractaires.

Faites-moi un rapport sur le 29ᵉ léger qui doit être un beau régiment, ayant beaucoup d'anciens soldats. Les cinq bataillons sont-ils organisés ?

Faites-moi connaître s'il y aurait de l'inconvénient à envoyer les cadres des 3ᵉ et 4ᵉ compagnies des 26ᵉ, 66ᵉ, 82ᵉ, 121ᵉ et 122ᵉ dans l'île de Ré, pour y recevoir 1.500 conscrits, que les conseils d'administration de ces régiments habilleraient, ce qui ferait l'emploi de 6.000 conscrits réfractaires avec les cinq bataillons du régiment de l'île de Ré.

NAPOLÉON.

5448. — AU GÉNÉRAL CLARKE.

Saint-Cloud, 6 mai 1811.

Monsieur le duc de Feltre, je reçois votre rapport du 4 sur le régiment illyrien. Mon intention est que le tiers des officiers soient Français, et le reste Belges, Français officiers au service d'Autriche venant du dépôt de Passau. Aucun officier français qui n'a point servi avec nous dans nos guerres ne doit être employé dans nos régiments français. Vous devez tous les employer dans le régiment illyrien et dans les 127ᵉ, 128ᵉ et 129ᵉ régiments. Ne me proposez jamais de passer dans les régiments français ni avancement dans les états-majors, pour ces officiers, sans me l'avoir auparavant fait observer.

Laissez le général Delzons maître de diriger sur Trévise les 3ᵉ et 4ᵉ bataillons du régiment illyrien. Ce régiment sera bien placé à Trévise pour se former entièrement. Je crois avoir nommé un général allemand pour en diriger l'instruction, le général Wedel ou le général Latour. Je suppose que le colonel et les premiers officiers sont arrivés.

NAPOLÉON.

5449. — DÉCISIONS (1).

6 mai 1811.

On soumet à Sa Majesté un projet de décret qui, en mettant à la disposition du ministre de la guerre le ci-devant hôtel de Luynes et les écuries du sieur Boursier pour le casernement de la garde impériale à Compiègne, a aussi pour objet l'acquisition de l'hôtel au prix de l'estimation qui en a été faite et de laisser au tribunal civil le soin de régler l'indemnité de dépossession relative au bâtiment des écuries, selon la marche prescrite à cet égard par la loi du 8 mars 1810 sur les expropriations.

L'Empereur n'a rien prononcé sur cette affaire qui a été ajournée.

Comte DE LOBAU.

On met sous les yeux de Sa Majesté les observations faites par S. A. I. le prince Borghèse, relativement à la décision qui accorde aux gendarmes des 27ᵉ, 28ᵉ et 29ᵉ divisions militaires une ration de pain moyennant qu'ils en rembourseront le montant sur leur solde.

L'Empereur désire que son ministre de la guerre lui propose ce qui est convenable dans cette affaire avant de prendre une détermination.

Comte DE LOBAU.

On propose à Sa Majesté d'ordonner le remboursement d'une somme de 11.471 fr. 40, qui revient au 46ᵉ régiment d'infanterie de ligne sur celle de 23.898 francs qui lui a été enlevée par les Russes le 11 frimaire an XIV.

Accordé la somme de 11.471^{fr},40.

Les officiers ont la faculté de faire des versements extraordinaires au profit de la masse des lits, mais il faut des pièces qui les constatent et c'est là le point glissant.

---

(1) Les unes non signées, les autres signées du comte de Lobau; extraites du « Travail du ministre de la guerre avec S. M. l'Empereur et Roi, daté du 24 avril 1811 ».

On rend compte à Sa Majesté que le conseil d'administration du 1er régiment de grenadiers à pied réclame le prix de 500 capotes pour 500 conscrits qui sont appelés dans le régiment de fusiliers de la garde.

On propose à Sa Majesté d'autoriser le payement d'une somme de 12.000 francs pour la dépense dont il est question, ce qui portera le prix de la capote à 24 francs.

Accordé une somme de 12.000 francs.

On met sous les yeux de Sa Majesté la demande d'augmentation de pension faite par la veuve du sieur Guibert, auteur de l'*Essai général sur la tactique*, mort à Paris le 6 mai 1790.

Elle a obtenu par faveur spéciale une pension viagère de 600 francs.

L'Empereur désire que le ministre de la guerre lui présente à ce sujet un projet de décret. Cette pension pourrait être doublée.

Comte DE LOBAU.

On propose à Sa Majesté de nommer huit portiers consignes pour assurer le service et la police des places de la 30e division militaire, et de décider que la commune de Rome entretiendra à ses frais le nombre de consignes nécessaires à cette ville qui, n'étant pas une place de guerre, est néanmoins fermée;

L'Empereur nomme les portiers consignes du château Saint-Ange et de Civita-Vecchia, et Sa Majesté désire que la nécessité d'en créer dans les autres places lui soit mieux démontrée avant de prononcer.

D'accorder par exception le grade de sous-lieutenant d'infanterie, pour être employé dans un régiment de ligne, au sieur H.-F. Van Oorschot, qui faisait partie de la garde d'honneur de Sa Majesté à Bois-le-Duc;

Accordé.

D'autoriser le sieur A. de Villeneuve, sous-lieutenant surnuméraire au 8e régiment de hussards, à passer en la même qualité au 4e régiment de même arme.

Accordé.

5450. — DÉCISION.

Saint-Cloud, 6 mai 1811.

Le général Clarke propose de renvoyer à leurs dépôts deux compagnies d'artillerie qui viennent de rentrer dans l'Ile de France.

Approuvé.

NAPOLÉON.

5451. — AU GÉNÉRAL CLARKE.

Saint-Cloud, 7 mai 1811.

Monsieur le duc de Feltre, l'ordre que vous avez donné aux cuirassiers de se tenir prêts à partir peut les empêcher d'envoyer leurs chevaux au vert. Je désire que vous fassiez connaître aux régiments, aux autres régiments de cavalerie et aux bataillons du train qu'ils peuvent envoyer au vert les chevaux qui sont désignés pour prendre le vert, qu'il est probable qu'ils ne recevront point d'ordre de mouvement avant le mois de juin.

NAPOLÉON.

5452. — AU GÉNÉRAL CLARKE.

Saint-Cloud, 7 mai 1811.

Monsieur le duc de Feltre, il paraît que le 28 avril il est arrivé à Bayonne 660 hommes de cavalerie à pied venant de l'armée de Portugal. Il est probable que ces hommes, qui devaient se rendre à leurs dépôts, seront le 8 mai à Bordeaux. Je vous ai donné ordre de retenir à Bayonne et à Bordeaux tous les hommes à pied venant d'Espagne et de Portugal.

J'ai pris un décret pour former deux dépôts, l'un à Niort et l'autre à Saintes, pour y réunir ces hommes et les monter et équiper de manière qu'ils puissent rentrer en campagne. Donnez ordre que les 602 hommes arrivés à Bayonne, savoir :

107 hommes du 1er régiment de hussards,
85 — du 22e régiment de chasseurs,
66 — du régiment de chasseurs hanovriens,
45 — du 1er régiment de dragons,
32 — du 2e —

68	—	du 4ᵉ régiment de dragons,
75	—	du 8ᵉ —
79	—	du 9ᵉ —
59	—	du 14ᵉ —
46	—	du 26ᵉ —

Total.. 662 hommes,

se dirigent, savoir : les hussards et les chasseurs sur le dépôt de Niort, et les dragons sur celui de Saintes. Je suppose que ces deux endroits sont favorables à la cavalerie.

Nommez deux colonels en second de cavalerie pour commander ces deux dépôts et prenez des mesures pour que les hommes soient armés, équipés et montés le plus tôt possible.

Les hommes à pied du train d'artillerie seront réunis au dépôt d'Auch. S'il n'y a pas suffisamment de harnais, vous en enverrez de Paris.

Il est bien important que les colonels en second qui doivent commander les dépôts de Niort et de Saintes, et le major d'artillerie qui doit commander le dépôt d'Auch y soient rendus sans délai.

Napoléon.

5453. — AU GÉNÉRAL CLARKE.

Saint-Cloud, 7 mai 1811.

Monsieur le duc de Feltre, un bataillon d'infanterie légère italien doit s'être rendu à Raguse pour y tenir garnison. Il est nécessaire d'y tenir également le 23ᵉ régiment d'infanterie de ligne français (ces trois bataillons formeront plus de 2.400 hommes), d'avoir un détachement de 300 hommes aux bouches du Cattaro; on pourra y joindre 200 Croates. Le reste d'un des bataillons croates pourra être laissé dans les îles environnantes. L'autre bataillon croate sera placé en Dalmatie et occupera les îles, de sorte que Raguse sera gardé par des Français et des Italiens et sera à l'abri d'une trahison, et les îles et places ouvertes seront gardées par les Croates. Il doit y avoir un général à Raguse. Chargez le général Delzons d'envoyer un bon commandant à Cattaro.

Napoléon.

5454. — DÉCISION.

Saint-Cloud, 7 mai 1811.

Le général Clarke propose d'envoyer des colonnes mobiles dans les 6ᵉ, 12ᵉ et 18ᵉ divisions militaires.

Approuvé.

Napoléon.

5455. — DÉCISION.

Saint-Cloud, 7 mai 1811.

On propose de retirer de l'île de Kadzand les 5ᵉ et 7ᵉ compagnies de pionniers français, de choisir les hommes les plus valides de ces deux compagnies pour en former une nouvelle que l'on enverrait au Helder, et d'employer les autres aux travaux des routes dans l'intérieur.

Si ces compagnies ne peuvent pas être utiles dans l'île de Kadzand, les faire passer dans celle de Walcheren où on trouvera moyen de les employer.

Napoléon.

5456. — DÉCISION.

Saint-Cloud, 7 mai 1811.

Le maréchal Berthier propose de diriger sur Burgos le détachement de 106 hommes montés du régiment de lanciers du grand-duché de Berg, qui doivent arriver le 19 mai à Bayonne, venant de Bordeaux.

Approuvé.

Napoléon.

5457. — AU GÉNÉRAL LACUÉE.

Saint-Cloud, 7 mai 1811.

Monsieur le comte de Cessac, vous recevrez un décret que j'ai pris pour former quatre dépôts de cavalerie, du train et des équipages militaires de l'armée d'Espagne. Les détachements de chasseurs et hussards qui doivent passer le 8 mai à Bordeaux, revenant d'Espagne, ont ordre de se rendre à Niort, les détachements de dragons à Saintes. Je désire que les selles et les chevaux nécessaires pour monter les hommes de ces deux dépôts soient fournis le plus tôt possible. J'ai ordonné la réunion à Pau de tous les hommes à pied des équipages militaires. Je désire que vous y envoyiez sur-le-champ les mille mulets de bât dont j'ordonne l'achat par mon décret, et que vous preniez toutes les mesures nécessaires pour que les caissons et harnais soient mis en état. Portez votre attention sur tout ce qui pourra être réuni de personnel et de matériel à Pau, afin d'utiliser tout cela. Ayez là un homme intelligent qui fasse marcher ce dépôt. Mon intention est de faire servir toutes les caissons qui se trouvent dans la 11° division militaire aux dépôts de Pau et d'Auch, et, pour le surplus, de n'employer que des mulets à bât. Cela sera régularisé, lorsque vous me rendrez compte de l'état de ces dépôts.

NAPOLÉON.

5458. — DECISIONS (1).

8 mai 1811.

On propose à Sa Majesté de confier le commandement du département du Pas-de-Calais au général de brigade Pageot, rentré des prisons d'Angleterre.	Accordé.
On met sous les yeux de Sa Majesté la demande que fait le général de brigade Sénécal, employé à l'armée de Naples, du sieur Gonnet-Tassigny, capitaine au régiment de La Tour d'Auvergne, pour aide de camp. On demande les ordres de Sa Majesté sur cette demande.	Refusé.
On soumet à Sa Majesté la demande d'un ci-devant **major au service d'Autriche**, natif de Turin, de reprendre du service dans l'armée française.	Accordé.
Le ministre de Danemark demande l'admission sur les vaisseaux danois, à Anvers, de 11 marins de sa	Accordé.

(1) Non signées; extraites du « Travail du ministre de la guerre avec S. M. l'Empereur et Roi, daté du 8 mai 1811 ».

nation détenus à Cambrai comme ayant été pris au service d'Angleterre.

M. le comte de Laforest annonce que la cour d'Espagne désire que le sieur Toledo, qui a prêté serment, soit renvoyé de France à Madrid pour y reprendre un emploi civil qui n'est rempli que par intérim.

Accordé.

M. Aubry, colonel du 19ᵉ régiment d'infanterie de ligne, au camp de Boulogne, a été autorisé à se rendre à Paris pour se marier, le général Vandamme ayant assuré que son absence pendant un mois ne pouvait nuire au service.

Sa Majesté est priée d'approuver cette disposition.

Approuvé.

M. Falkowski, major, commandant le dépôt de la légion de la Vistule, à Sedan, sollicite une permission d'un mois pour venir à Paris où il profitera de l'arrivée d'un de ses parents afin de terminer des affaires de famille.

Accordé.

Sa Majesté est priée de faire connaître ses intentions sur la demande d'extradition faite par le gouvernement de Bade du nommé Goebel, déserteur du régiment de Hochberg, actuellement au dépôt du régiment de La Tour d'Auvergne.

Accordé.

On rend compte à Sa Majesté de la désertion momentanée de 19 soldats embarqués sur le vaisseau l'*Anversois* et de leur retour à leur poste.

Le ministre pense qu'il n'y a aucune suite à donner à cette affaire.

Approuvé.

On soumet à Sa Majesté la demande de la veuve Perducet, qui

Approuvé.

sollicite le congé absolu de son fils, soldat au 12ᵉ régiment d'infanterie de ligne.

On rend compte à Sa Majesté de la proposition faite par M. le comte Dumas, de placer à la suite du dépôt de leur classe quatre conscrits de 1811, qui ne peuvent être enlevés à leurs familles sans qu'elles restent privées de ressources.

Sa Majesté est priée de faire connaître ses intentions.

Approuvé.

5459. — DÉCISION.

Saint-Cloud, 9 mai 1811.

Rapport du maréchal Davout à l'Empereur pour lui faire connaître que les ordres de Sa Majesté, prescrivant aux cadres des 6ᵉˢ bataillons de s'arrêter à Munster et Wesel ont dû arriver trop tard, la plupart de ces détachements ayant déjà dépassé Wesel.

Renvoyé au ministre de la guerre. Si ces bataillons ont dépassé Wesel, il faut les laisser aller à leurs dépôts.

NAPOLÉON.

5460. — AU GÉNÉRAL CLARKE.

Saint-Cloud, 9 mai 1811.

Monsieur le duc de Feltre, il est nécessaire de réunir à l'île d'Aix les quatre premiers bataillons du régiment de l'île de Ré. Donnez ordre en conséquence que le 1ᵉʳ bataillon parte de l'île de Ré le 15 pour se rendre à l'île d'Aix, le 2ᵉ bataillon le 25 et le 3ᵉ bataillon dans les premiers jours de juin, de sorte que le général qui commande à l'île d'Aix ait 2.400 hommes bien armés et bien habillés. Du 15 au 20 juin, on enverra à l'île d'Aix le 4ᵉ bataillon, ce qui fera quatre bataillons ou près de 3.200 hommes dans cette île; le colonel s'y rendra.

Le 5ᵉ bataillon restera à l'île de Ré.

La 3ᵉ et la 4ᵉ compagnie du 5ᵉ bataillon du 66ᵉ et du 26ᵉ, formant 600 hommes, sous les ordres d'un chef de bataillon, se rendront dans l'île d'Oléron, pour y tenir garnison.

300 hommes du 5e bataillon du 82e se rendront dans l'île d'Yeu, pour y tenir garnison.

Tout le régiment du grand-duché de Berg se réunira à La Rochelle.

NAPOLÉON.

5461. — AU MARÉCHAL BERTHIER.

Saint-Cloud, 10 mai 1811.

Mon Cousin, faites-moi un projet pour l'expédition d'un sixième convoi du Trésor en Espagne.

NAPOLÉON.

5462. — DÉCISION.

Saint-Cloud, 10 mai 1811.

Le général Clarke propose de rappeler d'Espagne les sept ingénieurs géographes qui y sont actuellement inutilisés. Les employer à lever la carte des quatre départements réunis.

Renvoyé au major général pour les faire revenir.

NAPOLÉON.

5463. — DÉCISION.

Saint-Cloud, 10 mai 1811.

Le général Clarke propose de conférer au duc de Padoue des pouvoirs extraordinaires afin de réprimer les abus qui ont lieu dans les opérations relatives à la conscription et à l'inscription maritime dans les 27e et 28e divisions militaires.

Approuvé.

NAPOLÉON.

5464. — DÉCISIONS (1).

10 mai 1811.

Sa Majesté est priée de décider si les trois compagnies de canonniers gardes-côtes des villes hanséatiques conserveront le traitement qui leur était alloué par ces villes ou si elles seront traitées comme celles des côtes de France, selon leur position, traitement qui est inférieur au premier.

Le prince d'Eckmühl demande qu'elles conservent leur ancien traitement, attendu qu'elles font un service permanent avec des troupes de ligne.

Il faut laisser les choses comme elles sont, jusqu'à l'organisation définitive de ces départements sur le pied français.

On soumet à Sa Majesté la proposition d'accorder au général de brigade Plauzonne une indemnité de 1.000 francs en raison du service dont il a été chargé à Toulon depuis le 14 février 1811 jusqu'au 20 avril suivant.

Accordé.

Demande d'officiers et sous-officiers qui ont fait campagne sur la flottille, à l'effet d'obtenir la continuation du payement de leur solde, sans aucune retenue, pour l'avance de quatre mois qui leur a été faite et qu'ils ont employée en achat d'effets nécessaires à leur embarquement.

Accordé.

5465. — AU GÉNÉRAL CLARKE.

Saint-Cloud, 11 mai 1811.

Monsieur le duc de Feltre, par l'état n° 11 de votre travail sur l'organisation de l'artillerie des trois corps d'observation, vous

---

(1) Non signées; extraites du « Travail du ministre de la guerre avec S. M. l'Empereur et Roi, daté du 8 mai 1811 ».

faites sortir dix compagnies d'artillerie de la direction d'Anvers, de sorte que cette direction importante se trouve dépourvue. En conséquence, mon intention est que vous laissiez à Anvers la 1re compagnie du 1er régiment à pied, et que vous y envoyiez la 15e compagnie du même régiment, tirée de Strasbourg. Désignez pour l'armée la 21e du même régiment, en place de la 1re. Ainsi, il restera à Anvers, du 1er régiment d'artillerie à pied, la 1re et la 15e compagnie, que vous compléterez le plus haut que possible, avec des conscrits.

Le 5e régiment d'artillerie à pied a quatre compagnies à Anvers; vous les en tirez; remplacez-les par les 8e et 10e compagnies du même régiment, qui s'y rendront de Metz, et par les 7e et 17e compagnies du 7e régiment, qui s'y rendront de Mayence. Par ce moyen, il restera dans la direction d'Anvers six compagnies, lesquelles, jointes à deux compagnies du 9e et à deux compagnies du 8e, formeront dix compagnies pour l'île de Kadzand, l'île de Walcheren et toute la direction d'Anvers.

Il restera en France la 6e compagnie du 7e régiment d'artillerie à cheval et les trois cadres qui reviennent d'Espagne, ce qui fera quatre compagnies en France; cela est fort important pour le service des camps.

NAPOLÉON.

5466. — AU GÉNÉRAL CLARKE (1).

Saint-Cloud, 11 mai 1811.

Monsieur le duc de Feltre, la grande augmentation du train d'artillerie demande qu'il soit fait des changements dans leur organisation. Je vous prie de me présenter un projet de décret là-dessus.

5467. — AU GÉNÉRAL CLARKE (1).

Saint-Cloud, 11 mai 1811.

Monsieur le duc de Feltre, le dernier état des régiments par ordre numérique que vous m'avez remis est du 15 mars : je désire l'avoir au 1er mai.

(1) Non signé, copie conforme.

5468. — AU MARÉCHAL BERTHIER.

Saint-Cloud, 12 mai 1811.

Mon Cousin, renouvelez l'ordre au commandant de l'armée de Portugal et au duc d'Istrie, commandant l'armée du Nord, de renvoyer en France, aux deux dépôts établis par mon décret du 7 de ce mois, tous les hommes à pied, soit de la cavalerie, soit du train d'artillerie, soit des équipages militaires, auxquels on ne pourrait pas procurer de chevaux en Espagne.

NAPOLÉON.

5469. — AU GÉNÉRAL CLARKE.

Saint-Cloud, 12 mai 1811.

Monsieur le duc de Feltre, je reçois votre lettre du 12. Le général commandant la 31e division militaire a tort de penser qu'il doive placer deux bataillons à Harlingen, pour venir au secours du Texel s'il était attaqué. L'attaque du Texel n'a aucune probabilité; mais si des préparatifs se faisaient et que ce point fût menacé, ce général réunirait alors les troupes qui seraient dans sa division à Harlingen, où l'amiral lui fournirait les moyens de passer au Texel. Cet ordre est une instruction générale et une mesure de précaution, mais non une mesure immédiate.

NAPOLÉON.

5470. — AU GÉNÉRAL CLARKE.

Saint-Cloud, 12 mai 1811.

Monsieur le duc de Feltre, je reçois votre lettre du 12. Vous pouvez donner l'ordre à la grande-duchesse, puisque les régiments d'élite des 29e et 112e sont à Bologne, de les y réunir entièrement avec les compagnies d'artillerie et les caissons de ces régiments. Vous a-t-on envoyé l'état de situation de ces bataillons d'élite? Je désire l'avoir, ainsi que les états de situation de tous les autres.

NAPOLÉON.

5471. — AU GÉNÉRAL CLARKE (1).

Saint-Cloud, 12 mai 1811.

Monsieur le duc de Feltre, faites-moi connaître quand je pourrai disposer du régiment provisoire de chasseurs et de hussards qui s'organise à Gand.

5472. — DÉCISION.

Saint-Cloud, 12 mai 1811.

Le général Hulin propose de transférer de Laon à Soissons le dépôt du 15ᵉ régiment de dragons.

Approuvé.

NAPOLÉON.

5473. — AU GÉNÉRAL LACUÉE.

Saint-Cloud, 12 mai 1811.

Monsieur le comte de Cessac, j'approuve la distribution de 497 chevaux entre les différents dépôts de l'armée d'Espagne, afin d'achever de monter tous les hommes disponibles. Quant aux 4 qui restent, vous pouvez les prendre sur les 1.000 que j'ai accordés aux dépôts de Niort et de Saintes, pour ne point faire un nouveau crédit. Je vois qu'il y aura 50 chevaux de dragons de plus qu'il n'y a d'hommes. Mais cet excédent est de peu d'importance. Ces hommes sortiront des hôpitaux, où, en cas que cela fût nécessaire, on les dirigerait des dépôts de Niort et de Saintes sur leurs dépôts définitifs, jusqu'à due concurrence. Mais ce qui mérite attention, c'est l'excédent en chevaux du 29ᵉ régiment de chasseurs, qui a 200 chevaux plus qu'il n'a d'hommes. Faites vérifier les choses au ministère de la guerre, et proposez-moi un projet de décret pour accorder 300 conscrits au dépôt de ce régiment, à Carcassonne, en les prenant dans les pays voisins. Moyennant la distribution de ces 6.000 chevaux entre le régiment de marche de dragons de l'armée de Portugal, celui de l'armée du Midi et le régiment de marche de chasseurs, qu'est-ce qu'il restera de disponible aux différents dépôts ?

NAPOLÉON.

---

(1) Non signé, copie conforme.

5474. — DÉCISION.

Saint-Cloud, 13 mai 1811.

Sur la demande du maréchal Davout, le ministre de la guerre a prescrit le départ du détachement de 30 hommes du 1er chasseurs pour se rendre à Minden.

Approuvé.

NAPOLÉON.

5475. — DÉCISION.

Saint-Cloud, 13 mai 1811.

Devra-t-on attacher des élèves tambours aux compagnies de voltigeurs de l'armée d'Allemagne qui n'ont que des cornets ? Leur donnera-t-on des élèves cornets à la place d'élèves tambours ?

On pense que ces deux questions doivent être résolues négativement; on prie cependant Sa Majesté de faire connaître ses intentions.

Approuvé.

NAPOLÉON.

5476. — DÉCISION.

Saint-Cloud, 13 mai 1811.

Le général Castex, chargé de l'inspection des troupes à cheval stationnées dans la 5e division militaire, propose de transférer de Molsheim à Lauterbourg le dépôt du 8e dragons.

Puisqu'il faut déranger ce dépôt, il faut l'approcher sur la Meuse ou sur la Moselle.

NAPOLEON.

5477. — AU GÉNÉRAL CLARKE (1).

Saint-Cloud, 14 mai 1811.

Monsieur le duc de Feltre, envoyez en toute diligence et par courrier extraordinaire l'ordre au 81e régiment d'infanterie de ligne, qui doit être parti le 5 de ce mois de Toulon pour se diriger,

---

(1) Non signé, copie conforme.

par Narbonne, sur Perpignan, de continuer, de Narbonne, sa route pour se rendre à Pau, d'où il entrera en Navarre et sera sous les ordres du général Reille.

Si ce régiment était déjà à Perpignan, il passerait par le chemin le plus court; mais en adressant votre courrier sur Narbonne vous devez le trouver là.

5478. — AU GÉNÉRAL LACUÉE.

Saint-Cloud, 14 mai 1811.

Monsieur le comte de Cessac, je vous envoie une réclamation du 8ᵉ d'infanterie légère : vous y verrez la mauvaise situation de ce régiment. Envoyez des ordres au dépôt de Genève pour que les habits soient envoyés et faites-moi un rapport particulier sur ce régiment.

NAPOLÉON.

5479. — DÉCISION.

Rambouillet, (1) mai 1811.

| Rapport du général Clarke au sujet de l'organisation du régiment provisoire de chasseurs et de hussards. | Le ministre de la guerre donnera des ordres pour que l'organisation provisoire se fasse à Gand sans délai, et pour que le régiment se mette en marche le plus tôt possible pour Orléans. Le ministre enverra des ordres aux détachements qui, de Schlestadt et autres points, se dirigent sur Gand, de se diriger directement sur Orléans. Le ministre me fera connaître quand le régiment arrivera à Orléans. |

NAPOLÉON.

---

(1) Sans date de jour; le rapport du ministre est du 14 mai, le renvoi de la décision aux bureaux est du 16.

5180. — AU GÉNÉRAL CLARKE.

Rambouillet, 15 mai 1811.

Monsieur le duc de Feltre, donnez ordre au régiment d'élite du 52e de se rendre à Toulon.

Donnez ordre au 1er régiment de ligne, au 62e et au 101e, qui arrivent à Bologne et qui avaient ordre de se rendre à Mantoue, de continuer leur route sur Turin.

Faites-moi connaître quand le 10e et le 20e seront arrivés à Lyon.

Donnez ordre aux régiments d'élite du 3e de ligne et du 105e de se réunir à Rennes. Il est nécessaire, qu'à cet effet, tout ce que ces deux régiments auraient dans Belle-Ile, dans Ouessant et autres îles, repassent sur le continent.

NAPOLÉON.

5181. — DÉCISION.

Rambouillet, 15 mai 1811.

Les 127e, 128e et 129e régiments d'infanterie ne devant pas avoir de matériel d'artillerie, doivent-ils former leur compagnie d'artillerie ?	Il faut d'abord former le régiment. On formera la compagnie d'artillerie après.

NAPOLÉON.

5182. — AU GÉNÉRAL DUMAS.

Rambouillet, 15 mai 1811.

Monsieur le général comte Dumas, j'ai reçu les 13 états que vous m'avez envoyés. Je désire que vous y fassiez les changements suivants :

1° Il ne faut point faire mention de la formation des régiments d'élite. C'est une différence de 60 hommes, qui ne mérite aucune considération. Supposez donc qu'ils ne sont pas formés;

2° Il ne faut pas faire attention aux 3.300 conscrits que les dépôts de l'armée d'Espagne doivent fournir à l'armée d'Allemagne. C'est une disposition qui peut être changée. Cependant, vous pouvez les porter à l'encre rouge, mais la conscription doit compter aux régiments où elle est envoyée. J'avais décidé que 1.800 vieux soldats des dépôts de l'armée d'Espagne se rendraient à l'armée d'Allemagne, mais comme j'étais moins pressé par le temps, je leur avais substitué des conscrits; mais si les besoins ne sont pas pressants à l'armée d'Allemagne, comme tout le porte à penser aujourd'hui, je rapporterai peut-être encore cette mesure;

3° Je n'ai porté les détachements fournis par le régiment de Walcheren que pour 550 hommes; mais vous devez les porter pour 1.550 hommes, afin de connaître la désertion;

4° Mon intention a été de laisser les 5es bataillons à 560 hommes et non à 840; c'est encore une réduction à faire;

5° Quant au train d'artillerie, le décret que j'ai pris aujourd'hui vous donnera des idées précises sur cette partie.

L'état n° 1 comprend l'armée d'Allemagne. Vous y portez que le 4e bataillon du 12e de ligne est à Magdeburg; il est à Mézières. Le 6e bataillon est revenu également à Mézières. Avez-vous ôté des trois bataillons de guerre les cadres des 6es bataillons qui a diminué d'autant leur effectif? Le 6e bataillon du 17e de ligne est également revenu en France. En général, c'est la même chose pour tous les 6es bataillons.

L'état n° 2 comprend l'armée d'Espagne. Je désire que cet état soit divisé en armées du Midi et du Centre, d'Aragon et de Catalogne, du Nord et de Portugal, ce qui fait trois fractions. Il faudrait mettre l'époque à laquelle vous avez pris la situation, pour chaque armée. Par exemple, le 8e régiment de ligne a beaucoup perdu dans le combat du 5 mars; il est donc loin d'être, comme vous le portez, à 780 hommes par bataillon. Comme il existe encore des bataillons de marche de l'armée de Portugal en Biscaye et en Navarre, qui ne sont pas dissous, il faut que vous le portiez dans votre état. Quant aux bataillons de marche des armées du Midi et du Centre, ils sont censés partis; vous pouvez donc les additionner. Il me semble que le 6e bataillon du 26e de ligne, qui était en Portugal, avait l'ordre de rentrer en France. En général, cet état est mal fait. Les états de situation sont pris avant les affaires de Portugal. On a des états de mars et d'avril qui approchent beaucoup plus de la vérité.

L'état n° 3 comprend l'armée d'Italie. Je n'y vois d'autres changements à faire que de ne pas porter d'attention aux régiments d'élite.

Par l'état n° 4, je vois que le 6e régiment de ligne n'est porté, savoir: le 1er bataillon qu'à 480 hommes, le 2e et le 3e bataillon, *idem*. Je ne sais où vous avez pris cette situation. Vous portez le 7e bataillon à 484 hommes; mais le 7e bataillon n'est pas formé, non plus que le 6e. Il n'y a de ce régiment à Corfou que le 1er et le 2e qui ont 1.600 hommes sous les armes; le 3e et le 4e bataillon sont à Rome. Je ne sais où vous avez pris ces renseignements. Le 14e d'infanterie légère est également fautif. Le 7e bataillon n'existe pas, et le 1er, le 2e et le 6e forment ensemble 2.600 hommes. Il faut demander dans les bureaux de la guerre les renseignements dont vous avez besoin.

L'état n° 7 me paraît être plein de fautes. Je ne sais pas pourquoi vous avez porté le 66e à vingt-deux compagnies, le 82e, *idem*. Le complet est constamment trop considérable, mais cela tient aux observations faites ci-dessus. Pourquoi portez-vous le 121e et le 122e à cinq bataillons et ensuite à trente-quatre compagnies?

Je garde les états dont je suppose que vous avez les doubles. Rectifiez votre travail sur les observations que je vous ai faites. Vous pouvez le simplifier, en supprimant deux états. Après les changements, on arrivera au résultat qu'avec la conscription de 1812, on aura beaucoup plus que le complet.

Napoléon.

5483. — DÉCISION (1).

On propose de nommer colonel au 8e régiment de ligne M. Braun, colonel en second.

Il paraît que cette demande a été agréée antérieurement; celle-ci est sans effet.

Comte de Lobau.

5484. AU GÉNÉRAL LACUÉE.

Rambouillet, 16 mai 1811.

Monsieur le comte de Cessac, je vous envoie un état qui peut vous être utile pour la confection de ceux que vous me présenterez, aussitôt que vous aurez tous les renseignements sur l'approvisionnement de Corfou.

Napoléon.

---

(1) Non datée; extraite du « Travail du ministre de la guerre avec S. M. l'Empereur et Roi, daté du 15 mai 1811 ».

5185. — AU GÉNÉRAL LACUÉE.

Rambouillet, 16 mai 1811.

Monsieur le comte de Cessac, je reçois votre rapport du 15 mai. Vous demandez un secours extraordinaire de près de 2 millions pour les commandes faites à Paris. Je vois que vous faites faire 4.000 selles, savoir : 2.000 de cavalerie légère et 2.000 de grosse cavalerie. Je suppose que dans la grosse cavalerie vous comprenez les dragons. Faites faire 1.000 selles de cuirassiers et 1.000 de dragons. Comme ces 4.000 selles servent aux remontes, elles sont comprises dans le budget. Je vous ai accordé 2.000 chevaux pour les dépôts de Niort et de Saintes. En vous accordant des chevaux, je vous ai accordé des selles. Voilà donc l'emploi de 1.000 selles de dragons et de 1.000 selles de cavalerie légère. Les 2.000 autres selles seront données aux régiments de cavalerie légère sur la 1re, 2e et 3e remontes. Je crois que c'est plus de 12.000 à 15.000 chevaux qu'on achète. Une répartition de 2.000 selles sur ce grand nombre de chevaux ne sera que d'un 7e. Annoncez aux conseils d'administration des corps qu'il ne faut pas qu'ils fassent faire ces selles et que vous les leur fournirez. Je n'ai donc rien à donner pour cet objet.

Je dirai la même chose pour les 8.000 habits. 3.000 seront destinés à compléter l'habillement des régiments de la Méditerranée, de l'Ile de Ré, de Belle-Ile et de Walcheren ; en conséquence, vous les prendrez sur ce chapitre. 5.000 habits seront envoyés à Bayonne et de là sur l'Espagne. Faites-en la répartition entre les différents régiments de l'armée d'Espagne, soit l'armée de Portugal, soit les armées du Midi ou du Centre, en prenant surtout ceux qui sont le plus éloignés, tels que ceux du 1er, du 3e et du 4e corps. En faisant cette répartition, ce ne sera pas le douzième de ce que vous devez fournir aux régiments. Vous en écrirez aux conseils d'administration et vous leur prescrirez d'envoyer un officier pour recevoir ces effets à Paris. Je n'aurai donc encore rien à vous accorder pour cela, puisque ce sera sur l'habillement ordinaire.

Quant aux 100.000 paires de souliers et aux 100.000 chemises, répartissez-les entre les soixante régiments qui sont en Espagne. Ce ne sera pas plus de 1.500 chemises ou paires de souliers par régiment. Prévenez-en les conseils d'administration. Les officiers qu'ils enverront recevront les effets et en constateront la bonne qualité; on les fera partir ensuite pour Bayonne. Tous ces objets seront aussi payés par les corps sur les fonds des masses de linge et chaussure; et, par conséquent, vous n'aurez encore rien à payer là-dessus. Si les 100.000 chemises et 100.000 paires de souliers vous paraissent une fourniture trop forte, vous ne dépenserez que la moitié des sommes que cela coûterait. Ce ne serait pas alors 800 chemises ou paires de souliers par régiment. Les 50.000 autres chemises et les 50.000 paires de souliers pourront être gardées en magasin, et vous les considéreriez comme devant être distribuées aux mêmes régiments de l'armée d'Espagne par un second envoi. Moyennant cela, ces effets seront placés, et vous n'avez pas besoin de fonds extraordinaires. Si les fonds pour ces deux chapitres portés dans la distribution du mois ne sont pas suffisants, vous pourrez en demander davantage, lors de la distribution du mois de juin, qui n'est pas encore faite.

Napoléon.

5486. — DÉCISION.

Rambouillet, 16 mai 1811.

| Transfert des dépôts du 9ᵉ d'artillerie à pied à Douai. | Approuvé, s'il n'y a pas déjà à Douai le 8ᵉ. |

Napoléon.

5487. — DÉCISION.

Rambouillet, 16 mai 1811.

| Sa Majesté est priée de faire connaître ses intentions pour la fourniture du matériel d'artillerie qu'Elle a prescrit de donner à trois régiments d'infanterie du duché de Varsovie. | Si l'équipage de campagne de Pologne peut lui en fournir, il en fournira; sans quoi il lui en sera prêté de Danzig, sauf à le rendre. |

Napoléon.

5488. — DÉCISION.

Rambouillet, 16 mai 1811.

| Moyens proposés pour former à Danzig une batterie attelée d'artillerie légère. | Approuvé toutes ces mesures et les ordonner. |

Napoléon.

5489. — DÉCISION.

Rambouillet, 16 mai 1811.

Le général Clarke propose d'établir à Toul l'infanterie, et à Epinal les chasseurs à cheval de la legion portugaise.

Approuvé.

NAPOLÉON.

5490. — AU GÉNÉRAL CLARKE (1).

Rambouillet, 17 mai 1811.

Monsieur le duc de Feltre, donnez ordre au général commandant le département de l'Ems-oriental à Emden et Aurich de faire exécuter toutes les mesures que pourrait prescrire le prince d'Eckmühl dans son département, relatives à l'interception des communications avec l'Angleterre.

Faites connaître au général commandant la 31e division militaire que c'est avec peine que je vois que la correspondance avec l'Angleterre se faisait avec Varel, sans qu'il fît aucune disposition pour l'arrêter; que mon intention est que toutes les mesures que prescrira le prince d'Eckmühl, dans le département de l'Ems-oriental, soient ponctuellement exécutées par le général de brigade commandant ce département.

Ecrire cela au prince d'Eckmühl.

5491. — AU GÉNÉRAL LACUÉE.

Rambouillet, 17 mai 1811.

Monsieur le comte de Cessac, vous aurez reçu le décret que j'ai pris pour la formation d'une division polonaise sous les ordres du prince d'Eckmühl, et sa réunion à Danzig. Mon intention est que pour les détails de cette division, vous correspondiez avec le prince d'Eckmühl, qui est accrédité auprès de la Saxe et du gouvernement du grand-duché de Varsovie. Cela vous évitera des embarras et empêchera toute inconvenance.

NAPOLÉON.

---

(1) Non signé, copie conforme.

5492. — AU GÉNÉRAL LACUÉE.

Rambouillet, 17 mai 1811.

Monsieur le comte de Cessac, vous recevrez le décret que je viens de signer sur le recrutement, les remontes et la réorganisation des bataillons d'equipages militaires. Vous y verrez que j'ai fait différents changements au projet que vous m'aviez remis. Les 12e, 2e et 9e bataillons me présentant déjà un résultat raisonnable, je me contente pour le moment de former et compléter trois compagnies des 6e et 7e bataillons, ce qui me donnera 250 voitures. Si les circonstances devenaient plus impérieuses, aussitôt que la conscription de 1812 sera appelée, je formerais et compléterais les trois autres compagnies de ces bataillons et j'aurais alors 1.250 voitures pour l'Allemagne. Je ne change rien pour le 1er bataillon léger. Je me contente de l'appeler 5 *bis* pour préparer à son incorporation avec le 5e principal. Je ne change rien à l'organisation du 1er bataillon, qui est à l'armée du Centre; du 5e, qui est en Catalogne; du 8e, qui est à l'armée du Midi; du 11e, qui est en Aragon. Vous enverrez des instructions aux généraux, aux ordonnateurs et aux maréchaux sur les levées de mulets qu'ils doivent faire pour employer les hommes qui n'ont plus de chevaux ni de voitures à servir, et vous les laisserez maîtres de faire ce qu'ils jugeront convenable. Quant au 10e, qui est en Portugal, je n'en change pas l'organisation et la laisse telle qu'elle a été ordonnée par le décret du 25 avril. Quelque avantage qu'ait l'uniformité, elle n'en a pas assez pour contrebalancer l'inconvénient des ordres et des contre-ordres. J'organise comme vous le proposez les trois bataillons qui se réunissent à Pau. Cependant, comme il est probable qu'il y aura toujours plus de mulets malades que d'hommes, au lieu de donner autant de mulets que d'hommes, je donne trois mulets pour deux hommes, ce qui porte à 450 le nombre des mulets de chaque bataillon. Indépendamment des voitures que cette organisation va employer à Pau, il en restera à Toulouse plus de 126. Je désire que vous m'en remettiez l'état et que toutes les voitures qui se trouveront dans les 10e et 11e divisions militaires soient réunies à Pau, parce qu'il serait possible, si je cessais d'avoir besoin d'équipages aussi considérables du côté de l'Allemagne, que je fisse diriger des chevaux sur Pau. Dans ce cas, il faudrait que toutes ces voitures se trouvassent en bon état et fussent prêtes à rouler.

NAPOLÉON.

5493. — DÉCISIONS (1).

19 mai 1811.

On soumet à Sa Majesté un projet de décret relatif à diverses promotions dans les régiments de cavalerie de la légion portugaise.

Il faudrait un travail qui embrassât toute la légion, et il conviendrait surtout de prendre en considération ce que Sa Majesté a daigné promettre en avancements et décorations, lors de la dernière revue. Sa Majesté ne veut au surplus nommer quant à présent dans des corps aucun officier sans nécessité.

On propose la rectification d'une erreur par suite de laquelle le sieur Dufour a été nommé quartier-maître dans le 2ᵉ régiment de chevau-légers lanciers de la garde, avec le grade de lieutenant seulement, au lieu de l'être avec celui de capitaine, grade qu'il a occupé dans le 6ᵉ régiment de chasseurs à cheval.

Accordé.

On propose à Sa Majesté d'ordonner que le décret du 15 octobre 1810, qui nomme sous-lieutenant d'infanterie le sieur François Cazou, désigné comme vélite des chasseurs à pied de la garde, est applicable au sieur François-Gabriel Cauzon, vélite dans le même corps, attendu qu'il n'y existe aucun vélite au nom de Cazou.

Accordé. Ce sera Cauzon.

Le sieur François-Gabriel Cauzon a reçu l'ordre de se rendre au 100ᵉ régiment d'infanterie à l'armée d'Espagne pour y être employé en qualité de sous-lieutenant;

---

(1) Non signées; extraites du « Travail du ministre de la guerre avec S. M. l'Empereur et Roi, date du 1ᵉʳ mai 1810 ».

| De nommer colonel d'artillerie et d'attacher en cette qualité à la direction de Cherbourg M. Albert Laurent, major. | Accordé. |

5494. — AU GÉNÉRAL CLARKE (1).

Rambouillet, 19 mai 1811.

Monsieur le duc de Feltre, il y a un détachement de 300 Hollandais du 2ᵉ bataillon expéditionnaire à Rochefort. Faites-moi connaître où est le reste du corps et comment on pourrait utiliser ces hommes.

5495. — AU GÉNÉRAL CLARKE (1).

Rambouillet, 19 mai 1811.

Monsieur le duc de Feltre, donnez ordre au duc de Padoue de renvoyer les compagnies de voltigeurs des 10ᵉ et 20ᵉ régiments de ligne.

Remettez-moi un état de la situation de ces deux régiments, bataillon par bataillon, en indiquant l'effectif, le présent et les lieux où se trouvent les régiments.

5496. — AU GÉNÉRAL CLARKE.

Rambouillet, 19 mai 1811.

Monsieur le duc de Feltre, mandez au général Du Muy de se rendre à Toulon et dans les îles d'Hyères, pour y passer la revue du régiment de la Méditerranée, des bataillons du 22ᵉ régiment d'infanterie légère, et des autres bataillons qui se forment sur ce point, du dépôt du fort Lamalgue et de vous rendre un compte détaillé de la situation et de la tenue de ces dépôts, afin qu'on puisse y envoyer de nouveaux cadres, pour recevoir des conscrits réfractaires.

NAPOLÉON.

(1) Non signé, copie conforme.

5497. — AU GÉNÉRAL CLARKE (1).

Rambouillet, 19 mai 1811.

Monsieur le duc de Feltre, la place de Rochefort n'a pas d'armement : j'ai ordonné des travaux pour le compléter. Je pense qu'il doit être fait par l'artillerie de terre et qu'il faut ordonner que l'enceinte soit tout à fait fermée.

5498. — DÉCISIONS (2).

Rambouillet, 19 mai 1811.

Sa Majesté est priée de faire connaître ses intentions sur une demande tendant à faire restituer à des Dalmates condamnés pour cause de révolte les biens confisqués sur eux et qui ont servi à indemniser des sujets fidèles à Sa Majesté.	Il n'y a aucune raison pour revenir là-dessus.
Le général de division Schaal, qui commande la 26ᵉ division militaire et qui est député au corps législatif, croyant sa présence nécessaire dans cette division, demande à être dispensé de se rendre à la session prochaine du Corps législatif.	Approuvé.
On propose à Sa Majesté d'accorder un congé de trois mois avec appointements au général de brigade Merlin, grièvement blessé à la bataille d'Essling et qui a besoin d'aller prendre les eaux de Bourbonne.	Accordé.
On propose à Sa Majesté d'accorder un congé de deux mois avec appointements au général de bri-	Accordé.

---

(1) Non signé, copie conforme.
(2) Non signées; extraites du « Travail du ministre de la guerre avec S. M. l'Empereur et Roi, daté du 15 mai 1811 ».

gade Destabenrath, qui commande le département de l'Escaut, pour se rendre à Saint-Amand et y faire usage des boues.

L'adjudant commandant Bouchard, employé dans la 5⁰ division militaire, demande un congé de trois semaines avec appointements pour venir consulter à Paris les médecins sur une maladie grave dont il est atteint depuis longtemps. — Accordé.

On propose à Sa Majesté d'accorder un congé de convalescence de trois mois avec solde à M. d'Albuquerque, colonel du 1ᵉʳ régiment de la légion portugaise, actuellement à Grenoble. — Accordé.

On met sous les yeux de Sa Majesté une demande que forme d'un congé absolu le sieur Muller, sergent au régiment des pupilles de la garde impériale. — Accordé.

On propose à Sa Majesté d'autoriser le passage au service de Naples du sieur Dannemary, sous-lieutenant au régiment d'Isembourg. Ce militaire en a fait la demande; — Accordé.

De dispenser la dame veuve de Bomal du payement de la somme de 42 fr. 75 qu'elle redoit pour la pension de son fils, vélite chasseur à cheval, tué à la bataille d'Eylau. — Accordé.

M. Cavallero, lieutenant-colonel du génie espagnol, qui a prêté serment, demande à se rendre de Châlons-sur-Marne à Metz pour suivre le cours de l'Ecole du génie, afin d'être à portée de servir plus utilement Sa Majesté Catholique. — Cela est inutile.

Le sieur Dalton, Anglais, détenu au dépôt de Sarrelibre, demande sa liberté. Il a été arrêté à Dieppe — Accordé.

après avoir, en qualité de pilote côtier, fait entrer dans ce port un navire portugais.

Le ministre de la marine a annoncé que les pilotes côtiers français ne sont point retenus en Angleterre, conformément aux anciens usages.

M. Deflue, landamman du canton d'Unterwalden, en ce moment à Paris, demande qu'un de ses parents, capitaine suisse prisonnier de guerre à Mâcon, puisse retourner en liberté dans sa patrie.

Sa santé ne lui permet plus de reprendre du service.

Accordé.

Sa Majesté est priée de faire connaître si l'on doit admettre dans les compagnies de grenadiers du 79ᵉ régiment des hommes qui ne réunissent pas les conditions exigées par le décret du 18 février 1808, et si les compagnies d'élite des 3ᵉ et 4ᵉ bataillons de ce régiment doivent être complétées.

Non, ces bataillons n'auront point de grenadiers jusqu'à ce qu'ils aient rejoint leur régiment et qu'ils aient tiercé.

Le père d'un dragon du 30ᵉ régiment demande que ce militaire soit autorisé à passer comme maître culottier dans le bataillon royal du train d'artillerie du royaume d'Italie.

Approuvé.

5499. — DÉCISIONS (1).

19 mai 1811.

On propose à Sa Majesté de nommer chef de bataillon, adjudant de côte et quartier-maître, dans les départements réunis de l'Ems, du

Approuvé.

---

(1) Non signées: extraites du « Travail du ministre de la guerre avec S. M. l'Empereur et Roi, daté du 8 mai 1811 ».

Weser et de l'Elbe, M. le capitaine Baumgarten, commandant au 7° régiment d'artillerie à pied, et le sieur Guillaume, ex-employé à la trésorerie de l'armée et actuellement attaché à l'habillement. Ces officiers ont été désignés provisoirement par M. le maréchal prince d'Eckmühl;

D'accorder la décoration de la Légion d'honneur au major Wasdorf, officier des troupes de la Confédération du Rhin, pour sa conduite distinguée à l'armée de Catalogne.

Accordé.

On met sous les yeux de Sa Majesté la liste des officiers pour lesquels le maréchal duc de Tarente demande des récompenses.

L'Empereur ayant accordé dernièrement des récompenses de diverses natures à plusieurs des officiers portés dans ce travail, Sa Majesté a décidé qu'un nouveau travail lui serait présenté après avoir pris en considération ce qui a été fait.

M. le comte Roederer, ministre secrétaire d'État du grand-duc de Berg, demande que M. Gunita, son neveu, capitaine au régiment d'Isembourg, soit autorisé à passer dans le 15° régiment d'infanterie légère. Le colonel de ce régiment exprime le désir d'avoir cet officier sous ses ordres.

Il le faut laisser.

5500. — AU GÉNÉRAL LACUÉE.

Rambouillet, 19 mai 1811.

Monsieur le comte de Cessac, je vous envoie un état des magasins de Bayonne que me remet le major général. Cet état me paraît assez curieux et vous fera connaître combien il vous sera facile de disposer des 100.000 chemises et des 100.000 paires de souliers que vous faites faire à Paris, puisque les régiments des armées d'Espagne et de Portugal font venir leurs effets de leurs dépôts.

NAPOLÉON.

5501. — DÉCISION.

Rambouillet, 19 mai 1811.

| On demande les ordres de Sa Majesté sur l'envoi d'une compagnie de sapeurs à l'île d'Yeu. | Refusé. Je n'approuve pas ce mouvement. On se passera de ces sapeurs à l'île d'Yeu. |

NAPOLÉON.

5502. — AU MARÉCHAL BERTHIER.

Rambouillet, 20 mai 1811.

Mon Cousin, je vous renvoie vos états. Faites-m'en faire un résumé qui fasse connaître la situation des différentes troupes et les lieux où elles se trouvent. Faites la recherche de tous les hommes de cavalerie et du train à pied et écrivez pour qu'ils rejoignent.

NAPOLÉON.

5503. — DÉCISION.

Rambouillet, 20 mai 1811.

| Le maréchal Berthier demande des ordres au sujet de la marche ultérieure des deux premiers bataillons du 81ᵉ d'infanterie de ligne qui doivent arriver le 31 mai à Paris. | Le général Monthion sera chargé de donner des ordres à ces bataillons pour les diriger sur la Navarre par la route la plus convenable, et avoir soin qu'ils se munissent de cartouches avant de partir. |

NAPOLÉON.

5504. — DÉCISION.

Rambouillet, 20 mai 1811.

| Le général Clarke propose de faire partir de La Haye pour Douai le dépôt du 8ᵉ régiment d'artillerie à pied. | L'envoyer à Anvers. |

NAPOLÉON.

5305. — AU GÉNÉRAL LACUÉE.

Rambouillet, 20 mai 1811.

Monsieur le comte de Cessac, je reçois votre rapport sur l'administration de l'armée d'Allemagne. Mon intention n'est pas que le Trésor impérial avance 1 million pour l'achat des vivres destinés aux places de Küstrin et Stettin. Il faut acheter à fur et mesure que les produits des droits rentreront. Les 500.000 rations de biscuit à Magdeburg, les 500.000 de Küstrin et les 500.000 de Stettin sont suffisantes. Quant à Danzig, il y en a 600.000 rations; le blé est dans une telle abondance dans cette ville qu'il ne peut jamais y avoir de difficulté pour les subsistances; on sera donc toujours à même de faire du biscuit, lorsqu'on le voudra. Mon intention n'est pas d'accorder 263.000 francs pour compléter l'approvisionnement des places de l'Oder. Cette somme sera prise sur le million, à mesure qu'il rentrera. Je pense que les régiments de cavalerie des corps d'observation d'Italie et du Rhin doivent avoir un caisson d'ambulance.

NAPOLÉON.

5306. — DÉCISION.

Rambouillet, 21 mai 1811.

Le maréchal Berthier fait connaître à l'Empereur que les deux détachements de 60 hommes chacun, destinés pour l'Espagne, n'ont pas encore quitté Saumur.	Le major général verra le ministre de la guerre pour qu'on donne l'ordre à ce détachement de 120 hommes de partir pour se rendre en Espagne.

NAPOLÉON.

5307. — AU GÉNÉRAL CLARKE.

Rambouillet, 21 mai 1811.

Monsieur le duc de Feltre, témoignez mon mécontentement au général Morand de ce que, depuis plusieurs années que mes flûtes viennent de Toulon dans le golfe de Sagone pour charger du bois, il n'a pris aucune mesure pour mettre ce mouillage à l'abri de tout événement, que c'est une négligence dont je lui sais très mauvais gré.

Donnez-lui l'ordre de faire transporter soit de Bonifacio, soit d'Ajaccio, soit de Bastia, 18 pièces de gros calibre et 3 mortiers pour faire trois ou quatre batteries qui mettent le mouillage de Sagone en parfaite sûreté. Il y tiendra une garnison suffisante pour protéger les batteries. Ce point étant le mouillage qui sert à l'embarquement du bois et à l'exploitation des forêts, c'est le plus important de la Corse, puisque mes flûtes sont obligées d'y séjourner longtemps.

Donnez l'ordre au commandant en Corse de faire visiter les mouillages de Saint-Florent et d'Ajaccio, pour savoir quelle artillerie il y a pour protégér mes escadres contre une force supérieure anglaise, ce qui ne peut se faire qu'avec de fortes batteries. Je donne ordre au ministre de la marine d'envoyer un officier de marine pour inspecter ces mouillages et s'assurer qu'ils sont protégés.

NAPOLÉON.

5508. — AU GÉNÉRAL CLARKE.

Rambouillet, 21 mai 1811.

Monsieur le duc de Feltre, donnez l'ordre que les travailleurs de la batterie d'Enette, au lieu d'aller coucher à Fouras, couchent à Enette, sans quoi ils perdent un temps considérable et les travaux de cette batterie n'avancent pas.

Donnez l'ordre au commandant de la 12ᵉ division militaire de se rendre dans l'île d'Aix, de passer la revue des deux bataillons qui s'y trouvent, et de vous faire un rapport particulier qu'il vous enverra de l'île d'Aix sur la force de ces deux bataillons, sur l'espèce d'hommes et sur l'habillement et l'armement. Vous manderez au général Cassagne qu'aussitôt que ces hommes auront les premières notions des manœuvres, il leur fasse faire l'exercice à feu et ensuite tirer à la cible, afin de les former. Aussitôt que le major sera arrivé à l'île de Ré, le colonel passera à l'île d'Aix pour commander lui-même les trois bataillons.

Faites-moi connaître quel est l'officier qui commande l'artillerie dans l'île d'Aix; il est nécessaire que ce soit au moins un chef de bataillon. Je suppose que vous avez envoyé les ordres pour que les travaux du fort de l'île d'Aix commencent sans délai.

Faites-moi connaître ce que le dépôt de la légion hanovrienne a de disponible.

Donnez l'ordre, sans délai, que tout le régiment du grand-duché de Berg se réunisse à La Rochelle. Ce régiment a un bataillon à l'île d'Yeu qu'il faut retirer avant le 1ᵉʳ juin. Je désire qu'au 10 juin, il soit rendu à La Rochelle, que le commandant le fasse manœuvrer, et qu'il vous envoie un rapport particulier sur ce régiment.

Napoléon.

5509. — AU GÉNÉRAL CLARKE.

Rambouillet, 21 mai 1811.

Monsieur le duc de Feltre, le prince d'Eckmühl trouve que le nombre de 992 voitures d'artillerie qui est affecté à son corps d'armée n'est pas suffisant. Je n'accorde pas ses demandes. Il se plaint qu'il y a de mauvaises voitures et de mauvais affûts: il faut qu'il les renvoie en France et les échange contre des meilleurs; car un mauvais matériel n'est bon à rien et c'est un mauvais remède que d'augmenter le nombre des voitures.

Les compagnies d'artillerie de ce corps d'armée ne sont pas complètes; il y en a qui n'ont que 30 hommes; il faut les compléter à 100 hommes, cela est très urgent.

Napoléon.

5510. — DÉCISION.

Rambouillet, (1) mai 1811.

Rapport du général Clarke au sujet du recrutement des 1ʳᵉ compagnie du 1ᵉʳ bataillon de mineurs et 3ᵉ du 5ᵉ de sapeurs par des hommes tirés des dépôts de ces bataillons.	Approuvé. Napoléon.

5511. — AU GÉNÉRAL LACUÉE.

Rambouillet, 21 mai 1811.

Monsieur le comte de Cessac, je vous envoie des états que me remet le prince de Neuchâtel. Donnez des ordres à ces détachements, conformément aux derniers états que j'ai arrêtés, afin que tout cela soit en règle. Il me tarde d'apprendre que le dépôt de Pau

---

(1) Sans date de jour; le rapport du ministre est du 20, la décision a été envoyée aux bureaux le 22.

est organisé et que vous y avez envoyé un officier supérieur pour le diriger. Je suppose que vous avez donné des ordres pour l'achat des mulets de bât. Quant aux chevaux de trait pour atteler les premières compagnies, je les ai portés dans la 5ᵉ remonte; mais aussitôt que j'aurai reçu vos états, je ne serai pas éloigné de prescrire des mesures pour leur procurer des chevaux. J'attends donc l'exécution des différents ordres que j'ai donnés sur cette partie.

NAPOLÉON.

5512. — DÉCISION.

Caen, 23 mai 1811.

Le général Clarke propose de faire venir à Strasbourg, au dépôt du 1ᵉʳ bataillon de pontonniers, la 11ᵉ compagnie de ce bataillon, ex-compagnie hollandaise, dont l'instruction laisse à désirer.

Approuvé.

NAPOLÉON.

5513. — DÉCISION.

Caen, 23 mai 1811.

Le général Clarke propose d'employer les chevaux du train de la garde à rassembler à La Fère les voitures destinées à former son équipage et qui sont à Douai et à Lille.

Approuvé la réunion de ces 300 voitures au parc de La Fère.

NAPOLÉON.

5514. — DÉCISION.

Caen, 23 mai 1811.

217 hommes provenant du 2ᵉ bataillon expéditionnaire et de la 2ᵉ compagnie d'artillerie expéditionnaire sont disponibles à Rochefort.

Diriger tous ces hommes sur Brest pour compléter le régiment qui est à Brest à la disposition de la marine.

NAPOLÉON.

5515. — AU MARÉCHAL OUDINOT,
COMMANDANT LES TROUPES FRANÇAISES EN HOLLANDE.

Lille, 23 mai 1811.

L'Empereur m'ordonne de vous faire connaître, monsieur le Maréchal, qu'il est fort mécontent de la conduite des habitants d'Amsterdam et qu'il se verra forcé, d'ici à fort peu de temps, de faire entrer de nouvelles troupes en Hollande. Sa Majesté vous recommande d'avoir les yeux sur tout ce qui se passe à Amsterdam et dans le pays; son intention est que vous n'ayez aucune relation avec le... (1), et que vous ne souffriez pas qu'aucun officier de votre armée en ait.

ALEXANDRE.

5516. — AU MARÉCHAL BERTHIER.

Saint-Cloud, 24 mai 1811.

Mon Cousin, écrivez au duc d'Abrantès qu'il peut venir demain à mon lever. L'ordonnateur Marchant ne doit pas prendre le titre d'intendant de l'armée de Portugal, mais d'ordonnateur en chef. Faites connaître cela au ministre de la guerre.

NAPOLÉON.

5517. — DÉCISION.

Caen, 24 mai 1811.

| Le général Clarke rend compte que les cadres du 4ᵉ régiment des ducs de Saxe, des 5ᵉ et 6ᵉ régiments de la Confédération du Rhin sont arrivés à Metz où ils attendent des ordres pour leur destination ultérieure. | Les diriger sur Francfort, d'où on les enverra chez leurs princes respectifs pour les reformer. |

NAPOLÉON.

5518. — AU GÉNÉRAL CLARKE.

Caen, 24 mai 1811.

Monsieur le duc de Feltre, je désirerais que vous me remissiez pour les mouvements que j'ordonne, surtout pour les mouvements

---

(1) Ces points de suspension existent sur le document.

un peu considérables, des états pareils à ceux que me remet le major général, sur lesquels sont marqués le départ de chaque corps et le lieu où ils se trouvent chaque jour jusqu'au jour de leur arrivée. Ainsi, par exemple, sur un tableau pareil, je verrai quand les 10e, 20e, 1er et 62e arriveront à Lyon ou à Turin. Il y a **eu des** séjours qu'il était contre mon intention de laisser aux troupes dans certains lieux, et qui n'auraient pas eu lieu, si j'avais eu ces tableaux.

Napoléon.

5519. — AU GÉNÉRAL LACUÉE.

Caen, 24 mai 1811.

Monsieur le comte de Cessac, je vous envoie deux états de subsistances, qui se trouvent dans les ports de Naples, destinées pour Corfou; ces états peuvent vous être utiles.

Napoléon

5520. — AU MARÉCHAL BERTHIER

Caen, 25 mai 1811.

Mon Cousin, je reçois votre lettre du 21 mai, par laquelle vous me faites connaître que 1.300 hommes d'infanterie légère se rendent à Bayonne, pour former deux bataillons de marche. Mais, indépendamment de ces bataillons de marche, des détachements d'infanterie de ligne ont dû se rendre à Bayonne pour former d'autres bataillons de marche. Complétez vos renseignements, afin que je puisse donner des ordres; ceux que vous m'envoyez ne sont pas exacts.

Napoléon.

5521. — DÉCISION.

Caen, 25 mai 1811.

Le général Clarke demande si l'intention de l'Empereur est bien que les dépôts des bataillons du train d'artillerie de l'armée d'Espagne soient tous réunis à Auch.

Mon intention est effectivement que tous les dépôts des équipages d'artillerie de l'armée d'Espagne soient à Auch. Le ministre donnera des ordres en conséquence.

Napoléon.

5522. — AU GÉNÉRAL CLARKE.

Caen, 25 mai 1811.

Monsieur le duc de Feltre, donnez ordre que les 250 hommes de la légion hanovrienne se rendent à La Rochelle pour en augmenter la garnison, et que le bataillon colonial se rende à l'île de Ré, de sorte que les quatre bataillons du régiment de l'île de Ré soient seuls à l'île d'Aix. Tout ce qu'il y a du régiment de Berg dans les îles de Ré, d'Oléron et d'Aix se rendra sans délai à La Rochelle.

Je vois, par le rapport du général Rivaud, qu'il a mal compris l'ordre que vous lui avez donné; cela est fâcheux, parce que cela retarde l'exécution des mesures que j'avais prescrites. Ce ne sont pas les dépôts des 26e, 66e et 82e qui doivent fournir chacun 300 hommes pour former les garnisons des îles d'Yeu, de Ré et d'Oléron, mais les 5es bataillons de ces régiments doivent former les cadres complets de ces six compagnies, lesquels doivent se rendre à l'île de Ré, et, de là, recevoir 300 hommes par régiment de conscrits réfractaires.

Je ne vois pas d'objection à ce qu'on envoie les cadres des deux compagnies du 26e, remplis par 300 conscrits réfractaires, à l'île d'Yeu, pour y relever le régiment du grand-duché de Berg. Les compagnies du 82e et du 66e tiendront garnison à l'île d'Oléron.

Il y a donc dans la lettre du général Rivaud une erreur qu'il faut vous hâter de relever, car je vois qu'il suppose que c'est avec les conscrits arrivant aux dépôts des régiments que les compagnies doivent être formées.

NAPOLÉON.

5523. — DÉCISION.

Caen, 25 mai 1811.

Sur la demande du colonel commandant le 23e chasseurs, le général Clarke propose de réunir dans la 31e division militaire ce régiment qui a deux escadrons dans cette division et deux autres dans la 17e.

Approuvé.

NAPOLÉON.

5524. — AU GÉNÉRAL CLARKE.

Cherbourg, 28 mai 1811.

Monsieur le duc de Feltre, je réponds à votre lettre du 24 mai. Le général commandant à Wesel a eu très tort de prendre sur lui de faire revenir les cadres des 6es bataillons qui étaient rendus à leurs dépôts.

Je vous ai fait connaître que mon intention était de réunir les 4e et 6e bataillons dans quatre points différents, savoir : à Cologne, à Wesel, à Düsseldorf et à Cassel. Ceux qui sont au dépôt ne doivent partir que lorsqu'ils seront complets. Les conscrits réfractaires ne doivent sortir de l'île de Walcheren que sur mon ordre. Quant aux conscrits tirés des cadres des régiments de l'armée d'Espagne, je vous ai fait connaître mes intentions : ils ne doivent sortir également que par mon ordre. Je me déciderai selon les circonstances. J'attends donc le rapport que vous devez me faire au 15 juin.

NAPOLÉON.

5525. — AU GÉNÉRAL CLARKE.

Cherbourg, 28 mai 1811.

Monsieur le duc de Feltre, donnez ordre aux 3e et 4e compagnies du 5e régiment d'infanterie légère de verser tous leurs hommes disponibles dans les deux premières compagnies; et faites placer les cadres de ces 3e et 4e compagnies au fort de l'île Pelée, rade de Cherbourg. Vous compléterez ces cadres par 300 conscrits, de ceux qui se rendent à Belle-Ile, en ayant soin de ne point prendre de conscrits des départements de la Manche et du Calvados, qui seraient trop voisins. Ces 300 hommes feront partie du 5e léger, le compléteront, et formeront une très bonne garnison pour le fort de l'île Pelée.

NAPOLÉON.

5526. — AU GÉNÉRAL CLARKE.

Cherbourg, 28 mai 1811.

Monsieur le duc de Feltre, j'ai ordonné que les quatre bataillons du régiment de l'île de Ré fussent placés à l'île d'Aix, ce qui ferait 3.400 hommes. Laissez le général de division, s'il trouve ce nombre trop considérable et qu'ils y soient mal, maître de diriger un bataillon sur l'île d'Oléron, d'autant plus qu'au moindre événement, ce bataillon pourrait facilement se reporter sur l'île d'Aix.

Je vous ai donné l'ordre de faire sortir de l'île d'Aix le bataillon colonial et le détachement de Hanovriens. Ainsi, il n'y aura à l'île d'Aix que le nombre d'hommes que peuvent contenir les baraques. Laissez une certaine latitude là-dessus au général. Donnez-lui l'ordre de visiter fréquemment l'île d'Aix et les îles de Ré et d'Oléron.

Les cinq bataillons du régiment de l'île de Ré complétés, il restait au 20 mai, au dépôt, 1.200 conscrits qui n'avaient pas de destination. Je vous avais mandé d'y envoyer les cadres des 3e et 4e compagnies des 5es bataillons des 26e, 66e et 82e, pour recevoir 900 hommes. Cependant, au 20 mai, ces cadres n'étaient pas arrivés, ce que j'attribue à l'erreur qui a été commise dans vos bureaux, et que vous aurez déjà probablement rectifiée. Il deviendra donc urgent d'envoyer de nouveaux cadres dans l'île de Ré. On pourrait y envoyer les cadres des 3e et 4e compagnies des 5es bataillons des 121e et 122e, les cadres des régiments qui sont dans la 11e division militaire, ou les cadres des 4es bataillons qui arrivent d'Espagne, et qu'on pourrait arrêter pour cet objet. Faites-moi, sans délai, un rapport là-dessus, car on me mande que les conscrits affluent partout avec une grande rapidité. Il faut donc leur trouver des cadres.

NAPOLÉON.

5527. — DÉCISION.

Cherbourg, 29 mai 1811.

Propositions du maréchal Berthier relativement à la fixation du nombre de rations de vivres et de fourrages à attribuer au maître des requêtes, intendant général et aux auditeurs au Conseil d'État attachés aux armées du Nord et d'Aragon.

Approuvé.

NAPOLÉON.

5528. — DÉCISION.

Cherbourg, 29 mai 1811.

Propositions transmises par le maréchal Berthier relativement au mode de vente du sel dans l'étendue du 3ᵉ gouvernement de l'Espagne.

Renvoyé à la décision du duc d'Istrie.

NAPOLÉON.

5529. — AU GÉNÉRAL LACUÉE.

Cherbourg, 29 mai 1811.

Monsieur le comte de Cessac, je réponds à votre lettre du 25, bureau des étapes et équipages militaires. J'approuve toutes les mesures que vous avez prises pour le dépôt de Pau. Je vois que vous avez 470 hommes présents et 70 voitures en état sur 126 ; c'est donc 56 voitures qui manquent. Vous proposez de les envoyer de Paris. J'approuve cette disposition, s'il n'y a pas de voitures à Vitoria ou à Burgos qui soient sans destination et que l'on puisse employer à ce service. Vous avez ordonné des achats pour les 1.300 mulets : vous n'avez fait aucune disposition pour l'achat des 700 chevaux. Pour lever ces chevaux, il faudrait connaître le temps où les conscrits seront arrivés. 1.350 mulets et 760 chevaux font 2.100. Pour servir ce nombre de chevaux et de mulets, il faudrait 1.200 ou 1.500 hommes et il n'y en a actuellement que 476.

NAPOLÉON.

5530. — AU MARÉCHAL BERTHIER.

Alençon, 1ᵉʳ juin 1811.

Mon Cousin, donnez ordre au général Caffarelli de former trois détachements des escadrons de marche qui sont à Vitoria, un des corps faisant partie de l'armée de Portugal, un des corps de l'armée du Centre et de l'armée du Midi, le troisième des corps de l'armée d'Aragon, et de diriger chacun de ces détachements sur l'armée à laquelle ils appartiennent, en les joignant aux troupes d'infanterie qui passeront, afin de renforcer d'autant la cavalerie de ces corps d'armée. L'armée du Midi se trouvera recevoir 250 chevaux. Le général Caffarelli gardera le détachement du 26ᵉ de chasseurs, qui est parti de Saumur, formant environ 250 hommes. Ce détachement restera à Vitoria jusqu'à nouvel ordre.

NAPOLÉON.

5531. — AU MARÉCHAL BERTHIER.
Alençon, 1er juin 1811.

Mon Cousin, il arrive le 7 juin, à Bayonne, trois détachements. savoir : un de 135 hommes du 2e léger, un de 110 hommes du 4e id. et un de 210 hommes du 12e id. Faites former de ces 450 hommes un petit bataillon que vous mettrez sous les ordres de l'officier qui commandera l'escorte du Trésor qui doit partir le 15 juin. Arrivés à Valladolid, les 210 hommes du 12e léger se rendront à Madrid et, de là, en Andalousie. Les détachements des 2e et 4e rejoindront leur régiment à l'armée de Portugal.

Au 1er juillet, il arrive à Bayonne 108 hommes du 17e léger et 110 hommes du 25e léger. Ces détachements seront joints au bataillon de marche de l'armée du Midi, dont j'ai ordonné la formation à Bayonne pour le 5 juillet. Ce bataillon qui, par ce moyen, sera fort de 700 à 800 hommes, servira à escorter le trésor, qui partira du 1er au 10 juillet.

Le bataillon de marche de l'armée, qui se réunit à Orléans et qui y sera réuni le 5 juin, servira à escorter le 8e convoi du trésor, qui partira du 20 au 25 juillet à Bayonne. Il est nécessaire que tous les détachements des trois bataillons de marche qui sont à Bayonne rejoignent entièrement en Biscaye, afin que le régiment de marche de l'armée de Portugal ait l'organisation définitive que je lui ai donnée. Donnez l'ordre que l'ancien 3e bataillon de marche de l'armée de Portugal, qui devait être le 5e dans la nouvelle formation et composé des détachements des 17e, 65e, 27e, 39e, etc., etc., formant 700 à 800 hommes, parte de la Biscaye pour se rendre à Salamanque où il sera dissous, et chaque détachement rejoindra son régiment. Alors, le régiment de marche de Portugal ne sera plus composé que de quatre bataillons, savoir :

Le 1er bataillon, composé d'un détachement du 26e de ligne;

Le 2e bataillon, composé d'un détachement du 66e et du 82e de ligne;

Le 3e bataillon, composé de détachements des 15e et 47e,

Et le 4e bataillon, composé de détachements des 70e et 86e.

NAPOLÉON.

5532. — DÉCISION.

Alençon, 1ᵉʳ juin 1811.

On propose à Sa Majesté de décider que, dans les régiments qui ont été portés à 6 et 7 bataillons, il y aura, par bataillon, 1 capitaine de 1ʳᵉ classe, 2 capitaines de 2ᵉ et 3 lieutenants de 1ʳᵉ classe de plus.

Approuvé.

Napoléon.

5533. — DÉCISION.

Alençon, 1ᵉʳ juin 1811.

Le général Clarke propose d'envoyer à l'armée d'Aragon 300 hommes actuellement disponibles au dépôt de la légion de la Vistule.

En faire passer la revue, s'assurer que ces hommes sont tous Polonais et qu'il n'y a pas d'Allemands; après quoi, on les dirigera sur Pau où ils recevront des ordres du général Monthion pour se réunir à d'autres troupes et entreront en Aragon par Jaca pour rejoindre leurs régiments.

Napoléon.

5534. — AU GÉNÉRAL CLARKE.

Alençon, 1ᵉʳ juin 1811.

Monsieur le duc de Feltre, remettez-moi un projet de route pour faire partir le 10ᵉ et le 20ᵉ de ligne, qui sont à Lyon, ainsi que le 60ᵉ, qui est à Toulon, et les diriger sur Pau par le plus court chemin. Faites-moi connaître quand le 52ᵉ arrivera à Toulon.

Napoléon.

5535. — AU GÉNÉRAL CLARKE.

Alençon, 1ᵉʳ juin 1811.

Monsieur le duc de Feltre, le régiment de marche de cavalerie de l'armée du Midi doit être réuni dans les premiers jours de juin à Niort, et le régiment de marche de l'armée de Portugal à la même époque à Nantes.

Donnez ordre au général de brigade Defrance de partir, sans délai, pour Nantes, pour former le régiment de marche de Portugal et le mettre sur-le-champ en mouvement sur Niort. Il se rendra après cela à Niort, et formera le régiment de marche de l'armée du Midi. Il restera à Niort jusqu'à nouvel ordre avec ces deux régiments.

Il inspectera les dépôts de Niort et de Saintes; vous l'autoriserez à faire monter les plus anciens soldats sur les chevaux des plus jeunes et de faire rentrer au dépôt ces conscrits en remplacement des anciens soldats. Vous le chargerez de vous rendre compte de tout ce qui se passera aux dépôts de Niort et de Saintes et de la situation des deux régiments de marche, afin que je puisse ordonner le mouvement de ces deux régiments sur l'Espagne, le plus tôt possible, dans le courant de juin.

NAPOLÉON.

5536. — AU GÉNÉRAL CLARKE.

Alençon, 1ᵉʳ juin 1811.

Monsieur le duc de Feltre, faites former à Orléans le bataillon de marche d'infanterie de l'armée du Midi, afin qu'il soit en état de partir au 10 juin. Vous formerez ce bataillon de la manière suivante :

1ʳᵉ compagnie.	8ᵉ régiment... 80 hommes. 45ᵉ — ... 60 —	140 hommes.
2ᵉ —	63ᵉ — ... 37 — 95ᵉ — ... 90 —	127 —
3ᵉ —	54ᵉ — ... 60 — 96ᵉ — ... 72 —	132 —
4ᵉ —	34ᵉ — ... 60 — 64ᵉ — ... 40 — 88ᵉ — ... 48 — 40ᵉ — ... 15 —	168 —
5ᵉ —	100ᵉ — ... 66 — 58ᵉ — ... 88 —	154 —
6ᵉ —	32ᵉ — ... 105ᵉ — 75ᵉ — ... 67 —	172 —
7ᵉ —	28ᵉ de ligne..............	140 —

Il est indispensable qu'il y ait 3 officiers par compagnie. Vous désignerez, soit de l'école de Saint-Cyr, soit des vélites, soit de la garde nationale, soit de tout autre corps, les officiers destinés à se rendre à l'armée du Midi.

Le bataillon de marche de l'armée de Portugal sera organisé à Orléans et formé de quatre compagnies. J'ai nommé colonel en second le major du 75°, qui est à Cherbourg. Vous lui donnerez le commandement de ces deux bataillons. Donnez ordre que les détachements qui ne seraient pas partis au 15 juin de ces dépôts pour former ce bataillon n'en partent plus. Rendez-moi compte des progrès de la formation de ces deux bataillons afin que je sache quand ils seront prêts à partir.

NAPOLÉON.

5537. — AU GÉNÉRAL CLARKE.

Alençon, 1er juin 1811.

Monsieur le duc de Feltre, faites-moi un rapport sur le 1er régiment de lanciers, qui est en Espagne. Il a 300 à 400 hommes à son dépôt. Combien pourrait-on faire partir d'hommes pour le rejoindre ? Je vois sur les états de situation qu'il y a à Fontenay un dépôt de cavalerie de la légion hanovrienne. Faites diriger ces hommes sur le 30° régiment de chasseurs à Hamburg, et faites-leur fournir des chevaux du dépôt de Niort.

Je vois qu'il y a à Brest le 1er bataillon expéditionnaire des Indes, fort de 400 hommes, et à Rochefort 150 hommes du 2e bataillon. Réunissez ces 150 hommes au 1er bataillon à Brest; il y a également à Brest la 1re compagnie de canonniers expéditionnaire, et un détachement de la seconde compagnie à Rochefort. Faites-moi un rapport sur ce qu'il conviendrait de faire de ces deux compagnies.

NAPOLÉON.

5538. — AU GÉNÉRAL CLARKE.

Alençon, 1er juin 1811.

Monsieur le duc de Feltre, j'avais ordonné que le cadre du 4e bataillon du 29e léger se rendît à Belle-Ile pour se compléter avec des conscrits réfractaires; vous me faites connaître par votre lettre du

29 mai qu'il n'y aura à Belle-Ile que les conscrits nécessaires pour compléter le régiment. Cela étant, le 4° bataillon du 29° léger se rendra à l'île de Ré. Dirigez également sur l'île de Ré les 3° et 4° compagnies des 5°° bataillons des 121° et 122°.

NAPOLÉON.

5539. — AU GÉNÉRAL CLARKE.

Alençon, 1" juin 1811.

Monsieur le duc de Feltre, j'ai vu avec peine, à Cherbourg, que des conscrits du 5° régiment d'infanterie légère, ayant moins d'un mois de service, étaient embarqués sur des péniches. Donnez ordre que les hommes que ce régiment a sur les bâtiments soient débarqués, afin qu'il se tienne prêt à partir.

La garnison du fort de l'île Pelée sera, comme je vous l'ai mandé, de 300 conscrits réfractaires, incorporés dans les 3° et 4° compagnies du 5° bataillon.

Les garnisons des péniches et les autres garnisons nécessaires seront fournies par le 113°, qu'on tient mal à propos disséminé dans tout le département et qu'on réunira le plus tôt possible à Cherbourg, afin que le 5° soit prêt à partir au premier ordre.

Le 5° léger manque de baudriers et de gibernes : son équipement est très incomplet.

Vous recevrez un détail par lequel j'ai nommé à plusieurs emplois vacants dans ce régiment.

Il y a à Cherbourg des prisonniers de ce régiment, venant d'Angleterre, dont il faut que vous disposiez sans délai; ils sont là depuis plusieurs mois.

Donnez ordre au colonel du 5° léger de se tenir prêt à partir dans le courant de juin avec ses deux bataillons, portés au grand complet de 140 hommes par compagnie.

NAPOLÉON.

5540. — AU GÉNÉRAL CLARKE.

Alençon, 1" juin 1811.

Monsieur le duc de Feltre, un grand nombre de cadres des corps qui sont en Espagne et en Portugal arrivent en France. Donnez ordre qu'ils s'arrêtent à Bayonne; que, vingt-quatre heures après leur arrivée, le général Monthion en passe la revue, constate le nombre d'hommes présents aux cadres, les places vacantes et vous envoie l'état de situation; et, jusqu'à ce que vous ayez pris et transmis mes ordres, les cadres de ces bataillons resteront à Bayonne. Comme un grand nombre de ces cadres ont dépassé Bayonne et sont déjà arrivés à Bordeaux, donnez les mêmes ordres à Bordeaux. Quant à ceux qui auraient dépassé Bordeaux, vous les laisserez suivre leur destination et joindre leurs dépôts.

Napoléon.

5541. — AU GÉNÉRAL CLARKE.

Alençon, 1er juin 1811.

Monsieur le duc de Feltre, faites-moi un rapport sur un envoi de 500 chevaux que je voudrais diriger des 6e et 11e bataillons du train, qui sont à Besançon, sur le dépôt d'Auch. Ces chevaux seraient réunis au dépôt d'Auch et les hommes reviendraient rejoindre leurs bataillons. Mais, pour cela, il est nécessaire que je sois assuré que ce nombre de chevaux existe à Besançon, que les hommes pour les servir existent au dépôt d'Auch et que je connaisse ce qu'ils peuvent atteler, soit à Bordeaux, soit à Bayonne. Je destinerai ces 500 chevaux pour l'armée de Portugal, et comme je suppose que vous ne devez pas tarder à me faire un rapport sur le travail général de l'artillerie de l'armée d'Espagne, ces mesures devront en faire partie.

Napoléon.

5542. — DÉCISION.

Cherbourg, 2 juin 1811.

Le général Clarke propose d'établir le dépôt du 8e dragons soit à Montmédy, soit à Philippeville.

Approuvé.

Napoléon.

5543. — AU MARÉCHAL BERTHIER.

Chartres, 3 juin 1811.

Mon Cousin, je vous envoie la relation anglaise de l'affaire de Fuentès d'Oñoro. Envoyez-en une copie au duc de Raguse et au duc d'Istrie. Vous pouvez faire copier même ce qui est effacé, afin qu'ils connaissent tout. Vous me remettrez cette relation demain, à mon arrivée à Saint-Cloud.

Napoléon.

5544. — AU MARÉCHAL BERTHIER.

Chartres, 3 juin 1811.

Mon Cousin, remettez-moi un état des cadres des 4ᵉˢ bataillons qui sont revenus depuis le 1ᵉʳ janvier ou qui ont ordre de revenir des armées d'Espagne, en indiquant le jour où ils sont passés ou passeront à Bayonne.

Napoléon.

5545. — AU GÉNÉRAL CLARKE.

Chartres, 3 juin 1811.

Monsieur le duc de Feltre, dans vos états de situation vous portez les régiments de la Méditerranée, de Walcheren, de Belle-Ile et de l'île de Ré, après l'infanterie de ligne, de sorte qu'il m'est impossible de voir si ces régiments sont d'infanterie de ligne ou d'infanterie légère. Il faut porter à la suite de l'infanterie légère ceux qui sont habillés de l'uniforme d'infanterie légère, et à la suite des régiments de ligne ceux portant l'habit d'infanterie de ligne.

Napoléon.

5546. — AU GÉNÉRAL CLARKE.

Chartres, 3 juin 1811.

Monsieur le duc de Feltre, j'ai besoin de connaître ce que peuvent m'offrir de ressources les dépôts de cavalerie des armées d'Espagne pour recruter la cavalerie de ces armées.

J'ai formé un régiment de marche de dragons de l'armée de Portugal, un régiment de marche de dragons de l'armée du Midi et un régiment provisoire de chasseurs et hussards. Ces régiments doivent, à l'heure qu'il est, être arrivés sur la Loire. Faites-moi connaître leur situation au moment de leur arrivée.

J'ai ordonné la formation de dépôts à Niort et à Saintes, pour les hommes à pied revenant d'Espagne, et j'ai accordé des crédits pour acheter un certain nombre de chevaux; enfin, il reste dans les dépôts de France une grande quantité d'hommes et de chevaux.

J'ai accordé des crédits sur le budget de cette année pour des remontes considérables qui, actuellement, doivent être faites, ou qui le seront dans le courant de juin et de juillet; de sorte que je suppose que les deux régiments de marche de dragons, le régiment provisoire de chasseurs, les dépôts de Saintes et de Niort, et ce qu'il y a aux différents dépôts en France, ou ce qui reste à acheter sur les crédits que j'ai accordés, doivent composer plus de 10.000 chevaux.

NAPOLÉON.

5547. — AU GÉNÉRAL CLARKE.

Chartres, 3 juin 1811.

Monsieur le duc de Feltre, je reçois votre lettre du 1er, dans laquelle je vois que les 5es bataillons des 121e et 122e sont l'un et l'autre en Espagne. Le 4e bataillon du 122e, devant être entièrement composé de conscrits, je ne pense pas qu'il faille envoyer deux compagnies de ce bataillon à l'île de Ré. Il faut laisser le bataillon entier où il se trouve. Le 4e bataillon du 121e sera envoyé à l'île de Ré, mais au lieu de le détourner de sa route à Poitiers, vous pourriez le détourner quelques marches avant. Ces cadres doivent suffire, d'autant plus que je désire beaucoup que la garnison de l'île d'Yeu soit relevée. Il serait préférable que les cadres des 3e et 4e compagnies du 5e bataillon du régiment de l'île de Ré se rendissent à l'île d'Yeu, complétés au grand complet. Par ce moyen, les compagnies du 26e, du 66e et du 82e resteraient à l'île d'Oléron, ce qui ferait un bataillon de 900 hommes.

NAPOLÉON.

5548. — AU GÉNÉRAL CLARKE.

Chartres, 3 juin 1811.

Monsieur le duc de Feltre, j'ai disposé d'une partie des conscrits du régiment de Walcheren pour recruter l'armée d'Allemagne. Je désirerais qu'on pût disposer de ceux des régiments de Belle-Ile et de l'île de Ré, que tous les mois on pût faire un choix des hommes les plus sûrs et les plus dociles, et qu'on pût les envoyer, par compagnies de 160 hommes, dans les régiments d'infanterie de ligne ou légère, soit que ces conscrits réfractaires soient habillés de l'uniforme d'infanterie légère ou de ligne. Cela maintiendrait l'émulation dans ce régiment, et aurait toutes sortes de bons résultats.

Napoléon.

5549. — DÉCISION.

Chartres, 3 juin 1811.

Le maréchal Davout propose de mettre à la disposition du 30ᵉ régiment de chasseurs-lanciers un certain nombre d'instructeurs tirés des troupes du grand-duché de Varsovie.

Approuvé.

Napoléon.

5550. — DÉCISION.

Chartres, 3 juin 1811.

Rapport du général Clarke sur l'organisation des 2ᵉ, 3ᵉ et 4ᵉ régiments suisses qui seront sous peu en état d'être présentés à Sa Majesté.

Quand ces régiments pourront être complétés à 140 hommes par compagnie.

Napoléon.

5551. — DÉCISION.

Chartres, 3 juin 1811.

Moyens proposés pour éviter de recruter avec des conscrits de 1811 les compagnies d'artillerie qui sont en Allemagne.

Me remettre cela sous les yeux au 1ᵉʳ juillet.

Napoléon.

5552. — DÉCISIONS (1).

Saint-Cloud, 4 juin 1811.

On propose à Sa Majesté d'approuver le remboursement d'une somme de 497 fr. 25, au profit de la masse de linge et chaussure du 4ᵉ régiment d'artillerie à pied, pour pertes d'effets de petit équipement à la suite d'un combat, en Espagne.

Accordé.

Un réfugié égyptien, qui jouit à Marseille d'un secours de 1 fr. 50 par jour, demande l'autorisation de retourner à Saint-Jean-d'Acre, sa patrie, et de toucher six mois de ce secours pour faire sa route.

Accordé.

On propose à Sa Majesté de ne laisser qu'un inspecteur aux revues près la division de troupes employées dans le royaume des Deux-Siciles et de rappeler les autres.

Accordé.

Le général Belliard annonce que M. de la Torre y Gonzales, membre de la municipalité de Cordoue, très dévoué à son souverain, demande la liberté de son fils, capitaine de cavalerie, qui a fait sa soumission et qui est détenu en France. Sa Majesté est priée de prononcer sur cette demande.

Accordé, si le roi le demande.

Le prince d'Eckmühl réclame le renvoi à Hamburg d'un matelot né dans cette ville et qui a été fait prisonnier au service d'Angleterre.

Approuvé.

Sa Majesté est priée de faire connaître ses intentions sur la demande d'un congé de quinze jours avec

Accordé.

---

(1) Non signées, extraites du « Travail du ministre de la guerre avec S. M. l'Empereur et Roi, daté du 4 juin 1811 ».

appointements, pour cause de santé, faite par le colonel Rocmont, commandant d'armes au Havre.

M. le prince d'Eckmühl demande pour aide de camp le sieur Brosset, major du régiment de Walcheren; on demande les ordres de Sa Majesté. — Accordé.

Le général Compère, autorisé par décision du 1ᵉʳ février 1809 à passer au service de S. M. le roi des Deux-Siciles, sollicite la même faveur pour ses trois fils, dont l'aîné seulement a atteint l'âge de la conscription et sert depuis deux ans dans l'un des régiments de cavalerie de ce royaume. — Accordé.

Sa Majesté est priée de faire connaître si Elle consent à renvoyer à Stuttgart deux sujets du roi de Wurtemberg, employés à la boulangerie de la 2ᵉ division du 4ᵉ corps de l'armée d'Espagne. — Accordé.

Sa Majesté est priée de faire connaître ses intentions sur la demande d'un congé de deux mois avec appointements, faite par le général de division Macors, commandant d'armes à Lille. — Accordé.

On propose à Sa Majesté d'accorder un congé de deux mois avec appointements au général de brigade Lasalcette, employé dans la 30ᵉ division militaire; — Accordé.

D'accorder un congé de deux mois avec solde au général de brigade Soyez, employé dans la 20ᵉ division militaire; — Accordé.

D'accorder un congé de six mois avec appointements au général de brigade La Ferrière-Levesque, en — Accordé.

confirmant l'autorisation qui lui a été donnée par M. le maréchal prince d'Essling, pour rentrer en France pour se rétablir de ses blessures.

On soumet à Sa Majesté la demande d'une permission de quinze jours que fait le major Deschamps, commandant le dépôt du 27e régiment de chasseurs, pour se rendre à Paris afin d'y traiter des affaires du régiment. — Accordé.

On propose à Sa Majesté d'accorder au major Coutant, du 3e régiment de dragons, au dépôt à Soissons, un congé de deux mois pour faire usage des eaux de Bourbonne. — Accordé.

Le sieur A.-B. Giovannoni, conscrit du département du Golo, employé depuis quatre ans au ministère de la police du royaume de Naples, sollicite l'autorisation dont il a besoin pour entrer au service de Naples. — Accordé.

Un conscrit, admis depuis plus de deux ans dans le régiment des chevau-légers de la garde du royaume de Naples, sollicite l'autorisation nécessaire pour être maintenu dans ce corps. — Accordé.

On rend compte à Sa Majesté de la proposition faite par M. le comte Dumas de placer à la fin du dépôt de sa classe le nommé Georges Toussaint, conscrit du département de la Moselle. — Accordé.

Le lieutenant-colonel anglais Cox, ex-gouverneur d'Almeida, qui prétend que le prince d'Essling lui avait promis qu'il serait renvoyé sur sa parole, demande l'autorisa- — Accordé les eaux de Plombières.

tion de se rendre aux eaux de Plombières.

On demande les ordres de Sa Majesté sur l'avis donné par M. le duc de Bassano qu'Elle consent par exception, et pour ne rien refuser au prince de Schwarzenberg, au renvoi de 40 Autrichiens faits prisonniers en Espagne.	Accordé.
Sa Majesté Catholique demande le retour en Espagne des officiers espagnols prisonniers de guerre Del Barco et M. Ortiz, qui ont prêté serment.	Accordé.
M. le général Baraguey d'Hilliers transmet des renseignements favorables sur le compte du capitaine Vidal y Corta, officier espagnol, qui a fait sa soumission et sollicite son renvoi à Girone où sa famille se conduit bien.	Accordé.
Le sieur Portola, capitaine espagnol, qui a prêté serment, à qui Sa Majesté a accordé la permission de retourner à Madrid et qui sera accompagné de sa femme, demande un secours pour son voyage. On propose de lui accorder une somme de 300 francs à titre de secours.	Accordé.
Le ministre de la marine demande le renvoi du nommé G. Ratcliff, prisonnier de guerre à Arras, comme marin pêcheur.	Accordé.
Proposition de supprimer les deux brigades à cheval de gendarmerie, destinées au service de la marine, à Livourne et à la Spezia	Accordé.
Le général de brigade J. Bertrand, qui commande le dépôt des Bouches-du-Rhin, demande l'autorisation de se rendre à Aix-la-Cha-	Accordé.

pelle pour faire usage des eaux pendant la première saison.

On propose à Sa Majesté d'accorder un congé de trois mois avec solde au général de brigade Dumoulin, qui est employé à l'armée de Catalogne.

Accordé.

Proposition d'accorder par exception le congé absolu du nommé P. Bourcier, soldat au 1er bataillon *bis* du train d'artillerie, actuellement au dépôt de Metz.

Accordé.

5553. — DÉCISION.

Saint-Cloud, 4 juin 1811.

Le général Monthion a envoyé au général Caffarelli le 3e bataillon de marche d'infanterie qui était à Bayonne, afin d'augmenter les forces dont il dispose pour l'expédition de Navarre.

Approuver sa conduite.

NAPOLÉON.

5554. — DÉCISION.

Saint-Cloud, 4 juin 1811.

Le général Belliard transmet une demande du colonel du 18e dragons tendant à être autorisé à renvoyer au dépôt en France le cadre d'un ou de deux escadrons pour instruire les recrues.

Répondre au général Belliard que tous les hommes à pied qui sont de l'armée du Midi et qui ne peuvent pas être montés, doivent être envoyés aux dépôts de Saintes et de Niort.

NAPOLÉON.

5555. — DÉCISION.

Saint-Cloud, 4 juin 1811.

Les 120 hommes montés du 26e chasseurs, faisant actuellement partie de la colonne mobile du général Colbert, ne pourront partir pour l'Espagne que le 15 juin.

Renvoyé au ministre de la guerre pour leur donner ordre de se mettre en marche sur-le-champ.

NAPOLÉON.

5556. — DÉCISION.

Saint-Cloud, 4 juin 1811.

Le bataillon de marche de l'armée du Midi et le bataillon de marche de l'armée de Portugal attendent à Orléans l'ordre de partir pour l'Espagne.

Renvoyé au major général pour faire passer une revue de ces bataillons à Orléans et me faire connaître quand ils seront en état de partir.

Napoléon.

5557. — AU GÉNÉRAL CLARKE.

Saint-Cloud, 4 juin 1811.

Monsieur le duc de Feltre, donnez ordre que tous les conscrits réfractaires ou déserteurs, provenant de l'arrondissement de la 2ᵉ colonne mobile, commandée par le général Lagrange, savoir ceux des départements de l'Ardèche, de l'Aveyron, du Gard, de l'Hérault, des Pyrénées-Orientales, des Hautes-Pyrénées, de la Lozère, du Tarn, de l'Ariège, de l'Aude, de la Haute-Garonne, du Gers, et de Tarn-et-Garonne, au lieu d'être dirigés sur Toulon, seront dirigés sur l'île de Ré.

Donnez le même ordre pour la 3ᵉ colonne mobile, commandée par le général Reynaud, dont l'arrondissement comprend les départements de l'Allier, du Cher, de la Creuse, de l'Indre, de la Nièvre et de la Haute-Vienne, de sorte qu'il ne restera plus pour le recrutement des régiments de la Méditerranée que la colonne du général Durosnel, comprenant quinze départements.

Mon intention est qu'aucun mouvement rétrograde n'ait lieu, mais que, du moment que les généraux Lagrange et Reynaud auront reçu vos ordres, que vous leur expédierez par un courrier extraordinaire, tous les mouvements se fassent désormais par l'île de Ré, et non sur Toulon.

La circonstance des difficultés que présente le passage en Corse me porte à diminuer le nombre des conscrits que j'envoie en Provence. Je désire qu'on me remette tous les huit jours un état de ce que les commandants des colonnes mobiles envoient dans les différents dépôts, et de ce qui y arrive.

Napoléon.

5558. — AU GÉNÉRAL CLARKE (1).

Saint-Cloud, 4 juin 1811.

Monsieur le duc de Feltre, donnez ordre, par une estafette extraordinaire, à 500 chevaux bien harnachés du 6⁰ bataillon du train d'artillerie qui est à Besançon, et à 500 chevaux du 11⁰ bataillon de partir en deux convois et de se rendre à Auxonne.

Ordonnez qu'autant que possible ce soient les hommes des mêmes compagnies qui servent ces chevaux.

A leur arrivée à Auxonne, faites-les atteler à 250 voitures de poudre, de cartouches à balles et à boulets et de cartouches d'infanterie.

Si vous jugez convenable de leur faire atteler ces munitions mêmes à Besançon, je n'y vois pas d'inconvénient.

Si enfin, à Besançon et à Auxonne, vous n'avez pas la quantité de caissons chargés de cartouches à balles et à boulets et de cartouches d'infanterie que je demande, vous ferez charger la poudre sur des charrettes d'artillerie qui se trouvent dans ces deux villes.

Ces transports seront dirigés sur Auch.

A leur arrivée à Auch, les 1.000 chevaux seront servis par les hommes du dépôt d'Auch; la remise des chevaux et des harnais sera faite en règle, et les hommes du 6⁰ et du 11⁰ bataillon retourneront à Besançon.

Il est convenable qu'en partant de Besançon, tout le monde croie n'aller qu'à Auxonne; que le directeur seul ait le secret et les fasse partir d'Auxonne de manière que, dans les premières journées de route, la véritable destination soit encore inconnue.

Avant que ce convoi arrive à Auch, vous m'aurez remis le grand travail de l'artillerie et j'aurai pu déterminer où ces chevaux devront se rendre en partant d'Auch.

Prenez les mesures pour que la remise des chevaux et des harnais se fasse en règle et pour que les hommes retournent promptement à Besançon.

Vous instruirez de cette mesure le prince de Neuchâtel, qui en donnera avis au duc de Raguse.

Cela fera 1.500 chevaux qui auront été dirigés sur l'Espagne. Je désire en envoyer encore 1.000 en Espagne, en les prenant tant dans

(1) Non signé, copie conforme.

le 14ᵉ que dans les deux autres bataillons qui sont encore en France. Faites-moi connaître où sont ces bataillons, où je pourrai prendre ces chevaux, ce qu'ils doivent atteler et enfin s'il y aura suffisamment d'hommes au dépôt d'Auch pour recevoir ces chevaux.

Je n'ai pas besoin de vous recommander que les voitures autres que celles d'artillerie prennent le moins de charge possible; je vous laisse le maître de les atteler de six chevaux au lieu de quatre, afin que les chevaux soient moins fatigués.

Je trouve qu'il y a suffisamment de pièces et de caissons en Espagne; ce qu'il faut envoyer, c'est des munitions. S'il est des points sur la route où il y en ait, tel que la Rochelle, ou toute autre place, une partie de ces chevaux pourrait y être envoyée pour prendre un chargement.

5559. — EXTRAIT D'UN ORDRE DE L'EMPEREUR DATÉ DE SAINT-CLOUD, LE 4 JUIN 1811 (1).

Monsieur le duc de Feltre, qu'est-ce qu'un détachement de 31 ouvriers du 62ᵉ de ligne qui est arrivé à Brindisi? Donnez ordre que ce détachement, s'il est passé à Corfou, soit incorporé dans un des régiments de Corfou.

5560. — DÉCISION (2).

On propose à Sa Majesté de nommer sous-lieutenant dans le bataillon des vélites de Florence un vélite grenadier à pied de la garde:	L'Empereur demande un vélite qui soit né en Italie ou au moins qui parle cette langue. Comte de Lobau.
De nommer un ex-lieutenant de la gendarmerie royale westphalienne à un emploi de lieutenant dans la 34ᵉ légion de gendarmerie (villes hanséatiques).	L'Empereur n'a point agréé cette proposition. Comte de Lobau.
On propose à Sa Majesté de nommer chef d'escadron le capitaine César Choiseul-Beaupré, capitaine, aide de camp du général de division Nansouty.	L'Empereur a ajourné cette proposition. Comte de Lobau.

---

(1) Non signé, extrait conforme.
(2) Ni datées, ni signées; extraites du « Travail du ministre de la guerre avec S. M. l'Empereur et Roi, daté du 4 juin 1811 ».

5561. — DÉCISION (1).

Sa Majesté est priée d'approuver une dépense de 2.508 fr. 90 pour réparer les dégradations commises à la caserne Saint-Marcel, à Zara, par les troupes qui ont occupé cette caserne, sans que l'on puisse précisément en désigner les auteurs.

Approuvé.

5562. — DÉCISIONS (2).

Saint-Cloud, 6 juin 1811.

On met sous les yeux de Sa Majesté une demande de M. le prince d'Eckmühl qui sollicite, en faveur des troupes de l'armée d'Allemagne placées sur les côtes et employées à la répression de la fraude, la continuation du supplément de quart de solde qu'elles ont touché jusqu'ici.

Renvoyé au ministre.

Sa Majesté est suppliée d'accorder grâce de la peine des travaux publics à un déserteur du 6ᵉ régiment d'infanterie légère tombé en démence.

Accordé.

Sa Majesté est suppliée d'accorder grâce au nommé J.-B. Podesta, condamné pour désertion aux travaux publics et détenu à l'atelier du Pont-de-l'Arche.

Quoique ne sachant pas nager, il a sauvé un jeune homme de cette ville, tombé le 30 avril dernier dans l'eau des travaux de l'écluse, profonde en cet endroit.

Accordé.

---

(1) Sans signature ni date; extraite du « Travail du ministre de la guerre avec S. M. l'Empereur et Roi, daté du 4 juin 1811 ».
(2) Non signées; extraites du « Travail du ministre de la guerre avec S. M. l'Empereur et Roi, daté du 4 juin 1811 ».

On rend compte à Sa Majesté d'un jugement portant peine de mort contre un nommé Kock, patron de navire du pays d'Oldenbourg, en faveur de qui le prince d'Eckmühl demande grâce.

Sa Majesté est suppliée d'accorder grâce à ce condamné.

Renvoyé au ministre de la justice, grand juge, pour faire un rapport à l'Empereur en son conseil privé.

Attendu les circonstances atténuantes de la désertion du nommé Bohme, soldat au 1er régiment de Prusse, Sa Majesté est suppliée de commuer la peine de mort prononcée contre ce déserteur en celle de cinq ans de boulet.

Même décision et même renvoi que dessus.

On propose à Sa Majesté de ne point accorder de masse d'instruction aux bataillons de la garde réunis à Fontainebleau et d'accorder chaque mois une somme de 3.000 francs pour les dépenses d'instruction et dont l'emploi devra être justifié.

Accordé.

5563. — AU GÉNÉRAL CLARKE (1).

Saint-Cloud, 6 juin 1811.

Monsieur le duc de Feltre, je désire que vous ordonniez aux cadres des 6es bataillons de l'armée d'Allemagne qui sont à Wesel et à Munster de retourner à leurs dépôts. Envoyez cet ordre par l'estafette de Hamburg.

Ces bataillons se formeront mieux à leurs dépôts et tout se fera plus en règle.

Vous donnerez l'ordre que les hommes disponibles dans les 4e et 5e bataillons, aux dépôts, soient d'abord employés à porter au complet de 700 hommes, les cadres compris, les 4es bataillons, et que le surplus soit donné aux 6es bataillons, et vous me rendrez compte de la situation des 4es et 6es bataillons au 1er juillet (tout cela pour l'armée d'Allemagne).

---

(1) Non signé, copie conforme.

Vous devez regarder comme non avenues les dispositions que j'avais ordonnées pour que des détachements des dépôts de l'armée d'Espagne fussent employés à compléter les bataillons de l'armée d'Allemagne.

Vous devez également regarder comme non avenu l'ordre que j'avais donné pour que les 150 conscrits réfractaires incorporés dans les compagnies du 5ᵉ bataillon des différents régiments de l'armée d'Allemagne soient versés dans les 6ᵉˢ bataillons. Mon intention est que, pour toutes les compagnies qui sont dans l'île de Walcheren, vous me rendiez compte de leur situation et me fassiez connaître si elles sont habillées, armées et dans le cas de partir. Je vous enverrai alors l'autorisation de les faire venir par eau sur le Zuyderzée et de les diriger du Zuyderzée, par terre, sur Hambùrg, où elles seront incorporées dans les bataillons de guerre et serviront à les compléter.

Mon intention est qu'un autre cadre de compagnie du 5ᵉ bataillon de ces régiments se rende alors dans l'île de Walcheren, aussitôt qu'il y aura suffisamment de conscrits pour prendre 150 conscrits réfractaires et les transporter dans le nord de l'Allemagne pour être incorporés dans les bataillons de guerre, ce qui porterait ces bataillons au grand complet.

Faites-moi un rapport sur toute cette opération.

Je désirerais avoir tous les huit jours des détails sur ce qui se passe aux dépôts de conscrits réfractaires, sur leur nombre, les progrès de leur instruction, leur habillement, la désertion et surtout ce qui peut me mettre à même d'être parfaitement instruit de leur situation.

5564. — DÉCISION.

Saint-Cloud, 7 juin 1811.

Le maréchal Berthier propose d'employer à l'armée du Midi le général de brigade Avy. En se rendant à destination, ce général pourrait commander l'escorte du 6ᵉ convoi de fonds.

Approuvé.

Napoléon.

5565. — AU GÉNÉRAL CLARKE.

Saint-Cloud, 7 juin 1811.

Monsieur le duc de Feltre, vous ordonnerez au régiment provisoire de chasseurs et hussards, qui est à Orléans, de continuer sa route sur le dépôt de Niort, et aux deux régiments de marche de dragons qui sont à Nantes et à Niort de se diriger sur le dépôt de Saintes.

Un colonel en second de dragons doit commander le dépôt de Saintes; un colonel en second de chasseurs ou de hussards doit commander celui de Niort. Le général Defrance doit se tenir alternativement à Niort et à Saintes, et avoir le commandement supérieur de ces deux dépôts.

Donnez ordre à tous les dépôts des régiments de cavalerie des armées d'Espagne et de Portugal (je ne comprends dans ce nombre que ceux qui ont leurs quatre escadrons en Espagne; je n'y comprends pas les régiments de chasseurs et hussards portés pour l'armée d'Allemagne) de faire partir, le 15 du mois, tous les hommes qu'ils ont disponibles et en état de marcher. Chaque dépôt fera un détachement et le dirigera à petites journées sur les dépôts de Niort et de Saintes. Vous aurez soin de me remettre un état de la force de ces détachements, avec l'indication du jour de leur arrivée, pour que je puisse leur donner des ordres et les mettre en marche pour l'Espagne.

J'ai accordé 2.000 chevaux, qui doivent être remis directement à Niort et à Saintes; les selles doivent être à Paris; je pense que, dans le courant du mois, ces chevaux seront rendus aux deux dépôts, et comme j'ai ordonné précédemment l'achat de 6.000 chevaux, je vais avoir 8.000 chevaux à Niort et à Saintes, dans le courant de juin et de juillet, en y comprenant le régiment provisoire de chasseurs et de hussards, et les deux régiments de marche de dragons.

Comme ce grand nombre de chevaux ferait encombrement, remettez-moi exactement des états bien précis, afin que je sois à même d'autoriser le général Defrance à former deux bons régiments de marche de l'armée du Midi, l'un de dragons et l'autre de chasseurs et hussards, et à les mettre sur-le-champ en marche.

Napoléon.

5566. — AU GÉNÉRAL CLARKE.

Saint-Cloud, 7 juin 1811.

Monsieur le duc de Feltre, par mon décret du 15 mai, les dix-huit cadres des compagnies du train revenant d'Espagne et le dépôt des hommes isolés du train sont portés pour 1.000 chevaux à recevoir sur la deuxième commande dont les fonds sont faits.

J'ai, de plus, ordonné le mouvement de 1.000 chevaux de Besançon sur Auch, savoir : de 500 chevaux du 6º bataillon principal et de 500 du 11º; le dépôt d'Auch recevra donc 2.000 chevaux. Je désire que vous me fassiez connaître où se fait l'achat des 1.000 chevaux de la deuxième commande, où les livraisons doivent avoir lieu, où se confectionnent les harnais et quand ils seront fournis à Auch. Faites-moi connaître également quelle est la situation au 15 juin des dépôts d'Auch et de Toulouse, combien ces différentes compagnies et le dépôt des hommes isolés avaient d'hommes présents à Auch et combien étaient annoncés comme revenant de l'armée de Portugal, de celle du Centre et de celle du Nord, afin que je voie si ces 2.000 chevaux trouveront à Auch un nombre d'hommes suffisant pour les servir.

Les 1.000 chevaux que les bataillons du train fournissent au dépôt d'Auch seront remplacés lorsque la troisième commande sera ordonnée, et pris sur les chevaux qui, dans cette commande, sont destinés aux dix-huit cadres et aux hommes isolés du dépôt d'Auch. Ainsi donc, il y a à l'armée d'Espagne une augmentation de 2.500 chevaux du train, savoir : 500 donnés par la garde à l'armée de Portugal, 1.000 conduits à Auch par les 6º et 11º bataillons du train et 1.000 dont l'achat est ordonné sur la deuxième commande par mon décret du 15 mai.

J'avais destiné par ce décret :

800 chevaux à prendre sur la 2ª commande pour les dix-huit cadres réunis à Auch et 1.760 chevaux à prendre pour ces mêmes dix-huit cadres, sur la 3ª commande, ce qui fait 2.560 chevaux pour les dix-huit cadres. . . . . 2.560 chevaux.

J'avais destiné, en outre, pour le dépôt des hommes isolés, savoir : sur la 2ª commande 200 chevaux, et sur la 3ª 1.000 chevaux. Total. 1.200 —

Ainsi, je destinais pour le dépôt d'Auch...... 3.700 chevaux.
Sur ce nombre, il y en a de fournis.......... 2.500 —

DIFFÉRENCE.......... 1.200 chevaux.

Je ne vois pas d'inconvénient à faire fournir ces 1.200 chevaux par les 8e, 14e (bis) et même par la garde. Ensuite j'ordonnerai, si les circonstances l'exigent, dans le courant de juillet, le remplacement des chevaux que ces différents bataillons auront fournis; mais avant d'envoyer ces nouveaux 1.200 chevaux à Auch, il faut être certain que les hommes nécessaires pour les servir s'y trouvent. Je suppose que, dans les arrangements que fait le duc de Raguse, il renvoie beaucoup d'hommes à pied. Il faut que vous pressiez le prince de Neuchâtel de vous donner les renseignements qu'il a à ce sujet. Je suppose qu'il y a déjà un officier d'artillerie à Auch, et que le dépôt est déjà en pleine organisation.

NAPOLÉON.

5567. — AU GÉNÉRAL LACUÉE.

Saint-Cloud, 7 juin 1811.

Monsieur le comte de Cessac, vous trouverez ci-joint un état des hommes à pied dirigés de Bayonne sur les dépôts de Niort et de Saintes. Il y a 600 dragons et 400 chasseurs et hussards. Je suis instruit que beaucoup d'hommes démontés arrivent des armées d'Espagne et de Portugal. Il est donc nécessaire que vous me fassiez connaître : 1° quand les 2.000 chevaux de dragons, de chasseurs et de hussards seront livrés à ces dépôts; 2° quand les selles seront fournies; 3° quand les différents dépôts auront envoyé leurs hommes disponibles pour mettre leurs détachements en bon état; 4° quelles sont les ressources en chevaux des différents dépôts de cavalerie des armées d'Espagne et de Portugal, en ôtant ce qu'ils ont envoyé pour les deux régiments de marche de dragons et pour le régiment provisoire de chasseurs et de hussards. Vous avez eu cette année des crédits pour 6.000 chevaux pour l'armée d'Espagne et de Portugal; en voilà 2.000 pour les dépôts de Niort et de Saintes. On m'assure que, dans ces dépôts, il manque les objets de détail qui retardent le départ des chevaux. J'ai envoyé le général Defrance à Niort et à Saintes, et je l'ai chargé du commandement supérieur de ces deux dépôts, et j'ai donné ordre au ministre de la guerre de diriger sur Saintes tous les détachements de dragons, et sur Niort tous les detachements de chasseurs et hussards qui sont dans le cas de faire la guerre.

NAPOLÉON.

5568. — AU GÉNÉRAL LACUÉE.

Saint-Cloud, 7 juin 1811.

Monsieur le comte de Cessac, par mon décret du 18 mai sur les équipages militaires, j'ai ordonné l'achat de 1.350 mulets pour les 3e, 4e et 13e bataillons qui se reforment à Pau. De plus, 765 chevaux seront fournis par la 3e commande. Je désirerais que vous me remissiez l'état de situation au 1er juin des 3e, 4e et 13e bataillons qui sont à Pau, en hommes, en voitures et harnais, mulets et chevaux, et que vous y joignissiez l'état de situation des autres bataillons des équipages qui sont en Espagne et en Portugal. Comme je n'ai point fait de fonds pour l'achat des 765 chevaux, faites-moi connaître si le 2e bataillon qui est à Commercy ne pourrait pas envoyer 400 chevaux à Pau, le 6e 150 et le 7e 150, ce qui ferait les 700 chevaux nécessaires avec leurs harnais; les... (1) se trouvent à Pau. Par ce moyen, ces trois bataillons destinés pour l'Espagne se trouveraient complets, et pourraient entrer en Espagne dans le courant de juillet. Ce serait alors, comme de raison, un déficit de 700 chevaux dans les 2e, 6e et 7e bataillons, auquel je pourvoirais, selon que les circonstances se présenteraient, en octobre ou novembre, en ordonnant la 3e remonte. Faites-moi connaître également quand les 1.300 mulets avec leurs bâts seront fournis à Pau.

NAPOLÉON.

5569. — AU MARÉCHAL BERTHIER.

Saint-Cloud, 8 juin 1811.

Mon Cousin, je vous prie de m'envoyer l'état des hommes à pied de cavalerie, du train d'artillerie et des équipages militaires qui sont partis d'Espagne pour se rendre à Bayonne et de là aux dépôts de Pau, d'Auch, de Niort et de Saintes. Vous me ferez connaître ceux qui sont encore à arriver. Faites compulser avec soin

---

(1) Mot resté en blanc.

tous les états qu'envoient les commandants de place, afin de réitérer les ordres que tous les hommes sans chevaux, soit de la cavalerie, soit du train d'artillerie, soit des équipages militaires qui sont en Aragon, à l'armée du Centre, à l'armée du Nord, à l'armée de Portugal, reviennent à Bayonne. Pour l'armée du Nord, écrivez non seulement au duc d'Istrie, mais aux généraux Caffarelli, Reille et Dorsenne; enfin, sachez me dire sur quelle quantité d'hommes je puis compter pour ces dépôts. Vous trouverez ci-joint une instruction sur les ordres que j'ai donnés pour former à Pau un dépôt des équipages militaires, à Auch, un dépôt du train d'artillerie, à Niort, un dépôt de cavalerie légère et à Saintes un dépôt de dragons; il est convenable que vous envoyiez l'extrait de cette instruction au général Monthion, pour qu'il connaisse là-dessus tous les ordres que j'ai donnés et qu'il puisse y conformer sa marche. Je désire même qu'il aille visiter les dépôts d'Auch et de Pau et qu'il vous en fasse un rapport détaillé. Chargez-le de surveiller tout ce qui se passe et de vous envoyer les états de situation de tous les convois d'artillerie, de munitions et d'habillement qui partent de Bayonne, des convois, des cadres des 4es bataillons et de tous les hommes isolés qui y arrivent. J'ai ordonné que les cadres des 4es bataillons ne partent de Bayonne que par mon ordre : il est donc nécessaire que je sois promptement instruit de leur arrivée.

NAPOLÉON.

5570. — AU GÉNÉRAL CLARKE.

Saint-Cloud, 8 juin 1811.

Monsieur le duc de Feltre, donnez ordre que tous les hommes montés du 4e régiment de cuirassiers qui se trouvent à Caen, appartenant aux 1er, 2e et 3e escadrons, ainsi que tout ce qui se trouve monté du 4e escadron, partent de Caen le 15 juin pour rejoindre le régiment à Cambrai.

Donnez ordre que tous les hommes montés disponibles du 6e de cuirassiers qui se trouvent au dépôt d'Abbeville, en partent le 15 pour se rendre au régiment à Maubeuge.

Je vois que le 2e régiment de cuirassiers a 90 hommes et 7 chevaux à son dépôt. Cependant, ce régiment était en Allemagne, et il y a acheté des chevaux. Même observation pour le 3e.

Je fais la même observation pour tous les régiments qui sont en

Allemagne, pour les quatre bataillons du train qui sont en Allemagne. Je vois qu'ils ont beaucoup d'hommes à leur dépôt; et, comme les chevaux s'achètent en Allemagne, il serait nécessaire que ces hommes s'y rendissent. Ecrivez au prince d'Eckmühl qu'il est maître d'ordonner aux colonels et chefs de corps de faire venir à fur et mesure ce dont ils auraient besoin.

NAPOLÉON.

5571. — DÉCISION.

Saint-Cloud, 8 juin 1811.

Nouvelle demande du roi de Naples pour que les trois régiments d'Isembourg, de La Tour d'Auvergne et 1er suisse passent à son service.

Refusé. Mon intention est de garder ces trois régiments à mon service.

NAPOLÉON.

5572. — DÉCISION.

Saint-Cloud, 8 juin 1811

Le général commandant la 19e division militaire expose qu'il serait urgent de faire partir de Lyon les 660 conscrits qu'a déjà reçus le cadre du 4e bataillon du 112e d'infanterie de ligne, le séjour de cette ville étant nuisible à leur instruction et à leur discipline.

Approuvé. Ordonner leur départ sans délai.

NAPOLÉON.

5573. — AU MARÉCHAL BERTHIER.

Paris, 9 juin 1811.

Mon Cousin, 500 chevaux d'artillerie de la garde sont partis, il y a huit jours, pour Bayonne. Réitérez l'ordre au duc d'Istrie d'envoyer des hommes du train de la garde pour les prendre. Demandez à la guerre le jour où ces 500 chevaux arrivent à Bayonne, et informez-en le duc d'Istrie, en lui faisant connaître que je désirerais que tous les hommes du train qu'il enverra pussent venir jusqu'à Mont-de-Marsan, afin d'avancer le retour à Paris des hommes qui conduisent ces chevaux. Je suppose que le duc d'Istrie aura envoyé les 500 chevaux du train qu'il a reçu ordre de remettre au duc de

Raguse, quand même celui-ci aurait déjà fait son mouvement sur la gauche. Cela est important, pour que le duc de Raguse ait les moyens convenables.

NAPOLÉON.

5574. — AU GÉNÉRAL CLARKE.

Paris, 9 juin 1811.

Monsieur le duc de Feltre, donnez ordre aux deux bataillons d'élite du 3º de ligne et du 105º qui sont à Rennes d'en partir le 15 pour se rendre à Bayonne. Faites-moi connaître si les compagnies d'artillerie de ces régiments ont leurs pièces, leurs caissons et attelages, ou quand ils les auront. Donnez ordre au général commandant la 13ᵉ division militaire d'en passer la revue avant leur départ et de vous envoyer des états en règle de la situation de ces régiments. Je suppose qu'il ne vaque aucune place d'officier ni de sous-officier et que tout est en bon état.

Donnez ordre aux deux bataillons du 5ᵉ léger qui sont à Cherbourg, d'en partir le 15 pour Rennes. Concertez-vous avec le ministre de l'administration de la guerre pour qu'il ne manque rien à ce régiment. A l'arrivée de ce régiment à Rennes, vous chargerez le général commandant la 13ᵉ division militaire d'en passer la revue et de vous faire connaître sa situation. Sa compagnie d'artillerie doit avoir sa pièce et ses caissons.

Donnez ordre aux deux bataillons suisses qui sont à Rennes d'en partir le 12 pour se rendre à Cherbourg. Vous ordonnerez au général commandant la 14ᵉ division militaire de réunir à Cherbourg le 113ᵉ.

Donnez ordre aux deux bataillons suisses qui sont à Avignon d'en partir le 15 au matin pour se rendre à Toulon. Vous donnerez l'ordre au 52º de partir de Toulon pour Bayonne, immédiatement après l'arrivée des deux bataillons suisses.

NAPOLÉON.

5575. — AU GÉNÉRAL LACUÉE.

Paris, 9 juin 1811.

Monsieur le comte de Cessac, faites-moi connaître le nombre de chevaux disponibles qu'a le régiment des lanciers, le nombre de chevaux que vous l'avez autorisé à acheter, et ce que l'on pourrait faire partir de ce dépôt pour Bayonne.

NAPOLÉON.

5576. — AU GÉNÉRAL CLARKE (1).
Saint-Cloud, 10 juin 1811.

Monsieur le duc de Feltre, donnez ordre par l'estafette de ce jour aux 1er, 101e et 62e régiments, qui sont à Turin, de continuer leur marche le 15, par le plus court chemin, pour se diriger sur Grenoble;

Au bataillon du 101e qui est à la Spezia, de se compléter de tout ce qu'il y a de disponible au 5e bataillon et, s'il est fort de plus de 700 hommes, de se mettre en marche par le plus court chemin pour se diriger sur Avignon;

Enfin, aux deux bataillons du 62e et du 1er de ligne qui sont à Marseille, de se tenir prêts pour rejoindre leur régiment.

5577. — AU GÉNÉRAL CLARKE (1).
Saint-Cloud, 10 juin 1811.

Monsieur le duc de Feltre, donnez ordre au général commandant la 7e division militaire de faire passer la revue des 8e et 18e légers et 23e de ligne, de faire compléter le 3e bataillon du 8e léger par tout ce qu'il y a dedans le 5e; de faire également compléter les 4es bataillons des 18e léger et 23e de ligne, et de vous faire connaître si ces trois bataillons seront habillés, équipés et en état de partir au 1er juillet.

Donnez le même ordre aux bataillons des 11e, 5e, 79e, 60e et 81e, et demandez l'état des officiers et sous-officiers qui manquent à ces bataillons, pour les remplacer sans délai, ainsi que leur situation au 1er juillet.

5578. — AU GÉNÉRAL CLARKE (1).
Saint-Cloud, 10 juin 1811.

Monsieur le duc de Feltre, faites-moi connaître combien le 15e de chasseurs a d'hommes montés disponibles à Auch.

---

(1) Non signé, copie conforme.

5579. — AU GÉNÉRAL CLARKE.

Saint-Cloud, 10 juin 1811.

Monsieur le Duc, Sa Majesté, en me chargeant de transmettre la dépêche télégraphique ci-jointe à Votre Excellence, m'ordonne de lui faire connaître que son intention est que les 10e et 20e régiments d'infanterie de ligne laissent une partie de leur compagnie d'artillerie à Lyon pour y recevoir les chevaux qu'ils ont achetés.

Le Cte Daru.

5580. — DÉCISION.

Saint-Cloud, 10 juin 1811.

Propositions du général Clarke relatives aux munitions et au matériel du train d'artillerie à envoyer en Espagne.

Approuvé.

Napoléon.

5581. — AU GÉNÉRAL LACUÉE.

Saint-Cloud, 10 juin 1811.

Monsieur le comte de Cessac, je désire que vous me présentiez un compte qui me fasse connaître ce qui était livré à l'époque du 1er juin dernier, tant sur les 3.000 chevaux accordés aux dépôts d'Espagne par mon décret du 28 octobre que sur les 3.000 autres accordés par mes décrets subséquents du 3 mars, etc.

Napoléon.

5582. — AU GÉNÉRAL LACUÉE.

Saint-Cloud, 10 juin 1811.

Monsieur le comte de Cessac, les 4es escadrons des 1er, 2e, 4e, 9e, 14e et 26e régiments de dragons sont partis le 22 mai d'Avila pour Bayonne, d'où ils seront dirigés sur Saintes, au nombre de 40 officiers et de 500 hommes, ce qui, joint aux 600 hommes qui y ont déjà été dirigés, porte le nombre des dragons à 1.100 hommes. Il est donc bien important que les 1.000 chevaux soient très promptement envoyés à ce dépôt, ainsi que les selles et autres objets d'équipement.

Napoléon.

5583. — DÉCISION.

Saint-Cloud, 10 juin 1811.

Le général Clarke propose de réduire à 30 hommes la garnison de l'île et du fort du Pilier, près Noirmoutier, en raison de l'insuffisance des moyens de casernement.

Approuvé.

NAPOLÉON.

5584. — AU GÉNÉRAL CLARKE.

Saint-Cloud, 11 juin 1811.

Monsieur le duc de Feltre, donnez ordre que trois compagnies du 5e bataillon du 22e léger, complétées à 450 hommes, les cadres non compris, ayant soin qu'il n'y ait pas de conscrits réfractaires, se mettent en marche d'Hyères et se dirigent sur Bayonne. Là, ces hommes seront incorporés dans le bataillon du 17e d'infanterie légère qui va arriver à Bayonne. Les cadres des trois compagnies du 22e retourneront à Hyères.

NAPOLÉON.

5585. — DÉCISION.

Saint-Cloud, 11 juin 1811.

Le maréchal Berthier rend compte qu'il a donné les ordres nécessaires pour faire partir de Bayonne, le 16 juin, le 6e convoi de fonds destiné aux armées d'Espagne et de Portugal.

Le départ de ce convoi sera retardé jusqu'au 1er juillet afin de bien connaître l'état des affaires d'Andalousie et la position qu'occupe l'armée de Portugal. Le major général me remettra cela sous les yeux le 20 juin.

NAPOLÉON.

5586. — DÉCISION.

Saint-Cloud, 12 juin 1811.

Le maréchal Berthier propose de faire entrer en Biscaye, pour être à la disposition du général Caffarelli, le détachement de 120 hom-

Approuvé.

NAPOLÉON.

mes montés du 26° chasseurs, qui doit arriver le 9 juillet à Bayonne.

5387. — AU GÉNÉRAL CLARKE.
Saint-Cloud, 12 juin 1811.

Monsieur le duc de Feltre, vous donnerez ordre au 4° bataillon du 101° de se mettre en marche de la Spezia, au plus tard le 20, pour se diriger sur Avignon.

Donnez ordre que le 5° bataillon du 62°, qui est à Marseille, verse tous ses hommes disponibles dans les 3° et 4° bataillons. Vous ferez passer la revue de ces 3° et 4° bataillons au 20, et vous me rendrez compte de leur situation le 25, afin qu'au 1er juillet ils puissent se mettre en route pour Nîmes.

Donnez ordre que 3° bataillon du 60°, qui est à Genève, soit complété par tout ce qu'il y a de disponible au dépôt, et porté au complet de 850 hommes; ce bataillon se mettra en marche, aussitôt que possible, et au plus tard du 20 au 25 juin, pour se rendre à Nîmes.

Vous donnerez le même ordre au 4° bataillon du 81°. Ces deux bataillons marcheront ensemble. Le général commandant à Genève en passera la revue, afin de vous faire connaître la situation et les officiers et sous-officiers manquants.

Renouvelez l'ordre que les voltigeurs des 10° et 20° de ligne rejoignent leur corps par le plus court chemin.

Vous donnerez l'ordre au général commandant la 28° division militaire de former un bataillon de marche composé de deux compagnies du 5° bataillon du 10° de ligne, de 200 hommes chacune, et de deux compagnies du 5° bataillon du 20° de ligne, d'égale force. Il réunira ce bataillon de marche, formant 800 hommes, à Turin: il en passera la revue, vous fera connaître l'état de son habillement et armement et s'il est dans le cas de partir pour aller renforcer les bataillons de guerre.

NAPOLÉON.

5388. — AU GÉNÉRAL CLARKE.
Saint-Cloud, 12 juin 1811.

Monsieur le duc de Feltre, donnez des ordres à l'armée de Catalogne pour qu'on dirige sur Toulouse tous les hommes à pied de cavalerie, du train d'artillerie et des équipages militaires qui se trouvent dans cette armée.

Recommandez au général qui commande l'armée de Catalogne de renvoyer à l'armée d'Aragon tous les détachements des 1er, 7e, 42e, 16e de ligne et autres, qu'il aurait dans son armée.

Je vois qu'il y a à Girone beaucoup d'hommes du 4e bataillon (bis) du train, du 13e principal du train et du 9e bataillon (bis) du train, qui n'ont point de chevaux. Il est important que tout cela rentre sans délai à Toulouse. Il y a à cette armée une compagnie de mineurs et une compagnie de pontonniers. Ces deux compagnies sont utiles au corps de réserve. Je pense qu'on peut s'en passer à l'armée de Catalogne.

Donnez ordre au général commandant cette armée de réunir les bataillons des 5e, 11e et 79e de ligne, ensemble, sous les ordres du général Plauzonne.

NAPOLÉON.

5589. — AU GÉNÉRAL CLARKE.

Saint-Cloud, 12 juin 1811.

Monsieur le duc de Feltre, je reçois votre lettre du 11; j'y remarque une inexactitude. Le 5e léger a sa compagnie d'artillerie. Je pense que le 60e l'a également, puisqu'il faisait partie de l'armée d'Allemagne et qu'il se trouvait à la bataille de Wagram.

Je vois que vous faites fournir les pièces de régiment des 10e, 20e et 60e par la France. Ces trois régiments et le 81e se rendent à Pampelune. Il y a là beaucoup d'artillerie et de pièces de 4 espagnoles. Il serait préférable de prendre ce matériel dans cette place.

Pour le 3e de ligne et le 105e, ne pourrait-on pas prendre leur artillerie à Burgos, où il y a beaucoup de pièces de 4, pour ne pas affaiblir le matériel qui est en France?

Même observation pour les 10e léger, 52e, 1er, 62e, 101e de ligne et 23e léger.

Ainsi donc, je désire qu'il ne soit point donné d'artillerie de France à aucun de ces régiments, et que cette artillerie soit prise à Pampelune et à Burgos; que les compagnies d'artillerie des 3e et 105e de ligne, 10e et 5e légers se réunissent à Rennes, et qu'elles se procurent là leurs chevaux, caissons et harnais; que les compagnies d'artillerie des 10e, 20e et 60e se réunissent à Nîmes; qu'elles attendent là leurs chevaux et caissons, et, lorsqu'elles seront complétées, rejoignent leurs divisions; que les compagnies du 23° léger, 52°, 1ᵉʳ de ligne, 62° et 101°, se réunissent à Nîmes, y achètent leurs chevaux, harnais et caissons, et partent ensuite pour rejoindre en Espagne leurs divisions. Donnez des ordres en conséquence. Les régiments peuvent aller en avant, sans attendre leur compagnie d'artillerie. Mon intention étant de faire séjourner une quinzaine de jours ces régiments dans la Biscaye et dans la Navarre, leurs compagnies d'artillerie auront le temps de les rejoindre.

Donnez ordre que l'on mette en réserve à Burgos et à Pampelune le nombre de pièces de 4 nécessaire; cela ménagera le matériel de France. J'ai déjà, d'ailleurs, trop d'artillerie en Espagne.

Vous donnerez ordre à la compagnie du 23° léger de partir d'Auxonne, pour se rendre au Pont-Saint-Esprit, où elle s'embarquera pour Nîmes. La compagnie d'artillerie de ce régiment se procurera, à Nîmes, les chevaux, harnais et caissons, comme je l'ai dit plus haut; les pièces lui seront fournies en Espagne.

NAPOLÉON.

5590. — AU GÉNÉRAL CLARKE.

Saint-Cloud, 12 juin 1811.

Monsieur le duc de Feltre, les 4ᵉˢ bataillons des 2°, 37°, 56° et 93°, qui sont en Catalogne, et dont les cadres doivent retourner à Besançon, et ceux des 19° et 46°, porteront ces régiments à six bataillons. Il y aura ainsi dans l'intérieur six régiments à six bataillons; ce qui, avec les quinze régiments du corps d'observation de l'Elbe, portera le nombre des régiments à six bataillons à vingt et un.

Vous recevrez le décret que j'ai pris pour faire rentrer en France les cadres des bataillons des 2°, 37°, 56° et 93°.

NAPOLÉON.

5591. — AU GÉNÉRAL CLARKE (1).

Saint-Cloud, 12 juin 1811.

Monsieur le duc de Feltre, je viens d'ordonner l'achat de 600 chevaux pour le 2° régiment de lanciers polonais, qui se forme à Se-

---

(1) Non signé, copie conforme.

dan. Ce régiment a aujourd'hui 300 hommes; mon intention est qu'il soit à 1.000 hommes dans le plus court délai possible. Adressez-vous au prince Poniatowski, qui est ici, pour demander que 800 hommes soient fournis à ce régiment, à raison de 50 hommes par chacun des régiments de cavalerie du grand-duché de Varsovie, en prenant les hommes à pied, de beaux hommes, bons sujets et ayant plus d'un an de service. J'ai fait écrire, en conséquence, à mon ministre à Dresde. Il serait nécessaire qu'un officier supérieur se rendît sur les lieux pour passer la revue des hommes, afin d'être certain qu'on n'enverra que de bons et beaux hommes et de véritables Polonais. Il faut que toutes les mesures soient prises pour que ce régiment ait 1.000 hommes et puisse entrer en campagne au 10 août.

5592. — DÉCISIONS (1).

Saint-Cloud, 12 juin 1811.

On propose à Sa Majesté d'accorder à M. de Martange, qui vient d'être nommé capitaine dans le 3ᵉ bataillon étranger, en garnison en Corse, une gratification de 500 francs pour le mettre à portée de s'habiller et de s'équiper convenablement.	De quel service sort cet officier ?
On propose à Sa Majesté d'accorder au sieur Carrière, commandant d'armes du château de Lourdes, une indemnité de 600 francs pour les dépenses extraordinaires qu'il doit faire à cause de son séjour à Barèges pendant la saison des eaux.	Accordé.
On propose à Sa Majesté d'accorder la gratification extraordinaire de 300 francs au sieur Legray, nommé sous-lieutenant au 23ᵉ régiment d'infanterie légère.	Accordé.

(1) Non signées; extraites du « Travail du ministre de la guerre avec S. M. l'Empereur et Roi, date du 12 juin 1811 ».

Cette gratification est allouée aux sous-officiers qui sont faits officiers après 5 ans de service sans interruption.

Le sieur Legray a six ans de service, mais il a éprouvé une interruption.

M. le comte Czernitchef, aide de camp de l'Empereur de Russie, réclame pour M. de la Vanda, officier espagnol, auquel Sa Majesté a permis de se rendre à Stuttgart où il devait épouser la fille du baron de Krüdener, la permission de voyager librement en France et en Allemagne pour prendre les eaux.

Accordé.

Etat des officiers espagnols qui se sont évadés. Proposition d'échange entre le colonel de Lagrange et le major de milice anglais Forbes; l'un et l'autre sont rentrés dans leurs foyers.

Le colonel Lagrange ne peut pas être échangé parce qu'il est prisonnier espagnol de la capitulation de Baylen.

5593. — DÉCISION.

Saint-Cloud, 12 juin 1811.

Un détachement de 117 hommes du dépôt du 2ᵉ bataillon de sapeurs, destiné à l'armée de Portugal, doit partir de Bayonne avec le 6ᵉ convoi de fonds.

Il est convenable que ces hommes ne partent pas seuls; ils partiront avec le premier détachement qui marchera; il faut qu'ils soient au moins 800 hommes.

NAPOLÉON.

5594. — DÉCISION.

Saint-Cloud, 12 juin 1811.

Le maréchal Berthier vient de charger le général Caffarelli de faire construire à Miranda une tête de pont, avec tour servant de réduit; il a également fait connaître

Le ministre de la guerre enverra au général Caffarelli les différents projets de ces tours.

NAPOLÉON.

à ce général que l'intention de l'Empereur est qu'une dizaine de tours semblables soient établies sur les hauteurs dans les défilés de Vitoria à Irun.

5595. — AU GÉNÉRAL LACUÉE.

Saint-Cloud, 12 juin 1811.

Monsieur le comte de Cessac, les 81°, 60°, 20° et 10° de ligne, qui font partie du corps d'observation de réserve, ayant quatre bataillons, doivent avoir une compagnie d'artillerie et deux pièces de canon, trois caissons, un caisson d'infanterie par bataillon et un caisson de transports militaires. J'ai donné l'ordre que les compagnies d'artillerie des 60°, 20° et 10° de ligne séjournassent à Nîmes pour réunir leurs chevaux, harnais et caissons, et se mettre en état de se porter sur Pampelune, qui est la destination de ces régiments. Quant au 81°, je pense que sa compagnie d'artillerie est déjà à Pampelune. Donnez-lui l'ordre d'acheter des chevaux; si elle ne peut pas s'en procurer à Pampelune, faites-la venir à Pau où elle trouvera plus de facilités. Les bataillons d'élite des 3°, 105° et 52° de ligne, le 10° léger et le 5° léger font partie du même corps. Les 5° et 10° légers, et les 3° et 105° de ligne laisseront leurs compagnies d'artillerie à Rennes, et celles-ci n'en partiront que lorsqu'elles auront leurs chevaux, caissons et harnais. Quant au 52°, sa compagnie d'artillerie restera à Nîmes où elle se procurera les chevaux, harnais et caissons nécessaires.

Le 5° léger doit avoir des caissons pour quatre bataillons, parce que les deux bataillons que ce régiment a en Aragon le rejoindront. Le 10° léger a quatre bataillons; les 3° de ligne, 105° et 52° n'ont que deux bataillons. Les 1er, 62° et 101° de ligne et 23° léger, qui font partie du même corps de réserve, doivent avoir également leur compagnie d'artillerie. Ces compagnies séjourneront à Nîmes jusqu'à ce que leurs chevaux, harnais et caissons soient complets et en état. Prévenez le commandant du 23° léger, qui est à Auxonne et qui n'a pas encore reçu l'ordre d'en partir, et les commandants des 1er, 62° et 101°, qui sont en marche de Turin pour Grenoble, qu'ils doivent réunir à Nîmes les chevaux, harnais et caissons de leur compagnie d'artillerie. C'est vous qui devez faire fournir aux compagnies d'artillerie régimentaire les harnais, caissons et chevaux. Faites-moi un rapport sur cela. **Je désire que les compagnies d'artillerie ne séjournent qu'une quinzaine de jours au plus dans les villes où elles se formeront, après le passage des régiments.**

NAPOLÉON.

5596. — DÉCISION.

Saint-Cloud, 12 juin 1811.

Rapport du général Clarke sur la revue du 1er bataillon du régiment Joseph-Napoléon, passée à Palmanova.

Ce corps ne devrait pas être à Palmanova; en témoigner mon mécontentement; le placer dans tout autre endroit que dans une place forte.

NAPOLÉON.

5597. — DÉCISIONS (1).

On propose à Sa Majesté de supprimer la compagnie de canonniers gardes-côtes de Moerdick, en Hollande, et d'en former, sous le même n° 127, une nouvelle pour les rives de l'Escaut.

Approuvé.

On rend compte que le 123e régiment de ligne n'a pu envoyer que 11 hommes sur les 20 qui lui ont été demandés pour le recrutement du 3e régiment de grenadiers à pied de la garde; Sa Majesté est priée de faire connaître si Elle approuve qu'on n'exige que trois ans de service au lieu de cinq.

Non.

On fait remarquer à Sa Majesté qu'il paraîtrait utile, attendu la cherté des grains dans les 27e, 28e et 29e divisions militaires, d'accorder aux gendarmes employés dans

Accordé pour six mois.

---

(1) Sans signature ni date; extraites du « Travail du ministre de la guerre avec S. M. l'Empereur et Roi, daté du 12 juin 1811 ».

ces divisions une ration de pain sans aucune retenue, sauf à laisser à S. A. I. et R. le prince Borghese le soin de supprimer la distribution quand la baisse des grains le permettra.

On rend compte à Sa Majesté que M. le maréchal prince d'Eckmühl réclame un secours en faveur de M. le général Bonnamy, qui paraît hors d'état de se procurer les chevaux et les objets de son équipement.
Sa Majesté est priée de déterminer le secours qu'Elle désire accorder au général Bonnamy.

Accordé la gratification de campagne.

On propose à Sa Majesté de relever le sieur Latour, imprimeur, de la déchéance qu'il a encourue pour n'avoir pas réclamé en temps utile le payement de 233 fr. 25, prix d'impressions qu'il a faites pour le service du ministère.

Accordé.

On propose à Sa Majesté d'accorder à M. le général de brigade Brun un congé de deux mois avec appointements pour aller prendre les eaux de Gréoux, dans le département du Var.

Accordé.

Sa Majesté est priée d'autoriser l'extradition, demandée par le ministre de la guerre du royaume d'Italie, d'un Italien qui s'est retiré en France pour se soustraire aux lois de la conscription de son pays.

Accordé.

Proposition d'autoriser M. de Kleuke, capitaine dans la gendarmerie westphalienne, à rester au service du roi de Westphalie.

Accordé.

Le nommé Victor Serralonga, fusilier au 1er régiment d'infanterie de ligne, sollicite l'autorisation de

Accordé

quitter ce corps pour passer au service de Naples.

Sa Majesté est priée de faire connaître si Elle consent qu'un soldat du 1ᵉʳ bataillon étranger, né sujet du grand-duc de Bade, soit mis à la disposition de son souverain qui le réclame.

Accordé si cet individu y consent (1).

Un lieutenant d'un régiment suisse au service d'Espagne, qui se trouve en ce moment à Neuchâtel, demande l'autorisation de se rendre près de sa famille dans le canton de Fribourg.

Accordé.

Le colonel Lambert, du 23ᵉ régiment de chasseurs, autorisé à rester pendant deux mois au dépôt de ce régiment, sollicite une convalescence de deux mois pour prendre les eaux.

Accordé.

On propose à Sa Majesté de décider que les militaires des régiments suisses employés aux bataillons de guerre, qui ont terminé leur engagement, seront renvoyés au dépôt de leur corps pour y recevoir leurs congés.

Accordé.

On propose de former en compagnie de pionniers 78 hommes du régiment Joseph-Napoléon, renvoyés des bataillons de guerre au dépôt pour cause de mauvaise conduite.

Accordé.

Le ministre secrétaire d'Etat du grand-duché de Berg demande qu'on fasse poursuivre en France les déserteurs des troupes du grand-duché, devenus sujets de l'Empire, qui se sont retirés chez leurs parents;

Accordé.

---

(1) Cette décision existe aussi à l'état d'original signé.

D'autoriser le sieur Morgan de Frucourt, lieutenant surnuméraire au 8ᵉ régiment de dragons, à passer avec son grade au 2ᵉ régiment de carabiniers.

On soumet à Sa Majesté une demande faite par M. le général Grenier et transmise par S. M. le roi de Naples pour l'admission dans la Légion d'honneur des officiers supérieurs du 1ᵉʳ régiment suisse.

Le 8ᵉ régiment de dragons devenant 3ᵉ de chevau-légers et devant rentrer en France, l'Empereur a décidé que cet officier resterait à son régiment.

Comte DE LOBAU.

Accordé, à l'exception de M. Deflue qui peut encore attendre.

NAPOLÉON.

5598. — DÉCISION (1).

Saint-Cloud, (2) juin 1811.

Le prince d'Eckmühl demande qu'il soit accordé un fonds de réserve de 300.000 francs pour secourir en cas d'urgence les services du ministère.

On propose en conséquence un projet de décret.

Refusé, comme inutile.

5599. — AU GÉNÉRAL CLARKE.

Saint-Cloud, 13 juin 1811.

Monsieur le duc de Feltre, donnez ordre à 120 hommes du 1ᵉʳ régiment de lanciers, bien montés, bien équipés et bien armés, de partir du 25 au 30 juin, de Sedan, pour se rendre à Niort.

NAPOLÉON.

5600. — AU GÉNÉRAL CLARKE.

Saint-Cloud, 13 juin 1811.

Monsieur le duc de Feltre, donnez ordre que les dépôts des 7ᵉ, 23ᵉ, 30ᵉ, 28ᵉ et 29ᵉ régiments de dragons, qui sont dans la 6ᵉ division

---

(1) Non signée; extraite du « Travail du ministre de la guerre avec S. M. l'Empereur et Roi, daté du 12 juin 1811 ».

(2) Sans date de jour.

militaire, fassent partir 500 chevaux pour Saintes, savoir : 250 chevaux sellés et bridés et 250 sans selles et sans brides; un homme mènera deux chevaux. Ces 500 chevaux seront remis au dépôt de Saintes en bonne forme et par procès-verbal qui sera dressé par le commandant du dépôt et qui sera visé par le général Defrance; ils serviront à monter les dragons à pied revenus d'Espagne et réunis dans ce dépôt.

Donnez de même l'ordre que 500 chevaux soient tirés des dépôts du 6ᵉ de hussards, du 8ᵉ de chasseurs, 6ᵉ, 25ᵉ, 4ᵉ et 9ᵉ de chasseurs, qui sont dans la 9ᵉ division militaire, et dirigés sur Niort où ils serviront de même à monter des hommes à pied de la cavalerie légère, revenus d'Espagne.

NAPOLÉON.

5601. — AU GÉNÉRAL CLARKE.

Saint-Cloud, 13 juin 1811.

Monsieur le duc de Feltre, donnez ordre à la 18ᵉ compagnie du 8ᵉ régiment d'artillerie qui est à Toulon, et qui doit faire partie du corps de réserve, de se rendre à Bayonne.

NAPOLÉON.

5602. — DÉCISION.

Saint-Cloud, 13 juin 1811.

On présente à l'Empereur l'état numérique des officiers et sous-officiers présents au dépôt d'Angers à l'époque du 1ᵉʳ juin 1811.

Renvoyé au ministre de la guerre. On peut envoyer les 3 chefs de bataillon et les 13 capitaines à l'armée d'Andalousie, où ils seront à la disposition du duc de Dalmatie qui leur donnera des places vacantes. On peut envoyer les autres officiers dans les régiments qui en manquent.

NAPOLÉON.

5603. — AU GÉNÉRAL LACUÉE.

Saint-Cloud, 13 juin 1811.

Monsieur le comte de Cessac, je reçois votre rapport du 13 juin. Je donne en conséquence l'ordre au ministre de la guerre de faire partir pour Saintes 500 chevaux tirés des dépôts des 7e, 23e, 30e, 28e et 29e régiments de dragons, et pour Niort 500 autres chevaux tirés des dépôts du 6e de hussards, du 4e, 6e, 8e, 9e et 25e de chasseurs. Quant aux chevaux de la 2e et 3e commande, puisqu'on ne peut pas les détourner, j'attendrai qu'ils soient arrivés et que vous m'ayez fait connaître le nombre d'hommes qui se trouve à ces dépôts.

Napoléon.

5604. — AU GÉNÉRAL LACUÉE.

Saint-Cloud, 13 juin 1811.

Monsieur le comte de Cessac, si les 120 hommes des lanciers de la Vistule qui sont à Sedan ne peuvent pas partir le 20, ils partiront du 20 au 30. Il y a à Sedan deux régiments de lanciers, c'est le second qui doit acheter les 600 chevaux.

Napoléon.

5605. — AU GÉNÉRAL LACUÉE.

Saint-Cloud, 13 juin 1811.

Monsieur le comte de Cessac, je désire que, du 1er au 15 août, les 3e, 4e et 13e bataillons des équipages militaires qui sont à Pau soient prêts à partir. Faites-moi connaître ce qui pourrait retarder ce départ. Serait-ce les hommes? les chevaux? les harnais? les caissons? Mettez-moi à même d'ordonner les revirements qui seraient nécessaires. Il faudrait donner ordre de répartir tous les hommes et tous les harnais qui sont au dépôt de Pau entre les trois bataillons qui se réunissent dans cette ville.

Napoléon.

5606. — DÉCISION.

Saint-Cloud, 14 juin 1811.

Le maréchal Berthier demande à l'Empereur s'il approuve le mariage du colonel de Girardin avec Mlle de Vintimille du Luc.

Approuvé.

NAPOLÉON.

5607. — DÉCISION (1).

14 juin 1811.

On demande à Sa Majesté si Elle permet que le nommé Gazzera, employé en Illyrie, fasse toucher sa pension à Paris par un fondé de pouvoir.

Accordé.

5608. — AU GÉNÉRAL CLARKE.

Saint-Cloud, 14 juin 1811.

Monsieur le duc de Feltre, donnez ordre de faire réunir à Walcheren en quatre détachements les onze compagnies des 5es bataillons des régiments de l'armée d'Allemagne, qui sont dans l'île de Walcheren, savoir :

1er détachement : les compagnies des 17e, 30e et 61e régiments;
2e détachement : les compagnies du 33e, du 48e et du 111e;
3e détachement : les compagnies du 12e et du 21e;
4e détachement : les compagnies des 57e, 85e et 108e.

Le général Gilly passera la revue de ces détachements et complétera les compagnies qui les composent à 150 hommes, en prenant les meilleurs sujets des 1er et 2e bataillons du régiment de Walcheren. Tous les malades seront effacés des contrôles des compagnies et rentreront dans le cadre du régiment de Walcheren. Ces détachements s'embarqueront à Veere pour se rendre à Willemstad ou Geertruidenberg.

Le 1er détachement partira le 20 ou le 21 juin;
Le 2e détachement partira le 22 ou le 23;

---

(1) Non signée; extraite du « Travail du ministre de la guerre avec S. M. l'Empereur et Roi, daté du 12 juin 1811 ».

Le 3ᵉ détachement partira le 24 ou le 25;
Le 4ᵉ détachement partira le 26 ou le 27.

Vous aurez soin d'ordonner que les contrôles de ces compagnies soient faits en ordre, avec le lieu de naissance et le signalement bien spécifiés. Ces détachements ne débarqueront qu'à Geertruidenberg; de là, ils passeront le Rhin à Gorcum et seront dirigés par la gauche du Rhin sur le quartier général de la division du corps d'observation de l'Elbe, dont font partie les régiments auxquels ils appartiennent. A leur arrivée, ces bataillons seront dissous; les cadres rentreront en France; les hommes seront incorporés par égale partie dans les trois bataillons de guerre du régiment.

Vous donnerez l'ordre aux cadres des 6ᵉˢ compagnies du 6ᵉ bataillon du 13ᵉ léger, 17ᵉ de ligne, 30ᵉ de ligne, 61ᵉ, 33ᵉ de ligne, 48ᵉ, 111ᵉ, 7ᵉ d'infanterie légère, 12ᵉ, 21ᵉ, 57ᵉ, 85ᵉ et 108ᵉ de se rendre dans l'île de Walcheren pour recevoir chacun 150 hommes, ce qui fera l'emploi de 1.950 hommes. Tous ces hommes seront habillés par le dépôt du régiment de Walcheren. On aura soin de placer dans ces compagnies les hommes qui sont déjà depuis longtemps dans le régiment de Walcheren et dont on peut être le plus sûr. On ne mettra de nouveaux conscrits que dans les cadres d'infanterie légère pour ne pas défaire les habits.

Ces treize compagnies devront être prêtes à partir du 20 au 30 juillet pour se rendre en Allemagne.

Donnez ordre également que les cadres des 2ᵉˢ compagnies du 5ᵉ bataillon du 13ᵉ d'infanterie légère et du 7ᵉ léger se rendent à l'île de Walcheren où ils recevront 150 conscrits comme ceux des autres régiments.

Quant aux 15ᵉ léger et 25ᵉ de ligne, ils seront l'objet de mesures particulières.

Ainsi, sur les seize régiments du corps d'observation de l'Elbe, les trois bataillons de guerre de treize régiments auront chacun reçu 150 hommes de renfort.

Les treize 6ᵉˢ bataillons des mêmes corps auront également reçu, chacun, 150 hommes des conscrits de Walcheren.

Donnez ordre aux commandants de la gendarmerie dans les 25ᵉ, 17ᵉ et 24ᵉ divisions militaires d'envoyer des officiers pour suivre ces détachements, de prendre toutes les dispositions convenables et de redoubler de surveillance pour prévenir la désertion.

Si ces mesures réussissent, mon intention est de compléter de cette manière les bataillons de guerre du corps d'observation de l'Elbe, de sorte qu'au 1ᵉʳ août tous ces bataillons de guerre soient portés au dela du complet de 840 hommes, les malades non compris.

NAPOLÉON.

5609. — AU GÉNÉRAL CLARKE.

Saint-Cloud, 14 juin 1811.

Monsieur le duc de Feltre, il me semble qu'il y a erreur dans les calculs que vous faites du nombre de chevaux d'artillerie nécessaires au corps.

J'ôte les 1.600 que vous portez pour l'armée du Nord, puisque c'est le compte de la garde. Ce nombre de 8.200 que vous demandez est donc réduit à 6.600.

Vous établissez qu'il n'existe sur ces 6.600 chevaux que 3.300; mais l'armée de Portugal a, indépendamment de ses 1.200 chevaux, 500 chevaux que la garde lui a donnés. Le déficit n'est donc plus que de 2.800 chevaux, dont 1.700 sont destinés au corps d'observation de réserve qui n'existe pas encore, ce qui ne formerait qu'un déficit de 1.100 chevaux.

Je ne vois pas d'inconvénient à ce que vous dirigiez sur Strasbourg les trois compagnies du 8ᵉ principal. Il faut que le 8ᵉ principal qui est à Strasbourg, les 1.000 chevaux venant de Besançon, le 14ᵉ qui est à Douai forment une réserve de 2.000 chevaux, si d'ici à quinze jours les circonstances me décident à prendre une grande offensive en Espagne, car le résultat des calculs ne serait pas suffisant s'il fallait compter sur un double approvisionnement pour prolonger la ligne d'opérations.

J'approuve que vous preniez des chariots de rouliers à Paris. On les chargera de poudre et on les fera atteler par des chevaux d'artillerie, en mettant à chaque chariot 10 chevaux. Faites-moi connaître quand ces trente voitures, qui porteraient 300 milliers de poudre, seraient prêtes à partir.

NAPOLÉON.

5610. — AU GÉNÉRAL CLARKE.

Saint-Cloud, 14 juin 1811.

Monsieur le duc de Feltre, les compagnies d'artillerie nécessaires au corps d'observation de réserve seront les suivantes : la 17e compagnie du 6e régiment qui est à Bayonne, la 18e compagnie du 4e régiment qui est à Toulon, une nouvelle compagnie du 4e régiment qu'on ferait venir d'Alexandrie, la 1re et la 6e compagnies du 6e régiment qui sont à Rennes, la 8e compagnie du 6e régiment qui est à l'île de Ré, deux compagnies d'artillerie italienne.

En remplacement des 1re et 6e compagnies du 6e régiment, on mettra au parc de l'armée d'Allemagne les 11e et 12e compagnies du 5e régiment qui sont à Metz, lesquelles pourraient être complétées par des conscrits, les premiers arrivés et les premiers formés.

Je pense qu'il n'y a pas un moment à perdre pour expédier l'ordre aux huit compagnies ci-dessus désignées de se rendre à Bayonne.

NAPOLÉON.

5611. — DÉCISION.

Saint-Cloud, 14 juin 1811.

Le général Clarke rend compte qu'il existe au dépôt général de Niort un détachement, non monté, de cavalerie hanovrienne et il demande s'il faut faire partir ce détachement pour Hamburg.

Faites partir pour Hamburg, pour être incorporé dans le 30e régiment, tout ce qui appartient au régiment à cheval hanovrien. Il faut bien se garder de les monter. Ce détachement se rendra à Hamburg, mais sera monté par le régiment.

NAPOLÉON.

5612. — AU COMTE DUMAS.

Saint-Cloud, 14 juin 1811.

Monsieur le comte Dumas, on m'assure que les deux bataillons de l'île de Goeree, recrutés de conscrits réfractaires, éprouvent une grande désertion. Faites-moi connaître les renseignements que vous avez à cet égard.

NAPOLÉON.

5613. — AU GÉNÉRAL CLARKE.

Saint-Cloud, 15 juin 1811.

Monsieur le duc de Feltre, donnez ordre au général commandant la 8° division militaire d'aller passer au château d'If la revue du 5° bataillon du 1er de ligne, et de vous rendre compte si les hommes sont habillés, s'ils s'exercent, quelle volonté ils montrent et si l'on pourrait en tirer des compagnies de marche pour des régiments de l'armée d'Italie, sans qu'il y ait de désertion parmi elles.

Il se rendra ensuite à Toulon pour passer la revue des bataillons du 2° régiment de la Méditerranée, de ceux du 22° léger, et vous fera connaître le nombre d'individus qu'on pourrait retirer pour recruter des régiments d'Italie ; vous écrirez au colonel du 2° régiment de la Méditerranée, et aux chefs de bataillon du 22° léger pour avoir leur opinion.

Enfin, faites-moi connaître ce que le roi de Naples a répondu à la demande que vous lui avez faite d'envoyer des canonnières pour prendre les bataillons du 22°.

NAPOLÉON.

5614. — AU GÉNÉRAL CLARKE.

Saint-Cloud, 15 juin 1811.

Monsieur le duc de Feltre, j'ai lu avec attention votre travail sur l'artillerie de l'armée d'Espagne. Je réponds au rapport sur le train d'artillerie.

Le dépôt de Toulouse comprend les bataillons du train qui sont à l'armée d'Aragon et à celle de Catalogne. Ces deux armées sont tellement mêlées aujourd'hui qu'il est difficile de les séparer. Il existe à ces dépôts les cadres de deux compagnies du 3° bataillon principal, et ceux de trois compagnies du 4° bataillon *bis*. Mon intention est que ces cinq compagnies soient complétées à 500 hommes, qu'on leur donne 700 à 800 chevaux, et qu'elles soient destinées à l'armée de réserve. Il faut que les chevaux, les hommes et les harnais existent au 15 août.

Les dépôts des 1er, 9°, 12° et 13° *bis* sont à Toulouse, parce qu'effectivement ces quatre bataillons sont à l'armée de Catalogne et d'Aragon. Mon intention est que deux compagnies de marche, les plus fortes qu'il sera possible, soient formées des officiers, sous-officiers et hommes isolés de ces quatre bataillons, et qu'il leur soit donné 300 chevaux, pour aller recruter le train d'artillerie de l'armée d'Aragon.

Le dépôt d'Auch doit se distinguer en deux parties : la première comprenant ce qui appartient à l'armée du Midi, et la seconde ce qui appartient à l'armée de Portugal. Au dépôt de l'armée du Midi se trouvent le 2ᵉ bataillon principal et les cadres des deux compagnies du 5ᵉ *bis* et deux compagnies du 10ᵉ *bis*. Ces quatre compagnies seront complétées, et on y mettra en subsistance tout ce qui arrivera d'hommes isolés du 2ᵉ bataillon. Complétées ainsi à 400 hommes, on leur fournira 700 chevaux, qui, en différents convois, iront recruter le train de l'armée du Midi.

Le dépôt de l'armée de Portugal consiste en neuf cadres de compagnies, savoir : deux compagnies du 5ᵉ principal, trois compagnies du 10ᵉ principal, deux compagnies du 12ᵉ principal, deux compagnies du 2ᵉ *bis*, dans le dépôt du 4ᵉ principal, du 11ᵉ principal et du 6ᵉ *bis*.

L'on fera sans délai une compagnie de marche de tous les hommes disponibles du 4ᵉ principal, 11ᵉ principal et 6ᵉ *bis*. Cette compagnie de marche sera portée à 150 hommes, et il y sera attaché le nombre de chevaux qu'elle pourra servir.

On complétera, sans délai, une des compagnies du 12ᵉ principal à 110 hommes, et on lui donnera 200 chevaux, ce qui fera 500 ou 600 chevaux, qui devront être prêts à partir au 15 juillet, pour se rendre à l'armée de Portugal. Les cadres de l'autre compagnie du 12ᵉ principal et des deux compagnies du 2ᵉ *bis* seront complétés à 100 hommes par compagnie, et ces trois cadres pourront servir de leur côté 600 chevaux, ce qui fera un nouveau renfort de 600 chevaux, qui devra être prêt à partir au 15 août pour l'armée de Portugal.

Les deux cadres du 5ᵉ principal et les trois du 10ᵉ principal seront complétés; il leur sera donné les 800 chevaux qu'ils pourront servir, et ils seront destinés au corps de l'armée de réserve.

RÉCAPITULATION.

Le corps de réserve aura donc, au 15 août, cinq compagnies à Toulouse, ayant 500 à 600 hommes et 800 à 900 chevaux.

Il aura cinq compagnies à Auch, présentant la même quantité

d'hommes et de chevaux, ce qui fera 1.000 à 1.200 hommes et 1.500 à 1.800 chevaux.

L'armée d'Aragon recevra du dépôt de Toulouse 150 à 200 hommes, et 200 à 300 chevaux, dont 100 partiront le 15 juillet.

L'armée de Portugal recevra 1.200 chevaux, dont 600 partiront au 15 juillet, avec une ou deux compagnies de marche et un cadre du 12e, et 600 autres partiront au 15 août, avec un des cadres du 12e et un des cadres du 2e bis.

L'armée du Midi aura quatre cadres, forts de 400 hommes et de près de 800 chevaux, dont 200 partiront au 15 juillet.

Il partira donc au 15 juillet............	1.000 à	1.100 chevaux.
— 15 août................	1.400	—
Et il y aura, au 15 août, pour la réserve......	1.600	—
Total des chevaux nécessaires......	4.100 chevaux.	

Sur ces 4.000 chevaux, 1.000 sont partis de Besançon; 1.000, provenant des achats qui ont été ordonnés, existeront, en juillet et août, aux dépôts d'Auch et de Toulouse. Vous me proposerez d'envoyer, dans le courant de juin, 2.000 chevaux, à prendre dans les 14e, 8e et 7e bis; 600 pourraient être pris à Metz.

C'est ici l'occasion de remarquer quelques erreurs dans vos états. Vous supposez que l'armée de Portugal n'a que 1.200 chevaux; oui, de ses anciens, mais elle a reçu 500 chevaux de la garde.

L'armée du Nord n'est autre chose que la garde: j'en formerai un compte à part, vu que les 500 chevaux que la garde a fournis ont été remplacés par 500 autres.

Donnez donc l'ordre aux dépôts d'Auch et de Toulouse pour qu'au 15 juillet il y ait à Toulouse une compagnie de marche de 110 hommes, ne comprenant que les hommes isolés des bataillons qui n'ont pas de cadres, et recevant 200 chevaux, de sorte que, le 16, elle puisse partir pour Saragosse.

Donnez ordre que le dépôt de l'armée du Midi forme une compagnie de marche d'une demi-compagnie de chaque bataillon et de tous les hommes isolés des bataillons qui n'ont pas de cadres, de sorte que cela fasse 110 hommes, et qu'on puisse également y envoyer 200 chevaux.

Donnez ordre que le dépôt de Portugal fasse une ou deux compagnies de marche de tous les hommes isolés qui n'ont pas de cadres, et que l'on complète à 110 hommes une compagnie du 12ᵉ principal, de sorte que ces 300 hommes puissent conduire 500 à 600 chevaux à l'armée de Portugal.

Ainsi, 1.000 chevaux doivent partir au 15 juillet, 800 venant de Besançon et 200 provenant des achats. (Je suppose que sur les 1.000 venant de Besançon, 200 auront besoin d'un mois de repos.) Faites-moi connaître ce que ces 1.000 chevaux devront atteler et conduire en Espagne. Enfin, faites-moi connaître le jour précis où ces 1.000 chevaux arriveront, et où leur départ peut avoir lieu.

Proposez-moi le mouvement de 2.000 chevaux à faire venir de Douai, de Metz, de Strasbourg, d'Alexandrie, et ce qu'ils doivent porter. Comme ils ne devront partir que le 15 août, il y a soixante jours d'ici là, ce qui nous donne tout le temps nécessaire.

Napoléon.

5615. — AU MARÉCHAL BERTHIER.

Saint-Cloud, 17 juin 1811.

Mon Cousin, donnez ordre que le 1ᵉʳ et le 2ᵉ bataillon de marche d'Italie partent le 12 juillet de Pau, pour se rendre par Jaca à Saragosse où ils seront à la disposition du général Suchet, pour rejoindre leurs corps. Vous donnerez ordre aux détachements de l'armée de Catalogne qui appartiennent à l'armée d'Aragon de se rendre à Pau où ils se réuniront aux deux bataillons de marche italiens.

Napoléon.

5616. — AU MARÉCHAL BERTHIER.

Saint-Cloud, 17 juin 1811.

Mon Cousin, réitérez l'ordre au duc de Raguse de renvoyer en France les hommes à pied du train d'artillerie. Je vois avec peine qu'il en a mis 200 en garnison à Ciudad-Rodrigo. Ces hommes sont de la plus grande nécessité pour recevoir les remontes qu'on fait.

Napoléon.

5617. — AU MARÉCHAL BERTHIER.

Saint-Cloud, 17 juin 1811.

Mon Cousin, le général de brigade Lamartinière, qui est à l'armée du Centre, se rendra à l'armée de Portugal où le duc de Raguse l'emploiera dans son grade de général de brigade.

NAPOLÉON.

5618. — DÉCISION (1).

Saint-Cloud, 17 juin 1811.

| Le ministre de l'administration de la guerre demande que les lits militaires de la 1re division qui ont été mis à la disposition des corps de la garde impériale soient reversés dans les magasins militaires, afin d'être employés au service des troupes de la garnison. | Approuvé. |

5619. — AU GÉNÉRAL CLARKE.

Saint-Cloud, 17 juin 1811.

Monsieur le duc de Feltre, donnez ordre que le 1er régiment de lanciers polonais, qui est à Sedan, et que j'avais ordonné de diriger du côté de Niort, se dirige sur Saint-Jean-d'Angély.

NAPOLÉON.

5620. — AU GÉNÉRAL LACUÉE.

Saint-Cloud, 17 juin 1811.

Monsieur le comte de Cessac, je reçois votre lettre du 16. Je donne l'ordre au 1er régiment de lanciers polonais, qui est à Sedan, de se rendre à Saint-Jean-d'Angély.

NAPOLÉON.

---

(1) Non signée; extraite du « Travail du ministre de la guerre avec S. M. l'Empereur et Roi, daté du 12 juin 1811 ».

5621. — DÉCISION.

Saint-Cloud, 18 juin 1811.

Le maréchal Berthier soumet à l'Empereur le règlement établi par le général Belliard pour régler le service des compagnies auxiliaires d'artillerie formées dans les places d'Espagne.

Je n'approuve pas ce règlement. Il suffisait d'exécuter le règlement des places. Il n'y a pas besoin de canonniers dans les places; les soldats de ligne font ce service. Il faut en revenir donc à l'ordonnance de l'infanterie, sans que le général Belliard fasse une nouvelle organisation.

NAPOLÉON.

5622. — AU MARÉCHAL BERTHIER.

Saint-Cloud, 18 juin 1811.

Mon Cousin, mandez par estafette au général Monthion qu'il peut envoyer le bataillon de la garde pour escorter le roi d'Espagne; et, à mesure que ce bataillon rencontrera ses régiments, chaque détachement rejoindra le corps auquel il appartient. Ecrivez-en au commandant des bataillons et aux généraux sous les ordres desquels se trouvent ces régiments. Il est parti, il y a deux jours, un deuxième bataillon de marche de la garde. Informez-en le duc d'Istrie et le général Monthion.

NAPOLÉON.

5623. — AU MARÉCHAL BERTHIER.

Saint-Cloud, 18 juin 1811.

Mon Cousin, envoyez aux ministres de la guerre et de l'administration de la guerre un état pareil à celui que vous m'avez remis des 5.600 hommes, tant infanterie que cavalerie, artillerie et train que le duc de Raguse renvoie en France. Il est très important que ces ministres aient cela sous les yeux pour comprendre les ordres que je leur donne.

NAPOLÉON.

5624. — AU GÉNÉRAL CLARKE.

Saint-Cloud, 18 juin 1811.

Monsieur le duc de Feltre, j'ai ordonné que des détachements du 2e léger, du 4e et du 12e, qui sont arrivés à Bayonne le 7 juin, fussent formés en bataillons de marche pour escorter un trésor. Ce trésor devait partir le 15 juin; mais, depuis, en ayant retardé le départ, je pense convenable que vous écriviez au major général de donner l'ordre au général Monthion de tenir, au 1er juillet, prêt à partir, un régiment de marche et fort de trois bataillons, composés de la manière suivante :

1er *bataillon* (infanterie légère) : du 9e léger, 100 hommes; 12e, 200; 16e, 80; 21e, 80; 27e, 95; 28e, 75. Total : 630 hommes.

2e *bataillon* (infanterie de ligne) : du 8e de ligne, 60 hommes; 32e, 105; 40e, 15; 45e, 63; 54e, 66; 58e, 88; 63e, 38; 64e, 41; 88e, 48; 95e, 76; 96e, 73; 100e, 67. Total : 740 hommes.

3e *bataillon* : du 2e léger, 130 hommes; 4e, 100; 25e, 100; 22e de ligne, 60; 50e, 39. Total : 429 hommes.

Le général Monthion passera la revue de ces trois bataillons au 1er juillet. Le général Avy en prendra le commandement, les fera camper, les exercera et les tiendra en haleine et prêts à marcher du 1er au 10 juillet, selon les ordres que je donnerai, pour escorter le trésor.

Napoléon.

5625. — EXTRAIT DE LA LETTRE ÉCRITE LE 18 JUIN 1811 PAR L'EMPEREUR AU MINISTRE DE LA GUERRE (1).

Il arrive 360 hommes des 7e, 13e et 20e de chasseurs. Ces détachements seront à Bayonne le 17 ou le 18 juin, et dès lors ils arriveront à Niort vers la fin de ce mois. Donnez ordre au général Defrance d'en faire un régiment de marche à part, et comme Niort est trop encombré, de les distribuer dans les villes voisines. Donnez ordre aux dépôts de ces trois régiments d'envoyer à Niort 360 chevaux pour remonter leurs détachements. Chaque homme du dépôt conduira deux chevaux. A leur arrivée à Niort ces chevaux passe-

---

(1) Non signé, de la main du baron Fain.

ront la revue du général Defrance et seront ensuite mis à la disposition des détachements.

Un escadron et demi du 15° de chasseurs arrive également. Ecrivez au général qui commande à Bayonne de le diriger sur Auch au lieu de Niort, le dépôt de ce régiment étant à Auch. Ce dépôt du 15° sera considéré comme faisant partie du dépôt de Niort et sera également sous l'inspection du général Defrance.

Tout ce qui appartient au 22° de chasseurs et aux 1er et 2° de hussards sera dirigé sur le dépôt de Niort.

J'aurai donc au dépôt de Niort environ 800 hommes de cavalerie légère de plus. Il y en avait environ 400. Ce qui fera donc 1.200 hommes de cavalerie légère à monter. Or, 1.000 chevaux doivent être fournis par les achats du dépôt de Niort; 500 sont tirés des dépôts de la 6° division militaire et 360 seront envoyés des dépôts des 7°, 13° et 20° de chasseurs. Cela fait 1.860 chevaux, il n'y a encore que 1.200 à 1.300 hommes à monter. Ainsi, il n'est besoin de faire aucune disposition pour ce dépôt.

Enfin, il arrive environ 1.400 dragons à pied au dépôt de Saintes, ce qui, ajouté à ceux déjà dirigés sur ce dépôt, fait environ 2.500 hommes à monter. A cet effet, 500 chevaux de dragons ont été tirés des dépôts de la 6° division militaire et 1.000 chevaux ont été achetés pour le dépôt de Saintes. Il manque donc encore 1.000 chevaux pour compléter les remontes de ce dépôt; mais les cinq régiments de dragons dont je viens d'ordonner la suppression devront diriger sur Saintes tous les chevaux de dragons qu'ils auront en France, et enfin, le 30°, qui a des chevaux à son dépôt et à ses escadrons de guerre, doit aussi les diriger sur Saintes. Faites-moi connaître si cela suffira pour les remontes du dépôt de Saintes, afin que, dans le cas où cela ne serait pas suffisant, je puisse y pourvoir par l'envoi de nouveaux chevaux.

5626. — EXTRAIT D'UN ORDRE DE L'EMPEREUR
EN DATE DU 18 JUIN 1811 (1).

Vous aurez vu dans les états du prince de Neuchâtel que deux compagnies du 1er régiment d'artillerie à pied, deux du 3° et une du 6° arrivent de Bayonne du 17 au 23 juin. Vous pouvez envoyer cette compagnie du 6° à l'île de Ré, où elle remplacera celle qui

---

(1) Non signé.

doit faire partie du corps de réserve. On l'y complétera avec des conscrits réfractaires de choix. Vous enverrez à leur dépôt les autres cadres d'artillerie.

Vous pouvez diriger le cadre de la 6ᵉ compagnie du 1ᵉʳ de sapeurs sur l'île d'Aix, ou sur le dépôt de l'île de Ré, pour être complété avec des conscrits réfractaires.

5627. — EXTRAIT D'UN ORDRE DE L'EMPEREUR (1).
Saint-Cloud, 18 juin 1811.

Il faut renoncer à donner des outils à l'infanterie; ils sont trop lourds, les manches trop longs et trop embarrassants; ils gêneraient le soldat dans sa marche ou il finirait par les jeter. Ce serait donc une très grande perte. Faites-en faire la remise au génie.

5628. — EXTRAIT D'UN ORDRE DE L'EMPEREUR
EN DATE DU 18 JUIN 1811 (2).

Vous aurez vu que les cadres de deux compagnies du 1ᵉʳ régiment d'artillerie à pied, deux compagnies du 3ᵉ et une du 6ᵉ arrivent à Bayonne le 3 juillet (c'est du 17 au 23 juin). Vous pouvez envoyer le cadre de cette compagnie du 6ᵉ à l'île de Ré où elle remplacera celle qui doit faire partie du corps de réserve. On l'y complétera avec des conscrits réfractaires de choix. Vous enverrez à leurs dépôts les autres cadres d'artillerie.

Quant au train d'artillerie, les cadres de deux compagnies du 5ᵉ principal, ayant 130 hommes, arrivent : c'est (sic) la 5ᵉ et la 6ᵉ compagnies : l'arrivée de ces deux compagnies est prévue dans mon décret. Il en est de même des trois compagnies du 10ᵉ principal dont les cadres arrivent, forts de 90 hommes. Enfin, les 4ᵉ et 6ᵉ compagnies du 11ᵉ principal arrivent, fortes de 60 hommes; l'arrivée de celles-là n'était pas prévue : ce sera donc deux compagnies de plus. Les 5ᵉ et 6ᵉ compagnies du 12ᵉ bataillon principal arrivent; cela était prévu, ainsi que l'arrivée des deux cadres des 2ᵉ *bis*, 5ᵉ *bis* et 10ᵉ *bis*.

Ainsi, il résulte de ces renseignements qu'au 1ᵉʳ juillet le dépôt d'Auch sera complet, et même augmenté des deux cadres du 11ᵉ principal.

---
(1) Non signé, extrait conforme.
(2) Non signé, copie conforme.

Je suppose que vous serez bientôt instruit de tout ce qui manque à ces hommes pour les équiper et les mettre en état d'entrer en campagne.

Je désire avoir des états sur colonne horizontale, qui me fassent connaître : 1° les mouvements de tous les chevaux du train et des convois d'artillerie qui se dirigent sur Auch; 2° quand arrivent à Bayonne les 500 chevaux de la garde, les 1.000 chevaux de Besançon et les 1.000 chevaux dont j'ai ordonné l'achat. Il me paraît important de ne pas perdre un moment pour **diriger** deux autres milliers de chevaux, tirés tant du 14e que des remontes qui devaient servir aux deux autres bataillons qui sont en France. La saison s'avance; il n'y a plus de temps à perdre pour ces mouvements.

5629. — AU GÉNÉRAL LACUÉE.

Saint-Cloud, 18 juin 1811.

Monsieur le comte de Cessac, le prince de Neuchâtel vous enverra l'état des hommes à pied que le duc de Raguse renvoie à Bayonne. Vous trouverez ci-joint la copie des ordres que je donne à ce sujet au ministre de la guerre. Vous recevrez le décret que j'ai pris pour créer 9 régiments de chevau-légers, 6 régiments de dragons sont convertis en régiments de chevau-légers, et tout ce qu'ils ont de propre à l'arme des dragons devra être réuni au dépôt de Saintes pour servir aux remontes de ce dépôt. Je désire que vous veilliez à cette comptabilité et à ce que je perde le moins possible dans ces changements.

NAPOLÉON.

5630. — AU GÉNÉRAL LACUÉE.

Saint-Cloud, 18 juin 1811.

Monsieur le comte de Cessac, le ministre de la guerre a dû vous envoyer l'organisation d'un corps de réserve en trois divisions, indépendamment d'une division italienne. La 1re division se compose du 60e, du 81e, du 10e et du 20e de ligne. Elle doit avoir 16 bataillons, ses compagnies d'artillerie et ses caissons, tant pour l'artillerie que pour les transports militaires. J'ai ordonné que les compagnies d'artillerie s'arrêtassent à Nîmes. La 2e division se compose de quatre bataillons du 10° léger, de quatre du 5° léger, de deux bataillons d'élite du 3° de ligne, de deux bataillons d'élite du 105° et de deux bataillons du 52°. Chaque régiment doit avoir également sa compagnie d'artillerie. L'artillerie de ces régiments se formera et s'organisera à Rennes, à l'exception du 52°, qui pourra s'organiser à Nîmes. La 3° division se compose du 1ᵉʳ, du 62°, du 101° et du 23° d'infanterie légère. Les 81°, 62° et 23° léger ont deux bataillons en Catalogne, mais ces bataillons doivent les rejoindre. Le 5° léger a en Aragon deux bataillons qui doivent également le joindre.

NAPOLÉON.

5631. — DÉCISION.

Saint-Cloud, 19 juin 1811.

Le maréchal Berthier rend compte que le décret du 11 avril dernier relatif à l'incorporation de trois compagnies du 5° bataillon du 28° de ligne et de trois compagnies du 5° bataillon du 75° de ligne dans les premiers bataillons de ces régiments étant parvenu trop tard en Espagne, le général Belliard a déjà renvoyé au dépôt en France les cadres de ces compagnies.

Renvoyé au ministre de la guerre pour, en conséquence, ne pas faire former ces cadres.

NAPOLÉON.

5632. — DÉCISION.

Saint-Cloud, 19 juin 1811.

L'équipage de bateaux sera prêt à Danzig au 1ᵉʳ août.

On propose néanmoins de ne pas assembler et monter les voitures qui devaient l'être dans la dernière quinzaine de juillet.

Il n'y a pas d'inconvénient à tenir cela prêt pour le 1ᵉʳ septembre. Il faudra cependant qu'on fasse l'assemblage d'un bateau pour être sûr qu'on a réussi.

NAPOLÉON.

5633. — DÉCISION.

Saint-Cloud, 19 juin 1811.

Le général Clarke propose à l'Empereur les officiers qu'il a cru

Approuvé, hormis pour le commandant qui sera le général

devoir désigner pour composer l'état-major de l'artillerie du corps de reserve en Espagne.

Foucher, puisqu'il doit être remplacé comme directeur.

NAPOLÉON.

5634. — DÉCISION.

Saint-Cloud, 19 juin 1811.

On propose de laisser à Danzig une demi-compagnie de pontonniers et une demi-compagnie d'armuriers.

Approuvé, l'une et l'autre. Il faudrait y mettre une compagnie entière d'armuriers.

NAPOLÉON.

5635. — EXTRAIT DU PROCÈS-VERBAL DE LA SÉANCE DU CONSEIL DES MINISTRES DU 19 JUILLET 1811 (1).

Doivent aussi être Français tous les gardes-magasins d'artillerie et du génie, tous les commandants et employés des places, les officiers gardes-côtes, les officiers des compagnies de réserve. Tous les individus du pays, aujourd'hui employés, seraient appelés en France pour être employés d'une manière analogue aux fonctions qu'ils exerçaient.

5636. — AU GÉNÉRAL CLARKE.

Saint-Cloud, 19 juin 1811.

Monsieur le duc de Feltre, je réponds à votre lettre du 18. J'approuve que les 300 chariots qui sont à Danzig y restent. Faites-moi connaître de quelle espèce sont ces voitures. Il sera très utile de les avoir en dépôt, soit pour l'équipage de siège, soit pour l'équipage de campagne, soit pour tout autre service. Donnez ordre qu'elles soient placées à Danzig, de manière à être conservées.

NAPOLÉON.

5637. — AU GÉNÉRAL CLARKE.

Saint-Cloud, 19 juin 1811.

Monsieur le duc de Feltre, je réponds à l'une de vos lettres du 18. Laissez à Strasbourg et à Mayence les 72 bouches à feu

(1) Non signé, extrait conforme.

et les voitures d'artillerie destinées pour le corps d'observation du Rhin. Laissez également dans ces deux places les 30 canons de 3 des quinze régiments de ce corps. Tout cela est fort bien où cela est. Faites seulement mettre sur les canons et sur les caissons le numéro du corps, et que les corps le sachent. Lorsque vous m'aurez fait un rapport sur les chevaux que vous destinez à ces régiments, j'ordonnerai peut-être qu'une compagnie du train se rende dans ces places, ce qui sera toujours utile aux mouvements de l'artillerie.

NAPOLÉON.

5638. — DÉCISION.

Saint-Cloud, 19 juin 1811.

Dispositions prises par le ministre, de concert avec les préfets des départements les plus voisins de Pau, pour effectuer l'achat de 1.350 mulets ordonné par l'Empereur.

Approuvé.

NAPOLÉON.

5639. — DÉCISION (1).

On propose à Sa Majesté de réintégrer dans le grade de chef de bataillon le sieur Dulin, capitaine adjudant de place, ancien adjudant général chef de bataillon, et de l'employer dans les états-majors de place.

Cette proposition n'a point été accueillie par Sa Majesté.

5640. — DÉCISION.

Saint-Cloud, 20 juin 1811.

M. Mollien, ministre du Trésor, prie l'Empereur de vouloir bien décider si l'intendant général des contributions dans les six gouvernements fera fabriquer par ce ter-

Renvoyé au major général qui écrira au roi pour qu'il fasse fournir du papier timbré. Le major général n'enverra pas ces

---

(1) Sans signature ni date; extraite du « Travail du ministre de la guerre avec S. M. l'Empereur et Roi, daté du 19 juin 1811 ».

ritoire du papier timbré semblable à celui qui est fabriqué à Madrid; ou bien si la cour de Madrid ne sera pas invitée, par la médiation de M. le duc de Bassano, à approvisionner les six gouvernements de papier timbré, sans en exiger le prix d'avance, le produit de la vente de ce papier devant faire partie des contributions applicables aux besoins de l'armée française.

pièces au roi, mais lui écrira une lettre.

NAPOLÉON.

5641. — DÉCISIONS (1).

Saint-Cloud, 20 juin 1811.

Sa Majesté est priée de faire connaître si son intention est de conserver aux officiers du 2ᵉ régiment de grenadiers et du 2ᵉ régiment de chasseurs la solde et les indemnités dont ils ont joui jusqu'à présent comme faisant partie de la vieille garde.

Il n'y a pas de doute, les cadres de ces deux régiments doivent être de la vieille garde.

On rend compte à Sa Majesté qu'il a été fait au sieur Rostan, officier payeur du camp des vétérans de la 27ᵉ division, un vol de 2.250 fr. 15 qui appartenaient aux différents militaires de ce camp.

Ce vol étant légalement constaté, le ministre propose à Sa Majesté d'en autoriser le remplacement sur les fonds extraordinaires du ministère.

Je ne vois pas de raison pour cela. Les camps de vétérans ne me regardent pas, c'est un établissement particulier.

On propose d'approuver qu'une somme de 32.887 fr. 61, qui est due pour la pension de vélites dont les familles sont reconnues insolvables, soit ajoutée au montant des revues de solde de la garde;

Accordé.

(1) Non signées; extraites du « Travail du ministre de la guerre avec S. M. l'Empereur et Roi, date du 19 juin 1811 ».

D'accorder une gratification de 1.000 francs à M. Lavillette, commandant de Bellegarde, pour l'indemniser des dépenses extraordinaires auxquelles il a été tenu, attendu la position de la place qu'il commande;

Accordé.

D'accorder une indemnité de 300 francs à M. Lenormand, adjudant de place, qui, en passant le mont Cenis, a perdu la totalité de ses effets;

Accordé.

D'accorder au sous-lieutenant Doummenq, du 22ᵉ régiment d'infanterie légère, la gratification de 300 francs allouée aux sous-officiers faits officiers après cinq ans de service sans interruption.

Accordé.

Le général de division Delaborde, commandant la 13ᵉ division militaire, demande, pour cause de santé, un congé avec appointements.

Si Sa Majesté est disposée à le lui accorder, on propose de remplacer cet officier général dans le commandement de la 13ᵉ division militaire par le général de division Montrichard qui est disponible.

Ce congé sera accordé cet hiver; cet été il ne peut pas l'être.

On met sous les yeux de Sa Majesté la proposition de placer à la fin du dépôt un conscrit de 1811, fils de parents infirmes et très âgés, et le dernier de cinq frères dont deux sont morts au service et un autre dans ses foyers. Le quatrième est dans la cavalerie de la garde impériale.

Accordé.

On propose à Sa Majesté de nommer un aumônier aux îles Saint-Marguerite. Le préfet du département du Var en fait la demande.

Accordé.

S. A. I. et R. le prince Borghese demande que deux vélites du bataillon de Turin soient admis dans la compagnie de ses gardes d'honneur.

Accordé.

On propose à Sa Majesté de décider que M. Lostin, lieutenant en second, quartier-maître des compagnies de l'administration de la garde, sera réformé purement et simplement.

Hors d'état par ses infirmités de continuer le service, il n'est point susceptible d'être admis à la solde de retraite.

Approuvé.

On propose à Sa Majesté d'ordonner qu'une somme de 150 fr. 26, due depuis 1808 à la caisse du 9e régiment d'infanterie légère par le lieutenant Raimond, réformé sans traitement, et qui se trouve sans aucun moyen de s'acquitter, sera remboursée à ce corps sur le fonds des dépenses extraordinaires de l'exercice 1808.

Accordé.

On rend compte à Sa Majesté qu'au 15 mai dernier la force du 1er régiment de la Méditerranée en Corse était de 4,572 hommes, sans y comprendre le 1er bataillon qui est à l'île d'Elbe.

Les compagnies seront en conséquence de 200 hommes et les bataillons de 1,200. Le ministre mandera au commandant de la 23e division de faire connaître de quels départements sont tous ces hommes, bataillon par bataillon, compagnie par compagnie. On continue de diriger sur ce dépôt une grande quantité de Génois et de Toscans, qui vont considérablement augmenter ce bataillon. Il faut que le général envoie la situation de l'habillement et de l'armement de ce régiment et que tous les conscrits qui arri-

	vent soient également habillés; s'il continue d'en arriver une grande quantité, il pourra porter le complet de chaque compagnie à 250 hommes.
	Aussitôt que l'automne arrivera, les dispositions que j'ai déjà ordonnées précédemment emploieront une partie de ce monde.
On demande à Sa Majesté si 150 tambours, partis de l'armée d'Allemagne avec les cadres des 6es bataillons des treize régiments envoyés en France pour s'y organiser, devront être remplacés à l'école des élèves tambours établis à cette armée par le décret du 5 avril dernier et si cette école devra être maintenue à son complet de 480.	Non, ils ne devront pas être remplacés.
On propose à Sa Majesté de tirer de l'école de Fontainebleau dix sujets pour être employés en qualité de sous-officiers dans le régiment d'Illyrie, savoir : six en qualité de sergents-majors, et quatre en qualité de caporaux fourriers;	Accordé, en prenant des sujets qui parlent allemand.
De nommer comme chef de bataillon pour être employé en qualité de commandant d'armes en France le sieur Ségur de Bouzeli, adjudant commandant près les troupes napolitaines.	Il faut qu'il reste où il est.
Le général Olivier, commandant la 16e division militaire, demande pour M. Hartmanis, colonel du 1er régiment de Prusse, un congé de convalescence de deux mois. Sa Majesté est priée de faire connaître ses intentions sur cette demande.	Accordé.

5642. — AU GÉNÉRAL LACUÉE.

Saint-Cloud, 20 juin 1811.

Monsieur le comte de Cessac, je réponds à vos rapports du 18. J'approuve la répartition que vous avez faite des 1.350 mulets. Je pense qu'il est inutile de faire des réquisitions pour 1.200 chevaux; 600 suffisent. Laissez subsister le marché que vous avez passé avec un habitant du Poitou, et je vous ferai fournir les autres en les prenant dans le train d'artillerie. Tout me porte à penser que je n'en aurai pas besoin cette année. J'aurai donc le temps de les remplacer.

Présentez-moi un projet pour substituer les charrettes de rouliers aux caissons de transports militaires. Faites-moi connaître quelles dimensions ont ces charrettes, si elles sont à deux ou à quatre roues, et combien elles peuvent porter de biscuit en tonneaux ou en caisses. Il n'est pas question de louer ces charrettes, mais de les acquérir ou de les faire faire. Ces voitures, d'ailleurs, sont d'une construction facile; faites-en établir le modèle. Une compagnie des transports militaires qui sert 40 voitures attelées de 4 chevaux n'a que 160 chevaux; j'ai supposé qu'elle servirait 20 charrettes à 8 chevaux. Puisque vous ne voulez atteler ces charrettes que de 6 chevaux, il s'ensuivra donc qu'une compagnie servirait 27 voitures. Ainsi, les trois compagnies des bataillons du train qui sont à Pau serviraient 81 voitures, au lieu de 60, et les trois compagnies du 10ᵉ bataillon, autant : ce qui ferait 162 voitures. Aussitôt que vous aurez une de ces voitures pour servir de modèle, que vous l'aurez fait charger et décharger, et que vous aurez pris un peu d'expérience, vous me présenterez un projet de décret. Vous voyez qu'au lieu de 200, je n'en veux que 160.

NAPOLÉON.

5643. — AU GÉNÉRAL LACUÉE.

Saint-Cloud, 20 juin 1811.

Monsieur le comte de Cessac, je vois qu'au 15 juin le 2ᵉ bataillon d'équipages militaires n'avait encore que 668 chevaux et 108 voitures à réparer, au lieu de 256; que le 9ᵉ bataillon n'avait encore que 228 chevaux et 121 voitures au lieu de 256; que le 12ᵉ bataillon n'avait que 796 chevaux et 157 voitures au lieu de 256. Je croyais que ces trois bataillons étaient plus avancés. Faites-moi connaître quand ils seront complets.

NAPOLÉON.

5644. — DÉCISION.

Saint-Cloud, 20 juin 1811.

Le général Dumas, directeur général de la conscription, propose de former à Porto-Ferrajo (île d'Elbe) un dépôt provisoire pour recevoir les conscrits réfractaires de la Toscane.

Approuvé. J'ai déjà ordonné ces mesures. Il faudrait envoyer dans l'île d'Elbe deux cadres pour cet effet.

NAPOLÉON.

5645. — DÉCISION.

Saint-Cloud, 20 juin 1811.

Le général Clarke rend compte qu'il a prescrit au général commandant la 12e division militaire de diriger sur Saint-Jean-d'Angély les 120 hommes montés du 1er régiment de lanciers polonais qui devaient arriver à Niort le 22 juillet.

Ce détachement ne doit pas se rendre à Saint-Jean-d'Angély, mais à Niort; c'est le dépôt du 1er régiment de lanciers qui doit se rendre à Saint-Jean-d'Angély. Donner des ordres en conséquence.

NAPOLÉON.

5646. — DÉCISION.

Saint-Cloud, 20 juin 1811.

Le ministre a l'honneur de représenter à l'Empereur que la grande quantité de chevaux achetés ou commandés par les deux ministères, et qui s'élève dans ce moment à 36.563, a occasionné une rareté considérable dans l'espèce. Il supplie Sa Majesté de vouloir bien permettre qu'il soit reçu dans les dernières fournitures qui restent à faire une partie de chevaux de l'âge de 4 ans faits, prenant leurs

Je me refuse à accorder aucun adoucissement et désire qu'on s'en tienne à la rigueur des règlements que l'expérience a consacrés comme ce qu'il y a de meilleur; mais comme les circonstances sont tous les jours moins pressantes vers le nord, je ne vois point de difficulté à accorder un répit de 3 à 4 mois, mais il faut que cela ne concerne

5 ans, et de déterminer pour l'admission des juments une proportion plus forte que celle d'un huitième.

pas les armées d'Espagne, et soit fait avec discernement. Je ne puis donner cette autorisation et aucun nouvel ordre que lorsque le ministre me fera connaître quels étaient les besoins des régiments, ce que j'ai accordé, ce qu'ils ont reçu des 1res et 2es commandes et ce qu'ils ont à recevoir sur les autres commandes et d'ailleurs.

NAPOLÉON.

5647. — DÉCISION (1).

21 juin 1811.

On demande à Sa Majesté si Elle permet qu'un sergent, qui a fixé sa résidence en Italie, touche sa pension dans ce royaume, où il n'est pas né.

Approuvé.

5648. — DÉCISION.

Saint-Cloud, 21 juin 1811.

Le général Clarke fait connaître que le régiment de marche en formation à Bayonne ne sera prêt à partir que le 15 juillet.

Renvoyé au major général qui donnera des ordres en conséquence. Le trésor qui devait partir le 1er juillet ne partira que le 15 avec ce régiment de marche.

NAPOLÉON

---

(1) Non signée; extraite du « Travail du ministre de la guerre avec S. M. l'Empereur et Roi, daté du 19 juin 1811 ».

5649. — AU GÉNÉRAL CLARKE (1).

Saint-Cloud, 21 juin 1811.

Monsieur le duc de Feltre, le ministre de l'administration de la guerre me rend compte que le 4° de dragons, le 15° et le 29° de chasseurs ne recevront pas les chevaux de remontes pour lesquels ils étaient portés dans la 2° commande. Il me paraît nécessaire que vous ordonniez les mouvements suivants :

Donnez ordre que, sur les chevaux qui restent au dépôt du 30° de dragons, dans la 6° division militaire, il soit sur-le-champ détaché 60 chevaux pour Castres, où ils seront remis au dépôt du 24° de dragons.

Donnez ordre aux dépôts du 25° de chasseurs de fournir..................................	100	chevaux.
Aux dépôts du 24° id......................	100	—
— 11° id........................	70	—
— 12° id........................	70	—
— 5° de hussards...............	70	—
— 11° id........................	100	—
Et aux six dépôts de cavalerie légère qui sont dans la 6° division militaire et qui ont déjà fourni 500 chevaux d'en fournir 200 autres, ci.........	200	—
TOTAL................	710	chevaux.

Ces 710 chevaux seront dirigés tous harnachés et en bon état, un homme menant deux chevaux, savoir : 410 sur Auch, pour le 15° de chasseurs, et 300 sur Carcassonne pour le 29°.

Il est indispensable que ce mouvement se fasse promptement, afin que le 29° et le 15° de chasseurs puissent le plus tôt possible avoir tous leurs hommes disponibles en état de partir.

Vous aurez soin de recommander qu'on n'envoie que de bons chevaux, en état de faire la guerre, ayant plus de 6 ans ; et, comme cette mesure est importante, vous rendrez les majors de chaque dépôt responsables de la moindre fraude à cet égard, puisque ce serait compromettre des troupes qui vont entrer en campagne. Vous pouvez d'ailleurs ordonner au général le plus voisin des dépôts d'en passer sa revue.

(1) Non signé, copie conforme.

Je désire que vous me remettiez, dans un tableau par colonne horizontale, l'indication jour par jour de ce qui doit partir et arriver, tant pour les mouvements qui sont l'objet de cette lettre que pour ceux de même nature que j'ai précédemment ordonnés.

5650. — AU GÉNÉRAL CLARKE.

Saint-Cloud, 21 juin 1811.

Monsieur le duc de Feltre, réitérez l'ordre aux ducs de Raguse et d'Istrie de faire revenir les 600 hommes du train d'artillerie qui sont restés dans les places du nord de l'Espagne, vu que ces hommes sont indispensables pour le service des chevaux qu'on dirige en ce moment sur Bayonne.

NAPOLÉON.

5651. — DÉCISIONS (1).

Saint-Cloud, 21 juin 1811.

On rend compte à Sa Majesté de l'importance militaire de la place d'Hesdin, comme appuyant la défense de Montreuil; et, quoique cette place ait été mise hors d'entretien, on propose quelques modifications à cette disposition ainsi que le rétablissement d'un adjudant de 1re classe comme commandant d'armes à Hesdin.	Renvoyé aux conseils de décembre.
Propositions qui ont pour objet de conserver hors d'entretien les fortifications de la citadelle de Gand dont la démolition exigerait une dépense douze fois plus forte que le produit de la vente des terrains, et de laisser à la ville la jouissance conditionnelle des remparts et des fossés.	Renvoyé aux conseils de décembre.

(1) Non signées; extraites du « Travail du ministre de la guerre avec S. M. l'Empereur et Roi, daté du 4 juin 1811 ».

On présente à Sa Majesté deux états des officiers prisonniers de guerre en faveur desquels le payement de la demi-solde a été autorisé.

On demande à Sa Majesté si Elle désire n'accorder cette demi-solde qu'en faveur des femmes et des enfants de ces officiers.

D'après une note du ministre secrétaire d'État, l'Empereur a approuvé du 21 juin cette demande.

5652. — DÉCISION.

Saint-Cloud, 21 juin 1811.

Les compagnies d'artillerie régimentaires devront-elles être comprises dans l'effectif de 2.500 hommes fixé pour chacun des 10° et 11° régiments d'infanterie polonais.

Oui.

NAPOLÉON.

5653. — AU GÉNÉRAL LACUÉE.

Monsieur le comte de Cessac, faites-moi connaître si le 2° bataillon d'équipages militaires peut partir de Commercy le 1er juillet pour Paris et quelle serait sa force en hommes, chevaux et caissons ?

NAPOLÉON.

5654 — AU GÉNÉRAL LACUÉE.

Saint-Cloud, 21 juin 1811.

Monsieur le comte de Cessac, je viens de pourvoir au remplacement des 42 chevaux du 24° de dragons, des 260 du 15° de chasseurs et des 270 du 29° de chasseurs, dont vous m'annoncez, par votre rapport du 19 juin, que la fourniture est en retard. J'ai ordonné au ministre de la guerre de faire partir sur-le-champ :

1° 60 chevaux du dépôt du 30° de dragons pour le 24° de dragons à Castres;

2° 710 chevaux, savoir : 100 du dépôt du 23° de chasseurs; 100 du dépôt du 24° id.; 70 du dépôt du 11° id.; 70 du dépôt du 12° id.; 70 du dépôt du 5° de hussards; 100 du dépôt du 11° de hussards;

200 des six dépôts de cavalerie légère, qui sont dans la 6ᵉ division militaire et qui ont déjà fourni 500 chevaux.

Sur ces 710 chevaux, qui seront conduits haut-le-pied, un homme menant 2 chevaux, 410 seront dirigés sur Auch, pour le 15ᵉ de chasseurs, et 300 sur Carcassonne, pour le 29ᵉ.

Faites-moi un rapport sur la commande de 570 chevaux qui avait été destinée à ces régiments et que vous craignez de ne pas voir se réaliser. Faut-il rapporter ce marché pour ne plus en entendre parler, ou ne conviendrait-il pas mieux de faire livrer ces chevaux au dépôt de Niort ?

Je désire que vous me fassiez faire un état de toutes les commandes ordonnées. L'ordre de ce travail devra correspondre aux états que j'ai fait joindre à mes décrets du 18 mai; vous le diviserez par première, seconde et troisième commande.

Vous indiquerez ce qui a été fourni, ce que j'en ai ôté pour des revirements, enfin les différentes variations de ce travail des remontes d'où résultera la situation actuelle.

NAPOLÉON.

5655. — DÉCISIONS (1).

22 juin 1811.

Note demandée par Sa Majesté sur les services de M. d'Ambrugeac, chef de bataillon au 96ᵉ régiment, qui sollicite l'emploi de colonel de ce régiment.

L'Empereur a décidé que le ministre de la guerre lui donnerait de suite un emploi de major en second.

M. Clavel, colonel à la suite et ex-major au 113ᵉ, a été déjà présenté pour cet emploi.

M. le maréchal duc d'Istrie demande une sous-lieutenance d'infanterie pour le jeune A. L. Bessières, âgé de 19 ans et élevé au Prytanée de La Flèche depuis le 15 octobre 1807.

Accordé.

Sa Majesté est priée de faire connaître ses intentions sur cette demande.

_____

(1) Non signées; extraites du « Travail du ministre de la guerre avec S. M. l'Empereur et Roi, date du 15 mai 1811 ».

5656. — DÉCISIONS (1).

22 juin 1811.

On demande à Sa Majesté l'autorisation de délivrer une ordonnance pour régulariser le payement de la somme de 2.000.000 accordée le 16 octobre 1809 pour complément de la solde de l'armée d'Allemagne pendant le dernier exercice.

On soumet à l'approbation de Sa Majesté un état de propositions à des emplois d'officiers dans l'infanterie de ligne pour des militaires qui ont paru susceptibles de cet avancement.

D'après une note du ministre secrétaire d'Etat, l'Empereur a approuvé conditionnellement cette demande.

Approuvé.

NAPOLÉON.

L'Empereur n'a point agréé M. Onslow.

Comte DE LOBAU.

5657. — DÉCISION (2).

22 juin 1811.

On demande les ordres de Sa Majesté sur la proposition de nommer sous-lieutenant dans le 127e régiment d'infanterie le sieur Bons, ci-devant officier recruteur du corps des Israélites hollandais.

Accordé.

5658. — AU GÉNÉRAL CLARKE (3).

Saint-Cloud, 22 juin 1811.

Monsieur le duc de Feltre, j'approuve votre travail du 20 juin sur l'organisation des équipages d'artillerie de l'armée d'Espagne, hormis : 1° que l'armée de réserve, au lieu de former une partie de ses équipages à Madrid, ne doit les former qu'à Pampelune, Burgos et Saint-Sébastien; 2° que l'armée de Portugal doit ou compléter

---

(1) La première non signée; extraites du « Travail du ministre de la guerre avec S. M. l'Empereur et Roi, daté du 4 juin 1811 ».
(2) Non signée; extraite du « Travail du ministre de la guerre avec S. M. l'Empereur et Roi, daté du 12 juin 1811 ».
(3) Non signé, copie conforme.

son équipage par Ciudad Rodrigo, si elle a conservé cette communication, ou par Madrid, si elle se trouve rendue sur le Tage et n'a pas conservé sa communication avec Ciudad Rodrigo; 3° mon intention n'est pas de faire revenir en Espagne le bataillon du train qui est à Metz.

Je suppose que vous avez déjà ordonné la formation des compagnies de marche et que vous avez déjà fait compléter les cadres des premières qui doivent marcher.

Je vois que rien ne sera prêt au 15 juillet, mais que des compagnies pourront se mettre en marche du 25 juillet au 1er août, savoir :

100 chevaux de Toulouse se dirigeant par Jaca sur Saragosse;
200 chevaux d'Auch pour l'armée du Midi et 500 pour l'armée de Portugal.

Ecrivez au major général pour lui faire connaître le mouvement de ces compagnies sur Pau et sur Bayonne pour qu'il les combine avec les bataillons de marche ou toute autre escorte qui doivent partir de ces villes, et faites en sorte qu'elles soient rendues le 1er août à Bayonne ou à Pau. Ainsi, le major général saura qu'il y a un convoi à protéger à cette époque.

Je suppose que par les chevaux qui, de Bayonne sont dirigés sur la route de Burgos, vous faites porter des poudres et des munitions jusqu'à Burgos; que vous en préviendrez le général qui commande l'artillerie de l'armée de Portugal et que celui-ci pourra écrire à Burgos pour qu'on profite de ce passage et qu'on lui envoie les munitions qui lui sont nécessaires.

Je pense que le 2e convoi pourra partir du 10 au 15 août, savoir : 200 chevaux pour l'armée d'Aragon, 600 pour l'armée du Midi et 600 pour l'armée de Portugal.

Cela ferait 1.400 chevaux, ce qui, avec les 800 du premier convoi, exigerait 2.200 chevaux. Mais il n'y a en mouvement sur Auch et sur Toulouse que 2.000 chevaux, savoir : les 1.000 tirés de Besançon et les 1.000 que vous avez fait acheter et qui seront rendus d'ici à cette époque.

Vers le 15 juillet, vous prendrez mes ordres sur les modifications qu'il sera possible d'apporter selon les événements dans l'envoi des 200 chevaux destinés pour l'Aragon, et qui, aujourd'hui, paraissent les moins importants; mais il faudra avoir prêts à partir au 10 août les 600 chevaux pour l'armée du Midi et les 600 chevaux pour l'armée de Portugal; total, 1.200 chevaux. De Bayonne ils porteront des munitions à Burgos et à l'armée de Portugal, selon la correspondance de l'artillerie.

Il faudra également prévenir le major général de la réunion de ce second convoi qu'il aura à protéger.

Les 2.000 chevaux actuellement en mouvement étant ainsi employés, il reste à pourvoir aux 1.600 de l'armée de réserve. Il faudrait qu'ils fussent arrivés à Toulouse et à Auch au plus tard au 1er août.

Faites partir sur les 600 chevaux dont j'ai ordonné l'achat pour Metz 300 chevaux qui seront dirigés sur Toulouse. 150 partiront de Metz le 3 juillet et 150 le 12. Comme de raison, les hommes retourneront à leur dépôt, à moins d'ordre contraire, car mon intention est d'avoir disponible à Metz les deux cadres du 1er *bis*. Pourtant, il serait possible qu'on préférât prendre dans les dépôts dont tous les corps sont en Espagne. Les 300 autres chevaux resteront a Metz, où ils sont nécessaires pour le service de la place et pour former le fond de ce bataillon.

Le 7e principal fera partir 500 chevaux bien harnachés; vous les dirigerez sur Toulouse, ce qui fera les 800 chevaux nécessaires à Toulouse.

En donnant l'ordre par télégraphe, ces 500 chevaux peuvent partir le 25 ou le 26 juin. C'est ici la même observation à faire: les chevaux seront remis à Toulouse et les hommes retourneront à leur dépôt à Alexandrie, à moins d'ordre contraire.

Faites partir le 25 juin de Strasbourg 600 chevaux du 8e principal, et aussitôt que faire se pourra, de Douai 500 du 14e principal, ce qui fera 1.100 chevaux, et, en ajoutant les 800 chevaux de Toulouse, un total de 1.900 chevaux, nombre plus que suffisant pour atteler les équipages de l'armée de réserve et même avoir quelques caissons de plus s'il est nécessaire.

Il est convenable que vous me fassiez un rapport sur le recrutement de tous les cadres qui sont à Toulouse et à Auch, parce que peut-être pourrait-on incorporer les chevaux et les hommes en faisant revenir seulement les officiers et sous-officiers à Besançon, Strasbourg, Alexandrie, Douai, etc... Par ce moyen, les hommes seront tous arrivés et on aurait le temps, pendant l'hiver, de compléter les autres bataillons avec la conscription de 1812, si cela était jugé utile : faites-moi connaître la diminution que cela ferait éprouver à ces bataillons.

Il y a aussi des bataillons qui sont tout entiers en Espagne et dont les dépôts sont dans le Nord, à Metz, Strasbourg et Mayence et qui n'ont aucun cadre à Auch ni à Toulouse. Si ces dépôts avaient des hommes disponibles, on pourrait les réunir, en faire des compagnies de marche et les utiliser.

Vous me remettrez d'ici au 1er juillet un rapport sur la formation définitive des compagnies de marche. Vous aurez réuni les états de situation des dépôts et vous pourrez me rendre compte du jour précis de l'arrivée des chevaux.

Mais, actuellement, ne perdez pas un moment pour donner l'ordre aux 500 chevaux d'Alexandrie, aux 600 chevaux de Strasbourg, aux 300 de Metz et aux 500 de Douai de se mettre en marche aussitôt que faire se pourra.

Je crois que l'ordre de réunir tout le personnel de l'artillerie et de raccommoder le matériel est déjà donné.

Je désire que vous me remettiez un état par colonnes horizontales qui m'indique jour par jour la marche de ces détachements et de ces convois sur Auch et Toulouse.

5659. — AU GÉNÉRAL CLARKE.

Saint-Cloud, 22 juin 1811.

Monsieur le duc de Feltre, donnez ordre au régiment d'élite du 112e, qui est à Bologne ou à Modène, de rentrer en Toscane.

Donnez ordre au régiment d'élite du 29e qui est à Bologne ou Modène de se rendre à Toulon.

Donnez ordre au prince Borghese de réunir le 52e, hormis les bataillons d'élite, à Gênes.

Donnez ordre au 101e de faire partir son 1er bataillon complété et en bon état, de Savone, pour se rendre à Toulon, où il tiendra garnison.

Donnez ordre aux 1er, 2e, 3e, 4e et 5e bataillons du 29e régiment qui sont en Toscane, de se rendre à Toulon; le régiment d'élite, lorsqu'il sera arrivé à Toulon, sera dissous. Vous donnerez ordre que les 220 conscrits des Bouches-du-Rhône que devait recevoir ce régiment soient incorporés dans le 112e, afin de ne pas faire rentrer les conscrits dans leur département; les 230 conscrits de l'Ain et les 528 de la Drôme resteront au 29°. Prenez des mesures pour que ces conscrits soient armés, habillés et en bon état. A cet effet, les 1er et 2° bataillons partiront le 10 juillet, avec tout ce qu'il y aura de disponible; les 3° et 4° ne partiront qu'après l'arrivée des conscrits de l'Ain et de la Drôme, et lorsque ces conscrits seront habillés, armés et auront passé vingt jours au corps.

Les régiments qui viennent à Toulon suivront la route de la Corniche, jusqu'à Toulon. Les hommes fatigués pourront être embarqués sur des felouques qui longent la côte, ainsi que les effets des régiments. Le 5° bataillon se tiendra à Toulon.

Les quatre bataillons du 112° ont 3.200 hommes; ils ont reçu 700 hommes, ce qui les portera à environ 3.000 hommes. Le 29° doit leur céder 200 hommes; ces quatre bataillons seront donc au complet de 3.200 hommes.

Le 5° bataillon, qui se rendra au mont Argentario, recevra les 600 conscrits venant de Corse; alors, ce régiment sera de 3.800 hommes, c'est-à-dire au grand complet.

Donnez ordre que ces bataillons restent réunis et qu'il ne soit distrait aucune compagnie; qu'on veille à leur formation, à leur instruction et qu'on en fasse un très beau régiment.

Vous donnerez ordre que les bataillons d'élite, à leur arrivée, soient dissous. Alors chaque bataillon aura sa compagnie de grenadiers et sa compagnie de voltigeurs.

NAPOLÉON.

5660. — DÉCISION.

Saint-Cloud, 22 juin 1811.

Propositions du maire de la ville de Lyon tendant à ce que les troupes de passage dans cette ville soient logées dans les casernes cédées à la ville, au lieu d'être logées chez l'habitant.	Refusé. NAPOLÉON.

5661. — AU GÉNÉRAL LACUÉE.

Saint-Cloud, 22 juin 1811.

Monsieur le comte de Cessac, le 3° bataillon du régiment de la Méditerranée, fort de 1.100 hommes, vient d'arriver à l'île d'Elbe.

Ce bataillon a 300 hommes qui sont parfaitement nus et 800 auxquels il manque la première mise. Il paraît que leurs effets sont ou arrivent à Toulon. Prenez des mesures positives et écrivez à la grande-duchesse pour que ce bataillon soit pourvu de tout ce qui lui est nécessaire. Vous me rendrez compte de tout ce que vous aurez fait. S'il est vrai que les effets de ce bataillon soient à Toulon, vous pourriez les faire transporter par mer sur de petites felouques jusqu'à l'île d'Elbe.

NAPOLÉON.

5662. — AU MARÉCHAL BERTHIER.

Saint-Cloud, 23 juin 1811.

Mon Cousin, 300 hommes du régiment de la Vistule se rendent à Pau, où ils arrivent le 31 juillet. D'autres détachements de marche y arrivent d'Italie. Des détachements de marche d'artillerie doivent arriver à Toulouse. Il faudrait organiser tout cela en gros convois qui partiraient dans les premiers jours d'août. A cette occasion, je pense qu'il est nécessaire que vous envoyiez un officier général à Pau, puisque ce point vient à être le lieu de passage pour l'armée d'Aragon. Cet officier vous enverra fréquemment les états de situation de ce dépôt, des sorties et arrivées, et correspondra avec vous et avec le général Monthion.

NAPOLÉON.

5663. — AU GÉNÉRAL CLARKE.

Saint-Cloud, 23 juin 1811.

Monsieur le duc de Feltre, si le cadre du 4° bataillon du 14° de ligne est rentré à Sedan, il faut l'y laisser et bien vous garder de l'envoyer à Bayonne.

Mandez au général Dumas que le cadre est à Sedan et qu'il doit diriger sur cette ville le nombre de conscrits de la réserve nécessaire pour le compléter, en les prenant dans les départements qui sont au nord de Sedan.

Faites-moi connaître quand le 4° bataillon du 121° sera arrivé à Blois et s'il est fort de 500 hommes, afin qu'on le fasse partir sur-le-champ pour Bayonne.

Donnez ordre que le 4° bataillon du 122° parte pour Bayonne.

Avec les 400 hommes qu'il a reçus de Vendôme, il doit être complet. Faites-le remplacer à la colonne mobile par le régiment du grand-duché de Berg, dont les bataillons doivent être actuellement réunis. Quant au cadre du 3ᵉ bataillon du 28ᵉ, qui est à Bordeaux, ce cadre sera complété à Bordeaux; mandez-le au général Dumas pour qu'il lui fournisse 800 conscrits à Bordeaux, où il sera plus facile de les habiller. Donnez ordre que le cadre des trois compagnies du 5ᵉ bataillon du 28ᵉ, en passant à Bordeaux, laissent tout ce qui sera nécessaire pour bien compléter le cadre du 3ᵉ bataillon qui est dans cette ville.

Napoléon.

5664. — AU GÉNÉRAL CLARKE.

Saint-Cloud, 23 juin 1811.

Monsieur le duc de Feltre, vous avez donné des ordres aux dépôts de dragons et de cavalerie légère de l'armée d'Espagne, hormis au 26ᵉ de chasseurs qui est à Saumur et au 15ᵉ qui est à Auch, de diriger tout ce qu'ils ont de disponible au 15 juin sur les dépôts de Niort et de Saintes.

Faites-moi connaître ce qui est parti jusqu'à ce jour de ces dépôts. En attendant, ne perdez pas un seul instant pour donner un second ordre, celui de faire partir pour Niort et pour Saintes tout ce qu'ils auront de disponible au 1ᵉʳ juillet et de leur demander ce qu'ils auront de disponible au 15 juillet, parce que vous leur donnerez le même ordre.

Napoléon.

5665. — AU GÉNÉRAL CLARKE.

Saint-Cloud, 23 juin 1811.

Monsieur le duc de Feltre, je suppose que vous avez donné ordre aux régiments qui viennent de Grenoble à Valence de s'embarquer à Valence jusqu'à Nîmes pour, de là, se diriger sur Pau.

Napoléon.

5666. — AU GÉNÉRAL CLARKE.

Saint-Cloud, 23 juin 1811.

Monsieur le duc de Feltre, je crois avoir donné tous les ordres nécessaires pour que tout soit mis en mouvement pour compléter le corps d'observation de réserve. Si j'en avais oublié quelques-uns, mettez-moi-les sous les yeux. Mandez au major général qu'il ait à former en détail l'administration des trois divisions du corps d'observation de réserve, en employant tout ce qu'il y a d'administration à l'armée du Nord.

NAPOLÉON.

5667. — AU GÉNÉRAL CLARKE.

Saint-Cloud, 23 juin 1811.

Monsieur le duc de Feltre, donnez ordre que le 1er bataillon du régiment de la Méditerranée, qui est à l'île d'Elbe, compose une compagnie de marche de 250 hommes choisis parmi les conscrits de l'ancienne France; ces hommes seront transportés à Piombino et de là ils seront dirigés sur Rome, où ils seront incorporés dans les 3e et 4e bataillons du 14e d'infanterie légère.

Donnez ordre que, quinze jours après, le même bataillon du régiment de la Méditerranée fasse partir une seconde compagnie de marche de même force et composée également d'anciens Français, qui sera dirigée sur Rome, et, de même que la première, incorporée dans le 14e d'infanterie légère.

On aura soin d'envoyer les meilleurs sujets et sur le compte desquels on peut davantage se fier.

Donnez ordre au 3e bataillon du régiment de la Méditerranée, qui vient d'arriver à l'île d'Elbe, et qui a 300 hommes nus, de former une compagnie de marche de ces 300 hommes, en ayant soin cependant de ne prendre que des hommes des départements français en deçà des Alpes, et de diriger ces hommes sur Rome, où ils seront incorporés dans le 6e de ligne, qui les habillera et les équipera.

Donnez ordre que tous les conscrits réfractaires provenant des départements des 29e et 30e divisions militaires qui, au lieu d'être envoyés en Corse, auraient été envoyés à l'île d'Elbe, soient incorporés dans les deux bataillons de la Méditerranée qui sont à l'île d'Elbe.

Mandez au colonel qui est en Corse de vous envoyer la situation des deux bataillons de l'île d'Elbe. Prévenez-le que je consens à ce que ces deux bataillons reçoivent des conscrits des 29e et 30e divisions militaires, mais que je n'entends pas que, de Corse, il y envoie d'autres conscrits que ceux provenant des départements français en deçà des Alpes.

Envoyez le major du régiment de la Méditerranée à l'île d'Elbe pour y commander ces deux bataillons, correspondre avec le colonel, avec le commandant de la division militaire et avec vous.

Donnez ordre que le cadre du 7e bataillon du 14e régiment d'infanterie légère, qui doit être tiré des 3e, 4e et 5e bataillons qui sont à Rome, soit formé sans délai et se rende à l'île d'Elbe, où on le complétera à 840 hommes, moitié avec des conscrits réfractaires de la France italienne, et moitié avec des conscrits de l'ancienne France venant de Corse.

Donnez ordre au major et au conseil d'administration du 14e de faire toutes les dispositions nécessaires pour le prompt habillement de ce bataillon.

Donnez ordre également que les 3e, 4e et 5e bataillons du 6e de ligne forment le cadre du 6e bataillon, que ce cadre se rende, sans délai, dans l'île d'Elbe et qu'il y soit complété à 840 hommes, moitié par des conscrits réfractaires de la France italienne et moitié par des conscrits anciens Français venant de Corse. Le major et le conseil d'administration du 6e de ligne auront soin de pourvoir à l'habillement de ces hommes et enverront même des ouvriers à l'île d'Elbe. Ce qui permet d'admettre des Italiens dans ces deux cadres, c'est que leur destination est pour Corfou, où il y a des troupes italiennes.

Ces 6e et 7e bataillons resteront à l'île d'Elbe sous les ordres d'un major en second que vous y enverrez pour les commander et correspondre avec vous ainsi qu'avec les majors des 6e et 14e régiments. Enfin, dans la mauvaise saison, ces deux bataillons seront transportés par mer à Corfou, où ils iront augmenter la garnison.

Le 5e bataillon du 14e d'infanterie légère et le 5e bataillon du 6e de ligne verseront dans leurs 3e et 4e bataillons tous les hommes qu'ils ont de disponibles; ensuite, les cadres de ces 5es bataillons, complétés en officiers et sous-officiers, partiront pour se rendre à l'île d'Elbe et y seront complétés moyennant l'incorporation de 800 conscrits réfractaires dans chaque bataillon, ce qui fera pour les deux bataillons 1.600 conscrits, qui seront envoyés à l'île de Corse et seront habillés par les soins des majors des 6ᵉ et 14ᵉ régiments. Il est nécessaire qu'on n'admette dans ces 5ᵉˢ bataillons que des conscrits de la France en deçà des Alpes, vu que ces bataillons, après leur formation, seront envoyés à Rome.

Ainsi, dans le courant de septembre, j'aurai à Rome six bataillons, savoir : trois du 14ᵉ et trois du 6ᵉ, chaque régiment ayant 2.100 hommes présents, ce qui fera 4.000 hommes.

Par suite de ces dispositions, le 6ᵉ de ligne devra donc avoir le moyen d'habiller :

1° Les 300 hommes de la compagnie de marche que le 3ᵉ bataillon de la Méditerranée enverra à Rome................................	300 hommes.
2° Les 800 qui compléteront le cadre du 6ᵉ bataillon à l'île d'Elbe........................	800 —
3° Les 560 qui compléteront également à l'île d'Elbe le cadre du 5ᵉ bataillon...............	560 —
Total...................	1.600 hommes.

Et le 14ᵉ d'infanterie légère aura à pourvoir à l'habillement de 500 hommes des deux compagnies de marche envoyées par le premier bataillon de la Méditerranée, des 800 employés à compléter le 7ᵉ bataillon et des 560 id., pour compléter le 5ᵉ bataillon. Total : 1.860 conscrits à habiller.

Vous autoriserez les majors des 6ᵉ de ligne et 14ᵉ d'infanterie légère à se rendre eux-mêmes à l'île d'Elbe, lorsque leurs conscrits y seront arrivés, pour en passer la revue et pourvoir à leur prompt habillement. Comme ces régiments n'ont pas envoyé d'effets d'habillement à Corfou, il est probable qu'ils auront des ressources toutes prêtes, du moins pour les premiers conscrits qui arriveront. Prévenez de ces dispositions le ministre de l'administration de la guerre pour qu'il donne aux corps les moyens dont ils auraient besoin.

NAPOLÉON.

5668. — ORDRE (1).

23 juin 1811.

Ordre d'envoyer de Rome à l'île d'Elbe, par Piombino, le cadre du 7e bataillon de chacun des 6e de ligne et 14e légère pour y être complétés avec des conscrits réfractaires et y rester jusqu'à la mauvaise saison, époque à laquelle ils devront tous deux être transportés par mer à Corfou.

5669. — AU GÉNÉRAL LACUÉE.

Saint-Cloud, 23 juin 1811.

Monsieur le comte de Cessac, je vois par vos rapports du 22 que le 2e bataillon du train des équipages militaires n'est pas encore prêt. Cependant, j'ai demandé ce bataillon depuis le mois de février, c'est-à-dire il y a quatre ou cinq mois; c'est un peu long, et, si les circonstances étaient pressantes, nous serions fort déconcertés dans nos mesures. Je vois qu'il manque à ce bataillon 360 chevaux et 115 voitures. Est-ce qu'il n'y a pas de voitures à Sampigny? Quand aurai-je des chevaux? Je veux disposer des six compagnies en entier de ce bataillon; faites-moi connaître quand je pourrai en disposer et les mesures qu'il y a à prendre.

Je vois qu'il manque 400 chevaux au 9e bataillon. Ou les départements les doivent ou ils ne les doivent pas. S'ils les doivent, pourquoi ne les remettent-ils pas? Ces mesures sont mal prises. Si l'on a donné ces chevaux sans précautions, sans dresser des procès-verbaux, il faut y pourvoir. Cette manière de faire compromet absolument le service. Enfin, prenez des mesures pour avoir ces chevaux, ou remettez-moi un rapport détaillé avec les procès-verbaux et les reconnaissances des particuliers, afin que je voie les mesures à prendre. Je vois que je dépense beaucoup d'argent sans résultat, et que ces bataillons seront prêts lorsque je n'en aurai plus besoin. Faites-moi connaître quand le 2e bataillon aura les chevaux et les voitures qui lui manquent. Ces voitures existent-elles ou non à Sampigny?

NAPOLÉON.

(1) Non signé, copie.

5670. — AU GÉNÉRAL LACUÉE.

Saint-Cloud, 23 juin 1811.

Monsieur le comte de Cessac, je reçois l'état de situation des remontes au 20 juin. Je vois, à l'article de l'armée d'Allemagne, que vous deviez supposer devoir se mettre en mouvement dans le mois de juin, qu'on n'a pas traité pour la 2ᵉ commande, de sorte qu'il manque 216 chevaux sur les 1.280 que j'avais accordés aux régiments de cuirassiers qui sont en Allemagne. Quand traitera-t-on pour ces chevaux ? Puisqu'il est si difficile d'avoir des chevaux en France, il faut donner l'ordre qu'on les achète en Allemagne. Donnez-moi un mot d'explication là-dessus. Je vois que les quatre régiments de cuirassiers qui sont en Allemagne ne seraient pas même à 800 chevaux, ce qui ne ferait pas plus de 700 hommes devant l'ennemi, au lieu de 1.000 hommes que je comptais avoir. Je crains qu'il n'y ait, pour ces achats, beaucoup d'embarras par la forme que pour le fonds même (sic).

Napoléon.

5671. — DÉCISION.

Saint-Cloud, 23 juin 1811.

Le préfet du département de la Roër propose de faire élever à Clostercamp un monument en l'honneur du chevalier d'Assas. Les frais de ce monument seraient couverts par une souscription recueillie dans l'armée.	Refusé. Napoléon.

5672. — AU GÉNÉRAL CLARKE.

Saint-Cloud, 24 juin 1811.

Monsieur le duc de Feltre, donnez ordre au 1ᵉʳ régiment suisse, qui est à Naples, de se rendre à Rome.

Napoléon.

5673. — AU GÉNÉRAL CLARKE.

Saint-Cloud, 24 juin 1811.

Monsieur le duc de Feltre, donnez ordre au 4ᵉ bataillon du régiment de La Tour d'Auvergne, qui a ordre de rentrer de Catalogne en France, de continuer sa route sur Naples, de sorte que ce régiment ait ses six bataillons en ligne, commandés par un colonel, un major et deux majors en second. Ce bataillon peut être complété, puisque le régiment a 5.000 hommes.

NAPOLÉON.

5674. — DÉCISION (1).

24 juin 1811.

On propose à Sa Majesté de permettre que le jeune Rossi, novice licencié du service de la marine, soit présenté pour une sous-lieutenance d'infanterie.

Accordé.

5675. — AU GÉNÉRAL LACUÉE.

Saint-Cloud, 24 juin 1811.

Monsieur le comte de Cessac, le 3ᵉ bataillon du régiment de la Méditerranée est fort de 1.100 hommes. On me mande que 800 hommes sont habillés et que 300 sont nus. J'ai ordonné que ces 300 hommes fussent habillés à Rome et incorporés dans le 6ᵉ de ligne. J'ai ordonné que les 5ᵉˢ bataillons des 6ᵉ de ligne et 14ᵉ léger se rendissent à l'île d'Elbe pour recevoir des conscrits; et que le 7ᵉ bataillon du 14ᵉ léger et le 6ᵉ bataillon du 6ᵉ de ligne se rendissent également à l'île d'Elbe pour recevoir 840 conscrits chacun. C'est donc 1.600 à 1.800 conscrits que vont recevoir ces deux régiments. Il faut qu'ils aient leurs effets d'habillement à l'île d'Elbe. Les 7ᵉ et 6ᵉ bataillons du 14ᵉ et du 6ᵉ attendront à l'île d'Elbe pour passer à Corfou. Les deux 5ᵉˢ bataillons rentreront à Rome, après qu'ils seront complétés. Mon intention est que les 3ᵉ, 4ᵉ et 5ᵉ bataillons des 6ᵉ et 14ᵉ, qui sont à Rome, soient complétés, afin que ces six ba-

---

(1) Non signée; extraite du « Travail du ministre de la guerre avec S. M. l'Empereur et Roi, date du 12 juin 1811 ».

taillons aient 4.000 à 5.000 hommes, que j'estime nécessaires pour la garnison de cette grande ville.

NAPOLÉON.

5676. — AU GÉNÉRAL DUMAS.

Saint-Cloud, 24 juin 1811.

Monsieur le comte Dumas, proposez-moi un projet de décret pour la levée et la répartition de la réserve de la conscription. J'évalue à 25.000 hommes ce qu'il y a de disponible sur la conscription de France, à quoi il faut ajouter la conscription de la Hollande pour 1809, celle de Rome et de la Toscane, celle des départements des Bouches-de-l'Escaut et du Rhin, enfin, celle du département de la Lippe. Cela doit faire au moins 30.000 hommes. Vous pouvez prendre 1.000 hommes sur les provinces illyriennes. Voici les bases de la répartition :

Cavalerie. — D'après mon décret du 18 mai, il faut 3.291 pour les dépôts de cavalerie. Sur ce nombre, je conserve 1.800 hommes pour les cuirassiers et 300 hommes pour les régiments de cavalerie légère qui sont en Allemagne; mais je n'accorde plus rien aux régiments auxquels je donnais 710 hommes, 380 hommes et 98 hommes. Le recrutement de ces régiments sera reporté sur la conscription de 1812. Cela me rend donc 1.188 hommes disponibles. Ils seront donnés aux 1er, 2e, 3e, 4e et 5e régiments de chevau-légers de nouvelle création : ce qui fera à peu près 300 hommes pour chaque régiment. Ceci n'est donc qu'un revirement et le total de la levée pour la cavalerie reste le même.

Train d'artillerie. — Il faut, d'après mon décret du 15 mai, 400 hommes pour les quatre bataillons qui sont en Allemagne et 400 pour les quatre bataillons qui sont en France; mais, au lieu de 600 pour les deux bataillons d'Italie, on n'en mettra que 400 (vu que j'ai fait diriger sur ces bataillons 200 conscrits réfractaires, tirés du mont Argentario et des îles d'Hyères) et vous accorderez aux dépôts d'Auch et de Toulouse, au lieu de 1.080 hommes, 1.280.

Cela fera encore pour le recrutement du train le même nombre de 2.980, fixé par mon décret.

Equipages militaires. — La levée pour les équipages sera toujours de 1.470, comme elle est déterminée par mon décret du 15 mai;

mais vous ne donnerez que 100 hommes au 6°, qui est à Metz, et 100 hommes au 7°, qui est à Nancy, ce qui fera 200 et ce sera donc 300 hommes disponibles sur lesquels vous donnerez : 1° 124 hommes au dépôt de Pau, qui, au lieu de recevoir 976 hommes, recevra 1.100 hommes; 2° 176 hommes au dépôt du train du génie à Metz.

Artillerie. — Quant aux 600 hommes à lever pour l'artillerie, d'après mon décret du 11 avril, ils seront compris dans les 2.000 hommes que je destine à l'artillerie sur cette réserve. Ces 2.000 hommes seront distribués entre les régiments qui ont le plus besoin d'être recrutés : ceux de l'Espagne et du corps de l'Elbe.

Ainsi donc, il faut d'abord :

Pour la cavalerie (décret du 18 mai, 3291).....	3.200 hommes.
Pour l'artillerie.	2.000 —
Pour le train d'artillerie (décret du 15 mai, 2980).	3.000 —
Et pour les équipages (décret du 18 mai, 1476).	1.500 —
TOTAL.	9.700 hommes.

Les ressources présentent 30.000 hommes; restent donc 20.000 hommes avec lesquels vous chercherez à satisfaire aux instructions suivantes :

1° Dirigez sur la Bretagne de quoi porter au grand complet les 4es bataillons des 15° de ligne, 47°, 86° et 70°;

2° Complétez les bataillons dont les cadres sont à Bayonne, savoir : les 31°, 114°, 115°, 116°, 117°, 121°, 118°, 119°; 120°; 122° (pour ces dix premiers bataillons, vous dirigerez sur leurs dépôts respectifs de quoi compléter à 800 hommes leurs 4es bataillons et à 500 leurs 5es); 14° de ligne (ce bataillon est maintenant à Sedan : c'est à Sedan qu'il faut le compléter), 17° léger, 27° léger, 39° de ligne, 59°, 69°, 76°, 63°, 34°, 28° (deux bataillons), 75°: total : douze bataillons. Pour ces douze bataillons, vous dirigerez sur Bayonne de quoi compléter leur 4° bataillon;

3° Dirigez sur les dépôts des 26°, 82° et 66°, ce qui est nécessaire pour leur compléter un bataillon;

4° Dirigez 800 hommes sur chacun des dépôts des 15° léger et 25° léger pour former leur 4° bataillon;

5° Dirigez sur Paris 2.000 hommes pour la garde, et 2.000 hommes pour les 4es bataillons qui sont à Paris; savoir : le 2° léger, le 4° et le 7°;

6° Vous placerez les 1.000 hommes des provinces illyriennes dans le train, dans les équipages et dans ce qu'on appelle à Paris.

Cela ferait donc, par approximation, l'emploi :

De 6.000 pour les dix bataillons qui sont dans la 11ᵉ division militaire.	6.000 hommes.
8.000 pour les douze autres.	8.000 —
Pour les bataillons de la 13ᵉ division militaire.	2.000 —
Pour les trois bataillons de la 12ᵉ.	1.000 —
Pour la garde et les dépôts de Paris.	4.000 —
Pour les dépôts de cavalerie, d'artillerie, du train des équipages militaires.	9.000 —
	30.000 hommes.

Faites-moi cette répartition sans délai. En cas d'insuffisance, au lieu de 2.000 pour l'artillerie, vous n'en mettriez que 1.000; au lieu de 3.000 pour la cavalerie, vous n'en mettriez que 2.000 et, dans ce cas, au lieu de 1.200 hommes pour les chevau-légers, vous n'en mettriez que 600. Mais, surtout, ne diminuez pas le dépôt de Bayonne. Les 22 4ᵉˢ bataillons, ainsi que les 10 5ᵉˢ, qui sont de ce côté, doivent plutôt avoir des hommes de plus que de moins. Ne diminuez pas non plus ce qui est donné pour Paris.

Ayez soin que ce qui doit être donné aux bataillons du train en Italie soit italien, que ce qui doit être donné au 14ᵉ du train soit hollandais, que les 2.000 hommes de la garde soient tirés de tous les départements, à raison d'un cinquantième par département et en prenant les meilleurs sujets. Le reste sera pris dans les provinces environnant Paris. Pour Paris, vous ferez venir tout le nord. Veillez à ce que les Romains et les Toscans complètent le 113ᵉ. Vous pouvez aussi en mettre un tiers dans le 15ᵉ d'infanterie légère et un tiers dans le 25ᵉ de ligne. Complétez le 13ᵉ et le 28ᵉ de dragons. Il faut que les 10ᵉ, 11ᵉ, 9ᵉ, 12ᵉ, 20ᵉ divisions militaires fournissent d'abord ce qu'elles doivent pour les hommes d'élite, et, après cela, envoient tout à Bayonne, de sorte que ces hommes se trouveront tout rendus à leur destination. Je crois, moyennant ce, avoir pourvu à tous les 4ᵉˢ bataillons qui viennent ou sont venus d'Espagne.

Remettez-moi votre projet de décret et les nouveaux états, afin que je puisse les relire avant de les donner à l'expédition. Il reste les 6ᵉˢ bataillons des 19ᵉ, 46ᵉ; les 4ᵉˢ des 2ᵉ, 56ᵉ, 93ᵉ, 37ᵉ, et les 6ᵉˢ des

10ᵉ, 20ᵉ, 84ᵉ et 92ᵉ. Ces dix bataillons seront complétés sur la conscription de 1812.

NAPOLÉON.

5677. — AU GÉNÉRAL DUMAS.

Saint-Cloud, 24 juin 1811.

Monsieur le comte Dumas, j'ai lu avec intérêt le compte que vous m'avez rendu des déserteurs réfractaires au 1ᵉʳ juin. J'y vois que les dépôts de la Méditerranée doivent encore recevoir 9.600, que le dépôt de Walcheren doit encore recevoir 5.000 hommes, celui de Belle-Ile 2.600 hommes et enfin celui de l'île de Ré, 14.000 hommes.

Je désire que vous me fassiez connaître les dispositions que j'ai faites jusqu'à ce jour pour incorporer ces conscrits, ceux qui étaient incorporés au 1ᵉʳ juin et ce qu'ils doivent recevoir. Je relève ici par aperçu le nombre d'hommes dont j'ai disposé.

1ᵉʳ RÉGIMENT DE LA MÉDITERRANÉE EN CORSE.

Ce 1ᵉʳ régiment, composé de cinq bataillons, forme un cadre de 4.000 hommes. Je désire savoir combien d'hommes s'y trouvaient incorporés au 1ᵉʳ juin...	4.000
600 conscrits ont été envoyés au mont Argentario pour y être incorporés dans les 5ᵉˢ bataillons des 29ᵉ et 112ᵉ régiments : combien y en avait-il d'arrivés au 1ᵉʳ juin ?.........................	600
Le 7ᵉ bataillon du 14ᵉ léger doit en envoyer prendre 840 à l'île d'Elbe.....................	840
Le 6ᵉ bataillon du 6ᵉ de ligne doit en envoyer prendre 840 à l'île d'Elbe.....................	840
Deux compagnies de marche doivent être dirigées de l'île d'Elbe sur Rome, où elles incorporeront dans le 14ᵉ d'infanterie légère 500 hommes du 1ᵉʳ bataillon du 1ᵉʳ régiment de la Méditerranée	500
Le 3ᵉ bataillon du même régiment de la Méditerranée doit envoyer une compagnie de marche de 300 hommes à Rome pour y être incorporée dans le 6ᵉ de ligne................................	300
A reporter........	7.080

Report.......	7.080	
Le cadre du 5ᵉ bataillon du 6ᵉ de ligne doit venir se compléter à l'île d'Elbe où il emploiera 560 hommes............	560	
Le cadre du 5ᵉ bataillon du 14ᵉ d'infanterie légère doit venir également se compléter à l'île d'Elbe et y prendre................	560	
Les 1ʳᵉ et 2ᵉ compagnies du nouveau bataillon de sapeurs se forment à l'île d'Elbe et y emploient	360	
TOTAL des hommes employés sur le dépôt du 1ᵉʳ régiment de la Méditerranée.......	8.560	8.560

2ᵉ RÉGIMENT DE LA MÉDITERRANÉE A TOULON.

Le cadre de ce régiment doit d'abord employer 4.000 hommes...........	4.000	
Le 5ᵉ bataillon du 102ᵉ doit prendre 560 conscrits à l'île Sainte-Marguerite............	560	
Le 4ᵉ bataillon du 22ᵉ léger doit recevoir aux îles d'Hyères 900 conscrits............	900	
Le 5ᵉ bataillon du 1ᵉʳ de ligne, qui est au château d'If, reçoit 500 hommes............	500	
1.500 conscrits doivent être versés dans les cadres des 5ᵉˢ bataillons des 8ᵉ et 18ᵉ légers et 23ᵉ de ligne..............	1.500	
La marine a pris une première fois pour les équipages de l'escadre de Toulon......	200	
En exécution du décret du 21 de ce mois, elle en prendra..............	500	
Total de ce que prend la marine....... 700	700	
TOTAL des hommes employés sur le dépôt du 2ᵉ régiment de la Méditerranée..........	8.160	8.160
TOTAL des hommes employés sur les dépôts de la Méditerranée................		16.720

Report.		16.720

RÉGIMENT DE L'ILE DE WALCHEREN.

Le cadre du régiment doit employer 4.000 conscrits.	4.000	
2.200 conscrits ont complété les cadres de seize compagnies du corps d'observation de l'Elbe. . . .	2.200	
1.800 vont remplir les cadres des quinze autres compagnies du corps d'observation de l'Elbe. . . .	1.800	
900 conscrits ont formé le bataillon de l'île de Goerée.	900	
900 autres ont formé le bataillon de l'île de Schouwen.	900	
La 19ᵉ compagnie du 8ᵉ régiment et la 19ᵉ compagnie du 9ᵉ régiment d'artillerie viennent compléter leur cadre à l'île de Walcheren et prennent 200 hommes.	200	
Le bataillon de sapeurs créé par le décret au 1ᵉʳ mai emploie.	731	
TOTAL des conscrits employés sur le dépôt de Walcheren.	10.731	10.731

RÉGIMENT DE BELLE-ILE

Le cadre du régiment doit employer 4.000 conscrits.	4.000	
La 22ᵉ compagnie du 6ᵉ régiment d'artillerie emploie 100 hommes.	100	
La 4ᵉ compagnie du nouveau bataillon de sapeurs doit employer.	180	
Le décret du 21 juin dispose de 300 hommes pour la marine	300	
TOTAL des conscrits employés sur le dépôt de Belle-Ile.	4.580	4.580
A reporter.......		32.031

	Report......	32.031

RÉGIMENT DE L'ILE DE RÉ.

Le cadre du régiment doit employer.........	4.000	
Les cadres des 3ᵉ et 4ᵉ compagnies du 7ᵉ bataillon des 26ᵉ, 66ᵉ et 82ᵉ doivent recevoir..'..........	900	
La 3ᵉ compagnie du nouveau bataillon de sapeurs emploie.......................	180	
La 7ᵉ compagnie du 6ᵉ régiment d'artillerie prend 100 hommes pour se compléter.........	100	
Le cadre du 4ᵉ bataillon du 29ᵉ d'infanterie légère, qui d'abord devait aller à Belle-Ile, vient à l'île de Ré recevoir 840 hommes................	840	
Enfin le décret du 21 juin dernier accorde 200 conscrits aux équipages de l'escadre de l'île d'Aix	200	
TOTAL des conscrits employés sur le dépôt de l'île de Ré.......................	6.220	6.220
TOTAL des conscrits réfractaires qui ont une destination............................		38.251

Vérifiez cet aperçu et remettez-moi un travail complet à cet égard.

NAPOLÉON.

5678. — AU MARÉCHAL BERTHIER.

Saint-Cloud, 25 juin 1811.

Mon Cousin, donnez ordre que les 200.000 rations de biscuit qui se trouvent à Logroño soient transportées à Valladolid; que les 150.000 qui sont à Aranda soient transportées à Valladolid; que celles de Dueñas, de Palencia, soient également transportées à Valladolid, afin de réunir à Valladolid 400.000 à 500.000 rations de biscuit. Donnez ordre que 100.000 rations de biscuit de celles qui sont à Vitoria se rendent à Burgos, pour compléter les magasins de Burgos à 500.000 rations.

Mandez au duc d'Istrie qu'il n'y a aucun approvisionnement à Valladolid, qu'il devrait y avoir 12.000 ou 15.000 quintaux de blé ou de farine, et qu'il faut les réunir sans délai.

NAPOLÉON.

5679. — AU MARÉCHAL BERTHIER.

Saint-Cloud, 25 juin 1811.

Mon Cousin, donnez ordre au général Suchet de renvoyer à Pau tout ce qu'il a d'hommes à pied, de cavalerie, des équipages militaires et du train d'artillerie. Je vois par les états de situation de l'armée d'Aragon que le 11⁰ bataillon des équipages militaires a 380 hommes et n'a que 388 chevaux. Il est donc clair que les 3⁰ et 4⁰ compagnies de ce bataillon pourraient être envoyées à Pau, et que deux compagnies pourraient suffire. Ces deux compagnies retiendraient les 388 chevaux existants, et les 178 hommes pourraient revenir en France. Le 3⁰ bataillon a un détachement de 71 hommes qui n'a pas de chevaux. Le 4⁰ bataillon *bis* du train d'artillerie a 281 hommes et n'a que 296 chevaux. Le 1ᵉʳ régiment du train italien a 65 hommes et n'a que 58 chevaux. Le 12⁰ bataillon *bis*, qui a trois compagnies, a 180 hommes et 240 chevaux. Tout cela peut donc envoyer quelques détachements d'hommes à pied à Pau et à Toulouse où ces hommes seront montés, à moins que le général Suchet ne puisse se procurer des chevaux et mulets en Aragon, ce qui serait préférable. Présentez-moi quatre généraux de brigade à nommer parmi les colonels des corps de l'armée d'Aragon qui se sont le plus distingués, savoir : les 1ᵉʳ léger, 114⁰, 121⁰, 14⁰ de ligne, 115⁰, 42⁰, 7⁰, 6⁰, 44⁰, 16⁰, 117⁰. Remettez-moi les noms et les états de service de ces colonels avec des notes sur leur capacité.

NAPOLÉON.

5680. — AU GÉNÉRAL CLARKE.

Saint-Cloud, 25 juin 1811.

Monsieur le duc de Feltre, les compagnies de sapeurs qui iront en Espagne seront les suivantes, savoir :

1° La 6⁰ compagnie du 1ᵉʳ bataillon, qui sera complétée par des conscrits réfractaires du régiment de l'île de Ré. On aura soin de n'y mettre aucun conscrit des 10⁰ et 11⁰ divisions militaires. Vous la dirigerez sur Bayonne.

2° La 9⁰ compagnie du 1ᵉʳ bataillon, qui est à Toulon, et qui recevra ordre de se rendre à Bayonne, complétée par des conscrits du fort Lamalgue;

3° La 8⁰ compagnie du 3⁰ bataillon, qui est à l'île d'Aix, et qui recevra ordre de se rendre à Bayonne, complétée par des conscrits réfractaires à 150 hommes, comme les deux précédentes.

Il est nécessaire que ces trois compagnies aient leurs caissons.

Napoléon.

5681. — AU GÉNÉRAL CLARKE.

Saint-Cloud, 25 juin 1811.

Monsieur le duc de Feltre, donnez ordre qu'au 15 juillet, on passe la revue des quatre bataillons du train qui sont en Allemagne et qu'on envoie des dépôts tout ce qui est nécessaire pour les compléter en hommes, chevaux et harnais. La 5° commande sera nécessaire pour compléter à 600 chevaux. J'attends le compte que vous me rendrez pour ordonner que cette 6° commande s'effectue sur les lieux où se trouvent les bataillons. Vous me remettrez ce projet sous les yeux. C'est une suite du principe que tous les cadres du corps d'observation de l'Elbe doivent être portés au grand complet.

Napoléon.

5682. — AU GÉNÉRAL LACUÉE.

Saint-Cloud, 25 juin 1811.

Monsieur le comte de Cessac, je reçois votre lettre du 24. Présentez-moi un projet de décret en conséquence et faites-moi connaître combien de voitures doivent servir chacune des compagnies du bataillon du train qui sont à Pau. Si ces voitures portant quatre milliers n'exigent que quatre chevaux, on pourrait donner à ces compagnies 40 de ces chariots; ce qui ferait pour les trois compagnies du train des équipages qui sont à Pau, 120, et pour les trois compagnies du 10° bataillon, 120; cela serait suffisant. Je désirerais dans ce cas que le 12° bataillon eût deux de ses compagnies attelées avec ces chariots, ce qui ferait 80. Ces voitures auraient un grand avantage, puisqu'elles n'exigeraient pas plus d'hommes, de chevaux et de dépenses que les caissons des transports militaires, et porteraient quatre fois davantage.

Faites passer la revue du 2° bataillon des équipages militaires au 1er juillet, et faites-moi connaître sa situation en hommes, habillement et équipement, et la quantité de voitures, de harnais et de chevaux. Quand j'aurai ce procès-verbal, je verrai ce qu'il faudra faire.

En m'envoyant le projet de décret sur les chariots à adopter, faites en faire des modèles. Je désire voir un modèle de charrettes portant 10 milliers, un modèle de gros chariots portant 10.000 L., et celui des voitures que vous proposez pour comparer les trois espèces.

NAPOLÉON.

5683. — AU GÉNÉRAL LACUÉE.

Saint-Cloud, 25 juin 1811.

Monsieur le comte de Cessac, je vous prie de me faire connaître les ressources qui existent dans les magasins de Bayonne, de Burgos, de Bordeaux et de Paris en effets d'habillement et d'équipement n'appartenant à aucun corps et entièrement à votre disposition.

Par les états qui me sont remis des magasins de Bayonne au 15 juin, je vois qu'il y a 9.000 habits d'infanterie de ligne (il n'y en a pas d'infanterie légère), 150 de canonniers, 600 de dragons, 5.000 vestes d'infanterie de ligne, 150 de canonniers et 660 de dragons. Je vois qu'il n'y aurait que 600 culottes de drap, qu'il y aurait 16.000 capotes, 3.600 schakos, 12.000 gibernes, 4.000 bonnets de police, 16.000 chemises, 50.000 paires de souliers, 13.000 paires de bas, 3.000 paires de guêtres, 2.000 pantalons de toile, 900 selles à la dragonne, 2.000 arçons ou bois de selle à la housarde, 3.000 bidons de parade et 4.500 d'abreuvoir, et plusieurs autres effets à l'usage de la cavalerie qui sont mal placés là et qu'il faudrait mettre ailleurs; 1.200 paires de bottes, 6.000 petits bidons, 1.500 marmites, 1.500 pelles, 4.000 haches, 6.000 serpes, etc. etc... Faites-moi connaître si tout cela est en état.

NAPOLÉON.

5684. — AU MARÉCHAL BERTHIER.

Saint-Cloud, 26 juin 1811.

Mon Cousin, le ministre de la guerre donne ordre au général Vandermaësen de se rendre à Bayonne du 5 au 10 juillet. Mon intention est que ce général réunisse à Burgos tous les détachements appartenant à l'armée de Portugal qui sont dans la Biscaye et dans la Navarre, ce qui fera un corps de 9.000 à 10.000 hommes; il partira de Burgos avec ces détachements, lorsque vous lui en donnerez l'ordre. Faites-moi connaître quand tous ces détachements seront réunis à Burgos et comment ils seront composés. Il sera nécessaire que le général Vandermaësen soit à Vitoria le 15 juillet pour prendre le commandement de ce qui s'y trouvera, et aller attendre à Burgos la réunion de tout son corps.

NAPOLÉON.

5685. — AU MARÉCHAL BERTHIER.

Saint-Cloud, 26 juin 1811.

Mon Cousin, vous ferez partir au 1er août, de Pau, les 60 hommes isolés des bataillons du train d'artillerie avec les 100 chevaux et le convoi qu'ils doivent conduire; les deux bataillons de marche italiens; les trois compagnies de marche de la légion de la Vistule, fortes de 300 hommes; tout ce qu'il y a dans la 10e division militaire, appartenant à des régiments de l'armée de Catalogne qui font aujourd'hui partie de l'armée d'Aragon, tels que les 1er léger, 42e, etc.; ce que les dépôts du 13e de cuirassiers, du 4e de hussards et 24e de dragons pourraient fournir d'hommes montés.

Vous chargerez un officier supérieur de prendre le commandement de ces hommes isolés qui composeront une colonne d'environ 3.000 hommes et de la conduire à Saragosse par Jaca. Cette colonne aura soin de se pourvoir de cartouches et de se mettre en état.

NAPOLÉON.

5686. — DÉCISION.

Saint-Cloud, 26 juin 1811.

Le ministre de la marine rend compte qu'il a fait remettre à l'Administration de la guerre, en mai 1810, 779 pièces de canon qui se trouvaient dans l'arsenal de la marine à Boulogne.

Renvoyé au ministre pour avoir des renseignements sur les 800 pièces de bronze qui sont à l'arsenal de marine.

NAPOLÉON.

5687. — AU GÉNÉRAL CLARKE.

Saint-Cloud, 26 juin 1811.

Monsieur le duc de Feltre, j'approuve qu'on envoie une compagnie du 11e de hussards sur la côte du côté de Blankenberghe pour faire des patrouilles et établir une plus grande surveillance sur cette plage.

NAPOLÉON.

5688. — AU GÉNÉRAL LACUÉE.

Saint-Cloud, 26 juin 1811.

Monsieur le comte de Cessac, vous verrez par l'état ci-joint, que je reçois du ministre de la guerre, que les caissons et voitures des compagnies d'artillerie du régiment du corps de réserve existent à Rennes, à Nîmes, à Pau et à Toulouse. Faites-moi connaître quand ces compagnies auront leurs chevaux et pourront partir de Rennes et Nîmes.

NAPOLÉON.

5689. — DÉCISIONS (1).

Sa Majesté est priée de faire connaître si M. Gimont, ancien capitaine au 26e régiment d'infanterie légère, nommé chef de bataillon au régiment de Belle-Ile, restera à son ancien corps ainsi que le demande son colonel et si, dans ce cas, il sera remplacé à celui de Belle-Ile par un nouveau chef de bataillon du 26e légère, M. Van-Ommeren;

Le commandant Gimont restera au 26e d'infanterie légère.

De désigner pour une sous-lieutenance dans l'infanterie française le jeune Monnier, sous-lieutenant dans l'armée napolitaine.

Refusé.

5690. — AU MARÉCHAL BERTHIER.

Saint-Cloud, 27 juin 1811.

Mon Cousin, les quatre compagnies du 5e bataillon du 122e et les trois compagnies du 5e bataillon du 12e léger resteront également

---

(1) Sans signature ni date; extraites du « Travail du ministre de la guerre avec S. M. l'Empereur et Roi, daté du 26 juin 1811 ».

sous les ordres du général Vandermaësen, quoique n'appartenant pas à l'armée de Portugal. Le 2ᵉ escadron du 13ᵉ de chasseurs qui est dans la Navarre, doit se rendre à Burgos et être également sous les ordres du général Vandermaësen.

NAPOLÉON.

5691. — DÉCISIONS (1).

Saint-Cloud, 27 juin 1811.

On soumet à Sa Majesté une demande de gratification extraordinaire formée par M. le maréchal duc de Conegliano, en faveur de M. le général Radet, inspecteur général de la gendarmerie, en raison des différentes missions dont il a été chargé.	Accordé.
On demande à Sa Majesté si les généraux hollandais Voët et Van Sandick recevront leur retraite sur le pied de l'ancien tarif hollandais. Ils étaient sur le point de l'obtenir, lorsqu'ils ont reçu des ordres de service qui, depuis, ont été révoqués par Sa Majesté.	Suivre les lois françaises.
On propose à Sa Majesté d'attacher un second caporal tambour aux corps qui ont une école d'élèves tambours;	Approuvé.
De renvoyer dans leur patrie huit Autrichiens, prisonniers de guerre, qui ont été admis au dépôt du régiment d'Isembourg et qui sont hors d'état de servir.	Approuvé.

---

(1) Non signées; extraites du « Travail du ministre de la guerre avec S. M. l'Empereur et Roi, daté du 26 juin 1811 ».

5692. — AU GÉNÉRAL CLARKE.

Saint-Cloud, 27 juin 1811.

Monsieur le duc de Feltre, je reçois votre rapport du 26, sur la marche des 1er, 62e et 101e régiments de ligne, et 23e régiment d'infanterie légère. Je désire que ces régiments séjournent au moins trois jours à Nîmes.

NAPOLÉON.

5693. — AU GÉNÉRAL LACUÉE.

Saint-Cloud, 27 juin 1811.

Monsieur le comte de Cessac, je reçois votre rapport du 26. Demandez au major général les états de situation des magasins de Burgos, Valladolid et Madrid. Il les a; et quand il vous les aura remis, vous verrez qu'il y a des souliers dans les magasins de Burgos et de Valladolid et qu'on peut en ordonner l'envoi sur l'armée de Portugal. Je pense qu'il y a également des chemises. J'attendrai, pour faire à cet égard un travail définitif, que vous m'ayez remis ces états sous les yeux et que vous m'ayez fait connaître ce qui existera à Paris au 1er juillet, en habits, souliers et chemises. S'il y a à Bayonne quelques approvisionnements de souliers, au lieu de les distribuer aux différents corps, je préférerais qu'on les envoyât à Burgos en remplacement de ceux qu'on aurait tirés de cette ville; et qu'au lieu de donner l'ordre aux magasins de Burgos et de Valladolid d'envoyer des souliers aux corps, vous en fissiez d'ici, sous mon approbation, la distribution à chaque corps, qui les enverrait prendre dans ces magasins, et qu'en même temps vous en fissiez faire la retenue sur la masse d'habillement. Vous ordonnerez la même chose à Bayonne et préviendrez les conseils d'administration des mesures que vous prenez. Les conseils d'administration envoyant beaucoup d'effets, il ne faut pas faire d'envois doubles; ce serait dépenser de l'argent inutilement. Il ne doit y avoir en Espagne aucun besoin d'habits, puisque les conscrits qu'on y a envoyés étaient bien habillés et que les conseils d'administration ont reçu la masse d'habillement suivant l'effectif des corps en Espagne. Ces dépôts ont profité ainsi de la différence qui résulte des pertes de la guerre en hommes tués, prisonniers, ou morts aux hôpitaux; ils doivent être riches. Je pense donc qu'il faut s'en tenir à connaître ce que les conseils d'administration ont reçu, ce qu'ils ont envoyé et ce qu'il leur reste à envoyer.

Je réunis 10.000 conscrits à Bayonne; l'état vous en sera remis par le directeur général de la conscription. Ces conscrits sont destinés à compléter les cadres des 4ᵉˢ bataillons qui sont à Bayonne et dans la 11ᵉ division militaire. 10 de ces cadres ont leur dépôt dans la 11ᵉ division militaire, tels que le 114ᵉ, le 115ᵉ, le 116ᵉ, le 117ᵉ, le 118ᵉ, etc..... Pour ceux-ci, vous adresserez les draps aux conseils d'administration qui les feront confectionner; mais quatorze autres sont retenus au camp de Bayonne, parce que leurs dépôts sont au nord; ceux-là, je désire que vous les habilliez de pied en cap. Il faut que vous leur donniez habits, vestes, culottes, souliers, guêtres, schakos, capotes, etc... Ce sera à peu près 12.000 hommes qu'il faudra habiller ainsi. Faites-moi connaître quand vous aurez les 8.000 habits, vestes et culottes que l'on confectionne à Paris. Complétez les 9.000 qui sont à Bayonne, c'est-à-dire faites faire autant de culottes et de vestes qu'il y a d'habits, ce qui fera un approvisionnement complet pour 17.000 hommes, en habits, vestes, culottes, chemises, souliers, cols, guêtres, schakos, gibernes et enfin tout ce qui constitue l'habillement d'un soldat. Je pense que cet approvisionnement pour 17.000 hommes sera suffisant. Faites-moi à ce sujet un rapport pour que tous ces habillements soient complétés et arrivent en règle et à point nommé.

La mesure de faire confectionner 4.000 habits de cavalerie légère à Bordeaux est coûteuse; tous les conseils d'administration et de cavalerie légère ont reçu, en 1810 et en 1811, des habillements pour les escadrons qui sont en Espagne. Ils n'en ont envoyé qu'une partie Ayant quinze jours d'avance l'état des hommes que ces régiments envoient aux dépôts de Niort et de Saintes, et ces hommes étant obligés de séjourner un mois ou six semaines dans ces dépôts avant d'être remontés, on aurait pu ordonner aux dépôts d'envoyer à Saintes et à Niort les habits et autres effets qui y manquent. Tout cela donne lieu à des doubles emplois. Vous avez fourni aux corps l'habillement selon l'effectif. L'effectif des régiments d'Espagne était considérable; les pertes de la guerre et des hôpitaux ont rendu l'effectif réel bien inférieur. Je continue donc à penser que les dépôts doivent être très riches et qu'il faudrait faire envoyer par les dépôts au lieu d'envoyer directement aux régiments. Les conseils d'administration ne tardent pas à s'apercevoir de ces envois directs et de là des spéculations contraires à l'intérêt public. Donnez donc ordre aux dépôts d'envoyer sur Saintes et sur Niort, et, si ces envois tardaient trop, la confection que vous avez faite à Bordeaux pourrait alors y suppléer. Mais vous devez être bien certain qu'il vous sera plus facile de faire fournir aux dépôts ce qu'ils ont que de leur retenir ensuite ce qu'on leur a fourni.

Vous pouvez, par l'ordonnateur de Bayonne, avoir l'état de tout ce qui est passé, et, si le chef de votre bureau de l'habillement est intelligent, il peut, par la comparaison des moyens qu'on a donnés aux dépôts avec ce qu'ils ont envoyé, reconnaître ce qui doit leur rester disponible et leur faire donner l'ordre de le faire partir. Vous avez à Paris les dépôts des 2°, 4°, 12°, 15° d'infanterie légère; 32°, 58° de ligne. Vous pouvez commencer par opérer sur ces régiments; demandez-leur des états; faites vérifier leurs livres et voyez ce qu'ils ont reçu, ce qu'ils ont envoyé en 1810 et 1811, ce qu'effectivement les corps ont reçu et ce qui s'est perdu en route.

Les magasins pour la cavalerie doivent être à Niort et à Saintes; ceux pour l'artillerie doivent être à Auch, et ceux des équipages militaires à Pau. Il m'a paru qu'il y avait beaucoup d'étoffes à Bayonne et autres fournitures; on pourrait les confectionner de manière à en tirer des réserves qu'on dirigera sur Burgos.

Indépendamment de l'observation que je viens de faire sur le service de l'habillement des corps qui sont en Espagne, il y en a une autre : c'est que l'Espagne n'est pas un pays qui ne produise rien. L'armée d'Andalousie, celle du Centre, celle d'Aragon trouvent beaucoup de ressources dans les pays qu'elles occupent et s'en habillent.

Il est nécessaire que vous fassiez exercer une surveillance particulière sur les dépôts de l'armée d'Espagne. Leurs corps étant très éloignés et la correspondance étant très difficile, ces dépôts font ce qu'ils veulent. Il n'en est pas de même des dépôts de l'armée d'Allemagne; la correspondance du corps est facile et les colonels se font promptement envoyer les effets dont ils ont besoin. Il serait bon de charger quelqu'un d'exercer la surveillance sur les dépôts d'Espagne, et de réunir les états de tous les envois qu'ils font sur Bayonne.

Napoléon.

5694. — AU GÉNÉRAL DUMAS.

Saint-Cloud, 27 juin 1811.

Monsieur le comte Dumas, il me revient qu'il s'enrôle beaucoup de volontaires dans les corps; que dans le 9ᵉ hussards, par exemple, 256 hommes se sont enrôlés volontairement. Remettez-moi l'état des enrôlements volontaires qui ont eu lieu en 1811.

NAPOLÉON.

5695. — AU GÉNÉRAL CLARKE.

Saint-Cloud, (1) juin 1811.

Monsieur le duc de Feltre, je reçois votre rapport du 24 juin (bureau de l'artillerie). Voici les dispositions auxquelles je m'arrête :

Une compagnie de marche de 60 hommes et de 100 chevaux, composée à Toulouse de tout ce qu'il y a de disponible des 1ᵉʳ, 9ᵉ, 12ᵉ et 13ᵉ *bis*, partira le 27 juillet pour Pau, d'où elle joindra l'armée d'Aragon.

Une compagnie de marche se réunira à Auch, composée de tout ce qu'il y a de disponible au 5ᵉ *bis* et au 10ᵉ *bis*. Cette compagnie, forte de 117 hommes, recevra 200 chevaux pour l'armée du Midi et partira le 26 ou le 27 juillet d'Auch pour se rendre à Bayonne.

Une compagnie de marche de l'armée de Portugal, composée du 6ᵉ *bis*, forte de 100 hommes, servant 180 chevaux, partira le 30 juillet d'Auch pour l'armée de Portugal.

Deux compagnies du 12ᵉ principal partiront le 26 juillet pour la même destination, ayant 280 hommes et 520 chevaux. Enfin, deux cadres du 2ᵉ *bis*, savoir : la 4ᵉ et la 5ᵉ compagnie seront complétées à 240 hommes, auront 440 chevaux, et partiront le 1ᵉʳ août, pour se rendre à Bayonne.

Du 26 au 27 juillet, il sera donc parti d'Auch 200 chevaux pour l'armée du Midi et 500 chevaux pour l'armée de Portugal, ce qui fera un premier convoi de 700 chevaux qui marchera réuni jusqu'à Burgos.

Au 1ᵉʳ août, un second convoi de 440 chevaux, d'une part, et de 180 de l'autre, formant 620 chevaux, se dirigera également sur

---

(1) Sans date de jour. — A la suite de cette lettre on lit : « Remis le 28 juin à M. le général Gassendi. »

Burgos. Ainsi, dans les dix premiers jours d'août, à trois ou quatre jours de distance, partiront deux convois, l'un de 1.060 chevaux, pour l'armée de Portugal, et l'autre de 200 chevaux, pour l'armée du Midi.

Un troisième convoi de 100 chevaux sera parti le 26 juillet, de Toulouse pour Pau, et de là pour l'Aragon. Au total, 1.360 chevaux entreront en Espagne dans les premiers jours d'août.

Vous devez déterminer ce que ces chevaux doivent prendre à Toulouse et à Bayonne, pour porter à Burgos. Le major général doit les faire entrer sous de fortes escortes. Ils ne dépasseront Burgos qu'après avoir reçu de nouveaux ordres. Il faut bien s'assurer que ces compagnies de marche sont en bon état, qu'on en a ôté les hommes éclopés, et que le reste est bien armé et bien équipé. Je suppose que l'inspecteur que vous avez envoyé et les commandants des dépôts vous auront déjà fait diverses demandes, et que vous avez pourvu à tout. Si vous ne l'aviez pas encore fait, il faudrait y pourvoir. Les deux compagnies du 2º *bis*, n'étant qu'à 36 hommes, ont besoin de recevoir 200 hommes. Ces 200 hommes leur seront fournis par le 6º bataillon. Les 1.000 chevaux partis de Besançon et les 1.000 dont vous faites l'achat doivent vous mettre à même de fournir facilement ces 1.300 chevaux.

Les deux compagnies du 3º bataillon principal et les trois du 4º *bis*, formant cinq compagnies, seront organisées à Toulouse. Les deux du 5º principal, les trois du 10º principal et les trois du 11º principal, qui sont arrivées et sont destinées pour l'armée de réserve, seront organisées à Auch, ce qui fera treize compagnies. Chacune sera complétée à 120 hommes, ce qui fera 1.560 hommes, tous destinés à l'armée de réserve, et servant 2.860 chevaux.

Le nombre des hommes nécessaires étant de 1.560, celui des hommes existants étant de 364, il manquera donc 1 200 hommes; ces 1.200 hommes seront fournis, savoir :

    250 par le 11º *bis;*
    250 par le 7º;
    250 par le 8º;
    250 par le 14º;
     50 par le 6º;
et 150 par tout ce qui pourra rentrer d'ici à l'époque du départ.

    1.200

Au pis aller, on prendrait des hommes à pied des dépôts de cavalerie. Les officiers et sous-officiers les plus anciens des détachements retourneront à leur dépôt, après avoir remis leurs hommes dans ces nouveaux bataillons. Il est nécessaire qu'il y ait au moins un officier par compagnie, et que vous désigniez trois ou quatre officiers d'artillerie, pour prendre le commandement et la direction de ces dépôts de l'armée de réserve. Quant aux chevaux, l'envoi sur Auch et Toulouse est de 4.000 chevaux. En déduisant les 1.300 dont j'ai disposé, reste 2.700 chevaux. Enfin, le détachement du 4ᵉ principal, partant du dépôt de Metz, joindra les cadres du 4ᵉ principal à Auch. Donnez ordre, sans délai, que les cadres du 4ᵉ principal qui passent à Bayonne, au lieu de se diriger sur Metz, aient à se rendre à Auch, où ils serviront de réserve pour de nouveaux envois.

Par ce moyen, vous n'aurez plus à vous occuper que de l'envoi de quelques officiers et sous-officiers, pour former ces cadres, et d'un officier supérieur pour inspecter ces cinq petits bataillons du train. Ces 2.800 chevaux suffiront à tous les besoins, soit pour l'armée de réserve, soit pour toute autre.

Il est nécessaire que vous me présentiez un décret pour mettre en règle l'incorporation des hommes et des chevaux. Cette incorporation devra se faire à mesure que les détachements arriveront, de manière à avoir d'abord disponible un de ces petits bataillons.

Il est probable que les 700 chevaux qui resteront sur les 2.000 provenant de Besançon et de vos achats, déduction faite des 1.300 dont il est parlé dans la première partie de cette lettre, seront les premiers disponibles. Il est donc convenable que ces 700 chevaux soient donnés aux anciens cadres, avec les 250 hommes du 11ᵉ, et les 50 du 6ᵉ; et, par ce moyen, l'armée de réserve pourrait avoir, dès la première semaine d'août, 700 chevaux qui seraient disponibles.

Cette marche simplifie beaucoup toute cette affaire: elle réduira considérablement les bataillons du train qui restent en France; mais on sera plus à portée de les recruter où ils se trouvent que ceux d'Auch.

NAPOLÉON.

5696. — AU GÉNÉRAL CLARKE.

Saint-Cloud, 28 juin 1811.

Monsieur le duc de Feltre, je pense qu'il n'est pas très important d'assimiler l'organisation des compagnies du train d'artillerie à la composition des batteries. Il y a le double approvisionnement, il y a le parc; et si l'on veut qu'une compagnie serve 36 voitures, il n'y a pas de mal qu'on ait 230 chevaux, savoir : 180 chevaux pour les 36 voitures et les 50 autres chevaux pour le parc. Et comme, lorsqu'on perd des chevaux, c'est le parc qui doit fournir aux divisions, on peut n'avoir à la batterie qu'une seule compagnie du train.

NAPOLÉON.

5697. — DÉCISION (1).

28 juin 1811.

On propose à Sa Majesté d'accorder des frais de poste au général Gambin pour son voyage de Bergame à Paris.

Cette proposition est motivée sur les blessures et la mauvaise santé de cet officier général.

Accordé.

5698. — DÉCISION.

Saint-Cloud, 28 juin 1811.

Rapport à l'Empereur au sujet de l'organisation des deux régiments de marche de dragons destinés à l'armée d'Espagne.

La lettre est du 15 juin, le ministre a dû la recevoir le 18 ou le 20. Voilà le 28 et on ne m'avait pas encore instruit de la situation de ces régiments. Me faire connaître quand ils seront à Bayonne et quels ordres ils ont. M'envoyer également tous les détails sur les dépôts de Niort et

---

(1) Non signée; extraite du « Travail du ministre de la guerre avec S. M. l'Empereur et Roi, daté du 26 juin 1811 ».

de Saintes. Est-il arrivé des chevaux, les hommes sont-ils habillés ? Combien y en a-t-il ?

NAPOLÉON.

5699. — DÉCISION.

Saint-Cloud, 29 juin 1811.

Des ordres sont demandés à l'Empereur pour assurer la marche du troupeau de 1.500 mérinos qui doit venir d'Espagne en France.	Renvoyé au major général pour donner les ordres les plus positifs sur toute la ligne pour cet objet.

NAPOLÉON.

5700. — AU MARÉCHAL BERTHIER.

Saint-Cloud, 29 juin 1811.

Mon Cousin, je reçois votre lettre du 27. Les cadres des escadrons des régiments de dragons chevau-légers, qui sont en Espagne, doivent rentrer en France. Je suis surpris que vous me fassiez cette question, puisqu'elle est prévue dans mon décret. Avez-vous une copie de mon décret ? Si vous ne l'avez pas, demandez-la.

NAPOLÉON.

5701. — AU GÉNÉRAL CLARKE.

Saint-Cloud, 29 juin 1811.

Monsieur le duc de Feltre, vous ne me donnez pas assez de renseignements. Indépendamment du détail sur les dépôts de Niort, de Saintes, d'Auch, il faut me communiquer tout ce que porte votre correspondance journalière sur les régiments de Walcheren, de l'île de Ré, de Belle-Ile, de la Méditerranée, me faire connaître où en est l'exécution de mes différents ordres, l'état de la désertion et tous les renseignements que vous obtenez par votre correspondance; tout cela m'est nécessaire. C'est par un officier d'ordonnance envoyé à l'île de Ré que j'apprends qu'il y avait, au 20 juin, 1.500 conscrits du régiment de l'île de Ré sans emploi. J'attends, par un autre officier d'ordonnance que j'ai envoyé dans l'île de Walcheren, de savoir si les quinze compagnies destinées pour les régiments de l'Allemagne sont parties et s'il y a eu de la désertion; votre correspondance doit vous indiquer tout cela. Je vais ordonner à de nouvelles compagnies de conscrits réfractaires de rejoindre les bataillons de guerre de l'armée d'Allemagne; mais je désirerais savoir si cette mesure a réussi. Il faut m'envoyer huit ou dix fois plus de détails que vous ne m'en donnez. Cela m'épargnerait des envois d'officiers d'ordonnance assez inutiles, car vous avez tous les renseignements.

NAPOLÉON.

5702. — AU GÉNÉRAL CLARKE.

Saint-Cloud, 29 juin 1811.

Monsieur le duc de Feltre, il y a à l'île de Ré un dépôt de bataillon colonial où il se trouve beaucoup de mauvais sujets qui excitent les conscrits réfractaires à déserter. Il faudrait envoyer ce bataillon colonial à l'île d'Oléron, où on le placerait de manière à ce qu'il n'ait pas de communication avec les conscrits réfractaires; ou peut-être, sans déplacer ce bataillon colonial, pourrait-on le mettre dans un des forts de l'île de Ré, éloigné de la ville.

Faites partir le cadre du 4ᵉ bataillon du 29ᵉ régiment d'infanterie légère, qui est à Brest, pour l'île de Ré. Faites-moi connaître la situation de ce régiment. Peut-être serait-il convenable d'envoyer à l'île de Ré le 3ᵉ bataillon de ce régiment, car il y a à l'île de Ré beaucoup de conscrits réfractaires dont on ne sait que faire. Il faudrait aussi pourvoir à l'habillement de ces deux bataillons.

Donnez ordre que le dépôt de la 1ʳᵉ légion du Midi quitte l'île de Ré et se rende à la Rochelle.

Donnez ordre que les cadres des 3ᵉ et 4ᵉ compagnies des 5ᵉˢ bataillons des 114ᵉ, 115ᵉ, 117ᵉ, 118ᵉ, 119ᵉ et 120ᵉ soient complétés en officiers et sous-officiers et se dirigent sur l'île de Ré, où ils prendront chacun 150 hommes par compagnie, ce qui ferait l'emploi de 1.800 conscrits réfractaires. Les dépôts des régiments respectifs pourvoiront à leur habillement. Ces douze compagnies formeront deux petits bataillons. Vous enverrez un major en second pour commander les six compagnies des trois premiers régiments, et un autre major en second pour commander les six compagnies des trois autres régiments. Ces majors en second correspondront avec les dépôts de chaque régiment pour la comptabilité, l'administration des compagnies. Ces douze compagnies, jointes aux huit compagnies des 26°, 66° et 82° qui sont à l'île d'Oléron, formeront trois petits bataillons.

Ainsi, les conscrits réfractaires du régiment de l'île de Ré auront dû fournir :

1° Au régiment de l'île de Ré................	4.000 hommes.
2° Au régiment qui est dans l'île d'Oléron....	900 —
3° Au bataillon du 29° léger................	900 —
4° Aux deux bataillons des 114°, 115°, 117°, 118°, 119° et 120°.........................	1.800 —
5° Au bataillon de l'artillerie de la marine....	400 —
6° A l'artillerie et aux sapeurs.............	300 —
7° Au 3° bataillon du 29° léger, à envoyer.....	800 —
	9.100 hommes.

Faites-moi connaître le nombre de conscrits réfractaires au 1er juillet, et combien on en attendait encore. Ayez soin de me prévenir de l'arrivée successive des conscrits réfractaires, afin que si les conscrits excèdent les cadres, j'envoie de nouveaux cadres, pour ne pas s'exposer à avoir agglomérés à ce dépôt 2.500 conscrits, comme cela est arrivé au 1er juin. Il faudra s'occuper de la répartition entre les îles d'Aix, de Ré et d'Oléron.

Je vois que les casernes de l'île de Ré peuvent contenir 3.000 hommes, celles d'Oléron 1.200 hommes et celles de l'île d'Aix 1.000 hommes; mais il faudrait qu'on y envoyât des fournitures pour ce nombre d'hommes.

NAPOLÉON.

5703. — DÉCISION.

Saint-Cloud, 29 juin 1811

Le général Clarke rend compte qu'il a donné l'ordre au 4° bataillon du 122° de ligne de partir de Rochefort à l'effectif de 450 hommes pour se rendre à Blois, sitôt qu'il aura reçu 400 hommes venus de Vendôme.

On peut le laisser à Vendôme (1). Le général Dumas lui donnera des conscrits des environs pour le compléter à 800 hommes.

NAPOLÉON.

(1) Une note fait observer que cette décision de l'Empereur provient d'un malentendu, le 4° bataillon du 122° se trouvant, à ce moment, à Blois et non à Vendôme.

5704. — DÉCISION.

Saint-Cloud, 29 juin 1811.

Le ministre a donné ordre à la compagnie d'artillerie du 52° d'infanterie de ligne, restée à Gênes pour recevoir les chevaux dont elle a fait l'acquisition, de quitter cette ville pour se rendre à Nîmes.

Il vaut mieux la laisser à Gênes pour prendre ses chevaux; sans quoi, que deviendraient ces chevaux ? Il faut ordonner seulement que, quand elle aura reçu ses chevaux, elle parte.

NAPOLÉON.

5705. — AC GÉNÉRAL LACUÉE.

Saint-Cloud, 29 juin 1811.

Monsieur le comte de Cessac, comme les îles de Ré, d'Oléron et d'Aix doivent être remplies de troupes, il est nécessaire que vous y envoyiez autant de fournitures que les casernes peuvent en contenir.

NAPOLÉON.

5706. — DÉCISION.

Saint-Cloud, 29 juin 1811.

Les insurgés espagnols ont attaqué le poste de Roncevaux, défendu par 300 hommes de garde nationale, et ont été repoussés.

Renvoyé au major général pour donner l'ordre au général Monthion d'augmenter les fortifications de Roncevaux, et de presser la construction de la tête de pont de la Bidassoa.

NAPOLÉON.

5707. — DÉCISION.

Saint-Cloud, 29 juin 1811.

Les travaux du génie à Santona se ralentissent faute d'argent.

Donnez ordre qu'on envoie 100.000 francs pour solder la garnison de Santona et 50.000 francs pour les travaux du génie; qu'on ne perde pas de temps et qu'on pousse les travaux avec la plus grande activité.

NAPOLÉON.

5708. — DÉCISION.
Saint-Cloud, 1er juillet 1811.

Explications de M. Mollien au sujet de l'emploi des fonds qui se trouvaient dans la caisse du payeur de l'armée à Vitoria.

Renvoyé au major général pour en écrire à qui de droit.

NAPOLÉON.

5709. — DÉCISION.
Saint-Cloud 1er juillet 1811.

Le général Clarke consulte l'Empereur sur l'opportunité d'envoyer une division de douze bouches à feu au corps d'observation de l'Italie méridionale.

Il est inutile d'envoyer de l'artillerie, puisqu'il n'y a pas d'artillerie française dans le royaume de Naples. On y en enverra quand les circonstances l'exigeront.

NAPOLÉON.

5710. — AU GÉNÉRAL CLARKE.
Saint-Cloud, 1er juillet 1811.

Monsieur le duc de Feltre, je croyais avoir donné l'ordre que les trois bataillons du 10e léger se réunissent à Rennes; si vous n'avez pas donné cet ordre, donnez-le sans délai.

Donnez ordre au commandant de la 7e division militaire de faire partir le 3e bataillon du 81e et le 4e bataillon du 60e, en les faisant embarquer sur le Rhône, pour Nîmes, aussitôt que les conscrits seront habillés, équipés et en état de marcher.

Quant aux deux bataillons du 23e léger, faites connaître au duc de Tarente qu'après la prise de Figuières, j'aurai besoin de ces deux bataillons, pour les réunir aux autres.

NAPOLÉON.

5711. — AU GÉNÉRAL CLARKE.

Saint-Cloud, 1er juillet 1811.

Monsieur le duc de Feltre, donnez l'ordre que tout ce qu'il y a de disponible dans les 5es bataillons du 2e et du 4e légers soit versé dans les 4es bataillons, afin de donner de la consistance à ces 4es bataillons. Vous aurez soin qu'ils soient complets en officiers et sous-officiers. Je suis surpris que l'on ait retenu les cadres des grenadiers et voltigeurs et qu'on n'ait envoyé que les cadres de quatre compagnies.

Faites-moi connaître si l'on a fait de même pour les cadres des bataillons rentrant à Bayonne de l'armée d'Espagne et si l'on a renvoyé les cadres des six compagnies ou seulement de quatre.

NAPOLÉON.

5712. — AU GÉNÉRAL CLARKE (1).

Saint-Cloud, 1er juillet 1811.

Monsieur le duc de Feltre, puisque les trois cadres du 4e bataillon principal du train d'artillerie ont déjà dépassé Guéret, il faut les laisser aller à leur destination à Metz.

5713. — DÉCISION.

Saint-Cloud, 1er juillet 1811.

Compte rendu des achats des chevaux d'artillerie en Allemagne. Les deux premières commandes sont remplies en partie. On demande les ordres de Sa Majesté sur la troisième commande. Ordre donné pour passer une revue générale au 15 juillet.	J'attendrai le compte de la revue du 18 juillet. NAPOLÉON.

5714. — AU GÉNÉRAL CLARKE.

Saint-Cloud, 1er juillet 1811.

Monsieur le duc de Feltre, le 6e bataillon du 15e léger m'a paru beau, mais il a des sous-officiers ayant moins d'un an de service

---

(1) Non signé, copie conforme.

qui doivent rentrer dans les rangs comme soldats. On ne doit considérer comme sous-officiers que ceux envoyés dans les cadres de l'armée d'Allemagne; les autres doivent rentrer comme soldats aux compagnies. On prendra pour les remplacer des hommes du dépôt de Fontainebleau ayant deux ans de services au moins et trois mois d'école de Fontainebleau. La même observation s'applique aux 32º et 58º dont les 5ºˢ et 6º bataillons viennent d'être formés, et qui ont des conscrits sous-officiers; remplacez-les par des hommes tirés de Fontainebleau. La même disposition doit s'appliquer à tous les 6ºˢ bataillons qui viennent de l'armée d'Allemagne; il n'a été envoyé que la moitié des cadres. Les sous-officiers manquants doivent être envoyés de Fontainebleau. Donnez sur-le-champ des ordres en conséquence : ce serait une chose funeste que d'avoir dans les cadres des sous-officiers n'ayant point fait la guerre, sans services et sans expérience.

Napoléon.

5715. — AU GÉNÉRAL LACUÉE.

Saint-Cloud, 1ᵉʳ juillet 1811.

Monsieur le comte de Cessac, je réponds à votre lettre du 29 juin. Je ne vois point d'objection à ce que les régiments de dragons, devenus chevau-légers, continuent à recevoir le petit nombre de chevaux qu'ils ont encore à recevoir, sauf à les envoyer sur Saintes. J'ai changé de disposition à l'égard du 30º régiment de dragons. Le vice-roi m'ayant fait connaître que le 30º de dragons était monté sur des chevaux plus propres à l'arme des cuirassiers qu'à toute autre, je l'ai remplacé dans les chevau-légers par le 29º de dragons. Quant aux régiments polonais, j'ai ordonné que celui qui est en Espagne fût complété; j'ai également accordé des chevaux au 2º régiment de chevau-légers polonais qui est à Sedan. Le 30º régiment qui est à Hamburg a 700 chevaux. Il ne reste donc plus à statuer que sur les six régiments de dragons, devenus chevau-légers. Or, je pense que pour ces derniers, 200 chevaux seront d'abord suffisants pour chacun; ce sera donc 1.200 chevaux qu'il faudra. Les chevau-légers de la garde, dits hollandais, ont des chevaux propres aux cuirassiers; on pourrait en prendre une centaine pour les donner à des régiments de cuirassiers. Il faudrait me présenter un projet de décret pour faire une nouvelle commande, soit pour les chevau-légers, soit pour les régiments qui ne sont pas compris dans les premières commandes. Il faudra également un supplément de crédit aux masses de remontes et de harnachement.

Napoléon.

5716. — LE GÉNÉRAL LACUÉE.

Saint-Cloud, 1er juillet 1811.

Monsieur le comte de Cessac, au lieu de donner des fonds aux 60° et 81° régiments pour monter leur compagnie d'artillerie, je pense que vous devez leur faire fournir des caissons du dépôt de Pau. Vous pouvez donc retenir les fonds que vous destinez à cet objet, et faire connaître aux commandants de ces régiments, à Nîmes, qu'ils trouveront leurs caissons d'ambulance préparés à Pau. Donnez les mêmes ordres pour les 3°, 52° et 105°, 23° léger, 1er, 62° et 101°. Cela épargnerait beaucoup d'argent; et l'on employerait les caissons de Pau que, désormais, je veux remplacer par des charrettes.

Napoléon.

5717. — AU GÉNÉRAL MATHIEU DUMAS.

Saint-Cloud, 2 juillet 1811.

Monsieur le comte Dumas, j'ai signé le décret pour la levée des 24.000 hommes de la réserve de la conscription dans l'intérieur de l'empire. Je désirerais que vous fissiez les changements suivants dans la répartition. Vous pouvez, en attendant, expédier le décret. Huit jours de retard ne font rien à la distribution.

1° Les 15°, 47°, 70° et 86° de ligne, qui sont en Bretagne, que vous portez à 1.800 hommes, n'en recevront que 1.400, le 15° de ligne n'en devant pas recevoir, puisque son 4° bataillon n'est pas en Bretagne. Ces 1.400 hommes seront fournis, savoir : 400 par la 26° division militaire, 600 par la 24°, et 400 par la 25°;

2° Les régiments dont les dépôts sont dans la 11° division militaire, au lieu de recevoir 8.075 hommes, n'en recevront que 6.075, parce que huit 5es bataillons ne seront complétés qu'à 250 hommes, les 250 autres étant fournis par les conscrits réfractaires;

3° Les 5.400 hommes des onze 4es bataillons qui sont à Bayonne, joints aux 6.000 mentionnés ci-dessus, feront 11.500 hommes pour

Bayonne et la 11ᵉ division militaire. Ces 11.500 hommes seront fournis par tous les hommes tirés des 7ᵉ, 8ᵉ, 9ᵉ, 10ᵉ, 11ᵉ, 12ᵉ, 13ᵉ, 18ᵉ, 19ᵉ, 20ᵉ, 21ᵉ, 22ᵉ, 27ᵉ et 28ᵉ divisions militaires, ce qui fera de 13.000 à 14.000 hommes. Vous en ôterez 2.000 pour la cavalerie de la garde, pour l'artillerie, c'est-à-dire un 6ᵉ ou 7ᵉ;

4° Les 2.600 hommes que vous appelez à Paris et les 2.000 hommes destinés pour la garde, faisant 4.600 hommes, seront tirés des 1ʳᵉ, 2ᵉ, 3ᵉ, 4ᵉ, 5ᵉ, 6ᵉ, 14ᵉ, 15ᵉ et 16ᵉ divisions militaires.

La répartition sera donc comme il suit :

    1.400 hommes pour la Bretagne;
  11.500 pour Bayonne et la 11ᵉ division militaire;
    4.600 pour Paris.

TOTAL... 17.500 hommes.

Vous comprendrez dans les hommes destinés pour Paris le 25ᵉ léger et le 14ᵉ de ligne, qui sont dans les divisions environnantes.

Vous donnerez les 6.600 hommes restants, savoir :

A l'artillerie..........................	1.000 hommes.
Au train...............................	1.400 —
Aux équipages militaires................	1.000 —
A la cavalerie.........................	2.000 —

Les 13ᵉ et 28ᵉ de dragons ne doivent pas être plus avantagés que les autres : il n'y a aucune raison pour cela.

Les 5.000 hommes destinés pour Paris seront tous dirigés sur les dépôts de la garde, afin qu'elle prenne l'élite de ces hommes; les autres seront donnés aux 14ᵉ, 32ᵉ, etc...

Il ne sera rien destiné aux 26ᵉ, 82ᵉ et 66ᵉ, dont les 4ᵉˢ bataillons ne sont pas encore arrivés.

Vous ferez fournir aux fusiliers 10 hommes par département, ce qui fera 1.200 hommes. Ils feront partie des 6.600 hommes et seront destinés pour Paris.

La Toscane et Rome serviront à recruter le 113ᵉ régiment, les tirailleurs corses.

La levée hollandaise servira à compléter les 123ᵉ, 124ᵉ, 125ᵉ, 126ᵉ et le 33ᵉ léger.

De plus, chaque département de la Toscane et de Rome fournira le 10ᵉ à la petite garde; la Hollande fournira la moitié. L'autre moitié servira à recruter l'artillerie, la cavalerie, le train, les équipages militaires et fournira un vingtième aux fusiliers de la garde.

Comme je n'appelle personne de la Hollande à Bayonne, vous pourrez retarder encore l'appel de la conscription de ce pays; vous me la remettrez sous les yeux au mois de septembre.

Les contingents de Rome et de la Toscane ne doivent point marcher ensemble. Il faut mettre entre les départs un intervalle assez considérable, pour qu'il n'y ait pas d'embarras dans ces deux pays contigus. Je pense que vous devez faire marcher ceux de la Toscane lorsque ceux du Piémont seront partis, et ceux de Rome après ceux de la Toscane, afin que l'Italie ne soit pas tout entière occupée à la fois.

Vous pourriez comprendre la Lippe et les Bouches-de-l'Escaut dans la suspension que je prescris pour la Hollande. Ce serait un millier d'hommes de plus à distribuer dans le sens des dispositions de la présente lettre.

Quant à l'Illyrie, il faut consulter le général Bertrand avant de rien faire.

Il ne vous échappera pas que j'ai pris les départements les plus voisins de Bayonne pour Bayonne, et ceux environnant Paris pour Paris. Les opérations de la conscription en seront plus faciles et plus économiques.

S'il arrivait que les 4es bataillons de Bayonne ne fussent qu'à quatre compagnies, vous donneriez aux... (1) du corps d'observation de réserve, chacun 150 hommes.

Napoléon.

5718. — AU MARÉCHAL BERTHIER.

Saint-Cloud, 3 juillet 1811.

Mon Cousin, vous ne suivez plus les affaires d'Espagne avec la même activité. Je vous prie de me remettre un état général au 1er juillet, et qui soit suivi jusqu'au 10 août, de tous les mouvements de troupes, détachements, régiments de cavalerie, convois d'artillerie, etc., qui sont en marche de France sur les armées d'Espagne. J'ai donné au général Souham le commandement de la 3e division du corps d'observation de réserve qui se réunit à Pau. Envoyez-moi l'itinéraire du 1er régiment de marche, de Portugal et du Midi,

---

(1) En blanc.

et du régiment de marche de chasseurs, qui sont formés depuis longtemps et ont dû partir de Niort et de Saintes. Quand arrivent-ils à Bayonne et comment sont-ils composés? Mettez dans l'état que je vous demande la marche de la division italienne; mettez-y toutes les troupes qui se réunissent à Burgos sous les ordres du général qui vient de l'Ile de France: quand y seront-elles réunies?

Faites-moi également connaître quand les régiments de marche italiens et différents convois arrivent à Pau? Il me semble qu'ils arrivent le 16 juillet. Il faudrait réunir tout cela et les faire partir, sans délai, pour Saragosse. Je vous avais mandé d'envoyer quelqu'un à Pau pour y passer la revue de tout ce qui y arrive. Le 10ᵉ de ligne y arrive le 6. J'aurais désiré que quelqu'un en passât la revue pour savoir dans quel état est ce régiment et où se trouve son artillerie régimentaire.

NAPOLÉON.

5719. — AU MARÉCHAL BERTHIER.

Saint-Cloud, 3 juillet 1811.

Mon Cousin, il faut tirer de l'armée du Nord des officiers du génie pour pouvoir en attacher le nombre nécessaire au corps d'observation de réserve. Je désire qu'on porte une attention particulière sur Santona et que ce poste important soit bien approvisionné. J'ai ordonné aux ministres de la guerre et de la marine différentes dispositions qui avaient pour objet d'assurer cet approvisionnement; faites-moi connaître où cela en est. Il faut nommer à Santona un commandant d'armes, attacher à cette place des officiers du génie et d'artillerie, et organiser la garnison d'une manière séparée. Le commandant doit correspondre avec le général Monthion, qui lui enverra tout ce dont il aura besoin; et il doit avoir pour instruction de défendre ce poste envers et contre tous, de sorte que Santander même évacué, Santona soutienne encore un siège.

NAPOLÉON.

5720. — DÉCISIONS (1).

Saint-Cloud, 3 juillet 1811.

On demande à Sa Majesté si, en raison des blessures reçues par le général de brigade de La Ferrière, son intention est de lui accorder une indemnité de 2.000 francs pour les dépenses qu'il a dû faire pendant sa route d'Espagne à Paris.

Approuvé.

On rend compte à Sa Majesté que M. le maréchal duc de Tarente a fait distribuer une somme de 1.200 francs en gratification au 67ᵉ régiment pour les travaux dont il a été chargé sous Figuières.

Approuvé.

Sa Majesté est priée de faire connaître si Elle approuve que l'adjudant commandant Ramel, qui est disponible par l'effet de la dernière organisation de l'armée de Portugal, soit employé à l'armée de Catalogne, ainsi qu'il en témoigne le désir.

Il a déjà été à cette armée. Il me semble qu'il y a eu des plaintes contre lui.

On demande à Sa Majesté si le prix d'une fourniture de bois faite au commencement de 1809 pour mettre en état de défense Zara doit être acquitté sur les fonds du ministère de la guerre ou si cette dépense sera à la charge du royaume d'Italie.

A la charge de la France.

Renseignements sur M. de Tromelin, à qui, conformément aux intentions de Sa Majesté, on a fait connaître qu'il ne pouvait conserver l'emploi de colonel du régiment illyrien (2ᵉ banat).

Si le ministre croit que cet homme mérite confiance, je le laisse maître de le conserver dans cette place, ce qui paraît sans difficulté après son exposé.

Si Sa Majesté ne trouve pas dans

---

(1) Non signées; extraites du « Travail du ministre de la guerre avec S. M. l'Empereur et Roi, daté du 3 juillet 1811 ».

le compte rendu sur cet officier des motifs suffisants pour lui accorder sa confiance, on propose de le remplacer par M. Vandaële, chef de bataillon au 18e régiment d'infanterie légère.

5721. — AU GÉNÉRAL CLARKE.

Saint-Cloud, 3 juillet 1811.

Monsieur le duc de Feltre, donnez ordre au général commandant l'île de Goeree de faire partir les deux compagnies du 43e, du 32e et du 27e, formant un bataillon de 900 hommes, et de les diriger sur Gorcum, d'où elles se rendront, par terre et par la rive droite du Rhin, sur Hamburg. À leur arrivée à cette destination, le prince d'Eckmühl placera les soldats qui les composent dans ses différents régiments, en ayant soin de porter d'abord au grand complet les deux régiments qui sont à Stettin, de sorte que chaque bataillon soit fort de 840 hommes présents sous les armes. Les officiers et sous-officiers de ces compagnies retourneront dans l'île de Walcheren.

Donnez le même ordre au bataillon de l'île de Schouwen.

Vous laisserez maîtres, le général Gilly pour le bataillon de l'île de Schouwen, et le général qui commande à Goeree pour le bataillon de l'île de Goeree, de retarder le départ de ces bataillons, s'ils ne sont pas parfaitement armés et équipés; mais, dans ce cas, ils devront vous rendre compte des raisons qui auront retardé ce départ. Vous prescrirez à l'un et à l'autre de ces généraux les mesures nécessaires pour empêcher la désertion et vous préviendrez de ce mouvement les commandants des divisions militaires et le prince d'Eckmühl.

Faites-moi connaître si les quinze compagnies des 5e et 6e bataillons des corps qui sont à l'armée d'observation de l'Elbe seront bientôt prêtes à partir avec les 2.250 conscrits de Walcheren qu'elles doivent recevoir; mon intention, après que j'aurai reçu votre rapport, serait aussi de les diriger sur le corps d'observation de l'Elbe. Cela ferait donc, y compris les onze premières compagnies des 5es bataillons, 5.700 hommes de renfort que recevraient les bataillons de guerre du prince d'Eckmühl. Cela ferait près de 140 hommes par bataillon.

Faites-moi connaître l'état de situation du régiment de Walcheren. Je ne serais pas éloigné d'en faire partir également les deux premiers bataillons pour le corps d'observation de l'Elbe, ce qui porterait à 7.200 hommes les recrues fournies à ce corps d'armée. Ce nombre, divisé par quarante-cinq bataillons, ferait près de 200 hommes par bataillon et devrait les porter au grand complet.

Je désire cependant ne faire ces mouvements qu'autant que les premiers auront réussi.

NAPOLÉON.

5722. — EXTRAIT D'UN ORDRE DE L'EMPEREUR.

Saint-Cloud, 3 juillet 1811.

Monsieur le duc de Feltre, donnez ordre au général Souham de se rendre à Pau pour prendre le commandement de la 3e division du corps d'observation de réserve.

Il est nécessaire qu'il soit rendu à Pau le 20 juillet.

Vous lui donnerez ordre de passer à Nîmes où il inspectera toutes les compagnies d'artillerie du corps d'observation. Il vous rendra compte de leur situation. Vous lui donnerez des détails sur le jour où les chevaux doivent être arrivés, sur le lieu où ces compagnies doivent prendre leurs pièces et les caissons, etc...

NAPOLÉON.

5723. — DÉCISION (1).

On propose à Sa Majesté de confirmer dans le grade de colonel, à partir du 14 avril 1808, pour être employé soit à la tête d'un régiment, soit comme adjudant commandant, le sieur Gordon, aide de camp du général Daendels, gouverneur général de l'île de Java.

L'Empereur trouve que les renseignements donnés sont insuffisants. Sa Majesté demande un état de service très détaillé avant de prononcer sur cette proposition; on ne voit pas où il est né, on ne connaît pas son âge, ses campagnes, etc.

Comte DE LOBAU.

(1) Extraite du « Travail du ministre de la guerre avec S. M. l'Empereur et Roi, daté du 3 juillet 1811 ».

5724. — DÉCISION.

3 juillet 1811.

On propose d'envoyer à Bayonne à la disposition de M. le général Monthion les officiers qui sont au dépôt d'Angers.

Accordé.

NAPOLÉON.

5725. — DÉCISION.

Saint-Cloud, 3 juillet 1811.

On rappelle à Sa Majesté un rapport du 10 juin, relatif à deux compagnies de sapeurs demandées par M. le général Chambarlhiac, pour le service des travaux de Danzig.

Je ne veux pas envoyer à Danzig plus de sapeurs qu'il n'y en a. Il y a des mineurs, il y a des canonniers.

NAPOLÉON.

5726. — DÉCISION.

Saint-Cloud, 3 juillet 1811.

On met sous les yeux de Sa Majesté une proposition qu'Elle avait ordonné de lui représenter le 1er juillet, relativement à des compagnies d'artillerie en surnombre en Allemagne

S'il y a besoin, les compagnies d'artillerie du corps d'observation de l'Elbe seront complétées par des conscrits au mois de septembre, à 120 hommes. Si les compagnies qu'on présente ne sont pas utiles en Allemagne, il ne faut pas les retirer, mais il ne faut pas en envoyer de nouvelles.

NAPOLÉON.

5727. — AU GÉNÉRAL MATHIEU DUMAS.

Saint-Cloud, 3 juillet 1811.

Monsieur le comte Dumas, j'ai lu avec intérêt l'état du 2 juillet, que j'ai trouvé bien rédigé; mais, à la colonne intitulée 8, vous portez : *total des hommes fournis à ces corps.* Etes-vous sûr que ces corps les ont définitivement reçus? Je vois qu'il restait encore à recevoir :

1.800 hommes au 1ᵉʳ régiment de la Méditerranée : il doit les avoir reçus de Livourne ;

600 Au 2ᵉ *id*. Ces hommes doivent être arrivés depuis longtemps ;

1.900 hommes au régiment de Walcheren. Ils doivent être arrivés au 1ᵉʳ juillet.

Enfin, qu'il y avait 1.300 hommes de trop au régiment de l'île de Ré. Mais je crois avoir depuis ordonné différentes dispositions qui en auront employé 2.000 à 3.000. Remettez-moi cela sous les yeux, car il est important de savoir quand les 6.000 hommes seront fournis, afin que j'envoie des cadres et que les conscrits ne restent pas sans destination. Je voudrais aussi un détail sur les hommes qui ont déserté.

NAPOLÉON.

5728. — DÉCISION.

Saint-Cloud, 3 juillet 1811.

Le colonel du 6ᵉ régiment de cuirassiers demande que le dépôt de ce corps, qui est à Abbeville, soit envoyé soit à Maubeuge, soit à Tournay, soit à Ath.

Approuvé. L'envoyer à Ath.

NAPOLÉON.

5729. — DÉCISION.

Saint-Cloud, 3 juillet 1811.

Le général Clarke demande si la 3ᵉ compagnie du 3ᵉ bataillon de sapeurs et la 8ᵉ du 5ᵉ bataillon, arrivées depuis peu à Wesel, devront y rester ou être dirigées sur l'armée d'Allemagne.

Tout ce qui appartient au corps de l'Elbe doit être prêt à partir. Si ces compagnies sont nécessaires aux travaux des fortifications, il faut les y laisser. Mais elles doivent être à la disposition du prince d'Eckmühl.

NAPOLÉON.

5730. — AU GÉNÉRAL CLARKE.

Saint-Cloud, 4 juillet 1811.

Monsieur le duc de Feltre, je reçois votre lettre du 3 juillet relative à l'exécution de mon ordre du 18 juin pour la formation d'un régiment de marche de sept bataillons de l'armée du Midi et d'un régiment de marche de trois bataillons de l'armée de Portugal. Voici les changements que je désire faire à mon premier ordre.

Le 2e bataillon du régiment de marche de l'armée du Midi, composé de compagnies du 12e, du 2e et du 4e légers, ne fera plus partie de ce régiment de marche, ce qui, de sept bataillons le réduira à six; mais au lieu de cela, les 4es bataillons de ces trois régiments seront complétés à 600 hommes et formeront seuls une demi-brigade de 1.800 hommes.

Le régiment de marche de Portugal, composé de trois bataillons, sera commandé par un major en second, qui se rendra à Rennes, Bordeaux, pour en passer la revue.

NAPOLÉON.

5731. — AU GÉNÉRAL CLARKE.

Saint-Cloud, 4 juillet 1811.

Monsieur le duc de Feltre, donnez ordre que les 4e et 6e bataillons du 13e léger reçoivent tout ce qui est disponible dans le 5e bataillon, et se complètent chacun à 700 hommes.

Donnez le même ordre : pour les 17e, 7e légers et les 30e, 33e, 48e, 12e, 21e, 85e, 108e, 61e, 111e et 57e de ligne.

Les 6es bataillons du 15e léger et du 25e de ligne seront complétés à 840 hommes.

Ces vingt-huit 4es et 6es bataillons se mettront en marche du 15 au 25 juillet, parfaitement habillés et équipés, et se dirigeront sur Wesel et, de là, sur leurs régiments respectifs, dans la 32e division militaire.

Les deux bataillons de chaque régiment marcheront sur une seule colonne.

Vous enverrez un officier général à Wesel, afin qu'à leur passage par cette ville, chacun de ces bataillons soit passé en revue et que l'on constate leur bon état, l'état de leur habillement, équipement, leur nombre, les places vacantes, etc.

Les deux bataillons du 7e léger s'embarqueront sur le Rhin à Huningue.

Les bataillons qui sont à Strasbourg, Mayence, Spire, s'embarqueront sur le Rhin jusqu'à Wesel.

Le général Compans pourrait être chargé de passer cette revue. Il devra être rendu le 25 juillet à Wesel.

Vous ordonnerez au prince d'Eckmühl de former sa cinquième division conformément à ce que j'ai prescrit.

Il résulte de l'état que vous m'avez remis qu'il manque au complet de ce corps 8.000 hommes. 1.650 sont déjà partis de l'île de Walcheren. Les bataillons de Goeree et de Schouwen forment 1.800 hommes. Les quinze compagnies des 5e et 6e bataillons, qui pourront partir dans le courant de juillet, compléteront les renforts envoyés à cette armée à 5.600 hommes.

Il ne manquera donc plus que 3.000 hommes à son complet. Il y sera pourvu dans le courant d'août et de septembre par le régiment même de Walcheren.

Napoléon.

5732. — AU GÉNÉRAL CLARKE.

Saint-Cloud, 1 juillet 1811.

Monsieur le duc de Feltre, j'ai disposé de 8.560 conscrits des dépôts des conscrits réfractaires de l'île d'Elbe et de la Corse, savoir :

Pour le 1er régiment de la Méditerranée, dont trois bataillons sont en Corse et deux à l'île d'Elbe.	3.414	hommes.
Pour le 5e bataillon du 112e, qui est au mont Argentaro.	600	—
Pour le 14e léger, lesquels doivent se rendre de Corse à Piombino, et, de là, à Rome.	500	—
Pour le 6e de ligne, lesquels doivent se rendre de l'île d'Elbe à Corfou et être incorporés dans le 6e de ligne.	300	—

Il est important que ces 800 hommes soient tous français, et qu'il n'y ait parmi eux aucun homme des départements au delà des Alpes.

J'ai, de plus, ordonné que les 7es bataillons du 14e léger et du 6e de ligne se rendissent à l'île d'Elbe, où ils doivent recevoir chacun 840 hommes des conscrits réfractaires. . . . . 1.680 —

La moitié de ces conscrits peut (sic) être italiens. L'autre moitié doit être français.

Enfin, j'ai donné aux 5ᵉˢ bataillons des 6ᵉ de ligne et 14ᵉ de ligne. . . . . 1.120 hommes.

Je désire que ces derniers soient français.

Envoyez ce tableau de 8.500 hommes à la grande-duchesse et au général commandant la 29ᵉ division militaire, afin qu'ils fassent exécuter ces dispositions.

Au 15 juin, il y avait 6.600 hommes aux dépôts des conscrits réfractaires de l'île d'Elbe et de Goerée ; il y a donc des moyens de remplir des cadres pour 2.000 hommes. La Toscane, Rome, le Piémont ont beaucoup de cadres qu'on compléterait avec ces hommes. Réitérez vos ordres pour qu'ils soient envoyés à l'île d'Elbe.

Il faut que la grande-duchesse porte une attention particulière à ce que les 7ᵉˢ bataillons du 14ᵉ léger et du 6ᵉ de ligne soient mis en état de partir, à l'époque de l'équinoxe, de l'île d'Elbe pour se rendre à Corfou.

Le 6ᵉ bataillon du 22ᵉ léger, qui est à Naples, devait aussi recevoir 850 hommes ; faites-moi connaître où en est l'exécution des ordres que j'ai donnés à cet effet.

Tenez-moi au courant de l'exécution de mes ordres au 1ᵉʳ juillet, afin que, lorsqu'il y aura plus de 8.500 hommes destinés pour la Corse et l'île d'Elbe, je puisse envoyer de nouveaux cadres pour recevoir ces conscrits.

Napoléon.

5733. — AU GÉNÉRAL CLARKE.

Saint-Cloud, 4 juillet 1811.

Monsieur le duc de Feltre, donnez ordre à un chef d'escadron du 11ᵉ de hussards de partir d'Arras avec 120 chevaux et de se rendre à Ostende. Il tiendra à Blankenberghe 30 hommes, à l'embouchure de l'Escaut 30 hommes, à Ostende 30 hommes, et 30 hommes dans une position intermédiaire entre Ostende et Dunkerque.

Il fera faire des patrouilles le long de la côte, et veillera à la répression de la contrebande, en appuyant les douanes et les batteries.

Napoléon.

5734 — AU GÉNÉRAL CLARKE.

Saint-Cloud, 4 juillet 1811.

Monsieur le duc de Feltre, je désire que le colonel ou le major du 102ᵉ parte de Savone pour aller passer la revue du 5ᵉ bataillon de ce régiment, qui est à l'île Sainte-Marguerite, inspecter en détail ce bataillon, et, s'il pense qu'on pourrait se fier à ces conscrits et qu'ils ne déserteraient pas, les diriger sur Savone. Il serait important de les ôter de l'île Sainte-Marguerite, où vont arriver les bataillons des 8ᵉ et 18ᵉ légers et du 23ᵉ de ligne.

Je désirerais qu'aussitôt que le 5ᵉ bataillon du 22ᵉ léger, qui est aux îles d'Hyères, sera habillé, on pût l'embarquer et le conduire par mer jusqu'à la Spezia ou Livourne, d'où il se rendrait à Naples pour rejoindre son régiment. Il manque un chef de bataillon à ce 4ᵉ bataillon; faites-moi connaître où est cet officier; s'il n'y en a point, il faut en nommer un sur-le-champ.

Je vous envoie l'état des officiers et sous-officiers absents du régiment de la Méditerranée. Ces places sont-elles vacantes ou ces officiers sont-ils en Corse ?

Donnez ordre aux cadres des 6ᵉˢ bataillons des 10ᵉ et 20ᵉ de ligne de se rendre à Toulon, où l'un et l'autre recevront 900 hommes du dépôt des conscrits, ce qui portera le nombre de 8.160 hommes dont j'ai disposé à 9.860.

Le 5ᵉ bataillon du 29ᵉ de ligne, qui se rend à Toulon, y recevra 500 conscrits réfractaires ou déserteurs, ce qui fera 10.400 hommes.

Donnez ordre qu'on choisisse dans chacun des quatre bataillons du 2ᵉ régiment de la Méditerranée 150 hommes, en prenant les soldats de meilleure volonté et ceux dont on est le plus content, qu'on les embarque au cap Cépet et aux îles d'Hyères et qu'on les dirige sur Gênes, où ces 600 hommes seront incorporés dans le 52ᵉ de ligne, ce qui portera ce régiment au complet. Les officiers et sous-officiers retourneront à leurs régiments. Ces 600 hommes seront remplacés au 2ᵉ régiment de la Méditerranée.

Ces différentes dispositions donneront lieu à un emploi de 11.000 hommes.

NAPOLÉON.

5735. — DÉCISIONS (1).

Saint-Cloud, 4 juillet 1811.

On demande à Sa Majesté si Elle consent à autoriser le remboursement au gouvernement prussien d'une somme qu'il réclame pour les frais d'entretien d'un orphelin, fils d'un dragon français, laissé en 1809 dans la maison des orphelins de Potsdam, et à faire mettre cet orphelin à la disposition du ministre de l'intérieur.

Approuvé.

On demande à Sa Majesté l'autorisation de tirer du dépôt de Fontainebleau dix sergents dont a besoin le 64ᵉ régiment par suite du décret du 11 avril dernier.

Accordé.

5736. — DÉCISION.

Saint-Cloud, 4 juillet 1811.

Le maréchal Macdonald demande que l'incorporation des hommes disponibles des 4ᵉˢ bataillons des 2ᵉ, 37ᵉ, 56ᵉ et 93ᵉ de ligne dans d'autres corps soit retardée, en raison de l'éloignement de ces bataillons.

Accordé de les retarder, pourvu toutefois que cela ne dépasse pas 15 jours après la prise de Figuières.

NAPOLÉON.

5737. — AU GÉNÉRAL LACUÉE.

Saint-Cloud, 4 juillet 1811.

Monsieur le comte de Cessac, je reçois votre lettre. Les 2.300 chevaux de chasseurs qui arrivent à Niort seront très utiles. Il faut bien se garder de les renvoyer. Beaucoup d'hommes à pied arrivent d'Espagne; et, si cela était nécessaire, on dirigerait des hommes à pied sur Niort, pour en recruter l'armée d'Espagne. Ayez une correspondance avec le général Defrance pour être instruit exactement de l'arrivée des chevaux et des selles.

NAPOLÉON.

---

(1) Non signées; extraites du « Travail du ministre de la guerre avec S. M. l'Empereur et Roi, daté du 3 juillet 1811 ».

5738. — AU GÉNÉRAL LACUÉE.

Saint-Cloud, 4 juillet 1811.

Monsieur le comte de Cessac, je réponds à votre lettre du 3. Il n'existe plus de caisse de la 32º division militaire, parce que toutes les recettes entrent au Trésor depuis le 1er janvier 1811, et que tout le service se fait par le Trésor. Les dépenses que fait le prince d'Eckmühl dans l'arrondissement de son armée, pour l'administration de la guerre, doivent passer à votre compte. Tout ce qui se fait à Danzig doit ainsi être à votre compte. Il faut donc que vous portiez la plus grande attention au service de Danzig. Vous devez payer à Danzig, depuis, je crois, le 1er avril, où des renforts sont arrivés dans cette place, la moitié des dépenses; l'autre moitié doit être supportée par la ville. Vous devez porter cela dans les différents chapitres de votre ministère. Je pense qu'il est nécessaire que vous ayez à Danzig un ordonnateur sur lequel vous puissiez vous fier, afin de porter la plus grande économie dans les dépenses.

Napoléon.

5739. — DÉCISION.

Saint-Cloud, 5 juillet 1811.

Rapport du général Clarke relatif à la situation du personnel et du matériel de l'artillerie du corps d'observation de l'Elbe.

Approuvé.

Napoléon.

5740. — AU MARÉCHAL BERTHIER.

Saint-Cloud, 5 juillet 1811.

Mon Cousin, envoyez directement de Bayonne 100.000 francs à Santoña, partie pour les travaux et partie pour la solde.

Napoléon.

5741. — AU GÉNÉRAL CLARKE (1).

Saint-Cloud, 5 juillet 1811.

Monsieur le duc de Feltre, le 4º bataillon du 10º régiment d'infanterie légère doit se rendre à Rennes et non pas à Brest.

(1) Non signé, copie conforme.

5742. — AU GÉNÉRAL CLARKE.

Saint-Cloud, 5 juillet 1811.

Monsieur le duc de Feltre, donnez ordre que le 1er et le 2e escadrons de cavalerie légère de l'armée du Midi, qui sont formés au dépôt de Niort, forts de 400 hommes, soient mis sous les ordres d'un major en second de cavalerie et se rendent à Bayonne;

Que les 3e et 4e escadrons de cavalerie légère de l'armée de Portugal, qui sont formés au même dépôt, forts de 333 hommes, soient mis également sous les ordres d'un major en second et se rendent à Bayonne. Le détachement de 93 hommes du 4e de hussards sera joint à ce régiment.

Vous me ferez connaître le jour où ces quatre escadrons arriveront à Bayonne.

Je vois, dans l'état de situation des dépôts de Niort et de Saintes que vous me remettez, que vous ne portez le régiment de marche de dragons de l'armée de Portugal qu'à 343 hommes, et que vous ôtez 200 chevaux des 3e, 8e et 10e régiments de dragons, sous prétexte que ces chevaux sont destinés à passer aux chevau-légers; mais ces 200 chevaux, avec leurs selles, doivent être donnés aux autres hommes du dépôt de Saintes; et le général Defrance n'aura pas manqué d'en faire monter les dragons qui sont au dépôt. Les hommes des 9e et 10e de dragons et ceux des 1er et 9e, à moins qu'ils n'aient plus de deux ans de service, qui sont à Saintes, doivent être incorporés dans les régiments de marche dont ils font partie. Je suis fondé à penser que les régiments de marche de dragons qui sont à Saintes sont au moins à 600 hommes chacun. Je suppose qu'ils sont sous les ordres de majors en second. Donnez ordre que ces régiments se dirigent sur Bayonne.

Je crains qu'il n'y ait des erreurs dans la direction donnée aux dépôts de Saintes et de Niort. Envoyez-moi la correspondance du général Defrance.

Il paraît qu'il y aura 1.200 dragons disponibles vers la fin de juillet pour former un nouveau régiment de marche de dragons de l'armée de Portugal avec les cadres des 4es escadrons venant d'Espagne, ce qui fera un très beau régiment de marche;

Qu'il y aura 560 chevaux venant des dépôts, indépendamment des chevaux qui seront achetés et des 500 qui arrivent de Besançon le 18 juillet. Je désirerais connaître ce qui sera prêt à partir du 15 juillet au 15 août.

Je vois que le dépôt de Saintes, qui a 1.671 hommes de l'armée du Midi, recevra, dans le courant de juillet, près de 500 chevaux. Il pourra donc y avoir un régiment de marche de l'armée du Midi fort de 1.200 hommes. Qu'est-ce qu'il y aura de disponible au 15 août ?

Ainsi, le dépôt de Saintes fournit un régiment de marche de dragons de l'armée de Portugal fort de 600 hommes, lequel doit être dirigé sur Bayonne, et un pareil régiment de l'armée du Midi.

Le dépôt de Niort fournit deux escadrons de cavalerie légère de l'armée du Midi, forts de 400 hommes, et deux escadrons de l'armée de Portugal, y compris un détachement de 93 hommes destiné pour l'armée d'Aragon, fort de 430 hommes.

Cela fait donc 2.000 hommes montés qui seraient partis ou prêts à partir pour Bayonne.

Je désirerais que ces 2.000 hommes fussent organisés de la manière suivante : 1° les dragons en quatre escadrons sous les ordres de deux majors en second, et deux escadrons de cavalerie légère sous les ordres d'un major en second. Ces six escadrons destinés pour l'armée de Portugal, sous les ordres d'un colonel en second.

2° Six escadrons composés de même pour l'armée du Midi. En conséquence, j'aurai déjà, arrivés ou en marche sur Bayonne, 1.000 chevaux de l'armée du Midi et 1.000 de l'armée de Portugal, ce qui me mettra à même de réunir bientôt à Bayonne 2.000 chevaux.

J'aurai, de plus, à faire partir en juillet et août 1.200 dragons destinés à l'armée de Portugal et 1.200 pour l'armée du Midi.

De plus, ces 2.400 dragons seront augmentés de la partie des dragons destinés aux régiments devenus chevau-légers, ayant moins de deux ans de service. Je suppose qu'ils sont au moins d'un tiers, c'est-à-dire de 600 hommes. Cela ferait donc 3.000 dragons que j'aurai disponibles au 15 juillet.

Quant aux chevaux, j'en ai 1.000 qui arrivent des dépôts avec les dragons..................	1.000 chevaux.
800 qui arrivent avec les détachements de cavalerie légère...............................	800 —
500 qui arrivent des dépôts d'Italie............	500 —
1.000 que l'on achète.......................	1.000 —
	3.300 chevaux.

Il y aurait donc de quoi monter tout le monde. Ainsi, à la fin de juillet, j'aurai 3.000 dragons montés au dépôt de Saintes.

Au dépôt de Niort, il y a aujourd'hui 133 hommes, destinés pour l'armée du Midi; 240 arrivent des dépôts dans le courant de juillet, ce qui fait pour l'armée du Midi 373 hommes.

500 hommes y existent, destinés pour l'armée de Portugal, et 339 y arrivent, ce qui fera 800 hommes et, avec les 373 hommes de l'armée du Midi, environ 1.200 hommes de cavalerie légère qui se trouveront arrivés dans le courant de ce mois, lesquels auront tous les chevaux nécessaires.

De plus, la cavalerie légère stationnée aux environs de Niort est de plus de 500 hommes, ce qui fera environ 1.800 hommes de cavalerie légère qu'on pourra faire partir dans le courant du mois.

Quant aux chevaux, 600 arrivent des dépôts, 500 arrivent de Besançon et 1.000 sont à acheter à Niort. Total : 2.100 chevaux.

Indépendamment de ces 2.100 chevaux, le 15ᵉ de chasseurs qui est à Auch, qui a 600 hommes et qui recevra 400 chevaux, donnera 400 hommes montés qu'il aura disponibles dans le courant d'août.

RÉCAPITULATION.

   800 hommes de cavalerie légère déjà en marche;
2.200 hommes de cavalerie légère disponibles en août;
1.200 dragons déjà en marche;
3.000 dragons disponibles au 1ᵉʳ août.

Total... 7.200 hommes montés, en mouvement pour l'Espagne d'ici au 1ᵉʳ août, savoir : 3.000 de cavalerie légère et 4.200 de dragons.

Indépendamment de ces hommes, restera à partir ce qui est au dépôt, qui n'est pas porté sur l'état de situation à l'époque du 15 juin.

Il faut qu'on en fasse un travail en règle dans vos bureaux, afin que je sois toujours à même de donner des ordres pour empêcher l'encombrement des dépôts de Niort et de Saintes, et que tout soit organisé conformément à mes intentions.

J'estime qu'il faut envoyer à Niort et à Saintes, à la disposition du général Defrance, pour être chargés de la conduite des différents régiments et escadrons de marche, quatre colonels en second, huit majors en second et deux ou trois généraux de brigade de cavalerie, car il est nécessaire que tous ces corps soient solidement organisés, afin de pouvoir rejoindre leurs régiments dans le midi de l'Espagne.

Il faut que la correspondance soit très active avec le général Defrance, tant pour l'envoi des habillements et équipements nécessaires que pour faire partir les détachements de marche à mesure qu'ils sont prêts.

Napoléon.

5743. — AU GÉNÉRAL CLARKE.

Saint-Cloud, 5 juillet 1811.

Monsieur le duc de Feltre, le général Defrance, qui commande les dépôts de Niort et de Saintes, doit déjà vous avoir rendu compte de ses opérations. Je désirerais connaître les changements qu'il a opérés dans l'organisation du régiment provisoire de cavalerie légère et dans ceux de marche, qui ont dû passer par les dépôts de Saintes et de Niort. Faites-moi connaître également à quelle époque ces régiments arriveront à Bayonne.

Napoléon.

5744. — AU GÉNÉRAL CLARKE (1).

Saint-Cloud, 5 juillet 1811.

Monsieur le duc de Feltre, les chevaux qui partent de Bayonne ne mènent pas assez de chariots à munitions.

Je voudrais donc que les 500 chevaux du 7ᵉ bataillon principal qui partent de Grenoble, au lieu de mener 80 caissons et 30 chariots, menassent 100 chariots à munitions chargés de poudre.

Même observation pour les 150 chevaux du 4ᵉ bataillon principal qui partent de Metz le 12 juillet.

Vous ne m'avez pas fait connaître ce que les chevaux d'artillerie qui partent de Bayonne et de Toulouse à la fin du mois transporteront à Burgos.

---

(1) Non signé, copie conforme.

5745. — AU GÉNÉRAL CLARKE (1).

Saint-Cloud, 5 juillet 1811.

Monsieur le duc de Feltre, écrivez par l'estafette au commandant de Boulogne pour savoir combien d'hommes il peut baraquer; il va bientôt recevoir 30.000 hommes; demandez-lui si les baraques sont en état pour les camper; si elles ne sont pas en état, combien faut-il pour les réparer, et combien peut-on loger de monde?

5746. DÉCISION (2).

Saint-Cloud, 5 juillet 1811.

On rend compte à Sa Majesté des considérations qui militent pour la restauration et l'entretien du fort Vauban.

Renvoyé aux conseils de décembre.

5747. — DÉCISION.

Saint-Cloud, 6 juillet 1811.

M. Falkowski, 1er major de la légion de la Vistule, allant à Varsovie pour y recevoir et en amener 800 chevaux destinés à compléter le 2e régiment de lanciers de la Vistule, désire profiter de cette circonstance qui le rapproche de son pays natal (la Pologne russe) pour s'y rendre et y séjourner pendant un mois.

On prie Sa Majesté de vouloir bien faire connaître si son intention est d'accueillir cette demande

J'ai besoin de ces 800 chevaux de suite. La permission qu'on demande ne pourrait que donner lieu à des retards. Nommer plutôt sur-le-champ un autre officier pour aller à Varsovie.

NAPOLÉON.

---

(1) Non signé, copie conforme.
(2) Non signée; extraite du « Travail du ministre de la guerre avec S. M. l'Empereur et Roi, daté du 26 juin 1811 ».

5748. — DÉCISION (1).

Le maréchal Berthier rend compte que le cadre du 2ᵉ bataillon de la légion hanovrienne doit arriver du 25 au 30 juin à Bayonne.

Cela sera fondu dans les 127ᵉ, 128ᵉ, 129ᵉ.

NAPOLÉON.

5749. DÉCISION.

Saint-Cloud, 7 juillet 1811.

Mesures prises par le général Clarke pour faire compléter les 6ᵉ et 9ᵉ compagnies du 1ᵉʳ bataillon de sapeurs et la 8ᵉ compagnie du 3ᵉ bataillon.

Approuvé.

NAPOLÉON.

5750. — AU GÉNÉRAL CLARKE.

Saint-Cloud, 7 juillet 1811.

Monsieur le duc de Feltre, donnez ordre que les compagnies des 17ᵉ, 108ᵉ, 12ᵉ, 48ᵉ, 21ᵉ, 30ᵉ, 33ᵉ et 61ᵉ, complétées par des conscrits réfractaires de l'île de Walcheren, formant 8 compagnies ou 1.200 hommes, partent de l'île de Walcheren du 15 au 20 juillet, pour se rendre à Hamburg. Ces 1.200 hommes seront incorporés à Hamburg, dans les différents régiments. Les compagnies des 85ᵉ, 57ᵉ et 111ᵉ partiront du 25 au 30 juillet, et les quatre compagnies des 7ᵉ et 13ᵉ légers au plus tard le 10 août. Ainsi, ces 2.250 hommes seront arrivés en Allemagne dans le courant du mois d'août, ce qui, avec les 1.600 hommes des onze premières compagnies et les 1.800 hommes des deux bataillons des îles de Goeree et Schouwen, fera un renfort de 5.600 hommes. Il ne manquera donc plus pour les régiments de l'armée d'Allemagne que 3.000 hommes pour être portés au grand complet.

NAPOLÉON.

---

(1) Sans date; le rapport du maréchal Berthier est du 4 juillet, l'expédition de l'ordre a eu lieu le 7.

5751. — AU GÉNÉRAL LACUÉE.

Saint-Cloud, 7 juillet 1811.

Monsieur le comte de Cessac, je viens de prendre un décret pour que les compagnies d'équipages militaires qui se réunissent à Pau et qui doivent servir des voitures aient des chariots au lieu de caissons. Vous verrez que, sur les cinq bataillons d'équipages destinés pour l'Allemagne, je donne par le même décret des chariots aux 2e, 6e et 7e bataillons, qui sont à Commercy, Metz et Nancy; mais que le 9e et le 12e continuent à servir des caissons. Je suppose que les trois dernières compagnies du 12e sont parties pour se rendre du côté de Hamburg. D'après ces dispositions, il faudrait faire cesser à Sampigny la construction des caissons pour ne plus s'occuper que de la construction des chariots. Les caissons seront uniquement destinés pour les bataillons d'infanterie. Quant aux compagnies de l'armée d'Espagne, il est important de se presser pour avoir un résultat. Je ne juge pas à propos d'augmenter la nourriture parce qu'en temps de guerre, on ne donne que ce qu'on peut et qu'il y aurait plus d'inconvénients que d'avantages à augmenter encore la variété des rations.

NAPOLÉON.

5752. — AU MARÉCHAL BERTHIER.

Saint-Cloud, 9 juillet 1811.

Mon Cousin, faites des recherches dans votre correspondance pour trouver des détails sur les travaux des fortifications de Burgos. Il est impossible que les officiers du génie et le général Dorsenne ne vous en envoient pas. Je désire beaucoup savoir où en sont ces travaux.

NAPOLÉON.

5753. — AU MARÉCHAL BERTHIER.

Saint-Cloud, 9 juillet 1811.

Mon Cousin, donnez ordre que le bataillon de marche de la garde qui arrive le 16 à Bayonne continue sa marche pour se rendre à Tolosa, où il sera à la disposition du général commandant en Biscaye qui, à son arrivée, fera partir le 3e bataillon du 50e de ligne et le 3ᵉ bataillon du 25ᵉ léger pour Burgos, où ces deux bataillons seront sous les ordres du général Vandermaësen.

Il faut mettre sous les ordres du général Vandermaësen le régiment de marche de dragons de l'armée de Portugal qui arrive à Bayonne le 25. Après deux jours de repos, ce régiment continuera sa route sur Burgos, où il se mettra sous les ordres de ce général.

Vous donnerez également l'ordre que le détachement de 130 hommes du 26ᵉ de chasseurs qui arrive le 18 juillet à Vitoria, en parte le 20 pour Burgos, où il sera sous les ordres du général Vandermaësen. Cet escadron de 130 hommes, avec les deux escadrons du 10ᵉ régiment, formera un petit régiment de 300 hommes.

NAPOLÉON.

5754. — AU MARÉCHAL BERTHIER.

Saint-Cloud, 9 juillet 1811.

Mon Cousin, réitérez l'ordre au duc d'Istrie de faire partir le 4ᵉ bataillon du 12ᵉ léger et le 6ᵉ régiment provisoire de dragons pour rejoindre leurs corps en Andalousie. Réitérez les ordres au roi d'Espagne pour que tous les détachements appartenant à l'armée d'Andalousie partent sans délai pour aller rejoindre leurs corps. Ecrivez au roi d'envoyer le général Tilly à une division de l'armée du Midi, et de donner le commandement de Ségovie à qui bon lui semblera.

NAPOLÉON.

5755. — DÉCISION.

Saint-Cloud, 9 juillet 1811.

Proposition d'envoyer à Zara la 3ᵉ compagnie du 1ᵉʳ bataillon de sapeurs, en ce moment à Palmanova et qui ne fait partie d'aucune organisation d'armée.	Refusé. Je n'approuve point ce mouvement. NAPOLÉON.

5756. — DÉCISION.

Saint-Cloud, 10 juillet 1811.

Le général Clarke propose de faire rentrer à leur dépôt à Vérone	On peut les renvoyer s'ils ne sont pas nécessaires à leur dé-

deux cadres de compagnies d'artillerie qui quittent le royaume de Naples.

pôt, au fort Saint-Ange ou à Civita-Vecchia, pour le service des côtes.

NAPOLÉON.

5757. — DÉCISION.

Saint-Cloud, 10 juillet 1811.

Sa Majesté est priée de décider deux points relatifs à la nouvelle organisation des bataillons du train d'artillerie, portés à 1.000 hommes et 1.500 chevaux.

Donnez vous-même la décision. Mettez 2 lieutenants par bataillon et 4 sous-lieutenants. Choisissez indifféremment les chefs de bataillon parmi les officiers du train ou parmi les officiers d'artillerie.

NAPOLÉON.

5758. — AU GÉNÉRAL CLARKE.

Saint-Cloud, 10 juillet 1811.

Monsieur le duc de Feltre, sur les 2.510.000 francs destinés aux dépenses extraordinaires de l'artillerie, j'accorde 100.000 francs à l'armée de Portugal, pour être mis à la disposition du commandant de l'artillerie de cette armée, 150.000 francs pour être mis à la disposition du directeur général de l'artillerie à Burgos, et 300.000 francs pour le service du parc du corps d'observation de l'Elbe.

NAPOLÉON.

5759. — AU GÉNÉRAL CLARKE.

Saint-Cloud, 10 juillet 1811.

Monsieur le duc de Feltre, je vois avec indignation la conduite des Suisses qui n'ont pas voulu s'embarquer sur une canonnière pour la défendre. Donnez ordre que l'officier soit arrêté, qu'il soit cassé et jugé par une commission militaire. Vous témoignerez mon mécontentement au colonel.

NAPOLÉON.

5760. — DÉCISION (1).

Sa Majesté est priée de vouloir bien faire connaître si Elle permet que M. Raphaël Siméon, l'un des pages de l'ancienne cour de Toscane, lui soit présenté pour un emploi de sous-lieutenant dans un régiment de ligne, ainsi que S. A. I. Mme la grande-duchesse de Toscane en a fait la demande.

Accordé.

5761. — AU MARÉCHAL BERTHIER.

Trianon, 11 juillet 1811.

Mon Cousin, vous écrirez la lettre ci-jointe au général Vandermaësen. Vous manderez au général Dorsenne les dispositions contenues dans cette lettre, et vous lui ferez connaître que, lorsque le général Vandermaësen passera, tout ce qu'il aura appartenant à l'armée de Portugal dans l'arrondissement de l'armée du Nord, même servant à la garnison des places, doit être réuni au corps que ce général commande et devra rejoindre l'armée de Portugal. Faites des recherches et mettez-moi sous les yeux tout ce qu'on pourrait envoyer de Saintes et de Niort pour accroître le corps du général Vandermaësen, afin qu'il soit le plus considérable que possible, lorsqu'il partira de Burgos.

NAPOLÉON.

5762. — AU MARÉCHAL BERTHIER.

Trianon, 11 juillet 1811.

Mon Cousin, donnez ordre que, sur les 20.000 paires de souliers qui sont à Valladolid, 10.000 soient envoyées à l'armée de Portugal; et que, sur 12.000 paires qui sont à Madrid, 6.000 soient également envoyées à l'armée de Portugal, ce qui fera 16.000 paires de souliers pour cette armée. Le duc de Raguse les distribuera entre les différents régiments.

NAPOLÉON.

---

(1) Sans signature ni date; extraite du « Travail du ministre de la guerre avec S. M. l'Empereur et Roi, daté du 10 juillet 1811 ».

5763. — DÉCISION (1).

11 juillet 1811.

Sa Majesté est priée de faire connaître si Elle permet que le nommé Masson, sergent-major, jouisse de sa pension en Illyrie où il est employé dans les douanes.

Approuvé.

5764. — DÉCISION.

Trianon, 11 juillet 1811.

Le général Clarke rend compte qu'il a dirigé sur Minden la 3ᵉ compagnie du 3ᵉ bataillon de sapeurs et la 8ᵉ du 5ᵉ bataillon, qui n'étaient pas nécessaires aux travaux des fortifications de Wesel.

Puisqu'on travaille à Wesel, ces deux compagnies pourraient y être laissées. Elles y étaient à proximité de l'armée d'Allemagne.

Napoléon.

5765. — AU GÉNÉRAL CLARKE.

11 juillet 1811.

Monsieur le duc de Feltre, donnez ordre que le 14 juillet on tire dans la journée 12 bombes à chambre pleine de tous les mortiers à plaque qui sont à la batterie du fort impérial de l'île de Kadzand. On tirera ces 12 bombes aussi vite que l'on pourra. On dressera procès-verbal du temps que l'on mettra à tirer chaque bombe, et de la dégradation des batteries. Vous me mettrez ces procès-verbaux sous les yeux au 20 juillet.

Vous ferez faire la même opération partout où il y a des mortiers à plaque, car avoir des mortiers montés comme ils le sont dans leur état actuel, c'est à peu près ne rien avoir.

Faites surtout tirer à la batterie de Saumonard, île d'Oléron. Je suppose que vous avez donné des ordres pour en refaire les plates-formes. Ordonnez qu'on mette à 2.000 toises en mer un tonneau ou une carcasse pour servir de but.

Napoléon.

---

(1) Non signée; extraite du « Travail du ministre de la guerre avec S. M. l'Empereur et Roi, daté du 10 juillet 1811 ».

5766. — DÉCISION.

Trianon, 11 juillet 1811.

Ordre a été donné d'envoyer en Allemagne la 2ᵉ compagnie du 6ᵉ régiment d'artillerie à cheval, au lieu de la 7ᵉ du même régiment, revenue dernièrement de l'Ile de France.

Approuvé.

Napoléon.

5767. — AU GÉNÉRAL LACUÉE.

Trianon, 11 juillet 1811.

Monsieur le comte de Cessac, je lis votre lettre du 9 juillet et les états qui y sont joints. Je désire que vous me présentiez un projet de décret qui contienne les dispositions suivantes :

1° Il sera envoyé sans délai à Bayonne 1.500 chemises, 1.500 paires de souliers et le même nombre de paires de bas, de paires de guêtres, de cols et des autres effets, qui se payent sur la masse de linge et de chaussure, à chacun des régiments qui composent les armées du Portugal et du Midi;

2° Les souliers seront payés au prix de (1), les chemises au prix de (1), les cols au prix de (1), etc.;

3° La remise de ces effets sera faite à Bayonne à l'officier ou sous-officier commandant le petit dépôt de chaque régiment, en présence de l'ordonnateur et du général Monthion, qui viseront les états et s'assureront que les effets sont bons et valent leur prix;

4° Immédiatement après cette remise l'agent du Trésor qui est à Bayonne versera comme fonds spécial de l'administration de la guerre, pour l'habillement, la somme représentant la valeur de cette fourniture, qu'il portera en compte à chaque régiment dans le premier envoi de fonds qui suivra;

5° Le ministre du Trésor tiendra cette somme à la disposition de l'administration de la guerre;

6° Les recettes et les dépenses seront administrées comme fonds spéciaux.

Le remboursement de ces envois pourra se faire d'autant mieux de cette manière qu'il est dû huit ou dix mois de solde à tous ces

---

(1) En blanc.

régiments et que, par conséquent, ils ont tous une grande portion de leur masse de linge et chaussure qui est à payer avec leur solde. Ainsi on dira à l'armée de Portugal : on vous envoie 4 millions, savoir : 3 millions en argent, 500.000 francs en souliers et 500.000 francs en chemises. Sur ce million qui nous est expédié en effets, vous avez tant en souliers et en chemises pour le compte de tel corps; ainsi, en payant chaque soldat de ce régiment, on aura à lui retenir tant pour la chemise et les souliers qui lui sont envoyés. On payera cinq à six mois à la fois et, par conséquent, on aura de quoi faire cette retenue. Cette méthode est extrêmement simple; en envoyant des secours à l'armée, vous rentrez en possession de fonds qui subviendront à de nouveaux secours. Ecrivez dans ce sens aux ducs de Dalmatie et de Raguse. Recommandez que les envois partent de Bayonne sous une escorte qui sera composée au moins de deux hommes de chaque petit dépôt. Ces hommes devront être réunis sous les ordres d'un capitaine. Entendez-vous avec les majors pour connaître ce qu'ils envoient et comment se fait le service de linge et de chaussure à l'armée.

NAPOLÉON.

5768. — LETTRE QUE LE MAJOR-GÉNÉRAL DOIT ÉCRIRE AU GÉNÉRAL VANDERMAESEN.

Vous formerez, de toutes les troupes appartenant à l'armée de Portugal qui sont dans les provinces de Biscaye et de Burgos, trois régiments de marche sous les n°s 1er, 2e et 3e. Ces trois régiments de marche de l'armée de Portugal formeront 6.000 hommes d'infanterie. Ces 6.000 hommes seront réunis avant le 1er août à Burgos.

Vous aurez sous vos ordres un régiment de marche de cavalerie légère de quatre escadrons forts de 488 hommes. Ces quatre escadrons, qui n'arrivent à Bayonne que le 1er août, ne seront guère que le 15 août à Burgos.

Vous aurez de plus un régiment de dragons de deux escadrons, fort de 400 hommes, qui arrive le 25 juillet à Bayonne, et qui pourra être le 10 à Burgos.

Enfin deux compagnies du 12e bataillon principal du train, fortes de 520 chevaux, venant d'Auch; une compagnie du 6e bataillon *bis*,

---

(1) Sans signature ni date; a été expédiée le 12 juillet.

forte de 180 chevaux, et deux compagnies du 2ᵉ bataillon *bis*, fortes de 450 chevaux. Ces compagnies, qui arrivent à Bayonne le 2, le 6 et le 8 août, arriveront dans tout le mois d'août à Burgos.

L'intention de l'Empereur est que vous vous teniez prêt à partir du 1ᵉʳ au 20 septembre avec votre colonne, forte de plus de 8.000 hommes et de bons convois d'artillerie, pour vous rendre à l'armée de Portugal.

Vous emploierez tout le mois d'août à former vos régiments et à les augmenter successivement de toutes les troupes détachées appartenant à l'armée de Portugal qui se trouveraient en Biscaye, dans la province de Burgos, à votre passage à Valladolid et dans les 6ᵉ et 7ᵉ gouvernements.

Comme dans le courant d'août, de nouveaux régiments de marche doivent arriver, ils serviront à augmenter et perfectionner votre colonne de marche, de manière que votre arrivée à l'armée de Portugal, dans le courant de septembre, présente à cette armée des ressources importantes en infanterie, en cavalerie et en artillerie.

Un trésor, destiné à l'armée de Portugal, se rendra de Bayonne à Burgos, d'où vous serez chargé de l'escorter jusqu'à cette armée.

Mais, pendant tout le temps que vous séjournerez dans la province de Burgos, l'intention de Sa Majesté est que vous occupiez non seulement cette ville, mais encore le pays entre Burgos, Valladolid et la Biscaye; que vous fournissiez des garnisons pour les magasins, et que vous concouriez à former des colonnes mobiles et à faire la guerre aux brigands.

Il sera nécessaire que vous profitiez de toutes les occasions qui se présenteraient, du passage des officiers d'état-major qui se rendraient à l'armée de Portugal, pour écrire au duc de Raguse, afin que chaque chef de corps, tant d'infanterie que de cavalerie et d'artillerie, connaisse les détachements que vous aurez à lui mener.

5769. — AU MARÉCHAL BERTHIER (1).

Trianon, 13 juillet 1811.

Mon Cousin, le régiment de marche de dragons de l'armée du Midi est arrivé, le 11 juillet, à Bayonne. Vous ne m'avez pas mis sous les yeux ce mouvement, de manière que je n'ai pas pu donner mes ordres. Faites partir ce régiment pour Valladolid où il restera jusqu'à nouvel ordre, et faites-moi connaître quand il arrivera. Le régiment de marche de dragons de Portugal, qui arrive à Bayonne, a ordre de se rendre à Burgos sous les ordres du général Vandermaësen. Le régiment de cavalerie légère arrivera, le 31 juillet à Bayonne ; les 1ᵉʳ et 2ᵉ escadrons, qui sont destinés pour l'armée de Portugal, resteront à Burgos, où ils seront mis à la disposition du général Vandermaësen; le 3ᵉ et le 4ᵉ escadron iront à Valladolid pour rejoindre le régiment de marche de l'armée du Midi. Le détachement du 4ᵉ de hussards, arrivé à Mont-de-Marsan, se dirigera sur Pau, d'où il saisira la première circonstance pour se rendre à Saragosse et rejoindre son régiment. Par ce moyen, l'armée d'Aragon recevra 93 chevaux de renfort; celle du Midi, 840, et celle de Portugal, 860. Le 1ᵉʳ régiment de lanciers de la Vistule aura 120 hommes à Niort, le 1ᵉʳ août. Donnez ordre que ce détachement se rende à Bayonne d'où il ira rejoindre, à Valladolid, le régiment de marche de l'armée du Midi.

Napoléon.

5770. — DÉCISIONS (1).

Trianon, 13 juillet 1811.

Proposition d'extraire vingt hommes de chacun des régiments d'infanterie de l'armée d'Italie pour la 28ᵉ légion de gendarmerie.	Approuvé.
On soumet à l'approbation de Sa Majesté les officiers proposés pour former le comité central de l'artillerie.	Approuvé.
Le négociant Bosset, de Nantes, demande la permission d'exporter 7.500 fusils de traite aux Etats-Unis d'Amérique.	S'assurer qu'on ne les envoie pas en Espagne.
On rend compte à Sa Majesté d'une demande que fait M. le général Delzons pour être indemnisé des frais extraordinaires que lui a occasionnés le commandement en chef de l'armée d'Illyrie dont il a été chargé depuis le 12 février 1811	Approuvé.

(1) Non signées; extraites du « Travail du ministre de la guerre avec S. M. l'Empereur et Roi, date du 10 juillet 1811 ».

jusqu'à la fin du mois de juin suivant.

Sa Majesté est priée de vouloir bien fixer le montant de cette indemnité.

On propose à Sa Majesté de nommer au commandement de la 2ᵉ division militaire le général de division Marchand, rentré en France pour être employé dans l'intérieur.

Cet officier général peut être employé plus utilement que cela.

On propose à Sa Majesté de confier le commandement de la 27ᵉ division militaire à M. le général de division Mermet, qui a été rappelé de l'armée de Portugal, par ordre de Sa Majesté, pour être employé dans l'intérieur;

Approuvé.

D'employer le général de brigade Bardet au camp de Boulogne; de mettre le général Gratien à la disposition de M. le maréchal prince d'Eckmühl et de lui accorder un congé d'un mois avec appointements;

Et d'employer M. le général de brigade Labassée au camp d'Utrecht et le général Marcognet au camp d'Emden;

Approuvé.

De confier le commandement du département de l'Oise à M. le général de brigade Simon, ex-commandant en second de l'hôtel des Invalides;

Le nommer à un commandement d'armes.

D'accorder un congé de trois mois avec solde au général de brigade Legrand, frappé d'apoplexie. Il est employé dans la 25ᵉ division militaire.

Approuvé.

Attendu les circonstances atténuantes de la désertion d'un chasseur du 1ᵉʳ bataillon étranger, stationné à Naarden, Sa Majesté est

Approuvé.

priée d'accorder la grâce de cet homme qui est bien noté par ses chefs et paraît digne d'obtenir ce bienfait.

Le nommé Rigoulot, déserteur du 2ᵉ régiment d'infanterie légère, ayant été mal à propos condamné, puisque sa désertion, qui est antérieure au 1ᵉʳ janvier 1806, le rendait susceptible de profiter de l'amnistie du 25 mars 1810, Sa Majesté est priée d'ordonner qu'il soit délivré à cet homme une lettre de grâce.

Approuvé.

Un Brunswickois de la bande d'Oëls, sortant de l'hôpital de Metz, ayant été reconnu comme ne pouvant être d'aucune utilité pour la marine dans le port où il serait conduit, on propose à Sa Majesté d'ordonner son renvoi dans son pays, conformément à la mesure déjà prise envers plusieurs individus qui étaient dans le même cas.

Approuvé.

Le lieutenant espagnol S. de Mata, qui a prêté serment à Sa Majesté Catholique et qui se conduit bien à Châlons-sur-Marne, a près de lui deux enfants en bas âge et sa femme enceinte de six mois.

Sa Majesté voudrait-elle consentir à son renvoi en Espagne ?

Accordé.

Le prince d'Eckmühl réclame le renvoi à Hamburg d'un bourgeois de cette ville, né dans la basse Saxe, et qui a été pris sur un bâtiment anglais qu'il commandait.

Approuvé.

Le propriétaire d'une manufacture de toiles à voiles pour la marine impériale, à Agen, annonce que la moisson éloigne la plus grande partie de ses ouvriers et de-

Refusé.

mande l'autorisation de prendre dans les dépôts 100 prisonniers de guerre espagnols.

M. le landamman de la Suisse demande le retour dans leurs foyers de sept officiers pris au service d'Espagne qui se conduisent bien.

Approuvé.

M. l'envoyé extraordinaire de Suisse demande le retour dans leurs foyers de deux officiers, MM. Schwanden, père et fils, natifs du canton d'Unterwalden, et qui ont été faits prisonniers en Espagne.

Approuvé.

On propose à Sa Majesté d'admettre à la retraite M. Huguet, chef de bataillon au 1ᵉʳ régiment d'infanterie légère;

Approuvé.

De réformer M. Lacroix, chef du 4ᵉ bataillon du 108ᵉ régiment de ligne, et de l'employer dans une compagnie de réserve.

Approuvé.

On prend les ordres de Sa Majesté pour une dépense de 51.000 francs que nécessitera la réparation des baraques construites par la marine pour le logement de 6.000 hommes au camp sous Bayonne.

Il est inutile dans la saison où nous sommes de les couvrir en tuiles; on peut s'en servir sans y faire des réparations aussi considérables.

Si on en a besoin cet hiver, on verra à les couvrir en tuiles.

On propose d'admettre au service dans des corps autres que ceux employés en Espagne 80 prisonniers de guerre des dépôts de la 2ᵉ division, originaires de pays autres que l'Espagne.

Vérifier si ce ne sont pas des hommes à notre service qui auraient déserté en Espagne et passé à l'ennemi.

Sa Majesté est priée de faire connaître si l'on devra faire passer au 2ᵉ bataillon colonial 50 hommes incorrigibles et si l'on réformera les hommes impropres au service qui justifieront des moyens d'existence.

Approuvé.

5771. — AU GÉNÉRAL CLARKE.
Trianon, 13 juillet 1811.

Monsieur le duc de Feltre, je vois, par l'état que vous m'avez envoyé, qu'on espère avoir promptement 8.000 chevaux disponibles pour l'Espagne, et fournis par les dépôts de Niort et de Saintes, indépendamment de tout ce qui partira encore des différents dépôts au 1er et au 15 août. Sur ce nombre de 8.000, je vois que 1.800 chevaux composant les 1ers régiments de marche des armées du Midi et du Portugal et les quatre escadrons de marche de cavalerie légère sont déjà partis. Faites-moi connaître ce qu'on pourrait faire partir au 1er août, au 15 août et, enfin, au 1er septembre.

Ces renseignements me sont nécessaires pour prescrire l'organisation d'un second régiment de marche du Midi et du Portugal, lesquels seront composés d'escadrons de cavalerie légère et d'escadrons de dragons.

NAPOLÉON.

5772. — AU GÉNÉRAL CLARKE.
Trianon, 13 juillet 1811.

Monsieur le duc de Feltre, le 29e régiment d'infanterie de ligne, aussitôt qu'il sera arrivé à Toulon, fournira la garnison du *Majestueux*, du *Wagram* et du *Commerce-de-Paris*. La *Saale*, qui est à Rochefort, n'a pas besoin de garnison, puisqu'elle est en rivière et ne peut pas aller en rade. La garnison du *Donauwerth*, du *Suffren* et du *Trident* sera fournie par les bataillons de l'ancienne armée de Dalmatie qui se rendent à Toulon.

La garnison de la *Médée*, à Gênes, sera fournie par le 102e. Les garnisons de Livourne seront fournies par le 112e. Le vice-roi, sur les régiments que j'ai en Italie, fournira les garnisons pour le *Rivoli* et l'*Uranie*.

Le 3e de ligne fournira les garnisons du *Nestor*, de la *Pregel* et de la *Revanche* ; le 105e, la garnison de l'*Eylau* : enfin, le 4e fournira les garnisons du *Courageux*, du *Polonais* et de l'*Iphigénie*.

NAPOLÉON.

5773. — AU GÉNÉRAL CLARKE.
Trianon, 13 juillet 1811.

Monsieur le duc de Feltre, les états de situation que vous me remettez sont, en général, fautifs. On y suppose que les ordres donnés sont exécutés. Par exemple, je vois qu'on porte, au régiment de Walcheren, le 1er bataillon à 240 hommes, le 2e bataillon à 250 hommes, le 3e à (1) ; cela est faux. On peut mettre les observations à faire à l'encre rouge; mais on doit relater les états de situation comme on les reçoit.

Napoléon.

5774. — DÉCISION.

Trianon, 13 juillet 1811.

Le général Clarke demande des instructions au sujet de la destination à donner à 8 hommes à pied du train d'artillerie du grand-duché de Würzburg qui sont au dépôt général à Auch.

Les renvoyer chez eux.

Napoléon.

5775. — DÉCISION.

Trianon, 13 juillet 1811.

On propose à Sa Majesté de décider que la compagnie de réserve de l'Issel-Supérieur restera à la 6e classe, au lieu de la 4e à laquelle elle avait été élevée.

Approuvé.

Napoléon.

5776. — DÉCISION.

Trianon, 13 juillet 1811.

On propose à Sa Majesté de vouloir bien faire connaître si Elle juge devoir laisser au colonel général la faculté de nommer aux emplois de sous-lieutenants dans les régiments suisses, conformément à l'article 13 de la capitulation.

Si cela est dans les capitulations, il n'y a pas de difficultés.

Napoléon.

---

(1) En blanc.

5777. — DÉCISION.

Trianon, 13 juillet 1811.

Des chevaux provenant des équipages régimentaires avaient été répartis en 1810 chez les cultivateurs, puis ont été repris et donnés en 1811 au 2ᵉ bataillon du train des équipages militaires.

Le ministre de la guerre les réclame pour le train du génie. Le ministre directeur pense qu'il convient de les laisser au 2ᵉ bataillon des équipages, sauf au ministre de la guerre à les remplacer comme le ferait le ministre directeur si on les ôtait au 2ᵉ bataillon.

Approuvé.

NAPOLÉON.

5778. — AU GÉNÉRAL CLARKE.

Trianon, 14 juillet 1811.

Monsieur le duc de Feltre, vous donnerez ordre que la division italienne séjourne trois jours à Grenoble, et qu'après cela elle soit dirigée sur Valence, où elle sera embarquée pour le Pont-Saint-Esprit. Donnez ordre aux 150 chevaux du train de prendre à Grenoble tout ce que vous jugerez devoir être utile pour le parc de réserve. Mon intention est que cette division se réunisse à Toulouse. Donnez des instructions au général qui commande cette division, pour lui faire connaître qu'il doit se diriger sur Pau.

Ordonnez qu'une revue de ces troupes ait lieu à leur passage à Grenoble, et faites-moi connaître la situation de ces régiments, en armement, habillement et souliers, ainsi que celle des compagnies d'artillerie régimentaire, tant au personnel qu'au matériel.

NAPOLÉON.

5779. — AU GÉNÉRAL CLARKE.

Trianon, 14 juillet 1811.

Monsieur le duc de Feltre, j'avais ordonné la réunion à Turin d'un bataillon de marche, composé d'une ou de deux compagnies du 67°, 7° de ligne, 1er léger, 3° léger et 42°. Faites-moi connaître si ce bataillon est formé.

J'avais également ordonné la formation d'un bataillon de marche des 20°, 10° et 101° de ligne. Rendez-moi compte de l'exécution de ces ordres.

Napoléon.

5780. — AU GÉNÉRAL CLARKE.

Trianon, 14 juillet 1811.

Monsieur le duc de Feltre, donnez ordre que des 200 hommes du 5° bataillon du 24° de ligne, disponibles à Lyon, il soit formé deux compagnies, et qu'elles soient dirigées sans délai sur Bayonne, où elles seront jointes à d'autres compagnies.

Napoléon.

5781. — AU GÉNÉRAL CLARKE.

Trianon, 14 juillet 1811.

Monsieur le duc de Feltre, faites connaître au général Miollis qu'une pièce de 25 ne suffit pas aux batteries; qu'il faut en mettre deux; qu'une pièce de 9 ne suffit pas, qu'il faut en mettre deux, de manière qu'il y ait quatre pièces à chaque batterie; qu'un obusier de 6 pouces ne suffit pas, qu'il faut mettre à chaque batterie un mortier.

Napoléon.

5782. — AU GÉNÉRAL CLARKE.

Trianon, 14 juillet 1811.

Monsieur le duc de Feltre, donnez ordre au 4° régiment de chasseurs de se rendre à Turin, pour y tenir garnison.

Donnez ordre aux 3° et 4° escadrons du 14° de chasseurs, commandés par le major, et complétés à 250 chevaux par escadron (ce qui fera 500 chevaux), de partir de Pignerol pour se rendre à Avignon. Le 1er et le 2° escadron continueront à rester à Pignerol.

Napoléon.

5783. — AU GÉNÉRAL CLARKE.

Trianon, 14 juillet 1811.

Monsieur le duc de Feltre, envoyez l'ordre aux généraux commandant à Rennes et à Nîmes de passer la revue des compagnies d'artillerie des régiments d'infanterie qui se réunissent dans ces deux villes, et, si elles sont en état, de les diriger sur Pau et sur Bayonne, en vous envoyant leur situation. Vous m'instruirez du jour où ces compagnies arriveront à Pau et à Bayonne, et de la situation de leur matériel et attelage. Je désirerais que ces compagnies d'artillerie pussent partir de Rennes et de Nîmes au 20 juillet. Cependant elles ne doivent partir que lorsqu'elles seront en bon état.

Napoléon.

5784. — AU GÉNÉRAL MATHIEU DUMAS.

Trianon, 14 juillet 1811.

Monsieur le comte Dumas, je reçois votre état des conscrits réfractaires au 1er juillet, d'où il résulte que j'ai disposé de 44.800 hommes, sur lesquels 34.000 ont déjà été fournis; reste donc 10.000 hommes à fournir. Je désire que vous m'envoyiez le même état à la fin de juillet; il contiendra les renseignements que vous aurez au 15 juillet. Joignez-y tous les renseignements qui vous parviennent sur la désertion, notamment sur le nombre de conscrits de Walcheren qui ont déserté depuis leur départ jusqu'à leur arrivée dans la 32e division militaire, afin que je connaisse si cette mesure a réussi.

Napoléon.

5785. — AU GÉNÉRAL MATHIEU DUMAS.

Trianon, 14 juillet 1811.

Monsieur le comte Dumas, j'ai lu avec intérêt votre travail du 9 juillet. La distribution me paraît convenablement faite. Moyennant les 1.400 hommes envoyés en Bretagne, on aura trois 4es bataillons dont on pourra se servir dans l'hiver, si cela devient nécessaire.

Le 4e bataillon du 25e de ligne venant d'Espagne doit être arrivé dans la 10e division militaire; il faudrait lui donner 600 hommes. Le 4e bataillon du 15e léger qui arrive à Pau pourra prendre 500 ou

600 hommes sur les 4.700 dirigés sur Paris; mais il faut en faire mention, pour que le ministre de l'administration de la guerre le sache.

Le corps d'observation de l'Elbe se trouvera ainsi avoir ses cinq bataillons de guerre et un bataillon de dépôt par régiment.

Je désirerais que chacun des 15 dépôts de ce corps reçût 100 hommes; cela ferait un emploi de 1.500 hommes pour le corps d'observation de l'Elbe, lesquels, joints à 1.200, feraient 2.600 hommes. Ces 2.600 hommes peuvent être prélevés de la manière suivante : 1° en ne donnant au train d'artillerie que 800 hommes, ce qui ferait une économie de 600 hommes; 2° en ne donnant aux équipages militaires que 800 hommes; 3° en ne donnant à la cavalerie que 1.800 hommes, ce qui produirait un millier d'hommes d'économie. On prendrait le surplus sur les 4.700 qui viennent à Paris. Quant aux diminutions à faire à la cavalerie, elle porteraient sur les régiments qui ont le moins besoin de chevaux, après avoir reçu la première, la seconde et la troisième remonte. En effet, il y a plusieurs régiments de chasseurs et de dragons auxquels j'ai accordé des chevaux aux dépôts de Niort et de Saintes. Comme les hommes arrivent à pied à ces dépôts, il y aura beaucoup plus d'hommes que de chevaux; vous pourrez donc ne plus leur en donner sur la réserve.

Il faut arrêter la répartition de ce qui vient à Paris, afin que le ministre de l'Administration de la guerre en soit bien informé. 1.200 hommes sont destinés au 15° léger et au 25° de ligne. Il ne restera donc plus que 3.500. 2.000 hommes sont destinés aux voltigeurs et aux tirailleurs de la garde. Il ne restera donc que 1.500 hommes pour les 2°, 4° et 12° légers, 32°, 58°, 14° et 121° de ligne. Faites la répartition de ces 1.500 hommes entre ces régiments, comme il convient, parce qu'il faut que le ministre prenne ses précautions d'avance. Vous pouvez toutefois diriger les hommes sur le dépôt de la garde à Courbevoie d'où on les répartira. Ce sera 4.700 hommes d'une part et 1.100 hommes de l'autre qui seront dirigés sur le dépôt de la garde, moins cependant ce que vous destinez au 14° qu'il faut retenir au passage et ne pas laisser venir à Paris.

Le cadre du 4° bataillon du 36° doit être arrivé; il faudrait le compléter, puisque ce régiment est en Espagne.

Il n'y a pas un moment à perdre pour prévenir le ministre de l'administration de la guerre de ces dispositions.

NAPOLÉON.

5786. — AU MARÉCHAL BERTHIER.

Trianon, 15 juillet 1811.

Mon Cousin, je désire que vous écriviez à votre frère en Corse. Vous adresserez votre lettre à la grande-duchesse de Toscane, qui la fera passer par Livourne. Vous recommanderez à votre frère de se rendre à Sagone, d'y faire construire trois batteries devant recevoir 8 pièces de gros calibre, en les retranchant à la gorge, et d'en donner le commandement à un chef de bataillon sûr et intelligent, afin que ce point important, où les gabarres de la marine viennent de Toulon pour chercher du bois de construction, soit à l'abri des attaques des Anglais. Il faut qu'au mois de septembre prochain les gabarres de Toulon, qui ont été effrayées par le dernier événement, puissent trouver là toute sûreté pour leur chargement. Mandez-lui également qu'il active les travaux de l'exploitation des forêts et qu'il lève tous les obstacles, car l'exploitation de ces bois nous est essentiellement nécessaire pour Toulon.

Napoléon.

5787. — AU GÉNÉRAL CLARKE.

Trianon, 15 juillet 1811.

Monsieur le duc de Feltre, donnez ordre que 100 à 120 chevaux du dépôt du 24° dragons partent de Castres pour se rendre à Pau, où ils seront à la disposition du major général pour être dirigés sur Saragosse, et, de là, sur leur régiment.

Napoléon.

5788. — AU MARÉCHAL BERTHIER.

Trianon, 17 juillet 1811.

Mon Cousin, écrivez au général Monthion pour savoir s'il serait possible de faire partir au 1er août trois ou quatre compagnies des 114°, 115°, 116°, 117°, 121° régiments, ce qui ferait quinze compagnies au moins, chacune de 120 hommes et que l'on réunirait sous le titre de brigade des 4es bataillons de l'armée d'Aragon. Cette brigade serait dirigée sur Tolosa et garnirait toute la ligne de Tolosa à Pampelune; à fur et à mesure que les conscrits arriveraient, les trois autres compagnies de ces bataillons rejoindraient, ce qui finirait par porter cette brigade à 3.600; et, en attendant, elle rendrait des services dans le pays, soulagerait les troupes et désencombrerait Bayonne. Écrivez-lui également pour savoir : 1° si la 2° brigade, formée des bataillons du Nord, savoir : des 118°, 119°, 120° et 122°, pourrait faire partir douze à dix-huit compagnies les plus fortes possible; cette brigade, sous les ordres d'un major en 2°, se rendrait à Vitoria, où elle achèverait de se former; 2° si le bataillon du 17° d'infanterie légère, laissant deux compagnies à Bayonne, pourrait également envoyer ses quatre premières compagnies pour tenir garnison à Irun. Avant de donner des ordres, je désire qu'il m'envoie la formation de ces brigades, avec des renseignements sur ce qu'elles peuvent avoir de disponible en colonels en 2°, chefs de bataillon, adjudants-majors, capitaines, lieutenants, sous-lieutenants, sergents, caporaux et soldats, sur l'état de leur habillement et sur ce que pourra être leur instruction au 1er août. Mandez également au général Monthion qu'il est nécessaire qu'il passe la revue de tous les 4es bataillons qui sont à Bayonne et qu'il envoie l'état de tous les officiers à réformer et de toutes les places vacantes, afin qu'il y soit pourvu sans délai. Il est nécessaire surtout que tous les chefs de bataillon soient présents. S'il y en a qui manquent, le général Monthion doit en faire connaître les raisons, pour qu'il soit remédié aussitôt que possible à cette absence. Faites en sorte de me remettre dans dix jours le rapport du général Monthion, afin que je puisse donner des ordres pour faire entrer au commencement d'août ces bataillons en Espagne. Je suppose que les colonels en 2° qui doivent seconder le général Monthion dans l'organisation et le commandement de ces bataillons sont arrivés à Bayonne.

Napoléon.

5789. — AU MARÉCHAL BERTHIER.

Trianon, 17 juillet 1811.

Mon Cousin, le régiment de marche des dragons de l'armée du Midi suivra la colonne du général Avy et le trésor qu'elle escorte. Cette colonne a dû partir le 15 juillet de Bayonne. Remettez-m'en l'état de situation le plus tôt possible et faites-moi connaître le jour où elle arrivera à Valladolid. Mon intention n'est pas que cette colonne, ni le trésor, dépassent Valladolid sans mon ordre. Quant au régiment de marche des dragons de Portugal, il doit être dirigé sur Burgos où il sera sous les ordres du général Vandermaësen. Faites-moi connaître, aussitôt que vous l'aurez, la situation des troupes réunies à Burgos sous les ordres de ce général. Donnez ordre que les 1er et 2e escadrons de marche de cavalerie légère, des régiments de Portugal, ainsi que les 3e et 4e escadrons de marche du Midi, partent le 1er août de Bayonne et se dirigent sur Valladolid où ces quatre escadrons attendront de nouveaux ordres.

Les 1.140 chevaux du train destinés à l'armée de Portugal et les 200 de l'armée du Midi, qui ne partent de Bayonne que le 8 ou le 10 août, partiront sous une escorte d'infanterie et iront rejoindre la colonne du général Vandermaësen à Burgos. Il y aurait de l'inconvénient à faire escorter ces chevaux du train par de la cavalerie. Cela encombrerait trop les routes de chevaux. On trouvera moyen de former à Bayonne un régiment de marche d'infanterie pour l'escorte de ces chevaux du train, tandis que les quatre escadrons de cavalerie légère seront utiles dans les plaines de Valladolid.

NAPOLÉON.

5790. — EXTRAIT DU PROCÈS-VERBAL DE LA SÉANCE DES MINISTRES, TENUE A TRIANON, LE 17 JUILLET 1811.

Monsieur le Ministre de la marine présente à Sa Majesté le plan de la rade de Sagone.

Sa Majesté prescrit les dispositions suivantes : M. le Ministre de la guerre donnera des instructions pour faire construire dans la rade de Sagone, trois batteries :

Une au cap Orbello;

Une autre à Dordana.

L'éloignement de ces deux batteries sera de 1.000 toises. Il sera impossible aux vaisseaux de passer entre ces deux batteries.

La 3e sera à la tour de Sagone; on tâchera de l'utiliser comme corps de garde.

On fera aux deux premières batteries deux tours de 2e espèce.

La batterie du cap Orbello et celle de Dordana devront être construites de manière à pouvoir contenir jusqu'à 10 ou 12 pièces; mais elles ne seront armées que de 4 ou 5 et d'un mortier. Il suffira que l'emplacement soit tel, que l'on n'ait qu'à envoyer de quoi compléter l'armement, lorsque cet établissement prendra de la consistance.

On établira deux batteries de 2 pièces de gros calibre aux caps de Pontiglione et de Saint-Joseph.

Elles auront pour objet de favoriser le cabotage et d'éloigner l'ennemi.

Signé : Daru.

P.-S. — Sa Majesté s'est fait remettre copie de la note qu'elle avait dictée. Il paraît que son intention est d'y faire quelques changements ou additions. Ainsi, ce qui précède ne doit être regardé que comme une note provisoire.

5791. — AU GÉNÉRAL CLARKE.

Trianon, 17 juillet 1811.

Monsieur le duc de Feltre, je désire que les trois premières compagnies du 4e bataillon du 10e léger, fortes de 380 hommes, au lieu de se rendre à Bordeaux, se dirigent sur le point d'intersection entre Rennes et Bordeaux où elles attendront le passage des trois premiers bataillons. Vous donnerez à ces trois premiers bataillons un double séjour dans cet endroit et vous y ferez incorporer les conscrits du 4e bataillon. Le cadre de ce 4e bataillon retournera ensuite au dépôt de Schelestadt. Par cette incorporation, les trois premiers bataillons du 10e léger se trouveront portés de 1.800 hommes à 2.200 hommes.

Quant aux trois autres compagnies du 4e bataillon, je pense qu'il faut en retarder le départ jusqu'après les chaleurs. On les mettra en route en août.

Vous ne m'avez pas rendu compte de la réunion des trois bataillons du 10e à Rennes.

Faites-moi un rapport sur la revue qui a dû en être passée et donnez ordre que ces trois bataillons partent de Rennes pour se rendre à Bayonne.

Napoléon.

5792. — AU GÉNÉRAL CLARKE.

Trianon, 17 juillet 1811.

Monsieur le duc de Feltre, donnez ordre que le bataillon de marche formé de deux compagnies du 5e bataillon du 10e et de deux compagnies du 5e bataillon du 20e soit complété à 600 hommes et reste à Turin ou le gouverneur général le fera exercer et complétera son habillement et son armement. Donnez ordre que le 101e fournisse, s'il le peut, une ou deux compagnies de 100 à 150 hommes.

Faites partir ce bataillon de marche le 15 août. Il se rendra par Grenoble et Valence à Nîmes.

Faites-moi connaître quand le bataillon de marche composé des compagnies du 7e, 42e, 67e de ligne, 1er et 3e léger, sera réuni à Turin.

NAPOLÉON.

5793. — AU GÉNÉRAL CLARKE.

Trianon, 17 juillet 1811.

Monsieur le duc de Feltre, donnez ordre que les compagnies d'artillerie des 3e et 105e régiments, qui sont à Rennes, en partent pour se rendre à Bayonne.

Donnez ordre également que celle du 10e d'infanterie légère parte avec son régiment;

Que l'artillerie du 5e d'infanterie légère parte du 1er au 10 août, aussitôt que le général commandant la division la trouvera en état; que les compagnies des 10e et 20e de ligne partent aussitôt que le général commandant la division les trouvera en état, et se rendent à Bayonne, où elles profiteront de la 1re escorte, pour rejoindre leur régiment.

Donnez ordre que les compagnies du 1er et du 60e partent du 1er au 10 août. Enfin, donnez ordre aux généraux commandant les divisions de faire partir celles des 23e léger, 62e, 101e, 52e et 81e, aussitôt qu'elles seront prêtes. Vous me ferez connaître le jour de leur arrivée.

NAPOLÉON.

5794. — AU GÉNÉRAL CLARKE (1).

Trianon, 17 juillet 1811.

Monsieur le duc de Feltre, je ne connais pas la situation de mes différentes troupes. Le cadre du 4ᵉ bataillon du 22ᵉ d'infanterie légère qui est aux îles d'Hyères est-il habillé, équipé et en état de partir ?

5795. — AU GÉNÉRAL CLARKE.

Trianon, 17 juillet 1811.

Monsieur le duc de Feltre, donnez ordre qu'à l'arrivée du 102ᵉ à Toulon, il en soit passé la revue, et vous me rendrez compte de sa situation, habillement, armement et instruction. Recommandez au commandant de pousser l'instruction de ce régiment avec la plus grande activité.

NAPOLÉON.

5796. — AU GÉNÉRAL CLARKE.

Trianon, 17 juillet 1811.

Monsieur le duc de Feltre, donnez ordre que la 2ᵉ compagnie du 5ᵉ bataillon du 84ᵉ et la 2ᵉ compagnie du 5ᵉ bataillon du 92ᵉ soient complétées conformément à l'ordonnance, composées d'anciens Français ayant un an de service et envoyées à bord des vaisseaux *le Rivoli* et *le Saint-Bernard*.

Donnez ordre que la 2ᵉ compagnie des 5ᵉˢ bataillons du 3ᵉ de ligne et du 105ᵉ se forment à Lorient, conformément à l'ordonnance, et soient destinées à tenir garnison sur deux des quatre vaisseaux de guerre qui sont à Lorient.

Donnez ordre que la 2ᵉ compagnie des 5ᵉˢ bataillons des 70ᵉ, 15ᵉ, 47ᵉ et 86ᵉ se forment, savoir : trois compagnies à Lorient, qui se trouveront destinées à tenir garnison sur les vaisseaux de Lorient, et une compagnie à Brest.

Donnez ordre que la 2ᵉ compagnie des 5ᵉˢ bataillons des 82ᵉ, 20ᵉ et 66ᵉ de ligne se forment à La Rochelle et soient destinées à mon-

---

(1) Non signé, copie conforme.

ter les vaisseaux *le Regulus*, à l'île d'Aix, et les deux premiers vaisseaux que la marine armera à Rochefort.

Donnez ordre que la 2º compagnie des 5ᵉˢ bataillons du 4ᵉ et du 40ᵉ de ligne se forment à Cherbourg. Ces deux compagnies seront destinées à former la garnison des deux vaisseaux qui sont dans cette rade.

Donnez ordre que les 2ᵉ compagnies des 5ᵉˢ bataillons des 19ᵉ, 72ᵉ, 2ᵉ, 18ᵉ, 56ᵉ, 37ᵉ, 93ᵉ, 108ᵉ, 48ᵉ, 33ᵉ, 30ᵉ, 12ᵉ, 21ᵉ, 25ᵉ, 85ᵉ, 17ᵉ, 57ᵉ et 61ᵉ se forment à Anvers et tiennent garnison à bord des 15 vaisseaux de ligne français qui sont dans l'Escaut et des 2 vaisseaux hollandais; la 18ᵉ compagnie sera destinée au premier vaisseau qui sera mis à l'eau cette année.

Les 123ᵉ, 124ᵉ, 125ᵉ et 126ᵉ régiments fourniront chacun la deuxième compagnie de leur 5ᵉ bataillon qui se réuniront au Texel pour former la garnison des 4 vaisseaux hollandais qui sont en rade du Texel.

Le 52ᵉ fournira la 2ᵉ compagnie de son 5ᵉ bataillon pour la garnison du vaisseau qui va être lancé cette année à Gênes.

Les 2ᵉˢ compagnies des 5ᵉˢ bataillons des 5ᵉ, 11ᵉ, 23ᵉ, 60ᵉ, 81ᵉ, 79ᵉ, 1ᵉʳ de ligne, 62ᵉ, 102ᵉ, 10ᵉ, 20ᵉ, 101ᵉ, 29ᵉ, 9ᵉ, 35ᵉ, 53ᵉ, 13ᵉ, 106ᵉ 16ᵉ et 67ᵉ: formant vingt compagnies, se réuniront à Toulon et seront destinées à monter les seize vaisseaux qui sont en rade de Toulon et les premiers qui seront mis à l'eau.

Vous donnerez ordre que toutes ces compagnies soient composées d'officiers, sous-officiers et soldats de l'ancienne France; que tous les officiers, sergents, caporaux et fourriers aient au moins quatre ans de service et soient à l'école de bataillon. Vous recommanderez qu'on mette un soin particulier à la formation de ces compagnies, à les maintenir au complet, qu'on y mette des officiers de choix, hommes d'ordre et d'honneur, qui puissent être utiles à bord des vaisseaux.

NAPOLÉON.

5797. — AU GÉNÉRAL CLARKE.

Trianon, 17 juillet 1811.

Monsieur le duc de Feltre, donnez ordre que les hommes à pied des 1ᵉʳ et 2ᵉ escadrons du 19ᵉ régiment de chasseurs, qui sont en Illyrie, se rendent au dépôt à Plaisance, où ils seront incorporés dans les 3ᵉ et 4ᵉ escadrons. Par ce moyen, chacun des 1ᵉʳ et 2ᵉ escadrons, qui sont en Illyrie, seront (sic) réduits à 200 hommes, et les 3ᵉ et 4ᵉ escadrons seront augmentés de 50 hommes, ce qui les portera à 280, et, moyennant les 100 hommes qu'ils reçoivent de la conscription, à 380.

Il n'y a au dépôt que 75 chevaux; mais ce régiment a dû en acheter 100. Il sera cependant beaucoup trop faible. Faites-moi un rapport pour ordonner une remonte extraordinaire pour ce régiment afin qu'il soit au moins à 600 ou 700 chevaux.

Cette lettre répond à la demande que vous m'avez faite d'envoyer 50 chevaux en Illyrie; vous voyez que j'ordonne l'inverse.

Donnez ordre au colonel de se rendre aux 3ᵉ et 4ᵉ escadrons, afin d'en prendre le commandement et de les mettre en état.

NAPOLÉON.

5798. — AU GÉNÉRAL CLARKE (1).

Trianon, 17 juillet 1811.

Monsieur le duc de Feltre, donnez ordre que le 29ᵉ dragons, aussitôt qu'il sera arrivé à Lyon, dirige tous ses chevaux sur Saintes et que les hommes s'embarquent sur la Saône, pour se rendre à Dôle; les chevaux seront remis tout harnachés au dépôt de Saintes.

5799. — AU GÉNÉRAL LACUÉE.

Trianon, 17 juillet 1811.

Monsieur le comte de Cessac, faites-moi un rapport sur la remonte du 14ᵉ et du 19ᵉ régiment de chasseurs. Ces régiments ont bien peu de chevaux: il me paraît important de les augmenter.

NAPOLÉON.

5800. — DÉCISION.

Trianon, 17 juillet 1811.

| Le général Clarke propose de transférer à Epinal le dépôt de la cavalerie de la légion portugaise. | Approuvé. Il faudrait faire connaître la situation de ces chevaux. |

NAPOLÉON.

---

(1) Non signé, copie conforme.

5801. — AU MARÉCHAL BERTHIER.

Saint-Cloud, 18 juillet 1811.

Mon Cousin, je vois dans votre lettre du 18 que vous supposez que le 4ᵉ bataillon du 14ᵉ régiment de ligne vient de Sedan; c'est une erreur; c'est un cadre de bataillon qui revient d'Espagne.

NAPOLÉON.

5802. — AU GÉNÉRAL CLARKE (1).

Trianon, 18 juillet 1811.

Monsieur le duc de Feltre, le 126ᵉ, qui est destiné au camp de Boulogne, aura ses quatre bataillons réunis à Bruges.

NAPOLÉON.

5803. — DÉCISIONS (2).

Trianon, 19 juillet 1811.

On prend les ordres de Sa Majesté pour la dépense qu'exige le rétablissement de l'hôpital militaire de Breda. On propose d'approuver que cette dépense soit imputée sur le fonds de réserve assigné à ce service par le décret du 23 juin dernier.	Approuvé.
Un négociant de Paris demande la permission d'exporter 200 paires de pistolets aux Etats-Unis d'Amérique, avec caution de leur arrivée à cette destination.	Approuvé.
Le fort Ruyter, près Willemstad, étant terminé, on propose à Sa Majesté d'y établir l'armement de la batterie provisoire construite en avril dernier près de ce fort.	Approuvé.

(1) Non signé, copie conforme.
(2) Non signées; extraites du « Travail du ministre de la guerre avec S. M. l'Empereur et Roi, date du 17 juillet 1811 ».

Sa Majesté est priée de faire connaître si Elle consent que les deux nouveaux régiments de grenadiers et chasseurs de sa garde soient armés de fusils du modèle de 1777 corrigé.	Approuvé.
Observation sur l'organisation actuelle de la gendarmerie d'Illyrie.	Me présenter le projet de décret.
On propose d'établir dans chaque corps des contrôles particuliers pour les prisonniers de guerre, qui cesseront de figurer sur les contrôles des compagnies et sur les feuilles d'appel.	Approuvé.
On demande à Sa Majesté l'autorisation de tirer de l'Ecole de Fontainebleau les sous-officiers nécessaires pour compléter les cadres des cinquièmes bataillons, en remplacement de ceux que le décret du 18 juin a prescrit d'incorporer en Espagne;	Me remettre l'état des sous-officiers que l'on demande.
D'autoriser le général de brigade Godart, employé à l'armée de Portugal, à rentrer en France pour prendre le commandement d'un département.	Approuvé.
On soumet à Sa Majesté une demande du général de brigade Dulauloy, relative au sieur Cherisey, capitaine dans le régiment de Prusse, qu'il désire avoir pour aide de camp. S. M. la reine Hortense s'intéresse au succès de cette demande.	Refusé.
On propose d'accorder un congé de deux mois avec appointements au général de brigade Drut, commandant d'armes de Porto-Ferrajo, pour le rétablissement de sa santé.	Le changer de place, envoyer un officier sûr pour commander cette place importante.

M. l'évêque de Saint-Flour rend compte du dévouement d'un aumônier espagnol qui a chanté un *Te Deum* le jour du baptême du roi de Rome, auquel ont assisté tous les prisonniers de sa nation au dépôt de Saint-Flour. Cet ecclésiastique est dans un grand état de dénuement.

Sa Majesté est priée de faire connaître si Elle veut bien lui accorder en récompense de son zèle une augmentation de solde qui porterait son traitement à 60 francs par mois.

On propose à Sa Majesté d'accepter la démission de M. le capitaine du génie La Ferté-Senectère.

Le général de brigade Pouget est présenté à Sa Majesté pour le commandement du département des Vosges, vacant par la mort du général Jacopin.

Les généraux de brigade Cassagne et Offenstein sont présentés en concurrence, pour le commandement du département de la Meuse.

Approuvé.

Approuvé.

Ne pas mettre le général Pouget chez lui.
Le général Cassagne doit encore faire cette campagne à l'île d'Aix.

5804. — AU GÉNÉRAL CLARKE.

Trianon, 19 juillet 1811.

Monsieur le duc de Feltre, je réponds à votre lettre du 4 juillet, par laquelle vous me proposez la distribution de la troisième commande de chevaux d'artillerie et me demandez des ordres pour procéder aux achats. Les quatre bataillons d'artillerie qui sont en Allemagne sont tous à 1.300 chevaux, et ont, dans ce moment, plus de 5.000 chevaux. On peut donc, sans inconvénient, attendre six semaines avant de faire aucune commande. Ces quatre bataillons ont d'ailleurs 600 chevaux à recevoir sur la dernière commande.

Les deux bataillons qui sont en Italie ont encore 500 chevaux à recevoir sur la dernière commande. Ces deux bataillons forment

2.300 chevaux. Il n'y a pas d'inconvénient de retarder cette commande pour ces deux bataillons.

Les quatre bataillons qui sont en France ont tous 700 à 800 chevaux. Ils en ont encore 900 à recevoir sur la deuxième commande. Je désire que vous me représentiez au 15 août le rapport du 4 juillet, en me faisant connaître en même temps la situation du personnel et celle des crédits que j'ai accordés.

NAPOLÉON.

5805. — AU GÉNÉRAL CLARKE.

Trianon, 19 juillet 1811.

Monsieur le duc de Feltre, il paraît nécessaire de s'assurer du golfe de Sagone en Corse. Je vous ai déjà écrit à ce sujet. Le plan m'ayant été mis sous les yeux par le ministre de la marine, il me paraît que vous devez ordonner l'établissement d'une batterie de 3 pièces de canon sur les pointes de Saint-Joseph et de Pantiglione. Ces deux batteries seront construites pour 3 pièces et il suffira de les armer d'une.

Mais les principales batteries seront construites au cap Albello et au point nommé Dordana. Ces batteries seront disposées de manière à contenir 10 pièces de 24 ou de 36 sur affûts de côte, et 3 mortiers à la Gomer de 12 pouces. N'étant éloignées que de 1.000 toises, elles mettront le mouillage à l'abri de toute insulte. Une tour de 2e espèce sera construite assez éloignée pour que le contre-coup des boulets ne tombe pas sur la batterie, mais pourtant assez près pour servir de réduit à la batterie et en défendre la gorge. Une autre batterie de même espèce sera construite auprès de la tour de Sagone. Cette tour servira de réduit et protégera la gorge. Chacune de ces trois batteries sera armée d'un mortier de 12 pouces à la Gomer et de 5 pièces de canon de gros calibre. On tirera cette artillerie d'Ajaccio et de Calvi. Lorsque les établissements de la marine prendront de la consistance, et quand le ministre de la marine le jugera nécessaire, ce ministre enverra 15 pièces de canon et 6 mortiers pour achever l'armement de ces batteries.

Je désire que vous me fassiez connaître quel est l'armement du golfe de Saint-Florent et s'il est suffisant pour protéger les escadres françaises qui s'y trouveraient.

NAPOLÉON.

5806. — AU GÉNÉRAL CLARKE.

Trianon, 19 juillet 1811.

Monsieur le duc de Feltre, je vois toujours avec peine que vous ne donnez aucun ordre pour armer les côtes des Etats de Rome. Ordonnez que les batteries soient armées de pièces de 24 et qu'on en retire les pièces d'un calibre inférieur. Il doit y avoir là beaucoup de pièces en fer. S'il n'y en avait pas suffisamment, faites-en fournir de Livourne et même de l'île d'Elbe. Je vous renvoie la lettre du directeur de l'artillerie, qui fait lui-même cette observation. Donnez donc des ordres pour ôter les pièces de 8 et les remplacer par des pièces de 24. Le général Miollis aurait bien pu prendre cela sur lui; je ne conçois rien à cette manière de faire. Ces détails d'armement de côte regardent le ministre et l'inspecteur d'artillerie. Faites que le 1er inspecteur général s'en occupe sérieusement et que je n'entende plus porter ces plaintes.

NAPOLÉON.

5807. — AU GÉNÉRAL CLARKE.

Trianon, 19 juillet 1811.

Monsieur le duc de Feltre, je vois avec peine qu'en faisant une commande extraordinaire de harnais, vous n'avez pas décommandé ceux que font faire les corps, pour ne point faire de double emploi.

Donnez des ordres pour réduire les commandes des corps et arrêter celles qui ne seraient pas encore faites. Si cela avait été conduit avec prévoyance, les 8.000 harnais de réserve de Paris n'auraient rien coûté; ils auraient rentré dans l'ordinaire. Il est encore temps de donner ces ordres; empressez-vous de les donner, afin de ne pas dépasser votre budget.

NAPOLÉON.

5808. — DÉCISION.

Trianon, 19 juillet 1811.

Rapport du général Clarke sur les désertions survenues dans les compagnies des 5es bataillons des régiments de l'armée d'Allemagne, parties de Gorcum.	Il me semble que vous n'avez pas pourvu à tout. Il semble qu'il faudrait payer leur solde en partant de Walcheren.

NAPOLÉON.

5809. — DÉCISION (1).

Trianon, 19 juillet 1811.

Note sur les abus qui existent au 9ᵉ de ligne, stationné à Brescia, relativement aux nombreuses demandes de remplacement.

Envoyé par ordre de l'Empereur au vice-roi.

5810. — AU GÉNÉRAL LACUEE.

Trianon, 19 juillet 1811.

Monsieur le comte de Cessac, je vous renvoie les états que vous m'avez remis de l'aperçu des dépenses d'un camp de 15.000 à Utrecht et d'un camp de 6.000 hommes dans la Frise. Je désire que vous déduisiez la masse d'ordinaire des 142.000 francs portés pour les vivres dans l'état du camp d'Utrecht. Vous en faites bien l'observation, mais vous ne déduisez pas cette somme. Ce camp doit être composé, d'ailleurs, de troupes qui sont en Hollande où il me semble qu'elles reçoivent la viande. Vous ôterez ce qui est relatif à l'accroissement des bataillons d'équipages; s'ils sont à trois bataillons, ils resteront pour trois bataillons. Vous portez des couvertures et des effets de campement, et vous comprenez le camp de Boulogne; mais c'est un autre calcul. Je ne conçois pas comment il n'y a pas en Hollande beaucoup de couvertures. Il y en en a une grande quantité à Boulogne. Je n'ai besoin de fournir à aucune nouvelle administration. Les administrations des divisions suffiront. Ajoutez à cela qu'au lieu de faire camper les troupes, on se contentera de les cantonner. Je désire donc que vous me fassiez connaître quelle différence il résulterait dans les dépenses si, au lieu de camper les troupes sous des baraques, on les cantonnait.

NAPOLÉON.

5811. — DÉCISION.

Trianon, 19 juillet 1811.

Compte rendu, par le général Wedel, de la situation du régiment d'Illyrie au 28 juin.

Donner ordre de réunir ce régiment à Turin.

NAPOLÉON.

(1) Non signée.

5812. — DÉCISION.

Trianon, 19 juillet 1811.

M. le maréchal prince d'Eckmühl expose que, pour avoir 1.000 hommes montés à chaque régiment de cavalerie de l'armée d'Allemagne, il est indispensable de porter l'effectif de ces corps à 1.100 hommes. Il en fait la proposition.

Me faire connaître ce qu'il y a de disponible au dépôt, afin de le faire partir pour l'Allemagne.

NAPOLÉON.

5813. — DÉCISION.

Trianon, 19 juillet 1811.

Le général Clarke demande des ordres au sujet de la destination à donner au 126° de ligne.

Dirigez le 126° sur Bruges.

NAPOLÉON.

5814. — DÉCISION (1).

Trianon, 19 juillet 1811.

Note sur les difficultés qu'éprouve le 22° dragons à effectuer en Belgique ses achats de chevaux.

Envoyé par ordre de l'Empereur au ministre directeur de l'administration de la guerre.

5815. — AU MARÉCHAL BERTHIER.

Trianon, 20 juillet 1811.

Mon Cousin, je trouve extraordinaire que le payeur retarde le départ du convoi de Bayonne de huit jours, puisqu'il y a six semaines que je l'ai suspendu. Voyez le ministre du Trésor pour que le 7° convoi soit prêt à partir du 1er au 10 août.

NAPOLÉON.

---

(1) Non signée.

5816. — DÉCISION (1).

20 juillet 1811.

On propose à Sa Majesté de nommer à un emploi vacant de chef de bataillon au 129ᵉ régiment le sieur Duhamel de Querlande, major démissionnaire du service d'Autriche.

Sa Majesté désire avant de prononcer que Son Excellence lui produise les états de service de cet officier.

5817. — AU MARÉCHAL BERTHIER (2).

Trianon, 21 juillet 1811.

Mon Cousin, renouvelez l'ordre au bataillon du 9ᵉ léger et aux détachements des 103ᵉ et 64ᵉ de ligne, du 10ᵉ de hussards et du 8ᵉ de ligne, de partir pour se rendre directement à l'armée du Midi. Vous adresserez cet ordre aux commandants et vous le notifierez à l'état-major de Madrid.

Donnez ordre au détachement des équipages militaires du 1ᵉʳ bataillon, qui se trouve à Madrid, de se rendre, avec ses caissons, ses hommes et ses chevaux, à l'armée de Portugal.

Donnez ordre que les 10 chevaux du 10ᵉ bataillon *bis* du train soient envoyés à l'armée de Portugal. Les hommes reviendront à Bayonne pour se remonter.

Donnez ordre que le détachement des hussards hollandais soit envoyé à l'armée de Portugal où il sera incorporé dans le 1ᵉʳ de hussards. Vous me présenterez un projet de décret pour cela.

Donnez ordre que le régiment de Hesse-Darmstadt avec sa compagnie et son train d'artillerie, fort de 1.400 hommes et de 40 chevaux et avec ses pièces de canon, se rende par le plus court chemin à Badajoz, où il tiendra garnison.

5818. — AU GÉNÉRAL CLARKE.

Trianon, 21 juillet 1811.

Monsieur le duc de Feltre, je réponds à votre lettre du 21. Puisque les trois compagnies du 10ᵉ léger sont parties le 15, il faut leur

---

(1) Extraite du « Travail du ministre de la guerre avec S. M. l'Empereur et Roi, daté du 26 juin 1811 ».

(2) Non signé; a été expédié le 21 juillet.

laisser continuer leur route sur Bordeaux. Avez-vous fait débarquer tous les détachements du 10⁰ léger qui étaient embarqués; on m'assure qu'il en reste encore dans la 13⁰ division militaire.

Les compagnies de grenadiers et voltigeurs du 4⁰ bataillon garderont leurs soldats. Je suppose que ce sont d'anciens grenadiers et voltigeurs. Ces compagnies, avec les cadres des compagnies de fusiliers du 4⁰ bataillon, resteront à Bayonne; les hommes disponibles, hormis les anciens grenadiers et voltigeurs, seront incorporés dans les trois premiers bataillons qui, par ce moyen, seront portés à 800 hommes. 600 conscrits de la réserve seront donnés au 4⁰ bataillon, à Bayonne, de sorte que ce 4⁰ bataillon sera en état de joindre les trois premiers bataillons à la fin de septembre.

NAPOLÉON.

5819. — DÉCISION.

Trianon, 21 juillet 1811.

Rapport du général Clarke sur les difficultés que l'on rencontre pour l'exécution de l'ordre de Sa Majesté relatif aux 2⁰, 4⁰ et 12⁰ régiments d'infanterie légère.

Mes intentions restent les mêmes. Au lieu du 4⁰ bataillon du 10⁰ léger, on mettra le 5⁰ bataillon qui se forme. Quant aux hommes, ils seront fournis sur les 4.000 conscrits de la réserve qui sont dirigés sur Paris de sorte qu'on aura une belle demi-brigade à la fin d'août.

NAPOLÉON.

5820. — AU MARÉCHAL SOULT (1).

Trianon, 21 juillet 1811.

L'intention de l'Empereur, Monsieur le Maréchal, est que la défense de l'Estramadure appartienne à celui qui a l'Andalousie. Sa Majesté ordonne que la garnison de Badajoz soit formée ainsi qu'il suit :

Deux bataillons de différents régiments du 1ᵉʳ corps, sans drapeaux; chaque bataillon de 600 hommes présents sous les armes:

---

(1) Non signé, mais expédié par estafette extraordinaire le 22 juillet; corrigé de la main de Napoléon.

Deux bataillons *idem.*, fournis par le 5ᵉ corps;

Deux bataillons *idem.*, fournis par le 4ᵉ corps, dont un bataillon français et un bataillon polonais;

Deux bataillons du régiment de Hesse-Darmstadt, qui ont ordre de se rendre de la Manche, par le chemin le plus court, à Badajoz, avec la compagnie d'artillerie de ce régiment, la compagnie du train et ses pièces;

Un bataillon de la division de réserve, ci-devant Dessolle;

Ce qui fera neuf bataillons et 5.600 hommes. Vous y ajouterez 500 hommes comme sapeurs et détachements de cavalerie, ce qui complétera 6.000 hommes.

Je donne l'ordre à la 9ᵉ compagnie du 4ᵉ bataillon de sapeurs, qui est à Madrid, et qui est forte de 112 hommes, de partir tout de suite pour se rendre, par le plus court chemin, à Badajoz.

Vous aurez soin qu'aucun des corps qui seront à Badajoz n'ait ses drapeaux.

Indépendamment du général de division Philippon, qui commande la place, vous y mettrez un général de brigade pour commander en second. Vous ordonnerez qu'il y ait un colonel pour commander les deux bataillons que fournira chaque corps d'armée. Chaque bataillon doit avoir un chef de bataillon; enfin, vous mettrez le nombre d'officiers d'artillerie et du génie nécessaire.

L'intention de l'Empereur est que vous fassiez approvisionner Badajoz pour un an, et que vous y envoyiez toute la poudre dont vous pourrez disposer à Séville. Faites réparer et mettre en état l'équipage de pont.

Sa Majesté, Monsieur le Duc, me charge de vous faire connaître qu'Elle vous défend expressément d'autoriser aucune dépense inutile; Elle est mécontente des dépenses folles qu'on a faites à Séville, Grenade, Malaga et dans d'autres endroits, pour rendre navigables des rivières, faire de grands établissements d'artillerie, construire des forts inutiles, des monuments : il faut vous en tenir à la guerre.

L'intention de l'Empereur est également que vous soyez toujours prêt à réunir en peu de jours 30.000 hommes pour marcher avec le duc de Raguse et faire lever le siège de Badajoz, si les Anglais toutefois s'exposaient à repasser la Guadiana. Par les nouvelles de Londres, on est porté à penser qu'ils ne le feront pas, ou, au moins, cela ne paraît pas praticable jusqu'au mois de septembre.

Il a paru à Sa Majesté que la bataille du 16 mai aurait été toute à votre avantage, si vous étiez resté dans votre position; par les nouvelles de Londres, il est évident que les Anglais voulaient se retirer. L'Empereur a trouvé que vous n'aviez pas réuni assez de monde pour cette bataille, que vous auriez pu avoir 8.000 à 10.000 hommes de plus; car, d'après tous les états de l'emplacement des troupes, on voit qu'il y en avait beaucoup d'éparpillées du côté de Cordoue, Jaen, etc., etc...

Quand on se décide à donner bataille, il faut réunir, autant que possible, toutes ses forces. Sa Majesté voit avec peine que ce principe n'est pas assez habituellement mis en pratique.

Je vous envoie encore la note des fonds envoyés en Andalousie. Je vous répète que ce sera le dernier envoi jusqu'à ce que Sa Majesté ait reçu les comptes que j'ai demandés, et qui doivent faire connaître en détail la recette et l'emploi des sommes perçues de toute espèce dans le pays et celui de l'argent venu de France. L'Empereur ne connaît pas suffisamment la situation des choses, parce que je ne reçois pas assez exactement les états de situation.

Tarragone, comme vous le savez, étant pris, l'armée d'Aragon, qui est de plus de 40.000 hommes, se portera peut-être à la fin d'août sur Valence; on attend pour cela la reprise de Figuières. Si alors les Anglais ne font pas de mouvement, il sera nécessaire de renforcer le général Sébastiani pour se porter sur Murcie. Sa Majesté suppose que l'on a déjà marché sur l'armée de Murcie et qu'on l'a défaite, ainsi que les révoltés des montagnes de Ronda.

Comme je vous l'ai dit, le nouveau corps de réserve venant de France, composé de 50.000 hommes, a déjà trois divisions en Navarre et en Biscaye. A la fin des chaleurs, ce corps recevra l'ordre d'appuyer l'armée du Nord pour se porter sur la Coa, ce qui obligera les Anglais à marcher de ce côté. Déjà l'armée du Nord a envoyé une forte division sur Almeida.

Vous allez, Monsieur le Duc, recevoir 800 chevaux d'artillerie qui sont en marche pour l'Andalousie. 4.000 chevaux des hommes à pied de cavalerie sont équipés et montés à Saintes et à Niort, et forment des régiments de marche qui vont être mis en mouvement pour se rendre à l'armée du Midi.

Le prince de Wagram et de Neuchâtel, major général.

5821. — AU GÉNÉRAL LACUÉE.

Trianon, 21 juillet 1811.

Monsieur le comte de Cessac, vous me demandez qui doit fournir les 10.000 quintaux de blé à envoyer de Tarente à Corfou. Je vois par les états des approvisionnements d'Otrante et de Brindisi qu'il y a en magasin dans ces deux ports 24.000 tomolis de blé. Il y a donc là de quoi former le chargement des frégates qui vont à Corfou.

NAPOLÉON.

5822. — AU MARÉCHAL BERTHIER.

Trianon, 23 juillet 1811.

Mon Cousin, les 4 millions du 7ᵉ convoi seront distribués ainsi qu'il suit :

	Argent	Papiers.
1° Pour Santander et la garnison de Santona..................	150.000 fr.	100.000 fr.
2° Pour la garde et la division Bonet.......................	350.000 —	150.000 —
3° Armée du Centre. Pour le roi (mois d'août)...............	250.000 —	250.000
4° Pour l'armée (du Centre)......	150.000 —	100.000 —
5° Armée de Portugal...........	1.000.000 —	1.000.000 —
6° Armée du Midi. Caisse de Badajoz.........................	250.000 —	250.000 —
TOTAUX......	2.150.000 fr.	1.850.000 fr.

RÉCAPITULATION.

Fonds en argent.....................	2.150.000 francs.
Fonds en papiers....................	1.850.000 —
TOTAL GÉNÉRAL.........	4.000.000 de francs.

NAPOLÉON.

5823. — AU GÉNÉRAL CLARKE.

Trianon, 23 juillet 1811.

Monsieur le duc de Feltre, je réponds à votre lettre du 23 juillet. Si les 17 pièces de canon et les 3 mortiers nécessaires pour Sagone affaiblissent trop l'artillerie des autres places, faites-en tirer de Bastia ou de Bonifacio. Hormis les pièces pour la défense de la côte et quelques pièces de campagne sur les hauteurs, pour maintenir le pays, toute cette artillerie est inutile.

J'approuve que vous mettiez 6 mortiers à la Gomer à la disposition de la marine à Toulon. Je suis surpris d'apprendre qu'il y ait en Corse 155 bouches à feu dans les batteries de côte. Je ne vois pas où on peut les avoir placées. Faites-moi connaître où sont ces batteries.

Une compagnie d'artillerie de ligne deviendra nécessaire pour construire les batteries de Sagone. S'il n'y en a pas en Corse, prenez une des deux compagnies qui sont à Livourne.

NAPOLÉON.

5824. — AU GÉNÉRAL MATHIEU DUMAS.

Trianon, 23 juillet 1811.

Monsieur le comte Dumas, j'ai besoin, pour la marine, de trois bataillons, chaque bataillon de 800 hommes : c'est-à-dire, en tout, de 2.400 hommes. L'un se réunira à Cherbourg, l'autre à Boulogne et le troisième à Anvers. Ces trois bataillons seront tous composés d'ouvriers conscrits. Faites-en l'appel sur la conscription de la réserve. A cet effet, je me passerai des 1.500 hommes qui devaient être affectés aux quinze 5es bataillons d'Allemagne. Les autres 900 hommes seront pris, partie dans les départements romains, quand on y lèvera la conscription, partie en Toscane, partie en Hollande, partie en Illyrie et dans la 32e division militaire. En conséquence de ce, donnez ordre que les 1.500 hommes soient dirigés des départements qui conviennent le mieux, sur Cherbourg, Boulogne et Anvers, et, quant au complément de 300 hommes à fournir à chacun de ces ports, ayez soin de n'envoyer à Anvers aucun Hollandais, ni même aucun Belge : les hommes que vous enverrez dans ce port doivent être de l'ancienne France et des départements au delà des Alpes. Envoyez les Belges à Cherbourg.

NAPOLÉON.

5825. — AU MARÉCHAL BERTHIER.

Saint-Cloud, 24 juillet 1811.

Mon Cousin, répondez au général Berthier par duplicata. Vous enverrez une lettre à Toulon par la poste ordinaire et une à la grande-duchesse de Toscane qui la fera passer par Livourne. Mandez-lui que vous m'avez mis son rapport sous les yeux, que, sur son exposé, j'ai suspendu l'ordonnateur Blanchon et qu'il faut qu'il envoie toutes les pièces qu'il a contre cet ordonnateur ; qu'il peut faire vendre le blé, non au prix qu'il propose, ce qui ferait une diminution trop considérable, qui est toujours une source d'abus, mais à un prix intermédiaire entre le prix de Livourne et celui de la Corse ; qu'il faut qu'au mois de septembre les batteries de Sagone soient armées ; que l'établissement des sémaphores est inutile en Corse, et que cela exigerait des dépenses considérables sans avantage ; qu'il suffit qu'il y en ait à l'abord des villes ; que je suis surpris de ce qu'il dit du 1er régiment de la Méditerranée, qui devrait être en très bon état ; qu'il n'envoie pas l'état de situation de chaque bataillon, ce qui est essentiel ; qu'il doit l'envoyer sans délai, et compagnie par compagnie, avec des notes sur l'habillement, l'armement, la masse de linge et chaussure et sur les emplois des officiers et sous-officiers vacants ; que les renseignements qu'il donne sont si vagues qu'ils n'apprennent rien ; qu'il ne doit pas y avoir de dépôt de conscrits et que le 5e bataillon doit en tenir lieu ; qu'il est nécessaire qu'il fasse connaître le nombre de Piémontais, de Génois, de Romains, etc... qui se trouvent dans chaque bataillon. Vous lui demanderez des rapports sur la route d'Ajaccio à Bastia, sur les fontaines, sur le palais du gouvernement, sur ce qui a été dépensé, sur l'état des travaux. Faites-lui observer que les deux points qui demandent à être particulièrement fortifiés sont le golfe de Saint-Florent, parce qu'il peut protéger une escadre, et le golfe de Sagone, à cause de l'exploitation du bois de la marine. Mandez à votre frère d'envoyer à l'île d'Elbe 500 hommes au 6e bataillon du 14e léger et 900 hommes au 7e bataillon du même régiment, 500 hommes au 6e bataillon du 6e de ligne, et 900 hommes au 7e bataillon du même régiment. Les cadres de ces quatre bataillons sont à l'île d'Elbe. Voilà 2.800 hommes à fournir qui le débarrasseront des conscrits qui l'encombrent ; mais, sur ce nombre, il faut qu'il y ait au moins la moitié d'anciens

Français. Vous ajouterez que vous supposez qu'il aura reçu ces instructions du ministre de la guerre.

Vous chargerez le général Berthier d'envoyer la situation des deux bataillons étrangers qui sont en Corse, en y joignant des notes qui fassent connaître de quelles nations sont les hommes, si ce sont de bons ou mauvais sujets, combien il y a de déserteurs et si l'on peut s'y fier.

Les troupes sont mal distribuées en Corse. Le général Berthier devrait avoir un bataillon à Calvi, un à Bonifacio ; par ce moyen, il y aurait de la place.

Demandez également au général Berthier s'il pense que les bataillons étrangers et le bataillon colonial pourraient faire un bon service à Rome, et quelle confiance on pourrait avoir dans ces bataillons.

NAPOLÉON.

5826. — DÉCISION.

Saint-Cloud, 24 juillet 1811.

| Dispositions proposées en vue d'utiliser les chevaux d'artillerie envoyés de Bayonne à Burgos et de Burgos aux armées du Midi et de Portugal. | Renvoyé au major général pour faire le relevé de tous les objets d'artillerie que les armées de Portugal et du Midi ont demandés attelés. |

NAPOLÉON.

5827. — AU GÉNÉRAL CLARKE.

Saint-Cloud, 24 juillet 1811.

Monsieur le duc de Feltre, je ne puis approuver les raisons de votre rapport du 22. Les ordres que j'ai donnés pour faire travailler à des harnais à Paris sont du mois de mai, les ordres pour en faire confectionner à Metz, à Besançon et à Milan, sont du 1er avril. On était donc en mesure de contremander une partie des harnais des provinces.

Si l'achat des chevaux pour la division polonaise n'est pas fait, vous pouvez le suspendre ; ce sera une économie de 145.000 francs. Il est important de ne pas dépasser le budget arrêté pour les différentes parties de votre ministère. Les dépenses sont trop fortes : il ne faut pas dépenser plus que je n'ai accordé.

Les harnais de Paris sont mauvais. Ordonnez au général Sorbier de nommer trois officiers de la garde, d'examiner avec soin les harnais fournis pour l'artillerie, et de faire une diminution de prix à tout ce qui ne serait pas de bonne qualité.

NAPOLÉON.

5828. — AU GÉNÉRAL CLARKE.
Saint-Cloud, 24 juillet 1811.

Monsieur le duc de Feltre, donnez ordre que le camp de Boulogne soit partagé en deux divisions, savoir :

Le 24ᵉ léger, le 4ᵉ, le 19ᵉ de ligne et le 123ᵉ forment la 1ʳᵉ division. Le 24ᵉ léger restera à Paris.

Les 43ᵉ, 19ᵉ et 123ᵉ, qui formeront le noyau de la 1ʳᵉ division, seront sous les ordres d'un général de brigade et seront campés à la droite ou à la gauche du camp de Boulogne.

Le 72ᵉ, le 46ᵉ, le 44ᵉ, le 51ᵉ, le 55ᵉ et le 56ᵉ, formant quatorze bataillons, composeront le noyau de la 2ᵉ division. Ces quatorze bataillons, commandés par un général de brigade, seront campés à la droite ou à la gauche du camp.

Le 26ᵉ léger, qui fait partie de cette division, restera, jusqu'à nouvel ordre, à Anvers : le 126ᵉ, qui en fait également partie, restera à Bruges, d'où il fournira des détachements à Ostende et sur la plage, pour la surveillance de la côte.

Il y aura donc, au 1ᵉʳ août, à Boulogne, 26 bataillons, savoir : 12 de la 1ʳᵉ division et 14 de la seconde; ce qui fera 16.000 à 17.000 hommes. Ces régiments doivent avoir leurs quatre bataillons, leurs compagnies d'artillerie, leurs caissons et tout ce qui est nécessaire.

Aussitôt qu'il y aura des emplacements et des baraques, vous me le ferez connaître, afin que j'envoie à Boulogne le 24ᵉ léger, le 26ᵉ léger, et le 126ᵉ, et les autres régiments qui doivent faire partie de ce camp.

NAPOLÉON.

5829. — AU GÉNÉRAL CLARKE.
Saint-Cloud, 24 juillet 1811.

Monsieur le duc de Feltre, il faut user d'indulgence envers tous les hommes du 10ᵉ de ligne qui ont quitté leur régiment la veille de son départ pour Pau. Ceux qui seront rentrés avant le 10 août, à Pau, aussitôt qu'ils seront réunis au nombre de 200, on les fera partir pour Perpignan.

Napoléon.

5830. — AU GÉNÉRAL CLARKE.

Saint-Cloud, 24 juillet 1811.

Monsieur le duc de Feltre, donnez ordre au général Miollis de faire rentrer à son régiment le détachement du 53° qui est à Spoleto.

Napoléon.

5831. — DÉCISION.

Saint-Cloud, 24 juillet 1811.

Le général Clarke demande l'autorisation de faire rentrer à Anvers et à Bruges les compagnies d'artillerie stationnées dans les îles de Kadzand et de Walcheren.

Approuvé, hormis les compagnies qui sont recrutées par des conscrits réfractaires.

Napoléon.

5832. — AU GÉNÉRAL LACUÉE.

Trianon, 24 juillet 1811.

Monsieur le comte de Cessac, faites-moi connaître l'état de l'habillement des 1.400 hommes que doivent recevoir les 6° et 8° bataillons du 14° léger, et des 1.400 hommes que doivent recevoir les 6° et 7° bataillons du 6° de ligne, qui sont à l'île d'Elbe. Le 1er régiment de la Méditerranée a trois bataillons en Corse qui sont dénués de tout. Beaucoup d'hommes sont arrivés de Toscane nus. Donnez des ordres pour que les effets d'habillement que ce régiment a à Toulon soient embarqués sur des chebecks, felouques et autres bâtiments armés de l'État, qui puissent facilement passer en Corse, dussent-ils, en longeant la côte, aller jusqu'à Livourne. Concertez-vous, avec le ministre de la marine, à cet effet.

Napoléon.

5833. — DÉCISION (1).

On met sous les yeux de Sa Majesté la demande du grade de chef d'escadron faite par le ministre de la police générale en faveur de son aide, le capitaine Monoreville.
On joint le projet de décret.

L'Empereur a ajourné cette proposition, sans autre motif que le défaut d'ancienneté de grade.

Comte DE LOBAU.

5834. — AU GÉNÉRAL CLARKE.

Saint-Cloud, 25 juillet 1811.

Monsieur le duc de Feltre, je reçois votre rapport sur le 1er de hussards. Je préfère que le dépôt de ce régiment se rende à Fontenay. Il sera là à portée de Niort. Donnez ordre au général Defrance de ne rien faire partir de ce régiment, qu'il ne puisse mettre en marche un escadron d'au moins 180 hommes.

NAPOLÉON.

5835. — AU GÉNÉRAL CLARKE.

Saint-Cloud, 25 juillet 1811.

Monsieur le duc de Feltre, les forts Montebello et Saint-Hilaire sont achevés, mais ne sont pas encore armés ; il serait important de les armer sans délai. Donnez ordre que les 25 pièces d'un calibre supérieur à 12 qui sont dans les différentes batteries de l'île de Walcheren en soient retirées et servent à augmenter les batteries du fort Saint-Hilaire, de Nolle et celle des forts du côté de la mer. Ces pièces, dans l'île, emploient du monde, et sont inutiles : les pièces de 12 et de 8 sont suffisantes.

Faites-moi un rapport sur l'armement de Flessingue. On m'assure que les fortifications ont pris un tel accroissement qu'il devient nécessaire d'en augmenter l'armement; que cet armement était déjà insuffisant pour l'état de la place il y a un an, et que, dans la position actuelle, il l'est bien davantage encore.

NAPOLÉON.

---

(1) Sans date; extraite du « Travail du ministre de la guerre avec S. M. l'Empereur et Roi, daté du 24 juillet 1811 ».

5836. — AU GÉNÉRAL LACUÉE.

Saint-Cloud, 25 juillet 1811.

Monsieur le comte de Cessac, vous avez, à Pau, les 3ᵉ, 4ᵉ, 10ᵉ et 13ᵉ bataillons des équipages militaires, qui ont présents sous les armes 720 hommes. Ils peuvent donc servir 2.100 chevaux ou mulets, sans aucun inconvénient. Or, je vois que ces quatre bataillons reçoivent 742 chevaux et 1.300 mulets, ce qui fait 2.100. Ainsi, recevraient-ils tous ces animaux, sans avoir reçu aucun conscrit, qu'il ne devrait y avoir aucun embarras. Mais je vois que 600 conscrits sont déjà désignés sur l'appel de la réserve ; ces 600 conscrits, joints aux 700 existants, feront plus de 1.200 hommes, ce qui ne fera pas deux bêtes par homme. Toutefois, j'écris au général Dumas qu'il n'y a pas d'inconvénient à vous fournir encore 400 hommes pour compléter ces quatre bataillons. Ainsi, ils auront 1.600 hommes ; mais il est nécessaire d'avoir promptement des voitures et des harnais pour que tout cela devienne disponible. Il serait aussi nécessaire d'avoir là un officier supérieur du train et d'y envoyer des officiers tirés de la cavalerie. Il était facile à prévoir que le major que vous faisiez venir de Madrid n'arriverait jamais. Je désire que vous me remettiez, sur ces bataillons, un nouveau rapport qui me fasse connaître le nombre de compagnies, leur complet, leur effectif actuel, ce qu'ils doivent recevoir de la conscription, ce qu'ils doivent recevoir de chevaux et de mulets, la masse de transport que cela fera et le temps où ce sera disponible.

NAPOLÉON.

5837. — AU GÉNÉRAL CLARKE (1).

Saint-Cloud, 25 juillet 1811.

Monsieur le duc de Feltre, faites-moi connaître la composition et l'emplacement de tous les corps portugais qui sont à mon service, par régiment, par bataillon, et par compagnie.

Je désire réunir à Genève 1.200 Portugais : on pourrait faire marcher vingt-quatre compagnies complétées à 50 hommes. Vous m'informerez de l'époque où ces 1.200 hommes seront réunis à Genève.

Donnez ordre à deux bataillons du 23ᵉ d'infanterie légère, for-

---

(1) Non signé, copie conforme.

mant 1.500 hommes, ainsi qu'à une compagnie de chasseurs tirée des dépôts du Piémont, de se rendre à Aoste.

Donnez ordre à une colonne de 1.200 hommes d'infanterie italienne et 50 chevaux de se réunir à Domo-Dossola.

5838. — AU GÉNÉRAL CLARKE.

Saint-Cloud, 25 juillet 1811.

Monsieur le duc de Feltre, il est nécessaire que les troupes espagnoles et portugaises qui sont à Genève en sortent et soient dirigées sur un autre point. Faites-moi connaître où on pourrait les envoyer.

NAPOLÉON.

5839. — DÉCISIONS (1).

Saint-Cloud, 25 juillet 1811

Proposition de vendre 8.000 fusils au roi des Deux-Siciles, qui offre d'en verser la valeur à Corfou, si cet arrangement convient au Trésor impérial qui remplacerait ces sommes à l'artillerie, ce qui lui faciliterait les moyens de diminuer les dépenses de fabrication d'armes.

Accordé.

On rend compte à Sa Majesté de l'ajournement des remuements de terre à Rochefort jusqu'au moment où leur effet cessera d'être pernicieux sous le rapport de la salubrité.

Proposition relative à la réduction du budget de cette place.

Je comprends bien que l'on doit cesser les travaux de terrassement, mais ne pourrait-on pas travailler aux maçonneries ? Toutefois, dans le cas où il n'y aurait pas de maçonnerie à faire sur cette somme, je désire qu'on augmente les travaux de l'île d'Aix.

On propose à Sa Majesté d'accorder au sieur Dumortier, entrepreneur des fortifications à Flessin-

Accordé.

---

(1) Non signées; extraites du « Travail du ministre de la guerre avec S. M. l'Empereur et Roi, daté du 24 juillet 1811 ».

gue, une indemnité de 20.000 francs pour ses magasins, matériaux, effets, outils et équipages qui ont été détruits, enlevés ou dilapidés par l'ennemi lors de l'expédition des Anglais dans l'île de Walcheren.

On demande de nouveau les ordres de Sa Majesté sur l'avance de 50.000 francs par corps sollicitée en faveur des régiments polonais formant la garnison de Danzig, qui éprouvent les plus grands besoins en objets d'habillement.

Accordé.

On propose d'ordonner le remboursement d'une somme de 5.290 francs pour la valeur des effets perdus par le 23e régiment d'infanterie de ligne en 1807 et 1809.

Accordé.

On prie de nouveau Sa Majesté de prononcer sur la proposition faite le 8 mai dernier de charger les corps de cavalerie de la garde de former eux-mêmes leurs trompettes et de recevoir à cet effet des jeunes gens au-dessous de l'âge de la conscription qui s'engageraient dans les formes voulues par les règlements et ne recevraient que la demi-solde pendant qu'ils seraient élèves trompettes.

Accordé.

Le général de brigade Dufresse, qui est rentré d'Espagne en France par congé de convalescence, demande le commandement du département des Deux-Sèvres.

Accordé.

Le général de brigade Maison, employé dans la 17e division militaire, désirerait obtenir le commandement du département de la Lippe. Il expose que sa santé est mauvaise en Hollande.

Accordé.

L'adjudant commandant Behr n'a point été compris dans l'organisation du corps d'observation de l'Italie méridionale. On propose à Sa Majesté d'employer cet officier supérieur à l'armée de Catalogne.	Accordé.
On rend compte à Sa Majesté des motifs qui déterminèrent en 1809 à faire passer l'adjudant commandant Ramel de l'armée de Catalogne à celle d'Allemagne. On propose à Sa Majesté d'employer en Catalogne cet officier supérieur, qui est en disponibilité depuis la dernière organisation de l'armée de Portugal.	Le placer à l'armée d'Espagne.
On met sous les yeux de Sa Majesté la demande d'un congé de trois mois avec appointements faite par le général de division Lacoste, commandant la 4ᵉ division militaire, pour le rétablissement de sa santé.	Accordé.
On propose à Sa Majesté d'accorder un congé d'un mois avec appointements au général de brigade Pouget, commandant le département de la Marne;	Accordé.
D'accorder à M. Lemoine, colonel du 14ᵉ régiment de chasseurs, un congé de deux mois avec appointements pour porter à Paris la comptabilité de ce corps qu'une commission est sur le point de terminer.	Accordé.
On soumet à Sa Majesté la demande d'un congé de deux mois que fait le sieur Ledard, colonel du 6ᵉ régiment de chasseurs, pour se marier.	Accordé.

Sa Majesté est priée de faire connaître si Elle consent à accorder le congé d'un mois avec solde que sollicite M. de Tschudy, major du régiment espagnol de Joseph-Napoléon, actuellement à Maestricht, pour venir à Paris où les intérêts de son régiment et les siens propres nécessitent sa présence pour quelque temps.	Accordé.
On propose à Sa Majesté d'autoriser le sieur Lallemant, capitaine adjudant-major au 11ᵉ régiment de dragons, à passer au service de Westphalie;	Accordé.
D'admettre dans la légion de gendarmerie de la Catalogne cinq militaires qui ne savent ni lire ni écrire.	Accordé.
On met sous les yeux de Sa Majesté la proposition faite par M. le comte Dumas, de tirer de la réserve de 1811 90 conscrits nécessaires pour compléter le bataillon d'ouvriers de la garde et en outre les moyens qu'il offre pour procurer des hommes propres à ce genre de service.	Refusé.
On proposé à Sa Majesté de placer par une faveur spéciale 13 conscrits de 1811 à la fin du dépôt de leur classe.	Approuvé.

5840. — AU GÉNÉRAL LACUÉE.

Saint-Cloud, 25 juillet 1811.

Monsieur le comte de Cessac, je réponds à votre rapport du 24 juillet. Quand j'ai ordonné que le 10ᵉ bataillon des équipages militaires aurait six compagnies, je supposais qu'il serait ainsi organisé à l'armée de Portugal. Mais il en a été tout autrement : à l'armée de Portugal on a gardé la 1ʳᵉ compagnie et renvoyé les autres. C'est alors que j'ai ordonné que les 2ᵉ, 3ᵉ et 4ᵉ compagnies recevraient les chevaux et les hommes nécessaires pour servir chacune 40 chariots. Faites-moi connaître quand vous aurez les chariots. Les chevaux doivent être fournis par l'appel que vous avez fait aux départements, les harnais doivent également avoir été fournis. Quant aux hommes, écrivez au général Dumas pour qu'il les fournisse sur l'appel de la circonscription, en les tirant des détachements qui ont été dirigés sur Bayonne.

NAPOLÉON.

5841. — DÉCISION.

Saint-Cloud, 26 juillet 1811.

Le général Bertrand propose de nommer aux emplois vacants dans les régiments croates plusieurs officiers illyriens rentrés dans leur pays.

Il demande aussi s'il doit accueillir ceux qui, étant encore au service d'Autriche, témoignent le désir de rentrer et d'être employés dans leurs grades.

Il ne faut employer personne de ceux qui étaient dans ces régiments. Il vaut mieux employer des Français ou des hommes qui n'aient point servi l'Autriche.

NAPOLÉON.

5842. — AU GÉNÉRAL CLARKE.

Saint-Cloud, 26 juillet 1811.

Monsieur le duc de Feltre, je vous envoie un mémoire du général Hogendorp, sur le camp à former à Utrecht. Je désire que vous donniez l'ordre au général Molitor de mettre en marche, pour Utrecht, au 5 août :

Le 18e et le 93e de ligne, qui formeront une brigade ;

Le 56e et le 124e, qui formeront une deuxième brigade.

Deux généraux de brigade pris parmi ceux qui sont dans la 17e division militaire auront le commandement de ces brigades, qui seront cantonnées dans la plaine de l'ancien camp d'Austerlitz, à Utrecht et aux environs, dans les villes et villages, de manière qu'on puisse réunir les troupes par régiment, par brigade, et ensuite tout le camp pour les manœuvres.

Le 24e de chasseurs sera attaché à ce camp.

Le maréchal duc de Reggio se rendra à Utrecht pour prendre le commandement de ce camp. Il devra y être arrivé dans les premiers jours d'août. Vous remarquerez que je ne veux point de camp, parce que cela est trop coûteux et parce que le soldat est beaucoup mieux dans les cantonnements.

Vous ordonnerez au général Durutte de réunir, vers les premiers jours d'août, dans les positions qu'il a désignées dans les bruyères, le 2ᵉ de ligne, le 17ᵉ *idem* et le 125ᵉ.

Le 23ᵉ régiment de chasseurs sera joint à ces trois régiments qui formeront 12 bataillons. Ce camp sera dans le commandement du général Durutte ; il sera commandé par un général de brigade de sa division, qui sera sous les ordres du duc de Reggio.

Dans l'un et l'autre de ces camps, il n'y aura pas d'autre artillerie que l'artillerie régimentaire et pas d'autres caissons que les caissons régimentaires. Le service se fera par les employés de la division. Il n'y aura aucun accroissement d'employés ni de dépenses.

Le 4ᵉ bataillon du 124ᵉ et les deux bataillons suisses, qui sont à Berg-op-Zoom, formeront trois colonnes mobiles. Une colonne sera placée au Texel et au Helder, la 2ᵉ, vis-à-vis Haarlem, la 3ᵉ à l'embouchure de la Meuse. Il y aura 80 hommes de cavalerie du 24ᵉ de chasseurs, attachés à chaque colonne. Ces trois colonnes, qui seront commandées par un général de brigade et des officiers supérieurs français, mettront des postes où il sera nécessaire, et comme le proposera le général.

Un bataillon du 125ᵉ et deux compagnies de voltigeurs du régiment espagnol, qui est à Nimègue, faisant huit compagnies, formeront trois colonnes mobiles, à chacune desquelles on joindra un détachement du 23ᵉ de chasseurs, pour garder les côtes de la 31ᵉ division militaire.

Vous donnerez pour instruction au duc de Reggio de passer en revue ces troupes, de les faire manœuvrer fréquemment, d'envoyer des notes pour leur armement, habillement, instruction, et sur toutes les places vacantes. Indépendamment de ce but important, j'ai aussi celui de soustraire les troupes au mauvais air, en les réunissant dans les pays les plus sains de la Hollande. Enfin, vous recommanderez au duc de Reggio de les tenir en état d'entrer en campagne, soit pour s'embarquer sur l'escadre de l'Escaut, si cela devenait nécessaire, soit pour se rendre en Allemagne. Il recevrait l'artillerie et les administrations au dernier moment. Il suffit que les régiments soient parfaitement en état.

NAPOLÉON.

5843. — DÉCISION.

Saint-Cloud, 26 juillet 1811.

Le général Clarke soumet à l'approbation de l'Empereur l'ordre qu'il a donné de faire partir du dépôt du régiment d'Isembourg, stationné à Metz, un détachement pour rejoindre le régiment dans l'Italie méridionale.

Approuvé.

NAPOLÉON.

5844. — AU MARÉCHAL BERTHIER.

Saint-Cloud, 27 juillet 1811.

Mon Cousin, le 4ᵉ bataillon du 81ᵉ et le 3ᵉ bataillon du 60ᵉ arrivent le 7 août à Pau. Donnez ordre que ces deux bataillons y séjournent le 8, le 9 et le 10. On en passera la revue et le rapport en détail vous en sera envoyé. Le 11, ces deux bataillons, après avoir reçu 40 cartouches par homme, partiront pour Pampelune où ils joindront leurs régiments. Vous ordonnerez qu'à leur arrivée le tiercement ait lieu, afin que les régiments soient composés également d'anciens et de nouveaux soldats. Les compagnies d'artillerie régimentaire des 10ᵉ, 20ᵉ, 81ᵉ, 52ᵉ, 3ᵉ et 105ᵉ de ligne, à fur et à mesure de leur arrivée, iront sous bonne escorte rejoindre leurs régiments.

NAPOLÉON.

5845. — AU MARÉCHAL BERTHIER.

Saint-Cloud, 27 juillet 1811.

Mon Cousin, il suffit que le 7ᵉ convoi de fonds parte le 10 août; le régiment de marche de cavalerie légère ne pourra donc pas servir pour escorter ce convoi. J'approuve que l'adjudant commandant Pinthon en commande l'escorte. Faites-moi connaître comment vous lui fournirez cette escorte: cela ne doit pas être difficile.

NAPOLÉON.

5846. — AU MARÉCHAL BERTHIER.

Saint-Cloud, 27 juillet 1811.

Mon Cousin, 520 chevaux servant deux compagnies du 12e bataillon principal du train, partis d'Auch, doivent arriver à Bayonne le 2 août. Ils y séjourneront le 3 et en partiront le 4. 200 chevaux servant une compagnie de marche du 5e et du 10e bataillon *bis* arrivent le 2 août à Bayonne. Il est convenable qu'ils y séjournent le 3 et en partent le 4. Ces 720 chevaux attelleront à Bayonne des munitions d'artillerie, selon les ordres que donne le ministre de la guerre. Faites-moi connaître de quoi se composeront ces convois au 1er août. Il est convenable qu'il y ait une escorte d'au moins 600 ou 700 hommes. 180 chevaux arrivent à Bayonne le 6 août; ils s'y reposeront le 7 et en partiront le 8. 440 chevaux arrivent à Bayonne le 8. Faites-moi connaître qui escorte tout cela. Assurez-vous que l'artillerie a donné des ordres pour ce que ces chevaux doivent atteler à Bayonne. Tout cela doit se diriger sur Burgos.

NAPOLÉON.

5847. — AU MARÉCHAL BERTHIER.

Saint-Cloud, 27 juillet 1811.

Mon Cousin, il y a 400 pièces de canon dans la fonderie qui est à 5 lieues de Santoña. Donnez ordre qu'on les évacue sur Santoña, d'où on les fera passer par mer à Bayonne.

NAPOLÉON.

5848. — AU MARÉCHAL BERTHIER.

Saint-Cloud, 27 juillet 1811.

Mon Cousin, donnez ordre au général Souham qu'aussitôt que le 4e bataillon du 1er de ligne sera arrivé à Pau, où il doit être rendu le 30 juillet, il fasse le tiercement de ce bataillon avec les trois premiers. Donnez-lui le même ordre pour les 3e et 4e bataillons du 62e, aussitôt qu'ils seront arrivés. Faites-moi connaître quels sont les deux généraux de brigade et l'adjudant commandant qui sont employés dans la division du général Souham.

NAPOLÉON.

5849. — DÉCISION.

Saint-Cloud, 27 juillet 1811.

Le général Grenier, commandant le corps d'observation de l'Italie méridionale, propose le général Fressinet pour remplacer à Otrante le général Decous qui est malade. Le ministre fait observer qu'il ne serait pas avantageux au service de l'Empereur d'envoyer ce général à Otrante.

Laisser dans ce cas celui qui y est.

NAPOLÉON.

5850. — AU GÉNÉRAL CLARKE.

Saint-Cloud, 27 juillet 1811.

Monsieur le duc de Feltre, il arrive à Toulouse, le 13 août, une compagnie du train d'artillerie italien avec 150 chevaux. Cette compagnie appartient à la division italienne qui fait partie de l'armée du corps d'observation de réserve. Il y a à Toulouse une partie du train de réserve. Qu'est-ce que le bureau d'artillerie pense qu'on pourrait fournir pour mettre cette division en état de concourir à la formation du corps de réserve? Cette division a une compagnie de sapeurs, deux compagnies d'artillerie à pied et deux compagnies d'artillerie de régiment, celles du 1er et du 7e de ligne. Informez-vous si ces deux compagnies d'artillerie des 1er et 7e ont leurs pièces et leurs caissons. Dans le cas où elles ne les auraient pas, prescrivez-leur le lieu où elles doivent en trouver.

Donnez ordre au général commandant à Toulouse d'envoyer exactement l'état de situation de cette division, à mesure qu'elle arrivera.

Vous donnerez l'ordre que le bataillon du 2e léger, fort de 800 hommes, qui arrive le 8 août à Toulouse, y séjourne les 9, 10 et 11 et parte le 12 pour Pau;

Que le bataillon du 4e de ligne, fort de 700 hommes, qui arrive le 12 à Toulouse, y séjourne le 13 et le 14, et parte pour Pau le 15;

Que le bataillon du 6e de ligne, qui arrive le 14 à Toulouse, y séjourne le 15 et en parte le 16.

Que le 1er régiment de ligne, fort de trois bataillons et de 2.400 hommes, qui arrive le 15 août à Toulouse, en parte le 18;

Que les trois bataillons du 7ᵉ de ligne, qui arrivent le 17, partent le 19;

Que le bataillon du 1ᵉʳ léger, qui arrive le 20, parte le 22;

Que les dragons Napoléon, qui arrivent le 12, séjournent les 13, 14 et 15, et partent le 16;

Que l'escadron de chasseurs, qui arrive le 16, séjourne le 17 et le 18, et parte le 19.

Quant aux compagnies d'artillerie des 1ᵉʳ et 8ᵉ de ligne, je ne donne pas d'ordre en attendant le rapport que vous me ferez.

Tout cela doit faire partie du corps d'observation de réserve.

NAPOLÉON.

5851. — AU GÉNÉRAL LACUÉE.

Saint-Cloud, 27 juillet 1811.

Monsieur le comte de Cessac, je vois par votre état de situation que vous avez à Saint-Omer et à Boulogne des couvertures pour 20.000 hommes. Si ce nombre existe, il sera suffisant. Faites réparer les 2.500 couvertures à deux places. Cela fera encore pour 5.000 hommes. Vous aurez donc pour plus de 25.000 hommes. Ainsi, il n'y a plus besoin de songer à cette espèce de fourniture. Quant aux troupes qui se réunissent à Utrecht, au lieu d'un camp, j'ai ordonné un simple cantonnement.

Qu'a-t-on fait de l'immense quantité de couvertures qui était à Boulogne et à Ostende?

NAPOLÉON.

5852. — AU GÉNÉRAL MATHIEU DUMAS.

Saint-Cloud, 27 juillet 1811.

Monsieur le comte Dumas, la levée des 6.000 hommes destinés à la marine sur la classe de 1812 est-elle faite? Quand est-ce qu'elle sera en mouvement? Je désirerais faire un appel sur celle de 1811. Faites-moi connaître s'il y aurait quelque inconvénient.

NAPOLÉON.

5853. — DÉCISION.

Saint-Cloud, 27 juillet 1811.

Les dépôts des 123°, 124°, 125°, 126° de ligne et 33° léger ayant envoyé tous leurs conscrits aux bataillons de guerre, le général Clarke propose de leur faire rejoindre leurs nouveaux dépôts en France.

Approuvé ce mouvement.

NAPOLÉON.

5854. — AU MARÉCHAL BERTHIER.

Saint-Cloud, 28 juillet 1811.

Mon Cousin, je reçois l'état de situation de la division de réserve aux ordres du général Monthion, en date du 21 juillet. Il en résulte qu'il manque un grand nombre d'officiers. D'où vient ce grand manque d'officiers? Il est nécessaire de nommer sur-le-champ à toutes les places vacantes.

NAPOLÉON.

5855. — AU MARÉCHAL BERTHIER.

Saint-Cloud, 28 juillet 1811.

Mon Cousin, donnez ordre aux quatre bataillons du 1er régiment de ligne et aux quatre bataillons du 62°, formant la 1re brigade de la division Souham, de se mettre en marche le 6 août pour se rendre à Pampelune. La 2e brigade, composée du 23° léger et du 101°, se mettra en marche le 8 août pour se rendre à Pampelune. Vous donnerez ordre qu'avant le départ des corps de cette division la solde arriérée et celle du mois d'août leur soient payées. Vous me ferez connaître le jour où cette division arrivera à Pampelune, afin que je puisse lui donner des ordres ultérieurs.

Je suppose que le général Souham, dès son arrivée à Pau, vous enverra l'état de situation de sa division et vous fera connaître quels sont les officiers et sous-officiers présents. Faites-moi connaître quels sont les deux généraux de brigade et l'adjudant commandant qui sont attachés à cette division. Tous ces corps séjourneront trois ou quatre jours à Pampelune. Si, après trois jours de séjour à Pampelune, le général Reille tardait à recevoir des ordres, il leur donnerait celui de se réunir à Logroño.

NAPOLÉON.

5856. — AU MARÉCHAL BERTHIER.

Saint-Cloud, 28 juillet 1811.

Mon Cousin, donnez des ordres pour que les hommes appartenant aux 10e et 20e de ligne, 81e, 60e, 101e, 1er de ligne et 23e léger, qui sortiront des hôpitaux, soient placés au dépôt de Pau pour rejoindre leurs régiments, soient formés en un petit bataillon de 500 hommes environ et qu'il leur soit donné 40 cartouches par homme, avant de les mettre en marche sur Pampelune.

NAPOLÉON.

5857. — AU GÉNÉRAL CLARKE (1).

Saint-Cloud, 28 juillet 1811.

Monsieur le duc de Feltre, donnez ordre que les trois petits bataillons de Schouwen partent, sans délai, pour se rendre à Hamburg.

Le major en second, auquel vous avez confié le commandement de ces petits bataillons, paraît un officier distingué. Nommez-le major dans un des régiments qui sont en Allemagne.

5858. — EXTRAIT D'UN ORDRE DE L'EMPEREUR
EN DATE DU 28 JUILLET 1811.

Ecrivez aux majors du 72e et 19e pour leur demander pourquoi ils n'ont pas encore habillé les compagnies qu'ils ont dans l'île de Schouwen ? Ce que le dépôt du 72e a envoyé à ses compagnies dans l'île Schouwen est très mauvais. Les souliers sont de la plus mauvaise qualité; pourtant on les a payés très cher : faites faire une enquête sur le major.

5859. — AU GÉNÉRAL CLARKE (2)

Saint-Cloud, 28 juillet 1811.

Monsieur le duc de Feltre, donnez ordre que trois bataillons du 4e de ligne se rendent à Boulogne. Un bataillon restera au Havre jusqu'à nouvel ordre.

---

(1) Non signé, copie conforme.
(2) Non signé, extrait conforme.

5860. — AU GÉNÉRAL CLARKE.

Saint-Cloud, 28 juillet 1811.

Monsieur le duc de Feltre, je reçois votre lettre du 27, avec l'état des objets d'artillerie, etc., réunis à Toulon pour être expédiés à Corfou. Mettez, sans délai, ces objets à la disposition du ministre de la marine, les objets contenus dans l'état n° 1, afin qu'il les fasse charger comme il l'entend. Ces objets seront divisés en deux parties : la moitié fera partie d'une première expédition, et l'autre moitié, d'une seconde expédition.

Quant aux objets contenus dans l'état n° 2, et que le commandant de Corfou demande, il faudrait me faire connaître ce que l'on pourrait faire partir de Trieste. Il doit y avoir dans ce port de l'artillerie provenant des bâtiments russes. Il faudrait répartir ces effets d'artillerie par tiers, à Trieste, à Gênes et à Toulon, vu que les bâtiments qui porteront ces effets partiront de ces trois ports.

NAPOLÉON.

5861. — AU GÉNÉRAL LACUÉE.

Saint-Cloud, 28 juillet 1811.

Monsieur le comte de Cessac, je reçois votre lettre du 27. Il est inutile d'avoir des couvertures pour le camp de Boulogne. Mais il en faut pour le camp d'Emden. Ce camp ne sera pas de plus de 6.000 hommes. On m'assure qu'il y a beaucoup de couvertures dans les magasins de Hollande. D'ailleurs, comme vous avez 4.700 couvertures, que je suppose à deux places, à Delft, Mayence et Strasbourg, vous n'avez besoin d'acheter aucune couverture. Je ne parle pas des petits bidons que vous achèterez. Je n'ai pas besoin de mettre de l'argent à votre disposition pour cette dépense de 12.000 à 15.000 francs. Prenez cela sur vos crédits. Il me semble que vous avez de faux renseignements sur le camp d'Emden. Ce camp ne doit être que de 6.000 hommes. Vous portez le nombre de tentes nécessaires à 1.200, ce qui ferait pour 18.000 hommes. Je n'ai besoin de tentes que pour 6.000 hommes, c'est-à-dire 400; il n'y a besoin que de 3.000 couvertures. Dans le courant d'août, j'aurai 6.000 hommes à Cherbourg; faites-moi un rapport sur la manière dont ils seront casernés et campés. Je suppose que je pourrai loger 3.000 hommes dans les casernes ou dans les cantonnements. Il me faudra un camp pour 3.000 hommes.

NAPOLÉON.

5862. — AU GÉNÉRAL LACUÉE.

Saint-Cloud, 28 juillet 1811.

Monsieur le comte de Cessac, je vous envoie le résumé d'une inspection passée à plusieurs corps de cavalerie. Vous y verrez que sur 250 chevaux reçus au 3ᵉ de hussards, 100 n'ont été payés que 100 francs, et que beaucoup de chevaux du 20ᵉ de chasseurs sont mauvais.

NAPOLÉON.

5863. — DÉCISION.

Saint-Cloud, 28 juillet 1811.

On rend compte à Sa Majesté des dilapidations qui ont eu lieu dans le 2ᵉ bataillon auxiliaire du 34ᵉ régiment d'infanterie légère, pendant tout le temps qu'il a été administré par le major Peyris, et des ordres qui ont été donnés à ce sujet.

Faire arrêter ce major et sévir contre lui.

NAPOLÉON.

5864. — AU MARÉCHAL BERTHIER.

Saint-Cloud, 29 juillet 1811.

Mon Cousin, je désire que vous fassiez les changements suivants au 7ᵉ convoi, savoir : que vous ne donniez à l'armée de Portugal que 750.000 francs en argent et 750.000 francs en traites, et que vous ajoutiez à l'armée du Nord 250.000 francs en argent et 250.000 francs en traites, ce qui fera 1 million pour l'armée du Nord. Donnez sur-le-champ des ordres en conséquence.

NAPOLÉON.

5865. — AU GÉNÉRAL CLARKE (1).

Saint-Cloud, 29 juillet 1811.

Monsieur le duc de Feltre, j'ai donné ordre que le régiment d'infanterie légère illyrien fût réuni à Turin. Envoyez l'ordre au 5ᵉ bataillon de ce régiment de se réunir également à Turin.

(1) Non signé, copie conforme.

Je vous envoie un rapport du général Bertrand sur ce régiment. Il paraît que les effets d'habillement sont mauvais.

5866. — AU GÉNÉRAL CLARKE.
Saint-Cloud, 29 juillet 1811.

Monsieur le duc de Feltre, donnez ordre que le 3e bataillon de marche de l'armée du Midi parte le 5 août pour se rendre à Orléans. Donnez ordre que le 4e bataillon parte le 6, et le 5e bataillon le 7. Ce régiment sera ainsi réuni à Orléans.

Le 4e bataillon subira les modifications suivantes : le cadre de la 2e compagnie du 63e retournera à son régiment, et les hommes disponibles seront incorporés dans la 1re compagnie, qui sera, par ce moyen, de 160 hommes. La 2e compagnie du 95e versera également ses hommes disponibles dans la 1re compagnie qui sera portée aussi à 106 hommes. Par cette disposition, le 4e bataillon sera réduit à six compagnies, au lieu de huit. Vous me proposerez les moyens de compléter les compagnies à 140 hommes et vous me ferez connaître ce que chacun des régiments, qui concourent à la formation de ces bataillons de marche, pourrait fournir au 15 août pour former à Metz un nouveau bataillon de marche. Le 88e, le 63e, le 95e fourniront chacun une compagnie, indépendamment de ce que pourront fournir les autres régiments. Il faudrait que ce bataillon pût partir de Metz fort de 600 ou 700 hommes dans les premiers jours de septembre.

Je suppose que tous ces hommes sont bien équipés et bien armés, et que les colonels en second et majors, qui doivent commander ces régiments, s'y trouvent. Je désire : 1° que vous me fassiez connaître le numéro de la compagnie que chaque régiment a fournie, et de quel bataillon elle est tirée; 2° que vous me proposiez d'attacher à chacune un ou deux sous-lieutenants tirés de Saint-Cyr ou des vélites.

Donnez ordre qu'on passe la revue des sous-officiers à Metz, afin que, s'il s'en trouvait qui eussent moins de deux ans de service, on envoyât de Fontainebleau des sous-officiers pour les remplacer. Faites-m'en remettre l'état, grade par grade.

Si l'on pouvait tirer quelques centaines d'hommes sûrs de l'île de Ré, appartenant à des provinces éloignées de la 11e division militaire. on pourrait s'en servir pour compléter le régiment à son passage à Bordeaux.

NAPOLÉON.

5867. — AU GÉNÉRAL MATHIEU DUMAS.

Saint-Cloud, 29 juillet 1811.

Monsieur le comte Dumas, vous recevrez un décret par lequel vous verrez qu'au lieu de trois bataillons d'ouvriers de marine, j'en ai formé quatre. Un sera réuni à Anvers, un à Boulogne, un à Cherbourg et le 4° à Toulon. Chaque bataillon devant être de 800 hommes, il faudra 3.200 hommes qui seront fournis, savoir :

1.500 par la conscription de la réserve de 1811. Vous partagerez ce nombre en quatre, au lieu de le partager en trois. Il sera convenable que vous envoyiez sur Toulon les Provençaux, les Languedociens, les Dauphinois et une partie des Italiens;

800 par un appel sur la conscription des départements de Hollande, des Bouches-de-l'Escaut, des Bouches-du-Rhin, de la Lippe, de la 32° division militaire, de Rome et d'Illyrie;

Enfin, 900 par un appel sur la conscription maritime de 1812.

Nombre égal : 3.200.

Au lieu d'appeler, pour 1812, 6.667 conscrits, je pense qu'il sera convenable d'augmenter, sans rien dire, le contingent d'un quart, de manière que cela forme 8.000 hommes. Je vois avec plaisir que ces hommes arriveront en octobre. Il faut accélérer cette levée le plus possible. Quant aux 2.805 hommes qui restent sur les réserves de 1809, 1810 et 1811 dans les départements du Rhin, de l'Escaut et de la Hollande, je les croyais levés. Faites-les partir sur-le-champ et rendez-en compte au ministre de la marine. Ces 2.800 hommes porteront la levée à 10.000 hommes.

NAPOLÉON.

5868. — AU MARÉCHAL BERTHIER.

Saint-Cloud, 30 juillet 1811.

Mon Cousin, faites connaître au major Casabianca, qui est à Valladolid, que je l'ai nommé colonel du 31° régiment d'infanterie légère et qu'il faut qu'il se rende sur-le-champ à son régiment.

NAPOLÉON.

P.-S. — J'ai signé tout le travail que vous m'avez envoyé sur les armées d'Aragon, du Midi et de Portugal. Vous pouvez en adresser l'état aux généraux commandant ces armées pour qu'ils fassent reconnaître tous ces officiers.

5869. — AU MARÉCHAL BERTHIER.

Saint-Cloud, 30 juillet 1811.

Mon Cousin, écrivez aux généraux Caffarelli et Reille de vous faire connaître la formation de leur division en officiers du génie, d'artillerie, adjudants commandants, commissaires des guerres, administrateurs, etc., en les prenant dans les pays où ils se trouvent

NAPOLÉON.

5870. — AU MARÉCHAL BERTHIER.

Saint-Cloud, 30 juillet 1811.

Mon Cousin, donnez ordre au général commandant l'armée du Nord de réunir à Valladolid, sous les ordres du général Avy, tous les hommes disponibles de cavalerie et d'infanterie qui appartiennent à l'armée du Midi et ceux qui appartiennent à l'armée de Portugal. Donnez ordre au général Avy de rechercher dans les états de situation ce qui appartient à l'armée de Portugal; et, quand sa colonne sera complétée à 3.000 hommes, elle se mettra en route pour Madrid. Arrivé à Madrid, le trésor qui appartient à l'armée de Portugal se rendra à cette armée par Talaveyra, avec une escorte suffisante, et le général Avy continuera sa route sur Séville, avec ce qui appartient à l'armée du Midi.

NAPOLÉON.

5871. — AU MARÉCHAL BERTHIER.

Saint-Cloud, 30 juillet 1811.

Mon Cousin, les deux compagnies de marche du bataillon du train, menant 500 chevaux destinés à l'armée de Portugal, et la compagnie de marche des 5ᵉ et 10ᵉ bataillons, menant 200 chevaux destinés à l'armée du Midi, partiront du 5 au 10 août, au choix du général Monthion, afin que ces compagnies puissent se reposer, réparer leur ferrage et être passées en revue. La compagnie de marche du 6ᵉ bataillon *bis* partira du 10 au 15. Enfin, le troisième convoi partira du 15 au 20.

Vous recommanderez au général Monthion de passer la revue de ces compagnies, de laisser dans de petits dépôts les hommes les plus fatigués, de retarder même de quelques jours le départ des compagnies, et d'avoir soin que l'équipement et le ferrage soient en bon état; que les hommes soient armés de carabines, conformément à l'ordonnance, qu'ils aient leurs cartouches et que les caissons d'artillerie qu'ils attellent soient tous en bon état.

Ces chevaux, qui forment un total de 1.340, sont destinés, savoir : 1.140 pour l'armée de Portugal, et 200 pour l'armée du Midi.

Ces 1.140 chevaux se rendront à Burgos, où ils seront sous les ordres du général Vandermaësen. Des ordres, dont vous prendrez connaissance, seront donnés par le bureau d'artillerie de la guerre, pour ce que ces chevaux doivent atteler à Bayonne.

Donnez un adjudant commandant qui connaisse l'Espagne au général Vandermaësen, afin qu'il puisse suivre la marche de son infanterie, de sa cavalerie et de tous ses convois.

Vous aurez sans doute écrit au duc de Raguse. Ecrivez-lui de nouveau pour l'informer du jour où les convois partiront de Bayonne, du jour où ils arriveront à Burgos et de l'espèce de munitions qu'ils doivent lui porter de Burgos. Profitez de cette occasion pour lui envoyer l'état des troupes, infanterie, cavalerie et artillerie, que lui mène le général Vandermaësen. Vous l'informerez qu'il est probable que je ferai partir ce corps sur la fin d'août pour le rejoindre, qu'il est convenable qu'il se mette en correspondance avec lui et lui trace sa route. Toutefois le général Vandermaësen ne doit pas partir sans mon ordre.

Quant aux brigades qui se réunissent à Bayonne, j'attendrai le rapport du général Monthion avant de les faire partir. Il faut que les hommes soient en bon état et puissent faire un service utile.

NAPOLÉON.

5872. — DÉCISION.

Saint-Cloud, 30 juillet 1811.

Le général Clarke rend compte des dispositions qui ont été prises en vue de compléter les compa-

Renvoyé au prince de Neuchâtel pour vérifier.

NAPOLÉON.

gnies d'artillerie régimentaires des
1er, 62e, 101e de ligne et 23e léger.

5873. — AU GÉNÉRAL CLARKE.

Saint-Cloud, 30 juillet 1811.

Monsieur le duc de Feltre, l'île de Goeree a une corvette et une flottille de 31 canonnières qui la défendent. Il y a une compagnie de canonniers garde-côtes et une compagnie d'artillerie de ligne. Je vous ai prescrit d'y envoyer un bataillon du régiment de Prusse. Il y a donc dans cette île plus de 600 hommes, ce qui est plus qu'il n'en faut. Le seul ennemi vraiment à craindre dans ce pays et dans cette saison, c'est la fièvre. Je suis surpris que, dans votre lettre de ce jour, vous disiez qu'il n'y a personne dans l'île de Goeree. Est-ce que vous n'avez pas donné l'ordre au bataillon de Prusse de s'y rendre, non plus qu'à la compagnie d'artillerie du (1) régiment?

Le bataillon du 124e et les deux bataillons suisses, qui forment dix-huit compagnies, sont répandus depuis le Texel jusqu'à l'embouchure de la Meuse. Ecrivez au général Molitor que ces troupes sont suffisantes, qu'il n'en a besoin que pour la surveillance et pour appuyer les douanes, que l'ennemi ne peut rien tenter, mais que ce qui est important, c'est de ne pas faire périr un régiment dans ce pays insalubre.

Réitérez l'ordre au 125e de quitter l'île de Goeree, et à tous les corps de ne laisser aucun détachement hors des camps.

Faites connaître aux deux généraux commandant la 17e et la 18e division militaire que mon intention est qu'il n'y ait que les troupes que j'ai désignées tout au plus sur les bords de la mer, et que, pour de vaines chimères, je ne veux pas sacrifier mes troupes. Envoyez sur les lieux un officier de votre état-major, pour vérifier l'exécution de mes ordres.

Réitérez l'ordre que les petits bataillons des îles de Goeree et de Schouwen partent pour le nord, et qu'il ne reste dans ces points que le moins de troupes possible.

NAPOLÉON.

---

(1) En blanc.

5874. — AU GÉNÉRAL CLARKE (1).

Saint-Cloud, 30 juillet 1811.

Monsieur le duc de Feltre, donnez donc l'ordre de faire sur-le-champ partir les trois petits bataillons de l'île de Goeree, en les dirigeant sur Gorcum et de là sur le Nord. J'ai plusieurs fois donné cet ordre, et ces hommes vont périr de maladie dans l'île de Goerée.

J'ai ordonné l'évacuation des bataillons du 125ᵉ de cette île. Tous ces hommes vont périr de maladie.

Faites-moi connnaître aussi quand le 126ᵉ quitte l'île de Walcheren, et donnez-moi des renseignements sur ce qui se passe dans cette île. J'ai ordonné que l'eau fût fournie d'Anvers par la marine, qu'une partie des hommes fût mise sur des bâtiments, pour n'être point exposés à périr de maladie. Ces différents ordres sont-ils exécutés ?

5875. — DÉCISION.

Saint-Cloud, 30 juillet 1811.

Rapport du directeur général des douanes au sujet de marchandises appartenant à des négociants américains établis à Barcelone qui ont été mises sous séquestre. Il propose de restituer ces marchandises moyennant le paiement des droits d'après le tarif français.

Approuvé la remise moyennant le paiement des droits.

Napoléon.

5876. — AU MARÉCHAL BERTHIER.

Saint-Cloud, 31 juillet 1811.

Mon Cousin, donnez ordre aux ducs de Raguse et de Dalmatie et au maréchal Suchet de compléter les compagnies d'artillerie qui sont à leurs corps d'armée, à 100 hommes présents sous les armes, en prenant dans chacun de leurs régiments d'infanterie depuis 10 jusqu'à 20 hommes d'élite, et en ayant soin de ne choisir que des

(1) Non signé, copie conforme.

hommes beaux et bien tournés, sans prendre cependant des hommes essentiels aux régiments.

NAPOLÉON.

5877. — DÉCISION.

Saint-Cloud, 31 juillet 1811.

Proposition de faire rentrer en magasin les voitures et munitions préparées pour les corps d'observation du Rhin, d'Italie et l'équipage de la garde.

Me représenter cela au 1er septembre.

NAPOLÉON.

5878. — AU GÉNÉRAL CLARKE.

Saint-Cloud, 31 juillet 1811.

Monsieur le duc de Feltre, envoyez-moi les dernières lettres du général Gilly, afin que je voie les états de situation les plus récents du régiment de Walcheren et de tous les cadres qui se trouvent dans l'île.

NAPOLÉON.

5879. — AU GÉNÉRAL CLARKE.

Saint-Cloud, 31 juillet 1811.

Monsieur le duc de Feltre, donnez ordre que l'armement du golfe de Sagone soit formé de la manière suivante : on tirera 2 pièces de 24 de Calvi, 8 *idem* de Bonifacio, 2 *idem* de Bastia, et 2 de la batterie Maestrello, où elles seront remplacées par des pièces d'un plus petit calibre : total, 14 pièces de 24, ce qui, avec les 3 de 18 qui se trouvent à Sagone, fera les 17 pièces nécessaires.

Quant aux mortiers, on en prendra deux à Ajaccio et un de 9 pouces 6 lignes à Calvi. On fera remplacer ce dernier par le mortier de 8 pouces qui est à Corte.

NAPOLÉON.

5880. — AU GÉNÉRAL CLARKE.

Saint-Cloud, 31 juillet 1811.

Monsieur le duc de Feltre, il faut désigner un chef de bataillon d'artillerie pour commander l'artillerie à Santoña et compléter une compagnie d'artillerie à 120 hommes, pour être attachés à la place et faire le service dans ce poste important. Il faut y nommer également un garde-magasin.

NAPOLÉON.

5881. — AU GÉNÉRAL CLARKE.
Saint-Cloud, 31 juillet 1811.

Monsieur le duc de Feltre, remettez-moi l'état de situation de l'artillerie au 1er août, en indiquant le lieu où se trouve chaque compagnie, ce que chaque régiment a reçu et a à recevoir de la conscription de 1811, ce qui lui est destiné sur la réserve et ce qu'il a reçu des dépôts de conscrits réfractaires.

Proposez-moi un projet pour compléter à 100 hommes les compagnies d'artillerie attachées à l'armée d'Andalousie, en tirant un détachement fort de 10 jusqu'à 20 hommes de chacun des régiments d'infanterie français qui font partie de cette armée.

Donnez le même ordre pour les armées de Portugal, du Centre, du Nord, d'Aragon et de Catalogne.

Les compagnies d'artillerie du corps de réserve seront complétées à 140 hommes.

Celles du corps de l'Elbe le seront à 120 hommes, par des détachements qui partiront des dépôts en septembre.

Les compagnies qui seraient en Dalmatie, à Corfou, en Corse, à l'île d'Elbe, à Livourne, en Italie, à l'île de Ré, à Belle-Ile et dans l'île de Walcheren, seront recrutées au moins à 100 hommes en tirant des hommes des régiments de conscrits réfractaires ou de ligne.

Quant aux officiers, on peut tirer au commencement du mois d'octobre 60 élèves de l'école militaire de Saint-Cyr pour en faire des lieutenants en second d'artillerie. Recommandez que d'ici au 1er octobre on fasse faire tous les jours polygone aux hommes qui seront désignés pour recruter l'artillerie : qu'on leur fasse faire toute espèce de plates-formes ; qu'on les exerce aux manœuvres de force, et qu'on les fortifie dans leurs connaissances en fortification. Ces jeunes gens, ainsi exercés pendant le mois d'août et de septembre dans le service de l'artillerie, feront d'excellents officiers pour cette arme au mois d'octobre.

NAPOLÉON.

5882. — AU GÉNÉRAL CLARKE.

Saint-Cloud, 31 juillet 1811.

Monsieur le duc de Feltre, je reçois votre rapport du 30 juillet. J'y vois que les sept compagnies d'artillerie à pied françaises et la compagnie italienne qui sont à l'armée d'Aragon ne font que 258 hommes présents sous les armes, qu'il y a 82 blesssés et 83 malades, ce qui fait en tout, y compris les officiers, 473 hommes.

Pour recruter ces huit compagnies, il y a un moyen tout simple, c'est d'ordonner que chaque régiment fournisse 20 hommes ayant la taille nécessaire, en recommandant au maréchal Suchet de tenir la main à ce qu'on fournisse de bons sujets. Il y a 14 régiments d'infanterie française à l'armée d'Aragon ; cela ferait donc, à 20 hommes par régiment, 280 hommes ; ce qui porterait ces compagnies à 100 hommes.

Les régiments italiens fourniront ce qui sera nécessaire pour porter la compagnie italienne à 100 hommes ; donnez des ordres à ce sujet.

Il faut donner le même ordre pour l'armée du Midi.

Le duc de Dalmatie formera les compagnies d'artillerie à 100 hommes, en prenant 10 ou 20 hommes dans chaque régiment. J'adopte désormais ce moyen pour recruter l'artillerie des armées d'Espagne. Je n'y enverrai plus de compagnies. Il faudrait seulement y envoyer des officiers, afin de tenir les cadres au complet.

NAPOLÉON.

5883. — AU GÉNÉRAL CLARKE.

Saint-Cloud, 31 juillet 1811.

Monsieur le duc de Feltre, je vois qu'il y a au 1er bataillon irlandais 20 officiers. Faites compléter ce bataillon par des recrues allemandes qui étaient primitivement destinées aux régiments hollandais.

Donnez ordre que les deux compagnies du 4e régiment d'artillerie qui sont à Porto-Ferrajo et Porto-Longone soient complétées par des conscrits réfractaires à 140 hommes; que la compagnie du régiment d'artillerie qui est à Livourne soit complétée à 100 hommes par des conscrits réfractaires choisis entre les meilleurs de ceux qui sont au mont Argental;

Et que les deux compagnies qui passent en Corse soient complétées à 140 hommes par les conscrits réfractaires du régiment de la Méditerranée.

Napoléon.

5884. — AU GÉNÉRAL CLARKE.
Saint-Cloud, 31 juillet 1811.

Monsieur le duc de Feltre, la 6ᵉ compagnie du 6ᵉ bataillon des 17ᵉ, 30ᵉ, 33ᵉ et 61ᵉ, ont dû partir le 17 juillet de l'île de Walcheren, et successivement les autres des quinze compagnies appartenant au corps de l'Elbe remplis par des conscrits réfractaires. Ces compagnies sont-elles parties le 17, le 20 et le 28 juillet ? Faites-moi connaître ce qui en est.

Donnez l'ordre, si vous ne l'avez déjà donné, au 2ᵉ bataillon du régiment de Prusse, dont trois compagnies sont à Berg-op-Zoom et trois à l'île de Sud-Beveland, de se **rendre** à l'île de Goeree où il tiendra garnison.

Le 11ᵉ bataillon de vétérans, fort de 360 hommes, sera suffisant dans l'île de Beveland.

Donnez ordre que la 2ᵉ compagnie du 4ᵉ bataillon de vétérans qui est à Gertruydenberg se rende à Berg-op-Zoom pour y tenir garnison.

Napoléon.

5885. — DÉCISION.
Saint-Cloud, 31 juillet 1811.

Matériel d'artillerie que l'on peut donner à Toulouse aux compagnies régimentaires d'artillerie et au train d'artillerie de la division italienne du corps d'observation de réserve.	Approuvé. <div align="right">Napoléon.</div>

5886. — DÉCISION.
Saint-Cloud, 31 juillet 1811.

Rapport du général Clarke sur le matériel d'artillerie à donner aux régiments d'infanterie du camp de	Ces mesures là ne sont pas pressées. Me faire seulement connaître où sont les compa-

Boulogne : les pièces de 3 et leurs caissons sont à Strasbourg; mais on peut leur donner des canons de 4 dans les places du Nord. gnies d'artillerie et le matériel. Je donnerai ensuite des ordres si cela est nécessaire. Rien n'est urgent.

Napoléon.

5887. — AU GÉNÉRAL LACUÉE.
Saint-Cloud, 31 juillet 1811.

Monsieur le comte de Cessac, je vous envoie une note de mon officier d'ordonnance sur le dépôt de Pau. Vous y verrez que l'officier supérieur et l'artiste vétérinaire n'étaient pas encore arrivés.

Napoléon.

5888. — EXTRAIT DES NOTES DE L'EMPEREUR SUR LA PLACE D'ERFURT, APPLIQUÉ À PLUSIEURS PLACES DE LA FRONTIÈRE DU NORD (1).

Le système de guerre actuel nécessitant des armées actives très considérables, un pays envahi ne peut compléter les garnisons de toutes ses places, quand elles sont nombreuses et vastes, sans appauvrir singulièrement sa force active, et sans la rendre incapable de disputer le terrain à l'armée offensive.

Un moyen se présente d'utiliser toutes les places fortes d'une frontière sans que leur défense absorbe une masse d'hommes trop considérable : c'est de compléter les garnisons et les approvisionnements du petit nombre de places vraiment importantes, de celles qui sont en première ligne et dont les garnisons pourraient inquiéter un ennemi qui se hasarderait à venir assiéger les places de seconde ligne, dont les fortifications seraient dans un état moins respectable et où on ne laisserait qu'une garnison susceptible de se retirer dans la citadelle, et de la défendre en règle, quand le corps de place, qu'elles auraient soutenu suffisamment pour forcer l'ennemi à en préparer le siège, aurait été pris.

Entrons dans quelques détails sur cette idée développée par l'Empereur au sujet de la place d'Erfurt : cette place ne valait pas la peine d'exposer la garnison que son étendue semblait comporter, tant à cause de la faiblesse de son enceinte que par sa position, puisqu'elle n'est pas située sur une grande rivière par où l'on

---

(1) Sans date, supposé d'août 1811. — Non signé.

puisse l'approvisionner et derrière laquelle on puisse prendre position; et le nombre d'hommes sacrifiés pour sa garnison aurait été d'autant plus sensible que l'armée française qui aurait perdu sa supériorité eût été obligée de se retirer au delà des montagnes de la Thuringe, Erfurt ne lui procurant aucun avantage pour prendre une position défensive en deçà des montagnes. Cependant, l'espoir d'un retour offensif devait faire tenir à conserver ce point, et le meilleur moyen pour y parvenir, sans exposer trop de monde, était de borner la garnison de la place à celle de la citadelle, en faisant à l'enceinte de la première quelques légers travaux pour la mettre à l'abri de toute surprise et l'armant de manière à forcer l'ennemi à amener un équipage de siège en règle, sans cependant lui fournir des pièces qu'ils pussent tourner contre la citadelle après s'être emparés de l'enceinte; pour cet effet, on armera l'enceinte avec des pièces d'un calibre inférieur et montées sur des affûts de place, de sorte que, sans dépenser beaucoup d'argent et en compromettant peu d'hommes et peu de matériel, on obtiendrait un bon résultat; cette idée que l'Empereur n'eût pas manqué d'appliquer à Hamburg si cette place eût eu une citadelle, peut recevoir son application dans plusieurs de nos places de la frontière du Nord, telles qu'Arras et Cambrai.

Ces places, très vastes et en très mauvais état, exigeraient des dépenses énormes pour rétablir entièrement leurs enceintes et demanderaient des garnisons aussi fortes que celles de Lille, Condé, Valenciennes, ce qui diminuerait beaucoup l'armée active destinée à manœuvrer sur la frontière, sans augmenter proportionnellement la valeur intrinsèque de cette frontière: on pourrait donc proposer de rétablir les citadelles où il y a peu de chose à faire et de mettre seulement les enceintes des places à l'abri de toute surprise et d'un coup de main. Lorsque la frontière serait menacée, on compléterait la garnison de la citadelle, on armerait légèrement l'enceinte, et sans dépenser beaucoup d'argent on obtiendrait un bon résultat.

5889. — DÉCISIONS (1).

Saint-Cloud, 1" août 1811.

On fait de nouveau remarquer à Sa Majesté que le Trésor du grand-duché de Varsovie n'a point encore été payé d'une somme de 183.698 fr. 96 qui lui revient sur les dépenses des troupes d'augmentation.

Sa Majesté est priée d'autoriser ce payement qui doit être effectué sur les fonds de l'armée d'Allemagne.

Accordé.

On propose à Sa Majesté d'ordonner la réunion du conseil qui arrête la comptabilité des dépenses de la garde municipale de Paris et de nommer M. Malus, inspecteur en chef aux revues, comme membre de ce conseil.

Accordé.

On propose à Sa Majesté d'autoriser l'établissement d'un corps de musiciens dans chacun des régiments de Walcheren, de Belle-Ile, de l'Ile-de-Ré et de la Méditerranée.

Leur accorder la musique.

On propose à Sa Majesté de maintenir dans les 6es bataillons de l'armée d'Allemagne des sous-officiers nommés à des emplois vacants avant que l'ordre de l'Empereur de tirer ces sous-officiers de l'Ecole de Fontainebleau fût connu.

Ont-ils plus de deux ans de service ?

On propose à Sa Majesté d'accorder un congé de quinze jours avec appointements au général de brigade Anthing, employé dans la 6e division militaire, pour venir à Paris, où il a des affaires d'intérêt à régler;

Accordé.

(1) Non signées; extraites du « Travail du ministre de la guerre avec S. M. l'Empereur et Roi, daté du 31 juillet 1811 ».

D'accorder un congé de dix jours avec solde au général de brigade Rostollan, qui commande le département de la Somme, pour venir à Paris, où il a des affaires d'intérêt à régler;	Accordé.
D'accorder un congé de trois mois avec solde à M. d'Affry, colonel du 4° régiment suisse, pour se rendre en Suisse, afin de donner plus d'activité au service de recrutement;	L'hiver.
D'accorder au sieur Chauve, dit Richard, capitaine au 24° régiment de dragons, la décoration de chevalier de la Couronne de fer, et au sieur Meunier, capitaine au même corps, celle de la Légion d'honneur;	Accordé.
D'accorder la décoration de la Légion d'honneur au lieutenant Schneider, dit Lux, des chasseurs à cheval de la légion hanovrienne;	Accordé.
D'admettre dans le corps du génie, en qualité de lieutenant, un lieutenant ingénieur au service de Prusse.	Refusé, le placer dans l'infanterie.
On propose à Sa Majesté de faire passer le sieur de Cetto, lieutenant dans la cavalerie de la légion hanovrienne, dans le 29° régiment de chasseurs à cheval.	Refusé.
On propose à Sa Majesté d'employer avec son grade de capitaine dans l'un des trois régiments organisés dans la 32° division militaire le sieur Oberkirch, ex-capitaine au service de Wurtemberg, qui sollicite la faveur d'être admis dans l'armée française;	Accordé.
De placer en qualité de lieutenant dans un des trois régiments	Approuvé.

organisés à Hamburg, M. Duc, ex-officier dans un régiment suisse à la solde d'Espagne, sollicitant la faveur d'être admis au service de Sa Majesté.

Sa Majesté est priée de faire connaître si Elle consent à ce que le sieur Péroud, sergent-major du 22° régiment d'infanterie légère, passe au service du roi de Naples où il a trois frères, ainsi qu'il en a fait la demande.

Oui.

Sa Majesté est priée de faire connaître si Elle consent à ce que le sieur Trifari, né Napolitain, maintenant sous-officier au 3° bataillon de militaires étrangers, soit mis à la disposition de son souverain.

Oui.

Sa Majesté est priée de faire connaître si Elle permet qu'un caporal en retraite jouisse de sa pension en Bavière où il n'est pas né.

Approuvé.

Compte rendu des mauvais renseignements donnés par M. le général Carcome sur le sieur Pedro de Mollo, lieutenant de la légion portugaise, qui vient d'être nommé à un emploi de capitaine dans ce corps.
On demande à Sa Majesté si son intention est d'annuler cette dernière nomination.

Oui.

On soumet à Sa Majesté la démission du sieur Defrance, sous-lieutenant au 6° régiment de chevau-légers, ci-devant 29° de dragons, qui expose que l'état de sa santé ne lui permet plus de continuer au service actif.

Accordé.

On rend compte de la composition du corps de pandours de la province de Cattaro.

Approuvé.

On demande si ce corps devra être conservé et recevoir l'organisation proposée par le général Bertrand.	
Projet de décret pour autoriser le général Roussel à porter la croix de commandant de l'ordre de Marie-Thérèse qu'il a obtenue au service d'Autriche.	Refusé.
Observations du préfet maritime d'Anvers sur la garde du port et de l'arsenal qu'il est nécessaire d'augmenter d'un demi-bataillon de vétérans et de trois brigades de gendarmerie à pied.	Renvoyé au ministre de la guerre, pour présenter un projet de décret pour augmenter les compagnies de vétérans et la brigade de gendarmerie.

5890. — AU GÉNÉRAL CLARKE.

Saint-Cloud, 1er août 1811.

Monsieur le duc de Feltre, j'approuve que les conscrits réfractaires, qui arrivent au dépôt du fort Lamalgue avec des feuilles de route, et non conduits par la gendarmerie, soient placés dans le 5e bataillon du 62e qui est à Marseille.

J'approuve que les trois compagnies de marche qui sont destinées à recruter le 32e à Gênes soient formées de conscrits de bonne volonté, habillés et conduits à Gênes avec des escortes de gendarmerie et toutes les précautions nécessaires. Si ces hommes passent le Var sans qu'il y ait de désertion parmi eux, et si le 4e bataillon du 22e léger est bien habillé et bien équipé, s'il a son chef de bataillon et que les officiers croient qu'il n'y aura pas de désertion, dans ce cas et après la réussite de l'essai fait précédemment, que ce 4e bataillon aille par terre, en suivant la Corniche, jusqu'à Gênes.

Faites passer la revue du 5e bataillon du 1er de ligne, qui est au château d'If. Faites-moi connaître l'état de l'habillement, de l'armement et de l'instruction de ce bataillon et de quels départements sont les hommes. Demandez au major si l'on pourrait former une compagnie de 250 hommes, qui ne seraient ni Languedociens, ni Provençaux, et que l'on pourrait envoyer dans la Navarre pour recruter ce régiment.

Faites passer la revue du 5e bataillon du 102e, qui est à l'île

Sainte-Marguerite, et faites-moi connaître si ces hommes sont habillés et de quels départements ils sont.

Je désire avoir un état et un rapport sur le 2º régiment de la Méditerranée. Il ne me revient pas assez de renseignements sur ces régiments formés de conscrits réfractaires. J'ai besoin d'en avoir beaucoup, parce que ce sont des régiments sur lesquels il y a toujours des mesures à prendre.

NAPOLÉON.

5891. — DÉCISION.

2 août 1811.

Le général Clarke propose à l'Empereur de faire rentrer à Bordeaux le détachement du 66º de ligne employé dans l'une des colonnes mobiles de la 12º division militaire, afin que ce régiment puisse compléter les deux compagnies qu'il doit fournir au régiment de marche de Portugal.

Oui. La colonne mobile depuis La Rochelle jusqu'à la Garonne sera formée par des détachements du régiment du grand-duché de Berg.

NAPOLÉON.

5892. — AU MARÉCHAL BERTHIER.

Saint-Cloud, 2 août 1811.

Mon Cousin, je donne ordre que 300 sous-officiers se rendent en poste à Bayonne du dépôt de Fontainebleau. Le ministre de la guerre a fait partir pour Bayonne 28 officiers et un grand nombre de sous-officiers du dépôt d'Angers; ils doivent y être arrivés. Je lui prescris toutefois d'envoyer à Bayonne les chefs de bataillon, capitaines, lieutenants et sous-lieutenants, dont les emplois sont vacants. Je ne désire point toucher à ces bataillons de réserve de Bayonne jusqu'à ce qu'ils soient complétés. Je ne vois que des inconvénients à les morceler. Chargez le général Monthion d'en passer une revue extraordinaire au 15 août, et de vous en faire connaître le résultat. Faites-moi connaître quand les 4ᵉˢ bataillons du 6º légère, des 120º, 121º et 122º doivent arriver à Bayonne. Tout cela doit être en marche. Cherchez donc pour escorter le 7º convoi d'autres troupes que celles-là.

NAPOLÉON.

5893. — AU GÉNÉRAL CLARKE.

Saint-Cloud, 2 août 1811.

Monsieur le duc de Feltre, je vous envoie un rapport d'un de mes officiers d'ordonnance sur le dépôt de Toulouse. Envoyez au ministre de l'administration de la guerre extrait de ce qui concerne son département.

Il y a au dépôt de Saintes 415 fusils, 95 pistolets et 438 sabres qui ont besoin de réparations. On demande 2.000 francs pour réparer ces armes à neuf. Donnez l'argent convenable pour cela, et faites envoyer les armes nécessaires pour armer tous les dragons de ce dépôt.

NAPOLÉON.

5894. — AU GÉNÉRAL CLARKE.

Saint-Cloud, 2 août 1811.

Monsieur le duc de Feltre, les dépôts de Saintes et de Niort n'ont encore rien fourni. Les régiments de marche de l'armée de Portugal, de l'armée du Midi et les escadrons de marche n'ont fait que passer à ces dépôts et étaient déjà formés précédemment.

Demandez au général Defrance, par l'estafette, s'il sera possible de faire partir au 15 août un régiment de marche de deux ou quatre escadrons en ayant soin de ne pas mêler ensemble l'armée du Midi et l'armée de Portugal, de sorte qu'il y ait un ou deux escadrons pour l'armée de Portugal et un ou deux escadrons pour l'armée du Midi. Ce détachement, qu'on porterait à 500 ou 600 chevaux, partirait sous les ordres d'un chef d'escadron, suffisamment muni d'officiers et de sous-officiers, pour maintenir la discipline en route.

Les escadrons de cavalerie légère destinés aux armées de Portugal, du Midi, du Nord, partiraient le 15 de Niort.

Faites-moi connaître quand on pourrait faire partir d'Auch et de Semur 200 ou 300 chevaux. Par le retour de l'estafette vous aurez l'opinion du général Defrance. Vous prendrez alors mes ordres pour que ces détachements puissent partir avant le 16.

Donnez ordre que les chefs de bataillon, capitaines, lieutenants et sous-lieutenants, qui manquent aux bataillons de réserve qui se forment à Bayonne, conformément à l'état que je vous ai envoyé, et qui se trouve confirmé par l'état ci-joint que me remet le major général, partent de manière à être rendus à Bayonne le 10 août. Il manque 6 chefs de bataillon, 65 capitaines, autant de lieutenants et une trentaine de sous-lieutenants. Il y a encore dans les vélites de la marge pour faire 30 sous-lieutenants. Vous les feriez partir en poste.

Napoléon.

5895. — AU GÉNÉRAL CLARKE.

Saint-Cloud, 2 août 1811.

Monsieur le duc de Feltre, faites-moi connaître quand le 4e bataillon du 121e et celui du 115e ainsi que les 4es bataillons des 120e et 122e arrivent à Bayonne.

Napoléon.

5896. — AU GÉNÉRAL CLARKE.

Saint-Cloud, 2 août 1811.

Monsieur le duc de Feltre, je crois vous avoir donné ordre que les bataillons du régiment de marche de l'armée du Midi qui sont à Metz se réunissent à Orléans. Je suppose que les colonels en second qui doivent les commander s'y trouvent.

Faites-moi connaître quand les bataillons de marche qui se réunissent à Compiègne, à Vincennes, à Saint-Denis, à Rennes, à Orléans et à Bordeaux, seront en état.

Il faudrait envoyer des officiers à ces bataillons qui en ont besoin, afin qu'ils arrivent à Bayonne complets et ne manquent de rien.

Napoléon.

5897. — AU GÉNÉRAL CLARKE.

Saint-Cloud, 2 août 1811.

Monsieur le duc de Feltre, donnez ordre au général commandant la 1re division militaire de faire partir le 1er bataillon de marche de l'armée du Portugal, qui est à Orléans, pour Bordeaux.

Donnez le même ordre pour le 3e bataillon qui est à Rennes. Il faut bien recommander que ces bataillons ne partent qu'avec leurs officiers complets et ne manquent de rien, et faire fournir par les régiments les officiers et sous-officiers qui manqueraient.

Donnez ordre à l'officier qui doit commander ces deux bataillons, présentant une force d'environ 2.000 hommes, d'être rendu à Bordeaux, de passer la revue de son régiment et d'en faire connaître la situation.

Donnez ordre que le bataillon qui est à Compiègne se rende à Vincennes: là, vous ferez passer la revue de ce bataillon. Vous lui ferez fournir tous les officiers et sous-officiers qui lui manqueraient et vous le dirigerez sur Orléans.

Les trois bataillons qui sont à Metz doivent être partis; ces cinq bataillons se réuniront à Orléans, sous les ordres d'un colonel en second et de deux majors en second.

Vous me ferez connaître la situation du 1er et du 2e bataillon avant de les faire partir. Il est nécessaire qu'ils soient en bon état, complets en officiers et sous-officiers et qu'il ne leur manque rien.

Le 2e régiment doit être formé à Bordeaux. Ecrivez au général commandant à Bordeaux de vous en envoyer l'état de situation. Ces deux régiments de l'armée d'Espagne et de Portugal formeront un renfort de 7.000 à 8.000 hommes pour ces armées.

NAPOLÉON.

5898. — DÉCISION.

Saint-Cloud, 2 août 1811.

Le général Bertrand demande quelles réponses il doit faire à des officiers illyriens au service d'Autriche, qui ont offert de rentrer pour être employés avec leurs grades.

Je ne veux pas les admettre dans les régiments croates, mais je les admettrai dans les régiments illyriens. Il peut les recevoir pourvu qu'ils soient de bons sujets.

NAPOLÉON.

5899. — AU GÉNÉRAL LACUÉE.

Saint-Cloud, 2 août 1811.

Monsieur le comte de Cessac, je vous envoie un rapport sur les dépôts de Saintes et de Niort. Prenez-en tout ce qui peut vous être utile, et envoyez-le ensuite au ministre de la guerre.

NAPOLÉON.

5900. — AU GÉNÉRAL LACUÉE.

Saint-Cloud, 2 août 1811.

Monsieur le comte de Cessac, j'ai accordé 600 chevaux pour la remonte des dépôts de l'armée d'Espagne. J'ai effacé le 13ᵉ de dragons; c'est par erreur qu'on lui a donné 135 conscrits; mais le 15ᵉ de chasseurs, qui a son dépôt à Auch, a beaucoup plus que 299 hommes : je lui ai donné 70 chevaux. Ordonnez qu'on se procure sans délai ces chevaux, mais recommandez qu'ils aient plus de 5 ans.

NAPOLÉON.

5901. — AU GÉNÉRAL LACUÉE.

Saint-Cloud, 2 août 1811.

Monsieur le comte de Cessac, je vous envoie un état de situation des équipages militaires que je reçois du dépôt de Pau.

NAPOLÉON.

5902. — DÉCISION.

Saint-Cloud, 2 août 1811.

Le maréchal Davout rend compte à l'Empereur de l'arrivée prochaine à Danzig d'un grand convoi de munitions de guerre.	Renvoyé au ministre de la guerre pour ordonner qu'il soit dressé au 15 août un inventaire général de toute l'artillerie de Danzig, en faisant connaître ce qui pourrait manquer.

NAPOLÉON.

5903. — DÉCISION.

Saint-Cloud, 2 août 1811.

Le maréchal Davout signale 88 mauvais sujets appartenant à des corps de l'armée d'Allemagne et dont les colonels désirent se débarrasser.	Incorporer ces hommes dans le bataillon de pionniers de l'île de Walcheren créé par le décret du... (1).

NAPOLÉON.

(1) En blanc. Il s'agit du régiment de Walcheren, créé par decret du 24 janvier 1811.

5904. — DÉCISIONS (1).

Saint-Cloud, 3 août 1811.

Le sieur Bourdeaux, fils de l'ex-ministre de Hollande en Danemark, sergent au 70° régiment de ligne, ayant joui pendant plusieurs mois des prérogatives et émoluments attachés au grade d'officier, on le présente pour une sous-lieutenance d'infanterie.

Accordé.

Les 19 capitaines de la ligne qui ont été désignés par décret du 24 juin dernier pour passer avec ce même grade dans la garde seront-ils promus au grade de chef de bataillon dans la ligne ?

Accordé.

5905. — DÉCISION.

Saint-Cloud, 3 août 1811.

Les compagnies du centre du 4° bataillon du 4° de ligne n'ayant pas encore pu rejoindre le bataillon, celui-ci ne pourra partir avec les trois premiers bataillons du régiment pour Boulogne et devra rester au Havre jusqu'à nouvel ordre

Il n'y a pas d'inconvénient à retarder le départ des trois bataillons du 4° jusqu'au 25 août; aussi bien la place sera préparée à Boulogne. Il est nécessaire que les compagnies de voltigeurs de ces bataillons rejoignent, et qu'ils soient bien organisés. Ce qui est à bord de l'escadre de l'Escaut et ailleurs doit rejoindre à Boulogne puisque les vaisseaux doivent être montés par des compagnies spéciales que j'ai désignées.

NAPOLÉON.

---

(1) Non signées; extraites du « Travail du ministre de la guerre avec S. M. l'Empereur et Roi, daté du 24 juillet 1811 ».

5906. — AU GÉNÉRAL CLARKE

Saint-Cloud, 3 août 1811.

Monsieur le duc de Feltre, j'ai disposé sur le 1ᵉʳ régiment de la Méditerranée, qui est en Corse et à l'île d'Elbe, de 8.520 hommes. Il était fort de 7.700 hommes. Il ne faut donc plus que 8.000 hommes pour remplir toutes les demandes que je lui ai faites. La 2ᵉ colonne mobile doit encore en fournir 3.000 et la 3ᵉ 27. Tous ces hommes doivent se diriger sur l'île d'Elbe et la Corse : ainsi, il y aura de quoi faire face à tout; mais il est nécessaire que le ministre de l'administration de la guerre me fasse connaître si les ordres ont été bien donnés pour l'habillement de tous ces hommes.

Le 6ᵉ de ligne recevra 1.500 hommes, le 14ᵉ léger 1.750 et le 28ᵉ léger en recevra 900 pour son 6ᵉ bataillon. A-t-on bien déterminé qui doit leur fournir l'habillement ? Je désire que le ministre directeur m'adresse une note là-dessus.

Le 2ᵉ régiment de la Méditerranée ou le dépôt de Toulon doit fournir près de 12.000 hommes aux corps que j'ai désignés. Il en a déjà reçu près de 11.000 et je suppose qu'avant que mon décret de ce jour, qui donne une autre destination aux réfractaires de l'arrondissement de la 1ʳᵉ colonne mobile, soit arrivé, il aura reçu les 1.000 hommes dont il avait besoin. Faites-moi aussi connaître si les ordres sont bien donnés pour l'habillement de ces 12.000 hommes.

Sur le régiment de Walcheren j'ai disposé de près de 11.000 hommes; il en a reçu près de 10.000 : il aura ainsi de quoi suffire à tout. La 4ᵉ colonne mobile doit fournir encore 4.000 hommes; j'en dispose autrement par mon décret de ce jour; ainsi ce dépôt se trouve terminé.

J'ai disposé de 10.000 hommes sur le régiment de l'île de Ré; il en avait déjà 8.400, et les 10.000 nécessaires seront complétés avant l'arrivée de mon décret d'aujourd'hui; d'ailleurs, la 4ᵉ colonne mobile a encore 2.300 hommes à fournir, et je leur laisse continuer leur mouvement sur l'île de Ré; sur le régiment de Belle-Ile, j'ai disposé de 4.700 hommes; il les aura reçus au 1ᵉʳ août.

DÉPÔTS DE STRASBOURG ET DE WESEL.

Tous les conscrits réfractaires et déserteurs des divisions militaires assignées à la 1ʳᵉ colonne mobile seront dirigés du moment de la publication du décret que j'ai pris aujourd'hui, sur Strasbourg, ce qui fera environ 4.000 hommes; ceux de l'arrondissement de la 6ᵉ colonne mobile faisant 300 hommes, ceux de l'arrondissement de la 7ᵉ colonne mobile faisant 300 hommes, ceux de l'arrondissement de la 8ᵉ colonne mobile faisant également 300 hommes, ceux de l'arrondissement de la 9ᵉ colonne mobile faisant 600 hommes et ceux de l'arrondissement de la 10ᵉ colonne mobile faisant 1.000 hommes seront tous également dirigés sur Strasbourg. Enfin, les hommes des divisions militaires où il n'y a pas de colonnes mobiles, savoir : les 6ᵉ, 12ᵉ et 18ᵉ, seront aussi dirigés sur Strasbourg, ce qui fera encore plus de 1.500 hommes, de sorte que le dépôt de Strasbourg recevra 13.000 ou 14.000 hommes.

Les hommes des divisions militaires assignées à la 4ᵉ et à la 5ᵉ colonne mobile seront dirigés sur Wesel, ce qui fera 5.000 hommes pour ce dépôt; ainsi le total des deux dépôts de Strasbourg et de Wesel sera de 18.000 ou 19.000 hommes.

Vous donnerez ordre au général de brigade duc de Plaisance de se rendre à Strasbourg, et au général Hogendorp, mon aide de camp, de se rendre à Wesel; ils y prendront le commandement de ces dépôts. Vous ordonnerez également à quatre majors pris parmi ceux des régiments d'infanterie du corps d'observation de l'Elbe de se rendre à Strasbourg pour aider le commandant du dépôt, et à deux majors choisis de la même manière de se rendre dans le même but à Wesel.

Vous donnerez l'ordre aux cadres des deux compagnies du 3ᵉ bataillon de chacun des quinze régiments d'infanterie du corps d'observation de l'Elbe de se rendre à Strasbourg, et au cadre d'une compagnie de chacun des mêmes bataillons de se rendre à Wesel, ce qui fait, pour le dépôt de Wesel, les cadres des quinze compagnies qui prendront chacune 150 conscrits réfractaires, ce qui en emploiera 2.250, et, pour le dépôt de Strasbourg, les cadres de trente compagnies, qui recevront chacune le même nombre de réfractaires, ce qui en emploiera 4.500. Ces cadres suffiront donc pour employer 6.000 à 7.000 conscrits, ce qui donnera le temps de pourvoir aux premiers besoins.

Le ministre directeur enverra des magasins de Paris à Wesel et à Strasbourg, les habits, vestes, culottes et les objets de grand et de petit équipement, savoir : les 3/15 pour l'infanterie légère et les 12/15 pour l'infanterie de ligne, en sorte que, dans les huit jours de leur arrivée au dépôt, ces compagnies pussent être complétées, habillés et armées, et celles de Strasbourg embarquées sur le Rhin pour Wesel, et, de là, se diriger sur l'armée d'Allemagne où tous les conscrits doivent être incorporés.

50 gendarmes d'élite seront envoyés à Strasbourg pour renforcer la gendarmerie et empêcher la désertion; il en sera envoyé 30 à Wesel.

Vous aurez soin de me remettre toutes les semaines l'état de ces deux dépôts, afin qu'on y puisse, à temps, envoyer des cadres pour recevoir les conscrits. Il faut que le directeur des revues fasse de nouvelles recherches pour s'assurer du nombre d'hommes qui arrivera à chacun de ces dépôts, afin que le ministre directeur de l'administration de la guerre puisse faire l'habillement nécessaire sans dépasser les besoins.

Il est nécessaire que le décret que vous recevez aujourd'hui soit envoyé par estafette aux généraux commandant les colonnes mobiles afin qu'ils donnent sur-le-champ des ordres pour la nouvelle destination des réfractaires sur Wesel et Strasbourg.

NAPOLÉON.

5907. — AU GÉNÉRAL CLARKE.

Saint-Cloud, 3 août 1811.

Monsieur le duc de Feltre, faites-moi connaître quand les trois compagnies du 5ᵉ bataillon du 8ᵉ léger, 18ᵉ léger et 23ᵉ de ligne, qui doivent aller chercher 450 conscrits à l'île Sainte-Marguerite, les auront reçus, quand ces hommes seront habillés, armés et en état de partir. Mon intention est de les diriger sur l'Illyrie, où on les incorporera dans leurs bataillons de guerre, ce qui portera ces deux bataillons au très grand complet.

NAPOLÉON.

5908. — AU GÉNÉRAL CLARKE.

Saint-Cloud, 3 août 1811.

Monsieur le duc de Feltre, donnez ordre au général Donzelot de compléter les 11ᵉ, 15ᵉ, 16ᵉ et 22ᵉ compagnies du 2ᵉ régiment d'artillerie à pied à 140 hommes par compagnie, en prenant des hommes dans le 6ᵉ régiment de ligne; de compléter les 4ᵉ et 12ᵉ compagnies d'artillerie italienne à 140 hommes par compagnie, en prenant des hommes dans le 22ᵉ régiment de ligne italien; enfin, de former une compagnie d'artillerie de 140 hommes du régiment d'Isembourg.

Par ce moyen, il y aura quatre compagnies françaises d'artillerie formant 560 hommes, deux compagnies formant 280 hommes et une compagnie tirée du régiment d'Isembourg, 140 hommes. Total : près de 1.200 hommes d'artillerie.

Le général Donzelot doit former de la 1ʳᵉ compagnie de mineurs une compagnie de 120 mineurs, en prenant pour la compléter des hommes de ses régiments d'infanterie. Il fera exercer cette compagnie aux travaux des mines, à faire des globes de compression, etc... Il y a suffisamment d'officiers du génie dans l'île pour diriger les mineurs. Toutefois, envoyez-lui quatre bons sous-officiers de mineurs pour les employer dans cette compagnie.

La 1ʳᵉ compagnie de sapeurs, au lieu de 119 hommes, doit être de 200 hommes. Il prendra des hommes pour la compléter dans le régiment d'Isembourg.

La compagnie de pionniers sera également portée à 200 hommes et complétée par des hommes tirés des bataillons septinsulaires.

La compagnie de pionniers sera également portée à 200 hom- le général Donzelot doit puiser dans le régiment d'Isembourg pour la compléter.

Envoyez ces cadres au général Donzelot, par duplicata et par triplicata. Demandez à ce général à quoi il compte employer les 2.000 marins français et italiens qui composent la marine de Corfou.

Napoléon.

5909. — AU GÉNÉRAL CLARKE.

Saint-Cloud, 3 août 1811.

Monsieur le duc de Feltre, j'avais ordonné que les 4ᵉˢ bataillons des 8ᵉ, 18ᵉ, 23ᵉ, 5ᵉ, 11ᵉ, 79ᵉ, formassent deux demi-brigades de garnison pour Toulon. Faites-moi connaître la situation de ces bataillons, s'ils ont eu de la désertion et comment va l'instruction.

Je désire avoir l'état de toutes les troupes qui se trouvent à Toulon. Je pense que dans ce moment il doit y en avoir beaucoup trop, ce qui doit embarrasser.

Proposez-moi un bon général de brigade à envoyer pour les commander.

Napoléon.

5910. — AU GÉNÉRAL CLARKE.

Saint-Cloud, 3 août 1811.

Monsieur le duc de Feltre, donnez ordre qu'au 15 septembre tous les hommes disponibles, bien montés, des dépôts des 23e et 24e de chasseurs rejoignent leur régiment. Faites-moi connaître le nombre d'hommes dont ces détachements se composeront.

NAPOLÉON.

5911. — AU GÉNÉRAL CLARKE.

Saint-Cloud, 3 août 1811.

Monsieur le duc de Feltre, il y a dans la 7e division militaire deux régiments d'infanterie portugais. Mon intention est que vous en retiriez celui qui a un de ses bataillons à Genève, et ce régiment vous l'enverrez à Mâcon, à Châlons ou à Auxonne. Genève se trouvera ainsi débarrassé d'une garnison inutile et qu'on y dit mal placée, et les trois régiments d'infanterie portugais se trouveront très séparés les uns des autres.

NAPOLÉON.

5912. — AU GÉNÉRAL CLARKE.

Saint-Cloud, 3 août 1811.

Monsieur le duc de Feltre, je vous envoie vos états de l'île de Walcheren, qui m'ont mis parfaitement au fait de tout ce qui se passe de ce côté.

NAPOLÉON.

5913. — AU GÉNÉRAL CLARKE.

Saint-Cloud, 3 août 1811.

Monsieur le duc de Feltre, je vois que les deux petits bataillons de Goeree et de Schouwen sont partis, que les quinze compagnies des 6es bataillons des régiments d'Allemagne sont également parties, ce qui fera plus de 5,000 hommes qui auront été dirigés sur le corps d'observation de l'Elbe.

Donnez ordre au général Gilly de composer le 1er et le 2e bataillons de Walcheren d'hommes étrangers au département des Deux-

Nèthes, de l'Escaut et de la Lys; les hommes de ces départements se trouvant près de chez eux seraient trop enclins à déserter. Ces deux premiers bataillons, complétés chacun à 840 hommes, resteront toujours là pour la défense de l'île.

Au contraire, les 3ᵉ, 4ᵉ et 5ᵉ bataillons du même régiment seront employés à recevoir des conscrits, à les dégrossir et à les diriger, lorsqu'ils seront habillés et en bon état, sur le corps d'observation de l'Elbe, dont ils recruteront ainsi les régiments.

Ordonnez donc au général Gilly qu'il fasse partir le 3ᵉ bataillon complété à 900 hommes, et qu'il dirige ces 900 hommes sur Gorcum et, de là, sur le corps d'observation de l'Elbe. Le prince d'Eckmühl distribuera ces conscrits dans ceux de ses régiments qui sont les plus faibles et renverra à l'île de Walcheren les officiers et sous-officiers qui composaient les cadres.

Pendant que le 3ᵉ bataillon fera son retour, le général Gilly complétera le 4ᵉ, qui, aussitôt qu'il sera porté à 900 hommes, partira également pour se rendre à l'armée du prince d'Eckmühl.

Ordonnez au général Gilly de faire connaître d'avance au prince d'Eckmühl de quel uniforme seront habillés les hommes qu'il lui envoie, c'est-à-dire si c'est de l'infanterie de ligne ou de l'infanterie légère, afin qu'il incorpore dans chaque arme les hommes qui lui appartiennent.

Faites connaître au général Gilly que les chefs de bataillon et officiers qui conduiront ces soldats à l'armée d'Allemagne sans qu'il y ait de désertion, auront bien mérité de moi et en recevront un témoignage.

Il suffira de tenir à Schouwen un bataillon colonial de 400 hommes.

Ordonnez que les compagnies d'artillerie, qui sont à recruter avec des conscrits réfractaires, soient portées à 150 hommes; mon intention est qu'aussitôt que ces hommes seront habillés et mis en bon état, on en fasse partir la moitié, c'est-à-dire 80 hommes par compagnie, pour recruter l'artillerie du corps d'observation de l'Elbe.

NAPOLÉON.

5914. — AU GÉNÉRAL CLARKE.

Saint-Cloud, 3 août 1811.

Monsieur le duc de Feltre, faites-moi connaître quand le 4ᵉ bataillon du 113ᵉ sera en état de partir, complété à 840 hommes, pour aller joindre le 3ᵉ bataillon à Cherbourg.

Je suppose que vous avez donné ordre au dépôt du 52ᵉ régiment de verser dans les 1ᵉʳ, 2ᵉ, 3ᵉ et 4ᵉ bataillons tout ce qu'il a de disponible. En général, c'est un travail que vous devez faire suivre dans vos bureaux; qu'aussitôt qu'il y a des hommes disponibles dans un dépôt, on me propose l'ordre de faire partir ces hommes pour leur bataillon de guerre.

NAPOLÉON.

5915. — AU GÉNÉRAL CLARKE.

Saint-Cloud, 3 août 1811.

Monsieur le duc de Feltre, je suis bien en retard pour les états de situation. Ceux que j'ai sous les yeux sont du 1ᵉʳ juin. Je désire avoir ceux du 15 juillet. Par là, je serai un peu plus au courant.

NAPOLÉON.

5916. — AU GÉNÉRAL LACUÉE.

Saint-Cloud, 3 août 1811.

Monsieur le comte de Cessac, je vous envoie une note qui m'est remise par le ministre de la police. La même chose me revient de plusieurs côtés. On croit que le maïs arrivera trop tard à Santander. Peut-être serait-il convenable d'emmagasiner tout cela pour le compte de l'administration.

NAPOLÉON.

5917. — AU GÉNÉRAL MATHIEU DUMAS.

Saint-Cloud, 3 août 1811.

Monsieur le comte Dumas, je désire que vous me remettiez le livret de la situation au 1ᵉʳ juillet, indiquant ce qui était parti, ce qui était arrivé, ce qui avait déserté et ce qui restait à partir.

Je reçois votre lettre du 1ᵉʳ août, dans laquelle vous répondez à une partie de ce que je vous demandais par ma lettre du même jour. Il reste, sur 1809, 2.000 hommes des départements de Hollande et 400 du département des Bouches-de-l'Escaut, plus, sur 1810, 400 hommes du département de la Lippe, ce qui fait en tout 2.800 hommes; il faut les lever; préparez-m'en la répartition entre ma garde, les cuirassiers, l'artillerie, le train et les cinq régiments hollandais. Il y aura 1.200 marins à lever sur 1809, savoir : 1.000 pour les départements de Hollande et 200 pour le département de l'Escaut. Vous verrez que j'ai déjà disposé de ces 1.200 hommes par le décret que je viens de prendre pour répartir les conscrits de la marine entre les différents équipages. Le total de la levée à faire en Hollande et dans les départements voisins sera donc de 4.000 hommes. La Hollande ne devra plus que 1810. Les départements de Rome et de la Toscane doivent 4.800 hommes. Je crois qu'il faudrait les lever. Proposez-m'en la répartition. J'ai porté la réserve de la marine pour 1812 à 10.000 hommes, en y comprenant les 1.200 que la Hollande fournit sur 1809. Vous recevrez aussi un décret par lequel j'ai définitivement organisé les ouvriers de marine en huit bataillons. Cela ne doit pas déranger votre travail; s'il y a quelques hommes en plus ou en moins, cela n'y fait rien. Quant à la conscription de 1810 et de 1811 de la Hollande, on ne peut pas penser à la lever cette année. La conscription de 1811 de la Hollande doit être dans la même proportion que pour le reste de la France, c'est-à-dire de 3.000 conscrits pour chaque million d'individus, ce qui fera pour la Hollande 6.000 conscrits, dont 2.000 hommes doivent être pour la marine.

NAPOLÉON.

5918. — DÉCISION (1).

| Le maréchal Berthier propose de laisser l'adjudant commandant Pinthon auprès du général Vandermaësen chargé de convoyer les chevaux destinés aux armées de Portugal et du Midi. | Faites partir l'adjudant commandant Pinthon avec le convoi de 750 chevaux qui part le 10 août. |

---

(1) Sans signature ni date; le rapport du maréchal Berthier est du 3 août 1811, l'expédition de la décision est du 4.

5919. — AU MARÉCHAL BERTHIER.

Saint-Cloud, 4 août 1811.

Mon Cousin, il faut avoir soin de faire mettre dans les journaux le détail des prisonniers espagnols qui arrivent d'Espagne. Ecrivez la même chose au ministre de la guerre.

NAPOLÉON.

5920. — DÉCISION.

Saint-Cloud, 4 août 1811.

Le prince Borghese propose de placer à Pignerol une partie du 4°. régiment de chasseurs, les casernes de Turin étant insuffisantes pour loger tout ce régiment.

Approuvé.

NAPOLÉON.

5921. — AU GÉNÉRAL CLARKE (1).

Saint-Cloud, 4 août 1811.

Monsieur le duc de Feltre, donnez ordre au général Vandamme de faire revenir le bataillon du 36° qui est à Ambleteuse, afin d'avoir les bataillons des 51°, 55° et 36° sous les ordres d'un seul major en 2°. Nommez un major en 2° pour aller prendre le commandement au camp de Boulogne.

Les deux bataillons du 44° seront commandés par le major ou par le colonel.

Les deux divisions seront ainsi : l'une, de douze bataillons, l'autre de treize, ce qui doit faire 20.000 hommes d'infanterie.

5922. — AU GÉNÉRAL CLARKE.

Saint-Cloud, 4 août 1811.

Monsieur le duc de Feltre, il est nécessaire que vous donniez l'ordre que tous les conscrits réfractaires que l'on mettra dans le 6° bataillon du 10° et du 20°, ainsi que dans le 5° bataillon du 1er de ligne, ne soient pas des départements des Bouches-du-Rhône ni de Vaucluse, mais plutôt de la 7° et de la 19° divisions militaires. La

---

(1) Non signé, copie conforme.

raison en est simple : je compte diriger ces trois bataillons sur l'Espagne pour y recruter leur régiment. Il faut donc qu'ils ne passent pas chez eux.

Je désire que vous me fassiez faire un état par département de tous les conscrits qui sont dans les 1er et 2e régiments de la Méditerranée, et de tous les corps qui reçoivent à l'île d'Elbe et dans la 8e division militaire des conscrits réfractaires.

Je désire également que les conscrits de l'île de Ré que l'on mettra dans les 5es bataillons des 26e, 66e et 82e régiments, ainsi que ceux que l'on mettra dans les 114e, 115e, 116e, 118e, 119e et 120e régiments, appartiennent tous aux 19e, 9e et 21e divisions militaires, mais qu'il n'y en ait aucun de la 11e, ni de la 10e division. La raison en est que je destine les conscrits de ces neuf régiments à se rendre à Saint-Sébastien. Il est donc avantageux qu'ils ne passent pas à portée de chez eux.

Je destine, au contraire, les deux bataillons du 29e léger à se rendre à Cherbourg. Il est dès lors important que leurs conscrits n'appartiennent pas aux 12e, 21e, 20e divisions militaires; il faut qu'ils appartiennent aux 11e, 10e et 9e divisions militaires.

Donnez ordre au commandant de la 12e division militaire de se rendre aux îles de Ré, d'Oléron et d'Aix et de présider lui-même à tous ces changements et mutations. Il vous en rendra un compte détaillé.

NAPOLÉON.

5023. — DISPOSITIONS PARTICULIÈRES ET POUR M. GÉRARD SEUL (1).

5 août 1811.

Prévenez le général Vandamme que je puis arriver à Boulogne d'un moment à l'autre, que vous ne le savez pas officiellement, mais que vous lui donnez cet avis pour sa gouverne, pour que tout le monde soit à son poste, que les bataillons soient en bon état et sachent bien manœuvrer.

5924. — NOTES RAPPORTÉES DU CONSEIL DU 5 AOUT 1811 PAR LE MINISTRE DE LA GUERRE (1).

Les batteries de Bertheaume sont-elles réarmées ? Dans le cas contraire, s'en occuper sur-le-champ comme d'un objet urgent.

(1) Non signé, copie conforme.

5925. — AU GÉNÉRAL CLARKE (1).

Saint-Cloud, 5 août 1811.

Monsieur le duc de Feltre, j'avais ordonné que 8 pièces de 48 fussent placées au fort impérial de l'île de Kadzand, 8 à la batterie de Flessingue et 8 en bronze à Danzig (2). Il en restait 6 que j'ai fait placer en réserve; mon intention est que vous les fassiez placer à l'île d'Aix.

Je désire que vous fassiez fondre 70 autres pièces de 48, lesquelles seront distribuées de la manière suivante :

8 autres seront envoyées au fort impérial de Kadzand;
8 autres à Flessingue;
18 à la batterie de l'île d'Aix, ce qui, avec les 6 premières pièces, fera 24, qui seront distribuées en trois belles batteries:
8 à Ostende, du côté de la mer;
10 à la batterie de Saumonard;
18 en réserve.

——

70.

A-t-on des boulets creux pour tirer avec ces pièces ?

———

5926. — AU MARÉCHAL BERTHIER.

Saint-Cloud, 6 août 1811.

Mon Cousin, je vous envoie copie d'un décret que je viens de prendre relativement aux blés envoyés en Corse. Les Ministres en enverront l'expédition à votre frère; mais, comme il est très important pour le général Berthier d'en avoir connaissance sans retard, envoyez-lui-en copie non officielle et par duplicata, par Livourne et par Toulon.

NAPOLÉON.

---

(1) Non signé, copie conforme.
(2) Au sujet de Danzig le bureau de l'artillerie a mis en marge cette note : « C'est à Anvers ».

5927. — DÉCISIONS (1).

Saint-Cloud, 6 août 1811.

Projet de décret pour nommer aux places de grand prévôt et de prévôt, créées dans l'Illyrie.

Sa Majesté désire qu'on lui fasse connaître si les officiers proposés parlent l'italien ou l'allemand. L'intention de Sa Majesté est que le chef de la gendarmerie de chaque province entende l'idiome du pays.

On propose à Sa Majesté de décréter que la place de Munster est mise au rang des places de 3ᵉ classe et que le colonel Piolaine, commandant d'armes de Granville, est nommé commandant d'armes de Munster.

Sa Majesté n'a pas signé le décret, parce que M. Piolaine ne parle pas l'allemand. Elle désire que vous présentiez un officier qui possède cette langue.

Comte DARU.

5928. — AU GÉNÉRAL CLARKE.

Saint-Cloud, 6 août 1811.

Monsieur le duc de Feltre, je reçois votre rapport du 5, sur les travaux de l'île d'Aix. Je n'approuve pas l'emploi que vous proposez des 140.000 francs qui avaient été affectés aux travaux de l'île d'Yeu. Je n'approuve pas que l'on fasse un bâtiment pour le commandant de l'île; il faut avant tout que le fort soit fait; mon intention est que les 140.000 francs disponibles de l'île d'Yeu soient employés aux travaux de ce fort, ce qui, joint aux 300.000 francs que j'ai accordés, fera 440.000 francs: en y joignant les 200.000 francs de Rochefort, on aura 600.000 ou 700.000 francs avec lesquels on pourra achever, non seulement le réduit, mais même le fort en terre qui doit l'envelopper. Les raisons que donne l'ingénieur sont frivoles et feraient supposer qu'il est incapable. Du moment qu'on a la mer, on ne peut manquer d'approvisionnements. Quant au défaut de bras, qu'il écrive au préfet pour requérir des maçons; il peut d'ailleurs en prendre dans le régiment de conscrits réfractaires qui est à l'île d'Aix; enfin, il n'en a pas besoin pour le fort en terre. Le

---

(1) Extraites du « Travail du ministre de la guerre avec S. M. l'Empereur et Roi, daté du 17 juillet 1811 ».

régiment de réfractaires peut lui donner 1.000 travailleurs par jour, avec lesquels, en quatre mois, on peut terminer le fort.

Envoyez un bon général, inspecteur du génie, inspecter ces travaux, les tracer et les mettre en train.

NAPOLÉON.

5929. — AU GÉNÉRAL CLARKE.

Saint-Cloud, 6 août 1811.

Monsieur le duc de Feltre, je vous prie de me faire savoir combien les quinze régiments du corps d'observation de l'Elbe pourront faire partir de monde de leur dépôt pour l'Allemagne, au 1er septembre.

NAPOLÉON.

5930. — AU GÉNÉRAL CLARKE.

Saint-Cloud, 6 août 1811.

Monsieur le duc de Feltre, je vous prie de m'envoyer l'état de situation par ordre numérique au 15 juillet. Celui que j'ai est au 15 juin.

NAPOLÉON.

5931. — DÉCISIONS (1).

Saint-Cloud, 6 août 1811.

On propose à Sa Majesté de nommer capitaine dans le régiment des pupilles de la garde le sieur Faber, ex-capitaine adjudant-major de l'École militaire de La Haye;

Sa Majesté n'a pas adopté cette proposition. Son intention est que les cadres des officiers du régiment des pupilles soient complétés par des Français.

Comte DARU.

De confirmer dans le grade de lieutenant le sieur Pissin, qui sert en cette qualité dans le 2e régiment des chasseurs des Montagnes, et que le général de division Travot,

Refusé.

---

(1) Non signées; extraites du « Travail du ministre de la guerre avec S. M. l'Empereur et Roi, daté du 24 juillet 1811 ».

commandant la 10ᵉ division militaire, demande pour aide de camp;

D'accorder à un garde d'honneur d'Amsterdam la faveur d'être admis comme lancier dans le 2ᵉ régiment de chevau-légers lanciers de la garde.

Accordé.

5932. — AU GÉNÉRAL LACUÉE.

Saint-Cloud, 6 août 1811.

Monsieur le comte de Cessac, je vous envoie des pièces que je reçois du général Bertrand. Voici les réponses à faire à ses demandes :

Faire porter l'approvisionnement de Zara à 1.000 hommes pour un an, ce serait une dépense de 50.000 francs. Il me semble que ce serait fort inutile; nous n'avons de guerre avec personne. Qu'il y ait seulement pour 1.000 hommes pendant trois mois. Cela est suffisant, et encore cet approvisionnement ne doit-il se composer que d'objets indispensables tels que blés, biscuits ou farine. Pour Laibach, un approvisionnement de 500 hommes pendant un mois serait plus que suffisant.

Il n'y a pas besoin de viande salée ni de vin; on en trouverait à Zara ou à Raguse, en cas d'événement. C'est une réserve de blé qu'il faut. On pourrait exiger du munitionnaire des vivres qu'il y ait trois mois de blé d'avance dans les places de Zara et de Raguse. Cette précaution pourra être suffisante en tenant la main à son exécution. En résumé, je vois, par l'état n° 1, que vous avez dans le fort de Laibach 38.000 rations de biscuit, c'est-à-dire pour 1.000 hommes pendant trente-huit jours. C'est plus qu'il ne faut. Vous ne devez donc pas dépenser un sol pour cet objet. Il me faut 49.000 rations de biscuit à Trieste. Le commandant de Trieste aura bientôt approvisionné le fort en cas de nécessité, puisqu'il ne peut pas garder la ville; mais puisqu'il n'a pas de biscuit, on pourrait y mettre 8.000 à 15.000 rations qu'on tirerait de Laibach.

NAPOLÉON.

5933. — DÉCISIONS (1).

Rambouillet, 7 août 1811.

Compte rendu de la situation actuelle des manufactures d'armes et de la réduction ordonnée dans la fabrication.

Approuvé.

Le travail arrêté par le comité central de l'artillerie pour l'armement des places maritimes et des batteries de côtes doit-il être soumis à l'approbation de Sa Majesté avant d'être mis à exécution ?

Il faut soumettre à mon approbation tout ce qui tendrait à diminuer l'armement actuel et faire exécuter tout ce qui tendrait à l'augmenter.

Me présenter des observations dans ce sens.

Le général Donzelot fait la demande de 40 mulets pour le service de l'artillerie de Corfou.

Il faut les tirer d'Albanie; on ne peut pas envoyer de chevaux à Corfou, on a assez de peine à y envoyer du blé. Refusé.

Compte rendu des ordres donnés pour le choix de 60 élèves qui doivent sortir de l'Ecole impériale de Saint-Cyr au 1er octobre prochain pour entrer dans l'artillerie.

Approuvé.

On propose à Sa Majesté d'en faire sortir un pareil nombre de l'Ecole de Metz au 1er novembre prochain.

On propose à Sa Majesté de remplacer provisoirement le général Saint-Laurent dans l'emploi de directeur général de l'artillerie en Espagne et de donner au général Noury le commandement de l'artillerie du corps d'observation de réserve;

Approuvé.

De confier le commandement du département de l'Ourthe au général de brigade Harty, employé dans

Approuvé.

---

(1) Non signées; extraites du « Travail du ministre de la guerre avec S. M. l'Empereur et Roi, daté du 6 août 1811 ».

la 17° division militaire, qui ne peut supporter le climat de la Hollande.

On propose à Sa Majesté de remettre en activité, dans son grade de général de division, l'inspecteur aux revues Lamer et de l'employer comme inspecteur général d'infanterie;

Refusé.

D'approuver le passage dans le 23° régiment de chasseurs, du lieutenant Masuyer, du 70° régiment d'infanterie de ligne.

Approuvé.

On propose à Sa Majesté d'accorder un congé de trois mois avec solde au général de brigade Morangié, employé dans la 28° division militaire;

Accordé ce congé à dater du 1er novembre.

D'accorder un congé de deux mois avec appointements au sieur Bauduin, colonel du 93° régiment d'infanterie de ligne, à Amsterdam, pour aller aux eaux d'Aix-la-Chapelle.

Accordé ce congé à dater du 1er novembre.

Le prince de Salm-Kirburg, chef d'escadron au 14° régiment de chasseurs, qui a obtenu de Sa Majesté un congé de trois mois et une prolongation de six mois, demande aujourd'hui à prolonger de nouveau cette permission pour un temps indéterminé.

Le faire rejoindre son régiment.

Lord Beverley, otage anglais, sollicite son échange contre le général Lefebvre-Desnoëttes.

Cet étranger, âgé de 66 ans, est très infirme; sa famille a rendu des services au général d'Oraison lors de sa captivité en Angleterre.

Accordé l'échange contre le général Lefebvre-Desnoëttes, pourvu que le général Lefebvre arrive en même temps en France.

On propose à Sa Majesté de permettre le renvoi à Barcelone du sieur Grégoire Fauverge, âgé de 19

Approuvé.

ans, depuis huit ans en France pour y faire ses études et dont la présence dans ses foyers est nécessaire pour se faire rendre compte de l'administration de ses biens.

Un officier espagnol prisonnier de guerre à Autun, qui a prêté serment et qui a été particulièrement recommandé par le duc de Dalmatie, demande à retourner en Espagne.

Accordé.

On propose à Sa Majesté d'accorder à titre de pension civile à un ancien caporal de vétérans, décoré d'une médaille d'argent par le roi de Sardaigne en 1796, la haute paye de la demi-solde du grade qu'il avait lorsqu'il a reçu cette médaille.

Approuvé.

On rend compte à Sa Majesté des mesures qui ont été prises par M. le général Rapp et approuvées par le prince d'Eckmühl pour réprimer la désertion qui s'est manifestée dans les troupes alliées.

Approuvé.

5934. — AU MARÉCHAL BERTHIER.

Rambouillet, 7 août 1811.

Mon Cousin, faites préparer un 8° convoi de quatre millions, et proposez-moi la distribution de ces sommes selon les besoins de chaque armée.

NAPOLÉON.

5935. — AU MARÉCHAL BERTHIER.

Rambouillet, 7 août 1811.

Mon Cousin, donnez ordre au général Lepic, commandant la cavalerie de la garde en Espagne, de se rendre en France, et au général Chastel, commandant les grenadiers de la garde, de se rendre en Espagne pour y prendre le commandement de la cavalerie de la garde en remplacement du général Lepic.

Napoléon.

5936. — AU MARÉCHAL BERTHIER.

Rambouillet, 7 août 1811.

Mon Cousin, vous donnerez ordre qu'il soit fait les changements suivants à la distribution des fonds du 6° et du 7° convoi.

6° *convoi*. — Le million destiné à l'armée du Centre ne lui sera pas payé; il sera donné à l'armée du Nord qui, par là, recevra :

647.000 francs que le duc d'Istrie a pris à Vitoria;
343.000 francs;
1.000.000 de francs qui étaient des destinés à l'armée du Centre.

1.990.000 de francs, au lieu d'un million.

7° *convoi*. — Les 150.000 francs en argent et les 10.000 francs en traites destinés à l'armée du Centre seront donnés à l'armée du Nord.

Ainsi, l'armée du Nord recevra du 7° convoi :

	En argent.	En traites.	
	750.000 fr.	500.000 fr.	qui lui étaient d'abord destinés.
Plus	150.000 —	100.000 —	destinés à l'armée du Centre.
Total..	900.000 fr.	600.000 fr.	

La nouvelle distribution du 7° convoi sera donc faite de la manière suivante :

A l'armée du Nord : 900.000 francs en argent et 600.000 francs en traites;

A l'armée du Centre, pour le roi, mois d'août : 250.000 francs en argent et 250.000 francs en traites;

A l'armée de Portugal : 750.000 francs en argent et 750.000 francs en traites;

A l'armée du Midi : 250.000 francs en argent et 250.000 francs en traites.

Soit : 2.150.000 francs en argent et 1.850.000 francs en traites.
Total : 4.000.000 de francs.

Mandez au général Dorsenne qu'avec les 3.500.000 francs qu'il reçoit par le 6° et le 7° convoi, j'attends qu'il mette à jour la solde de la garde, de la gendarmerie, et qu'il fasse payer le 113° et le 4° régiment polonais qui sont des régiments étrangers. Donnez-lui l'ordre de diriger de Vitoria 150.000 francs en argent pour Santander et la garnison de Santona, et 100.000 francs en traites pour la même destination. Recommandez-lui également de faire payer à la division du général Bonet une partie de ce qui lui est dû. Demandez-lui de vous envoyer un état de situation de la solde et de vous faire connaître ce qu'on fait des revenus et des sommes qui proviennent des contributions. Ecrivez-lui de presser le recouvrement de tout ce que doivent les gouvernements; car ce secours est le dernier qu'il pourra recevoir cette année.

NAPOLÉON.

5937. — AU MARÉCHAL BERTHIER.

Rambouillet, 7 août 1811.

Mon Cousin, je réponds à votre lettre sur les finances de l'armée d'Espagne. Je vois qu'il est dû à la garde 1.400.000 francs et aux troupes du grand-duché de Berg, 61.000 francs. Mon intention est que, sur les fonds des 6° et 7° convois, la garde et les troupes du duché de Berg soient payées. Faites connaître au général Dorsenne qu'il faut qu'il profite des ressources du pays; qu'il m'est impossible de suffire à des dépenses aussi considérables, si le pays n'y aide pas de toutes les manières; que surtout il fasse tenir la solde de la garde constamment au courant. Recommandez-lui de faire payer de préférence les troupes qui sont en Galice et sur les frontières de Portugal, comme étant le plus près des véritables ennemis. Ecrivez au général Dorsenne que j'approuve qu'on vende, s'il est nécessaire, les domaines nationaux.

NAPOLÉON.

5938. — AU GÉNÉRAL CLARKE (1).

Rambouillet, 7 août 1811.

Monsieur le duc de Feltre, donnez ordre aux deux bataillons suisses qui sont à Toulon de se rendre à Marseille, de se compléter par tout ce qu'il y a de disponible de ce régiment, de mettre leur comp-

---

(1) Non signé, copie conforme.

tabilité en règle, de prendre les effets dont ils auraient besoin et de se tenir prêts à partir au 1ᵉʳ juillet pour se rendre à Paris.

5939. — AU GÉNÉRAL CLARKE.

Rambouillet, 7 août 1811.

Monsieur le duc de Feltre, donnez ordre à la 15ᵉ compagnie du 4ᵉ régiment d'artillerie qui est à Vérone de retourner à Alexandrie. Par ce moyen, il y aura à Alexandrie neuf compagnies du 4ᵉ régiment et une à Turin, ce qui fera dix compagnies. Il serait important que ces dix compagnies eussent au moins un effectif de 1.000 hommes. Il y sera pourvu sur l'état que vous allez me remettre.

NAPOLÉON.

5940. — DÉCISION (1).

Le maréchal Berthier rend compte de la provenance et de l'effectif des troupes qui sont disponibles à Bayonne, et il propose de les faire partir avec le 7ᵉ convoi de fonds.

Approuvé.

NAPOLÉON.

5941. — DÉCISION.

Rambouillet, 8 août 1811.

Le général Clarke propose de donner aux compagnies d'artillerie des 1ᵉʳ et 7ᵉ régiments d'infanterie de ligne italiens et à la compagnie du train d'artillerie de la division italienne l'ordre de partir de Toulouse pour se rendre à Pau.

Approuvé.

NAPOLÉON.

---

(1) Sans date; le rapport du maréchal Berthier est du 3 août 1811 et la décision a été expédiée le 8.

5942. — DÉCISION.

Rambouillet, 9 août 1811.

Si l'intention de l'Empereur est d'envoyer à l'armée d'Aragon le 4ᵉ régiment d'infanterie de la légion de la Vistule, le maréchal Berthier propose d'en retirer les 3ᵉ et 5ᵉ bataillons du 5ᵉ d'infanterie légère qui rejoindraient les 1ᵉʳ et 2ᵉ bataillons de leur régiment à la 2ᵉ division du corps d'observation de réserve.

Approuvé.

Napoléon.

5943. — AU MARÉCHAL BERTHIER.

Rambouillet, 9 août 1811.

Mon Cousin, réitérez l'ordre en Aragon que le cadre du 4ᵉ bataillon du 115ᵉ et le cadre du 4ᵉ bataillon du 120ᵉ se rendent à Bayonne. Cet ordre a été donné plusieurs fois. Faites-moi connaître si vous avez des nouvelles du mouvement de ces deux cadres.

Faites connaître au général Monthion que je vois que les bataillons qui sont à Bayonne ont très peu d'officiers, tandis que les dépôts qui sont tout près ont un grand nombre d'officiers. D'où vient cela ? Il est bien important qu'il fasse connaître pourquoi les chefs de bataillon, capitaines, et même les lieutenants, des vingt-trois bataillons qui sont à Bayonne, ne sont pas à leur poste.

Donnez-lui l'ordre de faire passer la revue des bataillons des 114ᵉ, 117ᵉ, 118ᵉ, 119ᵉ, 31ᵉ léger, afin que les hommes disponibles soient envoyés aux 4ᵉˢ bataillons au camp de Boulogne.

Napoléon.

5944. — AU MARÉCHAL BERTHIER.

Rambouillet, 9 août 1811.

Mon Cousin, donnez à trois compagnies du 114ᵉ et à trois compagnies du 116ᵉ, complétées chacune, officiers et sous-officiers compris, à 120 hommes au moins et à 140 hommes au plus, de se réunir en un bataillon qui prendra le titre de 1ᵉʳ bataillon de marche de la réserve de Bayonne, sous le commandement du chef de bataillon du 116°. Trois compagnies du 117° et trois compagnies du 121°, composées de même, formeront le 2° bataillon de marche de la réserve de Bayonne.

Ces deux bataillons, sous les ordres d'un major en second, seront réunis sous la dénomination de régiment de marche de l'armée d'Aragon, et se mettront en marche le 20 août pour se rendre à Tolosa. Vous donnerez l'ordre en conséquence par estafette à trois compagnies du 121°, complétées chacune de 120 à 140 hommes, de partir de Blois pour se rendre à Bayonne.

Un bataillon, composé de trois compagnies du 117° et de trois compagnies du 118°, complétées chacune à 120 hommes au moins et à 140 hommes au plus, prendra le nom de 3° bataillon de la réserve de Bayonne.

Deux compagnies du 5° bataillon du 120°, complétées à 280 hommes, et quatre compagnies du 122°, complétées à 560 hommes, formeront le 4° bataillon de la réserve de Bayonne. Ces deux bataillons, sous les ordres d'un major en second, prendront le nom de régiment de marche de l'armée du Nord. En désignant deux compagnies du 5° bataillon du 120°, je suppose que le cadre du 4° bataillon de ce régiment n'est pas arrivé à Bayonne; car, si d'ici au 20 août, il était arrivé, on prendrait trois compagnies de ce bataillon qu'on compléterait avec ce qu'il y aurait de disponible dans le 5° bataillon. Ce régiment de marche de l'armée du Nord, complété ainsi à 1.600 hommes, partira le 18 pour se rendre à Bilbao.

Le 4° bataillon du 6° léger, avec quatre compagnies du 17° léger, complétées à 560 hommes, et deux compagnies du 31° léger, fortes de 280 hommes au plus et de 240 hommes au moins, qui formeront le 5° bataillon de marche de la réserve de Bayonne, seront réunis en un régiment qui sera le 2° régiment de marche de l'armée de Portugal. Ce régiment partira du 20 au 30 pour se rendre à Vitoria.

Deux compagnies du 27° de ligne, deux compagnies du 39° et deux compagnies du 59°, fortes chacune de 120 hommes au moins et de 140 hommes au plus, formeront le 6° bataillon de marche de la réserve de Bayonne.

Deux compagnies de chacun des 65°, 69° et 76° formeront le 7° bataillon; et ces deux bataillons, commandés par un major en second, composeront le 3° régiment de marche de l'armée de Portugal, qui se rendra à Vitoria du 20 au 30 août.

Deux compagnies de chacun des 34°, 28° (4° bataillon) et du 75°, formeront le 8ᵉ bataillon de marche de la réserve de Bayonne qui partira du 15 au 20 août pour aller tenir garnison à Mondragon.

Il y aura ainsi dans la Biscaye : 1° un régiment de marche d'Aragon fort de plus de 1.500 hommes; 2° un régiment de l'armée du Nord, fort de 1.600 hommes; 3° le 2ᵉ régiment de marche de l'armée de Portugal, fort de 1.600 hommes; 4° le 3ᵉ régiment de l'armée de Portugal, fort de 1.600 hommes; 5° le 8ᵉ bataillon de marche de la réserve de Bayonne, fort de 800 hommes; ce qui fera plus de 7.000 hommes. Mandez au général Monthion de s'assurer que ces bataillons partent en bon état, qu'ils sont complets en officiers et en sous-officiers, qu'ils ont 50 cartouches par homme, leurs pierres à fusil, leur solde au courant jusqu'au 1ᵉʳ septembre, leur livret en règle où le payement de leur solde soit constaté. Vous donnerez l'ordre au général Caffarelli, moyennant l'arrivée de ces 6.000 hommes, de faire filer sur Burgos toute sa division, savoir : le 3ᵉ, le 105ᵉ, le 5ᵉ léger et le 52ᵉ, désirant qu'au 1ᵉʳ septembre le général Vandermaësen puisse partir avec sa division pour Valladolid. Il est nécessaire que le général Monthion vous instruise de l'arrivée des cadres des 4ᵉˢ bataillons du 115ᵉ et du 120ᵉ, car il sera nécessaire qu'aussitôt que ces cadres arriveront, tous les hommes disponibles des dépôts s'y rendent à Bayonne. Vous ferez comprendre au général Monthion que mon intention est que ces huit bataillons restent en Biscaye jusqu'à ce que les conscrits des dépôts puissent les rejoindre, et qu'on puisse reformer là les vingt-trois bataillons.

NAPOLÉON.

5945. — AU MARÉCHAL BERTHIER.
Rambouillet, 9 août 1811.

Mon Cousin, on m'assure qu'il doit se trouver dans les dépôts de Madrid de bonnes cartes de Sardaigne et d'utiles renseignements sur ce pays. Ecrivez en chiffres au roi, pour qu'il en fasse faire la recherche et qu'il vous les envoie.

NAPOLÉON.

5946. — AU MARÉCHAL BERTHIER.
Rambouillet, 9 août 1811.

Mon Cousin, donnez ordre que les quatre compagnies du 5ᵉ bataillon du 122ᵉ qui font partie du corps du général Vandermaësen continuent leur route pour Léon où elles seront incorporées dans leur régiment qui est avec le général Bonet.

NAPOLÉON.

5947. — AU MARÉCHAL BERTHIER.

Rambouillet, 9 août 1811.

Mon Cousin, donnez ordre que le 2e bataillon du 1er régiment de marche de l'armée de Portugal qui est à Bordeaux se rende à Bayonne, et que le 82e régiment fournisse la deuxième compagnie qu'il doit fournir à ce bataillon. Donnez également l'ordre que tout ce qui appartient au 66e, aux Marennes ou ailleurs, rejoigne le dépôt à Bordeaux.

NAPOLÉON.

5948. — DÉCISION.

Rambouillet, 9 août 1811.

Le maréchal Berthier rend compte qu'il a donné au 4e bataillon du 101e d'infanterie l'ordre de faire séjour à Pau pour s'y refaire avant de partir pour la Navarre.

Ce bataillon n'est pas suffisant pour aller seul à Pau. Il ira jusqu'à Bayonne où il attendra de nouveaux ordres.

NAPOLÉON.

5949. — AU GÉNÉRAL CLARKE.

Rambouillet, 9 août 1811.

Monsieur le duc de Feltre, je réponds à votre rapport du 7. Je vois que le 5e bataillon du 32e de ligne fournit au 2e bataillon du 2e régiment de marche de l'armée du Midi trois compagnies, chacune de 70 hommes.

Donnez ordre que le cadre de la 3e compagnie reste au dépôt pour partir dans une autre circonstance, et que la 1re et la 2e compagnies partent en prenant tout ce qui est disponible dans la 3e compagnie. Ces deux compagnies seront alors de 213 hommes. Vous ordonnerez au 113e régiment de fournir à ces deux compagnies 70 hommes, ce qui les portera à 140 hommes chacune. Vous recommanderez qu'on choisisse dans le 113e des hommes forts, vigoureux et de bonne volonté; ils seront amalgamés dans la 1re et la 2e compagnie du 32e au passage du bataillon.

NAPOLÉON.

5950. — AU GÉNÉRAL CLARKE.

Rambouillet, 9 août 1811.

Monsieur le duc de Feltre, je vois, dans vos états de situation, qu'il y avait au dépôt du 29⁰ régiment de chasseurs à Carcassonne, à l'époque du 15 juillet, 100 chevaux; qu'il devait en être arrivé au 31 juillet 200 et que 100 arriveraient au 4 août, ce qui fait 400 chevaux. Cependant, il me semble qu'il n'y a pas 400 hommes au dépôt de ce régiment. Faites-moi un rapport là-dessus.

NAPOLÉON.

5951. — AU GÉNÉRAL CLARKE.

Rambouillet, 9 août 1811.

Monsieur le duc de Feltre, donnez des ordres pour qu'il soit formé un bataillon de marche de tout ce qu'il y a de disponible à Genève des 5⁰, 11⁰ et 23⁰ de ligne, des 18⁰ et 8⁰ légers et du 79⁰. Ce bataillon sera envoyé à Toulon pour renforcer d'autant les bataillons de ces régiments qui sont à Toulon.

Il partira le 1ᵉʳ septembre de Genève ou de Grenoble, et il se réunira à Valence où il s'embarquera sur le Rhône jusqu'à Avignon.

NAPOLÉON.

5952. — AU GÉNÉRAL CLARKE.

Rambouillet, 9 août 1811.

Monsieur le duc de Feltre, faites partir le 4⁰ bataillon du 113⁰ pour le Havre, où il tiendra garnison à la place du 4⁰ bataillon du 4⁰ de ligne qui rejoindra son régiment à Boulogne. Recommandez au général qui commande au Havre de faire exercer et instruire ce régiment.

NAPOLÉON.

5953. — AU GÉNÉRAL CLARKE.

Rambouillet, 9 août 1811.

Monsieur le duc de Feltre, mon intention est que tout ce qu'il y a de disponible aux 5ᵉˢ bataillons des seize régiments du corps d'observation de l'Elbe, parte des dépôts respectifs bien armés et bien équipés. Les hommes des dépôts qui sont sur le Rhin s'embarqueront sur le Rhin, et se dirigeront sur leurs régiments pour y être incorporés. Les cadres reviendront à leurs dépôts.

Donnez ordre qu'il soit passé une revue extraordinaire du 33e léger à Magdeburg et qu'on m'envoie la situation de ce régiment en me faisant connaître de quelle nation sont les officiers, sous-officiers et soldats.

S'il y avait dans ce régiment des hommes appartenant à la 32e division militaire, le prince d'Eckmühl sera autorisé à leur faire rejoindre un des trois régiments hanséatiques. Je me réserve de prononcer sur ces étrangers quand je connaîtrai leur nombre et leur pays.

NAPOLÉON.

5954. — AU GÉNÉRAL CLARKE.
Rambouillet, 9 août 1811.

Monsieur le duc de Feltre, le dépôt de Niort reçoit beaucoup de chevaux. Je désire avoir un état comparatif des hommes existant au 1er août, en ôtant les hommes désignés pour la retraite et hors de service, et en ajoutant les hommes qui seraient annoncés pour s'y rendre d'Espagne, et qui sont déjà partis de leurs cantonnements, avec l'époque présumée de leur arrivée. On y ajoutera également les hommes montés partis de leurs dépôts au 1er juillet, au 15 et au 1er août. Le total fera le nombre d'hommes disponibles par régiment.

On fera un autre état des chevaux de cavalerie arrivés à Niort, soit venant de la 6e division militaire, soit arrivés avec les hommes, soit provenant de la commande extraordinaire faite il y a deux mois pour le dépôt de Niort. On y ajoutera ce que ce dépôt doit recevoir en chevaux venus avec les hommes des dépôts, lesquels seront portés aussi à l'état des hommes.

On y ajoutera ce qui doit revenir au dépôt provenant des envois des autres régiments qui ne seraient pas encore arrivés, que les dépôts n'auraient pas encore complétés, ou qu'ils auraient complétés, avec l'époque présumée où cela arrivera.

Vous ferez faire les mêmes états pour le dépôt de Saintes, afin de comparer la situation des hommes et des chevaux, et prendre des mesures à temps s'il y avait plus de chevaux que d'hommes.

Enfin, il serait convenable d'envoyer à chacun de ces deux dépôts dix vélites de la garde, les meilleurs et les plus habiles. On les placerait dans les régiments qui en ont le plus besoin.

NAPOLÉON.

5955. — AU GÉNÉRAL CLARKE.

Rambouillet, 9 août 1811.

Monsieur le duc de Feltre, dans l'état que vous me remettez des troupes françaises et auxiliaires par ordre numérique au 1er août, ayez soin de faire mettre aux régiments de cavalerie ce que je leur ai accordé de chevaux sur les 1re, 2e et 3e remontes, ce qu'ils avaient reçu au 1er août et ce qu'ils avaient à recevoir.

NAPOLÉON.

5956. — AU GÉNÉRAL CLARKE.

Rambouillet, 9 août 1811.

Monsieur le duc de Feltre, donnez ordre que les quatre batteries de Bertheaume soient terminées et armées sans délai et qu'on construise sur-le-champ des tours à la gorge de ces batteries; cet objet me paraît de la plus grande importance.

NAPOLÉON.

5957. — AU GÉNÉRAL MATHIEU DUMAS.

Rambouillet, 9 août 1811.

Monsieur le comte Dumas, c'est par erreur qu'on a donné 135 hommes au 13e de dragons. Je désire que ces 135 hommes soient distribués entre les 1er, 2e, 3e et 16e de chasseurs. Je désire que vous preniez en outre sur le dépôt de Paris pour donner à ces mêmes régiments de quoi les compléter à 1.100 hommes. Le 7e et le 8e de hussards sont déjà complétés à ce nombre. Il faut également compléter à 1.100 les 2e, 3e, 9e et 12e de cuirassiers. Ils avaient été portés ainsi dans les premiers états. Il n'aurait pas fallu faire supporter aucune diminution à ces régiments qui, étant en Allemagne, doivent être au complet de 1.000 chevaux. C'est à peu près 500 hommes qu'il faut pour cela.

NAPOLÉON.

5958. — NOTES SUR DANZIG (1).

1° OUVRAGES DU HOLM.

La corne du Holm se trouve composée de cinq ouvrages. Ne serait-il pas préférable que les ouvrages A et B fussent réunis par des courtines ? Ce serait alors une espèce de couronne à laquelle s'appuyeraient les lunettes C et D.

Il semble que cela aurait plus d'avantages que d'inconvénients, puisque la garnison et l'artillerie de ces trois ouvrages deviendraient communes.

L'ouvrage AB près la tête de pont du Holm peut toujours se défendre. Dès lors, ne serait-il pas convenable de prolonger la face de la lunette E, de sorte qu'elle dépendît entièrement de la tête de pont du Holm ? Au contraire, la tête de pont du Holm prise, l'ouvrage à corne tomberait, à moins qu'on ne prolongeât le flanc de la lunette B.

La redoute D me paraît très nécessaire, une caponnière doit joindre les lunettes A à la lunette D, et celle-ci au fort Napoléon. Cette communication, couverte d'un côté par la rivière et de l'autre par toutes les flaques du Holm, sera beaucoup plus sûre que l'autre. On aura de plus l'avantage de faire un chemin couvert contre la rive gauche et l'on pourra arriver au fort Napoléon sur deux colonnes et par deux routes.

On aura soin de discuter cela aux conseils de décembre. Le principal, c'est de former, des ouvrages A et B, un seul ouvrage.

Entre le point C et le fort H (le fort Napoléon) une petite place d'armes, où l'on puisse établir des batteries qui flanquent le fort H et aient des feux pour protéger la redoute Saint-Hilaire, me paraît utile. En plaçant cet ouvrage à 200 toises du fort Saint-Hilaire et à 100 toises du fort Napoléon, on pourrait le faire en forme de flèche, dépendant entièrement du fort Napoléon.

Il serait nécessaire d'établir une batterie sur la rive gauche pour flanquer la tête de pont.

Ainsi donc on voudrait :

1° Que les ouvrages A et B de Holm fussent réunis en un seul ouvrage; que la face en fût prolongée de manière à être indépen-

---

(1) Non signé, copie conforme; non daté : on présume que cette pièce est du 9 août 1811.

dante de la tête de pont du Holm; et que la tête de pont prise, cette couronne puisse se défendre encore, en observant que sa défense serait protégée par toute la rive gauche et que le cheminement de 100 toises de la tête de pont à la couronne du Holm, fait sous le canon de toute la rive gauche, pourrait encore avoir quelques difficultés;

2° Que la redoute E fût carrée et fermée de tous côtés, de sorte que si la tête de pont du Holm est prise la première, cette redoute puisse se lier à la corne du Holm, concourir à sa défense et retarder d'autant le cheminement sur cette corne;

Que si, au contraire, la corne du Holm est prise la première, cette redoute se lie alors à la tête de pont et défende autant le cheminement sur la tête de pont que sur la corne du Holm.

3° Enfin, le but serait d'attacher la corne du Holm A et B directement à la place, de même que la tête de pont s'y trouve attachée.

Par ce moyen, la prise de la tête de pont ou de la couronne du Holm ne couperait pas la communication avec le fort Napoléon.

Du fort Napoléon à la redoute d'Hautpoul, il y aurait également une double communication, l'une le long de la rivière, et l'autre comme le tracé l'indique.

Il me paraîtrait également nécessaire qu'à 200 toises du fort d'Hautpoul, on fît dans la caponnière une flèche qui donnât des feux pour la défense du fort Napoléon et pour celle de la redoute d'Hautpoul.

De même, à 200 toises du fort d'Hautpoul, du côté du fort Weichselmünde, un semblable ouvrage paraît nécessaire.

Il faut faire des projets pour établir une flaque d'eau à 100 toises du canal et pour prolonger cette flaque d'eau depuis le fort Napoléon jusqu'aux pieds des dunes; c'est le seul moyen de donner quelques forces à la redoute d'Hautpoul et à cette communication. On suppose qu'on coupera les arbres et qu'on disposera les terres à 300 toises, depuis le fort Napoléon et la redoute d'Hautpoul jusqu'au fort Weichselmünde.

2° FORT LACOSTE.

Le fort Lacoste devrait être fermé de tous côtés, car, à 1.200 toises de la place, l'ennemi peut de la rive droite, prendre par derrière le tracé actuel.

3° HAGELSBERG ET BISCHOFSBERG.

Quant aux forts du Hagelsberg et du Bischofsberg, il faut laisser suivre le système établi cette année, demander un mémoire et des profils plus importants pour les conseils de décembre.

Serait-il hors de propos de se porter sur le front à 200 toises en avant et d'y établir deux ouvrages en maçonnerie, qu'on fût obligé de prendre avant d'attaquer l'un ou l'autre de ces ouvrages ? Cela aurait l'avantage d'une défense successive, et ce genre de défense est bon dans le cas dont il s'agit. Une garnison de 15.000 à 20.000 hommes, dans une place de 3 à 4 lieues de tour qui en réalité ne peut être sérieusement attaquée que par un point, ne peut bien défendre ce point que par des défenses successives, de sorte qu'indépendamment des ouvrages actuels bien perfectionnés, je voudrais qu'on établît sur les meilleures positions en avant de fortes et belles couronnes, faites successivement et bien revêtues, offrant toutes les ressources de la fortification permanente. Je dis successivement, parce qu'il faudrait quatre ou cinq ans pour bien achever ces ouvrages; mais l'année prochaine, en ne faisant qu'un bastion en avant du Hagelsberg et du Bischofsberg, il est évident qu'on ajoutera déjà un degré de force à ces deux points: les projets seront donc conçus de manière à donner ainsi, d'année en année, de nouveaux degrés de force à ces hauteurs, sur lesquelles se trouve la véritable défense de la place. Les forts Weichselmünde, d'Hautpoul et Napoléon sont sans doute susceptibles d'une bonne défense: mais si l'ennemi veut les prendre, il en viendra à bout tôt ou tard, mais la place n'en reste pas moins intacte. C'est sur les hauteurs qu'il faudra toujours arriver. Ainsi, dans un contour de plusieurs lieues, il ne s'agit que de défendre deux hauteurs, chacune de 200 toises. Il faut donc, sur ces hauteurs, un système de fortification permanente qui prolonge de beaucoup la défense. Il serait aussi très convenable de revêtir le Bischofsberg et le Hagelsberg. Ce revêtissement, pouvant se faire successivement, n'est sujet à aucun inconvénient. On peut toujours se tenir en mesure d'être en défense en quinze jours de temps.

Pour bien comprendre la défense de Danzig, il est nécessaire d'avoir un plan qui s'étende à 1.200 toises et où se trouvent les cotes.

5959. — AU MARÉCHAL BERTHIER.

Rambouillet, 10 août 1811.

Mon Cousin, écrivez à l'officier du génie qui est à Santoña pour lui prescrire, aussitôt qu'il aura suffisamment occupé la rive gauche où est le village de Santoña et le principal des fortifications, de faire occuper la rive droite où est la rade par un bon fort. Après cela, il fera connaître dans quel lieu on peut construire des bâtiments, frégates et même vaisseaux de ligne, si l'on a déjà construit dans ce port, et où il faudrait établir des cales.

NAPOLÉON.

5960. — DÉCISION.

Rambouillet, 10 août 1811.

Le maréchal Davout sollicite l'autorisation de faire venir de Stettin à Magdeburg le détachement du 4ᵉ bataillon du 33ᵉ de ligne.

Accordé.

NAPOLÉON.

5961. — AU GÉNÉRAL CLARKE.

Rambouillet, 10 août 1811.

Monsieur le duc de Feltre, donnez ordre que dans le courant d'août, il soit passé la revue des dépôts des 5ᵉ, 10ᵉ, 22ᵉ et 27ᵉ de chasseurs, et des 2ᵉ, 3ᵉ, 4ᵉ et 10ᵉ de hussards; que tous les hommes hors de service de ces régiments, qui ont droit à la retraite, l'obtiennent; que tous les bagages et embarras inutiles de ces régiments soient vendus : l'inspecteur décidera ce qui devra être transporté dans le nouvel emplacement du dépôt. Recommandez qu'on n'emporte point des objets qui ne valent pas le transport. Les chevaux qui ne vaudraient pas la peine d'être conduits au nouveau dépôt seraient vendus. Ces dépôts se mettront en marche dans les dix premiers jours de septembre, après leur inspection, pour se rendre à Niort, hormis celui du 4ᵉ de hussards qui se rendra à Carcassonne. Par ce moyen, les onze régiments de cavalerie légère qui sont aux armées d'Espagne, auront leur dépôt rapproché des Pyrénées; et leur établissement à Niort, Carcassonne, Auch et Saumur, vous mettra à même de les mieux inspecter et de les tenir toujours en haleine.

NAPOLÉON.

5962. — AU GÉNÉRAL CLARKE.

Rambouillet, 10 août 1811.

Monsieur le duc de Feltre, donnez ordre qu'il soit passé une revue, dans le courant du mois, des dépôts des 26°, 16°, 21°, 6°, 11°, 22°, 18° et 27° régiments de dragons et qu'après avoir donné la retraite ou la réforme aux hommes qui seraient dans le cas de l'obtenir et débarrassé ces dépôts de tous les bagages et objets inutiles, ces dépôts soient mis en marche pour Saintes. Mon intention est que le 4° régiment de dragons qui est à Moulins, le 26° qui va se rendre à Saintes, le 16°, le 21°, le 6° qui vont se rendre à Saintes, le 15° qui est à Soissons, le 11° qui est à Hesdin, le 22°, le 18°, le 27° qui vont se rendre à Saintes, le 24° qui est à Castres, le… (1) formant douze régiments de dragons, soient plus spécialement destinés à l'armée d'Espagne et qu'insensiblement les huit autres régiments en soient retirés par cadres d'escadron, et de manière à ne pas dégarnir l'armée d'Espagne.

Par ce moyen, j'aurai en Espagne, 11 régiments de cavalerie légère, 12 régiments de dragons, 1 régiment de cuirassiers et 1 de chevau-légers, ce qui ferait 25 régiments de cavalerie, nombre suffisant, et j'aurais pour les autres armées 14 régiments de cuirassiers et de carabiniers, 12 régiments de dragons, 23 régiments de chasseurs et de hussards et 8 régiments de chevau-légers, ce qui ferait 57 régiments de cavalerie.

NAPOLÉON.

5963. — AU GÉNÉRAL LACUÉE.

Rambouillet, 10 août 1811.

Monsieur le comte de Cessac, je vous envoie un rapport sur le dépôt de Niort. Il paraît qu'il y a déjà plus de chevaux que d'hommes. Faites-moi un rapport là-dessus. On pourrait envoyer quelques-uns de ces chevaux au dépôt d'Auch au 15° qui peut en recevoir une centaine. On pourrait faire partir des dépôts de cavalerie légère les plus nombreux, quelques détachements d'hommes à pied pour Niort où ils trouveraient des chevaux.

NAPOLÉON.

---

(1) Ces points de suspension existent dans le texte.

5964. — DÉCISION.

Rambouillet, 10 août 1811.

Le général commandant la 2ᵉ division militaire propose de transférer de Charleville à Givet le dépôt du 33ᵉ de ligne.

Approuvé Givet.

NAPOLÉON.

5965. — AU MARÉCHAL BERTHIER.

Rambouillet, 11 août 1811.

Mon Cousin, faites-moi connaître si j'ai encore des ordres à donner pour le corps d'armée de la réserve. Toutes les compagnies d'artillerie ont-elles eu l'ordre de partir pour rejoindre les trois divisions? Quand l'artillerie et les sapeurs pourront-ils également rejoindre?

NAPOLÉON.

5966. — AU GÉNÉRAL CLARKE.

Rambouillet, 11 août 1811.

Monsieur le duc de Feltre, les régiments de marche d'Espagne et de Portugal partis, faites-moi connaître ce que les dépôts de l'armée d'Espagne pourront fournir au 1ᵉʳ septembre pour former un nouveau régiment.

Faites passer une revue du 1ᵉʳ bataillon du 14ᵉ de ligne; il y manque des officiers et des sous-officiers. Il faut pourvoir à ces vacances. Je crois aussi que la réserve ne fournit pas assez de conscrits pour compléter ce bataillon.

NAPOLÉON.

5967. — AU GÉNÉRAL CLARKE.

Rambouillet, 11 août 1811.

Monsieur le duc de Feltre, donnez ordre que le 4ᵉ bataillon du 51ᵉ soit réuni au camp de Boulogne et qu'il n'y ait plus d'hommes détachés.

Donnez le même ordre pour le 36ᵉ et le 55ᵉ.

Ordonnez que les dépôts de ces régiments envoient à Boulogne ce qu'ils ont de disponible.

NAPOLÉON.

5968. — AU GÉNÉRAL MATHIEU DUMAS.

Rambouillet, 11 août 1811.

Monsieur le comte Dumas, je réponds à votre lettre du 9. J'approuve la répartition des conscrits de la Hollande. Il faut donner au 33° léger ce qui est nécessaire pour compléter ses quatre bataillons sur cette conscription. Faites-moi connaître où est le dépôt de ce régiment pour voir s'il vaut mieux les envoyer directement à leur dépôt qu'à Magdeburg. Il ne faut pas mettre les 400 hommes de la Lippe avec les Hollandais; il faut en faire une distribution à part. On pourrait les envoyer recruter les régiments qui sont en Italie.

Sur 4.900 hommes des départements de Rome et de la Toscane, il faut compléter entièrement le 28° de chasseurs qui est toscan. Il faut compléter le 113°. Il faut bien se garder d'envoyer 1.000 hommes au 31° léger; il est inutile d'envoyer tant d'Italiens en Espagne: 200 hommes suffisent. Mais il faut envoyer 1.500 hommes au 11° régiment d'infanterie légère, nouveau régiment que je viens de former par la réunion des bataillons des tirailleurs corses et du Pô. J'approuve la distribution de la levée de la 32° division militaire. J'approuve la modification de 466 hommes que vous faites à celle destinée à la marine. En vous désignant les 13° et 28° de dragons, on a fait une erreur. C'est le 23° et le 28° qu'on a voulu dire. Il ne reste plus à présent qu'à mettre en état la conscription des provinces illyriennes. Ecrivez au général Bertrand pour savoir ce qui a été fait, et présentez-moi un projet de décret pour lever cette conscription en règle.

Faites-moi connaître combien il y a eu de déserteurs aux 10°, 20°, 1ᵉʳ de ligne, 81°, 60°, 101° et 62° pendant leur marche.

NAPOLÉON.

5969. — DÉCISION.

Rambouillet, 11 août 1811.

Le général Clarke annonce que trois compagnies du 4° bataillon du 121° sont parties de Blois pour se rendre à Bayonne. Les compagnies ne seraient rendues à Bayonne vers le 20 août qu'autant qu'on leur ferait prendre la poste.

Je ne veux point que les compagnies de ces régiments prennent la poste. Si elles arrivent le 6 septembre, cela est suffisant.

NAPOLÉON.

5970. — AU MARÉCHAL BERTHIER.

Rambouillet, 12 août 1811.

Mon Cousin, vous donnerez ordre que le 10ᵉ régiment d'infanterie légère reste à Bayonne jusqu'au 1ᵉʳ septembre. Il recevra le 2 les soldats du 4ᵉ bataillon, après quoi il partira le 4 pour rejoindre la division du général Caffarelli. Le cadre du 4ᵉ bataillon restera à Bayonne. Le 4ᵉ bataillon du 101ᵉ séjournera deux jours à Bayonne, après quoi il joindra par Tolosa son régiment à la division Souham. La division italienne entrera dans la Navarre pour se réunir à Pampelune. Elle marchera sur trois colonnes de 2.000 à 3.000 hommes. La 1ʳᵉ colonne entrera du 26 au 30; la 2ᵉ, du 1ᵉʳ au 5 septembre; et la 3ᵉ, du 5 au 8 septembre. On aura soin de leur donner des cartouches à leur départ de Pau. Le général Reille les emploiera pour détruire les brigands. Les dragons Napoléon et les chasseurs royaux feront partie de cette division. Cette division doit rester intacte à Pampelune et aux environs sous les ordres du général Reille qui s'en servira pour pacifier le pays. Aussitôt que les compagnies d'artillerie des 3ᵉ et 105ᵉ régiments seront arrivées, elles recevront leurs caissons, conformément aux ordres du ministre de la guerre. La compagnie d'artillerie du 52ᵉ qui arrivera à Pau se rendra à Bayonne. En général, toutes les compagnies d'artillerie, ne pouvant passer par le chemin de la montagne, se rendront de Pau à Bayonne. Demandez au ministre de la guerre le jour où elles partiront d'Auch, de Toulouse, de Rennes et de Nîmes, afin qu'elles ne fassent point de séjours inutiles dans ces places. Faites-vous remettre par les bureaux de la guerre une instruction détaillée qui fasse bien connaître les lieux où ces compagnies doivent prendre leurs pièces et leurs caissons, et faites de cela une instruction au général Monthion pour qu'il ait l'ensemble de cette opération, et qu'il puisse donner des ordres à tout le monde. Toute l'artillerie de ligne doit se réunir à Bayonne.

NAPOLÉON.

5971. — DÉCISION.

Rambouillet, 12 août 1811.

Le maréchal Davout demande que 100 hommes qui se trouvent montés en ce moment au dépôt du 1ᵉʳ régiment de chasseurs avec les

Tous les hommes montés qui sont aux dépôts, soit des 4 régiments de cuirassiers, soit des 4 régiments de chasseurs, soit

chevaux de la 2ᵉ remonte rejoignent leurs escadrons de guerre au corps d'observation de l'Elbe. des 2 régiments de hussards du corps d'observation de l'Elbe, doivent partir à fur et mesure, et se rendre aux escadrons de guerre en Allemagne. Les hommes à pied, habillés, dont les chevaux sont achetés en Allemagne, doivent également s'y rendre. Faire là-dessus aux majors une circulaire. Cela est d'autant plus nécessaire que les corps de l'armée d'observation de l'Elbe ont plus de chevaux que d'hommes, de sorte que, si l'on devait partir, ces chevaux embarrasseraient beaucoup.

NAPOLÉON.

5972. — AU GÉNÉRAL CLARKE.

Rambouillet, 12 août 1811.

Monsieur le duc de Feltre, vous me rendez compte, par votre lettre du 11, qu'il y avait au dépôt d'Auch 620 chasseurs et 400 chevaux du 15ᵉ de chasseurs. Donnez ordre au général Defrance d'envoyer à Auch 150 chevaux du dépôt de Niort. Il y a au dépôt de Niort plus de chevaux qu'il n'en faut. Par ce moyen, le 15ᵉ régiment de chasseurs aura 550 chevaux. Faites-moi connaître quand ces 550 chevaux pourront se mettre en marche pour entrer en Espagne.

NAPOLÉON.

5973. — AU GÉNÉRAL CLARKE.

Rambouillet, 12 août 1811.

Monsieur le duc de Feltre, faites connaître au général Vandamme que le 124ᵉ qui est tout entier à Bruges doit fournir des colonnes mobiles entre Ostende et l'Escaut et entre Ostende et Dunkerque; que si les fièvres continuent dans le bataillon du 51ᵉ, il envoie ce bataillon à Calais; qu'indépendamment des détachements du 124ᵉ qui doivent former des colonnes mobiles, il doit y joindre des détachements de cavalerie du 11° régiment de hussards.

NAPOLÉON.

5974. — AU GÉNÉRAL CLARKE

Rambouillet, 12 août 1811.

Monsieur le duc de Feltre, donnez ordre qu'un bataillon du 126°, qui est à Bruges, tienne garnison à Ostende.

NAPOLÉON.

5975. — AU GÉNÉRAL CLARKE.

Rambouillet, 12 août 1811.

Monsieur le duc de Feltre, je réponds à votre rapport du 10 août sur l'armement de Danzig.

Faites partir de Magdeburg pour Danzig 5 pièces de 24 et 5 pièces de 18, et s'il n'y a pas de pièces de 18, faites partir 10 pièces de 24 avec 10.000 boulets.

Vous n'enverrez pas de boulets de 20. Les 20 pièces de ce calibre qui s'y trouvent ne seront approvisionnées que pour 12.

Il ne faut pas faire de boulets de 14, puisqu'il y en a de 13.

Il ne faut pas faire faire de bombes de 8 pouces 10 lignes, puisqu'il y en a de 8 pouces 6 lignes.

Il ne faut pas confectionner de nouvelles munitions. Je trouve que c'est déjà trop de 250.000 qui sont confectionnées.

Faites partir de Magdeburg 20.000 boulets de 12, 30.000 de 6 et 8.000 de 3.

1.300 bombes de 8 pouces 5 lignes et un plus grand nombre de bombes avec les mortiers, s'il est nécessaire; 3.200 obus de 5 pouces 6 lignes, et 10.000 livres de fer échantillonné.

Faites partir de Stettin 12.000 boulets de 3.

Faites partir de Küstrin, si cela ne dégarnit pas trop la place, 8.000 boulets de 8. Mais songez qu'il ne faut pas dégarnir Küstrin.

Faites-moi connaître la poudre qui est à Magdeburg, afin d'en faire partir, s'il est possible, 300 milliers pour Danzig.

Je ne veux rien faire partir de Wesel.

Je veux employer l'immense quantité de fers coulés que j'ai à Magdeburg et qui peuvent être transportés par eau dans la saison convenable, à beaucoup moins de frais et avec beaucoup moins de bruit que s'il fallait mettre toutes les forges de la Prusse en mouvement.

Vos mortiers approvisionnés à 1.000 coups me paraissent l'être dans une proportion trop forte. 600 coups sont suffisants. Ainsi 10 mortiers ayant 6.000 bombes sont suffisamment approvisionnés. Il y a 7.000 bombes de 10 pouces 5 lignes. Vous en avez fait expédier de Magdeburg 8.600. Il y a donc 15.000 bombes de ce calibre. C'est de quoi servir 28 mortiers.

Les bombes de 10 pouces 5 lignes peuvent servir aux mortiers de 10 pouces 8 lignes : ainsi les 4 mortiers de 10 pouces 6 lignes qui n'ont pas de bombes doivent être considérés comme approvisionnés. Il y a donc 16 mortiers parfaitement approvisionnés, puisqu'ils ont 15.000 bombes de 10 pouces 5 lignes à 10 pouces 8 lignes.

Il y a 5 mortiers de 8 pouces 10 lignes et il y a 2.300 bombes de ce calibre ; cela paraît encore suffisant.

On a envoyé de Magdeburg 2.700 bombes de 8 pouces 5 lignes, ce qui est suffisant pour les 4 mortiers de ce calibre.

Il y a pour 4 mortiers de 7 pouces 5 lignes 3.500 bombes ; cela est très suffisant.

Il faudrait y envoyer 3 mortiers de 6 pouces 11 lignes pour les 1.200 bombes qui s'y trouvent.

Il y a donc 24.000 bombes à Danzig.

Il y a 40.000 obus contre 40 obusiers.

S'il y avait à Magdeburg 2 mortiers de 11 pouces 2 lignes, il faudrait les y envoyer afin de donner de l'emploi aux 700 bombes de ce calibre qui s'y trouvent.

Faites-moi donc un nouveau rapport. Proposez-moi de tirer de Magdeburg tout ce qu'il est possible d'en tirer, mais ne tirez rien de Wesel et ne faites rien faire de neuf.

NAPOLÉON.

5976. — DÉCISION.

Rambouillet, 13 août 1811.

Le général Clarke propose de transférer de Strasbourg à Phalsbourg le dépôt du régiment de La Tour d'Auvergne, pour prévenir la désertion, trop à craindre à Strasbourg.

Approuvé.

NAPOLÉON.

5977. — AU MARÉCHAL BERTHIER.

Rambouillet, 13 août 1811.

Mon Cousin, vous ferez partir le 8ᵉ convoi de fonds destiné aux armées d'Espagne, du 1ᵉʳ au 5 septembre. Désignez un officier pour l'escorter. Ce convoi sera composé de la manière suivante, savoir :

A l'armée du Nord :

	Argent.	Papiers.
A la division Souham..........	200.000 fr.	100.000 fr.

Ces fonds seront dirigés de Tolosa sur Pampelune et de là sur Logroño. Vous me ferez connaître combien de mois il sera payé à la division Souham avec ces 300.000 francs. Cette division doit être payée de sa solde d'août, de septembre et d'octobre. Le général Reille retiendra sur cette somme ce qu'il lui aurait avancé, cette division ne devant rien toucher des contributions d'Espagne.

Au quartier général à Valladolid, ce qui complètera le secours de 4 millions accordé à l'armée du Nord.	300.000 —	200.000 —
Au roi, à Madrid, pour le mois de septembre..................	300.000 —	200.000 —
A l'armée du Centre, à Madrid...	200.000 —	100.000 —
A l'armée de Portugal..........	750.000 —	750.000 —
A la garnison de Badajoz et au 5ᵉ corps......................	250.000 —	250.000 —
Ce qui fera un total de..........	2.000.000 fr.	1.600.000 fr.
Le même convoi portera en argent.	400.000 fr.	

lesquels seront déposés à Burgos dans la main du payeur pour être tenus en réserve et en être disposé selon l'ordre que je donnerai.

RÉCAPITULATION.

En argent.............................	2.400.000 fr
En traites.............................	1.600.000 —
	4.000.000 fr.

Les 300.000 francs destinés pour la division Souham seront envoyés de Tolosa à Pampelune et à Logroño.

Les 500.000 francs destinés à l'armée du Nord seront laissés à Valladolid.

Les 500.000 francs destinés au roi et les 300.000 francs destinés à l'armée du Centre seront conduits à Madrid.

Les 500.000 francs destinés à l'armée du Midi passeront par l'armée de Portugal.

Vous me ferez connaître le jour où ce convoi arrivera à Burgos. Je suppose que le 7ᵉ convoi est parti.

Il faudra préparer la distribution d'un 9ᵉ convoi, pour la fin de septembre.

NAPOLÉON.

5978. — AU MARÉCHAL BERTHIER.

Rambouillet, 13 août 1811.

Mon Cousin, demandez à l'armée d'Aragon les mêmes états sur les finances que ceux de l'armée du Nord, tant en recettes qu'en dépenses. Répondez au baron Dudon que je n'accepte pas sa démission; que, puisqu'il est dans le pays, il faut qu'il y reste; qu'il doit s'attacher à suivre le système du général Dorsenne, qui ne paraît pas du tout mauvais; qu'il a plus d'expérience que lui dans l'administration militaire; qu'il mette de l'ordre et empêche la dilapidation et seconde le général Dorsenne; que c'est là le principal. Mandez-lui de vous envoyer tous les mois des rapports et des pièces qui puissent me mettre à même de bien connaître l'administration du pays.

NAPOLÉON.

5979. — AU MARÉCHAL BERTHIER.

Rambouillet, 13 août 1811.

Mon Cousin, répondez au général Dorsenne que j'ai vu avec plaisir son budget pour 1811 en recettes et en dépenses; que je l'exhorte à mettre de la persévérance dans son système de faire rentrer les contributions en argent et en nature; que la méthode de faire rentrer la moitié des contributions en nature est effectivement la meilleure à suivre en Espagne; que je lui ai accordé

3.500.000 francs sur le 6° convoi et sur le 7°; que je lui renvoie sur le 8° convoi 500.000 francs afin de compléter les 4 millions nécessaires pour combler l'arriéré de la solde de l'armée; que la division Reille, qui est dans la Navarre, sera soldée sur les ressources de la Navarre; que la division Caffarelli le sera par l'armée du Nord; que la division Souham et la division italienne, qui va arriver, seront soldées à part; que la division italienne sera payée par le Trésor d'Italie; que, pour la division Souham, j'envoie, par le 8° convoi, 300.000 francs qui assureront sa solde pendant plusieurs mois.

Napoléon.

5980. — AU GÉNÉRAL CLARKE (1).

Rambouillet, 13 août 1811.

Monsieur le duc de Feltre, donnez ordre par estafette au colonel du 2° régiment de la Méditerranée de se rendre à Porquerolles pour y commander les deux bataillons de ce régiment et y rester tout le temps que les Anglais demeureront dans la baie d'Hyères.

5981. — AU GÉNÉRAL CLARKE (1).

Rambouillet, 13 août 1811.

Monsieur le duc de Feltre, un grand nombre d'affûts des batteries qui sont entre le Havre et Boulogne ne sont pas peints, ce qui les dégradera promptement. Donnez des ordres à cet égard.

5982. — DÉCISION.

Rambouillet, 13 août 1811.

On propose à Sa Majesté de retirer de Mayence et de Juliers les dépôts des 4° et 5° bataillons de sapeurs et de les réunir à Metz pour les faire participer aux travaux de l'école régimentaire.	Approuvé. Napoléon.

---

(1) Non signé, copie conforme.

5983. — AU GÉNÉRAL LACUÉE.

Rambouillet, 13 août 1811.

Monsieur le comte de Cessac, le dépôt du 2º régiment de hussards n'a pas de selles, ce qui l'empêche de faire partir un détachement qu'il a disponible, pour l'armée.

NAPOLÉON.

5984. — AU GÉNÉRAL LACUÉE.

Rambouillet, 13 août 1811.

Monsieur le comte de Cessac, je vous envoie un résumé d'une revue des 4º et 6º bataillons des régiments qui sont à l'armée d'Allemagne. On y présente le drap comme mauvais, et l'habillement comme ayant beaucoup de défauts dans la confection. Comment le drap est-il mauvais? Il coûte cependant assez cher. Pourquoi est-il mal confectionné? Ce sont cependant les corps qui l'ont fait confectionner. Témoignez-en mon mécontentement aux majors et officiers d'habillement des différents régiments.

NAPOLÉON.

5985. — AU GÉNÉRAL CLARKE.

Saint-Cloud, 14 août 1811.

Monsieur le duc de Feltre, le 15º léger ayant son 4º bataillon à Paris, qui n'a que 330 hommes, ne partira que lorsque, par les conscrits de la réserve, il aura complété ses compagnies à 140 hommes. Alors seulement il partira pour aller rejoindre son régiment en Allemagne.

Donnez ordre aux dépôts des 12º de ligne, 7º et 13º légers, 57º, 48º, 108º, 21º, 30º, 33º, 61º, 111º, 85º et 17º de ligne, de faire partir pour les bataillons de guerre tout ce qu'ils ont de disponible au 5º bataillon, en hommes habillés et en état de faire la guerre. Toutefois, ils ne feront pas partir moins de 60 hommes à la fois; ceux qui ne les auront pas attendront qu'ils les aient, avant de rien faire partir.

Quant aux 25º de ligne et 15º léger, tout ce que le 5º bataillon a de disponible sera versé dans le 4º bataillon; et ces deux 4ᵉˢ bataillons ne partiront que lorsqu'ils seront à 800 hommes.

Je trouve, qu'en général, tous ces régiments ont beaucoup d'hommes, sous le titre d'administration, d'instructeurs d'ateliers, d'enfants de troupe, puisque je vois que chacun de ces régiments a près de 160 hommes. Ces régiments ont 380 hommes qui attendent leur retraite : il faut la leur donner. Je vois qu'il y a 680 hommes à réformer; je suppose que ce sont des conscrits; il faut recommander qu'on soit sévère.

Napoléon.

5986. — AU GÉNÉRAL CLARKE.

Saint-Cloud, 14 août 1811.

Monsieur le duc de Feltre, je reçois votre lettre du 13. Au lieu de camp, je désire que mes troupes soient cantonnées dans la bruyère de Suidlaaren. Donnez des ordres en conséquence. Par là, j'économiserai, et la santé du soldat y gagnera. Faites connaître cela au ministre de l'administration de la guerre, qui s'était préparé à faire des dépenses considérables. Par ce moyen, je n'aurai point d'autre camp que celui de Boulogne.

Napoléon.

5987. — AU GÉNÉRAL CLARKE (1).

Saint-Cloud, 14 août 1811.

Monsieur le duc de Feltre, donnez ordre au 4ᵉ régiment d'artillerie, qui est à Alexandrie, de diriger deux de ses compagnies, fortes de 60 hommes chacune, sur Toulon; vous ordonnerez qu'à Toulon elles soient complétées à 120 hommes par des conscrits réfractaires.

5988. — AU GÉNÉRAL CLARKE.

Saint-Cloud, 14 août 1811.

Monsieur le duc de Feltre, donnez des ordres pour que la troisième commande de chevaux d'artillerie, seulement pour ce qui regarde les bataillons du train de l'armée d'Allemagne, soit faite au commencement de septembre, de sorte que, dans le courant

---

(1) Non signé, copie conforme.

d'octobre, ces bataillons d'artillerie soient complets. Si l'on a encore besoin de chevaux, indépendamment de la troisième commande, on n'en achètera pas sans mon ordre.

Napoléon.

5989. — DÉCISION.

Paris, 15 août 1811.

Le général Clarke propose de dissoudre la 5ᵉ colonne mobile qui a terminé ses opérations.

Approuvé.

Napoléon.

5990. — DÉCISION.

Paris, 15 août 1811.

Le général Clarke rend compte des ordres qu'il a donnés pour envoyer au dépôt du 15ᵉ chasseurs 150 chevaux du dépôt général de Niort.

Approuvé.

Napoléon.

5991. — DÉCISION.

Paris, 15 août 1811.

Etat du nombre de voitures d'artillerie à fournir aux régiments d'infanterie du camp de Boulogne, et des places d'où l'on peut les tirer.

Laisser les choses comme elles sont; seulement le faire mettre en note aux états de situation qui me sont remis. Jusqu'à cette heure laisser le matériel comme je l'ai ordonné.

Napoléon.

5992. — DÉCISION.

Paris, 15 août 1811.

Les retards signalés dans le payement de la solde du dépôt de Saintes proviennent de ce que le payeur de la 12ᵉ division militaire n'a point fait de fonds au payeur de Saintes.

Renvoyé au ministre du Trésor pour punir qui est la cause de ce retard.

Napoléon.

5993. — AU GÉNÉRAL CLARKE.

Paris, 15 août 1811.

Monsieur le duc de Feltre, à la batterie Napoléon du fort de Kadzand il n'y a que 3 mortiers à la Gomer de 12 pouces et 3 mortiers de 10 pouces. Il faut y joindre 6 mortiers à plaque.

Il n'y a que 6 pièces de 36; il faut en ajouter 6 autres.

A la batterie du centre, il faudrait ajouter 3 mortiers à plaque et 3 de 12 pouces à la Gomer.

A la batterie impériale, il faudrait ajouter 6 autres mortiers à plaque.

Enfin, au lieu de 8 pièces de 48, il faudrait en mettre 12.

Ces augmentations paraîtront considérables; mais on ne saurait mettre trop de mortiers à plaque, puisque cette espèce de mortiers tire lentement, et qu'il en faut un grand nombre pour espérer faire quelque effet, surtout lorsqu'il s'agit de tirer aussi loin que possible.

Au lieu donc de 6 mortiers à plaque, qui s'y trouvent aujourd'hui, il y en aura 24; cela n'est pas trop.

Je vais demander beaucoup de mortiers à plaque et à la Gomer pour Flessingue. Ce point de l'embouchure de l'Escaut est le plus important de l'empire. J'attends les plans de l'armement actuel de Flessingue pour décider l'armement définitif de cette place. J'y placerai du côté de la mer 200 bouches à feu de 48-36 et 24, depuis le fort de Montebello jusqu'au fort Saint-Hilaire, et une grande quantité de mortiers. En France, aucun autre point ne peut être comparé à celui-là. Recommandez bien aux travaux de l'artillerie et du génie d'y porter un soin particulier.

Je pense que cette année on n'a pas fait assez de travaux. On aurait pu dépenser 500.000 à 600.000 francs à Veers. On ne saurait trop travailler. J'ai accordé un supplément de 250.000 francs au budget de cette année pour Flessingue. On pourra accorder davantage si on peut le dépenser. Il faut recommander au directeur de prendre ses mesures pour dépenser l'année prochaine à Walcheren 3 à 4 millions.

Faites-moi un rapport sur les projets qui ont été arrêtés aux derniers conseils de décembre pour les travaux à Veers. Il est important de s'occuper de ce poste.

NAPOLÉON.

5994. — DÉCISIONS (1).

Paris, 15 août 1811.

Sa Majesté est priée de faire connaître si les 70 canons de 48 à couler en sus des 30 dont Elle a prescrit la fonte doivent être en fer ou en bronze et si on doit commander 21.000 boulets de 48.

Sa Majesté est priée d'accorder un supplément de fonds pour ces commandes extraordinaires non prévues par le budget.

Ces canons doivent être en fer. La commande peut se partager partie sur cette année et partie sur l'année prochaine. Quant aux boulets creux, me faire connaître de quel calibre ils sont; car nous avons une grande quantité d'obus de 8 pouces qu'il serait important de pouvoir lancer avec des pièces. Quel calibre les bombes de 8 pouces exigent-elles ? Ce doit être un calibre supérieur à 48.

Sa Majesté est priée de fixer à 8 millions de francs la commande des armes en 1812 pour régler à l'avance le nombre d'ouvriers à conserver et la quantité des approvisionnements à faire.

Je ne peux encore régler pour l'année prochaine; il faudra me remettre cela en novembre.

Cession à la marine des magasins d'artillerie de la place d'Amsterdam et proposition d'en évacuer le matériel d'artillerie.

J'approuve qu'on remette ce magasin à la marine. Faire évacuer toute cette artillerie sur Anvers.

Changements proposés dans l'armement des cuirassiers.

Il faut laisser aux cuirassiers leur paire de pistolets et ordonner qu'ils soient liés à l'arçon de manière qu'on puisse les tirer l'un après l'autre ayant le sabre à la main.

Quant à la diminution des sabres, je ne suis pas de cet avis. Nous nous trouvons bien de nos sabres, nous nous trouvons bien

---

(1) Non signées; extraites du « Travail du ministre de la guerre avec S. M. l'Empereur et Roi, daté du 14 août 1811 ».

M. le maréchal duc de Reggio demande pour chef d'état-major le général de brigade baron Lorencez, qui est à Paris, et pour sous-chef d'état-major l'adjudant commandant Grundler, qui commande le département du Simplon.

Sa Majesté est priée de faire connaître si on devra continuer à envoyer au corps d'observation de l'Elbe les déserteurs provenant du dépôt de Passau, et d'approuver la destination proposée pour les 11 portés sur l'état ci-joint.

Plusieurs militaires français en activité de service dans des corps napolitains demandent à rentrer au service de France.

Quelques-uns ont été autorisés à passer dans les corps napolitains; les autres y sont illégalement.

Sa Majesté est priée de faire connaître ses intentions.

On demande les ordres de Sa Majesté sur sept étrangers qui sont dans le régiment de Belle-Ile et qui ont témoigné le désir d'obtenir la permission de retourner dans leur patrie.

On propose à Sa Majesté de décider que les bataillons de sapeurs de Walcheren et de l'île d'Elbe recevront la même solde que les autres bataillons de sapeurs et que les commandants de ces deux bataillons jouiront aussi par analogie

de nos fusils, nous nous trouvons bien de nos pistolets. Nos armes sont les meilleures de l'Europe, tout le monde les envie. Je ne veux rien changer.

Accordé.

Approuvé.

Donner l'état nominatif.

Il ne doit point y avoir d'étrangers dans le régiment de Belle-Ile; les en faire sortir et les envoyer dans un bataillon étranger.

Le décret qui les a formés a tout réglé.

de l'indemnité de représentation annuelle de 600 francs.

On demande à Sa Majesté si, en considération des fonctions d'inspecteur en chef qui ont été remplies par M. l'inspecteur aux revues Prisye et des nombreux déplacements qu'il a éprouvés, l'intention de Sa Majesté est d'accorder 6.000 francs à cet inspecteur qui se trouve dans une très grande gêne.

Accordé.

On propose à Sa Majesté d'accorder une indemnité de 1.000 francs au capitaine de vétérans Rouflary, qui a été chargé gratuitement depuis l'an X du commandement de la place de Pau.

Accordé.

Le prince d'Eckmühl demande si le nommé Bopping, incorporé au 128e régiment, peut conserver la médaille d'argent qu'il a obtenue pour action d'éclat au service de Westphalie.

On peut le laisser porter sa médaille.

On propose à Sa Majesté de remettre à la disposition du ministre plénipotentiaire de Bavière le sieur Lauge, né à Bayreuth, officier fait prisonnier au service d'Espagne et qui a prêté serment.

Approuvé.

5995. — AU GÉNÉRAL LACUÉE.

Rambouillet, 15 août 1811.

Monsieur le comte de Cessac, je vois dans l'état de situation des équipages militaires, joint à votre rapport du 14 août, que le 9e bataillon n'avait encore que 700 hommes, 400 chevaux, 200 voitures et 800 harnais. Faites-moi connaître quand ce bataillon aura tout ce qui lui est nécessaire.

NAPOLÉON.

5996. — AU GÉNÉRAL LACUÉE.

Rambouillet, 15 août 1811.

Monsieur le comte de Cessac, faites-moi un rapport qui me fasse connaître s'il a été pourvu et par qui à l'habillement de tous les cadres qui ont été à Toulon, à l'île de Ré et à Belle-Ile pour y prendre des conscrits réfractaires ? Il y a à Toulon le 2ᵉ régiment de la Méditerranée qui peut lui-même fournir à cet habillement. Il y a le 22ᵉ d'infanterie légère et le 102ᵉ qui peuvent également y fournir eux-mêmes ; le 1ᵉʳ de ligne peut également fournir l'habillement ; mais qui est-ce qui a eu l'ordre de fournir l'habillement du 6ᵉ bataillon du 10ᵉ de ligne ? du 6ᵉ du 20ᵉ ? du bataillon provisoire d'Illyrie qui se trouve à l'île Marguerite et se compose de deux cadres du 8ᵉ léger, du 18ᵉ léger et du 23ᵉ de ligne ? A l'île de Ré, le régiment de Ré s'habille lui-même. Les petits bataillons du 26ᵉ, 66ᵉ et 82ᵉ sont habillés par leur dépôt qui se trouvent près de là, dans la 12ᵉ division militaire. Qui est-ce qui habille les deux bataillons du 29ᵉ léger et ceux des 114ᵉ, 115ᵉ, 117ᵉ, 118ᵉ, 119ᵉ 120ᵉ ? En me rendant compte des mesures que vous avez prises, faites-moi connaître quand vous êtes fondé à penser que tous ces cadres seront habillés et équipés.

NAPOLÉON.

5997. — DÉCISION.

Saint-Cloud, 16 août 1811.

Le ministre de la marine prie Sa Majesté de faire connaître ses intentions sur le sort des hommes des bandes de Schill et d'Oëls, détenus dans les bagnes. Ils sont au nombre de 448.

Renvoyé au ministre de la guerre pour savoir si on ne pourrait pas les incorporer dans des bataillons de pionniers.

NAPOLÉON.

5998. — AU GÉNÉRAL CLARKE.

Saint-Cloud, 16 août 1811.

Monsieur le duc de Feltre, je vous envoie une demande du ministre de la marine de : 450 hommes pour les garnisons d'Anvers, 30 pour Le Havre, 60 pour Cherbourg, 130 pour Lorient, 100 pour Nantes, 140 pour Rochefort, 350 pour Toulon, 140 pour Gênes ; total, 1.400 hommes environ.

Faites-moi connaître si les compagnies définitives qui doivent tenir garnison sur ces bâtiments seront organisées, ou s'il faudra encore y pourvoir par des garnisons provisoires.

NAPOLÉON.

5999. — AU GÉNÉRAL CLARKE.

Saint-Cloud, 16 août 1811.

Monsieur le duc de Feltre, donnez ordre que les 28 compagnies du régiment de l'île de Ré soient portées à 180 hommes chacune, et 20 hommes de cadre, ce qui fera 200 hommes. Cette augmentation de 60 hommes par compagnie emploiera 1.680 conscrits.

Donnez le même ordre pour les six compagnies des 26e, 66e et 82e qui sont dans l'île de Ré, ce qui emploiera de nouveau 300 hommes.

Donnez le même ordre aux deux bataillons du 29e léger, et aux douze compagnies des 114e, 115e, 117e, 118e, 119e et 120e, ce qui emploiera encore 1.200 hommes. Cela donnera de l'emploi à 3.180 conscrits du dépôt. Il y en a 4.000 ou 5.000; il n'en restera donc plus que 2.000. Pour les employer, vous donnerez ordre au cadre du 4e bataillon du 10e léger de se rendre à l'île de Ré, où il prendra 1.200 conscrits.

Les deux compagnies des 5es bataillons des 114e, 115e et 117e régiments formeront un bataillon qui sera commandé par un major en second.

Les deux compagnies des 5es bataillons des 118e, 119e et 120e régiments seront également commandées par un major en second. Donnez ordre que ces deux petits bataillons, ainsi que le bataillon du 29e léger, se rendent à l'île d'Oléron. Faites-moi connaître quand les 5es bataillons des 121e et 122e seront formés. Je pense qu'il faut expédier ces ordres par estafette, car ils sont pressés.

Donnez ordre au général Rivaud de passer une revue extraordinaire de tout ce qui est dans les trois îles, du 20 ou 30 août, et de faire connaître la situation de l'habillement, de l'armement, de l'instruction, etc...

Donnez ordre que le dépôt du fort Lamalgue complète le 5e bataillon du 22e léger qui restera aux îles d'Hyères. S'il y a au fort Lamalgue des conscrits de reste, on complétera les bataillons du 2e régiment de la Méditerranée.

Donnez ordre en Corse que tous les bataillons du 2ᵉ régiment de la Méditerrannée soient également complétés, après qu'on aura satisfait aux autres demandes.

Je vois qu'il y a au dépôt de Port-Louis beaucoup de conscrits. Pourquoi ne les fait-on pas passer à Belle-Ile? Faites-moi un rapport sur ce dépôt. Ordonnez qu'on porte à 200 hommes, si cela est nécessaire, les compagnies de ce dépôt.

NAPOLÉON.

6000. — AU GÉNÉRAL CLARKE.

Saint-Cloud, 16 août 1811.

Monsieur le duc de Feltre, un décret de ce jour ordonne l'armement des batteries de l'embouchure de la Gironde et de celles qui défendent le canal de Rochefort à la Gironde, où je vais faire passer des frégates.

Il est nécessaire en outre d'envoyer au fort Fouras deux mortiers ordinaires, à la batterie de l'Aiguille deux mortiers à plaque et deux mortiers ordinaires, et enfin, à la batterie Madame un nombre semblable de mortiers.

Cet accroissement de bouches à feu est nécessaire à l'embouchure de la Charente, mais cela est moins pressé que pour les autres batteries dont il est question dans le décret.

NAPOLÉON.

6001. — AU GÉNÉRAL MATHIEU DUMAS.

Saint-Cloud, 16 août 1811.

Monsieur le comte Dumas, je réponds à votre lettre du 15. J'approuve le changement de destination des 135 conscrits de 1811, la répartition de la conscription de la Hollande, de la Toscane et des Etats romains, et les mesures que vous prenez pour compléter les dix régiments de cavalerie qui sont au corps d'observation de l'Elbe.

Quant à l'Illyrie, mon intention est de lever 3.300 hommes et de ne point accorder de ménagements. L'Illyrie est une province d'Autriche qui était accoutumée à fournir beaucoup de troupes. Au lieu de 1811 même, je voudrais remonter à 1808, et lever pour les années 1808, 1809 et 1810, 3.300 hommes chaque année, ce qui ferait 9.900 hommes, de n'en prendre que le tiers pour l'actif et les deux tiers pour la réserve, qu'on laisserait dans le pays. On prendrait ensuite, plus tard, celle de 1811. Mais il faut déduire le régiment d'Illyrie, fort de 4.000 hommes, qui est à Turin. Il faudrait vous entendre avec le général Bertrand pour savoir comment cette opération doit se faire. Correspondez activement avec ce général, afin de me présenter un projet.

Je vous renvoie vos états : à l'état n° 1, j'ai ôté les 240 hommes du 113e et 100 hommes au 31e léger ; j'ai augmenté de ces 340 hommes le 11e léger. J'ai approuvé l'état n° 3 : j'ai substitué au 53e le 3e de ligne qui est à Strasbourg et en Bretagne.

NAPOLÉON.

6002. — DÉCISION.

Saint-Cloud, 17 août 1811.

Tableau de la situation des dépôts d'infanterie de l'armée d'Espagne à la date du 1er août.

Me faire connaître ce qu'il y aura de disponible au 1er octobre prochain.

NAPOLÉON.

6003. — AU MARÉCHAL BERTHIER.

Saint-Cloud, 17 août 1811.

Mon Cousin, je désire que vous ordonniez au maréchal Suchet d'envoyer le 1er et le 2e bataillons du 1er régiment d'infanterie légère italien à Tudela, où ces deux bataillons recevront des ordres du général de division Severoli ; et que vous ordonniez au 3e bataillon du 2e régiment d'infanterie légère italien, au 3e bataillon du 4e de ligne et au 3e bataillon du 6e de ligne de se rendre également de Pampelune à Tudela, d'où ils joindront la division Palombini en Aragon. Ce mouvement sera croisé de manière à ce que ces trois bataillons arrivent à Tudela au moment où les deux autres en partiront. D'après ce changement, la division Palombini sera composée de :

Trois bataillons du 2e léger ;
Trois bataillons du 4e de ligne ;
Deux bataillons du 5e de ligne ;

Trois bataillons du 6° de ligne.
Total : onze bataillons.

Cette division gagnera ainsi un bataillon.

La division Severoli sera composée de trois bataillons du 1ᵉʳ léger ;
Trois bataillons du 1ᵉʳ de ligne :
Trois bataillons du 7° de ligne.
Total : neuf bataillons.

Cette division perdra à cet échange un bataillon.

Aussitôt que ces troisièmes bataillons seront arrivés, le maréchal Suchet les fera exercer et les réunira aux autres bataillons de leurs régiments. Vous donnerez ordre également que le 1ᵉʳ escadron de chasseurs royaux se rende à Tudela pour joindre le 3° escadron de son corps, et que le 3° escadron des dragons Napoléon se rende aussi à Tudela, et, de là, à l'armée d'Aragon, pour y joindre les 1ᵉʳ et 2° escadrons de son corps. Par ce moyen, les dragons Napoléon seront réunis à l'armée d'Aragon, et les chasseurs royaux au corps d'observation de réserve. Ainsi les deux divisions italiennes seront complètes et il n'y aura plus de corps rompus. Vous instruirez le vice-roi de ces dispositions et vous recommanderez au général Reille de bien veiller à ce que ces mouvements se fassent de concert avec ceux de l'armée d'Aragon.

NAPOLÉON.

6004. — AU MARÉCHAL BERTHIER.

Saint-Cloud, 17 août 1811.

Mon Cousin, le 7° régiment de chevau-légers a 120 hommes qui arrivent le 16 à Bayonne. Donnez ordre que ce détachement, après quelques jours de repos, continue sa marche sur Burgos. Deux compagnies du 24° régiment d'infanterie de ligne doivent arriver à Bayonne vers la fin d'août ; donnez l'ordre que ces deux compagnies se réunissent à la compagnie du même régiment qui fait partie du 6° bataillon du régiment de marche de l'armée du Midi.

NAPOLÉON.

6005. — AU MARÉCHAL BERTHIER.

Saint-Cloud, 17 août 1811.

Mon Cousin, présentez-moi l'organisation complète du corps d'observation de réserve, formé en quatre divisions, avec l'état des généraux de division, généraux de brigade, adjudants commanmandants et adjoints à l'état-major ; des officiers du génie et d'artillerie, inspecteurs aux revues, commissaires des guerres, chirurgiens, payeurs et chefs des différents services. Voyez, à cet effet, les ministres de la guerre et de l'administration de la guerre. On peut tirer les employés, pour les administrations et les ambulances, de Madrid et de l'armée du Nord. Je désire que vous me présentiez cette organisation bien complète et le plus promptement possible.

NAPOLÉON.

6006. — AU GÉNÉRAL CLARKE.

Saint-Cloud, 17 août 1811.

Monsieur le duc de Feltre, je vous envoie un ordre que j'ai dicté sur l'organisation de l'artillerie et du génie du corps d'observation de réserve de l'armée d'Espagne.

NAPOLÉON.

ORDRE POUR L'ORGANISATION DE L'ARTILLERIE ET DU GÉNIE DU CORPS D'OBSERVATION DE RÉSERVE DE L'ARMÉE D'ESPAGNE (1).

L'artillerie du corps d'observation de réserve sera organisée de la manière suivante :

La 1re et la 6e compagnie du 6e régiment seront attachées à la 1re division ;

La 8e et la 17e du même régiment à la 2e division ;

La 6e et 18e du 4e régiment à la 3e ;

La 8e et la 11e du 1er régiment à la 4e.

(Il faut encore deux autres compagnies pour la réserve.)

La 22e compagnie du 8e régiment, forte de 150 hommes, employée sur les côtes de la Loire à la Gironde, se rendra à Bayonne pour être attachée à l'artillerie de réserve.

---

(1) Non signé, copie conforme.

La 5ᵉ compagnie du 6ᵉ régiment qui est à l'île d'Aix, sera complétée à 120 hommes, au moyen de conscrits réfractaires choisis parmi les meilleurs sujets et les plus sûrs du régiment de l'île de Ré, en ayant soin de ne prendre que des hommes étrangers aux 10ᵉ, 11ᵉ et 12ᵉ divisions militaires, et elle se rendra ensuite à Bayonne, où elle sera également attachée à la réserve.

La 22ᵉ compagnie du même régiment qui est à Rennes, se rendra à l'île d'Aix et y sera également complétée à 120 hommes, par des conscrits choisis de la même manière dans le régiment de l'île de Ré.

Il y aura donc toujours trois bonnes compagnies de 120 hommes chacune pour les besoins extraordinaires de l'armée d'Espagne.

Vous ordonnerez qu'avant de partir de Bayonne les six compagnies attachées aux trois divisions soient complétées chacune à 120 hommes par des hommes fournis par le général Monthion, et pris dans les bataillons sous ses ordres.

Les attelages seront organisés comme il suit :

Les trois compagnies du 4ᵉ bataillon (*bis*), ayant 500 chevaux, seront attachées, savoir : la 4ᵉ et la 5ᵉ à la 3ᵉ division; la 6ᵉ à la 4ᵉ division ou division italienne.

Le 5ᵉ bataillon principal, qui a 360 chevaux, sera attaché à la 2ᵉ division.

Le 4ᵉ bataillon principal, formant 350 chevaux, aura sa 4ᵉ et sa 5ᵉ compagnies attachées à la 1ʳᵉ division, et la 6ᵉ compagnie à la réserve.

Le 3ᵉ bataillon principal et le 10ᵉ bataillon principal seront également attachés à la réserve.

Les compagnies du train italien seront pour la 4ᵉ division, et on y joindra la 6ᵉ compagnie du 4ᵉ bataillon *bis*.

Tout ce qui est destiné pour la réserve restera jusqu'à nouvel ordre dans les cantonnements d'Auch et de Toulouse, hormis ce que vous jugerez convenable d'envoyer à Bayonne, pour les mouvements; le reste se dirigera : ce qui est attaché à la 1ʳᵉ division sur Pampelune, à la 2ᵉ et à la 3ᵉ sur Bayonne, et à la 4ᵉ sur Pau.

Le matériel sera pris comme le porte votre état n° 2.

Vous devez ordonner que tout cela se mette en marche le 25 août pour les 3ᵉ et 4ᵉ divisions, et pour les deux autres successivement jusqu'au 1ᵉʳ septembre.

Vous nommerez les officiers d'artillerie qui doivent être à chaque division.

Ayez soin que le directeur du parc soit à Bayonne pour tout diriger, et envoyez-en le tableau au général Monthion afin qu'il puisse vous rendre compte de l'exécution.

Vous recommanderez que les hommes et les chevaux qui seraient fatigués restent en arrière, sauf à partir huit ou quinze jours après.

Donnez ordre qu'une des trois compagnies françaises de sapeurs soit attachée à chacune des trois divisions (la division italienne a ses sapeurs), et que ces compagnies aient leurs outils.

Le colonel Breuille doit rester à Santona, où il est nécessaire.

Vous nommerez un officier supérieur du génie pour commander le génie du corps d'observation.

Il se tiendra avec l'officier commandant l'artillerie à Bayonne ou à Burgos.

Chacune des trois divisions aura ainsi un officier du génie et un adjoint (faites-en prendre, s'il est nécessaire, à l'école de Metz), et, en outre, une compagnie de sapeurs avec ses officiers.

Réitérez vos ordres pour que les compagnies d'artillerie de tous les régiments, soit à Nîmes, soit à Rennes, se dirigent sans délai sur Bayonne pour rejoindre leurs corps respectifs, avec leurs pièces, leurs caissons d'artillerie, caissons d'infanterie et des transports militaires.

Faites-moi connaître quand tous ces ordres seront exécutés, tant pour l'artillerie régimentaire que pour l'artillerie de ligne.

Réitérez également l'ordre à la compagnie de mineurs et à celle de pontonniers de l'armée de Catalogne de se rendre à Bayonne, où elles sont indispensables.

Arrivées à Bayonne, ces compagnies doivent aussi y être complétées à 120 hommes.

6007. — AU GÉNÉRAL CLARKE.

Saint-Cloud, 17 août 1811.

Monsieur le duc de Feltre, vous ne m'avez pas remis depuis longtemps d'états de mouvements, de sorte que je ne trouve pas le mouvement de la division italienne sur Pau, ni celui de la réserve du général Monthion dans la Biscaye. Envoyez-moi le plus tôt possible ces états de mouvement.

NAPOLÉON.

6008. — AU GÉNÉRAL CLARKE.

Saint-Cloud, 17 août 1811.

Monsieur le duc de Feltre, j'ai reçu un état de situation des régiments de marche de cavalerie de l'armée d'Espagne et des dépôts de Saintes et de Niort au 9 juillet.

Envoyez-moi les mêmes états pour le 15 août.

Faites-moi connaître exactement ce que le général Defrance compte faire partir de l'un et l'autre de ces dépôts.

La colonne de 1.200 hommes démontés de l'armée de Portugal, commandée par le colonel Merlin, qui a passé le 5 juillet à Bayonne, est arrivée, depuis longtemps, à Saintes et à Niort.

Donnez ordre qu'il soit formé un régiment de marche, qui prendra le nom de 1er régiment de marche de cavalerie de l'armée de Portugal. Il sera composé de 200 hommes du 7e de chasseurs, de 200 du 13e et de 220 du 20e; de 160 hommes du 1er de hussards; de 200 du 3e et de 150 du 22e de chasseurs, ce qui fera 1.100 à 1.200 hommes.

Faites-moi connaître quand ce régiment arrivera à Bayonne.

Vous ferez former un autre régiment de marche sous le nom de 1er régiment de marche de cavalerie de l'armée du Midi; il sera composé de 140 hommes du 2e et du 10e régiment de hussards, et de 120 hommes du 26e régiment de chasseurs, ce qui fera 260 hommes.

Le 15e de chasseurs doit avoir au dépôt d'Auch 600 hommes prêts à partir; ils prendront son nom de 15e régiment de chasseurs. Ainsi, il arrivera à Bayonne le plus tôt possible : le 1er régiment de marche de cavalerie de l'armée de Portugal, fort de 1.100 à 1.200 chevaux; le 1er régiment de marche de cavalerie de l'armée du Midi, fort de 260 chevaux, et le régiment de marche du 15e de chasseurs, fort de 600, ce qui fait un total de près de 2.000 chevaux.

Vous donnerez ordre que la compagnie de 60 hommes du 9e de hussards soit remontée, et qu'elle parte pour Bayonne, d'où elle rejoindra son régiment à Pampelune.

Faites partir également un 2e régiment de marche de dragons de l'armée du Midi, qui sera fort de 800 hommes, ainsi qu'un 2e régiment de marche de dragons de l'armée de Portugal, qui sera composé de 260 hommes du 6e régiment, de 300 hommes du 11e, de 200 du 15e, de 200 du 25e, de 16 du 18e et de 6 du 19e; ce qui fait environ 1.000 hommes, et, en tout, plus de 4.000 chevaux, qui seront rendus à Bayonne avant le 15 septembre.

Comme j'ai demandé depuis longtemps un rapport là-dessus, je désire que vous me l'adressiez dans le plus bref délai.

NAPOLÉON.

6009. — DÉCISION (1).

17 août 1811.

On demande à Sa Majesté si, nonobstant les dispositions du décret qui a supprimé les fonctions d'intendant général à l'armée d'Allemagne, M. de Villemanzy ne doit pas continuer d'être chargé de la régularisation des dépenses des armées, qui ont été faites en Allemagne pendant les années 1806, 1807, 1808 et 1809, et de la liquidation des dépenses qui restent à acquitter.

Oui.

6010. — AU MARÉCHAL BERTHIER.

Saint-Cloud, 18 août 1811.

Mon Cousin, vous recevrez un décret sur l'expédition des convois d'habillement aux corps qui sont en Espagne. Désignez sans délai l'adjudant général ou le général de brigade qui doit être chargé auprès de vous de cette partie importante. Ecrivez au général Monthion et au commandant du dépôt de Pau de faire former le 1er convoi. Voyez le ministre de l'administration de la guerre, pour savoir s'il a les éléments nécessaires pour former les états mentionnés en l'article 2; sans quoi, faites partir sans délai des officiers supérieurs pour visiter et inventorier les magasins des dépôts. Faites-moi connaître qui est-ce qui pourvoit aux dépenses du transport des effets d'habillement des dépôts à Bayonne et depuis Bayonne jusqu'à Séville.

NAPOLÉON.

---

(1) Non signée; extraite du « Travail du ministre de la guerre avec S. M. l'Empereur et Roi, daté du 14 août 1811 ».

6011. — AU MARÉCHAL BERTHIER.

Saint-Cloud, 18 août 1811.

Mon Cousin, donnez ordre au général Vandermaësen de partir de Burgos le 1er septembre avec sa division et de se rendre à Valladolid. Logroño sera occupé par le général Souham. Les 3e de ligne, 105e, 5e léger et 52e, avec les généraux de brigade que le général Caffarelli aura désignés, occuperont Burgos. Il est nécessaire de laisser à Burgos 600 chevaux, jusqu'à ce qu'ils soient remplacés, indépendamment de la gendarmerie. Faites-moi connaître quelle est la force de la cavalerie qu'emmène le général Vandermaësen. Prévenez de ce mouvement le général Caffarelli, afin qu'il active toutes ses dispositions sur Burgos. Prévenez de ce mouvement le général Dorsenne, et faites-lui connaître que mon intention est que toute ma garde, infanterie, cavalerie, artillerie, soit réunie dans le 6e gouvernement, ainsi que le régiment de lanciers du duché de Berg et la légion de gendarmerie à cheval.

NAPOLÉON.

6012. — AU GÉNÉRAL CLARKE.

Saint-Cloud, 18 août 1811.

Monsieur le duc de Feltre, je vois par votre lettre du 17 que deux escadrons du 14e régiment de chasseurs arriveront à Avignon le 22 août. Donnez ordre qu'ils en partent le 25 pour se rendre à Pau. Si ces escadrons perdaient quelques chevaux en route, ou que des chevaux arrivassent fatigués, vous donnerez ordre que les hommes se rendent avec leurs selles au dépôt de Niort où il leur sera fourni des chevaux.

NAPOLÉON.

6013. — AU GÉNÉRAL CLARKE.

Saint-Cloud, 18 août 1811.

Monsieur le duc de Feltre, vous donnerez l'ordre au général Defrance de faire fournir 150 chevaux au 1er de hussards, aussitôt qu'il sera arrivé à Niort.

J'ai donné ordre au 14e régiment de chasseurs, qui est à Turin, de faire partir deux escadrons, forts de 500 chevaux, pour Avignon. Donnez ordre au même régiment de faire partir un escadron de 200 hommes à pied, habillé, équipé et armé, mais sans chevaux ni selles, pour se rendre au dépôt de Niort, où cet escadron sera monté. Il ne restera à Turin qu'un escadron fort de 250 chevaux.

NAPOLÉON.

6014. — AU GÉNÉRAL LACUÉE.

Saint-Cloud, 18 août 1811.

Monsieur le comte de Cessac, vous ne m'avez pas envoyé l'état du dépôt de Saintes; vous ne m'avez envoyé que celui du dépôt de Niort.

NAPOLÉON.

6015. — DÉCISION.

Saint-Cloud, 18 août 1811.

Le maréchal Berthier propose de faire partir de Bayonne, sous l'escorte des 2e et 13e régiments de marche de l'armée de Portugal, les 4e, 5e et 6e compagnies du 11e bataillon principal du train d'artillerie, destinées à l'armée du Midi.	Approuvé. Instruire de cela le duc de Raguse et le duc de Dalmatie. Leur faire connaître la situation de ces chevaux et de ces voitures à leur départ de Bayonne, à leur passage à Vitoria et à leur arrivée à Burgos.

NAPOLÉON.

6016. — AU MARÉCHAL BERTHIER.

Saint-Cloud, 19 août 1811.

Mon Cousin, remettez-moi un état de situation de l'armée de Portugal, divisé en cinq colonnes, savoir : pour l'infanterie, une colonne présentant ce qui était porté dans les derniers états de situation; une deuxième colonne, ce qui est détaché aux dépôts dans les 6e et 7e gouvernements et à Madrid; une troisième colonne, ce qui fait partie de la division du général Vandermaësen; une quatrième colonne, ce qui fait partie de la réserve de Bayonne; la cinquième colonne, le total de la force du corps, la réserve arrivée.

L'état de la cavalerie contiendra une colonne indiquant ce qu'il y avait de présent aux corps à la dernière époque; une seconde colonne, ce qu'il y avait aux dépôts des 6e et 7e gouvernements et de l'armée du Centre; une 3e colonne, ce qui faisait partie des régiments de marche de l'armée de Portugal et de l'escadron de cavalerie légère; ce qui était aux dépôts de Saintes et de Niort, enfin, la force des régiments après que tout cela aura rejoint.

NAPOLÉON.

6017. — AU MARÉCHAL BERTHIER.
Saint-Cloud, 19 août 1811.

Mon Cousin, donnez des ordres pour que le 1er bataillon du régiment de marche de Portugal, qui arrive le 26 à Bordeaux, le 2e bataillon, qui y arrive le 26, et le 2e bataillon, qui y arrive le 1er septembre, continuent leur route pour Bayonne où sera réuni ce régiment.

NAPOLÉON.

6018. — AU MARÉCHAL BERTHIER.
Saint-Cloud, 19 août 1811.

Mon Cousin, réitérez l'ordre que le bataillon que le 12e léger a dans le 6e gouvernement parte sans délai, s'il n'est déjà parti, pour se rendre à l'armée du Midi. Faites connaître au général commandant l'armée du Nord que l'exécution de cet ordre n'admet aucun délai.

NAPOLÉON.

6019. — AU MARÉCHAL BERTHIER.
Saint-Cloud, 19 août 1811.

Mon Cousin, réitérez donc l'ordre au maréchal duc de Raguse, au général Dorsenne et au général qui commande à Salamanque, de renvoyer tous leurs hommes à pied de cavalerie, d'artillerie et d'équipages militaires, afin qu'on puisse les remonter et les renvoyer en état de faire la guerre. Ecrivez au général qui commande dans le 7e gouvernement qu'il y a à Toro et à Zamora : 200 hommes des 2e et 3e compagnies du 4e principal du train, 80 de la 3e compagnie du 2e bataillon *bis*, 20 de la 3e compagnie du 9e *bis*, 80 de la 6e compagnie du 12e bataillon *bis*, 100 de la 3e compagnie du 10e principal, 100 de la 2e compagnie du 11e principal, 30 ouvriers d'artillerie. ce qui fait plus de 600 soldats du train qui n'ont pas de chevaux et qu'il faut, sans délai, renvoyer à Bayonne.

NAPOLÉON.

6020. — AU GÉNÉRAL CLARKE.
Saint-Cloud, 19 août 1811.

Monsieur le duc de Feltre, réitérez les ordres en Corse pour que les deux bataillons du 1er régiment de la Méditerranée qui sont à l'île d'Elbe soient complétés.

Donnez ordre que, dans le courant de septembre, les deux bataillons qui sont en Corse soient débarqués à Livourne, et, de là, se rendent au corps de l'Italie méridionale, ce qui aura l'avantage d'ôter de la Corse 1.500 hommes et de les voir de plus au corps d'observation de l'Italie méridionale.

NAPOLÉON.

6021. — AU GÉNÉRAL CLARKE.
Saint-Cloud, 19 août 1811.

Monsieur le duc de Feltre, aussitôt que le 4e bataillon du 22e léger sera parti des îles d'Hyères pour la Spezia, le 5e bataillon du même régiment, complété à 600 hommes, le remplacera aux îles d'Hyères. Le 4e bataillon continuera sa route des îles d'Hyères pour Rome.

Donnez ordre aussi que, pour augmenter la garnison des îles d'Hyères, on envoie un bataillon du 2e régiment de la Méditerranée de ceux qui sont dans la presqu'île de Cépet.

NAPOLÉON.

6022. — AU GÉNÉRAL CLARKE.
Saint-Cloud, 19 août 1811.

Monsieur le duc de Feltre, réunissez 12 mortiers à plaque au fort impérial de l'île de Kadzand, savoir :

6 qui s'y trouvent;
3 que vous prendrez aux trois batteries, entre Ostende et Dunkerque;
3 que vous prendrez dans la rade d'Ambleteuse.

Vous en placerez 18 à Flessingue, savoir :

4 qui y sont;
2 qui sont à Anvers;
7 de la batterie du Perrey, près du Havre;
4 de la batterie de l'ouest d'Ambleteuse;
1 de la batterie de la tour d'ordre de Boulogne.

—

18.

Indépendamment de ce, mettez 6 mortiers de 12 pouces à la Gomer (ordinaires) au fort impérial de Kadzand, et 24 autres de 12 pouces à la Gomer sur les batteries de mer de Flessingue, ce qui fera 60 mortiers entre ces deux points.

Placez entre la Gironde et la Charente, conformément à mon dernier décret :

2 mortiers à plaque que vous prendrez à la batterie Augereau, à Brest;
2 id., que vous prendrez à la batterie Warée;
1 id., à la batterie de l'Ornel.

—

5 mortiers à plaque.

Comme j'ai besoin d'un grand nombre de mortiers à plaque, faites-en fondre 30 à Liège, 30 à Indret et 30 à la fonderie de la marine, près Grenoble. Faites-les faire de la plus grande espèce, afin qu'ils jettent les bombes le plus loin possible.

Vous vous servirez pour les îles d'Hyères des mortiers qui auront été fondus près de Grenoble.

NAPOLÉON.

6023. — AU GÉNÉRAL CLARKE.

Saint-Cloud, 19 août 1811.

Monsieur le duc de Feltre, je vous ai demandé un travail sur les îles d'Hyères, sur leur armement et sur les fortifications qu'on pourrait y faire. Je n'ai encore rien reçu.

Envoyez-moi un rapport sur l'armement de l'île de Ré et de la batterie du Saumonard.

NAPOLÉON.

6024. — AU MARÉCHAL BERTHIER.

Saint-Cloud, 20 août 1811.

Mon Cousin, donnez ordre au duc de Raguse, commandant l'armée de Portugal, de renvoyer à Burgos l'état-major et tout ce qui appartient au 15e régiment de chasseurs, et à Valladolid tout ce qui appartient au 1er régiment de hussards, vu que ces deux régiments ne doivent plus faire partie de l'armée de Portugal, le 1er de hussards devant être attaché désormais à l'armée du Nord et le 15e de chasseurs devant appartenir à l'armée de réserve, division Caffarelli. Vous ajouterez que j'ai, en conséquence, donné l'ordre que les détachements de ces régiments, qui viennent de France, s'arrêtassent en route pour s'y réunir à leur régiment. Vous lui ferez connaître l'importance de ces mesures, qui mettent à même de compléter sans délai ces deux régiments et permettent de ne plus rien retenir des autres régiments dans le Nord. Le duc de Raguse doit avoir reçu le 26e de chasseurs. Mandez-lui tout ce qu'il va recevoir.

Donnez ordre au détachement du 1er de hussards qui se trouve faire partie du régiment de marche de cavalerie légère, qui est arrivé le 19 à Valladolid, d'y attendre le reste de son régiment. Tout ce qui appartient au 3e de hussards, aux 22e et 26e de chasseurs, dans l'escadron de l'armée de Portugal qui fait partie de ce régiment de marche, rejoindra à Valladolid la colonne du général Vandermaësen; l'escadron de ce même régiment qui appartient à l'armée du Midi rejoindra également le général Vandermaësen et se rendra avec lui à l'armée de Portugal, d'où ces détachements rejoindront l'armée du Midi. Les 600 hommes du 15e de chasseurs, qui doivent partir du dépôt d'Auch dans les premiers jours de septembre, se rendront à Burgos où ils feront partie de la cavalerie de l'armée de réserve, division Caffarelli. Le général Caffarelli écrira au duc de Raguse pour être instruit de l'époque où devront arriver les premiers escadrons qu'il renvoie. Les 200 hommes qui font la force de ces premiers escadrons, réunis aux 600 arrivant de France, feront au général Caffarelli un beau régiment de 800 hommes montés.

Quant au 1er de hussards, qui doit rester à Valladolid pour faire partie de l'armée du Nord, le général Dorsenne écrira également au duc de Raguse pour savoir le jour où les premiers escadrons et l'état-major du régiment arriveront à Valladolid. Il retiendra les détachements venant de Niort, de sorte que ce régiment sera bientôt à 600 chevaux.

Le 14ᵉ de chasseurs, qui a ordre de se rendre du Piémont à Pau, sera attaché à la division Souham; ainsi, la cavalerie de l'armée de réserve sera composée de la manière suivante : le 9ᵉ de hussards à la 1ʳᵉ division, qui est celle du général Reille; le 15ᵉ de chasseurs à la 2ᵉ division; le 14ᵉ de chasseurs à la 3ᵉ division; les chasseurs royaux italiens à la 4ᵉ division, ce qui fait à peu près 500 chevaux par division.

Donnez ordre que le 6ᵉ provisoire de dragons, composé des 3ᵉ et 4ᵉ escadrons du 12ᵉ et du 16ᵉ de dragons, quittent l'armée du Nord pour rejoindre en Andalousie leurs régiments qui sont à la division Milhaud. Aussitôt après leur arrivée, ce régiment provisoire, le seul qui reste, sera dissous.

NAPOLÉON.

6025. — AU GÉNÉRAL CLARKE.

Saint-Cloud, 20 août 1811.

Monsieur le duc de Feltre, je crois qu'il serait nécessaire de tenir un 5ᵉ bataillon d'infanterie à Grave.

NAPOLÉON.

6026. — AU GÉNÉRAL CLARKE.

Saint-Cloud, 20 août 1811.

Monsieur le duc de Feltre, vous payez pour l'abatage des perches destinées au camp de Boulogne et pour leur transport des forêts au camp; il me semble que c'est dépenser de l'argent mal à propos. Tous les régiments ont leurs chevaux d'artillerie, c'est-à-dire qu'ils ont 200 à 300 chevaux disponibles. Il faut donc leur livrer les perches dans les forêts, et que ces régiments soient chargés de les transporter. On paie un franc pour le transport de chaque perche. Si le marché était bien fait, cela ne coûterait pas six sous; mais, par le moyen que je viens de prescrire, cela ne coûtera rien du tout. Il faudra 80.000 perches. Au prix que vous payez ce serait donc une dépense de 80.000 francs; cela pourrait ne coûter que 20.000 francs; mais la dépense sera nulle, moyennant ces nouvelles dispositions.

Envoyez vos ordres par estafette, pour arrêter cette dépense qui a lieu tous les jours.

NAPOLÉON.

6027. — AU GÉNÉRAL CLARKE.

Saint-Cloud, 20 août 1811.

Monsieur le duc de Feltre, je réponds à votre lettre du 19 sur les tours modèles. Je vois qu'on a commencé à en bâtir à la batterie du Saumonard, île d'Oléron, à l'île de Goeree, au Helder, à Willemstad et aux îles d'Hyères, et que ces tours sont comprises dans le budget; que l'on a commencé sur le fonds spécial six tours à Brest, une à Blankenberghe, une sur la Bidassoa, et deux à La Rochelle, et que l'on va en commencer deux à Marseille. Je trouve que toutes ces tours sont importantes. Les quatre tours de la rade de Bertheaume doivent être armées cette année; celles de Cornouailles et de Vauban peuvent n'être finies que l'année prochaine: celle de Blankenberghe doit être terminée cette année. Les deux batteries de Marseille sont très importantes; il faut les faire commencer sans délai.

Je pense que ce nombre de tours n'est pas suffisant. J'en ai prescrit plusieurs entre La Rochelle et la Gironde, qu'il faut commencer sans délai.

Je désire qu'on en construise une de seconde espèce à la batterie du cap Cepet, pour défendre la haute rade de Toulon, afin que cette batterie, si importante, ne puisse dans aucun cas être surprise par un débarquement. Il faut également faire construire une tour aux Sablettes en faisant détruire les ouvrages qui sont là. Cette tour sera placée à la pointe de l'isthme, battant la plage opposée à Toulon et empêchant tout débarquement sur cette plage, et assurant la rentrée dans la presqu'île du cap Cepet, si l'ennemi venait à s'en emparer par mer. Les ouvrages qui ont été faits dans la presqu'île l'ont été dans la supposition que l'ennemi viendrait par terre. Cela a été fait lors de la campagne du prince Eugène; les circonstances sont bien différentes. Ces ouvrages ne sont que dangereux. Si 5.000 à 6.000 Anglais venaient à prendre le cap Cepet, ils pourraient s'y maintenir assez de temps pour faire du mal à la rade, et les ouvrages de l'isthme seraient faits exprès pour eux. Il faut donc les détruire et y substituer une simple tour.

Je pense qu'il faudrait faire une tour de première espèce à West-Cappel. Cette batterie est fort importante. Elle défend la passe française, et des bâtiments venant par cette passe trouveraient protection. Il faut, sur ce point, une batterie de pièces de 36 et une tour de première espèce avec un chemin couvert tout autour, de manière qu'il faille ouvrir la tranchée pour la prendre, et que l'on puisse s'y défendre quelques jours. Faites faire le projet de cette tour et de cette batterie.

Enfin, pour ce travail, que vous me remettrez en novembre, faites bien reconnaître les quatorze ou quinze îles hollandaises, depuis le Texel jusqu'à Hamburg. Il serait possible que j'adoptasse le projet d'occuper toutes ces îles par un détachement de 100 hommes et par une tour, qui me rendraient maître de la navigation intérieure du Watten.

NAPOLÉON.

6028. — AU GÉNÉRAL MATHIEU DUMAS.
Saint-Cloud, 20 août 1811.

Monsieur le comte Dumas, je vous envoie l'état des versements que le ministre de l'administration de la guerre se propose de faire sur les magasins de Strasbourg et de Wesel. Faites-moi connaître si ce sera suffisant et quelle est la quantité de déserteurs et de conscrits réfractaires que recevront ces deux dépôts pendant août, septembre et octobre.

NAPOLÉON.

6029. — ORDRE.
Paris, 20 août 1811.

Le ministre de la guerre fait connaître au général Gassendi que l'Empereur, après avoir reçu le rapport sur Danzig, voit qu'il y existe 386.000 boulets et qu'il faudrait y en envoyer 92.000; mais que, sur ce nombre, au moins 60.000 sont pour l'équipage de campagne et que Sa Majesté, à moins d'événement majeur et extraordinaire, est d'avis qu'on peut ajourner ces transports jusqu'au mois de mars prochain. Comme il y a des bombes de 13 pouces à Danzig, l'Empereur croit qu'il serait peut-être convenable d'y envoyer de Magdeburg un mortier de ce calibre.

Le duc DE FELTRE.

6030. — AU MARÉCHAL BERTHIER.
Saint-Cloud, 21 août 1811.

Mon Cousin, je vous renvoie la lettre du maréchal Suchet. Faites faire l'extrait de ce qui regarde la Catalogne et envoyez-le au ministre de la guerre pour qu'il le transmette par estafette au duc de Tarente. Instruisez également par estafette le général Reille de ce que deviennent les bandes de la Catalogne, et de celles qui se rendent dans la Navarre.

NAPOLÉON.

6031. — AU MARÉCHAL BERTHIER.

Saint-Cloud, 21 août 1811.

Mon Cousin, les huit compagnies d'artillerie du corps d'observation seront complétées à 100 hommes par les régiments d'infanterie, et non pas à 140 hommes.

Les compagnies d'artillerie à pied de l'armée de Portugal ne doivent être également complétées qu'à 100 hommes. Il ne faut pas trop affaiblir l'infanterie, et cet inconvénient serait à craindre si on portait ces compagnies à 140 hommes.

NAPOLÉON.

6032. — AU GÉNÉRAL CLARKE.

Saint-Cloud, 21 août 1811.

Monsieur le duc de Feltre, je vous renvoie la correspondance du général Defrance; je ne comprends pas comment, à Niort, chaque attelage a deux, trois et quatre chevaux, lorsque l'état de situation du 8 août porte un présent sous les armes de 1.060 hommes et seulement 1.026 chevaux présents. Comment cela peut-il faire deux, trois et quatre chevaux par homme ? Si vous pouvez me donner une explication là-dessus, je désire que vous me la donniez; sinon, envoyez une estafette au général Defrance pour savoir ce que cela veut dire.

Le projet de faire venir 1.000 hommes de l'île de Ré est ridicule, mais si réellement il y a une aussi grande quantité de chevaux, on pourrait accélérer la marche des hommes disponibles de tous les dépôts qui doivent se rendre à Niort. Dans le doute, il n'y a même aucun inconvénient à le faire. Donnez donc ordre à tous les dépôts, qui doivent partir dans les premiers jours de septembre, de détacher d'avance tous leurs hommes disponibles, pour qu'ils se rendent à grandes marches sur Niort. Il est cependant urgent que j'aie des données sur le dire du général Defrance, parce que, s'il était vrai qu'il y eût une aussi grande quantité de chevaux, je ferais venir des hommes des dépôts des autres régiments. Mais j'ai besoin qu'on m'explique comment il y a plus de chevaux que d'hommes, lorsque les états donnent une assurance contraire.

Donnez ordre, par l'intermédiaire du général Defrance, au dépôt du 13ᵉ de cuirassiers, de faire partir sur-le-champ tout ce qu'il a de disponible pour Pau, où ce détachement recevra du major général l'ordre de rejoindre son régiment à l'armée d'Aragon.

Donnez ordre au général Defrance que le 1ᵉʳ régiment de marche de cavalerie de l'armée de Portugal soit formé de tout ce que les 7ᵉ, 13ᵉ, 20ᵉ, 22ᵉ de chasseurs et 3ᵉ de hussards ont de disponible.

Je désire savoir quand le dépôt du 1ᵉʳ de hussards arrivera à Niort, afin de faire partir à la fois une bonne partie de ce que ce régiment peut fournir.

Le détachement du 1ᵉʳ de hussards ne sera pas compris dans la formation de ce 1ᵉʳ régiment de marche. Les hommes et les chevaux resteront encore quelque temps au dépôt, pour que ce régiment puisse en partir le plus nombreux possible. J'ai ordonné que le 1ᵉʳ de hussards, qui était à l'armée de Portugal, fît désormais partie de l'armée du Nord.

La compagnie du 4ᵉ régiment de hussards, au lieu d'aller à Bayonne, se rendra à Pau, où elle rejoindra le détachement du 13ᵉ de cuirassiers, afin de former un escadron de 200 hommes et d'entrer ensemble en Aragon.

Tout ce qui appartient aux 11ᵉ, 12ᵉ, 24ᵉ et 28ᵉ de chasseurs, et 5ᵉ de hussards, ne doit pas faire partie du régiment de marche de l'armée du Midi, parce que tous ces corps sont à l'armée du Nord; mais on les fera comprendre dans le régiment de marche de l'armée du Nord.

Le 15ᵉ régiment de chasseurs ne fait plus partie de l'armée de Portugal; il est attaché au corps d'observation de réserve.

Ainsi, on fera trois régiments de marche :

Le 1ᵉʳ de Portugal, qui partira de suite;

Le 1ᵉʳ du Midi, qui partira également de suite;

Le 1ᵉʳ du Nord, qui se composera des détachements des 1ᵉʳ, 5ᵉ, 9ᵉ de hussards; des 11ᵉ, 12ᵉ, 24ᵉ et 28ᵉ de chasseurs; ce régiment se formera, mais attendra de nouveaux ordres pour partir;

Enfin, la compagnie du 4ᵉ de hussards, destinée à se rendre à Pau, et de là à entrer en Aragon, avec le détachement du 13ᵉ de cuirassiers.

Ainsi, il entrera donc en Espagne :

Le 1ᵉʳ régiment de cavalerie légère de l'armée de Portugal..........................	900 hommes.
Le 1ᵉʳ régiment de cavalerie légère de l'armée du Midi...............................	200 —
Le 1ᵉʳ régiment de l'armée du Nord (pour mémoire)....................................	»
L'escadron d'Aragon........................	200 —
Le 2ᵉ régiment de marche de dragons.........	900 —
Le 2ᵉ régiment de marche de Portugal........	1.090 —
Enfin, le 15ᵉ de chasseurs...................	600 —
Ce qui fera près de........................	4.000 hommes.

qui entreront en Espagne dans le courant de septembre et déblaieront d'autant les dépôts.

Et s'il se vérifiait que le général Defrance a plus de chevaux que d'hommes, il faudrait envoyer ordre aux dépôts de dragons d'envoyer aussi des hommes. Il n'en faudra pas moins, comme je l'ai dit au commencement de cette lettre, donner ordre aux dépôts de chasseurs d'accélérer le départ de leurs hommes disponibles, pour qu'ils se mettent en route avant leur dépôt.

NAPOLÉON.

6033. — AU GÉNÉRAL CLARKE.

Saint-Cloud, 21 août 1811.

Monsieur le duc de Feltre, dirigez sur Bayonne les 30 gendarmes lanciers qui sont à Saint-Denis, et les 240 qui sont dans les différents dépôts, ce qui fait 270 hommes.

Envoyez-y également les 30 gendarmes à pied, ce qui fera 300 hommes à la disposition du général Buquet. savoir : 200 pour compléter les escadrons et 100 pour remplacer un égal nombre des plus vieux, qui rentreront à leur légion.

Les 70 gendarmes pour la Catalogne et les 240 gendarmes à pied, total 310 gendarmes, entreront en Catalogne au 15 septembre, avec ce qu'il pourra y avoir de disponible d'ici à cette époque.

NAPOLÉON.

6031. — AU GÉNÉRAL CLARKE.

Saint-Cloud, 21 août 1811.

Monsieur le duc de Feltre, je vous avais donné l'ordre de former quinze nouveaux bataillons. Au lieu de procéder à cette formation, le bureau du génie fait des observations qui font perdre du temps. Il fallait commencer par exécuter. Je ne vois dans ces observations qu'une seule chose : c'est que cinq bataillons sont trop au Helder. ce qui est possible. Dans ce cas, n'en envoyez que trois au Helder et placez-en deux à Ostende; mais il est important d'en avoir cinq à Cherbourg et cinq à Flessingue. Les travaux de Flessingue ne marchent plus et sont considérablement diminués à raison de la grande quantité de prisonniers qui sont malades.

Vous me dites qu'il y a beaucoup de malades sur l'Escaut: c'est à cause de cela que je veux faire faire les travaux par les prisonniers.

Vous proposez d'attendre à l'année prochaine pour former ces bataillons : je n'adopte pas ce retard : 1° parce qu'organisés à présent, ces bataillons seront rendus en septembre dans les ateliers et pourront faire beaucoup de besogne pendant ces deux derniers mois; 2° parce qu'on pourra encore leur faire faire quelque chose pendant l'hiver, que dans cette morte saison leur organisation se complétera, et, qu'enfin, dès mars, ils pourront commencer les travaux; qu'au contraire si on ne les formait que l'année prochaine, ils ne pourraient jamais être prêts à l'ouverture des ateliers.

Formez donc ces bataillons; il y a assez de baraques et de maisons au Helder pour les loger; et, d'ailleurs, quand ils seront formés, s'il ne faut qu'en changer un ou deux de garnison, cela se pourra faire très facilement.

La caisse des travaux doit subvenir à toutes les dépenses. Ici, le génie est un entrepreneur. Il fait travailler dans un pays malsain; il est naturel qu'il paye davantage. La journée doit être calculée de manière à ce qu'elle subvienne à toutes les dépenses, même à celles d'hiver. Si les officiers du génie y mettent quelqu'intelligence, ils trouveront à employer ces hommes l'hiver, à leur faire faire des transports et profiter des dégels pour leur faire faire des travaux.

Ecrivez une circulaire aux officiers du génie pour leur faire connaître que ces bataillons sont à leurs frais et qu'ils doivent prendre tous les moyens pour les utiliser l'hiver.

NAPOLÉON.

6035. — AU GÉNÉRAL CLARKE.

Saint-Cloud, 21 août 1811.

Monsieur le duc de Feltre, on me rend compte de Flessingue que les essais des batteries des mortiers à plaque sur plan incliné ont eu lieu, que les plates-formes ont résisté 12 coups, et que, pendant qu'on reportait le mortier sur l'autre plate-forme et qu'il y tirait encore 12 coups, on avait le temps de réparer la première batterie.

Donnez des ordres pour que ces batteries soient construites plus solidement et puissent résister jusqu'à 25 coups. En ayant une deuxième plate-forme, ce qui est nécessaire pour les mortiers à plaque, on aura pendant le temps qu'on tirera les 25 coups bien largement le temps de réparer l'autre plate-forme. Ces plates-formes inclinées, adaptées aux batteries qu'on a faites à Flessingue, rempliront mon but. On n'aura que le recul convenable, et la plate-forme pourra tirer 25 coups à grande portée sans se déranger.

NAPOLÉON.

6036. — AU GÉNÉRAL CLARKE.

Saint-Cloud, 21 août 1811.

Monsieur le duc de Feltre, je reçois votre rapport du 20 août. Il est fâcheux qu'on ait confectionné à Danzig, Küstrin et Magdeburg, des munitions de guerre. Cela n'est pas d'un bon officier d'artillerie. On aurait toujours été à temps de les confectionner lors de la déclaration de guerre. Il eût été suffisant d'avoir tous les matériaux nécessaires. Tout cela est du malentendu. Nous avons tant de munitions confectionnées qui se perdent et se détériorent plus facilement, qu'il est fâcheux d'en avoir augmenté le nombre.

Quand on a dit qu'il fallait compléter un approvisionnement confectionné, on entendait qu'il fallait employer d'abord ce qui était confectionné et avoir ensuite ce qui était nécessaire pour confectionner le reste au moment de la guerre.

NAPOLÉON.

6037. — AU GÉNÉRAL LACUÉE.

Saint-Cloud, 21 août 1811.

Monsieur le comte de Cessac, il manque à Niort des ceinturons de sabre, ce qui empêche des détachements de partir. On me mande du dépôt de Saintes que plusieurs centaines de chevaux, arrivant des dépôts de dragons, quoique presque tous provenant des remontes de cette année, sont déjà tarés et abîmés, et cela parce qu'ils sont trop jeunes. Faites une circulaire aux dépôts et raisonnez votre lettre pour leur faire comprendre que, puisque ces chevaux doivent entrer aussitôt en activité, il vaut mieux les acheter de 6 à 7 ans, qu'ayant moins de 5 ans.

NAPOLÉON.

6038. — DÉCISIONS (1).

On rend compte à Sa Majesté de la nomination provisoire du major Legros au commandement de la place de Cologne.

Sa Majesté est priée d'approuver cette disposition et de faire connaître si Elle consent à la nomination d'un adjudant pour cette place.

Il suffit dans ce moment d'un major, comme l'a mis le ministre.

Rapport demandé par Sa Majesté sur les services de M. Tisserand, chef de bataillon en retraite du 19ᵉ régiment d'infanterie légère, qui sollicite la décoration de la Légion d'honneur.

L'Empereur a ajourné cette proposition.

Le général Roussel d'Hurbal demande pour aide de camp le capitaine Cherrier, du 1ᵉʳ régiment étranger.

Attendu la position particulière de cet officier général, on soumet cette demande à la décision de Sa Majesté.

Il faut qu'il prenne des officiers qui aient fait toute la guerre avec l'armée française; cela donnera de la confiance aux soldats.

6039. — DÉCISION.

Saint-Cloud, 22 août 1811.

Le général Clarke soumet à l'approbation de l'Empereur le tableau des cantonnements assignés provi-

Faire connaître que j'approuve tout cela, mais à condition que mes troupes soient placées dans

---

(1) Sans signature ni date; extraites du « Travail du ministre de la guerre avec S. M. l'Empereur et Roi, daté du 21 août 1811 ».

soirement aux troupes qui composent le corps d'observation de l'Italie méridionale.

des lieux très sains, exercées à la manœuvre et qu'on mettra de l'ordre dans la comptabilité des régiments de la Tour d'Auvergne et d'Isembourg.

Le général Grenier fera les fonctions d'inspecteur de ces quatre régiments. Il enverra un bataillon occuper Terracine et Monte Circello que les ennemis inquiètent.

Par ce moyen, le général Miollis fera rentrer le détachement de sa garnison qu'il a sur Monte Circello.

NAPOLÉON.

6040. — DÉCISION.

Saint-Cloud, 22 août 1811.

Rapport du général Clarke au sujet des services qu'on peut attendre des régiments croates.

J'approuve que deux bataillons des deux régiments croates qui sont aujourd'hui réunis à Laibach, partent pour se rendre par Milan et le Simplon à Genève. J'approuve qu'on en prépare deux autres, un mois après que ceux-là seront partis, surtout de ceux qu'il est bon d'avoir en France. Ces quatre bataillons pourront servir à l'armée d'Allemagne. Attendre un nouveau rapport du général Bertrand avant de les mettre en marche. Aussi bien il est bon de laisser passer les chaleurs d'août. Il est bon que ces bataillons soient numérotés : cela sera plus facile pour se reconnaître.

NAPOLÉON.

6011. — AU GÉNÉRAL CLARKE.

Saint-Cloud, 22 août 1811.

Monsieur le duc de Feltre, donnez ordre que la 31ᵉ division militaire soit sous les ordres du prince d'Eckmühl. A cet effet, le général qui commande cette division devra lui envoyer des rapports sur tout ce qui viendra à sa connaissance, et sur ce qui intéresse le service. Cette division militaire sera sous le commandement, et non sous l'administration du prince d'Eckmühl; elle continuera à être administrée par la guerre comme les autres divisions militaires. Le prince d'Eckmühl n'aura donc plus aucun ordre à donner pour le camp qui est sous les ordres du duc de Reggio.

NAPOLÉON.

6012. — AU GÉNÉRAL CLARKE.

Saint-Cloud, 22 août 1811.

Monsieur le duc de Feltre, donnez les ordres suivants pour la répartition des compagnies destinées à former les garnisons de vaisseaux.

ESCADRE DE L'ADRIATIQUE

Les 2ᵉˢ compagnies du 5ᵉ bataillon des 84ᵉ, 92ᵉ, 6ᵉ et 23ᵉ de ligne, complétées à 140 hommes chacune, officiers, sous-officiers et soldats compris, tous originaires des anciens départements de France, se rendront à Venise: les sous-officiers et les 30 premiers soldats de chaque compagnie devront avoir quatre ans de service. Pour le reste des soldats, ils seront admis sans avoir égard aux services, pour cette fois seulement, dérogeant pour cette première organisation à l'article 4 de mon décret du 7 juin: il suffira qu'ils soient Français, condition qui est de rigueur.

La compagnie du 92ᵉ sera placée sur le *Rivoli*, celle du 6ᵉ sur le *Mont-Saint-Bernard*, celle du 23ᵉ sur le *Castiglione*, celle du 84ᵉ sur les frégates *l'Uranie*, *la Flore* et *la Danaé*.

Vous chargerez les colonels de porter un soin particulier à ce que les officiers, sous-officiers et soldats soient complets; et que ces compagnies soient bien habillées, bien armées et en bon état.

ESCADRE DE TOULON

Les 2ᵉˢ compagnies du 5ᵉ bataillon de chacun des 9ᵉ de ligne, 106ᵉ, 53ᵉ, 35ᵉ et 13ᵉ de ligne seront formées à Milan.

Les compagnies destinées aux vaisseaux à trois ponts seront de 183 hommes, au lieu de 140 : celles des vaisseaux de 74 seront de 140 hommes seulement.

Le vice-roi formera de ces compagnies un bataillon qu'il passera en revue, et qu'il dirigera sur Toulon, en s'assurant qu'elles sont complètes et en bon état.

Les 2es compagnies du 5e bataillon de chacun des 1er, 3e et 11e de ligne, 62e, 81e et 79e, seront complétées à Genève et à Grenoble, et seront dirigées sur Toulon.

Les 2es compagnies du 5e bataillon du 67e, 101e, 10e et 20e de ligne, 42e et 7e de ligne, seront réunies à Gênes, en un bataillon de marche, et dirigées sur Toulon.

Les 2es compagnies du 5e bataillon des 24e, 32e, 58e, 14e, 16e, 29e et 64e seront complétées par tous les hommes disponibles aux 5es bataillons et réunies à Toulon.

Toutes ces compagnies seront placées, savoir :

La compagnie du 9e, sur le *Wagram*, vaisseau à trois ponts; celle du 16e sur l'*Austerlitz*, id.; celle du 29e sur le *Majestueux*, id.; celle du 53e sur le *Commerce-de-Paris*, id., celle du 106e sur l'*Impérial*, id.; celle du 13e sur le *Montebello*, id.; celle du 5e, sur le *Donawert*, vaisseau de 80; celle du 11e sur le *Sceptre*, id. (1); celle du 1er sur l'*Ajax*; celle du 62e sur le *Génois*; celle du 81e sur le *Breslau*; celle du 79e sur le *Suffren*; celle du 67e sur le *Borée*; celle du 101e sur le *Danube*; celle du 10e sur l'*Ulm*; celle du 20e sur le *Magnanime*; celle du 42e sur l'*Annibal*; celle du 24e sur le *Trident*; celle du 32e sur les frégates l'*Amélie*, l'*Adrienne* et la *Melpomène*; celle du 58e sur les frégates l'*Incorruptible* et la *Polymnie*; celle du 7e sur les frégates la *Pénélope*, la *Pomone* et la *Pauline*; celle du 14e sur le *Romulus*; celle du 64e sur la *Ville-de-Marseille*; celle du 35e sur (2)...

DIVISION DE GÊNES

Les 2es compagnies du 5e bataillon des 52e et 102e seront complétées et réunies à Gênes, pour tenir garnison, savoir : la compagnie du 52e sur l'*Agamemnon*, et celle du 102e sur les frégates la *Médée* et la *Galatée*.

ESCADRE DE L'ESCAUT

Les 2es compagnies du 5e bataillon de chacun des 2e, 19e, 72e, 18e,

---

(1) C'est-à-dire vaisseau de 80.
(2) En blanc.

56°, 57° et 93° seront formées à Anvers et complétées. Ces sept compagnies tiendront garnison, savoir : la compagnie du 2° sur le *Friedland;* celle du 19° sur le *Tilsit;* celle du 72° sur l'*Auguste;* celle du 18° sur le *Charlemagne;* celle du 56° sur le *Duguesclin;* celle du 37° sur l'*Anversois;* celle du 93° sur le *César.*

Vous ferez également former à Anvers la 2° compagnie du 5° bataillon des 12°, 17°, 21°, 25°, 30°, 33°, 48°, 57°, 61°, 85° et 108°. Les bataillons de guerre du corps d'observation de l'Elbe enverront, par chaque régiment, 30 hommes ayant quatre ans de service. Le surplus sera fourni par la conscription, avec la condition principale que ce soient des hommes des départements de l'ancienne France. Ces compagnies seront placées, savoir : celle du 12° sur le *Commerce-de-Lyon*, celle du 17° sur la *Ville-de-Berlin;* celle du 21° sur l'*Albanais;* celle du 25° sur le *Dalmate;* celle du 30° sur le *Pultusk;* celle du 33° sur le *Danzig;* celle du 48° sur le *Trajan;* celle du 57° sur le *Pacificateur;* celle du 61° sur l'*Illustre;* celle du 85° sur le *Chatam;* celle du 108° sur le *Hollandais.*

Donnez ordre que la 2° compagnie du 5° bataillon des 8°, 27°, 28°, 34°, 36°, 51°, 55°, 40°, 43°, 44°, 45° et 65° soient également formées à Anvers. Ces douze compagnies seront destinées, savoir : celle du 8° au *Gaulois;* celle du 27° au *Conquérant;* celle du 44° au *Monarque*, vaisseau à trois ponts; celle du 55° à l'*Hymen id.;* celle du 28° aux frégates la *Minerve* et la *Kenau-Hasselaer;* celle du 36° aux frégates la *Milanaise* et la *Vistule;* celle du 34° à deux autres frégates.

Celles des 51°, 40°, 43°, 45° et 65° seront employées sur les vaisseaux et les frégates de l'Escaut, dont la construction n'est pas encore terminée, à fur et mesure que ces vaisseaux et frégates viendront à être lancés.

Vous ferez former des petits bataillons de quatre compagnies, des compagnies qui ne seront pas employées. Ces bataillons seront commandés par des majors en second. Ces compagnies prendront poste à mesure qu'un vaisseau sera mis à l'eau. Par ce moyen, la marine n'aura jamais à attendre, et l'on aura toujours des garnisons de reste. Les majors en second correspondront avec les dépôts de chaque compagnie pour l'habillement, l'armement et la comptabilité.

Il y aura ainsi trente compagnies de garnison pour l'Escaut.

---

(1) C'est-à-dire vaisseau à 3 ponts.

ESCADRE DE CHERBOURG

Les 4e, 46e, 59e, 69e et 50e compléteront et réuniront à Cherbourg la 2e compagnie de leurs 5es bataillons. Ces compagnies formeront la garnison des vaisseaux ci-après, savoir : celle du 4e, la garnison du *Courageux;* celle du 46e, du *Polonais;* celle du 59e, des frégates *l'Iphigénie, la Diane* et *l'Alcmène;* celle du 69e, du *Zélandais;* celle du 50e, du *Duguay-Trouin.*

ESCADRE DE BREST

Les 2es compganies des 5es bataillons des 70e, 15e et 47e seront complétées et réunies à Brest: elles seront placées, savoir : celle du 15e sur le *Nestor;* celle du 70e sur l'*Orion;* celle du 47e sur les frégates *la Prégel, la Revanche* et *la Cérès.*

ESCADRE DE LORIENT

Les 2es compagnies des 5es bataillons des 3e, 105e, 86e, 121e et 122e de ligne seront complétées et réunies à Lorient. Ces cinq compagnies seront placées, savoir : celle du 3e sur l'*Eylau;* celle du 105e sur le *Vétéran;* celle du 86e sur le *Golymin;* celle du 122e sur le *Marengo;* celle du 121e sur le *Diadème.*

ESCADRE DE ROCHEFORT

Les 2es compagnies des 5es bataillons des 26e, 82e, 66e, 114e, 115e, 116e, 117e, 118e, 119e et 120e, se réuniront à Rochefort, pour fournir des garnisons, savoir : la compagnie du 66e au *Régulus;* celle du 26e à l'*Océan;* celle du 82e au *Foudroyant;* celle du 114e au *Cassard;* celle du 115e au *Jemmapes;* celle du 116e au *Triomphant;* celle du 117e au *Tourville;* celle du 118e au *Patriote;* celle du 120e à l'*Iéna;* celle du 119e aux frégates *la Pallas, l'Elbe* et *l'Hortense.*

Les sept vaisseaux, qui sont au Helder, auront des garnisons irrégulières, prises dans les 123e, 124e, 125e et 126e, jusqu'à ce qu'ils soient réunis à Anvers, où ils auront pour garnisons définitives des compagnies tirées des 75e, 76e, 54e, 88e, 94e et 95e. A cet effet, ces six régiments fourniront six compagnies qu'ils enverront à Anvers et de là, à Metz. Ces six compagnies jointes à trois compagnies des 96e, 100e et 103e, se formeront à Metz, **ce** qui fera neuf compagnies disponibles. Les 123e, 124e, 125e et 126e, ne fourniront point de compagnies jusqu'à nouvel ordre.

RÉSUMÉ

Il résulte de ce travail que 92 compagnies, formant près de 14.000 hommes, doivent être fournies pour le service de la marine;

Que la réunion de quatre compagnies doit avoir lieu à Venise (le vice-roi fera former ces quatre compagnies à Trévise et veillera à leur parfaite formation);

Que cinq compagnies doivent être réunies à Milan, pour être, de là, dirigées sur Toulon;

Que quatorze compagnies doivent être réunies à Toulon (il est nécessaire de charger de ces détails un colonel en second, qui correspondra avec vous pour la formation de ces compagnies);

Que six compagnies doivent se réunir à Gênes et en partir pour Toulon (vous chargerez un major en second de la formation de ces compagnies en bataillon de marche : il correspondra avec les dépôts, pour faire fournir à ces compagnies tout ce qui pourrait leur manquer, et les diriger ensuite sur Toulon);

Que deux compagnies doivent être formées à Gênes pour être attachées aux bâtiments qui sont dans ce port (vous chargerez le général commandant la 28° division militaire de leur formation);

Que trente compagnies doivent être réunies à Anvers (vous chargerez de ces détails un colonel en second qui aura sous ses ordres plusieurs majors en second. A mesure que les compagnies seront formées, elles seront remises à la marine. Comme une partie de ces compagnies n'ont pas de vaisseaux disponibles, il y aura toujours à Anvers deux majors en second qui prendront sous leurs ordres les compagnies sans vaisseaux et les réuniront en bataillons provisoires, tant pour les discipliner et les former, que pour le service);

Que cinq compagnies se réuniront à Cherbourg (un major en second sera chargé de leur formation);

Que trois compagnies se réuniront à Brest (un major en second sera chargé de leur formation);

Que cinq compagnies seront réunies à Lorient (vous prescrirez la même mesure);

Que dix compagnies seront réunies à Rochefort (chargez un colonel en second, aidé d'un major en second, de tout ce qui est relatif à la parfaite organisation de ces dix compagnies);

Que neuf compagnies seront réunies à Metz comme réserve (vous chargerez un colonel en second de leur formation).

Par ce moyen, ces compagnies se formeront insensiblement : en les remettant à la marine, les officiers chargés de leur formation remettront en même temps les registres de matricule, avec l'âge, la taille, les services, le département de chaque homme.

Pour cette première fois, on se contentera d'exiger que les sous-officiers seulement aient quatre ans de service. Les soldats seront admis sans avoir égard aux services, pourvu qu'ils soient anciens Français. Pour les régiments qui sont au Nord, en Italie, et dans l'intérieur, on exigera qu'ils fournissent au moins 30 hommes, par compagnie, ayant le temps de service exigé par le décret.

Les compagnies une fois formées, et des remplacements venant à avoir lieu, il faut tenir rigoureusement aux conditions du décret. Les remplacements auront lieu deux fois l'an, hormis dans un cas de combat naval ou de maladie. Les capitaines de vaisseaux s'adresseront au ministre tous les six mois, pour demander le remplacement des hommes qui seraient reconnus pour mauvais sujets, ou qui seraient trop incommodés de la mer, afin d'arriver à avoir des compagnies parfaites par leur composition et par leur discipline, puisqu'elles doivent pourvoir à la police et à la sûreté du vaisseau, dont l'équipage peut être composé d'hommes de diverses nations.

Vous tiendrez la main à ce que tous les officiers soient Français. Il faut avoir soin de ne pas imprimer cette clause, et de ne la faire connaître qu'autant que cela sera nécessaire pour l'exécution.

Cette mesure mettra de la régularité dans le service, rendra à la marine beaucoup de canonniers dont elle a besoin, et rendra disponibles beaucoup de détachements qui se trouvent avoir été formés au hasard.

Il y a des détails qui peuvent faciliter la formation des compagnies. Par exemple, il y a à Toulon 79 hommes du 67ᵉ à bord du *Breslau* : qui empêche de comprendre ces 79 hommes dans la formation de la compagnie de garnison de ce vaisseau ?

Il y a sur le *Borée* 86 hommes du 122ᵉ : ces 86 hommes pourront aller à Lorient, et faire partie de la compagnie de ce régiment.

Le 1ᵉʳ de ligne a 90 hommes sur le *Danube* ; le 62ᵉ, 92 hommes sur l'*Ulm*, etc., etc... Le bureau des mouvements du ministère pourra facilement faire une bonne et utile instruction là-dessus. Envoyez copie de cette lettre au ministre de la marine.

NAPOLÉON.

6043. — DÉCISION (1).

22 août 1811.

Le général Lacuée rend compte que le ravitaillement de Barcelone est subordonné au réarmement de la côte de Catalogne.

Renvoyé au ministre de la guerre.

6044. — AU GÉNÉRAL LACUÉE.

Saint-Cloud, 22 août 1811.

Monsieur le comte de Cessac, je reçois votre rapport sur l'approvisionnement de Corfou. Tous les renseignements que je reçois sur les récoltes sont tels que je me suis décidé à changer mes premières dispositions.

Il sera expédié trois convois de Trieste, chacun de 10.000 quintaux de blé, de 1.000 quintaux de riz et de 1.000 quintaux de légumes secs, ce qui fera :

30.000 quintaux de blé ;
3.000 quintaux de riz ;
3.000 quintaux de légumes secs.

Il sera expédié, de Gênes, un convoi qui ne sera composé que de :

5.000 quintaux de blé ;
500 quintaux de riz ;
500 quintaux de légumes secs.

Le surplus du chargement sera en viande salée et en fromage de Parmesan.

Il sera expédié de Toulon un pareil convoi. Le surplus sera employé en viande salée, en eau-de-vie, et même en vins, s'il y avait de la place. Concertez-vous avec le ministre de la marine pour savoir ce que les convois de Toulon et de Gênes pourront porter en ces deux espèces.

Voici l'état de ce que vous ferez embarquer pour Corfou et de ce que cela coûtera :

---

(1) Non signée.

DE TRIESTE

30.000 quintaux de blé.	360.000 francs.
3.000 quintaux de riz.	92.000 —
3.000 quintaux de légumes secs.	72.000 —
1.000 quintaux de viande salée.	50.000 —

DE GÊNES ET DE TOULON

10.000 quintaux de blé.	250.000 francs.
1.000 quintaux de riz.	72.000 —
1.000 quintaux de légumes secs.	33.000 —
2.000 quintaux de viande salée.	120.000 —
1.200 quintaux de Parmesan.	90.000 —
300.000 litres de vin.	120.000 —
75.000 litres d'eau-de-vie.	45.000 —
6.000 quintaux de pommes de terre.	18.000 —
Graines, légumes, herbes.	20.000 —
Sacs.	72.000 —
TOTAL	1.414.000 francs.

Je n'ai rien porté pour le blé à se procurer à Corfou, parce que cela entre dans le journalier ; on a envoyé des fonds pour cela. Je n'ai pas mis l'huile ni le bois. On s'en procurera sur les fonds de Corfou. J'ai diminué la quantité de viande salée et de fromage. Comme il y aura de la pêche et de la viande fraîche, tant que la place ne sera pas assiégée, la viande salée et le fromage ne doivent être employés que comme approvisionnement de siège. Le fromage, la viande salée, le riz et un peu de poisson qu'on aura toujours, sont suffisants, s'ils présentent un approvisionnement de six à neuf mois.

NAPOLÉON.

6045. — DÉCISION.

Saint-Cloud, 22 août 1811.

On rend compte des dispositions faites pour la formation des cinquièmes bataillons des 121e et 122e régiments.

Où prenez-vous les sous-officiers pour former les bataillons ?

NAPOLÉON.

6046. — DÉCISIONS (1).

Saint-Cloud, 22 août 1811.

On rend compte à Sa Majesté que les sous-officiers tirés des chevau-légers polonais de la garde pour passer officiers dans le 8ᵉ régiment de lanciers réclament les indemnités de première mise et de première monture.

Accordé.

On met sous les yeux de Sa Majesté la situation du personnel des six régiments croates et des besoins locaux qu'ils éprouvent.
Le général Bertrand demande que l'on attache à ces régiments un officier français par bataillon et un fourrier, également français, par compagnie.
On rend compte à Sa Majesté de la situation des régiments croates sous le rapport de l'habillement, équipement et armement.
Sa Majesté est priée de prononcer sur les questions présentées à la fin de ce rapport.

Approuvé.

1° Le budget est de 2.500.000 francs pour les Croates. Il faut que ce budget ne soit pas dépassé. Le ministre ne me fait pas connaître si ce qu'il demande est compris dans le budget.

2° Je ne vois pas de nécessité de dépenser tant d'argent pour habiller 14.000 hommes qui ne peuvent servir que dans leur pays et qui sont suffisamment habillés pour cela; en effet, il n'est possible de proposer de retirer ces 14.000 hommes de la Croatie; on peut en faire sortir tout au plus quatre bataillons. S'ils avaient l'habitude d'avoir des brodequins, pourquoi ne pas leur laisser ? Je ne me refuse pas à leur donner ce que leur don-

---

(1) Non signées; extraites du « Travail du ministre de la guerre avec S. M. l'Empereur et Roi, date du 21 août 1811 ».

	naît l'Autriche, mais il faut que ce soit compris dans le budget. Il faut leur donner ce qui leur est dû pour 1810; mais que cela soit compris dans le budget.
On propose à Sa Majesté d'autoriser le général Donzelot à former de 31 mauvais sujets incorrigibles du régiment d'Isembourg un détachement pour être employé aux travaux du gouvernement dans les îles Ioniennes.	Approuvé.
On propose à Sa Majesté de supprimer le fort de Schenck, situé dans la 25° division militaire.	Renvoyé aux conseils de décembre.
On prie Sa Majesté de faire connaître ses ordres sur la demande qu'a faite M. le maréchal Jourdan d'avoir pour aide de camp l'adjudant commandant Levasseur, qui jouit de la solde de retraite.	Accordé.
On propose à Sa Majesté d'employer sous les ordres de M. le maréchal duc de Reggio l'adjudant commandant Normand.	Présenter un projet de décret pour faire cet officier général de brigade et l'envoyer au prince d'Eckmühl.
On rend compte à Sa Majesté d'un trait de dévouement d'un conscrit réfractaire qui, dans l'espoir d'obtenir grâce, a tué le chef d'une bande de brigands. On propose à Sa Majesté de faire cesser contre ce conscrit les poursuites de rigueur et de l'envoyer au bataillon colonial qui est en Corse.	Approuvé.
On propose à Sa Majesté d'accorder pour cause de maladie un congé de quatre mois avec appointements au général de brigade Morgan, employé au corps d'observation de l'Italie méridionale;	Accordé.

D'accorder un congé de deux mois avec appointements au général Eberlé, commandant d'armes à Nice;	Accordé.
D'accorder un congé de convalescence de trois mois avec solde à M. Choisy, colonel du 4ᵉ régiment de chasseurs d'Illyrie;	Accordé.
De rétablir le général de brigade Desnoyers dans la jouissance de la solde de retraite qu'il a obtenue en l'an II;	Refusé, cette demande est fort inconvenante, le ministre n'y a pas songé.
D'autoriser le sieur Robert d'Escragnolle, lieutenant au 1ᵉʳ régiment de Prusse, à passer avec son grade dans le 9ᵉ régiment de chevau-légers, ci-devant 30ᵉ régiment de chasseurs.	Accordé.
Le ministre demande l'agrément de Sa Majesté pour placer dans une compagnie de réserve un ex-capitaine d'un régiment hollandais.	L'employer au 2ᵉ régiment de la Méditerranée.
On soumet à Sa Majesté une demande de S. M. le roi de Naples pour obtenir l'autorisation de nommer à une sous-lieutenance dans un de ses régiments de cavalerie le sieur Girardin, fils de Mᵐᵉ de Parny, née Contat.	Approuvé.
Sa Majesté est priée de faire connaître si Elle consent à ce qu'un prisonnier de guerre, en ce moment au dépôt de Mons, et qui est réclamé par le grand-duc, soit renvoyé dans sa patrie.	Où a-t-il été pris ?
On soumet à Sa Majesté la demande de la décoration de la Légion d'honneur faite par M. de Tromelin, colonel du 6ᵉ régiment illyrien.	Accordé.

6047. — DÉCISION (1).

S. A. I. Mme la grande-duchesse de Toscane demande que l'adjudant commandant Mariotti, qui est employé dans la 39° division militaire, soit élevé au grade de général de brigade.

L'Empereur n'a point agréé.

Comte DE LOBAU.

6048. — DÉCISIONS (2).

Saint-Cloud, 23 août 1811.

On soumet à Sa Majesté la demande faite par S. A. I. Mme la grande-duchesse de Toscane pour obtenir que le chef de bataillon Mesnil, aide de camp de S. A. I. le prince Félix, soit nommé adjudant commandant.

On joint le projet de décret.

Ajourné.

On met sous les yeux de Sa Majesté une demande de M. J.-B. Fortin, jeune Breton de Lorient, qui sollicite une sous-lieutenance d'infanterie.

Le faire entrer cette année à Saint-Cyr.

6049. — AU MARÉCHAL BERTHIER.

Saint-Cloud, 23 août 1811.

Mon Cousin, mandez en Andalousie qu'on ait à m'instruire exactement, tous les jours, du nombre de vaisseaux anglais qui sont devant Cadix.

NAPOLÉON.

---

(1) Sans date, présumée du 23 août 1811; extraite du « Travail du ministre de la guerre avec S. M. l'Empereur et Roi, daté du 31 juillet 1811 ».
(2) Non signées; extraites du « Travail du ministre de la guerre avec S. M. l'Empereur et Roi, daté du 31 juillet 1811 ».

6050. — AU MARÉCHAL BERTHIER.

Saint-Cloud, 23 août 1811.

Mon Cousin, demandez au général Sébastiani un mémoire sur toute la côte d'Espagne qu'il a occupée, sur les ports où l'on peut débarquer, sur l'espèce de bâtiments qui peuvent y entrer, et des renseignements détaillés sur tous ces objets.

NAPOLÉON.

6051. — AU MARÉCHAL BERTHIER.

Saint-Cloud, 23 août 1811.

Mon Cousin, mandez au général Monthion de vous faire connaître la situation du 101°, qui se trouve dans la vallée de Bastan et celle du 10° d'infanterie légère quand il arrivera, ainsi que de son 4° bataillon.

NAPOLÉON.

6052. — AU MARÉCHAL BERTHIER.

Saint-Cloud, 23 août 1811.

Mon Cousin, je vous envoie des états que m'a remis le ministre du Trésor. Je vous prie de me les renvoyer après que vous en aurez pris connaissance. Vous y verrez que l'armée d'Aragon n'a versé dans la caisse du payeur qu'une somme de 2.600.000 francs en 1810 et 6.600.000 francs en 1811. Cela est tout à fait ridicule. L'Aragon et la plus belle partie de la Catalogne, qu'a exploités l'armée d'Aragon, devraient l'avoir mise dans le cas, non seulement de payer sa solde, mais encore de venir au secours du trésor public. Ecrivez au maréchal Suchet que je suis mécontent et que je demande un compte par exercice de ce que ces provinces ont rendu et de ce qui a été versé dans la caisse du payeur. Vous verrez qu'à l'armée du Midi, il n'est rentré, pendant les exercices 1810 et 1811, que 11.100.000 francs, ce qui est inconcevable. La plus belle province de l'Europe, sous le régime de la conquête, des villes comme Malaga, Grenade et Séville, devaient rendre trois fois plus et subvenir à toutes les dépenses de l'armée. Ecrivez à chaque maréchal en particulier que, sans doute, de grands abus se sont introduits dans les administrations, que toutes les autres armées ont rendu compte de leur recette, que ce sont les provinces qu'ils occupent qui ont le moins produit, etc., etc. Faites-leur comprendre qu'il est impossible que le trésor de France subvienne à leurs dépenses. Ecrivez au duc de Dalmatie qu'il faut qu'il aligne sur-le-champ la solde de son armée.

Le 8° convoi n'est pas parti; mon intention est d'en retirer tout ce qui s'y trouvait destiné pour l'armée du Midi. Je désire que la même retenue soit faite sur le 9° convoi. Ces fonds resteront en réserve à Burgos. Ecrivez également au roi que l'armée du Centre, pendant tout 1810, a perçu quatre à cinq millions, qui ont servi à payer la solde ; qu'aujourd'hui que je n'exige plus rien de ces provinces et que je paye l'armée que j'y ai, cela doit bonifier d'autant son trésor.

NAPOLÉON.

6053. — DÉCISION.

Saint-Cloud, 23 août 1811.

| Le roi d'Espagne demande si l'Empereur est disposé à lui céder, comme il en avait manifesté l'intention, la maison et le jardin de l'Infantado, comme étant le seul point ombragé dans le voisinage du palais destiné aux infants. | Je destine cette maison pour moi, lorsque je porterai mon quartier général à Madrid.

NAPOLÉON. |

6054. — AU GÉNÉRAL CLARKE.

Saint-Cloud, 23 août 1811.

Monsieur le duc de Feltre, je vous envoie un projet de décret que me présente le major-général et que je suis bien loin d'adopter. Mon intention n'est pas que ces drapeaux me soient présentés par un officier qui ne sert que par accident dans nos armées, et qui a fait la guerre contre nous. Ce capitaine Lafitte ne retournera pas en Espagne ; vous le placerez, dans son grade, dans le 9° régiment de chevau-légers.

NAPOLÉON.

6055. — AU GÉNÉRAL CLARKE.

Saint-Cloud, 23 août 1811.

Monsieur le duc de Feltre, rendez-moi compte des colonnes mobiles qui sont en activité ; il faudrait renforcer celle du Puy-de-Dôme et celle de l'Ariège.

NAPOLÉON.

6056. — DÉCISIONS (1).

Saint-Cloud, 23 août 1811.

Conformément aux ordres de Sa Majesté, on met sous ses yeux les états de service de M. Gordon, colonel, aide de camp du général Daendels, gouverneur général de l'île de Java.

Le nommer colonel en second et le mettre à même de s'instruire.

On propose de nommer chef d'escadron le capitaine d'Albignac, aide de camp de M. le maréchal duc d'Elchingen.

On verra, à la minute du projet de décret, que l'Empereur a ajourné.

6057. — DÉCISION.

Saint-Cloud, 23 août 1811.

Le maréchal Berthier rend compte d'une lettre du roi d'Espagne exposant le danger qu'il y aurait à dégarnir Madrid de troupes au profit de l'Andalousie.

Donner ordre au général Dorsenne de faire renvoyer sur-le-champ à l'armée du Centre tout ce qui appartient aux 75° et 28° et aux autres régiments de cette armée. Donnez le même ordre au duc de Dalmatie.

NAPOLÉON.

---

(1) Non signées; extraites du « Travail du ministre de la guerre avec S. M. l'Empereur et Roi, daté du 6 août 1811 ».

6058. — AU GÉNÉRAL LACUÉE.

Saint-Cloud, 23 août 1811.

Monsieur le comte de Cessac, j'apprends que des habits qu'on a confectionnés à Bordeaux sont envoyés à Kehl. Ce mouvement me paraît mauvais, quand j'ai tant besoin d'habits pour les armées d'Espagne. C'est dépenser de l'argent inutilement en transports. Si vous avez ordonné cet envoi de Bordeaux, donnez contre-ordre Il me vient de Toulon et de l'île de Ré des plaintes sur l'habillement ; faites-moi connaître ce qui en est. En général, vous confectionnez trop d'habits et les habits sont mauvais. Il faut faire confectionner par les corps; c'est la seule chose qui ait réussi. Le bureau de l'habillement ne me paraît pas encore dirigé avec l'intelligence convenable.

Napoléon.

6059. — AU GÉNÉRAL LACUÉE.

Saint-Cloud, 23 août 1811.

Monsieur le comte de Cessac, je réponds à votre rapport du 21, relatif à l'habillement des conscrits réfractaires. Je vois dans les états qui y sont joints que le 2ᵉ régiment de la Méditerranée, dont le dépôt est au fort Lamalgue, est porté comme habillé par l'administration de la guerre, tandis qu'il a été habillé par son dépôt. Le 1ᵉʳ de ligne, qui a son dépôt à Marseille, le 102ᵉ, qui a son 5ᵉ bataillon à l'île Sainte-Marguerite, sont portés comme habillés par l'administration de la guerre. Ce sont les dépôts de ces régiments qui les ont habillés. J'entends par habiller avoir fait confectionner les effets et pourvu à tous les détails.

Je vous renvoie votre travail pour que vous mettiez ces états en règle.

Napoléon.

P.-S. — Je n'entends que des plaintes de l'île de Ré. La plupart des conscrits sont nus: on se plaint aussi de la mauvaise qualité des draps.

6060. — DÉCISION (1).

Chirurgiens proposés pour occuper les places vacantes d'officiers de santé de l'hôtel impérial des Invalides.

L'Empereur a écrit à la minute du projet de décret :

Ont-ils fait la guerre ?

Ont-ils pansé sous la mitraille dans des batailles ou sièges ?

C'est délarer qu'il est nécessaire de produire des états de service.

Comte DE LOBAU.

6061. — AU MARÉCHAL BERTHIER.

Saint-Cloud, 24 août 1811.

Mon Cousin, demandez au duc d'Istrie tous les plans qu'il a des places du Nord, notamment de Zamora et de Salamanque.

NAPOLÉON.

6062. — AU MARÉCHAL BERTHIER.

Saint-Cloud, 24 août 1811.

Mon Cousin, vous me mettrez sous les yeux la copie de la lettre que vous écrirez au duc de Raguse, du moins de la partie qui regarde les opérations militaires. Vous me la soumettrez avant de la mettre en chiffres. Donnez ordre à l'aide de camp que vous enverrez de prendre note à Bayonne des effets d'habillement destinés à l'armée de Portugal et de prendre les mêmes renseignements à Tolosa, à Miranda, à Burgos, à Valladolid, à Toro, à Zamora, à Salamanque, et de prendre partout des mesures pour presser le départ de ces effets d'habillement. Il vous écrira de toutes ces places pour vous faire connaître la quantité d'effets d'habillement qui s'y trouvent. Ecrivez au général Vandermaësen d'employer une partie des chevaux d'artillerie destinés pour l'armée de Portugal pour le transport de ces effets d'habillement.

NAPOLÉON.

(1) Sans date, présumée du 23 août 1811; extraite du « Travail du ministre de la guerre avec S. M. l'Empereur et Roi, daté du 6 août 1811 ».

6063. — AU MARÉCHAL BERTHIER.

24 août 1811.

Mon Cousin, je vous renvoie les lettres de votre frère. Vous lui répondrez que j'approuve fort son idée d'exploiter la forêt de Foggia; qu'il peut passer des marchés et faire ce qui est convenable là-dessus, en consultant les marchés que la marine a faits; que je l'autorise à conclure un marché pour 25.000 pieds cubes, avec la clause que ce marché devra être approuvé par le ministre; il pourra alors être étendu à 200.000 ou 300.000 pieds cubes. J'ai ordonné qu'un aviso de la marine se tînt toujours dans le golfe de Sagone. Votre frère doit avoir reçu mon autorisation pour baisser le prix du blé. Mandez-lui de faire travailler aux eaux de la fontaine d'Ajaccio. Je ne sais pas pourquoi cet ouvrage n'est pas achevé. Voyez au comité des fortifications si on lui a envoyé des fonds pour les batteries de Sagone, et si on l'a mis à même de faire travailler avec activité au gouvernement, quels fonds on a faits cette année et si l'argent est parti.

Ecrivez-lui par Toulon et par l'intermédiaire de la grande-duchesse. Demandez-lui un rapport sur ce qu'on devait faire et sur ce qu'on a fait. Parlez-lui du régiment de la Méditerranée. Le colonel paraît être un peu insolent; qu'il le tienne dans le devoir. Faites choix d'un général de brigade et d'un adjudant commandant qui puissent lui convenir et présentez-les moi.

NAPOLÉON.

6064. — DÉCISION.

Saint-Cloud, 24 août 1811.

Instructions demandées par le général Molitor au sujet de la destination à donner à diverses troupes faisant partie de son commandement.	Il peut faire venir au Texel, avec le bataillon étranger, deux compagnies suisses, et faire aller le 124e au camp d'Utrecht.

NAPOLÉON.

6065. — AU GÉNÉRAL CLARKE.

Saint-Cloud, 24 août 1811.

Monsieur le duc de Feltre, il y a besoin d'hommes au dépôt de Niort. Si le dépôt du 1er régiment de hussards est parti pour Fontenay, vous donnerez ordre au **général Defrance** d'envoyer, aussitôt son arrivée, autant de chevaux que ce dépôt a d'hommes.

Les dépôts des 2e, 3e, 4e et 10e **régiments de hussards se rendent à Niort**, ainsi que les dépôts des 5e, 10e, 22e et 27e de chasseurs. Mais ces huit dépôts ne peuvent partir qu'en septembre et lorsque des opérations préalables seront faites. Je pense donc qu'il est nécessaire que vous donniez ordre qu'un détachement composé d'un officier, de deux maréchaux des logis, de quatre brigadiers, d'un trompette et de 50 à 100 hommes de chacun de ces huit dépôts, ce qui fera 400 à 600 hommes, se rende en toute diligence à Niort. Ces détachements devanceront ainsi d'une quinzaine de jours l'arrivée des dépôts, et le **général Defrance** ne se plaindra plus de manque d'hommes, quel que soit le nombre de chevaux qu'il reçoive.

Napoléon.

6066. — AU GÉNÉRAL CLARKE.

Saint-Cloud, 24 août 1811.

Monsieur le duc de Feltre, faites partir de Saintes les deux régiments de marche de l'armée de Portugal et de l'armée du Midi.

Napoléon.

6067. — AU GÉNÉRAL CLARKE (1).

Saint-Cloud, 24 août 1811.

Monsieur le duc de Feltre, donnez ordre à l'escadron de vélites, de chasseurs et dragons de la garde, qui est à Tours, de continuer sa route sur Bayonne.

6068. — AU GÉNÉRAL CLARKE.

Saint-Cloud, 24 août 1811.

Monsieur le duc de Feltre, mon intention est que tous les conscrits réfractaires de l'île de Ré soient successivement dirigés sur Angers, et, de là, sur Paris, pour être distribués entre l'armée du prince d'Eckmühl et les corps qui sont en Hollande.

Tout ce qui est à Belle-Ile doit être dirigé sur l'armée d'Espagne. Donnez ordre que les compagnies du régiment de Belle-Ile soient

---

(1) Non signé, copie conforme.

portées à 200 hommes. Donnez ordre qu'il soit formé un bataillon de marche de Belle-Ile composé des deux premières compagnies du 1er bataillon et des deux premières compagnies du second, chaque compagnie composée des officiers et sous-officiers complets et de 150 soldats les mieux habillés et équipés et les mieux disposés. On aura soin de ne comprendre dans ce bataillon, qui sera fort de 680 hommes, aucun Breton, ni aucun homme des 12e et 22e divisions militaires. On dirigera sur-le-champ ce bataillon de Belle-Ile, par Nantes et la Vendée, sur Bayonne. Si ce bataillon réussit, un second bataillon composé de même des deux premières compagnies du 3e et du 4e bataillons, pourra partir quinze jours après.

On vous enverra l'état des départements auxquels appartiennent les hommes qui partent. Ordonnez que les contrôles des bataillons, soit de Belle-Ile, soit de l'île de Ré, soient faits exactement, avec les signalements avant le départ des bataillons, afin que l'on puisse plus facilement ressaisir les déserteurs.

NAPOLÉON.

6069. — AU GÉNÉRAL CLARKE (1).

Saint-Cloud, 24 août 1811.

Monsieur le duc de Feltre, tout ce qui est disponible dans le 4e bataillon du régiment de Walcheren sera placé dans les deux premiers bataillons de ce régiment, et le cadre de ce 4e bataillon partira en poste, c'est-à-dire, faisant trois étapes par jour, pour se rendre à l'île de Ré où il sera complété à 1.200 hommes.

6070. — AU GÉNÉRAL CLARKE.

Saint-Cloud, 24 août 1811.

Monsieur le duc de Feltre, il est nécessaire de faire doubler en plomb le magasin à poudre du fort de l'Heurt, à Boulogne, selon le procédé de Champy, afin de conserver les poudres.

Donnez ordre au général commandant à Boulogne de placer au fort de l'Heurt une compagnie de canonniers d'un des régiments qui se trouvent à Boulogne. Ces canonniers aideront aux compagnies d'artillerie à faire le service des pièces. Une autre compagnie sera placée au fort la Crèche.

(1) Non signé, copie conforme.

L'artillerie doit prendre un détachement des compagnies d'artillerie des régiments, pour suffire aux mouvements de l'artillerie.

Ordonnez la vérification des 3.000.000 de cartouches qui sont à Boulogne et sur la côte, et des poudres qui sont dans la citadelle. On m'assure que ces poudres se gâtent.

Donnez ordre qu'on dépèce les vieilles charrettes et affûts d'artillerie hors de service, qui sont à Boulogne, afin de tirer parti des vieilles ferrures.

NAPOLÉON.

6071. — AU GÉNÉRAL CLARKE.

Saint-Cloud, 24 août 1811.

Monsieur le duc de Feltre, j'ai ordonné que toutes les compagnies du régiment de l'île de Ré fussent portées à 200 hommes, ce qui fait 1.200 hommes par bataillon, et, pour les quatre bataillons, 4.800 hommes. Ce grand nombre d'hommes encombrera évidemment l'île d'Aix où il n'y a de casernes et d'effets de campement que pour 1.500 hommes. Mon intention est donc que vous donniez l'ordre au général commandant la 12ᵉ division de se porter à l'île d'Aix, d'y former deux bataillons de marche composés : le 1ᵉʳ, des deux premières compagnies du 1ᵉʳ bataillon et des deux premières du 2ᵉ, chaque compagnie complétée à 150 hommes, officiers et sous-officiers non compris, ce qui fera 170 hommes par compagnie ou 680 hommes pour le bataillon. Il en donnera le commandement à un chef de bataillon ferme. Il aura soin de choisir les hommes habillés les plus en état et ceux auxquels on peut supposer la meilleure volonté, et il les dirigera sur Angers, en leur faisant comprendre qu'ils viendront à Paris. Il prendra des mesures pour que la gendarmerie les surveille sur la route et arrête les déserteurs. Il faut qu'il ne les fasse point passer par Rochefort, et qu'il leur fasse gagner une marche du côté de la Loire.

Cinq jours après, il fera partir le 2ᵉ bataillon, composé des deux premières compagnies du 4ᵉ, et fort, comme le 1ᵉʳ, de 680 hommes. Ces deux bataillons prendront la dénomination de 1ᵉʳ et de 2ᵉ bataillons de marche de l'île de Ré.

Par ce moyen, l'île d'Aix, qui recevra 1.500 hommes d'augmentation par la disposition qui porte les compagnies à 200 hommes en perdra environ 1.300, ce qui forme à peu près le même nombre d'hommes. Si le général trouve qu'il y a encore trop de monde à l'île d'Aix, il fera passer un bataillon à l'île d'Oléron.

De l'île d'Aix, le général Rivaud se rendra à l'île d'Oléron; il fera former là un bataillon de marche composé d'une compagnie du 26°, d'une du 66° et d'une du 82°. Il nommera un officier d'état-major ferme pour commander ce petit bataillon. Il complètera ces trois compagnies à 200 hommes, officiers et sous-officiers compris, ce qui fera 600 hommes qu'il fera embarquer pour Fouras d'où ils seront mis en marche sur Angers. Par ce moyen, il ne restera plus dans l'île d'Oléron que trois compagnies des 26°, 66° et 82°, qui seront chacune fortes de 200 hommes, partie habillés et partie non habillés, reçus nouvellement du dépôt de l'île de Ré, ce qui fera de la place pour les troupes qu'on voudrait envoyer à l'île d'Oléron.

Moyennant ces dispositions, j'aurai trois bataillons de marche formant 1.900 hommes, dont mon intention est de recruter l'armée d'Allemagne. Ayez soin qu'on prévienne la gendarmerie du passage de ces bataillons et que toutes les mesures soient prises pour empêcher la désertion.

Ces opérations terminées dans l'île d'Aix et l'île d'Oléron, le général Rivaud passera dans l'île de Ré. Il verra la situation du dépôt, des bataillons des 114°, 15°, etc..., et des deux bataillons du 29° léger. Je suppose qu'il n'y a encore rien d'habillé et en état de partir de ces deux bataillons. Le dépôt de l'île de Ré doit se trouver à peu près épuisé, après les derniers ordres que j'ai donnés.

La distribution des forces restantes dans les trois îles sera la suivante :

Ile d'Aix. — Quatre bataillons de quatre compagnies, qui ne doivent pas présenter plus de 2.400 hommes, après le départ des deux bataillons de marche.

Ile d'Oléron. — Un bataillon de trois compagnies des 26°, 66° et 82°, 600 hommes après le départ des bataillons de marche.

2.400 hommes des petits bataillons des 114°, etc.

Total : 3.000 hommes qui doivent être à leur aise et sainement dans l'île d'Oléron.

Ile de Ré. — Deux bataillons du 29ᵉ léger..... 2.400 hommes.
Cinq bataillons du régiment de
l'île de Ré............... 600 —
Restant au dépôt, environ..... 1.000 —

Ce qui fera à peu près pour l'île de Ré....... 4.000 hommes.
ce qui n'est point trop.

Je vous ai mandé d'envoyer un bon général de brigade dans l'île d'Oléron.

Demandez au général commandant la 12ᵉ division militaire quand on pourra compter sur le départ de nouveaux conscrits.

NAPOLÉON.

6072. — DÉCISION.

Saint-Cloud, 24 août 1811.

Le duc de Reggio propose de faire camper les troupes du rassemblement d'Utrecht.	Il faut que les troupes restent cantonnées.

NAPOLÉON.

6073. — AU GÉNÉRAL LACUÉE.

Saint-Cloud, 24 août 1811.

Monsieur le comte de Cessac, on évacue les malades de l'île d'Aix sur Rochefort. Cela me paraît fort inutile. Il n'y a pas de médecine ni de soins qui puisse compenser le mauvais air de Rochefort. Donnez sur-le-champ des ordres à cet égard et par estafette.

NAPOLÉON.

6074. — AU MARÉCHAL BERTHIER.

Trianon, 25 août 1811.

Mon Cousin, écrivez au général Dorsenne et au baron Dudon pour avoir le compte de l'administration du général Bonet dans les Asturies.

NAPOLÉON.

6075. — AU GÉNÉRAL CLARKE.

Trianon, 25 août 1811.

Monsieur le duc de Feltre, j'ai lu avec attention votre rapport du 21 août. Vous ne m'avez point envoyé de plan détaillé des îles d'Hyères avec des cotes de nivellement; cela seul eût pu me donner une idée claire. Quoique je n'aie point de détails sur l'armement de la presqu'île de Giens, j'approuve cependant le rétablissement du fort qui servirait de réduit aux batteries; faites faire un projet pour le conseil de novembre.

Il est nécessaire d'occuper l'île du Grand-Renaud; ordonnez de rétablir la tour, et de faire placer aussitôt quelques caronades et obusiers sur cette tour, et deux pièces de 36 au bas, dirigées vers le Grand-Langoustier, et de manière à battre au large. Le général Lariboisière, que j'ai envoyé de ce côté, décidera l'emplacement des batteries de côtes entre Giens et Bregançon.

Ordonnez aussitôt la construction d'une batterie au cap Benat; c'est un point bien important à occuper. Le projet de défendre la rade avec des carcasses est impraticable.

De la pointe des Mèdes à l'île de Bagaud il y a 4.000 toises; en établissant à Bagaud, non seulement deux mortiers à plaque mais aussi deux mortiers construits comme ceux de Cadix, qui portent à 2.500 toises, et en en établissant autant au cap des Mèdes, les feux seront croisés de 1.000 toises par les mortiers à la Cadix, et les bombes des mortiers à plaque se rencontreront. Envoyez des obus de 36 à Bagaud et aux Mèdes; faites disposer deux pièces de 36 pointées à 30 ou 40 degrés: elles porteront à 2.300 toises, ce qui fera que leur feu se croisera de 600 toises. Sans doute, ces moyens ne pourront empêcher l'ennemi de passer, mais il lui sera difficile de séjourner.

La batterie du sud, dans l'île de Port-Cros, doit être mieux armée.

Faites-moi connaître s'il serait possible d'établir une batterie au petit Saraguier; des mortiers à plaque et des pièces de 36 à toute portée augmenteraient beaucoup les dangers du passage.

De la batterie du cap Benat à la batterie du château du Port-Cros il n'y a que 4.250 toises. Les pièces de 36 et mortiers à grande portée peuvent croiser leurs feux.

De la batterie des Mèdes à Bregançon il y a 4.500 toises; des obus de 36 croiseront leurs feux de 100 toises. Les mortiers comme ceux de Cadix les croiseront de 300 toises.

La batterie de Bagaud est distante de celle des Mèdes de 4.500 toises. Cette distance est assez générale entre les divers points; ainsi, des mortiers à plaque à 2.000 toises, des pièces de 36 à 2.300 toises et des mortiers de Cadix à 2.500 toises rendront la rade d'Hyères impraticable; il perdra dès ce moment l'envie de s'y établir. Dans la guerre de 1744, l'ennemi a passé plusieurs campagnes, même d'hiver, dans la rade sans posséder les îles; les mortiers n'étaient pas perfectionnés comme aujourd'hui: ce ne sera pas un petit avantage que de rendre cette rade impraticable à l'ennemi, ce que nous devrons au perfectionnement donné aux mortiers; l'importance est très grande, la présence des Anglais dans la rade nuit à toutes nos opérations maritimes.

J'ai ainsi pourvu à ce qu'il soit impossible à l'ennemi de se placer en rade sans être soumis à l'effet de nos bombes ou obus, et c'est pour cet objet que j'ai ordonné spécialement que le premier inspecteur d'artillerie se rendît à Toulon. Mettez les fonds nécessaires à sa disposition afin que ce but important soit atteint.

Faites reconnaître l'écueil appelé Fournigue ou Corbeille, à 1.800 toises du cap Bénat et à 4.000 toises de l'île du Levant. Faites faire une reconnaissance pour savoir quel avantage il y aurait à établir dessus une batterie ou petit fort.

DÉFENSE DES ILES

L'île du Levant est d'un petit intérêt; une tour modèle n° 1, placée le plus près possible du Port-Man, sur une hauteur, et protégeant une batterie qui croiserait avec le cap Benat et Port-Man, me paraît suffisante. Faites reconnaître l'emplacement de cette tour et batterie, et ordonnez qu'on la commence sans délai, toutefois après qu'elle aura été arrêtée par le général Lariboisière et le directeur du génie. Pendant cet intervalle on placera dans l'île 1.200 hommes, 4 pièces de campagne et 4 pièces de 36 battant la passe et le cap Benat, afin d'avoir un commencement de défense.

Faites reconnaître l'emplacement pour une tour n° 3 au fort du Titan, qui puisse défendre ce petit port avec deux pièces de canon. Une fois la tour n° 1 construite, un commandant d'armes et 100 hommes seront suffisants pour défendre l'île que l'ennemi n'aura aucun intérêt à attaquer, étant ainsi défendue; je suppose toujours qu'il y aura un emplacement convenable du côté de Port-Man pour la tour n° 1.

Faites mettre le petit fort de Port-Man à l'abri de la bombe; augmentez considérablement son artillerie : ceci doit être fait sans délai.

Augmentez de même l'artillerie de l'île Bagaud et celle de la batterie du sud de Port-Cros, comme je l'ai déjà dit.

Le fort de Lestissac forme déjà un réduit; il serait nécessaire de faire dans l'île de Port-Cros un ouvrage d'un million et d'y établir une redoute, comme celle de l'île d'Aix, au point central de l'île. L'île n'a que 800 toises de largeur; ainsi, les ouvrages avancés du fort central pourraient barrer l'île. Il serait à 1.000 toises de la tour de Port-Man et à 1.000 toises de la batterie du sud. Il faudrait que ce fort fût placé de manière à s'appuyer à la plage de la Palun, qu'il protégerait, ainsi que Lestissac et le château de Port-Cros, et qu'il couvrît spécialement la partie du sud, de sorte que le port, compris entre l'île de Bagaud et le château, fut toujours en sûreté. Ces îles étant très tourmentées, il est difficile de concevoir l'ouvrage à y établir; il est cependant nécessaire d'avoir un fort ou réduit qui soit au centre de défense; s'il n'y a pas de point culminant et si le pays est trop tourmenté, on peut l'occuper par plusieurs petites tours ayant un centre de défense, de manière que cela puisse former une espèce de place forte qui puisse tenir quinze jours de tranchée ouverte.

Le système établi paraît consister dans le fort de l'Eminence, à 200 toises de la plage de Palun, à 200 toises des sources, à 200 toises de Lestissac, qui est lui-même à 200 toises du château. Tous ces forts paraissent bien petits; il faut chercher un moyen d'avoir une enceinte, et alors une simple caserne et une batterie seraient suffisantes à l'emplacement du château. Le fort de Lestissac étant en bon état, il faut se borner cette année à mettre en état les batteries et faire pour cet hiver un projet pour tenir Port-Cros avec une main de fer de manière qu'une garnison de 500 hommes puisse y soutenir un long siège.

Il faut s'arranger de façon à se lier avec l'île de Bagaud, par où viendraient les secours. Cet ouvrage, devant être l'objet de plusieurs années de travail, doit être conçu de manière que dès la première année de dépense on acquière un nouvel accroissement de force. Les officiers du génie traiteront aussi la question de savoir s'il serait possible, par l'occupation de deux ou trois points, de rendre impossible le débarquement de l'ennemi. Car une fois débarqué dans l'île, l'ennemi restant maître de la mer, la prise de l'île ne peut être retardée que d'un mois plus ou moins; c'est beaucoup, sans doute; l'île paraît trop étendue pour qu'on puisse empêcher le débarquement.

L'établissement d'une tour sur l'île de Bagaud me sera proposée en novembre, pour rendre imposible tout débarquement dans cette île; cette année on peut construire les deux batteries du nord et du sud dans cette île.

Il faut, cette année, achever la batterie des Mèdes, celle de la Licastre, Lequin, Bon-Renaud, Prime et celles des deux Langoustiers. On fera un projet pour occuper Porquerolles par un fort central qui en assure la possession.

Pour exprimer mieux mon opinion sur les îles d'Hyères, je pense qu'une dépense d'un million pour chacune d'elles ne serait pas trop au-dessus de l'importance que j'y attache; bien entendu qu'elle se ferait en trois ou quatre ans et que les 200.000 francs employés dès l'année actuelle produiraient déjà une meilleure défense.

Quant à l'île du Levant, 100.000 francs me paraissent suffisants.

Donnez une instruction détaillée à un général du génie; qu'il parte aussitôt et se concerte avec le général Lariboisière et les directeurs du génie et de l'artillerie. Mettez à la disposition du génie 200.000 francs pour les îles et 100.000 francs pour l'artillerie, indépendamment du budget de cette année.

Vous me mettrez sous les yeux les dépêches de la commission.

Faites faire des plans détaillés de ces îles avec tout ce qui existe et tout ce qu'on y fera faire. La prise de ces îles, indépendamment du tort maritime et militaire, ferait plus de 20 millions de dommage à la Provence et à Gênes.

NAPOLÉON.

6076. — AU GÉNÉRAL CLARKE.

Trianon, 26 août 1811.

Monsieur le duc de Feltre, je reçois votre lettre du 25. Les 596 hommes que la réserve envoie à Bayonne pour le 10ᵉ régiment d'infanterie légère seront distribués entre les bataillons qui sont à Bayonne, qui ont le plus besoin d'hommes. Faites-moi un travail qui me fasse connaître la situation de ces bataillons, ce qu'ils reçoivent de leurs dépôts, ce qu'ils reçoivent de la réserve et ce qu'il faut pour les compléter. On prendrait ce qui leur manquerait dans ces 596 hommes.

Je vois par la distribution de la réserve que 114 hommes sont envoyés à Bayonne pour le 26ᵉ léger; ce doit être une erreur. Le 26ᵉ léger n'est ni à Bayonne ni en Espagne. Le 4ᵉ bataillon du 26ᵉ, qui se rend à l'île de Ré, prendra les 1.200 hommes destinés au 10ᵉ léger, sans prendre aucun homme de la 11ᵉ division militaire. Il les gardera le temps nécessaire pour les former et les mettre en état.

297 hommes du Mont-Tonnerre et de Jemmapes sont dirigés sur Saint-Malo pour le 86ᵉ. Cependant, le 4ᵉ bataillon du 86ᵉ est toujours au camp de Boulogne. Faites-moi connaître sa situation et celle des 4ᵉ et 5ᵉ bataillons des 15ᵉ, 70ᵉ et 47ᵉ de ligne, compagnie par compagnie. Je désirerais que les dix bataillons qui défendent la Bretagne fussent mis à leur grand complet. Faites-moi connaître la situation des bataillons des 3ᵉ et 105ᵉ de ligne également destinés à la défense de la Bretagne, pour mettre ces bataillons au complet par des conscrits de l'île de Ré qui, étant en Bretagne, seront assez éloignés de chez eux.

NAPOLÉON.

6077. — AU GÉNÉRAL CLARKE.

Trianon, (1) août 1811.

Monsieur le duc de Feltre, chargez le général Hogendorp, mon aide de camp, qui est à Wesel, d'organiser le 11ᵉ régiment d'infanterie légère.

Donnez ordre aux dépôts des bataillons des tirailleurs corses et du Pô et de la légion du Midi, de se rendre à Wesel. Il me semble que ces dépôts ne seraient pas mal placés à Wesel, au lieu de Trèves.

NAPOLÉON.

---

(1) Sans date de jour, envoyé aux bureaux le 27.

6078. — AU GÉNÉRAL CLARKE.

Trianon, 27 août 1811.

Monsieur le duc de Feltre, je vous prie de m'envoyer le dernier état de situation que vous avez de l'armée de Catalogne.

NAPOLÉON.

6079. — AU GÉNÉRAL CLARKE.

Trianon, 27 août 1811.

Monsieur le duc de Feltre, ai-je donné l'ordre de réunir à Orléans le régiment de marche de l'armée du Midi? Je vois que deux bataillons sont encore à Vincennes. Faites-moi connaître quand ces deux bataillons seront réunis à Orléans, et pourront partir pour Bayonne, leur destination. Quels sont les officiers et sous-officiers qui manquent?

Quand est-ce que les 1er, 2e, 3e, 4e, 5e et 6e régiments de chevau-légers auront chacun 200 lances et des instructeurs afin de commencer par instruire les sous-officiers et soldats à la manœuvre de la lance? Des instructeurs ont-ils été envoyés à ces régiments? Je vois qu'il y a assez d'hommes à ces régiments. Il est nécessaire de commencer l'instruction sans délai.

NAPOLÉON.

6080. — AU GÉNÉRAL CLARKE (1).

Trianon, 27 août 1811.

Monsieur le duc de Feltre, donnez ordre au 1er bataillon des pupilles de la garde, complété à 200 hommes par compagnie, les cadres compris, de partir de Versailles pour se rendre à Rouen, où il tiendra garnison. Il fera le service de la place.

Aussitôt que le 2e bataillon sera complété, il y sera également envoyé; cela donnera de la place dans les casernes de Versailles.

---

(1) Non signé, copie conforme.

6081. — AU GÉNÉRAL CLARKE.

Trianon, 27 août 1811.

Monsieur le duc de Feltre, il y a à l'île d'Aix et sur la côte un grand nombre de mortiers et de pièces de canon hors de service, surtout de mortiers à plaque, à chambre sphérique; il serait bon d'envoyer tout cela à la fonderie.

6082. — DÉCISION.

Trianon, 27 août 1811.

Compte rendu de la situation actuelle des 38 canons de 48 destinés pour les places du Nord : 26 sont ou en batterie ou en expédition sur les points où ils doivent être placés; destination proposée pour les 12 autres, d'après les ordres donnés avant la réception de ceux de Sa Majesté.

Approuvé. Il est important surtout de ne faire aucun mouvement rétrograde, ce qui entraîne dans des dépenses inutiles.

NAPOLÉON.

6083. — AU GÉNÉRAL CLARKE.

Trianon, 28 août 1811.

Monsieur le duc de Feltre, le 1ᵉʳ bataillon de marche de Turin, composé de deux compagnies des 10ᵉ, 20ᵉ et 101ᵉ de ligne, est parti de Turin pour se rendre à Grenoble.

Le 2ᵉ bataillon de marche de Turin, composé de trois compagnies du 1ᵉʳ léger et de trois compagnies du 3ᵉ léger, et le 3ᵉ bataillon de marche de Turin, composé de trois compagnies du 7ᵉ de ligne, de deux compagnies du 42ᵉ et d'une compagnie du 67ᵉ, sont partis également de Turin pour Grenoble. Donnez ordre que ces trois bataillons, après avoir séjourné deux ou trois jours à Grenoble, soient dirigés sur Valence, et, de là, embarqués jusqu'au Saint-Esprit, d'où ils seront envoyés, par terre, à Pau, en leur faisant faire un triple séjour à Nîmes.

NAPOLÉON.

---

(1) Non signé, extrait conforme.

6084. — AU GÉNÉRAL CLARKE.

Trianon, 28 août 1811.

Monsieur le duc de Feltre, je reçois vos états du 25 août sur les mortiers à plaque et à la Gomer existants dans l'Empire. Moyennant ces 130 mortiers à plaque que vous faites faire, il y aura suffisamment pour tous les services; il n'y aura plus qu'à s'occuper de la fonte de nouveaux mortiers tels que ceux employés devant Cadix. Envoyez-moi l'état de tous les mortiers de 11 pouces à la Gomer qui sont en Hollande ou dans la direction d'Anvers; il faut savoir aussi combien il existe de bombes de ce calibre en Hollande pour connaître combien on peut employer de ces mortiers à raison de 500 bombes par chaque; faites-les essayer, afin qu'on connaisse bien leur portée; il me semble qu'ils peuvent servir à Flessingue, à Kadzand et dans l'Escaut, et rendre ainsi disponibles les 15 mortiers de 12 pouces à la Gomer que vous avez à Douai. Je crois qu'on peut envoyer ces mortiers par eau à leur nouvelle destination, comme on envoie les bombes; partout ailleurs en France il faut envoyer des mortiers de 12 pouces, puisque partout on y trouve des bombes de ce calibre. Je pense également que vous devez faire venir à Toulon 18 des 22 mortiers qui sont à Alexandrie. Vous prendrez là-dessus les trois nécessaires à Hyères; vous en aurez 15 de réserve à Toulon; il est très important, dans un dépôt tel que Toulon, d'avoir pareil nombre de mortiers disponibles. Remettez-moi l'état des mortiers à la Gomer de 8, 10 et 11 pouces; remettez-moi également celui des mortiers à grandes portées sphériques ou cylindriques de 6, 8, 10, 12 pouces, afin que je voie la quantité de mortiers que nous avons dans chaque direction et dans toute la France. Les mortiers à chambre cylindrique ou sphérique sont bons pour placer dans les places fortes, mais ces mortiers ne valent rien sur les côtes. Il n'y aurait donc que des changements de position à faire sans entraîner dans de nouvelles dépenses.

Napoléon.

6085. — DÉCISION (1).

On rend compte de nouveau à Sa Majesté que les dépenses de la garde municipale pour 1810 ont excédé le fonds accordé dans le budget de la ville de Paris de 252.215 fr. 89.

On demande à Sa Majesté si son intention est que la dépense des bataillons de guerre de cette garde qui sont en Espagne reste à la charge de la ville de Paris ou soit supportée sur les fonds de l'armée.

Dans ce dernier cas, le supplément de fonds à accorder ne serait plus que de 111.342 fr. 04.

L'Empereur demande quel était l'effectif de sa garde en 1810; comment 800 hommes peuvent coûter 1.000 francs chacun.

6086. — DÉCISION.

Trianon, 29 août 1811.

Le général Clarke rend compte de la marche du 4e bataillon du régiment de Walcheren sur l'île de Ré, et il demande si ce bataillon devra quitter cette île aussitôt après avoir reçu ses conscrits refractaires.

On me rendra compte quand ce bataillon sera arrivé et ces hommes incorporés et en état de partir.

Napoléon.

6087 — AU GÉNÉRAL CLARKE.

Trianon, 29 août 1811.

Monsieur le duc de Feltre, vous recevrez un décret qui nomme le vice-amiral Villaret-Joyeuse gouverneur de Venise; le traitement de cette place est fixé par le budget d'Italie. Je désire que le général Villaret soit rendu avant le 15 septembre à Venise, parce qu'il s'y fait, à cette époque, des opérations de marine très délicates, sur

---

(1) Sans signature ni date, renvoyée aux bureaux le 29 août; extraite du « Travail du ministre de la guerre avec S. M. l'Empereur et Roi, date du 28 août 1811 ».

lesquelles il donnera son avis au vice-roi. Vous l'adresserez au vice-roi, qui mettra toutes ses affaires en règle.

NAPOLÉON.

6088. — A M. EVAIN.

Paris, 29 août 1811.

M. Evain, l'Empereur désire savoir quel jour fixe la batterie de Maumusson sera terminée; voyez, s'il est nécessaire, M. de Caux, pour répondre de suite à Sa Majesté sur cette demande.

FRIRION.

6089. — DÉCISION.

Compiègne, 30 août 1811.

Le ministre informe Sa Majesté qu'il a demandé des renseignements sur les accusations dirigées contre M. le colonel Castellan, et propose, en attendant le procès-verbal d'information, de faire choix de MM. les généraux Andréossy, Bourcier et Dumas, pour composer la commission d'enquête qui doit examiner cette affaire.

Approuvé.

NAPOLÉON.

6090. — DÉCISION.

Compiègne, 30 août 1811.

Le ministre, attendu l'ordre donné à M. le colonel Dupuy de se rendre à Paris pour s'expliquer sur sa conduite envers M. l'ordonnateur Blanchon, propose à Sa Majesté de faire examiner cette affaire par une commission d'enquête composée de MM. les généraux Andréossy, Gouvion Saint-Cyr et Gassendi.

Approuvé.

NAPOLÉON.

6091. — AU MARÉCHAL BERTHIER.

Compiègne, 30 août 1811.

Mon Cousin, remettez-moi sous les yeux l'affaire des drapeaux espagnols et anglais, remettez-moi le programme et les détails sur la présentation de ces drapeaux, qu'il est urgent de faire de quelque manière.

NAPOLÉON.

6092. — AU MARÉCHAL BERTHIER.

Compiègne, 30 août 1811.

Mon Cousin, envoyez-moi l'état de situation de Bayonne, ainsi que la composition de tout ce que la réserve du général Monthion a envoyé en Biscaye.

NAPOLÉON.

6093. — DÉCISIONS (1).

Compiègne, 30 août 1811.

On propose à Sa Majesté de décréter qu'à dater de ce jour le sillon du Camaret, à l'entrée de la rade de Brest, actuellement à la charge du génie militaire, sera réparé et entretenu par les ingénieurs des ponts et chaussées.	A présenter aux conseils de novembre.
Proposition d'envoyer des poudres dans la direction d'artillerie de La Rochelle, dont l'approvisionnement a été beaucoup diminué par des envois sur Bayonne.	On fera sur le budget de l'année prochaine de plus fortes commandes à ces fabriques. Je ne pense pas qu'il faille déplacer des poudres, à moins que les approvisionnements de Rochefort et de Belle-Ile ne soient compromis. Ce sont les deux seuls points vraiment importants de ce côté-là.

(1) Non signées; extraites du « Travail du ministre de la guerre avec S. M. l'Empereur et Roi, daté du 28 août 1811 ».

Désignation des généraux d'artillerie qui seront chargés de l'inspection des côtes dans le mois de septembre prochain.

Sa Majesté est priée de faire connaître si son intention est de faire cesser le recrutement à prix d'argent qui se fait en Corse pour les bataillons des tirailleurs corses.

Le général commandant la 23ᵉ division militaire demande qu'il soit formé au 1ᵉʳ régiment de la Méditerranée un bataillon composé de conscrits de l'ancienne France, destiné à la défense de la Corse et qui ne serait pas tenu à alimenter les corps de l'armée.

On présente à Sa Majesté un projet de décret pour réformer sans traitement les sieurs Goyon, capitaine et commandant de place à la Banezza, et Bertin, lieutenant au 24ᵉ régiment de ligne, accusés de vols, et on propose de les renvoyer en surveillance dans leurs foyers, attendu que le jugement qui les acquitte, faute de preuves suffisantes, laisse des soupçons sur leur probité.

On demande à Sa Majesté si son intention a été que les officiers de l'état-major général et de l'administration de la garde reçussent la

Approuvé avec le changement d'envoyer le général Darancey pour inspecter les directions d'Amsterdam et de Groningue et le général Dulauloy les directions de Brest et de Nantes.

On doit laisser continuer le recrutement, pourvu qu'il ne soit enrôlé aucun conscrit; il convient d'attirer le plus de Corses qu'on pourra dans le 11ᵉ régiment, parce que ce sera de bons soldats et que plusieurs nations étrangères cherchent à en avoir; le moyen de recruter à prix d'argent est donc bon pour ce pays.

Refusé: les officiers, sous-officiers et un fonds de soldats venant de l'ancienne France étant suffisants, il n'y a aucun inconvénient à ce que les trois quarts de soldats soient italiens.

Approuvé.

Bordaient-ils la haie ?

gratification d'un mois de solde, accordée aux corps de la garde le jour de la cérémonie du baptême du roi de Rome.

On propose à Sa Majesté d'admettre comme enfants de troupe dans le 24ᵉ régiment de ligne le fils du nommé Joseph Goully, ancien caporal de ce régiment, mort après 30 ans de service en laissant une veuve dans la misère et trois enfants, dont les deux aînés servent aux bataillons de guerre employés au siège de Cadix.

Envoyé à l'école de Châlons.

On propose à Sa Majesté d'accorder un secours de 1.000 francs à M. le capitaine du génie Deveye, officier hollandais, employé au camp sous Figuières et dont la femme et huit enfants sont à Lorient dans un besoin pressant.

Approuvé.

On fait connaître à Sa Majesté qu'on n'expedie point, quant à présent, de brevets aux officiers, et on demande si Elle approuve qu'il soit délivré simplement des lettres de service aux officiers d'ordonnance près de sa personne.

Approuvé tout ce qui peut servir à donner un titre authentique à ces officiers pour justifier de leurs qualités.

On propose à Sa Majesté d'employer sous les ordres de M. le maréchal duc de Reggio le général de division Legrand qui est disponible.

Ne peut-on l'employer à faire des inspections, en attendant qu'il ait une destination?

On propose à Sa Majesté de nommer commandant d'armes au château de Gand, en remplacement du chef de bataillon Jolly, nommé à une compagnie de réserve, le chef de bataillon Borgorelli d'Ilon, ex-commandant d'armes.

A quoi sert le château de Gand? Ne serait-il pas convenable de le démolir entièrement?

Le sieur Monsigny, chef d'escadron, demande à être autorisé à rester au service de S. M. le roi de Naples, où il est employé provisoirement comme adjudant général. On demande les ordres de Sa Majesté.

Est-il passé au service de Naples avec permission? D'ailleurs il se trouve compris dans les décrets que j'ai pris sur cette matière. Il faut adopter une marche uniforme et le ministre de la guerre doit se concerter avec le grand juge relativement aux permissions de ce genre.

On propose à Sa Majesté d'accorder à M. Framery, capitaine de l'artillerie à pied de la garde, employé à l'armée d'Espagne, un congé de trois mois pour se marier.

Accordé.

Le sieur Audibert, maréchal des logis, a rejoint sans autorisation le 12ᵉ régiment de cuirassiers, parce qu'on ne lui avait donné dans les grenadiers à cheval de la garde que le grade de brigadier fourrier.

Le laisser dans son ancien corps (12ᵉ cuirassiers).

M. le général Walther le connaît pour un excellent sujet et le redemande.

On prie Sa Majesté de faire connaître si Elle approuve qu'il soit rappelé dans la garde.

M. le général comte Baraguey d'Hilliers transmet des renseignements favorables sur deux Espagnols qui ont prêté serment à Sa Majesté Catholique et qui sollicitent leur renvoi.

Approuvé.

On propose à Sa Majesté de l'autoriser.

On propose à Sa Majesté d'autoriser le séjour momentané dans sa patrie d'un officier suisse fait prisonnier au service d'Espagne et qui est jugé susceptible d'entrer au service de France.

Je ne veux au service de France aucun officier suisse sorti du service d'Espagne. Je n'ai déjà que trop d'inquiétudes de l'esprit qui anime les officiers de cette nation. Il faut tenir la main à l'exécution de cette décision.

L'ambassadeur de Naples demande, au nom de sa cour, le renvoi dans ce royaume de deux otages qui sont détenus depuis quatre ans à Briançon.

Me faire connaître ce que sont ces otages et qui les a envoyés en France.

M. Osterry, membre du petit conseil de Zurich, demande le retour dans sa famille du sieur F.-G. Meyer, officier suisse au service d'Espagne, prisonnier de guerre à Dijon.

Approuvé.

Un médecin et un pharmacien espagnols, détenus au dépôt de Cluny, demandent l'autorisation de retourner près de leur famille en Espagne.

Approuvé.

On propose à Sa Majesté de permettre le retour à Madrid d'un sergent espagnol, qui a fait sa soumission et qui demande du service.

Approuvé.

On propose à Sa Majesté d'envoyer dans la 23ᵉ division militaire le général de brigade Penne, qui est disponible, et l'adjudant commandant Fourn, qui est à Marseille où il a été employé dans la colonne mobile.

Approuvé, si ce général Penne est l'ancien colonel du 112ᵉ régiment, étant un excellent officier, et le général Berthier ayant besoin d'avoir un bon général auprès de lui.

Le ministre de la marine rend compte que la marine ne peut pourvoir à la garde des quatre grandes batteries de la rade extérieure de Brest;

Renvoyé au ministre de la guerre pour compléter cette 22ᵉ compagnie, de manière à ce qu'elle puisse servir à la garde de ces batteries.

Rend compte des mesures prises à Toulon pour la formation des trois compagnies d'artillerie destinées à défendre les îles d'Hyères et propose des mesures pour pourvoir à la garde de l'arsenal.

Renvoyé au ministre de la guerre pour me proposer l'augmentation du bataillon de vétérans qui est à Toulon pour la garde de l'arsenal.

6094. — AU GÉNÉRAL CLARKE.

Compiègne, 30 août 1811.

Monsieur le duc de Feltre, je ne puis pas approuver la répartition des conscrits réfractaires proposée par le prince d'Eckmühl, parce qu'elle est hypothétique. Il suppose, par exemple, que le 4e bataillon du régiment de Walcheren fournira 800 hommes et le 5e 600; mais il paraît que ces deux bataillons ne fourniront rien; il aurait donc un mécompte de 1.400 hommes, auquel il faut ajouter celui de la désertion de ces conscrits pendant la route; je pense donc que les 57e, 85e et 108e régiments doivent toujours recevoir leurs 450 hommes des dépôts de Strasbourg et de Wesel; quant au 25e de ligne, ordonnez que le cadre du 3e bataillon de Walcheren revienne du corps d'observation de l'Elbe à Wesel, et que, là, trois de ces compagnies reçoivent 450 conscrits et les conduisent au 25e; d'ailleurs, le bataillon de l'île de Ré, qui se dirige par Angers sur Paris, pourra être envoyé au prince d'Eckmühl. Faites-moi connaître où sont les cadres de ces 1re, 3e et 4e compagnies du 5e bataillon du 25e, dans quelle partie de l'Espagne elles se trouvaient, si elles n'ont point été incorporées, et quand elles doivent arriver.

NAPOLÉON.

6095. — AU GÉNÉRAL CLARKE.

Compiègne, 30 août 1811.

Monsieur le duc de Feltre, donnez ordre au général du Muy, commandant la 8e division militaire, de passer la revue du 5e bataillon du 1er de ligne, qui est dans l'île de Pomègue, et de vous rendre compte de l'habillement de ce bataillon ainsi que de l'esprit des conscrits qui y sont incorporés.

De là, il se rendra à Toulon pour inspecter les 6es bataillons des 10e et 20e de ligne, formant 1.800 hommes pris dans les conscrits réfractaires du dépôt du fort Lamalgue, et, s'il le juge prudent, et que ce soit l'avis des officiers, il mettra ces deux bataillons en marche en les dirigeant, par Nice et le col de Tende, sur le Piémont. La gendarmerie prendra des mesures pour éclairer la marche de ces bataillons, afin qu'il n'y ait point de déserteurs.

Il passera ensuite la revue du régiment de la Méditerranée; de là, il se rendra aux îles d'Hyères; il passera la revue des compagnies des 5ᵉˢ bataillons des 18ᵉ, 8ᵉ léger et du 23ᵉ de ligne, formant 1.400 hommes; et, s'il le juge convenable, il les enverra aux bataillons de guerre en Illyrie. Il est nécessaire qu'avant leur départ ces 1.400 hommes soient équipés. Arrivés en Illyrie, ces 1.400 hommes seront incorporés dans les bataillons de guerre, en mettant 200 hommes par compagnie, si cela est nécessaire. Après quoi, les cadres de ces 5ᵉˢ bataillons retourneront à leurs dépôts en France.

NAPOLÉON.

6096. — DÉCISION.

Compiègne, 30 août 1811.

Demande de 300 conscrits qui manquent au complet du 14ᵉ bataillon du train d'artillerie (ci-devant hollandais).

Approuvé.

NAPOLÉON.

6097. — AU MARÉCHAL BERTHIER.

Compiègne, 31 août 1811.

Mon Cousin, vous ferez connaître au duc de Raguse que son artillerie se composera de 84 pièces de canon dont 8 de 12, 12 de 8, 48 de 4, et 16 obusiers; qu'il en a 36, qu'il en manque par conséquent 48, qui seront prises, savoir : 16 à Salamanque, 20 à Ciudad-Rodrigo et 12 à Madrid; qu'il doit avoir 495 voitures, que 244 existent et 251 manquent, que 61 doivent être prises à Salamanque, 59 à Ciudad-Rodrigo et 131 à Madrid, ce qui complètera le nombre de 495. En conséquence, vous donnerez ordre au général Vandermaësen de prendre à Salamanque et à Ciudad-Rodrigo les attelages nécessaires pour emmener le nombre de pièces et de voitures ci-dessus désigné.

Je vous renvoie l'état du ministre de la guerre; je n'y fais d'autre changement que d'effacer les colonnes de Burgos et de Valladolid, mon intention étant que toutes ces quantités soient prises à Madrid. Envoyez copie de cet état corrigé au ministre de la guerre, en lui faisant connaître que rien ne doit être pris à Burgos, ni à Valladolid, mais tout à Madrid, Salamanque et Ciudad-Rodrigo. Donnez ordre également au général Vandermaësen de faire partir la portion des compagnies d'artillerie qui est restée sur les derrières.

Instruisez de ces dispositions non seulement le duc de Raguse et le général Vandermaësen, mais encore le général Dorsenne et le général d'artillerie qui est à Burgos.

Napoléon.

6098. — AU MARÉCHAL BERTHIER.

Compiègne, 31 août 1811.

Mon Cousin, le général Vandermaësen a eu l'ordre de partir le 1er septembre pour Valladolid, où vous supposez qu'il arrivera le 6. Les troupes de ce général se composent : de 5.700 hommes d'infanterie pour l'armée de Portugal, de 400 hommes d'infanterie pour l'armée du Midi, de 875 chevaux pour l'armée de Portugal, de 670 chevaux pour l'armée du Midi, de 121 chevaux pour l'armée du Centre, de 1.000 chevaux du train pour l'armée de Portugal et de 800 chevaux du train pour l'armée du Midi; enfin, du 7e convoi, qui comprend des envois d'argent aux armées du Midi, de Portugal, du Nord et du Centre.

Donnez ordre au général Vandermaësen de partir de Valladolid du 10 au 15 septembre. On suppose que les 4e, 5e et 6e compagnies du 11e bataillon principal, que la compagnie de marche des 5e et 10e bataillons *bis*, et que la 4e et 5e compagnies du 12e bataillon principal seront arrivées à Valladolid le 11 ou le 12, et qu'ainsi ces compagnies auront trois jours de repos. Le général Vandermaësen fera partir de Valladolid, sous l'escorte de 371 hommes d'infanterie de l'armée du Midi, des 121 hommes de cavalerie de l'armée du Centre (ce qui fait 500 hommes) et de tout ce qu'il aura trouvé disponible à Valladolid et ailleurs appartenant à l'armée du Centre; 1° les 450 hommes et les 800 chevaux d'artillerie appartenant à l'armée du Midi et 2° les 500.000 francs qui, dans le 7e convoi, sont destinés pour le roi (il aura remis à l'armée du Nord les 1.250.000 francs destinés à cette armée). Il organisera bien ce convoi d'artillerie et d'argent dirigé sur Madrid. Il en confiera le commandement à un officier supérieur et prendra des mesures pour que l'escorte en soit portée à 1.200 hommes, cavalerie et infanterie, en y joignant tout ce qui serait à l'armée du Nord appartenant à l'armée du Midi. Vous lui ordonnerez néanmoins de compléter avant tout ce qui appartient à l'armée de Portugal et que, si la 6e compagnie du 4e bataillon *bis*, les 4e et 5e compagnies du 2e bataillon *bis* et la 4e et 5e compagnies du 12e bataillon principal, avaient perdu des chevaux en route, il les fasse remplacer par des chevaux destinés à l'armée du Midi, vu qu'il importe davantage d'avoir 100 chevaux de plus à l'armée de Portugal qu'à celle du Midi. Ces opérations préalables terminées, il partira pour Salamanque avec les 5.700 hommes d'infanterie de l'armée de Portugal, les 875 chevaux de la même armée, les 670 chevaux de l'armée du Midi, les chevaux d'artillerie de l'armée de Portugal et le convoi d'argent destiné à l'armée de Portugal, ainsi que celui destiné à la portion de l'armée du Midi qui est à Badajoz et dans l'Estramadure. Arrivé à Salamanque, il recevra les ordres du duc de Raguse sur la direction de son convoi par Palencia. Vous manderez au roi d'Espagne de se servir des 800 chevaux de l'armée du Midi qui passent par Madrid, pour les charger de l'artillerie nécessaire à cette armée, les diriger par Talaveyra et le pont d'Almaraz, et profiter de leur passage pour jeter dans Badajoz les poudres et suppléments de munitions dont cette place pourrait avoir besoin. Le duc de Raguse réunira tout ce qui appartient à l'armée du Midi pour faire passer à Badajoz, au 5° corps et aux troupes de l'armée du Midi qui sont en Estramadure, le convoi d'argent qui leur est destiné. Il réunira en un régiment de marche tout ce qu'il aura de cavalerie appartenant à l'armée du Midi, pour escorter ce renfort.

NAPOLÉON.

6099. — AU MARÉCHAL BERTHIER.

Compiègne, 31 août 1811.

Mon Cousin, donnez ordre que le 1er régiment de marche de l'armée de Portugal, composé de trois bataillons, savoir : le premier, fort de 600 hommes des 25° d'infanterie légère, 22° de ligne et 50°; le deuxième, fort de 600 hommes des 26°, 66° et 82° et le troisième, de même force, des 47°, 70° et 15°, que ce régiment, dis-je, qui arrive le 6 ou le 7 septembre à Bayonne, s'y repose deux jours; que le général Monthion en fasse passer la revue, lui fournisse tout ce qui pourrait lui manquer et après, le dirige sur Vitoria, où il rejoindra les deux régiments de marche de Portugal, ce qui fera trois régiments de marche de cette armée, ou 6 bataillons formant 4.000 à 5.000 hommes. Il faudrait désigner un général de brigade pour prendre le commandement de ces trois régiments.

Ordonnez au général Monthion de faire partir trois compagnies du 4° bataillon du 115°, fortes de 420 hommes, pour rejoindre le régiment de marche de l'armée d'Aragon, à Tolosa. Le cadre du bataillon du 115ᵉ doit, à l'heure qu'il est, être arrivé, ce qui augmentera ce régiment de 400 hommes. Ecrivez au général Monthion qu'il me fasse connaître également tout ce qu'il pourrait envoyer rejoindre le 1ᵉʳ régiment de marche d'Aragon, le 1ᵉʳ de l'armée du Nord, et, enfin, les deux de l'armée du Portugal, sans pourtant y comprendre les conscrits de la réserve qui ne font qu'arriver et qui ne doivent être envoyés que deux mois au plus tôt après leur arrivée.

NAPOLÉON.

6100. — AU MARÉCHAL BERTHIER.

Compiègne, 31 août 1811.

Mon Cousin, j'ai donné l'ordre au ministre de l'administration de la guerre d'envoyer des souliers et des chemises à l'armée de Portugal et que la valeur en fût prélevée sur la solde des différents corps. Envoyez-en l'état au duc de Raguse. Il est important que cette retenue soit faite avant l'arrivée des 7ᵉ et 8ᵉ convois, le soldat se trouvera avoir beaucoup à recevoir sur la masse de linge et chaussure et pourra facilement payer cette retenue.

NAPOLÉON.

6101. — AU MARÉCHAL BERTHIER.

Compiègne, 31 août 1811.

Mon Cousin, il sera nécessaire d'envoyer un 9ᵉ convoi dans les premiers jours d'octobre, un 10ᵉ dans les premiers jours de novembre et un 11ᵉ dans les premiers jours de décembre. Ces trois convois seront chacun de trois millions, ce qui fera un total de 9 millions.

Le 9ᵉ convoi sera distribué de la manière suivante :

	1° EN ARGENT.	2° EN TRAITES.	TOTAL.
A l'armée de Portugal	750.000	750.000	1.500.000
A l'armée du Centre	250.000	250.000	500.000
Au roi	250.000	250.000	500.000
A l'armée du Nord	250.000	250.000	500.000
	1.500.000	1.500.000	3.000.000

Là-dessus, on retiendra la valeur de tout ce qui a été fourni de

Bayonne par l'administration de la guerre pour masse de linge et chaussure; et cette même retenue sera faite au soldat en lui faisant la solde. Quinze jours avant le départ des 10e et 11e convois, vous me soumettrez le projet pour leur distribution.

NAPOLÉON.

6102. — DÉCISION (1).

Compiègne, 31 août 1811.

| On présente à Sa Majesté un projet de décret tendant à autoriser l'échange contre un bien national de même produit des bâtiments et dépendances actuelles de la caserne dite du Mont-Blanc, rue de Clichy, laquelle est nécessaire et convient au logement des marins et sapeurs de la garde impériale qui l'occupent actuellement. | Avant de statuer sur cette proposition, Sa Majesté désire que vous vous concertiez avec le ministre des finances, pour connaître quels sont les moyens qui peuvent être à sa disposition pour opérer l'échange dont il s'agit. |

6103. — AU GÉNÉRAL CLARKE.

Compiègne, 31 août 1811.

Monsieur le duc de Feltre, je reçois le rapport du général Defrance. Ce général ne rend point de comptes clairs. Il ne fait rien pour activer l'organisation de son dépôt. Si, au lieu de se plaindre, il avait fait connaître d'une manière précise ses besoins, il y a longtemps qu'on y aurait pourvu; mais plus on se donne de peine pour ce dépôt, et moins on voit clair; témoignez-lui en mon mécontentement.

Faites venir demain le duc d'Istrie et demandez-lui 4 lieutenants de la garde, pour être faits capitaines, 4 sous-lieutenants pour être faits lieutenants, et 8 vélites pour être faits sous-lieutenants. Vous placerez 1 capitaine, 1 lieutenant et 2 sous-lieutenants dans le 7e de chasseurs; 1 capitaine, 1 lieutenant et 2 sous-lieutenants dans le 13e; 1 capitaine, 1 lieutenant et 2 sous-lieutenants dans le 20e, et 1 capitaine, 1 lieutenant et 2 sous-lieutenants dans le 22e.

(1) Non signée; extraite du « Travail du ministre de la guerre avec S. M. l'Empereur et Roi, date du 28 août 1811 ».

Par ce moyen, il y aura 4 capitaines, 4 lieutenants et 8 sous-lieutenants envoyés à ce régiment, ce qui, pour 700 hommes, est plus qu'il ne faut. Vous leur expédierez des lettres de service, sans attendre l'expédition du décret, et vous les ferez joindre en poste. Ces officiers seront pris dans le régiment de chasseurs à cheval et dans le 2⁰ régiment de chevau-légers de la garde.

Envoyez au dépôt de Niort 14 vélites, lesquels seront attachés comme sous-lieutenants, savoir : 2 à chacun des 5⁰, 10⁰, 21⁰ et 27⁰ de chasseurs et 2 à chacun des 2⁰ et 10⁰ de hussards.

Envoyez 1 lieutenant des chasseurs de la garde pour être capitaine dans le 4⁰ de hussards, 1 sous-lieutenant, pour être lieutenant et 1 vélite pour être sous-lieutenant dans le même régiment.

Indépendamment de ces officiers, faites choix d'une trentaine de vélites, pour être nommés sous-lieutenants de cavalerie; ceux des chasseurs, au dépôt de Niort; ceux des dragons, au dépôt de Saintes, et être employés à fur et mesure des besoins.

NAPOLÉON.

6104. — AU GÉNÉRAL CLARKE

Compiègne, 31 août 1811.

Monsieur le duc de Feltre, je désire que vous me fassiez connaître combien il y a eu de déserteurs dans les deux portions du 4⁰ bataillon du 10⁰ d'infanterie légère, se rendant à Bayonne, et, en général, combien il y a eu de déserteurs dans tous les 4⁰ˢ bataillons qui ont rejoint au Havre, à Paris, en Hollande, ainsi que dans ceux qui ont rejoint en Bretagne.

NAPOLÉON.

6105. — DÉCISION.

Compiègne, 31 août 1811.

| Le général Clarke sollicite les ordres de l'Empereur au sujet de la destination à donner au régiment de marche de l'armée du Midi qui se réunit à Orléans. | Le diriger sur Bayonne.

NAPOLÉON. |

6106. — AU GÉNÉRAL LACUÉE.

Compiègne, 31 août 1811.

Monsieur le comte de Cessac, moyennant les 6°, 7° et 8° convois, l'armée de Portugal se trouvera au niveau de sa solde. Il est important que les retenues que j'ai ordonnées sur les effets d'habillement dernièrement envoyés soient portées comme comptant aux corps sur les sommes que leur portent les différents convois, et que les états en soient arrivés avant l'arrivée du 7° convoi, afin qu'on puisse faire ces retenues pour les effets reçus par le soldat, sur la masse de linge et chaussure.

Faites-moi connaître à combien se montent, sur les neuf convois, les retenues à faire aux différents corps pour les souliers et chemises que leur a envoyés l'administration de la guerre. Ainsi, quand les convois partent, ils doivent se composer d'argent ou de traites et des retenues du Trésor sur la masse de linge et chaussure pour les effets fournis par l'administration de la guerre.

NAPOLÉON.

6107. — DÉCISION.

Compiègne, 31 août 1811.

On prie Sa Majesté de faire connaître si son intention est de tirer de l'École de Fontainebleau les 72 fourriers qui doivent, en vertu de ses ordres, être envoyés aux régiments croates.

Les jeunes gens de Fontainebleau ne seraient pas assez instruits pour cela : il faut les prendre dans les lycées.

NAPOLÉON.

6108. — DÉCISION.

Compiègne, 31 août 1811.

On propose de créer une 7° et une 8° compagnie de pionniers étrangers pour y placer les soldats des bandes de Schill et d'Oëls qui existent dans les bagnes.

Approuvé.

NAPOLÉON.

6109. — AU MARÉCHAL BERTHIER.

Compiègne, 1er septembre 1811.

Mon Cousin, voyez dans votre correspondance si vous pouvez me rendre compte, et en cas que votre correspondance n'en fasse pas mention, écrivez au général Monthion pour savoir s'il y a eu des déserteurs dans les 4es bataillons du 101e et du 10e léger.

NAPOLÉON.

6110. — AU GÉNÉRAL CLARKE.

Compiègne, 1er septembre 1811.

Monsieur le duc de Feltre, donnez ordre que le 6e bataillon de marche de l'armée du Midi, qui est à Bordeaux, se rende à Bayonne, où il attendra les cinq autres bataillons de son régiment. Ce bataillon sera mieux à Bayonne qu'à Bordeaux.

Le 2e bataillon de marche de l'armée de Portugal, qui est à Bordeaux, composé de deux compagnies des 26e, 66e et 82e, aurait besoin d'officiers. Faites partir en toute diligence 6 vélites de la garde, pour être attachés comme sous-lieutenants, chacun à une compagnie de ces trois régiments. Ces 6 nouveaux officiers, joints aux 4 officiers qui se trouvent présents au régiment de marche, feront un nombre de 10 officiers.

NAPOLÉON.

6111. — AU GÉNÉRAL CLARKE.

Compiègne, 2 septembre 1811.

Monsieur le duc de Feltre, j'attends l'état général de tous les mortiers que nous avons en France pour pouvoir prendre un parti sur les nouveaux mortiers à faire pour les côtes. Nos places abondent de mortiers de 12 pouces à la Gomer et de mortiers de 10 pouces à grande portée, tandis que nos côtes ont des mortiers à chambre cylindrique, qui ne sont d'aucun effet. Si vous pouviez descendre des mortiers sur Royan, ce serait très utile.

Je compte que, vers le 15 septembre, les pièces d'artillerie et une partie des mortiers seront en batterie sur la côte, depuis Rochefort jusqu'à la Gironde, et qu'enfin au 1er octobre, pour tout délai, tous les mortiers seront en place. Faites-vous rendre compte par le bureau d'artillerie que toutes ces mesures sont exécutées, et que rien ne reste en chemin. Lorsqu'on veut qu'une chose réussisse, il faut la suivre; rien ne marche seul.

NAPOLÉON.

6112. — DÉCISION.

Compiègne, 3 septembre 1811.

Rapport du général Liebert, gouverneur de Stettin, sur la situation sanitaire de la garnison de cette place et du fort de Damm.	La place de Damm est malsaine. Combien y tient-on de troupes ? Il ne faudrait y avoir que l'indispensable nécessaire.

NAPOLÉON.

6113. — AU GÉNÉRAL CLARKE (1).

Compiègne, 3 septembre 1811.

Monsieur le duc de Feltre, j'approuve que tout ce que le duc de Tarente doit envoyer à l'armée d'Aragon, il l'envoie par Barcelone.

6114. — AU GÉNÉRAL CLARKE (1).

Compiègne, 3 septembre 1811.

Monsieur le duc de Feltre, donnez ordre au 2e bataillon étranger de passer aussitôt que cela sera possible à Livourne, d'où vous le dirigerez sur Rome.

Partie de ce bataillon fera le service à Civita-Vecchia.

6115. — EXTRAIT D'UN ORDRE DE L'EMPEREUR.

Compiègne, 3 septembre 1811.

Donnez ordre qu'une 6e division soit formée dans le courant d'octobre au corps d'observation de l'Elbe. Cette division sera composée :

(1) Non signé, copie conforme.

De quatre bataillons du 11ᵉ léger ;
De trois bataillons du 127ᵉ de ligne ;
De trois bataillons du 128ᵉ de ligne ;
De trois bataillons du 129ᵉ de ligne ;
Total : treize bataillons, et, si cela est possible, de quatre bataillons de chacun de ces trois régiments, ce qui ferait donc de treize à seize bataillons.

Il est nécessaire que cette division ait sa compagnie d'artillerie légère, sa compagnie d'artillerie à pied et ses 14 pièces de canon, et que les quatre régiments aient chacun sa compagnie d'artillerie servant 4 pièces de canon.

Faites-moi connaître d'où on tirera le matériel et le personnel de l'artillerie.

6116. — EXTRAIT D'UN ORDRE DE L'EMPEREUR (1).

Compiègne, 3 septembre 1811.

Placez un bataillon du régiment de Berg à Royan et à la pointe de Grave, et mettez tout cela sous les ordres du chef d'escadron Labourdonnaye, qui se portera sur les lieux en cas d'événement.

Mais ce sont des mortiers, des obus aux pièces de 36, des changements à faire aux affûts, des fusées à longue portée, qu'il faut à toutes ces batteries.

6117. — AU GÉNÉRAL CLARKE.

Compiègne, 3 septembre 1811.

Monsieur le duc de Feltre, depuis longtemps j'ai ordonné qu'il y eût dans les batteries importantes des pièces de 36 servies par des obus. L'artillerie ne s'occupe point de cela.

J'ai également ordonné qu'on fît des changements aux affûts de côte pour tirer les pièces sur un angle de tant de degrés. Réitérez vos ordres pour que ces changements soient faits sans retard, et pour qu'il y ait des obus et des fusées aux batteries de Rochefort, de l'île d'Aix, du Saumonard, de Royan, et à celles de l'embouchure de la Gironde ; également à Flessingue, dans l'île de Wal-

---

(1) Non signé, extrait conforme.

cheren, dans l'île de Kadzand, à Boulogne, enfin dans tous les postes importants.

L'artillerie des côtes est extrêmement négligée. Chargez un officier supérieur d'artillerie de faire une instruction pour les officiers en résidence et pour les gardes-côtes.

Je vais bientôt aller sur les côtes de Hollande et du Nord; faites en sorte que je trouve partout des mortiers, des obus, des fusées et tout ce qui est nécessaire.

Je suis très fâché qu'il n'y ait dans l'île de Port-Cros que 400 hommes. Réitérez l'ordre pour qu'à la première circonstance on y fasse passer un plus grand nombre d'hommes.

NAPOLÉON.

6118. — AU GÉNÉRAL CLARKE.
Compiègne, 3 septembre 1811.

Monsieur le duc de Feltre, mes états de situation ne sont qu'au 15 juillet; envoyez-moi donc mes états au 15 août. Je voudrais bien avoir celui par ordre numérique au 1er septembre.

NAPOLÉON.

6119. — AU GÉNÉRAL CLARKE.
Compiègne, 3 septembre 1811.

Monsieur le duc de Feltre, la 5e division du corps d'observation de l'Elbe doit, à l'heure qu'il est, être formée (chaque division ayant une compagnie d'artillerie à cheval et une compagnie d'artillerie à pied servant 14 bouches à feu, indépendamment de 64 pièces de canon de régiment et de la réserve).

Donnez ordre qu'une 6e division soit formée dans le courant d'octobre. Cette 6e division sera composée : de quatre bataillons du 11e léger, de trois du 127e, de trois du 128e et de trois du 129e. Total : treize bataillons et, si cela est possible, de quatre bataillons de chacun de ces trois régiments, ce qui ferait donc de treize à seize bataillons.

Il est nécessaire que cette division ait sa compagnie d'artillerie légère, sa compagnie d'artillerie à pied et ses quatorze pièces de canon, et que ses quatre régiments aient chacun sa compagnie d'artillerie servant quatre pièces de canon.

Remettez-moi un projet pour la formation de cette division, et faites-moi connaître la situation des quatre régiments qui doivent la composer, en y joignant des renseignements sur ce qu'ils auront disponibles dans le courant de novembre.

Faites-moi connaître aussi d'où on tirera le matériel et le personnel de l'artillerie.

Ceci dérangera un peu le corps d'observation de l'Océan où deux bataillons du 11° léger (savoir : les tirailleurs corses et les tirailleurs du Pô) étaient compris; mais en place vous porterez les quatre bataillons du 29° léger; ainsi le corps d'observation de l'Océan sera plutôt augmenté que diminué.

NAPOLÉON.

6120. — AU GÉNÉRAL CLARKE (1).

Compiègne, 3 septembre 1811.

Monsieur le duc de Feltre, je vous prie de m'envoyer les lettres que vous avez reçues du général César Berthier depuis qu'il est en Corse, afin que je connaisse la situation des affaires dans cette île.

6121. — DÉCISION.

Compiègne, 3 septembre 1811.

| Désignation de la 5° compagnie du 1er bataillon de sapeurs pour être employée à l'île du Levant, à la défense de l'île de Port-Cros. | Diriger cette compagnie tout entière sur Toulon. NAPOLÉON. |

6122. — AU GÉNÉRAL LACUÉE.

Compiègne, 3 septembre 1811.

Monsieur le comte de Cessac, je compte sur deux brigades de chevau-légers pour le 1er février, savoir : sur deux escadrons ou 400 hommes montés et équipés des 1er, 2°, 3°, 4° et 5° régiments et sur quatre escadrons ou 800 hommes des 6° et 8° régiments. Faites-moi un rapport là-dessus. J'ai accordé, je crois, des remontes à tous ces régiments. Faites-moi connaître ce que j'ai accordé et ce qu'il

---

(1) Non signé, copie conforme.

faudrait accorder encore pour avoir ces 400 hommes. Les suppléments seraient accordés sur les remontes de 1812, mais pourtant seraient commandés tout de suite.

NAPOLÉON.

6123. — AU GÉNÉRAL LACUÉE.

Compiègne, 3 septembre 1811.

Monsieur le comte de Cessac, je vois que les 1er, 2e, 3e, 4e et 5e régiments de chevau-légers n'ont que 135 chevaux de commandés. Ce sera donc 275 chevaux pour chacun de ces régiments à commander pour la remonte de 1812. Je vois que vous avez, pour compléter les remontes, 9.000 chevaux à vous procurer. Quand est-ce que vous espérez que ces 9.000 chevaux seront livrés ?

NAPOLÉON.

P.-S. — Quels sont les obstacles qui s'opposent à ces fournitures ? Quels sont les moyens de les accélérer ? Il est nécessaire de faire une nouvelle commande, tant pour les chevau-légers que pour les régiments qui ont plus d'hommes que de chevaux.

6124. — DÉCISION.

Compiègne, 2 septembre 1811.

Le maréchal Davout propose à l'Empereur de retirer du 9e régiment de chevau-légers les hommes de la légion hanovrienne qui y avaient été incorporés et de les envoyer dans un bataillon colonial.

Renvoyé au ministre de la guerre. J'approuve les mesures proposées, mais n'incorporer dans ce régiment personne qui puisse déserter, et ordonner que ceux qu'il serait imprudent de mettre là soient placés dans le bataillon étranger qui est à Norden et les mauvais sujets au bataillon colonial.

NAPOLÉON.

6125. — AU GÉNÉRAL LACUÉE.

Compiègne, 5 septembre 1811.

Monsieur le comte de Cessac, le 12° bataillon des équipages militaires a encore à Strasbourg 25 caissons. Il n'en a donc à l'armée que 232. Sur ce nombre de 232, 5 sont à réparer. Faites-moi connaître quand les 25 restés à Strasbourg auront rejoint leurs compagnies. Il y a aussi dans ce bataillon, qui est cependant composé de chevaux neufs, 70 chevaux à réformer.

NAPOLÉON.

6126. — AU GÉNÉRAL LACUÉE.

Compiègne, 5 septembre 1811.

Monsieur le comte de Cessac, le dépôt de Strasbourg aura reçu au 15 septembre 1.500 conscrits réfractaires et au 1er octobre 6.000.

Le dépôt de Wesel en aura reçu 1.500 au 15 septembre et 3.000 au 1er octobre. Avez-vous pourvu aux moyens d'habiller et d'équiper tout cela, sans que ces hommes soient retenus trop longtemps dans ces dépôts ? Quand vos envois sont-ils partis ? et quand arriveront-ils ?

NAPOLÉON.

6127. — DÉCISIONS (1).

Compiègne, 7 septembre 1811.

On propose à Sa Majesté de confier le commandement de l'île de Walcheren au général de brigade Girardot, qui est disponible, en remplacement du général Razout, qui se rend au camp de Boulogne.	Il faut lui donner sa retraite.
On propose à Sa Majesté de nommer officier dans la Légion d'honneur M. le major Maynat, qui a commandé le 29° régiment de chasseurs avec distinction et qui a été blessé.	L'Empereur a ajourné cette proposition.

(1) Non signées; extraites du « Travail du ministre de la guerre avec S. M. l'Empereur et Roi, daté du 21 août 1811 ».

6128. — AU MARÉCHAL BERTHIER.

Compiègne, 7 septembre 1811.

Mon Cousin, donnez ordre que le 14° régiment de chasseurs continue sa marche pour se diriger de Pau sur Pampelune, et, de là, sur la division Souham. Je ne pense pas qu'il soit prudent que ce régiment passe seul. Si donc, à Pau, le général Monthion ne trouve pas à le faire accompagner par des détachements qui se rendent à Pampelune, de manière à faire une colonne de 1.500 à 2.000 hommes, ce régiment se dirigera sur Bayonne et **passera** par la grande route.

L'escadron de marche de l'armée d'Aragon se dirigera de Pau sur Saragosse.

Les trois compagnies de sapeurs rejoindront les divisions Caffarelli, Reille et Souham.

Le 2° régiment de marche de dragons de l'armée de Portugal et le 2° régiment de marche de dragons de l'armée du Midi, qui arrivent le 16 et le 18 à Bayonne, continueront leur route sur Burgos.

La gendarmerie continuera sa route sur Tolosa, où elle sera aux ordres du général Buquet.

Quant aux troupes qui arrivent en octobre, vous me remettrez cela sous les yeux, et j'aurai le temps de donner des ordres.

NAPOLÉON.

6129. — DÉCISIONS (1).

Compiègne, 7 septembre 1811.

Le général de brigade Duroure, qui est disponible, témoigne le désir d'être employé sous les ordres de M. le maréchal duc de Reggio.	Refusé; lui accorder sa retraite.
On met sous les yeux de Sa Majesté, conformément à ses ordres, l'état détaillé des services du général de brigade Rouyer.	Lui donner l'ordre de se rendre à Paris pour se justifier.

---

(1) Non signées; extraites du « Travail du ministre de la guerre avec S. M. l'Empereur et Roi, daté du 28 août 1811 ».

Proposition de nommer les sieurs Colinion, sous-lieutenant, et Richeterre, grenadier, aux emplois de 1er et 2e porte-aigles vacants au 64e régiment.	Accordé, ce sera les sieurs Colinion et Richeterre.

6130. — AU GÉNÉRAL CLARKE.

Compiègne, 7 septembre 1811.

Monsieur le duc de Feltre, donnez ordre qu'un escadron du 15e de chasseurs, complété à 200 hommes, parte du dépôt pour se rendre à Vitoria. Faites-moi connaître quand les autres escadrons pourront partir.

NAPOLÉON.

6131. — AU GÉNÉRAL CLARKE.

Compiègne, 7 septembre 1811.

Monsieur le duc de Feltre, je vous renvoie la correspondance du général César Berthier. Répondez à sa lettre du 14 août que les 600 hommes pour le 112e sont les mêmes que ceux déjà fournis, comme le bureau du mouvement l'a observé; que les 1.400 hommes fournis de l'île d'Elbe, par le 1er et le 2e bataillons de la Méditerranée, sont compris dans les 8.500 qu'on demande. Répondez-lui que le 2e bataillon étranger a reçu ordre de se rendre à Rome, aussitôt qu'il pourra passer sur le continent: que le bataillon colonial est mal placé à l'île Rousse et à Calvi, et qu'il vaudrait mieux le mettre dans l'intérieur de l'île.

Mandez au général Berthier que je vois qu'il y a 13 étrangers dans le régiment de la Méditerranée; que cela ne devrait pas être; que tous les hommes du régiment de la Méditerranée doivent être Français: qu'il est nécessaire que les 13 étrangers soient éloignés sans délai: que le 1er et le 3e bataillons du régiment de la Méditerranée ont encore 1.100 anciens Français, et qu'ils peuvent supporter la perte de la 3e compagnie de marche qui doit partir, et que ces bataillons seront encore très beaux.

Donnez ordre qu'on place au bataillon de pionniers les 50 hommes incorrigibles, qui se trouvent au 3e bataillon étranger, et qu'on donne la réforme à ceux qui sont susceptibles de l'avoir, afin de porter ce bataillon sur le même pied que les autres.

Faites-moi un rapport sur le sieur Drujon, commandant ce 3ᵉ bataillon étranger, dont je n'entends dire que du mal; il faudrait prendre en Corse un bon officier, pour le faire chef de bataillon, et le mettre à la tête de ce bataillon.

Il y a au régiment de la Méditerranée 3.400 Français, 1.000 Piémontais et 1.600 Toscans ou Génois, ce qui fait 6.000 hommes, force effective du régiment.

Dans ce nombre, ne sont pas compris 600 hommes fournis au 112ᵉ, ni 300 hommes fournis au 14ᵉ léger, qui est à Rome. Le régiment de la Méditerranée n'a donc plus que 1.600 hommes à fournir aux 7ᵉˢ bataillons des 14ᵉ léger et 6ᵉ de ligne, et 1.100 hommes aux deux 5ᵉˢ bataillons de ces régiments, ce qui ne fait que 2.700 hommes. Sur les 3.400 Français, présents au régiment de la Méditerranée, le général Berthier doit en employer 1.600; il doit également employer les 1.000 Piémontais, ce qui fait 2.600 hommes, à compléter le 14ᵉ léger et le 6ᵉ de ligne. Il restera 3.400 hommes pour le régiment de la Méditerranée, qui reçoit encore beaucoup d'hommes du Piémont, de Gênes, de la Toscane et de Rome.

On pourvoira plus tard au complément du 22ᵉ léger. Donnez des ordres au général Berthier en conséquence.

Les majors des 14ᵉ léger et 6ᵉ de ligne, qui sont à Rome, ont ordre de pourvoir à l'habillement et petit équipement de ces bataillons pour la partie qui ne serait pas habillée.

Faites connaître au général César Berthier qu'il est urgent que les 6ᵉ et 7ᵉ bataillons des 6ᵉ de ligne et 14ᵉ léger soient complétés, parce que je les destine à aller à Corfou, et les 5ᵉˢ bataillons à retourner à Rome, pour porter ces régiments au grand complet. Le général Berthier peut ordonner au colonel du régiment de la Méditerranée de former sans affectation les deux premières compagnies de chaque bataillon des trois quarts d'anciens Français. Par ce moyen, on aura dans la main des compagnies sur l'esprit desquelles on aura le droit de compter davantage.

NAPOLÉON.

6132. — AU GÉNÉRAL CLARKE.

Compiègne, 7 septembre 1811.

Monsieur le duc de Feltre, envoyez au conseiler d'État, directeur des subsistances, la partie de la correspondance du général

Berthier qui est relative à l'évaluation des blés envoyés en Corse et à ce que l'on perdra sur cette opération, en conséquence de l'évaluation du général Berthier.

NAPOLÉON.

6133. — AU GÉNÉRAL CLARKE.

Compiègne, 7 septembre 1811.

Monsieur le duc de Feltre, dans l'état que vous me remettez des pertes qu'ont éprouvées dans leur marche les bataillons envoyés du dépôt pour rejoindre leurs corps, vous parlez d'un 6° bataillon du 3° de ligne, et d'un 6° bataillon du 105°. Ces deux régiments n'ont point de 6° bataillon. Je crains que cette dénomination ne soit donnée par vos bureaux à ces régiments, parce qu'ils ont deux bataillons d'élite. Il faudrait rectifier cette erreur; l'un de ces bataillons est le bataillon d'élite de grenadiers, l'autre de voltigeurs; et le 3°, 4° et 5° conservent leurs numéros.

NAPOLÉON.

6134. — AU GÉNÉRAL CLARKE.

Compiègne, 7 septembre 1811.

Monsieur le duc de Feltre, j'ai demandé pour Flessingue 18 mortiers à semelle et 48 mortiers de 12 pouces à la Gomer, ce qui fait 66 mortiers, indépendamment des mortiers de 6 et de 8 pouces pour l'armement de la place. Ceci n'est que pour la côte. 4 mortiers à plaque existent. 14 sont en expédition. Faites-moi connaître l'époque où ils seront arrivés.

Sur les mortiers à la Gomer 28 existent, 13 sont en expédition; il en manque 7.

Donnez ordre que les 20 mortiers de 11 pouces à la Gomer, avec 800 bombes par mortier, soient dirigés de la Haye sur Flessingue et faites-les mettre en batterie à Flessingue. 7 y compléteront le nombre qui est prescrit, et 13 y remplaceront les mortiers de 12 pouces actuellement en expédition et qui seront envoyés ailleurs.

Par ce moyen, il y aura à Flessingue 18 mortiers à plaque. 20 mortiers de 11 pouces à la Gomer et 28 mortiers de 12 pouces à à la Gomer : total, 66 pièces.

Kadzand. — J'ai demandé pour Kadzand 24 mortiers à plaque;

6 existent, 6 sont en expédition, ce qui fait 12; il en manque donc 12.

J'avais demandé 24 mortiers à la Gomer, ce qui fait 48 en tout. 15 existent, 6 sont en expédition; il en manque donc 3.

Vous les prendrez sur les 13 disponibles à Flessingue. C'est encore 10 mortiers de 11 pouces à la Gomer qui resteront disponibles à Flessingue.

Côtes de La Rochelle et de la Gironde. — J'ai demandé 44 mortiers de 12 pouces à la Gomer et 26 mortiers à plaque, en tout 70 mortiers pour les côtes de la Gironde, la pointe de Grave, le fort de Fouras et la batterie des Saumonards.

Sur les 26 mortiers à plaque, il n'en existe que 7. Il serait cependant urgent de s'en procurer.

Dans votre état, vous n'en portez aucun comme en expédition. Pourtant vous avez dû en prendre 2 à la batterie d'Augereau, 2 à la batterie de Warcé, près Brest, et un 5e à la batterie de Lomel, direction de Saint-Omer.

Comme ce nombre n'est pas suffisant, je préfère qu'au lieu d'envoyer à Flessingue les 7 du Havre, vous les envoyiez à Rochefort, ce qui ferait 12, qui, ajoutés aux 7 qui existent, en porteraient le nombre à 19, et l'on approcherait ainsi des 26 qui sont le nombre prescrit.

Il est bien important que les deux premiers qui arriveront soient placés à la pointe de Grave, et les 4 suivants à la pointe de Royan, afin de fermer la Gironde.

Quant aux mortiers à la Gomer, il n'y en a que 5 existants; mais j'en vois 17 en expédition, ce qui fera 22 sur 44; il en manquera encore 22. Dirigez-y :

1° Les 10 qui sont encore de trop à Flessingue	10
2° De Montlyon	4
3° De Briançon	1
4° Du fort de Joux	1
5° De Mayence	5
6° Et de Givet	1
	22

Et par ce moyen le nombre sera complété.

Iles d'Hyères. — J'ai demandé pour les îles d'Hyères 10 mortiers à plaque. Il n'y en a qu'un. Mais j'en vois 15 qui sont à Strasbourg et que vous destinez pour la rade d'Hyères. Je désire bien savoir quand ils seront arrivés, d'autant plus que je ne vois pas du côté de la Méditerranée d'endroit d'où on puisse en tirer.

On a besoin pour les îles d'Hyères de 23 mortiers à la Gomer : 28 existent, 3 sont en expédition : vous avez donc plus que le nombre requis. Pourtant, comme on ne saurait trop en avoir à Toulon, prenez-en encore 4 à Gênes, 7 à Fenestrelle et 6 à Turin, ce qui fera 17, qui pourront servir selon les circonstances pour l'armement de Toulon et des côtes.

Je vois avec peine que, dans toute la direction des côtes de Brest, il n'y ait pas un seul mortier à la Gomer et que ce soient tous des mortiers ordinaires. En général, ces mortiers ordinaires ne valent rien et ceux à la Gomer sont préférables sur les côtes.

Il y a 24 mortiers ordinaires à Brest, et pas un à la Gomer, ni un mortier de 10 pouces à grande portée. Je crois nécessaire d'avoir une trentaine de mortiers de 12 pouces à la Gomer, dont on puisse disposer pour la direction de Brest.

Il y a beaucoup de mauvais mortiers à chambre sphérique que l'on pourrait refondre pour s'en servir.

Les mortiers de 10 pouces et de 8 pouces et ceux à chambre cylindrique de 12 pouces devraient être uniquement destinés pour armer les places et servir du côté de terre dans les places de la côte.

Je vois par votre état n° 6 que 130 mortiers à plaque sont commandés dans les fonderies. Peut-être serait-il convenable d'en fondre une partie sur le modèle de Cadix, afin d'arriver le plus loin possible. Je suppose qu'une année se passera avant que ces 130 mortiers soient en batterie. Il est cependant urgent que toutes les commandes faites soient portées cette année au deux tiers en mortiers à plaque et qu'on envoie le complément en mortiers à la Gomer, en attendant que tous les mortiers à plaque puissent être fournis.

NAPOLÉON.

6135. — DÉCISION.

Compiègne, 7 septembre 1811.

| Les inspections des canonniers gardes-côtes doivent-elles conti- | Il faut toujours laisser faire l'inspection. Que les inspecteurs |

nuer, nonobstant le projet de les supprimer ?

Un travail complet sur la nouvelle organisation proposée pour le service des côtes sera adressé demain à Sa Majesté.

vérifient partout la poudre, car en beaucoup d'endroits elle est mauvaise.

Les procès-verbaux doivent être faits en règle, afin que je sois assuré qu'il y a de la bonne poudre aux principales batteries.

NAPOLÉON.

6136. — DÉCISION.

Compiègne, 7 septembre 1811.

Rapport au sujet de l'itinéraire des bataillons de marche de l'île de Ré et de l'île d'Aix.

Renvoyé au ministre de la guerre pour me prévenir à temps du départ des trois bataillons de marche de l'île de Ré, de l'île d'Aix. Mon intention n'est pas de les laisser séjourner à Angers et de leur faire continuer leur marche sans délai.

Le préfet d'Angers se trompe lorsqu'il dit que les conscrits de l'île de Ré sont de son département. Ceux d'Angers ont été envoyés à Belle-Ile; les craintes du préfet ne sont donc pas fondées.

NAPOLÉON.

6137. — AU GÉNÉRAL HULIN.

Compiègne, 7 septembre 1811.

Monsieur le général comte Hulin, passez la revue du 4e bataillon du 15e régiment d'infanterie légère et faites-moi connaître sa situation et quand ce bataillon, fort de 900 hommes, armé et habillé, sera prêt à partir. Assurez-vous s'il manque des officiers ou des sous-officiers et s'il est en parfait état. Je désirerais que ce bataillon pût partir avant la fin de septembre pour rejoindre son régiment.

NAPOLÉON.

6138. — AU GÉNÉRAL CLARKE (1).

Compiègne, 8 septembre 1811.

Les chefs lieux d'arrondissements paraissent devoir être Flessingue, Cherbourg, Brest, Rochefort et Toulon. On ne cherche pas si chacun de ces points est un point central, mais si ce sont les points les plus importants des côtes. Le point le plus important des côtes du Nord est l'Escaut. L'arrondissement de l'Escaut comprendra l'île de Kadzand, l'Ecluse compris, Ostende, Nieuport, et s'étendra de Flessingue à Hamburg et à la Baltique. Le colonel, les colonels en second, les quatre chefs de bataillon, se trouveront naturellement placés à Kadzand, au Fort Impérial, à Ostende, à Flessingue, au Helder, à l'embouchure de la Jahde.

Le 2e arrondissement s'étendrait jusqu'à Saint-Malo, le 3e jusqu'à Lorient, le 4e de la Loire aux Pyrénées; le 5e arrondissement comprendrait les côtes de la Méditerranée.

On mettra à la tête de chaque arrondissement un général un peu actif qui aura un plan détaillé des côtes, un état du matériel, et qui fera une tournée deux ou trois fois par an.

Si l'Elbe vient à acquérir une grande importance, on pourra placer un arrondissement du Texel à l'Elbe. Toutefois, le colonel sous les ordres du général de brigade pourra résider à Delfzyl et avoir la surveillance depuis Harlingen jusqu'à la Baltique. Un colonel en second serait placé à Hellevoetsluis et aurait la surveillance sur le Texel et les îles de Goeree et de Walcheren.

Les îles de Walcheren, de Schouwen et d'Ostende seraient directement sous la main du général, ce qui partagerait l'arrondissement en trois districts : les quatre chefs de bataillon se trouveraient au centre de leur bataillon.

Un colonel en second, résidant à Boulogne, aurait la surveillance des côtes depuis Ostende jusqu'à la Somme. Le général surveillerait du Havre à Granville, et le colonel serait à Saint-Malo, etc., etc., etc...

Au reste, ce sont des affaires de détail auxquelles on ne tient pas. L'essentiel est de rendre le corps de l'artillerie gardien et responsable de la défense des côtes.

---

(1) Post-scriptum de la lettre publiée dans la Correspondance sous le n° 18124.

6139. — DÉCISION.

Compiègne, 8 septembre 1811.

Baraquement des cinq nouveaux bataillons de prisonniers espagnols à Cherbourg.

Je ne puis rien augmenter sur le budget du génie de cette année qui est déjà trop considérable, mais cette somme peut se reporter sur le budget de 1812.

NAPOLÉON.

6140. — AU GÉNÉRAL LACUÉE.

Compiègne, 8 septembre 1811.

Monsieur le comte de Cessac, je reçois l'état des effets d'habillement expédiés pour Wesel. Le résultat est peu satisfaisant. Mon ordre est du 3 août, et je vois que, le 21, il n'était parti que 500 habits d'infanterie de ligne et 80 d'infanterie légère, et qu'après l'arrivée de tous les envois au 30 septembre, il n'y aura d'effets que pour habiller 800 hommes. Ainsi, en octobre, il ne pourra partir que 800 hommes du dépôt de Wesel, et alors il y aura 3.000 hommes d'arrivés. Si vous m'aviez prévenu de ces retards, j'aurais avisé aux moyens d'y remédier en ordonnant aux dépôts des régiments de l'armée d'Allemagne, qui sont près de Wesel, de diriger un certain nombre d'habits sur ce dépôt. Faites-moi connaître les dispositions que vous faites pour habiller ces 3.000 hommes. Il faudrait presser l'expédition des effets d'habillement, afin qu'en octobre on pût habiller ces 3.000 hommes et qu'on fût débarrassé de ce dépôt, sans quoi les hommes déserteront. Je vois dans l'état que vous me remettez des habits, des vestes, des culottes, je ne vois pas de schakos, de gibernes, ni d'autres effets de petit équipement. Sans tous ces effets cependant on ne pourra pas habiller ces hommes.

Je vois que le dépôt de Strasbourg aura, au 10 octobre, 1.800 habits; mais il y aura alors à ce dépôt 6.000 hommes. Je ne vois pas non plus d'effets de petit équipement. Faites-moi un rapport là-dessus, afin que, s'il vous est impossible d'y pourvoir, je voie à les faire fournir par les dépôts des différents régiments.

NAPOLÉON.

6141. — AU GÉNÉRAL LACUÉE.

Compiègne, 8 septembre 1811.

Monsieur le Comte, je suis chargé par Sa Majesté de vous demander à quelle époque cette année se fait la conscription en Hollande et quels sont les moments et les lieux où elle peut être le plus difficile.

Duc DE FRIOUL.

6142. — DÉCISION.

Compiègne, 9 septembre 1811.

Les fournisseurs de chevaux se refusant à livrer à Pau les 480 chevaux destinés au 10ᵉ bataillon du train, le général Lacuée propose de se procurer ces chevaux par voie de réquisition dans les départements avoisinant Paris.

En faire une répartition entre les départements. Voilà bien du temps perdu.

NAPOLÉON.

6143. — DÉCISION.

Compiègne, 9 septembre 1811.

Le duc de Feltre propose d'envoyer à Grave le 5ᵉ bataillon du 56ᵉ d'infanterie.

Approuvé.

NAPOLÉON.

6144. — DÉCISION.

Compiègne, 9 septembre 1811.

Mesure proposée à Sa Majesté pour compléter la 6ᵉ compagnie du 1ᵉʳ bataillon de sapeurs et la 8ᵉ du 3ᵉ bataillon, destinées pour le corps d'observation de réserve de l'armée d'Espagne. Ces compagnies ont perdu beaucoup d'hommes par l'effet de la désertion, en se rendant de l'île d'Aix et de l'île de Ré à Bayonne.

Non.

NAPOLÉON.

6145. — DÉCISION.

Compiègne, 10 septembre 1811.

Note du prince Borghese faisant connaître que le régiment illyrien se réduit de jour en jour par la désertion.

Renvoyé au ministre de la guerre pour donner des ordres pour que tous ces conscrits soient arrêtés en Illyrie.

NAPOLÉON.

6146. — AU GÉNÉRAL CLARKE.

Compiègne, 10 septembre 1811.

Monsieur le duc de Feltre, le dépôt du fort Lamalgue n'est pas encore supprimé. Il y a à ce dépôt 1.200 conscrits. Il y a de plus au lazaret de Marseille 2.000 conscrits, ce qui fait 3.200 hommes qui restent encore au dépôt de la Méditerranée. Il faut que je dispose sur-le-champ de ces 3.000 hommes. Envoyez-moi la correspondance du commandant de ces dépôts et celle du général du Muy, afin que je donne des ordres pour employer ces 3.000 hommes.

NAPOLÉON.

6147. — AU GÉNÉRAL CLARKE.

Compiègne, 10 septembre 1811.

Monsieur le duc de Feltre, sur la première expédition de Trieste que le ministre de la marine fera partir pour Corfou, le vice-roi fera embarquer 300 conscrits italiens. Écrivez-lui à cet effet. Ces conscrits serviront à recruter le bataillon italien qui est à Corfou et à le porter à 160 hommes par compagnie.

L'expédition de Gênes se rendra à Porto-Ferrajo, où elle embarquera 300 conscrits. Vous remettrez, à cet effet, au ministre de la marine un ordre adressé au commandant de Porto-Ferrajo pour qu'il fournisse, sous douze heures, 150 hommes du 7ᵉ bataillon du 6ᵉ de ligne et pareil nombre du 7ᵉ bataillon du 14ᵉ d'infanterie légère; et, si ce dernier bataillon n'avait pas le nombre suffisant d'hommes habillés et en état de partir, le bataillon du régiment de la Méditerranée, qui est habillé de l'uniforme d'infanterie légère, y suppléerait en fournissant 150 hommes habillés, lesquels se rendraient à Corfou où ils attendraient le restant du bataillon du 14ᵉ d'infanterie légère.

L'expédition de Toulon portera 300 hommes qui seront fournis par chaque bataillon du 2ᵉ régiment de la Méditerranée. Il ne sera fourni par chaque bataillon qu'un seul officier, un seul sergent, deux caporaux, un tambour et 100 hommes. Les sous-officiers et soldats seront effacés du contrôle. Les officiers recevront de vous une lettre de passe pour le 6ᵉ de ligne; et les 300 hommes seront incorporés dans le 6ᵉ de ligne, aussitôt qu'ils seront arrivés.

Faites connaître au général Donzelot que mon intention est de porter toutes les compagnies qui sont à Corfou, tant françaises qu'italiennes, au complet de 196 hommes. Vous lui renouvellerez l'ordre de renvoyer en France la plus grande partie des Albanais, en lui faisant connaître que, dans le courant de l'hiver, le 7ᵉ bataillon du 14ᵉ d'infanterie légère et le 7ᵉ du 6ᵉ de ligne se rendront à Corfou.

NAPOLÉON.

6148. — DÉCISIONS (1).

Compiègne, 10 septembre 1811.

On propose à Sa Majesté la formation d'un équipage de chevaux de réquisition dans la 31ᵉ division militaire.

Je me refuse à la levée de l'équipage de réquisition, mais j'autorise qu'on prenne les chevaux des 2ᵉ et 37ᵉ régiments qui, au lieu de rester au camp, se rendront sur la côte et feront le service de colonnes mobiles (2).

Compte rendu à Sa Majesté du préjudice qu'éprouvera le casernement des troupes de terre à Cherbourg, si l'on est obligé de remettre à la marine la grande caserne pour le logement du bataillon d'ouvriers militaires qui se forme dans ce port.

Il faudra céder tôt ou tard cette caserne à la marine, elle est située trop à sa convenance.

Je pense qu'il faudra s'occuper du casernement de Cherbourg. Il faudrait avoir au moins pour 3.000 hommes.

---

(1) Non signées; extraites du « Travail du ministre de la guerre avec S. M. l'Empereur et Roi, daté du 8 septembre 1811 ».
(2) Cette décision existe aussi en original.

On prend les ordres de Sa Majesté sur la demande d'un fonds supplémentaire de 50.000 francs pour continuer cette année les travaux de construction de la façade du quartier Eugène.

Je ne puis pas accorder de supplément de crédit; mon budget est fait, mais la caisse d'amortissement prêtera au ministre de la guerre ce qu'il voudra, moyennant un intérêt de 4 p. 100: ainsi, pour cette affaire et pour d'autres, que le ministre fasse la demande d'un million qu'il remboursera en 1814 et dont il payera l'intérêt; cela s'appliquera même aux travaux du génie qu'il faudrait faire et qu'on payerait l'année prochaine.

On demande à Sa Majesté si deux détachements d'ouvriers tirés des 62° et 101° régiments, formant ensemble 64 hommes, qui ont été envoyés à Corfou, doivent être incorporés dans la compagnie de sapeurs français qui est incomplète ou devenir le noyau d'une compagnie d'ouvriers du génie de 140 hommes dont le général Donzelot propose l'organisation provisoire.

Qu'est-ce qui serait le moins coûteux ?

On remet sous les yeux de Sa Majesté la proposition d'admettre au service, dans des corps autres que ceux employés en Espagne, 80 prisonniers de guerre des dépôts de la 2° division, originaires de pays autres que l'Espagne.

Sa Majesté a demandé si ces hommes n'avaient pas déserté en Espagne.

Ce qu'on a pu savoir, c'est qu'ils avaient été faits prisonniers par les Espagnols lorsqu'ils prirent du service dans leurs rangs.

Ce fait n'est point avéré, l'interroger (*sic*) en détail, tout prouve le contraire.

Sa Majesté est priée de faire connaître ses intentions sur les ques-

Tout ce qui est employé dans la division de cuirassiers doit

tions suivantes qui ont été faites par M. le maréchal prince d'Eckmühl :

Les généraux attachés à des divisions de cuirassiers conserveront-ils, avec la cuirasse, leur costume et leurs chapeaux ? Ou feront-ils usage de l'habit court et du casque ?

Les officiers sans troupes seront-ils dispensés de se procurer l'uniforme des cuirassiers à cause de la perte qu'ils éprouveraient s'ils venaient à être employés dans une autre arme ?

être cuirassé, depuis le général jusqu'au soldat.

Quant aux marques distinctives, elles consisteront dans le panache.

Les aides de camp auront leur écharpe; l'habit doit être court. Il ne doit pas être question de chapeaux.

On rend compte à Sa Majesté des prétentions élevées par l'ancien gouvernement hollandais relativement à l'exécution du décret impérial du 18 août 1810, qui laissait à la charge de la Hollande cinq régiments d'infanterie et quatre de cavalerie.

Sa Majesté est priée de faire connaître si les dispositions du décret du 2 août sur l'avancement sont applicables à la jeune garde.

Le ministre ne me fait pas connaître ce que la Hollande doit; le principal est que les troupes soient payées. Il faut m'indiquer les parties qui sont en souffrance, afin que j'en ordonne le payement.

Cela doit s'appliquer plus encore à la jeune garde qu'à la ligne. La garde faisant un corps, elle peut tirer ses sergents et caporaux des premiers régiments de tirailleurs et de fusiliers. Le ministre de la guerre tiendra la main à ce que ces principes soient maintenus dans la jeune garde.

Approuvé.

On met sous les yeux de Sa Majesté le tableau de l'emplacement des brigades de la compagnie de gendarmerie du département de la Lippe.

M. le maréchal duc d'Elchingen, commandant en chef le camp de Boulogne, demande pour chef

Il est trop loin; nommer un bon général de brigade pour faire ces fonctions. Ce grade ne d'état-major l'adjudant commandant Béchet, qui a été autrefois son aide de camp.

Cet officier supérieur est encore à l'armée de Portugal.

On propose à Sa Majesté d'employer le général de brigade Gault dans la 2ᵉ division militaire et le général de brigade Pouget dans la 4ᵉ division militaire.

On propose à Sa Majesté d'accorder une indemnité de 600 francs au capitaine Pittalaga, commandant le chebeck, qui a transporté de Trieste à Corfou un approvisionnement de fers, plombs et outils de diverses espèces destinés au service du génie en cette place.

Sa Majesté est priée de faire connaître ses intentions sur la demande d'un congé de deux mois faite par le général de division Molitor, qui commande la 17ᵉ division militaire.

Sa Majesté est priée de faire connaître ses intentions sur la demande d'un congé de trois mois avec solde pour aller aux eaux de Bourbonne, faite par le général de brigade Avice, qui est disponible;

D'accorder au sieur Legros, sous-lieutenant surnuméraire au 25ᵉ régiment de chasseurs, l'autorisation de passer dans l'infanterie.

Sa Majesté est priée de faire connaître si Elle permet que le sieur Muneret, ex-soldat à la 5ᵉ demi-brigade de ligne, jouisse de sa pension en Illyrie où il est employé dans les douanes.

doit pas être choisi par les maréchaux.

Approuvé.

Approuvé.

Un congé avant le mois de janvier est impossible; s'il persiste, proposer un général pour le remplacer dans sa division.

Approuvé.

Accordé.

Accordé.

Sa Majesté est priée de vouloir bien faire connaître si Elle consent à accorder au sieur Delisle, âgé de 19 ans, Français, fils de la sœur du capitaine général Merlin, au service du roi d'Espagne, la permission de passer au service de Sa Majesté Catholique.

Il faut se mettre en règle conformément au décret.

Mlle Maulnoir, sœur de feu le colonel Maulnoir, du 19e régiment de chasseurs, demande que son jeune frère soit admis à hériter de la dotation accordée à l'aîné et sollicite pour elle-même une pension assignée sur cette dotation.

Sa Majesté est priée de faire connaître ses intentions et de décider en même temps à qui les demandes de cette nature devront être renvoyées à l'avenir.

Cela est du ressort du domaine extraordinaire.

On met sous les yeux de Sa Majesté la demande d'un congé absolu que fait Mme Lambert, veuve sexagénaire, pour son troisième fils, grenadier au 9e régiment de ligne.

Les deux aînés sont morts au service.

Approuvé.

Sa Majesté est priée de faire connaître si son intention est que le sieur de Nivenheim, sous-lieutenant au service de Berg, soit maintenu dans son régiment et rayé du tableau des conscrits du département de la Roer, où il est appelé par son âge à la conscription de 1811.

Oui.

6149. — AU GÉNÉRAL LACUÉE.

Compiègne, 10 septembre 1811.

Monsieur le comte de Cessac, je ne puis qu'être mécontent de votre rapport du 8 septembre sur l'habillement du régiment d'Illyrie. Je vous envoie le rapport fait par le général de brigade Porson, chef de l'état-major, qui est un officier distingué. J'avais fait transcrire les plaintes qui m'étaient portées; en réponse, le bureau fait un rapport qui contient des choses vagues. Vous verrez par celui du général Porson que les habits destinés aux trois premiers bataillons n'ont pu être mis en service, parce qu'ils sont trop petits, mal faits, et que le drap n'a pu être décati. Le dos et les manches ne sont pas doublés. Qui a fait confectionner ces habits? Pourquoi le drap n'a-t-il pas été décati? Pourquoi sont-ils trop étroits? Pourquoi les boutonnières ne sont-elles faites que par un coup de ciseau? Vous verrez dans le rapport que les chemises sont trop courtes pour les hommes, que les souliers ne sont d'aucun usage et ont une semelle de carton; que les havresacs sont trop petits et de mauvaise qualité; qu'enfin, il manque à ce régiment la moitié des schakos qu'il devrait avoir.

NAPOLÉON.

6150. — DÉCISION.

Compiègne, 10 septembre 1811.

Un capitaine du 1er régiment d'infanterie de la légion de la Vistule présente sa démission à titre de soutien de famille.	Approuvé. NAPOLÉON.

6151. — DÉCISION.

Compiègne, 10 septembre 1811.

Le comte Roederer, ministre d'État du grand-duché de Berg, demande : 1° que le 3e régiment d'infanterie du grand-duché, qui est à La Rochelle, envoie à Dusseldorf un détachement de 236 hommes pour contribuer à la formation du	Le ministre de la guerre donnera ces deux ordres sur-le-champ. NAPOLÉON.

4ᵉ régiment; 2° que le 1ᵉʳ bataillon du 1ᵉʳ régiment d'infanterie de Berg, qui est à l'armée de Catalogne, soit renvoyé à Dusseldorf pour être complété et réorganisé.

6152. — AU GÉNÉRAL CLARKE.

Compiègne, 11 septembre 1811.

Monsieur le duc de Feltre, je désire qu'il soit fait les changements suivants à l'armement de Flessingue, savoir : qu'il y ait 18 mortiers à plaque, au lieu de 12; 6 au fort Montebello, 10 à Flessingue et 2 au fort Saint-Hilaire.

Les mortiers de 10 pouces à la Gomer sont inutiles. 30 mortiers de 8 pouces sont nécessaires; on en placera : 6 au fort Montebello, 20 dans la place et 4 au fort Saint-Hilaire.

On y ajoutera 20 mortiers de 5 à 6 pouces qui seront placés : 4 au fort Montebello, 12 dans la place et 4 au fort Saint-Hilaire.

Quant aux pièces de 48, il en faudrait 12 au lieu de 8. Au reste, je m'en rapporte à ce que j'ai précédemment ordonné.

4 obusiers au fort Montebello me paraissent suffisants. Il faut en mettre un plus grand nombre dans la place. Il faut avoir 6 obusiers prussiens pour promener sur la côte.

Toutes les pièces qui composent cet armement sont de siège. Je voudrais 6 pièces de 12, 6 pièces de 4 et 6 obusiers formant 18 pièces de campagne, pour se porter partout où cela serait nécessaire. Renvoyez-moi votre état ainsi corrigé, en ayant soin d'y faire indiquer ce qui pourra être en batterie au mois de novembre, et ce qui ne pourra être prêt qu'au mois de mai prochain; car dans ces matières le temps est tout. Je ne crois pas que vous puissiez avoir 18 mortiers à plaque cette année, mais vous pouvez en avoir 12.

Napoléon.

6153. — AU GÉNÉRAL CLARKE.

Compiègne, 11 septembre 1811.

Monsieur le duc de Feltre, donnez ordre aux bataillons de marche des îles de Ré et d'Oléron, qui arrivent à Angers, de continuer leur route pour se diriger sur Paris. Vous en ferez passer la revue à Versailles pour connaître leur habillement et la nature de ces hommes; après cela, vous leur ferez continuer leur route pour Wesel. Vous instruirez le prince d'Eckmühl de l'arrivée de ces trois bataillons, en lui faisant connaître la force qu'ils auront à leur passage à Versailles, et que mon intention est qu'aussitôt qu'ils seront arrivés à leur destination, ils soient incorporés dans les régiments de l'armée.

Chargez le général qui commande à Angers d'en passer une revue à leur passage à Angers et de vous faire connaître les déserteurs qu'ils auront eus, ainsi que le cas que l'on peut faire de ces bataillons; envoyez cet ordre à Angers par estafette.

Je vous renvoie les lettres du général Beker; recommandez bien à ce général de ne faire partir le 2ᵉ bataillon qu'autant qu'il saura que le 1ᵉʳ a réussi. Ainsi, au lieu de quinze jours d'intervalle, je pense qu'il est convenable de mettre un mois entre le départ des deux bataillons, et même qu'il ne devra faire partir le 2ᵉ que sur la lettre que lui écrira le commandant de la 11ᵉ division militaire, relativement à la situation du 1ᵉʳ bataillon à son passage à Bordeaux. D'ailleurs, le commandant de ce bataillon devra lui écrire fréquemment; s'il réussit, c'est-à-dire s'il a peu de déserteurs, alors le général fera partir le 2ᵉ bataillon; s'il en est autrement, ce général rendra compte des faits et demandera vos ordres.

Si le 2ᵉ bataillon de marche de Belle-Ile part pour l'Espagne, la garnison de Belle-Ile se trouvera diminuée de 1.000 hommes.

Mon intention est de n'envoyer d'autres bataillons qu'autant que j'aurai vu comment ceux-ci auront réussi.

Je vois dans l'état de situation du régiment de Belle-Ile, au 1ᵉʳ septembre, qu'il y a 5 hommes de Würzburg, 1 de l'Adriatique, 3 de Bavière, 2 de la Confédération du Rhin; il me faudrait ôter tous ces étrangers et les mettre dans un bataillon étranger ou colonial.

Le 5ᵉ bataillon du 29ᵉ d'infanterie légère doit aller prendre 500 hommes à Belle-Ile puisque je l'ai ordonné; ces troupes resteront à Belle-Ile pour la garde de l'île.

Quant aux 3ᵉ et 4ᵉ bataillons du 29ᵉ d'infanterie légère, faites-moi connaître leur situation au 15 septembre et si on pourrait se fier à les réunir à Brest.

Le 5ᵉ bataillon resterait toujours à Belle-Ile.

Napoléon.

6154. — AU MARÉCHAL BERTHIER.

Compiègne, 11 septembre 1811.

Mon Cousin, je vous renvoie l'état des effets d'habillement en magasin à Bayonne, appartenant à l'armée de Portugal. Faites-moi connaître si ces effets proviennent de l'habillement de 1810 ou de 1811, et quand les effets qui sont partis sont arrivés ou arriveront aux bataillons de guerre. Recommandez que ces renseignements soient donnés pour tous les autres régiments.

NAPOLÉON.

6155. — AU GÉNÉRAL CLARKE.

Compiègne, 11 septembre 1811.

Monsieur le duc de Feltre, envoyez-moi l'état par ordre numérique de tous les régiments à l'époque du 1er septembre. Il faut que dans cet état on ne porte que ce qui est exécuté et non ce qui est ordonné; ce qui est ordonné doit être mentionné en encre rouge, mais ne doit être jamais compté dans les totaux. Le 3e régiment de ligne, par exemple, est porté pour 1.022 hommes arrivés à Brest : cela n'est point. Si ces 1.022 hommes étaient arrivés à Brest, ils auraient été incorporés au même moment dans les quatre bataillons, comme cela a été ordonné, de sorte que chaque bataillon serait à 400 hommes. Je dois donc supposer qu'on n'a pas de nouvelles que ce bataillon soit arrivé, mais qu'on l'a porté comme étant en marche.

Au 6e de ligne, on porte comme reçus 425 hommes : cela est faux. Il faudrait distinguer ce qui est arrivé au régiment de ce qui est en marche pour s'y rendre.

Au 52e, on porte comme reçus à Gênes 500 hommes de la Méditerranée. Cependant, la situation est censée du 15 août, et, à cette époque, ces trois compagnies de marche n'étaient pas arrivées; car si elles l'étaient, on les eût incorporées dans les quatre bataillons, ce qui aurait fait 400 ou 500 hommes par bataillon. Cette opération n'est pas faite; ordonnez qu'elle le soit.

Au 53e, je vois que les conscrits à recevoir sont au nombre de 168 et ceux reçus au nombre de 795; cela ne fait que 963; il doit y avoir erreur.

Au 57e, je vois qu'on porte comme reçus 1.059 conscrits de

Walcheren. Cela n'est point exact. Ce sont des projets et non des réalités.

Je vous prie de faire rédiger cet état avec le plus grand soin, et de faire écrire en encre rouge ce qui est ordonné.

Il faut donc distinguer ce que chaque régiment reçoit de la conscription, de la réserve, ou des conscrits réfractaires.

NAPOLÉON.

6156. — AU GÉNÉRAL CLARKE.

Compiègne, 11 septembre 1811.

Monsieur le duc de Feltre, j'ai lu avec attention la lettre du général Lariboisière. Tout ce qu'il a fait me paraît bien et entre dans les instructions que vous lui avez données. Mais je ne vois pas encore là un système. Réitérez tous les ordres que j'ai donnés de faire des expériences qui assurent à tout le monde qu'aucun point de la rade n'est à l'abri des boulets creux, ni des bombes tirées avec des mortiers à plaque. Répondez au général Donnadieu qu'on envoie sur la côte une bonne compagnie d'artillerie, indépendamment de celles de la marine; que, du reste, il ne peut compter que sur les soldats du régiment de la Méditerranée, que c'est à lui à les exercer tous les jours, et à en faire de bons soldats, tous les officiers et sous-officiers ayant servi.

NAPOLÉON.

6157. — AU GÉNÉRAL CLARKE.

Compiègne, 11 septembre 1811.

Monsieur le duc de Feltre, je vois par votre lettre du 8 que j'ai fait des fonds pour l'achat de 9.086 chevaux qui sont tous achetés. Vous portez dans l'état de distribution de ces chevaux 1.500 comme livrés à la garde; mais la garde n'en a encore reçu que 700 à 800. Je désire que vous me remettiez un état de la situation en hommes, chevaux et harnais, de tous les bataillons du train, savoir : de ceux qui sont en Allemagne, en Italie, en France, à ma garde et dans les différents détachements que j'ai à Metz et à Mayence, afin que je voie quel est le nombre de chevaux nécessaire pour les compléter.

Je ne puis vous accorder un supplément de 240.000 francs sur le budget de cette année; mais vous pouvez porter les 360.000 francs de la commande extraordinaire d'attelages et de selles faite à Paris, du budget de 1811, sur le budget de 1812. Ainsi, au lieu d'avoir besoin d'argent, vous en aurez de reste, et vous pourrez encore pourvoir à l'achat de quelques chevaux.

Napoléon

6158. — AU GÉNÉRAL CLARKE.

Compiègne, 11 septembre 1811.

Monsieur le duc de Feltre, les 10 pièces de 6, les 4 obusiers, les 16 pièces de 3, les 48 caissons et les 32 caissons régimentaires, total 110 voitures tirées de Strasbourg et de Mayence, qui doivent former le matériel de la 6ᵉ division du corps d'observation de l'Elbe, seront rendus le 30 octobre à Wesel, où le prince d'Eckmühl les fera prendre par les attelages des bataillons qui sont à son armée.

On destinera, pour servir cette division, une compagnie d'artillerie à cheval et une compagnie d'artillerie à pied, qui n'aura été destinée ni au corps d'observation du Rhin, ni au corps d'observation d'Italie.

Vous recevrez un décret que je viens de prendre sur la composition de l'artillerie de cette 6ᵉ division.

Napoléon.

6159. — DÉCISION.

Compiègne, 12 septembre 1811.

Réglementation proposée pour l'étiquette à observer dans le mode de présentation à l'Empereur des personnes nommées à des emplois civils et militaires.	Approuvé. <div style="text-align:right">Napoléon.</div>

6160. — AU MARÉCHAL BERTHIER.

Compiègne, 12 septembre 1811.

Mon Cousin, donnez ordre au maréchal Suchet de fournir les hommes que le vice-roi demande pour la garde, mais de garder le général Palombini qui est utile en Aragon.

Napoléon.

6161. — DÉCISION.

Compiègne, 12 septembre 1811.

Propositions du général Clarke relatives aux troupes pouvant former les garnisons des châteaux de Joux et de Pierre-Châtel.

Approuvé.

NAPOLÉON.

6162. — AU GÉNÉRAL CLARKE.

Compiègne, 12 septembre 1811.

Monsieur le duc de Feltre, je vous renvoie vos lettres.

Ecrivez au général Lariboisière que l'on peut inquiéter l'ennemi entre l'île de Port-Cros et l'île de Porquerolles, mais jamais l'empêcher de passer lorsqu'il a un bon vent; que ce qui est surtout important, c'est d'empêcher l'ennemi de mouiller dans aucun point de la rade, et qu'il ne pourra pas mouiller si l'on jette des obus avec les pièces de 36 sur l'angle de 43 degrés, et si l'on fait tirer les mortiers à plaque. La présence seule des obus éloignera l'ennemi parce qu'à la longue, il perdrait ses vaisseaux.

Ecrivez au général Donnadieu, qui dit dans ses lettres qu'il n'a pas d'officiers, que cette manière de faire des rapports est inconvenante, parce qu'elle ne fait rien connaître; qu'il doit envoyer l'état des officiers qui existent et de ceux qui manquent.

J'ai pris un décret pour lever l'octroi que la ville d'Hyères avait mis sur les îles de Port-Cros et de Porquerolles. Veillez à ce qu'il reçoive son exécution. Cette mesure était un peu ridicule.

NAPOLÉON.

6163. — AU GÉNÉRAL CLARKE.

Compiègne, 12 septembre 1811.

Monsieur le duc de Feltre, j'ai reçu votre rapport du 25 août. Je ne pense pas qu'il faille retirer aucune pièce de Stettin pour Hamburg : Thorn, Modlin, Zamosc et autres places du grand-duché de Varsovie en auront besoin. Faites-moi un rapport sur l'artillerie de toute cette division. Il y avait sur les remparts de Hamburg et de Brême un grand nombre de pièces; que sont-elles devenues ? Il y avait aussi beaucoup de fusils; que sont-ils devenus ? Il y avait même beaucoup de boulets et d'approvisionnements. Aussitôt que je connaîtrai le nombre de batteries nécessaires, l'artillerie existante et ce qui manque, je ferai passer de France, s'il le faut, le nombre de pièces convenable.

NAPOLÉON.

6164. — AU GÉNÉRAL CLARKE.

Compiègne, 13 septembre 1811.

Monsieur le duc de Feltre, donnez ordre de former une compagnie de marche de tous les hommes du 5ᵉ bataillon du 1ᵉʳ de ligne, autres que les 500 conscrits réfractaires fournis par le fort Lamalgue. On m'assure qu'on peut en former une compagnie de 200 à 300 hommes.

Vous ordonnerez que cette compagnie soit dirigée sur Pau, mais les 500 conscrits réfractaires continueront à rester au château d'If et à Pomègue.

NAPOLÉON.

6165. — NOTE DICTÉE PAR SA MAJESTÉ POUR LE MINISTRE DE LA GUERRE (1).

13 septembre 1811.

Le ministre de la guerre écrira, par l'estafette de ce soir, au général Grenier pour lui donner l'ordre de mettre deux bataillons dans la place de Gaëte et de nommer un commandant d'armes français. La garnison napolitaine restera dans cette place.

6166. — AU GÉNÉRAL CLARKE.

Compiègne, 13 septembre 1811.

Monsieur le duc de Feltre, les 5ᵉ et 6ᵉ compagnies du 3ᵉ bataillon de Walcheren recevront de Wesel les conscrits que le général commandant le dépôt de Wesel dirigera sur le corps d'observation de l'Elbe, à la disposition du prince d'Eckmühl.

Ce maréchal les répartira entre les corps qui en auront le plus besoin; bien entendu, que les cadres rejoindront à Wesel le 3ᵉ bataillon de Walcheren, qui doit toujours s'y réunir.

NAPOLÉON.

---

(1) Non signée.

6167. — AU GÉNÉRAL CLARKE.

Compiègne, 13 septembre 1811.

Monsieur le duc de Feltre, donnez ordre que le cadre du 4e bataillon du 19e de ligne se rende à Wesel, et celui du 4e bataillon du 46e à Strasbourg; ces deux cadres partiront complets en officiers et sous-officiers; ils seront ensuite complétés chacun à 900 hommes avec des conscrits réfractaires des dépôts de Strasbourg et de Wesel. Quand ils seront parfaitement habillés et équipés, vous me le ferez connaître pour que je leur donne une destination.

Faites-moi connaître quand les 4es bataillons des 2e, 37e, 50e et 93e arriveront de l'armée de Catalogne à leur dépôt. Mon intention étant également de compléter tous ces 4es bataillons avec des conscrits réfractaires.

Faites-moi connaître si les ordres ont été exécutés en Catalogne. Les 6es bataillons du 84e et du 92e ont-ils été fournis?

NAPOLÉON.

6168. — AU GÉNÉRAL CLARKE.

Compiègne, 13 septembre 1811.

Monsieur le duc de Feltre, je reçois votre lettre du 12 septembre par laquelle vous me faites connaître que les deux premiers bataillons du régiment de Belle-Ile, au complet, sont composés d'hommes des 1re, 2e, 3e, 4e et 5e divisions militaires. On peut en concevoir l'espoir que tous ces hommes arriveront à Bayonne. Je ne puis donc que persister dans l'ordre de faire partir un bataillon, composé de deux compagnies de marche du 1er bataillon et de deux du 2e, lesquelles se rendront à Bayonne. Je suppose que cet ordre est déjà exécuté. Alors, les deux premiers bataillons ne seront plus composés que de quatre compagnies chacun.

Vous me faites connaître dans la même lettre que les 3e et 4e bataillons sont composés d'hommes appartenant aux 13e et 14e divisions militaires. Je pense qu'il serait très dangereux de faire sortir ces hommes de Belle-Ile. Je rapporte donc l'ordre que j'avais donné de former un bataillon de marche tiré de ces deux bataillons et de le faire partir quinze jours après le premier. Cet ordre sera regardé comme non avenu; le bataillon de marche sera dissous et les 3e et 4e bataillons resteront en entier à Belle-Ile, jusqu'à nouvel ordre.

Enfin, je vois qu'il y a à Belle-Ile, dans le 5ᵉ bataillon, 1.300 hommes appartenant à la 22ᵉ division militaire. Mon intention est que 200 hommes soient donnés au bataillon du 29ᵉ d'infanterie légère, qui doit être déjà à Belle-Ile et qui y restera jusqu'à nouvel ordre.

Donnez ordre que l'on passe en revue à Bordeaux le bataillon de marche qui se dirige sur Bayonne et que l'on vous fasse connaître la confiance que l'on peut avoir dans ces hommes.

Ecrivez au général qui est à Belle-Ile de maintenir l'ordre établi dans l'organisation du dépôt, c'est-à-dire de maintenir tous les hommes de la 22ᵉ division militaire dans le 5ᵉ bataillon, ceux de la 13ᵉ et 14ᵉ divisions dans les 3ᵉ et 4ᵉ bataillons, et ceux des 1ᵉʳ, 2ᵉ, 3ᵉ, 4ᵉ et 5ᵉ divisions dans les deux premiers.

Quant aux caporaux et aux sergents qui manquent, le dépôt de Fontainebleau ne peut en fournir, mais le 29ᵉ d'infanterie légère, qui a un fond de 1.500 à 1.600 vieux soldats, le peut.

Ordonnez que l'on dirige de ce régiment sur Belle-Ile des hommes qui puissent être employés en cette qualité.

NAPOLÉON.

6169. — AU GÉNÉRAL CLARKE.

Compiègne, 13 septembre 1811.

Monsieur le duc de Feltre, je vous renvoie la correspondance du général du Muy et celle du dépôt du fort Lamalgue et du lazaret.

Je désire que vous m'envoyiez la correspondance du colonel du 2ᵉ régiment de la Méditerranée.

Il faut nommer, sans délai, à toutes les places vacantes aux bataillons des 5ᵉ de ligne, 11ᵉ de ligne, 23ᵉ *idem*., et 79ᵉ. Faites demander des vélites de la garde qui aient quatre ans de service, et envoyez-les remplir les sous-lieutenances vacantes.

Il manque un sous-lieutenant au 4ᵉ bataillon du 11ᵉ régiment qui est à Toulon.

Il en manque quatre au 6ᵉ bataillon du 20ᵉ de ligne.

Il manque aussi des capitaines et des lieutenants qu'il est urgent de remplacer.

Il manque au 23ᵉ de ligne un chef de bataillon, 4 lieutenants et plusieurs sous-lieutenants; au 3ᵉ bataillon du 8ᵉ d'infanterie légère, il manque un chef de bataillon et deux sous-lieutenants.

Les trois compagnies du 5ᵉ bataillon du 18ᵉ léger, qui sont à l'île

Sainte-Marguerite, n'ont qu'un capitaine, un lieutenant et deux sous-lieutenants; il manque donc deux capitaines, deux lieutenants et un sous-lieutenant. Nommez à ces places et envoyez sur-le-champ, comme sous-lieutenant, un vélite de la garde.

Envoyez donc le chef de bataillon marquant au 4° bataillon du 22° d'infanterie légère; il ne peut pas partir sans son chef.

L'emploi de chef de bataillon du 1er bataillon du 102°, qui est à Toulon, est vacant. Il est bien important d'y nommer quelqu'un; un M. Schwartz, qui avait été nommé, n'a pas rejoint depuis quatre mois; faites-en nommer un autre.

Les trois compagnies du 5° bataillon du 8° d'infanterie légère, qui sont à l'île Sainte-Marguerite, n'ont qu'un capitaine. Les trois capitaines de ce régiment sont tous restés à Genève. Je ne conçois pas pourquoi ils ne marchent pas avec leur compagnie.

Les états de situation du général du Muy sont mal rédigés; ils ne sont pas sur papier imprimé; il faudrait qu'ils le fussent; cela serait plus commode, et les renseignements seraient plus complets.

Il manque à ceux-ci des articles importants. Par exemple, il est impossible de voir où se trouvent la plupart des bataillons.

Le 2° bataillon du 32° d'infanterie légère, étant tout entier composé de conscrits réfractaires, ne devrait pas être placé à Aix; la désertion y est trop facile.

Il faut que les trois bataillons des 8°, 18° et 23°, qui sont sous les ordres d'un major en second, soient placés ensemble; que, de même, le 5°, le 11° et le 79° soient également ensemble sous les ordres d'un major en second, et que vous correspondiez avec ces majors, tant pour remplir les emplois vacants que pour mettre au complet ces six bataillons. C'est une réserve qui me deviendra peut être nécessaire pour la Catalogne.

Je ne vois pas de trace que le major en second, qui doit commander les trois compagnies du 8°, du 18° et du 23°, formant 1.400 hommes à l'île Sainte-Marguerite, y soit arrivé. Il n'y a pourtant aucun officier supérieur et vous voyez dans les états qu'il y a des compagnies entières où il n'y a pas de capitaines. Assurez-vous que ce major soit arrivé, et qu'au moins il y ait un capitaine présent dans l'île.

Chargez le général qui commande le département du Var de passer la revue de ces compagnies, et de vous en envoyer le résultat. Comme j'ai déjà prescrit cette mesure, si le général du Muy avait passé cette revue, vous m'enverriez son rapport aussitôt qu'il vous arriverait, vu que je désire faire partir, dans les premiers jours d'octobre, ces trois détachements pour l'Illyrie, où ils iront compléter les bataillons de guerre. Ils s'embarqueront pour Gênes, et, de là, seront dirigés sur l'Illyrie. Les cadres reviendront ensuite à Genève.

Le 1ᵉʳ bataillon du 102ᵉ se plaint de ses hommes, qu'il prétend faibles et hors d'état de faire la guerre. Donnez ordre qu'il en soit passé une revue et qu'on s'assure si ces plaintes sont fondées. C'est un bataillon qu'il faut soigner, tant pour l'habillement que pour les officiers; car il pourrait faire partie d'une réserve pour la Catalogne.

Je viens de vous écrire de faire partir pour Pau une compagnie de marche composée de 200 à 300 hommes, et formée de tout ce qu'il y a de conscrits non réfractaires au 1ᵉʳ de ligne. Ainsi, il n'y restera plus que les conscrits réfractaires. Ordonnez au major de passer souvent la revue de ces conscrits réfractaires, qui sont au château d'If et dans l'île de Pomègue, de faire connaître de quel pays ils sont et quand il croit qu'on pourra compter sur eux.

Donnez ordre que le 4ᵉ bataillon du 22ᵉ léger soit embarqué et conduit sur la Spezia, d'où il continuera son mouvement par terre, pour se rendre à Rome. Il est nécessaire qu'un bon chef de bataillon soit arrivé, pour le conduire. Avant son départ, on le passera en revue, pour s'assurer s'il est bien armé et bien équipé, et si ses officiers sont présents. Il lui faut surtout un bon adjudant-major. Il serait à souhaiter que ce bataillon pût partir avant le 15 octobre.

Le 6ᵉ bataillon du 10ᵉ de ligne s'y complétera à Monaco.

Le 5ᵉ bataillon du 62ᵉ tiendra garnison au château d'If, dans l'île de Pomègue, ou dans l'enceinte du lazaret.

Le bataillon du 20ᵉ de ligne se complètera au lazaret de Marseille; celui du 32ᵉ léger sera placé aux îles d'Hyères.

Donnez ordre que le 5ᵉ bataillon du 29ᵉ de ligne soit également placé aux îles d'Hyères, où il sera complété à 500 hommes.

Donnez ordre que le 5ᵉ bataillon du 22ᵉ léger soit complété à 500 hommes et placé également aux îles d'Hyères. Pour cela, il est nécessaire que les cadres des trois compagnies, qui ont été à Bayonne, soient de retour.

Il y aura donc aux îles d'Hyères :

Le 5ᵉ bataillon du 22ᵉ léger, porté à............	500	hommes.
Le 5ᵉ bataillon du 29ᵉ de ligne...............	500	—
Le 5ᵉ bataillon du 32ᵉ léger.............	900	—
Deux bataillons du régiment de la Méditerranée...	1.800	—
Total..................	3.700	hommes.

Ces troupes seront distribuées de la manière suivante :

A Porquerolles :

Le bataillon de la Méditerranée............	900	hommes.
Et le 5ᵉ bataillon du 29ᵉ..................	500	—
	1.400	

A Port-Cros :

Le 5ᵉ bataillon du 22ᵉ.....................	500	hommes.
Un bataillon de la Méditerranée...........	900	—
Un bataillon du 32ᵉ léger.................	900	—
Total......................	3.700	hommes.

Sur ces 2.300 hommes destinés pour Port-Cros, le général qui commande dans cette île tiendra un bon officier, et 300 hommes présents sous les armes, dans l'île du Levant.

Ainsi, il y aura dans l'île de Porquerolles un général de brigade avec deux bataillons, formant un effectif de 1.400 hommes, et un présent sous les armes au moins de 1.000 hommes, indépendamment des canonniers de la marine, des canonniers de terre, des canonniers vétérans et des gardes-côtes.

Et il y aura à Port-Cros, un général de brigade et trois bataillons, présentant un effectif de 2.300 hommes, et un présent sous les armes d'au moins 1.800 hommes, dont 300 hommes seront toujours détachés et présents à l'île du Levant ; et ce, indépendamment de l'artillerie de terre, de marine, etc...

Toutes ces îles seront approvisionnées pour ce nombre d'hommes, pendant trois mois.

Il y aura, comme je l'ai ordonné, un réduit à l'île du Levant, de sorte qu'on puisse aller à son secours de Port-Cros.

Pour donner des ordres sur le régiment de la Méditerranée, j'attendrai que vous m'ayez remis la correspondance du colonel et que je connaisse bien sa situation.

Le 5ᵉ bataillon du régiment de la Méditerranée doit être au fort Lamalgue, et faire fonctions du dépôt.

Les dépôts du fort Lamalgue et du lazaret doivent être dissous. Les 3.000 hommes qui s'y trouvent seront employés, sans délai, de la manière suivante :

500 hommes pour le 5ᵉ bataillon du 22ᵉ d'infanterie légère;
450 pour le 10ᵉ de ligne à Monaco;
450 pour le 20ᵉ id.;
500 pour le 5ᵉ bataillon du 29ᵉ;
250 au 32ᵉ léger;
500 au 5ᵉ bataillon du 62ᵉ;
300 aux équipages de la marine;
300 à l'artillerie de marine.

Ces deux dépôts se trouveront par là tout à fait dissous.

La 16ᵉ compagnie de canonniers vétérans doit être aux îles d'Hyères. Réunissez-la tout entière à Port-Cros et faites-en venir une autre pour Porquerolles.

Indépendamment des deux compagnies d'artillerie du 4ᵉ régiment à pied, que vous faites venir d'Alexandrie, faites partir le cadre de deux autres compagnies, forts seulement de 30 hommes chacun. Ces cadres auront leur nombre d'officiers et de sous-officiers complet, même leur capitaine en 2ᵉ; ils seront complétés à 140 hommes par compagnie, avec des conscrits réfractaires.

Ainsi, il y aura dans chacune de ces îles :

Une compagnie d'artillerie de ligne............	140 hommes.
Une compagnie de canonniers vétérans........	80 —
Et une de gardes-côtes.......................	60 —
Ce qui fera...............................	280 artilleurs.

De plus, 220 hommes auxiliaires seront fournis par les bataillons d'infanterie en garnison dans ces îles, ce qui fera 500 canonniers aux pièces dans chaque île. Il y aura deux chefs de bataillon, indépendamment des officiers de compagnie, afin que cette artillerie soit servie au mieux.

Le ministre de la marine a envoyé 100 canonniers dans chaque île; on les y conservera jusqu'à ce que vos compagnies soient arrivées. Ces canonniers de la marine y reviendraient toutes les fois que cela serait de nouveau nécessaire.

Le général commandant la 8ᵉ division militaire aura ordre de renforcer la garnison de ces îles, si elles venaient à être menacées.

Faites-moi connaître l'organisation définitive à donner à toutes les troupes qui sont dans la 8ᵉ division militaire. Le régiment de la Méditerranée, le dépôt du 16ᵉ, le 29ᵉ de ligne me paraissent suffisants pour Toulon.

Il faudrait voir si les sept autres bataillons qui s'y trouvent pourraient être placés sur d'autres points.

Napoléon.

6170. — AU GÉNÉRAL CLARKE.

Compiègne, 13 septembre 1811.

Monsieur le duc de Feltre, envoyez une instruction au général Bertrand, qui lui fasse connaître ce que c'est que l'opération des colonnes mobiles. Dites-lui de ne pas s'effrayer, mais d'obliger tous les conscrits à rejoindre.

Il faut les envoyer en dépôt à Turin.

Napoléon.

6171. — AU GÉNÉRAL CLARKE.

Compiègne, 13 septembre 1811.

Monsieur le duc de Feltre, témoignez mon mécontentement de ce que le bureau d'artillerie n'a pas pris les mesures nécessaires pour que toutes les pièces qui sont sur les côtes pussent tirer sous l'angle de 30 ou de 40 degrés. Donnez des ordres précis pour que tous les affûts de côte soient disposés pour ce tir dans le plus bref délai. Il est insensé de laisser venir des vaisseaux ennemis mouiller dans mes rades, parce que l'artillerie n'a pas jugé à propos de faire usage de ses armes, pour de vains sophismes qui ne sont pas applicables à la circonstance.

Napoléon.

6172. — AU GÉNÉRAL CLARKE.

Compiègne (1) septembre 1811.

Monsieur le duc de Feltre, envoyez-moi la correspondance du général commandant la 13⁰ division militaire.

Donnez ordre que le 4⁰ bataillon du 3⁰ de ligne, qui est en Bretagne, verse dans les 1ᵉʳ, 2⁰ et 3⁰ bataillons tout ce qu'il a de disponible, de manière à compléter ces bataillons à 140 hommes par compagnie, et que le cadre du 4⁰ bataillon retourne au dépôt à Strasbourg.

Donnez le même ordre pour le 105⁰, et que le cadre du 4⁰ bataillon retourne également à Neuf-Brisach au dépôt.

Donnez ordre au général de tenir ces deux régiments réunis à Brest et de charger un général de brigade de surveiller ces six bataillons, de pourvoir à toutes les places vacantes, de s'occuper de l'instruction, enfin de mettre ces bataillons dans le meilleur état.

николаевNAPOLÉON.

6173. — AU GÉNÉRAL LACUÉE.

Compiègne, 14 septembre 1811.

Monsieur le comte de Cessac, je donne ordre que le cadre du 4⁰ bataillon du 46⁰ se rende à Strasbourg et que le cadre du 4⁰ bataillon du 19⁰ de ligne se rende à Wesel. Ces cadres prendront chacun 900 conscrits. Donnez ordre que les conseils d'administration de ces régiments fournissent à ces bataillons l'habillement, le petit et le grand équipement. Ils peuvent le tirer de leur magasin en tout ou en partie; vous leur fournirez les draps. C'est le moyen de pourvoir aujourd'hui à l'habillement des conscrits réfractaires.

николаевNAPOLÉON.

6174. — AU GÉNÉRAL CLARKE.

Compiègne, (2) septembre 1811.

Monsieur le duc de Feltre, donnez ordre que tout ce qu'il y a de disponible au 5⁰ bataillon du 112⁰ soit placé dans les quatre pre-

---

(1) Sans date de jour; l'envoi aux bureaux a eu lieu le 14 septembre.
(2) Sans date de jour, reçu le 14.

miers bataillons; que ces quatre premiers bataillons soient tiercés et les compagnies égalisées, de sorte qu'elles soient complétées à 140 hommes, ou à 840 hommes par bataillon, ce qui, avec la compagnie d'artillerie, fera 3.400 hommes.

Je ne conçois pas comment le 4ᵉ bataillon n'est porté que comme ayant 190 hommes. Il me semble qu'il est parti de Lyon fort de 600 hommes. Donnez-moi des renseignements là-dessus.

Donnez ordre au général Miollis de renvoyer sur-le-champ tout ce qu'il y a dans sa division, appartenant au 53ᵉ. Cet ordre ne souffre aucun délai.

NAPOLÉON.

6175. — DÉCISION.

Compiègne, 14 septembre 1811.

Le maréchal Berthier propose de diriger de Bayonne sur Burgos le 3ᵉ escadron du 15ᵉ régiment de chasseurs.

Approuvé.

NAPOLÉON.

6176. — AU GÉNÉRAL CLARKE.

Compiègne, 14 septembre 1811.

Monsieur le duc de Feltre, les états de situation sont faits avec beaucoup d'inexactitude.

Dans ceux du 15 août, divisions militaires, je trouve au corps d'observation du Midi que le 22ᵉ d'infanterie légère a son 6ᵉ bataillon à Sainte-Marie-de-Capoue, fort de 980 hommes. Cela n'est pas exact; il n'y a que le cadre. Cependant, cela est bien différent pour les combinaisons militaires. Je trouve que le 22ᵉ d'infanterie légère est bien faible; qu'est-ce qui l'a ainsi affaibli? Il doit y avoir eu de la désertion pour entrer dans les troupes du roi de Naples.

Il résulte de cet état de situation que le corps d'observation de l'Italie méridionale serait de 13.400 hommes, dont 4.100 hommes du 22ᵉ léger; pourtant ce régiment n'a que 1.800 hommes à l'armée.

Je vois aussi dans l'état de situation que vous intitulez les troupes en Illyrie : *armée d'Illyrie;* il faut mettre : *division d'Illyrie*, au lieu d'*armée*.

Je désire que vous m'envoyiez l'état de situation d'artillerie et du génie au 1ᵉʳ septembre. Le dernier état est du 15 juillet, ce qui me met bien en retard.

NAPOLÉON.

6177. — AU GÉNÉRAL CLARKE.

Compiègne, 14 septembre 1811.

Monsieur le duc de Feltre, il manque le chef de bataillon au 4ᵉ bataillon du 15ᵉ régiment d'infanterie légère. Présentez-moi la nomination de cet officier, vu que ce bataillon va bientôt partir. Il manque aussi un lieutenant.

Donnez ordre que tout ce qu'il y a de disponible dans le 5ᵉ bataillon du 25ᵉ régiment de ligne soit versé dans le 4ᵉ bataillon, et que ce bataillon soit complété et mis en état le plus tôt possible, afin qu'il puisse partir à la fin du mois, pour rejoindre ses bataillons de guerre.

NAPOLÉON.

6178. — DÉCISION.

Compiègne, 14 septembre 1811.

Rapport du général Rapp, gouverneur de Danzig, à l'Empereur, tendant à ce que les quatre navires américains pris par les corsaires de ce port ne soient pas relâchés, mais au contraire vendus. Les droits de vente s'élèveraient à 1.500.000 ou 1.800.000 francs qui pourraient être consacrés à l'achèvement des fortifications de cette place.

Ces bâtiments sont déjà condamnés; ainsi les armateurs et le gouverneur seront contents. Veillez à ce que les droits rentrent.

NAPOLÉON.

6179. — AU GÉNÉRAL LACUÉE.

Compiègne, 14 septembre 1811.

Monsieur le comte de Cessac, tous les hommes du dépôt de Strasbourg qui se rendent en Allemagne s'embarqueront à Strasbourg pour descendre le Rhin jusqu'à Wesel.

NAPOLÉON.

BIBLIOTHÈQUE NATIONALE

Volumes Mis de Coté

Place occupée par le Lecteur

Nom du Lecteur

Cotes

VOIR AU DOS

POUR
vos Travaux photographiques
AVEZ-VOUS PENSÉ AU
Microfilm ?
QUI VOUS ASSURE
ÉCONOMIE
CLASSEMENT COMMODE
FIDÉLITÉ DE REPRODUCTION

S'ADRESSER AU
Service du Microfilm
DE LA BIBLIOTHÈQUE NATIONALE

6180. — NOTE DICTÉE PAR SA MAJESTÉ.

14 septembre 1811 (1).

Le Ministre a mis des fonds à la disposition de l'ordonnateur. Ou cet ordonnateur a malversé, ou il fera arrêter ceux qui ont malversé.

S'il a trouvé bons des effets qui ne le sont pas, il est complice.

Sa Majesté ne l'accuse point. Elle suspend son jugement parce qu'Elle ignore ce qu'il a dit sur ces effets, mais Elle se demande comment cet ordonnateur n'a-t-il pas été le premier à dire que cette fourniture était mauvaise.

6181. — DÉCISIONS (2).

Compiègne (3) septembre 1811.

Sa Majesté est priée de faire connaître si son intention est d'envoyer comme fourriers au 28ᵉ régiment de chasseurs, qui en a le plus grand besoin, douze sujets de l'Ecole de Fontainebleau.

Non, faites venir des jeunes gens des lycées.

On demande à Sa Majesté l'autorisation de donner ordre au sieur Caillot, maréchal des logis chef de la garde impériale, de se rendre momentanément au dépôt du 9ᵉ régiment de dragons, son ancien corps, à l'effet d'y fournir les renseignements que lui seul peut donner sur la comptabilité de ce régiment.

Approuvé.

6182. — AU GÉNÉRAL CLARKE.

Compiègne, 15 septembre 1811.

Monsieur le duc de Feltre, rendez-moi compte si la gendarmerie d'élite que j'avais attachée au dépôt de Strasbourg est arrivée. On

---

(1) Non signée, copie conforme.
(2) Non signées; extraites du « Travail du ministre de la guerre avec S. M. l'Empereur et Roi, daté du 8 septembre 1811 ».
(3) Sans date de jour; elles ont été renvoyées aux bureaux le 15.

m'assure qu'il n'y a pas de garnison à Strasbourg. Donnez ordre que le 7⁰ régiment de chasseurs tienne 300 chevaux à la disposition du général duc de Plaisance, qui commande le dépôt de Strasbourg, afin d'assurer, avec la gendarmerie, la surveillance de ce dépôt.

Napoléon.

6183. — AU GÉNÉRAL CLARKE.

Compiègne, 15 septembre 1811.

Monsieur le duc de Feltre, 1.800 conscrits sont déjà arrivés au dépôt de Wesel. Le ministre de l'administration de la guerre n'a pas pris les mesures convenables pour leur habillement et équipement. Ces hommes se trouvent donc là encombrant les casernes. Expédiez l'ordre au général Hogendorp qui commande ce dépôt de se faire remettre les registres des magasins des dépôts de la 25⁰ division militaire, et de se rendre successivement dans les places où se trouvent ces dépôts. Il fera diriger les schakos, habits, vestes, culottes, chemises, souliers, qui se trouvent en magasin, sur Wesel pour habiller les hommes de son dépôt. A cet effet, donnez l'ordre à l'inspecteur aux revues de la division de dresser procès-verbal de la fourniture que le ministre de la guerre remplacera sur-le-champ aux différents régiments. Il y a neuf régiments de ligne ou d'infanterie légère dans la 25⁰ division militaire. Chaque dépôt doit avoir 500 ou 600 habits qu'il destine à ses bataillons de guerre. Le général Hogendorp pourra donc en huit jours réunir le nombre de 3.000 habits complets qui lui sont nécessaires. Vous lui donnerez l'ordre qu'à fur et mesure qu'il aura habillé ses hommes, il les fasse partir sans délai pour rejoindre leurs régiments au corps du prince d'Eckmühl. Le procès-verbal de ces opérations sera envoyé à vous et au ministre de l'administration de la guerre.

Napoléon.

6184. — DÉCISION (1).

Compiègne, 16 septembre 1811.

Compte rendu des observations et de l'avis du prince architrésorier sur la proposition qui a été soumise à Sa Majesté d'acquérir au prix de 300.000 francs l'hôtel de M. le général Dumonceau, à Amsterdam, pour en faire le quartier général de la 17e division.

Renvoyé au ministre de la guerre.

6185. — DÉCISIONS (2).

Compiègne, 16 septembre 1811.

On propose à Sa Majesté d'ordonner que la perte de 4.697 fr. 84, volés avec effraction dans l'appartement du capitaine commandant le petit dépôt du 7e régiment de ligne, sera supportée par le Trésor impérial.

Approuvé.

On rend compte à Sa Majesté d'un emprunt de 27.549 fr. 10 fait par M. le général Quinette à la caisse du 5e régiment de cuirassiers dont il était colonel, emprunt qu'il a remboursé, savoir : 10.000 francs en espèces et le surplus en une fourniture de pantalons qu'il a faite à son compte et qui ont été distribués aux soldats.

Sa Majesté est priée de faire connaître si Elle veut bien ne pas revenir sur cette opération.

Puisqu'on me rend compte de cette affaire, il faut que le ministre suspende de ses fonctions ce général et fasse une enquête.

Le colonel ne peut être fournisseur.

On fait connaître à Sa Majesté la situation du bataillon valaisan dont

Dissoudre ce bataillon, conserver les officiers, les placer

---

(1) Non signée; extraite du « Travail du ministre de la guerre avec S. M. l'Empereur et Roi, daté du 14 août 1811 ».

(2) Non signées; extraites du « Travail du ministre de la guerre avec S. M. l'Empereur et Roi, date du 15 septembre 1811 ».

le manque au complet est de 299 hommes.

On demande s'il doit être délivré des congés à 95 hommes qui ont terminé leur engagement.

On met sous les yeux de Sa Majesté l'opinion du préfet du Simplon, qui demande que ce bataillon soit incorporé et que la conscription soit établie, pour 1812, dans le département du Simplon.

dans le 11ᵉ d'infanterie légère, lever la conscription de 1811 dans le Valais pour le 11ᵉ léger.

Des officiers français passés dans des régiments hollandais et des officiers hollandais passés dans des régiments français demandent à jouir des avantages attachés à la 1ʳᵉ et à la 2ᵉ classe dont ils jouissaient auparavant et dont ils se trouvent frustrés dans les corps qui les ont reçus, parce qu'il existe dans ces corps des officiers plus anciens de grade.

Sa Majesté est priée de donner une décision à cet égard.

La loi.

On propose à Sa Majesté d'employer en qualité d'adjudant commandant dans la 4ᵉ division militaire le colonel Gay de Vernon, commandant en second de l'École polytechnique.

Refusé, l'état militaire n'est pas un pis aller.

On met sous les yeux de Sa Majesté la demande d'un congé de trois mois avec appointements, faite par M. l'adjudant commandant Contamine, employé dans la 17ᵉ division militaire.

Si Sa Majesté veut bien accorder ce congé, on propose de remplacer cet officier supérieur dans la 17ᵉ division militaire par l'adjudant commandant Berthelmy qui est disponible.

Ce Berthelmy est-il le même qui était en Espagne ?

On soumet à Sa Majesté la demande de M. Rostein, capitaine adjudant-major de la garde, qui sollicite l'admission de son fils, soldat dans la compagnie de réserve du département de la Meurthe, dans les fusiliers grenadiers de la garde.

On propose d'accorder à ce jeune homme, comme grâce particulière, son admission dans le 1er régiment de tirailleurs.

Accordé.

On soumet à Sa Majesté la demande formée par M. Wintzingerode, ministre de Westphalie, pour qu'il soit accordé un congé absolu au sieur Muller, grenadier au 3e régiment de grenadiers à pied de la garde, né en Westphalie, dont les père et mère sont, par son absence, dans la plus profonde indigence.

Accordé.

On propose à Sa Majesté d'exempter le sieur Jameth, maître de poste à Langres, du paiement de la somme dont il est redevable pour la pension du sieur Hébert, son neveu, qui a servi comme vélite chasseur à pied de la garde et qui est encore à l'hôpital de Strasbourg. Le sieur Jameth a éprouvé des pertes considérables.

Accordé.

On propose à Sa Majesté de nommer premier porte-aigle au 40e régiment M. Draye, sous-lieutenant du corps, membre de la Légion d'honneur, et qui a été blessé.

Approuvé.

Sa Majesté est priée de faire connaître si son intention est d'accorder un congé absolu au sieur Lefebvre, sergent au 9e régiment de ligne, père de deux enfants, ayant trois frères au service et une mère

Accordé.

âgée de 71 ans, sans moyens d'existence.

Le ministre des relations extérieures du royaume d'Italie demande, au nom de S. A. I. et R. le prince vice-roi, l'autorisation de conserver au service d'Italie le sieur Righetti, caporal des vélites, réclamé par le département des Apennins comme conscrit réfractaire.

Accordé.

On soumet à Sa Majesté la demande d'un congé de trois mois avec appointements que fait M. le général Danthouard, commandant en chef l'artillerie en Italie, en faveur de M. le colonel Fiereck, directeur du parc de l'armée.

Accordé.

On propose à Sa Majesté d'autoriser MM. Sommer, natifs d'Osnabrück, département de l'Ems supérieur, à continuer leurs services à l'Ecole militaire du royaume de Westphalie, où ils sont employés l'un en qualité de commandant et l'autre en celle d'adjudant-major de cette école.

Il faut que la demande soit envoyée au grand juge.

Ils étaient attachés à des régiments hollandais avant de passer au service de Westphalie.

6186. — AU GÉNÉRAL CLARKE.

Compiègne, 16 septembre 1811.

Monsieur le duc de Feltre, donnez ordre au 5° bataillon du 33° d'infanterie légère de faire partir le cadre d'une compagnie du 5° bataillon pour Wesel et les cadres de deux compagnies pour Strasbourg.

Chaque cadre y recevra 150 conscrits.

Donnez ordre au commandant du dépôt de Wesel de compléter

un bataillon du 11e d'infanterie légère avec des conscrits réfractaires du dépôt.

Ainsi donc, j'aurai complété les cadres suivants avec des conscrits réfractaires, savoir :

DÉPOT DE WESEL.

Treize compagnies, ce qui, joint à la compagnie du 33e dont je viens d'ordonner l'envoi, fait quatorze compagnies, lesquelles, à raison de 150 hommes chacune, emploient.	2.100 hommes.
Du 3e bataillon de Walcheren, deux compagnies.	300 —
Un bataillon du 11e d'infanterie légère.	900 —
Le 4e bataillon du 19e.	900 —
	4.200 hommes.

DÉPOT DE STRASBOURG.

Egalement quatorze régiments, à 300 hommes chaque.	4.200 hommes.
Un bataillon du 46e.	900 —
Quatre compagnies de Walcheren, pour équivaloir aux deux compagnies du 15e d'infanterie légère et du 25e de ligne.	1.200 —
Total.	6.300 hommes.

RÉCAPITULATION.

Conscrits employés au dépôt de Wesel.	4.200 hommes.
Conscrits employés au dépôt de Strasbourg.	6.300 —
	10.500 hommes.

Ce qui fait un total de 10.000 hommes environ. Je suppose que cela n'ira pas au delà de ce nombre. Toutefois, si cette quantité devait être dépassée, il serait nécessaire que vous me le fissiez connaître.

Quant à l'habillement, les mesures sont prises pour qu'il ne manque pas.

Dépôt de Wesel. — Le ministre de l'administration de la guerre, au 15 septembre, avait envoyé 3.000 habits et tous les effets d'habillement accessoires. J'ai ordonné que le dépôt du 19ᵉ y enverrait 900 habits; le 11ᵉ d'infanterie légère fournit l'habillement de près de 900 hommes. Enfin, je viens d'ordonner, par un décret de ce jour, à seize dépôts des régiments du corps d'observation de l'Elbe, d'envoyer de quoi habiller 2.400 hommes; cela réunit donc à Wesel des effets d'habillement en quantité suffisante pour habiller 7.200 hommes.

Dépôt de Strasbourg. — Pour Strasbourg, le ministre de l'administration de la guerre avait envoyé au 15 septembre de quoi habiller 1.800 hommes.

Le bataillon du 46ᵉ doit habiller 900 hommes. Mon décret de ce jour en fait habiller 4.800 par les dépôts des régiments du corps d'observation de l'Elbe. Cela fait donc encore 7.000 à 8.000 hommes qui peuvent être habillés à Strasbourg.

On a donc fourni à l'habillement.

Napoléon.

6187. — AU GÉNÉRAL CLARKE.

Compiègne, 16 septembre 1811.

Monsieur le duc de Feltre, je vois, dans des états du ministre de l'administration de la guerre, qu'il porte trois bataillons du 29ᵉ d'infanterie légère à l'île de Ré; il me semble que c'est une erreur. Il ne doit y avoir que deux bataillons du 29ᵉ d'infanterie légère à l'île de Ré. Un 3ᵉ doit être à Belle-Ile.

Napoléon.

6188. — AU GÉNÉRAL CLARKE.

Compiègne, 16 septembre 1811.

Monsieur le duc de Feltre, la batterie du Saumonard n'a pas fait son devoir. Dans la journée du 4, une goëlette ennemie a été près du Boyard pendant une demi-heure à portée de la batterie du Saumonard, qui lui a tiré quatre ou cinq coups de canon très mal ajustés. Faites arrêter le commandant et faites informer sur cette affaire. Donnez ordre à celui qui commande dans l'île d'Oléron de faire exécuter mon ordre et de porter une surveillance particulière sur la batterie du Saumonard.

Napoléon.

6189. — DÉCISION.

Compiègne, 16 septembre 1811.

Le général Clarke a donné l'ordre qu'un nouveau détachement d'hommes à pied fût formé au dépôt du 2ᵉ régiment de chasseurs à Tournai et envoyé en Allemagne.

Il faudrait donner ces ordres à tous les dépôts de cavalerie, tant chasseurs et hussards que cuirassiers, pour qu'ils fassent partir tous les hommes montés et équipés pour leurs régiments en Allemagne.

Napoléon.

6190. — DÉCISION.

Compiègne, 16 septembre 1811.

Le général Clarke propose de suspendre de ses fonctions et de renvoyer devant une commission du Conseil d'Etat le colonel Berruyer qui s'est livré à des voies de fait envers un commissaire des guerres.

Approuvé.

Napoléon.

6191. — AU MARÉCHAL BERTHIER.

Compiègne, 17 septembre 1811.

Mon Cousin, je vous renvoie le rapport du colonel Breuille sur la place de Santoña. Il croit, d'après les localités, qu'il suffit d'avoir trois lunettes sur les sables de Berria en U, Y et V. Il faut s'en rapporter à l'expérience de cet officier et le laisser maître de construire ces trois lunettes comme il le propose.

Napoléon.

6192. — DÉCISION.

Compiègne, 17 septembre 1811.

Le général Clarke rend compte que le 4ᵉ bataillon du 15ᵉ légère est à Paris, prêt à partir lorsque l'Empereur en donnera l'ordre.

On en fera passer la revue au 25 septembre ; on me rendra compte de sa situation et, après cela, je donnerai l'ordre de marche.

Napoléon.

6193. — AU GÉNÉRAL CLARKE.

Compiègne, 17 septembre 1811.

Monsieur le duc de Feltre, je vous renvoie les plans des batteries de la rade de Bertheaume. Dans la batterie A de Saint-Merzin, la tour est placée à 20 toises de la batterie. Je préférerais qu'elle fût à 50 toises, s'il n'y a point de raisons de localité qui s'y opposent. Je fais la même observation pour la batterie B à Créachmeur : la tour n'est qu'à 10 toises de la batterie ; je la préférerais plus éloignée, à moins de circonstances locales contraires.

Les tours des batteries C de Toulbroch et D de Toulinguet sont bien. Il faut faire commencer les travaux sans délai.

NAPOLÉON.

6194. — AU GÉNÉRAL CLARKE.

Compiègne, 17 septembre 1811.

Monsieur le duc de Feltre, il paraît que Saint-Philippe du mont Argental est malsain, tandis que Saint-Stéphano est très sain. Il paraît également que le véritable mouillage pour une escadre qui aurait besoin de protection serait à Saint-Stéphano ; elle mouillerait entre la pointe Natale et la pointe de Scomine, éloignées de 1.000 toises l'une de l'autre. Six ou sept vaisseaux de guerre pourraient mouiller ainsi ; s'il n'y en avait que quatre, ils pourraient mouiller entre la pointe Natale et le fort de Saint-Stéphano, distant de 700 toises ; il paraît donc convenable d'établir les batteries pour 6 pièces de 36 et un mortier ou deux : 1° à la pointe Natale ; 2° à la pointe de Scomine ; 3° au fort de Saint-Stéphano ; il faudrait les appuyer le plus possible à ce qui existe déjà, pour les fermer à la gorge ; enfin, il faut faire de Saint-Stéphano le centre de la défense du mont Argental.

Il faut cependant conserver des batteries à Port-Ercole, puisque un ou deux vaisseaux peuvent y relâcher, venant des côtes de Naples. Il paraît que la place d'Orbetello est beaucoup plus saine que je ne croyais et pourrait être le réduit du mont Argental. Vous écrirez au colonel Vincent, qu'il parte de Livourne pour se rendre au mont Argental et à Orbetello, afin de dresser les plans et projets des batteries et de tout ce qui est nécessaire à Saint-Stéphano et au mont Argental ; il reviendra à Paris à la fin de décembre avec ses projets. Il est nécessaire d'avoir un point de relâche intermédiaire entre la France et Naples; mon escadre devant manœuvrer dans la Méditerranée, il faut prévoir qu'elle peut avoir besoin de venir chercher protection dans le mont Argental, et avec la simple construction de trois batteries et le sacrifice des 18 pièces en fer, on aura l'avantage de mettre plusieurs vaisseaux ou frégates, ou corvettes, à l'abri des événements qui doivent nécessairement arriver un jour dans la Méditerranée.

NAPOLÉON.

6195. — DÉCISION.

Compiègne, 17 septembre 1811.

Manque de plomb dans les places du nord de l'Espagne. Difficulté d'en tirer des places du Midi.

Achat proposé de 100.000 kilogrammes de plomb livrables à Vitoria et payables sur l'exercice 1812.

Il ne faut pas acheter de plomb en Espagne. Lorsqu'on en aura besoin, on prendra celui qui est à Vitoria, qu'on paiera en domaines du pays.

NAPOLÉON.

6196. — AU MARÉCHAL BERTHIER.

Compiègne, 18 septembre 1811.

Mon Cousin, faites connaître au ministre de la guerre les dernières dispositions du maréchal Suchet, et la division qu'il met aux ordres du duc de Tarente.

NAPOLÉON.

6197. — AU GÉNÉRAL CLARKE.

Compiègne, 18 septembre 1811.

Monsieur le duc de Feltre, donnez ordre que les 575 hommes du 5ᵉ bataillon du 1ᵉʳ de ligne, composé de conscrits réfractaires, qui sont au Ratoneau et au château d'If, soient embarqués pour Gênes, où ils débarqueront, et d'où ils seront dirigés, par la Bocchetta, sur le 84ᵉ régiment de ligne. Ils seront incorporés dans les quatre bataillons de ce régiment, et le cadre reviendra à Marseille. Tenez ces dispositions secrètes. Ordonnez seulement que ces hommes aillent à Gênes, et que, de Gênes, ils se dirigent sur Milan. Vous préviendrez seulement le vice-roi de la destination qu'ils auront à Milan.

Donnez ordre que, du 6ᵉ bataillon du 20ᵉ de ligne, on ôte les trois Italiens qui s'y trouvent, et qu'on embarque ce bataillon à Marseille pour Gênes, où il débarquera. De Gênes, il se rendra à Alexandrie, où il tiendra garnison. On ne fera partir ce bataillon que lorsqu'il sera bien habillé, bien équipé et en état.

Donnez ordre que le 6ᵉ bataillon du 10ᵉ de ligne, qui est à Monaco, lorsqu'il sera habillé et équipé, s'embarque à Monaco et débarque à Gênes, pour de là être dirigé sur son dépôt à Plaisance.

Donnez ordre que le bataillon d'Illyrie, formé de compagnies des 8ᵉ et 18ᵉ légers et du 23ᵉ de ligne, et fort de 1.400 hommes, lorsqu'il sera habillé et équipé, soit embarqué à l'île Sainte-Marguerite et transporté à Gênes. De Gênes, il sera dirigé sur Sale, où il s'embarquera sur le Pô, et descendra ainsi jusqu'à Mantoue. De Mantoue, il se dirigera sur l'Illyrie. Arrivé là, il sera incorporé dans les bataillons de guerre des 8ᵉ, 18ᵉ et 23ᵉ. Les cadres des compagnies retourneront à Genève et à Grenoble.

Donnez ordre que le 5ᵉ bataillon du 22ᵉ léger, composé de 600 hommes, qui est aux îles d'Hyères, aussitôt qu'il sera habillé et équipé, soit embarqué et transporté à la Spezia ou à Livourne, d'où il sera dirigé sur Rome, pour rester dans cette ville ainsi que le dépôt.

Le 5ᵉ bataillon du 62ᵉ remplacera, au château d'If et au Ratoneau, le 5ᵉ bataillon du 1ᵉʳ de ligne.

Donnez ordre que les 1ᵉʳ, 2ᵉ et 3ᵉ bataillons du 2ᵉ régiment de la Méditerranée, complétés à 140 hommes par compagnie, s'embarquent où ils se trouvent, soit à Toulon, soit dans la rade d'Hyères, et débarquent à Gênes, d'où ils se dirigeront sur Plaisance, pour y tenir garnison. Faites-moi connaître en quel état ils partiront. Ces trois bataillons seront commandés par le colonel. Le major restera à Toulon au dépôt. Vous me ferez souvenir, lorsque ces trois bataillons devront arriver à Plaisance, que mon intention est de les envoyer en Illyrie.

Vous me ferez connaître leur situation, et de quel pays sont les hommes qui partent. Il est important que tous les officiers soient présents.

Vous me ferez connaître la situation des 4ᵉ et 5ᵉ bataillons, après le départ des trois premiers.

Tous ces départs effectués, le 4ᵉ bataillon du régiment de la Méditerranée, fort de 900 hommes, et le 2ᵉ bataillon du 32ᵉ léger, fort de 900 hommes, seront placés, l'un à l'île de Port-Cros, et l'autre à l'île de Porquerolles. Ces deux bataillons formeront la garnison de ces îles avec les canonniers, ce qui, avec l'artillerie, fera un millier d'hommes dans chacune de ces îles.

La garnison de Port-Cros tiendra 200 hommes dans l'île du Levant. Toutefois, cette diminution dans la garnison des îles d'Hyères ne pourra avoir lieu avant le 1er octobre. Ecrivez aux commandants de ces îles et au général du Muy de s'entendre pour cela. Je tiens beaucoup à éloigner ce régiment de Toulon, d'abord parce que ces conscrits déserteront toujours de là. La cherté des vivres à Toulon cette année est une autre raison qui me fait désirer de les envoyer en Italie, où j'aurai beaucoup plus de facilité pour les nourrir.

NAPOLÉON.

6198. — AU GÉNÉRAL CLARKE (1).

Compiègne, 18 septembre 1811.

Monsieur le duc de Feltre, je vous renvoie la correspondance du général commandant la 13e division militaire. Je n'y vois pas de traces qu'un bataillon du 29e léger soit allé à Belle-Ile pour se compléter : je crains qu'il n'y ait quelque erreur et qu'on n'ait envoyé ce bataillon à l'île de Ré.

6199. — AU GÉNÉRAL CLARKE.

Compiègne, 18 septembre 1811.

Monsieur le duc de Feltre, donnez ordre que les deux 5es régiments de voltigeurs et de tirailleurs de la garde se rendent à Rouen, Amiens et Péronne, conformément au casernement que j'ai arrêté pour la garde.

Donnez ordre que le bataillon de pupilles qui est à Rouen se rende au Havre, et que le bataillon du 113e qui est au Havre se rende à Cherbourg pour rejoindre son autre bataillon.

NAPOLÉON.

---

(1) Non signé, copie conforme.

6200. — AU GÉNÉRAL CLARKE (1).

Compiègne, 18 septembre 1811.

Monsieur le duc de Feltre, envoyez-moi le plus tôt possible mes états de situation à l'époque du 1er septembre. Ceux que j'ai sont bien vieux.

6201. — AU GÉNÉRAL LACUÉE.

Compiègne, 18 septembre 1811.

Monsieur le comte de Cessac, les selles fournies à Auch pour l'artillerie manquent de crins. On se plaint à Strasbourg que les effets envoyés de Paris ne sont pas confectionnés avec soin; on est plus satisfait de ce qui est fourni à Strasbourg.

NAPOLÉON.

6202. — AU GÉNÉRAL MATHIEU DUMAS.

Compiègne, 18 septembre 1811.

Monsieur le comte Dumas, je vous envoie une note sur le régiment illyrien. Vous y verrez combien il est important de mettre en règle la conscription de ce pays. On sera alors certain d'avoir un ou deux très bons régiments.

NAPOLÉON.

6203. — AU GÉNÉRAL CLARKE.

Boulogne, 20 septembre 1811.

Monsieur le duc de Feltre, vous me rendez compte que le cadre du 4e bataillon du 2e de ligne, fort de 16 officiers et de 94 sous-officiers et soldats, arrivera à Besançon le 3 octobre. Donnez ordre qu'il reste à Besançon le 4, le 5, et le 6, que les hommes soient habillés et mis en bon état, que le cadre soit complété, et, après cela, qu'il se mette en marche pour Strasbourg, où il prendra 900 conscrits.

Donnez le même ordre pour le cadre du 4e bataillon du 93e avec cette modification, qu'au lieu de se rendre à Strasbourg, il ira prendre ses 900 conscrits à Wesel.

---

(1) Non signé, copie conforme.

Aussitôt qu'on connaîtra la marche des cadres des 37e et 56e, vous m'en instruirez. Prévenez le ministre de l'administration de la guerre que ces 1.800 conscrits seront habillés par les dépôts des 2e et 93e qui enverront les effets d'habillement de Besançon à Strasbourg et à Wesel. Expédiez-en l'ordre sur-le-champ.

NAPOLÉON.

6204. — AU GÉNÉRAL CLARKE (1).

Boulogne, 20 septembre 1811.

Monsieur le duc de Feltre, au lieu de faire partir les dépôts des 23e et 24e de chasseurs au 15 septembre, comme vous me rendez compte par votre lettre du 18 que cet ordre pourrait être donné, faites-moi connaître ce que ces régiments auront de disponible au 1er octobre. Vous demanderez mes ordres avant le 10 octobre pour envoyer aux escadrons de guerre ce qui sera disponible à ces dépôts.

6205. — DÉCISION.

Boulogne, 21 septembre 1811.

Composition en argent et traites du 9e convoi de fonds destiné aux armées d'Espagne et de Portugal.

Le maréchal Berthier propose de faire partir ce convoi sous l'escorte du 1er régiment de marche d'infanterie de l'armée du Midi.

Approuvé.

NAPOLÉON.

6206. — AU MARÉCHAL BERTHIER.

Boulogne, 21 septembre 1811.

Mon Cousin, donnez ordre que le 2e bataillon de marche de Turin, composé de trois compagnies du 1er régiment d'infanterie légère et de trois compagnies du 3e régiment d'infanterie légère formant les trois compagnies du 1er régiment, 430 hommes, et les trois compagnies du 3e, 340 hommes, se rendent à Perpignan d'où ils se dirigeront sur l'armée de Catalogne et seront sous les ordres du

---

(1) Non signé, copie conforme.

duc de Tarente. Donnez le même ordre au 3º bataillon de marche de Turin, composé de trois compagnies du 7º de ligne, d'une compagnie du 42º et d'une compagnie du 67º, formant 600 hommes.

Le 1er bataillon de marche de Turin, composé de deux compagnies du 10º de ligne, de deux compagnies du 20º et d'une compagnie du 101º, se rendra à Saint-Sébastien où il restera jusqu'à nouvel ordre; vous me ferez connaître son arrivée à Saint-Sébastien.

Le 2º régiment de marche de cavalerie légère de l'armée de Portugal, fort de 600 à 700 hommes, se rendra à Valladolid, où le général Dorsenne le gardera jusqu'à nouvel ordre.

Le 2º régiment de marche de cavalerie légère de l'armée du Midi, fort de 200 hommes, se rendra à Valladolid, où le général Dorsenne le gardera jusqu'à nouvel ordre.

Le bataillon de Belle-Ile continuera sa route et se rendra à Santoña.

Les vélites se rendront à Valladolid.

Autorisez le général Dorsenne à garder, s'il en est encore temps, le 1er régiment de marche de dragons de l'armée du Midi, fort de 660 chevaux, et le 2º régiment de marche de l'armée du Midi, fort de 600 chevaux, ainsi que le régiment de marche de cavalerie légère de l'armée du Midi, fort de 200 chevaux; il emploiera ses régiments selon les besoins de sa province. En général, je permets que le général Dorsenne retienne la cavalerie qui appartient à l'armée du Midi, où il y en a déjà beaucoup, en en ayant un soin particulier. Mais il doit renvoyer ce qui appartient à l'armée de Portugal.

Au moyen de ces dispositions, la lettre que vous écriviez au général Dorsenne devient inutile. Je vous la renvoie annulée.

NAPOLÉON.

6207. — AU GÉNÉRAL CLARKE.

Boulogne, 21 septembre 1811.

Monsieur le duc de Feltre, les conscrits réfractaires du dépôt de Strasbourg doivent se diriger sur Wesel par eau.

NAPOLÉON.

6208. — DÉCISION.

Boulogne, 22 septembre 1811.

Le général Clarke propose d'incorporer dans les bataillons de la division de réserve les 600 conscrits dits de la réserve.

Approuvé.

NAPOLÉON.

6209. — DÉCISION.

Boulogne, 22 septembre 1811.

Le général Clarke rend compte de l'ordre qu'il a donné aux dépôts de cavalerie légère de se rendre à Niort.

Approuvé.

NAPOLÉON.

6210. — DÉCISION.

Boulogne, 22 septembre 1811.

Proposition de faire passer à Dunkerque deux bataillons de prisonniers envoyés à Ostende.

Approuvé.

NAPOLÉON.

6211. — AU GÉNÉRAL CLARKE.

Ostende, 23 septembre 1811.

Monsieur le duc de Feltre, écrivez aux dépôts de Wesel et de Strasbourg qu'aussitôt qu'une compagnie est complétée à 150 hommes, on la fasse partir pour l'armée d'Allemagne. Les habillements doivent affluer de tous côtés; ainsi l'habillement ne doit point être un obstacle.

NAPOLÉON.

6212. — AU GÉNÉRAL CLARKE.

Ostende, 23 septembre 1811.

Monsieur le duc de Feltre, faites partir le 5ᵉ régiment de voltigeurs et le 5ᵉ régiment de tirailleurs de ma garde pour Calais. L'un tiendra garnison à Calais et l'autre à Dunkerque. Vous recommanderez aux commandants d'armes de faire bien loger ces régiments, de veiller à ce qu'ils s'instruisent, et de ne leur faire faire que le service nécessaire pour la défense de ces deux places.

NAPOLÉON.

6213. — AU GÉNÉRAL CLARKE.

Flessingue, 25 septembre 1811.

Monsieur le duc de Feltre, donnez ordre que les 4es bataillons du 15e régiment d'infanterie légère et du 25e de ligne, complétés à 900 hommes bien armés et bien équipés, partent du lieu où ils se trouvent, pour rejoindre le corps d'observation de l'Elbe. Je désire qu'ils partent avant le 10 octobre. Donnez ordre au prince d'Eckmühl qu'aussitôt que ces bataillons seront arrivés, il en fasse opérer le tiercement, afin qu'ils aient autant d'anciens soldats que les autres bataillons.

NAPOLÉON.

6214. — AU GÉNÉRAL CLARKE.

Flessingue, 25 septembre 1811.

Monsieur le duc de Feltre, le major général vous aura fait connaître que j'ai donné l'ordre que les 6e, 7e, 4e et 14e régiments de cuirassiers se rendissent à Utrecht, où j'en passerai la revue. Mon intention est d'envoyer, après ma revue, cette division à Munster. Donnez ordre que ses douze pièces d'artillerie légère y soient réunies avant la mi-octobre, ainsi que ce qui est nécessaire pour former cette 3e division de cuirassiers. Présentez-moi un général de division, deux généraux de brigade, un adjudant commandant, des officiers d'artillerie et de génie, etc. Les douze pièces d'artillerie seront servies par des compagnies des bataillons du train qui sont en Allemagne, et non pas par les bataillons du train qui sont en France.

Réitérez des ordres aux dépôts de Wesel et de Strasbourg, pour qu'aussitôt qu'une compagnie est complète à 150 hommes, elle soit mise en marche. De Strasbourg tout doit aller par eau, jusqu'à Wesel.

NAPOLÉON.

6215. — DÉCISION.

Flessingue, 28 septembre 1811.

Le général Clarke propose d'envoyer de nouvelles recrues au régiment d'Isembourg à Corfou.

J'ai suffisamment d'étrangers à Corfou.

NAPOLÉON.

6216. — DÉCISION.

Flessingue, 28 septembre 1811.

On propose à Sa Majesté d'autoriser l'incorporation, dans la compagnie de sapeurs existante à Corfou, des deux détachements d'ouvriers, formant ensemble 64 hommes, dirigés sur cette île.

Approuvé.

NAPOLÉON.

6217. — AU GÉNÉRAL LACUÉE.

Flessingue, 28 septembre 1811.

Monsieur le comte de Cessac, je réponds à votre lettre du 23 septembre. Vous ne sauriez avoir trop d'habillement à Wesel et à Strasbourg. Non seulement on dirige aujourd'hui beaucoup de conscrits sur ces dépôts, mais encore, pendant toute l'année, on continuera à les y diriger, de sorte qu'on finira par y avoir habillé 30.000 conscrits à la fin de l'année. Si donc vous avez à Paris des habits disponibles et déjà confectionnés, il n'y a pas de difficulté à les diriger sur Strasbourg et Wesel, mais plus spécialement sur Wesel.

Vous observez que le 25° de ligne et plusieurs autres corps ne pourront pas fournir les 450 habits qu'ils doivent envoyer à leurs bataillons en Allemagne; alors on y pourvoira de Strasbourg et de Wesel. Je conçois que, la saison étant avancée, plusieurs corps ont déjà envoyé à leurs bataillons de guerre les effets d'habillement qui leur revenaient. Mais vous devez mettre tous vos soins à faire envoyer aux dépôts de Wesel et de Strasbourg tout ce que les dépôts qui ont leurs bataillons de guerre en Espagne ont de disponible, en rendant à ceux-ci l'équivalent à Bayonne. Remettez-moi un état de ce qu'il y avait de disponible au 1er septembre aux dépôts des corps de l'armée, et faites dresser avec soin cet état tous les mois.

Résumé : pourvoir à l'habillement des dépôts de Wesel et de Strasbourg par quatre moyens :

1° Faire verser dans ces dépôts par les dépôts des 5ᵉ, 25ᵉ et 26ᵉ divisions militaires qui ont leurs bataillons de guerre en Espagne ce qu'ils ont de disponible en effets d'habillement destinés à leurs bataillons de guerre, en les leur faisant remplacer des magasins de Bayonne;

2° Si cette mesure ne rend pas suffisamment, faire verser par les dépôts des 16ᵉ, 24ᵉ, 4ᵉ, 3ᵉ, 2ᵉ divisions militaires, une partie des effets d'habillement destinés à leurs bataillons de guerre, en les leur faisant remplacer à Bayonne;

3° Envoyer de Paris les effets disponibles pour compléter les 450 habits que doivent fournir les dépôts qui ont leurs bataillons au corps d'observation de l'Elbe, lesquels serviront à habiller les conscrits présents et ceux qui arriveront dans le courant de l'année.

Enfin envoyer de plus de Paris ce qu'il y aurait de confectionné. Diriger de Wesel sur l'Allemagne les conscrits réfractaires qui restent, au lieu que, traversant la France, ils désertent. Il paraît donc que tous les conscrits réfractaires devront être dirigés sur Wesel et Strasbourg, et bientôt sur l'île de Walcheren, lorsque la mauvaise saison sera passée.

NAPOLÉON.

6218. — AU GÉNÉRAL CLARKE.

Anvers, 30 septembre 1811.

Monsieur le duc de Feltre, j'ai fait un décret pour l'armement de Flessingue; ordonnez les mesures qui doivent en assurer l'exécution. Donnez des ordres pour qu'au 1ᵉʳ octobre, les compagnies d'artillerie qui sont à Bruges, destinées pour les îles de Kadzand et de Walcheren, se mettent en marche, afin que l'artillerie ait les moyens nécessaires pour procéder à son armement. Vous verrez que j'ai ordonné la formation de quatre nouvelles batteries.

Il y a peu de mortiers à plaque à Flessingue. Il est nécessaire qu'ils ne soient pas mis ensemble, mais entremêlés avec les mortiers à la Gomer; car, pour un feu continu, ces derniers suffisent, et leur service est plus prompt; mais pour éloigner des vaisseaux, les mortiers à plaque sont plus avantageux, d'où il suit qu'il est convenable qu'ils soient un peu disséminés.

On a entrepris un magasin d'artillerie en hangar. Il a un grand défaut, c'est de n'être pas à l'abri de la bombe. Je pense qu'il faut l'abandonner, et prendre une église qu'on emploierait à cette destination. Il y en a trop à Flessingue. Il suffit d'en conserver une pour les catholiques, et une pour les protestants.

Présentez-moi un projet de décret pour cela.

NAPOLÉON.

6219. — NOTE DICTÉE A L'ASPECT DES PLANS DU TEXEL (1).

Les fortifications qu'on établira au Texel doivent avoir deux buts : 1° défendre la passe; 2° défendre le mouillage.

De ces deux buts le plus important est celui de défendre le mouillage.

La batterie de la Révolution défend la passe. Le mouillage s'étend depuis les établissements le long du canal dans l'espace de 1.200 toises.

De ce canal à la batterie de la Révolution il y a 1 lieue, 2.400 toises, d'où il s'ensuit qu'il faut défendre la passe par la batterie de la Révolution par un fort séparé couvert par une inondation. Ce fort devant être assiégé en règle, on ne s'embarrassera pas de la hauteur qui est à 600 toises, puisque c'est loin. Ce fort doit être peu considérable, n'ayant pour but que de renfermer la batterie, il suffira d'avoir un pentagone ou un quadrilatère en terre, dans le genre du Fort Impérial, avec une tour blindée à l'abri de la bombe; s'il peut être couvert par une inondation, il remplira parfaitement son but.

Lorsque ce fort isolé sera attaqué sérieusement, il sera pris; cela est sans remède.

Mais ce fort pris, l'ennemi n'aura rien, puisqu'il faudra prendre les vaisseaux qui sont dans le mouillage et la place qui les protège.

Or la place doit être située dans la plaine où on projette un bassin. Les batteries de l'Union et de l'Indivisibilité doivent être occupées par des forts séparés, liés à la place par l'inondation.

On aura donc trois forts en avant de la place, en supposant que les batteries de l'Union et de l'Indivisibilité ne puissent être rapprochées et réunies dans un seul fort.

---

(1) De la main du général Bertrand; sans date, présumée d'octobre 1811.

La place aura pour centre l'arsenal de (1) et sera couverte par une immense inondation.

On suppose que la batterie de la Révolution pourra être prise. Une fois prise, l'ennemi longera les bords de la mer et prendra le fort de l'Indivisibilité, puis il prendra le fort de l'Union. Celui-ci pris, on sera bien maître du passage, mais on aura à lutter contre la garnison, l'artillerie et l'enceinte de la place couverte par l'inondation.

Ceci suppose l'attaque du côté de droite; en la supposant du côté gauche, la place ne craindra rien, puisque tout porte à penser qu'on pourra multiplier l'inondation à volonté.

La batterie de la Révolution sera prise après une attaque sérieuse, les deux autres le seront ensuite. Mais la place, couverte de l'autre côté par l'inondation, ne doit pas être prise, et tant que les magasins, chantiers et les vaisseaux ne seront pas pris, on aura obtenu le maximum.

Supposons 300 hommes dans le fort de la Révolution, 2.700 hommes dans les autres forts et la place qui sont liés par l'inondation, on aura donc, avec 3.000 hommes, obligé l'ennemi à trois grands sièges, sans que cela le mène à rien; tout cela avec de bons ouvrages en terre, couverts par l'inondation, avec quelques réduits en maçonnerie à cause des gelées.

Mais une position importante comme le Texel sera défendue par plus de 3.000 hommes, puisque les douze vaisseaux de guerre qui y seront fourniront 6.000 hommes et que, joints aux 3.000 hommes de terre, on aura une garnison de 9.000 hommes.

Cela étant ainsi, il serait malheureux que l'ennemi vînt se poster sur la hauteur de (1) et qu'il eût déjà ouvert la tranchée devant le fort de la Révolution quand on serait instruit à Amsterdam de son débarquement. Ainsi, mon opinion est qu'il faut porter là la défense sérieuse, mais que la guerre de campagne doit se porter en avant, où l'isthme est très étroit. On pourrait peut-être le rendre plus étroit en plaçant des pâtés dans l'eau ou dans l'inondation.

Si on peut avoir un isthme de 600 toises, on pourra très bien y contenir un bon hexagone ou citadelle. Il est bien entendu que cet ouvrage sera le plus près possible du Helder; mais, d'après l'indication de la carte, il paraîtrait qu'on serait obligé de se placer à une lieue. Ainsi, il faudrait qu'un millier d'hommes pût arrêter là l'ennemi une douzaine de jours.

---

(1) En blanc.

6220. — DÉCISION.

Anvers, 1er octobre 1811.

Le régiment d'Illyrie étant de nouvelle création, on propose à Sa Majesté de n'y rendre exécutoire le décret du 2 août qu'à dater du 1er janvier 1813.

Approuvé.

NAPOLÉON.

6221. — DÉCISION.

Anvers, 1er octobre 1811.

Un second escadron du 15e chasseurs sera prêt à partir d'Auch dans les premiers jours d'octobre.

Donner l'ordre à ce second escadron de partir le 10 octobre pour Bayonne et de là pour Burgos; il rejoindra l'autre escadron.

NAPOLÉON.

6222. — DÉCISION.

Anvers, 1er octobre 1811.

Le général Clarke rend compte de la revue des bataillons de marche de l'île de Ré, passée à Angers.

Les diriger sur Wesel et de là sur le corps d'observation de l'Elbe.

NAPOLÉON.

6223. — DÉCISION.

Anvers, 1er octobre 1811.

Le général Clarke rend compte que le cadre du 4e bataillon du 37e d'infanterie de ligne est parti de Perpignan pour se rendre à Besançon.

Envoyer ce bataillon à Strasbourg pour le compléter avec des réfractaires et déserteurs.

NAPOLÉON.

6224. — AU MARÉCHAL BERTHIER.

Anvers, 1er octobre 1811.

Mon Cousin, je reçois votre état présent, à l'époque du 13 septembre, ce qui existait à Bayonne en effets d'habillement. J'attends celui des effets que les dépôts des corps de l'armée d'Espagne ont envoyés à leurs bataillons de guerre en 1810 et 1811, et de ce qui reste à expédier. Il faut organiser les convois par premier, second, afin de mettre de l'ordre dans ces envois.

NAPOLÉON.

6225. — DÉCISION.

Anvers, 1er octobre 1811.

Il résulte de la revue du 4e bataillon du 15e d'infanterie légère, passée à Paris par le général Hulin, que ce corps est en état de rejoindre son régiment.

Le faire partir le 10 octobre pour Wesel et de là pour rejoindre son régiment au corps d'observation de l'Elbe.

NAPOLÉON.

6226. — DÉCISION.

Anvers, 1er octobre 1811.

Le général commandant la 12e division militaire propose de ne pas faire partir avant deux ou trois mois les 3e et 4e bataillons du 29e d'infanterie légère, pour leur laisser le temps de prendre de la consistance.

Les laisser l'hiver dans l'île de Ré.

NAPOLÉON.

6227. — DÉCISION.

Anvers, 1er octobre 1811.

Le général Clarke demande s'il doit faire venir à Paris les deux bataillons du 2e suisse qui sont à Marseille.

Les faire partir de Marseille pour Dijon le 10 octobre. L'on me rendra compte de leur arrivée à Dijon.

NAPOLÉON.

6228. — DÉCISION.

Anvers, 1er octobre 1811.

Le général Clarke rend compte que le cadre du 4e bataillon du 8e d'infanterie légère doit arriver le 5 octobre à Toulon, venant de Perpignan.

Il prendra des conscrits réfractaires à Toulon.

NAPOLÉON.

6229. — AU GÉNÉRAL CLARKE.

Anvers, 1er octobre 1811.

Monsieur le duc de Feltre, j'ai lu avec attention votre lettre du 28 septembre, bureau de l'artillerie, sur les changements à faire aux affûts de côte pour tirer les pièces de 36 sous l'angle de 35 degrés.

Je suis bien loin de penser que toutes les pièces de côte doivent être montées sur des affûts de cette espèce. Il me semble qu'il sera suffisant d'en avoir quelques-uns dans chaque batterie importante et surtout dans celles de l'Escaut, du Saumonard, de l'île d'Aix, de la Gironde, des îles d'Hyères, etc.

Le parti que vous prenez de faire faire des expériences pour voir si le projet du général Gassendi est bon, est le seul à prendre. Il serait possible, moyennant de légers changements, de perfectionner les affûts actuels. Si j'ai bonne mémoire, il me semble qu'il entre dans les calculs de leur construction qu'ils puissent tirer à 13 degrés, et je crois me rappeler aussi que M. de Gribeauval, en fixant à 5 degrés l'inclinaison des pièces de côte, n'a eu pour but que d'empêcher les canonniers gardes-côtes de risquer de casser les affûts. Je pense donc qu'il ne serait pas très difficile de mettre les affûts existants en état de tirer à 12, 13 et 14 degrés: bien entendu qu'on renouvellerait la recommandation de ne faire usage de cette propriété que dans les cas nécessaires. Toutes les plaintes dont on est étourdi, que l'artillerie de terre ne porte pas, et qui ne viennent que de ce qu'on ne peut tirer qu'à 5 degrés dans l'état actuel, cesseraient si l'on pouvait tirer à 13.

Quant au tir de 35 degrés, les nouveaux affûts seraient disposés pour cela, mais ce tir n'est admissible que dans les cas extraordinaires et surtout pour empêcher des vaisseaux ennemis de mouiller à moins de 2.300 toises des côtes.

NAPOLÉON.

6230. — AU GÉNÉRAL CLARKE.

Anvers, 2 octobre 1811.

Monsieur le duc de Feltre, donnez ordre au général Defrance de former un régiment de marche, sous le titre de 3ᵉ régiment de marche de dragons de l'armée de Portugal. Ce régiment sera composé de trois escadrons et fort de 300 à 400 hommes. Vous donnerez l'ordre au général Defrance de le faire partir sur-le-champ pour Bayonne.

Donnez-lui l'ordre de former un troisième régiment de marche de dragons de l'armée du Midi, qui sera composé de 166 hommes de l'armée du Midi et de 130 hommes de l'armée du Centre, ce qui fera 300 hommes.

Il ne formera pas de régiment de marche de cavalerie légère de l'armée du Nord. Le 1ᵉʳ régiment de hussards, fort de 400 hommes, partira pour Bayonne. Ce que le 9ᵉ de hussards a de disponible se dirigera sur Pampelune pour rejoindre son corps.

Le général Defrance formera un escadron de ce qu'il y a de disponible aux 11ᵉ, 12ᵉ et 24ᵉ de chasseurs et au 5ᵉ de hussards, sous le titre d'escadron de l'armée du Nord, et il le dirigera sur Burgos.

Enfin, il formera un 2ᵉ escadron de cuirassiers et hussards de l'armée d'Aragon, lequel se réunira à Pau.

Vous me ferez connaître le jour où ces régiments seront rendus à Bayonne.

NAPOLÉON.

6231. — AU MARÉCHAL BERTHIER.

Dusseldorff, 3 octobre 1811.

Mon Cousin, faites-moi connaître quand le 2ᵉ et le 37ᵉ arrivent à Münster. Envoyez un courrier au général Nansouty, à Cologne, pour savoir si les sept régiments de carabiniers et de cuirassiers sont réunis et me rapporter leur situation avec le lieu où ils sont.

NAPOLÉON.

6232. — AU MARÉCHAL BERTHIER.

Anvers, 3 octobre 1811.

Mon Cousin, je vous renvoie vos projets d'ordre pour le 123ᵉ; ils remplissent mes intentions; mais je pense que vous devez écrire au ministre de la guerre, puisque cela n'est pas pressé. Le ministre de la guerre donnera ces ordres. Il faut y ajouter que le cadre du 3° bataillon restera à Saint-Omer pour y attendre les conscrits hollandais, et que le cadre du 4° se rendra à Strasbourg pour s'y compléter par des conscrits réfractaires.

NAPOLÉON.

6233. — AU GÉNÉRAL CLARKE.

Anvers, 3 octobre 1811.

Monsieur le duc de Feltre, je vois par un de vos rapports qu'une compagnie du 120° régiment, complétée par des conscrits réfractaires, a été débarquée à Fouras. Qui a donné cet ordre ?

NAPOLÉON.

6234. — AU GÉNÉRAL CLARKE.

Anvers, 3 octobre 1811.

Monsieur le duc de Feltre, je vous envoie un état que je reçois du prince d'Eckmühl. Il demande 300 conscrits et 400 chevaux pour les huit compagnies d'artillerie légère qui sont à son corps d'armée. Mais le complet à 120 hommes pour les compagnies d'artillerie à cheval est absolument inutile. Ces compagnies ne devant servir que six pièces, 60 hommes sont suffisants, ce qui avec le cadre ferait 80 hommes, et en admettant la différence de l'effectif au présent, 100 hommes.

Faites partir des différents dépôts pour l'Allemagne 20 hommes pour compléter l'effectif des compagnies à 100 hommes. Vous pouvez ordonner les départs, sans attendre de nouveaux ordres de moi, de manière que toutes les compagnies d'artillerie à cheval soient à l'effectif de 100 hommes. Faites la même chose pour les deux compagnies qui ont ordre de se rendre à Münster pour faire partie de la division de cuirassiers qui se réunit à Utrecht. Présentez-moi un rapport pour compléter toutes les compagnies d'artillerie à cheval à l'effectif de 100 hommes.

NAPOLÉON.

6235. — DÉCISION (1).

M. le comte Baraguey d'Hilliers réclame le retour de deux Catalans, l'un médecin et l'autre négociant, dont les familles sont dans la misère et qui ont offert leur soumission.

Approuvé.

6236. — DÉCISION.

Utrecht, 7 octobre 1811.

Le général Clarke rend compte qu'il a donné l'ordre d'envoyer aux îles d'Hyères le 2ᵉ bataillon du 32ᵉ d'infanterie légère, le premier restant en Catalogne.

Jusqu'à nouvel ordre, on peut laisser ce bataillon à Toulon, en laissant en Catalogne celui qui s'y trouve.

NAPOLÉON.

6237. — DÉCISION (1).

Utrecht, 7 octobre 1811.

Le prince Eugène propose à l'Empereur d'ajourner la formation des 6ᵉˢ bataillons des 84ᵉ et 92ᵉ régiments d'infanterie.

Renvoyé au ministre de la guerre par ordre de l'Empereur.

6238. — DÉCISION.

Utrecht, 7 octobre 1811.

Envoi du matériel d'artillerie destiné à une division de cuirassiers à Munster.

Désignation des deux compagnies d'artillerie à cheval qui doivent servir ce matériel et dont Sa Majesté est priée d'autoriser le départ de Metz pour Munster.

Approuvé.

NAPOLÉON.

---

(1) Sans signature ni date; extraite du « Travail du ministre de la guerre avec S. M. l'Empereur et Roi, daté des 4 et 5 octobre 1811 ».
(2) Non signée.

6239. — DÉCISION.

Utrecht, 7 octobre 1811.

Le prince Eugène propose d'établir à Toulon ou à Carcassonne un dépôt central pour les deux divisions italiennes employées en Espagne.

Approuvé.

NAPOLÉON.

6240. — AU GÉNÉRAL CLARKE.

Utrecht, 8 octobre 1811.

Monsieur le duc de Feltre, je réponds à votre lettre renfermant celle du général Rivaud, du 24 septembre, que je vous renvoie. Le général Rivaud doit compléter à 900 hommes le bataillon du 10e régiment d'infanterie légère, en prenant sur les deux bataillons du 29e léger 200 hommes à chacun, ce qui fera 400 hommes, et sur le 5e bataillon de l'île de Ré 200 hommes, ce qui fera 600. Les 300 autres seront pris dans le régiment de l'île de Ré, qui sera toujours assez nombreux, puisque les compagnies sont à 200 hommes, ce qu'on a fait pour désencombrer le dépôt. Je désire certainement que l'autre bataillon de marche parte à la fin d'octobre de l'île de Ré pour Versailles, mais je subordonne cela à la volonté du général Rivaud, qui fera des dispositions en conséquence. C'est à lui qui est sur les lieux, qui voit les hommes, à passer des revues et à vous proposer. Rien n'est pressé, si ce n'est de débarrasser ces îles qui sont trop chargées. Le général Rivaud est donc le maître de vous proposer de faire partir, aussitôt qu'il le jugera nécessaire, un bataillon de 800 hommes pour Versailles, en l'organisant de manière à avoir le moins de déserteurs possible. Tenez-moi informé des projets qu'il vous proposera. Il est nécessaire de ne pas rompre les deux bataillons du 29e léger qui doivent marcher ensemble: mais dans le bataillon du régiment de l'île de Ré et dans les deux petits bataillons, il peut prendre ce que bon lui semble.

NAPOLÉON.

6241. — AU GÉNÉRAL CLARKE.

Utrecht, 8 octobre 1811.

Monsieur le duc de Feltre, j'ai dû vous donner l'ordre que les 1er et 2e bataillons du régiment de l'île de Ré et un des 26e, 66e et

82e se rendissent à Wesel, d'où vous les dirigerez sur Lingen. Le prince d'Eckmühl fera incorporer les compagnies des 26e, 66e et 82e dans les régiments qui ont le plus besoin d'hommes, et renverra les cadres à leurs dépôts dans la 12e division militaire.

Il incorporera également dans les régiments qui en ont le plus besoin les hommes des bataillons de l'île de Ré, en renvoyant les cadres. Vous lui recommanderez expressément de ne garder aucun officier, ni sous-officier de ces cadres. J'espère que cela fera une augmentation de 1.200 hommes pour le corps d'observation de l'Elbe.

Napoléon.

6242. — AU GÉNÉRAL CLARKE.

Utrecht, 8 octobre 1811.

Monsieur le duc de Feltre, les 4es bataillons des 3e et 105e qui sont retournés dans la 5e division militaire, se réuniront à Strasbourg et recevront chacun 600 conscrits réfractaires du dépôt de Strasbourg. Recommandez au général Laborde de prendre un soin particulier des bataillons de ces régiments et de les réunir davantage, étant trop disséminés, ce qui perd entièrement ces jeunes soldats.

Napoléon.

6243. — AU GÉNÉRAL CLARKE.

Utrecht, 8 octobre 1811.

Monsieur le duc de Feltre, donnez ordre au général du Muy que, s'il le juge convenable, il fasse embarquer, au 1er novembre, le 6e bataillon du 10e de ligne pour Gênes, d'où il se dirigera sur Parme, où ce bataillon se trouvera près de son dépôt.

Napoléon.

6244. — DÉCISION.

Utrecht, 9 octobre 1811.

Le général Clarke sollicite des instructions à l'effet de remplir le cadre du 4e bataillon du 10e d'infanterie légère à la Rochelle.	J'ai déjà répondu là-dessus que le général peut prendre sur la différence de 140 hommes à 200 qu'ont les différentes compagnies.

Napoléon.

6245. — AU GÉNÉRAL CLARKE.

Utrecht, 9 octobre 1811.

Monsieur le duc de Feltre, les pupilles habilleront avec des habits verts deux bataillons; et, par là, ils emploieront les 1.700 habits de cette couleur qu'ils ont confectionnés. Les autres bataillons seront habillés en blanc avec des draps qu'on fera revenir de Hollande, et conformément à mon décret.

Faites revenir tous les effets qui appartiennent aux différents régiments hollandais et qui ne peuvent pas servir de gage pour ce qu'ils doivent, vu que les fournisseurs seraient ruinés et traités injustement si on ne les payait pas. Il faut qu'on les paye. D'ailleurs, ces draps sont meilleurs et à meilleur marché que nos draps.

NAPOLÉON.

6246. — DÉCISIONS (1).

Utrecht, 9 octobre 1811.

Proposition d'augmenter d'une brigade à pied la gendarmerie qui fait le service au port d'Anvers.	Approuvé.
On propose à Sa Majesté d'approuver que le sieur Roques, sous-lieutenant au 29e régiment de chasseurs, qui a rempli provisoirement les fonctions de quartier-maître et qui a reçu pendant cet intérim la solde de lieutenant, ne rembourse pas la somme qu'il a reçue en trop, quoiqu'il n'ait pas été confirmé dans ce grade, attendu qu'il a donné des preuves de zèle et d'activité.	Approuvé.
On rend compte à Sa Majesté que M. le prince architrésorier réclame en faveur de M. Vermazen, l'un de ses aides de camp, une gratification de 1.500 francs pour les	Approuvé.

(1) Non signées; extraites du « Travail du ministre de la guerre avec S. M. l'Empereur et Roi, daté des 4 et 5 octobre 1811 ».

soins qu'il a donnés à la confection du contrôle général des pensions militaires.

On propose à Sa Majesté d'accorder aux canonniers gardes-côtes de la 30° division militaire, attendu la nature du climat et la cherté des vivres, une ration de pain pour les jours de service seulement.

Approuvé.

On propose à Sa Majesté d'accorder au sieur Gramet, garde du génie, une gratification de 300 francs à titre d'encouragement pour l'invention d'une machine utile au dépôt des plans en relief où ce garde est employé.

Accordé.

On fait connaître à Sa Majesté que feu le capitaine du génie Taskin a rédigé pour la gravure un plan du siège de Saragosse, jugé excellent par le comité des fortifications, et on propose d'accorder à la veuve de cet officier une gratification de 500 francs.

Accordé.

On propose à Sa Majesté d'accorder une gratification de 4.210 francs aux officiers d'artillerie et artificiers qui ont concouru aux épreuves et confections des fusées incendiaires et qui en ont déterminé le mode de fabrication.

Accordé.

Proposition de créer trente emplois de portiers-consignes pour le service des places de la 17° division militaire.

Accordé

Proposition de nommer commandant d'armes de 4° classe à Leuwarden le sieur Lenoir, capitaine au 2° régiment d'infanterie légère.

Le commandant d'armes de 4° classe doit être chef de bataillon. Je ne connais pas cette disposition.

On propose à Sa Majesté d'accorder au fils de Joseph Hamaony,

Accordé.

ancien chef d'escadron de Mamelucks, la permission d'aller à Chypre et d'y séjourner environ un an pour affaires de famille.

On rend compte à Sa Majesté que le général de brigade Ficatier a été autorisé par le maréchal comte Suchet à se rendre à Bagnères. — Accordé.

On propose à Sa Majesté d'accorder à ce général un congé de trois mois avec solde.

On propose à Sa Majesté d'accorder un congé de trois mois avec solde au général de brigade Palmarole, employé à l'armée de Catalogne. — Accordé.

Sa Majesté est priée de faire connaître ses intentions sur la demande d'un congé de dix jours avec solde, faite par l'adjudant commandant Josset-Saint-Ange, employé dans la 22ᵉ division militaire. — Accordé.

Cet officier supérieur assure que des affaires d'intérêt exigent qu'il vienne à Paris.

Proposition d'accorder un congé de quatre mois avec solde à l'adjudant commandant Boyer, employé à l'armée de Catalogne. — Approuvé.

On propose à Sa Majesté d'accorder une permission de quinze jours au colonel Meuziau, du 5ᵉ régiment de hussards, pour se rendre à Paris, où les affaires de ce corps nécessitent sa présence. — Approuvé.

On soumet à Sa Majesté une demande de convalescence de six mois avec appointements pour le sieur Cabanès, major du 8ᵉ régiment de chasseurs. — Approuvé.

Sa Majesté est priée de faire con- — Refusé.

naître si Elle approuve l'admission comme lancier dans le 1ᵉʳ régiment de chevau-légers de sa garde, du sieur d'Ardivilliers, âgé de 18 ans, de la taille de 5 pieds 4 pouces et beau-frère du major de ce régiment Dautancourt.

On informe Sa Majesté, en réponse à une question relative à l'adjudant commandant Berthelmy, que cet officier supérieur est effectivement celui qui était employé à l'armée du Nord en Espagne et qui a été autorisé par Sa Majesté à rentrer en France le 20 du mois dernier.

Cet officier sera admis au traitement de réforme.

On propose à Sa Majesté d'accorder un congé de quatre mois à M. Grobon, colonel du 53ᵉ régiment d'infanterie de ligne à l'armée d'Italie, pour aller respirer l'air natal nécessaire à la guérison d'une fièvre quarte opiniâtre.

Accordé.

Sa Majesté est priée de faire connaître si son intention est d'accorder au sieur Lefranc, major du 58ᵉ régiment d'infanterie de ligne, le congé de convalescence de deux mois qu'il sollicite.

Accordé.

On soumet par exception à Sa Majesté la demande du congé absolu du nommé J. Gourdcin de Grand-Maison, caporal au 6ᵉ régiment d'artillerie à pied.

Accordé.

On met sous les yeux de Sa Majesté la demande que fait le préfet du département de Gênes pour que le jeune Pallavicini, élève pensionnaire au Prytanée militaire de La Flèche, soit autorisé à revenir à Gênes, où il entrerait au lycée qui s'organise en cette ville.

Refusé.

On propose à Sa Majesté d'approuver que le jeune Syberg, du département de la Röer, élève au Prytanée militaire de La Flèche, attaqué d'une maladie de poitrine, reste dans sa famille et soit rayé des contrôles de cette école.	Approuvé.
On rend compte à Sa Majesté que le colonel Merlin, du 1ᵉʳ régiment de hussards, est autorisé à rester un mois à Paris à cause de la mort de sa mère.	Approuvé.

6247. — AU GÉNÉRAL CLARKE.

Amsterdam, 10 octobre 1811.

Monsieur le duc de Feltre, faites-moi connaître :

1° Si les cadres des dix-sept 4ᵉˢ bataillons qui arrivent d'Espagne ont leurs six compagnies, ou seulement quatre;

2° Ce qu'ils ont d'officiers et de sous-officiers.

Il faut laisser aller ces cadres à leurs dépôts respectifs et les compléter en officiers et sous-officiers, afin qu'au printemps prochain, ils puissent être complétés en soldats et servir s'il y a lieu pour l'Espagne.

NAPOLÉON.

6248. — AU GÉNÉRAL LACUÉE.

Amsterdam, 10 octobre 1811.

Monsieur le comte de Cessac, je vous envoie un état du 26ᵉ régiment d'infanterie légère. L'infanterie légère achetait autrefois ses draps et assure qu'elle était mieux fournie. Vous verrez, par cet état, que ce régiment se plaint de la mauvaise qualité du drap bleu qui lui a été envoyé des magasins de Paris et de Strasbourg et n'estime pas que ces étoffes puissent durer autant que le prescrivent les règlements. Le drap beige et le tricot livrés par quelques-uns des fournisseurs sont d'une qualité inférieure à ceux qu'achetait le régiment.

NAPOLÉON.

6249. — AU GÉNÉRAL CLARKE.

Amsterdam, 11 octobre 1811.

Monsieur le duc de Feltre, votre rapport du 8 septembre sur les compagnies de dépôt présente quelques assertions qui ne sont pas conformes aux dispositions des règlements. Le capitaine d'habillement est compris dans le cadre des compagnies; il n'y a point de difficulté de le placer dans l'état-major. Il en résultera qu'on aura un capitaine disponible de plus.

Le capitaine commandant le dépôt est toujours le plus ancien officier; d'ailleurs, le major remplit ces fonctions. Ainsi, le capitaine ne cesse pas d'être disponible, et il est inutile de le remplacer.

Vous dites qu'un capitaine, un lieutenant et quatre sous-lieutenants sont destinés au recrutement; mais ils sont remplacés et payés sur les fonds du recrutement. J'ai donc pensé qu'il suffirait d'ajouter un capitaine pour remplacer le capitaine d'habillement, qui fera désormais partie de l'état-major, et quatre sous-lieutenants; ils seront envoyés aux bataillons de guerre, pour y remplir les premières places vacantes. Cela ne laissera pas de faire une augmentation de dépense d'un million.

NAPOLÉON.

6250. — AU GÉNÉRAL CLARKE.

Amsterdam, 11 octobre 1811.

Monsieur le duc de Feltre, écrivez au général Berthier (1) que si les deux bataillons de la Méditerranée ne sont pas encore partis de Corse, il ait à en faire connaître l'état de situation, le nombre d'hommes, le pays d'où ils sont, l'état de leur habillement, de leur instruction, etc., avant de les faire partir de Corse.

NAPOLÉON.

6251. — AU GÉNÉRAL LACUÉE.

Amsterdam, 13 octobre 1811.

Monsieur le comte de Cessac, je reçois votre lettre du 8. Je n'y vois pas que vous ayez pris des mesures relativement au régiment illyrien. J'y vois seulement que j'ai dépensé inutilement 400.000

---

(1) César Berthier, commandant, à Ajaccio, la 23ᵉ division militaire.

francs, que ce régiment est nu, et que depuis un an il ne peut me servir à rien.

NAPOLÉON.

6252. — DÉCISIONS (1).

Amsterdam, 14 octobre 1811.

On soumet à la sanction de Sa Majesté un projet de décret tendant à remettre aux ingénieurs des ponts et chaussées les travaux d'entretien et de réparation des canaux ou rivières qui traversent les fortifications.

Renvoyé au conseil des ponts et chaussées de décembre.

Deux officiers espagnols de la maison Doria, de Gênes, demandent du service dans les troupes de Sa Majesté.

Ils témoignent le désir d'être placés dans le 111e régiment parce qu'ils y connaissent un des chefs de ce corps.

Ils ont fait leur serment.

Avoir des renseignements plus positifs sur leurs services et sur eux.

M. le landamman de Suisse demande le renvoi de deux officiers suisses qui ont été pris au service d'Espagne.

Approuvé.

Mesures prises pour rompre les liaisons des officiers espagnols tant avec les habitants des villes où ils sont placés qu'avec leurs subordonnés, et pour offrir une protection plus immédiate à ceux qui font leur soumission.

J'approuve ces mesures, mais elles ne sont pas suffisantes. Il faudrait rechercher dans les prisonniers espagnols les plus mauvais sujets, les faire arrêter et les tenir enfermés dans des citadelles. Le quart des prisonniers espagnols est dans ce cas.

Sa Majesté est priée de faire connaître si Elle permet que le nommé Thinon, sergent-major, fasse tou-

Accordé.

---

(1) Non signées; extraites du « Travail du ministre de la guerre avec S. M. l'Empereur et Roi, daté des 4 et 5 octobre 1811 ».

cher sa pension en **France** pendant tout le temps qu'il sera employé dans les douanes en Illyrie.

Le nommé Denis Buck, vieux pilote côtier de Douvres, pris en exerçant ses fonctions à bord d'un navire suédois, demande, d'après les anciens usages, sa mise en liberté.

Approuvé.

6253. — DÉCISION.

Amsterdam, 14 octobre 1811.

On rend compte à Sa Majesté de la difficulté de tirer présentement de Barcelone la compagnie de mineurs qui s'y trouve. On lui présente l'état des compagnies de mineurs qui ne sont pas en Espagne.

Compléter toutes les compagnies qui sont en France, à 120 hommes.

Napoléon.

6254. — AU MARÉCHAL BERTHIER.

Amsterdam, 14 octobre 1811.

Mon Cousin, le premier convoi d'effets d'habillement partira de Bayonne le 25 octobre, composé de 29 voitures, portant 491 colis pour l'armée de Portugal.

Le 2ᵉ convoi partira le 1ᵉʳ novembre, composé de 36 voitures pour l'armée du Midi et de 5 pour l'armée du Centre.

Le 3ᵉ convoi partira le 1ᵉʳ novembre, composé de 37 voitures pour l'armée d'Aragon.

Les convois partiront sous leur numéro. Il me sera remis de nouveaux états pour préparer d'autres convois pour le mois de novembre. Il sera attaché à ces convois des officiers pris à Bayonne, appartenant à l'armée à laquelle le convoi est destiné. Un capitaine sera chargé des détails. Il sera attaché à chaque convoi 140 hommes, les uns tirés des corps faisant partie de l'armée de Portugal, les autres des armées du Midi et du Centre. Les commandants des convois auront soin de ne partir qu'avec de bonnes escortes, pour que les convois ne soient pas compromis. Les 140 hommes seront chargés seulement de la police du convoi, et de faire le service, lorsqu'il sera parqué dans les villes. Donnez des ordres au général Monthion, pour qu'il organise ainsi les convois.

NAPOLÉON.

6255. — DÉCISION.
Amsterdam, 14 octobre 1811.

Proposition de compléter à 100 hommes la 1re compagnie du 2e bataillon de mineurs, employée à Danzig.

Approuvé; mais au lieu de 100 hommes, il faut la porter à 120 hommes.

NAPOLÉON.

6256. — DÉCISION.
Amsterdam, 14 octobre 1811.

On rend compte à Sa Majesté du petit nombre d'hommes existant aux dépôts des 24e et 64e régiments de ligne, qui puissent servir à former les compagnies de garnison de vaisseaux destinées pour Toulon, et on la prie de faire connaître si Elle veut en suspendre la formation, ou qu'on envoie à Toulon ce qui est disponible.

Faire partir pour Toulon ces deux compagnies aussitôt qu'elles seront fortes chacune de 50 hommes. Après cela, on prendra des mesures pour les compléter.

NAPOLÉON.

6257. — AU MARÉCHAL BERTHIER.
Amsterdam, 18 octobre 1811.

Mon Cousin, donnez ordre que les 100 hommes à pied du 1er régiment de chasseurs italiens, qui sont à Foix, se rendent à Niort, où ils seront montés par le dépôt général. Aussitôt que ces hommes seront montés, ils rejoindront leur régiment à Pampelune.

Donnez ordre que le 2e régiment de marche de dragons de l'armée de Portugal, qui est près de Valladolid, rejoigne l'armée de Portugal, et qu'aussitôt après son arrivée ce régiment de marche soit dissous.

Donnez ordre que le 2e régiment de marche de dragons de l'armée du Midi, qui est à Aranda, se rende à Madrid.

Donnez ordre que le 1er régiment de marche de cavalerie légère de l'armée de Portugal rejoigne cette armée.

Donnez ordre que le 1ᵉʳ régiment de marche de cavalerie légère de l'armée du Midi se rende à Madrid.

Donnez ordre que le 3ᵉ régiment de marche de dragons de l'armée de Portugal, qui arrive le 26 octobre à Bayonne, continue sa route sur l'armée de Portugal.

Donnez ordre que le 3ᵉ régiment de marche de dragons de l'armée du Midi et du Centre, qui arrive le 26 à Bayonne, se rende à Madrid.

Napoléon.

6258. — AU GÉNÉRAL CLARKE.

Amsterdam, 18 octobre 1811.

Monsieur le duc de Feltre, 500 hommes doivent se rendre de Nassau en Espagne pour compléter le régiment de Nassau. Le prince demande que vous leur accordiez des armes; j'accède à cette demande. Envoyez des ordres et un ordre de route pour que ces hommes puissent, de Mayence, se rendre à Bayonne.

Napoléon.

6259. — AU GÉNÉRAL CLARKE.

Amsterdam, 18 octobre 1811.

Monsieur le duc de Feltre, je réponds à votre lettre du 5 octobre, bureau de l'artillerie. J'approuve que la 2ᵉ compagnie du 11ᵉ bataillon principal soit substituée à la 6ᵉ compagnie du 4ᵉ bataillon principal et que les trois compagnies du 4ᵉ principal, savoir : la 6ᵉ, la 3ᵉ et la 2ᵉ soient dirigées sur Metz; que la 2ᵉ compagnie du 9ᵉ *bis* soit envoyée sur Mayence pour y être réunie aux trois autres compagnies; et, enfin, que vous preniez des mesures pour faire revenir d'Espagne, aussitôt qu'il sera possible, les deux compagnies du 9ᵉ *bis* et les trois compagnies du 4ᵉ principal, afin d'avoir ces deux bataillons tout entiers pour le Nord.

Napoléon.

6260. — AU GÉNÉRAL CLARKE.

Amsterdam, 18 octobre 1811.

Monsieur le duc de Feltre, je suppose que des mortiers portant leur mobile à 2.300 toises seront bientôt arrivés aux îles d'Hyères.

Mes renseignements de Londres portent que l'escadre anglaise à l'ordre d'hiverner dans la rade d'Hyères. Il est donc bien important que des obus à tirer dans des pièces de 36, et même quelques obusiers de l'espèce des obusiers à la Villantroys, soient envoyés dans les différents points de la rade d'Hyères.

Aux conseils du génie de cette année, je désire avoir des projets pour Hamburg, ou pour une place sur l'Elbe de ce côté.

Ces conseils commenceront dans les premiers jours de décembre. Faites-moi un projet de convocation des officiers. Je désire qu'ils perdent le moins de temps possible à Paris.

Napoléon.

6261. — AU GÉNÉRAL CLARKE.

Amsterdam, 18 octobre 1811.

Monsieur le duc de Feltre, je vous envoie l'état de l'armement de Santoña; faites-le vérifier par un officier d'artillerie et faites-moi connaître d'où on pourrait tirer ce qui manque, afin d'armer sérieusement ce poste important.

Je vous envoie également des états relatifs à la manufacture d'armes de Plasencia. Je désire que vous me présentiez un projet pour rétablir cette manufacture, qui aurait l'avantage de nous fournir des armes et d'occuper un grand nombre d'individus.

Napoléon.

6262. — AU GÉNÉRAL CLARKE.

Amsterdam, 18 octobre 1811.

Monsieur le duc de Feltre, vous verrez par les pièces que je vous envoie qu'il manque un chef de bataillon au 13º d'infanterie légère, un au 17º de ligne, deux au 30º de ligne, deux au 15º léger, deux au 33º de ligne, un au 48º, un au 12º de ligne, un au 21º de ligne, deux au 85º, un au 108º, un au 25º de ligne, un au 57º, etc.

Il est bien urgent de nommer à toutes ces places.

Napoléon.

6263. — AU GÉNÉRAL CLARKE.

Amsterdam, 18 octobre 1811.

Monsieur le duc de Feltre, je vous envoie un travail sur le corps d'observation de l'Elbe. Il est bien important qu'il soit nommé sans délai à tous les emplois vacants.

NAPOLÉON.

6264. — AU GÉNÉRAL LACUÉE.

Amsterdam, 18 octobre 1811.

Monsieur le comte de Cessac, le 9e bataillon du train qui est à Plaisance ne doit pas être employé au hâlage du Pô. Il doit se compléter et se mettre en état de faire un bon service. Faites-moi connaître quand ce bataillon sera disponible.

NAPOLÉON.

6265. — AU GÉNÉRAL LACUÉE.

Amsterdam, 18 octobre 1811.

Monsieur le comte de Cessac, je vous envoie un mémoire sur le service des transports en Espagne. Faites-moi un rapport là-dessus, tant pour combler le déficit que pour améliorer ces marchés.

NAPOLÉON.

6266. — AU GÉNÉRAL LACUÉE.

Amsterdam, 18 octobre 1811

Monsieur le comte de Cessac, les 4e, 6e, 7e et 14e régiments de cuirassiers se rendent à Munster; ils ont tous beaucoup de chevaux à recevoir des commandes faites. Autorisez ces régiments à se procurer ces chevaux en Allemagne et faites-moi un rapport général sur les mesures à prendre pour pouvoir compléter à 1.100 hommes et à 1.000 chevaux les régiments de cuirassiers et de cavalerie légère qui se trouvent au delà du Rhin.

NAPOLÉON.

6267. — DÉCISIONS (1).

Amsterdam, 19 octobre 1811.

On propose à Sa Majesté d'accorder une indemnité de 1.800 francs par an à MM. les généraux d'artillerie commandants titulaires des écoles d'artillerie et du génie en exercice, en remboursement de frais extraordinaires de bureau.

Approuvé.

Le Ministre de la guerre du royaume d'Italie demande M. J.-E. Castiglione, né Italien, qui est détenu comme prisonnier anglais à Mont-Dauphin.

Accordé.

6268. — AU GÉNÉRAL CLARKE.

Amsterdam, 19 octobre 1811.

Monsieur le duc de Feltre, il y a à Lille un bataillon de chasseurs rentré. Je ne connais pas son organisation; mais je désire que vous fassiez passer une ou deux compagnies de ce bataillon, bien habillées et bien armées, dans l'île du Texel, où elles tiendront garnison jusqu'à nouvel ordre.

La partie du bataillon étranger qui est au Texel passera au Helder, et, par ce moyen, ce bataillon entier se trouvera réuni au Helder.

NAPOLÉON.

6269. — AU GÉNÉRAL CLARKE.

Amsterdam, 19 octobre 1811.

Monsieur le duc de Feltre, la connaissance que j'ai prise du Helder m'a fait concevoir des idées différentes de celles qu'on m'avait données. Je pense donc que ce point devenant très important, une grande quantité d'artillerie y deviendra nécessaire. 30 ou 40 mortiers de 11 pouces à la Gomer, hollandais, ne seront point trop pour l'armement de ce point. Je m'empresse de vous le mander

---

(1) Non signées; extraites du « Travail du ministre de la guerre avec S. M. l'Empereur et Roi, date des 4 et 5 octobre 1811 ».

afin que vous preniez vos mesures pour vous procurer des mortiers de 11 pouces, qui sont préférables aux mortiers ordinaires, parce qu'ils sont de calibres hollandais et qu'il y a en Hollande beaucoup de bombes de ce calibre. Donnez donc des ordres pour que ces mortiers ne soient pas envoyés à Anvers, mais soient tenus prêts à passer au Helder.

NAPOLÉON.

6270. — AU GÉNÉRAL CLARKE.
Amsterdam, 19 octobre 1811.

Monsieur le duc de Feltre, il existe au dépôt du 2⁰ régiment de cuirassiers 175 hommes; au dépôt du 3⁰ régiment, 30; il y en a également de disponibles aux dépôts du 9⁰ et du 12⁰ : donnez ordre que ces hommes partent, sans délai, pour rejoindre leurs corps en Allemagne. Donnez le même ordre aux 170 hommes disponibles au dépôt du 1ᵉʳ régiment de chasseurs, aux 260 hommes du 2⁰, aux 80 hommes du 3⁰, aux 120 hommes du 16⁰, aux hommes disponibles du 7⁰ de hussards et à ceux du 8⁰ de hussards. Que tout ce qui est aux dépôts de ces régiments, hommes et chevaux, parte sans délai, afin de renforcer les dix régiments de cavalerie qui sont en Allemagne.

NAPOLÉON.

6271. — AU GÉNÉRAL CLARKE.
Amsterdam, 19 octobre 1811.

Monsieur le duc de Feltre, faites-moi un rapport qui me fasse connaître s'il y aurait de l'inconvénient à faire passer le 3⁰ bataillon de fusiliers coloniaux, qui est à l'île d'Oléron, dans l'île du Texel, le 4⁰ bataillon, qui est à Belle-Ile, dans l'île de Goerée, et le 1ᵉʳ bataillon, qui est à Flessingue, dans l'île de Schouwen. Si ces bataillons ont de bons officiers et sous-officiers, ils seront très utiles pour défendre les îles de Schouwen, de Goeree et du Texel. Il y aura de plus, au Helder, le bataillon de déserteurs étrangers qui pourra fournir une compagnie de 100 hommes à tour de rôle pour l'île de Vlieland et autant pour l'île de Terschelling.

Il devient important d'organiser promptement les régiments étrangers prussiens et irlandais. C'est à ces deux régiments qu'il faut envoyer tous les déserteurs étrangers. Il faut en donner le commandement à des princes ou à des Allemands connus. J'attache une grande importance à avoir ces deux régiments, ou au moins six bataillons, pour la garde des îles de la Zélande et de la Hollande, pays si malsain que les troupes françaises qu'on y envoie s'y perdent; et je désire épargner ces corvées à mes régiments de la ligne. Mais il faut que les officiers des régiments étrangers soient des hommes sûrs, et que les caporaux-fourriers soient des jeunes gens tirés des lycées. Les soldats auront toujours suffisamment de zèle pour qu'on puisse leur confier ce service. Vous sentez l'importance de vous occuper sérieusement de cet objet puisque cela peut épargner la perte de beaucoup de Français. Peut-être faudrait-il incorporer le bataillon étranger qui est au Texel dans ces régiments, afin de diminuer le nombre des cadres.

Napoléon.

6272. — DÉCISION.

Amsterdam, 20 octobre 1811.

Congé demandé pour M. Aubart, sous-lieutenant au 13e dragons, que ses blessures mettent hors d'état de faire un service actif.

Accordé.

Napoléon.

6273. — DÉCISION.

Amsterdam, 20 octobre 1811.

Congé de convalescence demandé pour le commissaire des guerres Catuélan, du 1er corps d'armée, qui, en raison de son état de maladie, ne peut faire aucun service.

Accordé.

Napoléon.

6274. — DÉCISION.

Amsterdam, 20 octobre 1811.

Pour faciliter le fonctionnement de l'administration civile et militaire du 5e gouvernement, le général Dorsenne propose de réunir à ce gouvernement la province de Santander.

Approuvé. C'est au prince de Neuchâtel à donner une décision en conséquence.

Napoléon.

6275. — AU GÉNÉRAL CLARKE.

Amsterdam, 20 octobre 1811.

Monsieur le duc de Feltre, j'ai donné ordre que les bataillons des 19ᵉ, 46ᵉ, 93ᵉ et d'autres régiments se rendissent à Wesel et à Strasbourg. Mon intention est qu'aussitôt que ces bataillons seront complétés à 900 hommes, bien armés, habillés et équipés, ils soient dirigés sur Minden, d'où le prince d'Eckmühl les enverra du côté de Mecklenburg, afin de soigner leur instruction et de les tenir éloignés des lieux d'où ils pourraient déserter. Il est nécessaire qu'avant le départ de ces bataillons, les officiers et sous-officiers existants au corps soient complétés.

NAPOLÉON.

6276. — AU GÉNÉRAL CLARKE.

Amsterdam, 20 octobre 1811.

Monsieur le duc de Feltre, donnez ordre que les 60 hommes disponibles au dépôt du 7ᵉ de dragons, les 100 hommes du 23ᵉ, les 80 hommes du 28ᵉ et les 60 hommes du 30ᵉ, partent pour se rendre à leurs régiments par le Simplon. Donnez le même ordre aux 200 hommes du 6ᵉ régiment de chasseurs, aux 100 hommes du 8ᵉ, aux 100 hommes du 9ᵉ, aux 150 hommes du 25ᵉ, et aux 126 hommes du 6ᵉ régiment de hussards. Aussitôt que ces détachements seront arrivés en Italie, donnez ordre qu'ils soient incorporés dans les trois premiers escadrons et que tout ce qu'il y aurait du cadre du 4ᵉ escadron rentre au dépôt. Je vois qu'après le départ de ces détachements il restera 450 hommes aux dépôts des quatre régiments de dragons et seulement 136 chevaux, et aux dépôts des cinq régiments de cavalerie légère 750 hommes et seulement 160 chevaux. Ce serait donc un millier de chevaux qu'il faudrait pour compléter ces régiments.

NAPOLÉON.

6277. — AU MARÉCHAL BERTHIER.

Amsterdam, 20 octobre 1811.

Mon Cousin, donnez ordre au 4ᵉ escadron du 15ᵉ régiment de chasseurs de rejoindre ses trois premiers escadrons à la division du général Caffarelli; aux 2ᵉ et 3ᵉ escadrons du 1ᵉʳ régiment de hussards de se rendre à Valladolid, et de se réunir aux escadrons et détachements de ce régiment, qui sera attaché à l'armée du Nord; à l'escadron de cavalerie légère de l'armée du Nord, qui arrive le 30 à Bayonne, de se rendre à Valladolid; au détachement du 9e régiment de hussards, qui arrive le 30 à Bayonne, de rejoindre ses escadrons à Pampelune; au détachement du 14e régiment de chasseurs de rejoindre ses escadrons à Salamanque; à la compagnie de marche du 1er régiment d'infanterie de ligne de se rendre à Salamanque pour y être incorporée.

Vous donnerez l'ordre au général Monthion de grouper l'escadron de marche de l'armée d'Aragon, qui arrive le 28 à Pau, avec les hommes isolés et tout ce qui est destiné à cette armée, afin d'en former un corps de 600 à 700 hommes, infanterie et cavalerie, qu'il dirigera sur Saragosse.

NAPOLÉON.

6278. — DÉCISIONS (1).

Amsterdam, 20 octobre 1811.

On propose à Sa Majesté d'approuver que, sur les pièces en bronze d'un calibre irrégulier qui seront retirées de Rome, il en soit cédé au gouvernement napolitain pour un poids de 60.000 kilos, au prix de 3 francs le kilogramme.	Approuvé.
Sa Majesté est priée de décider que l'intérêt des 6.000.000 de francs avancés à l'artillerie par la caisse d'amortissement, en 1810, pour le service de cette arme, ne restera pas à sa charge et qu'il sera payé par ceux qui ont reçu les bronzes cédés pour le remboursement de cette avance.	Cela n'est pas possible.
Proposition d'affecter à l'arrondissement de Figeac une nouvelle	Approuvé.

(1) Non signées; extraites du « Travail du ministre de la guerre avec S. M. l Empereur et Roi, daté du 11 octobre 1811.

brigade de gendarmerie qui serait placée à la chapelle Marival.

Sa Majesté est priée de faire connaître si l'on devra maintenir une compagnie de grenadiers qui existe au 2° bataillon de militaires étrangers depuis l'an 14.

Approuvé, puisqu'elle existe.

Le général de brigade Pelletier, qui commande le département des Bouches-du-Rhin, désirerait obtenir le commandement du département du Gard (9° division militaire), qui est vacant par l'admission à la retraite du général Siscé.

Accordé.

On propose à Sa Majesté d'exempter le sieur Ménard, juge de paix, du payement de la somme de 56 fr. 03, dont il est redevable pour la pension de son fils, vélite grenadier à pied, qui avait été promu au grade de sous-lieutenant dans la ligne et qui a été tué à l'armée d'Espagne.

Ce juge de paix a peu de fortune.

Approuvé.

Le Ministre de la guerre d'Espagne demande le retour à Madrid de M. Arellano, qui avait été admis comme chef de bataillon dans le régiment Joseph Napoléon et qui, depuis, a été autorisé à se rendre à Bayonne pour y attendre des ordres sur sa rentrée dans sa patrie.

Approuvé.

On propose à Sa Majesté d'autoriser le renvoi en Suisse de M. Ant. Riva, capitaine suisse, fait prisonnier de guerre en Espagne.

Il a fait sa soumission à Sa Majesté Catholique.

Approuvé.

On propose à Sa Majesté de renvoyer en Catalogne les deux prisonniers de guerre espagnols détenus à Auxerre, et dont les familles sont dans la plus grande misère.

Approuvé.

On propose à Sa Majesté d'approuver l'incorporation dans le régiment Joseph-Napoléon de plusieurs sous-officiers et soldats espagnols qui étaient dans le nord et qui sont en ce moment placés comme domestiques à Hamburg.

Approuvé.

6279. — DÉCISION.
Amsterdam, 20 octobre 1811.

Mesures prises par le Ministre pour faire partir à destination de l'Espagne les 3ᵉ et 4ᵉ escadrons du 15ᵉ chasseurs.

J'approuve fort ce mouvement. Donnez ordre au colonel ou au major de s'y rendre pour en prendre le commandement, et nommer aux emplois vacants dans ces deux escadrons.

NAPOLÉON.

6280. — DÉCISION.
Amsterdam, 20 octobre 1811.

Le général Clarke soumet à l'approbation de l'Empereur les mesures prises en vue de compléter le 2ᵉ bataillon du régiment de Prusse à Willemstad.

Approuvé, mais je désire que le ministre organise ce régiment et fasse diriger sur celui-ci et sur l'irlandais tout ce qui vient d'Allemagne, afin que ces régiments me gardent la Hollande.

NAPOLÉON.

6281. — DÉCISION.
Amsterdam, 20 octobre 1811.

Le major du 7ᵉ hussards sollicite le transfert du dépôt de ce corps de Ruremonde à Liège.

Approuvé.

NAPOLÉON.

6282. — DÉCISION.

Amsterdam, 20 octobre 1811.

Emplacements proposés pour les neuf régiments de chevau-légers.

Approuvé.

NAPOLÉON.

6283. — DÉCISION.

Amsterdam, 20 octobre 1811.

Le général Clarke demande s'il doit donner l'ordre de renvoyer à leurs bataillons, à Nevers, les deux compagnies de voltigeurs du 2⁰ régiment suisse qui sont détachées dans la 9ᵉ division militaire.

Approuvé.

NAPOLÉON.

6284. — AU GÉNÉRAL LACUÉE.

Amsterdam, 20 octobre 1811.

Monsieur le comte de Cessac, vous me rendez compte, par votre rapport du 13, que 240 chariots se réunissent à Pau; mais vous ne me dites pas quand ils y seront réunis, quand les chevaux y seront, et quand je pourrai en disposer. Quant aux 60 chariots qui complètent les 300 que j'ai demandés pour cette année, faites-les partir pour Wesel. Ils vous serviront à transporter au corps d'observation de l'Elbe les effets d'ambulance et autres effets dont ce corps a besoin, en écrivant aux dépôts de diriger sur Wesel ce qu'ils auraient à envoyer, et en chargeant ces effets à Wesel sur ces chariots. Vous écrirez au prince d'Eckmühl d'envoyer du 12ᵉ bataillon d'équipages militaires le nombre de chevaux nécessaires pour prendre ces 60 chariots, mon intention étant que 3 compagnies du 12ᵉ bataillon aient des chariots de nouveau modèle, et trois compagnies des caissons, de sorte que ce bataillon ait 120 chariots et 120 caissons; les 60 chariots disponibles peuvent partir sans délai, les 60 autres seront envoyés aussitôt qu'ils seront confectionnés. Vous aurez ainsi 60 caissons disponibles au corps d'observation de l'Elbe. Vous en donnerez 4 au 11ᵉ régiment d'infanterie légère et 4 à chacun des 127ᵉ, 128ᵉ et 129ᵉ régiments de ligne, ce qui fera 16; vous ferez parquer les autres dans un lieu convenable avec les harnais, pour en être disposé selon les circonstances, et spécialement pour fournir aux bataillons qui n'auraient pas de caissons. Les régiments de cavalerie doivent avoir un caisson d'ambulance; plusieurs n'en ont pas. Il est utile d'avoir une réserve de 120 caissons dans le Nord pour y pourvoir. Ainsi le corps d'observation de l'Elbe aura une centaine de caissons attachés à ses bataillons, 120 caissons servis par le 12e bataillon d'équipages militaires, et 120 chariots pour le service des magasins. Je pense qu'il est utile que vous écriviez au prince d'Eckmühl et à l'ordonnateur d'utiliser cette grande quantité de caissons en les employant au transport des effets d'ambulance et d'équipement de Wesel aux différents régiments. Les dépôts des régiments du corps d'observation de l'Elbe étant, pour la plupart, sur le Rhin et sur la Meuse, cela devient aisé; et alors le transport de Wesel aux corps ne coûterait rien.

Quant aux constructions à faire à Sampigny, pour l'année 1812, vous me préparerez ce travail pour le mois de novembre.

NAPOLÉON.

6285. — AU GÉNÉRAL CLARKE.
Amsterdam, 21 octobre 1811.

Monsieur le duc de Feltre, je vous renvoie l'état de l'armement de Danzig.

Je pense qu'il y a suffisamment de bombes, aucun mortier ne pouvant user mille bombes.

Je vois qu'il y en a plus de 900 par mortier de 9 pouces 5 lignes et plus de 600 par mortier de 8 pouces 5 lignes. Cela me paraît suffisant.

Je ne conçois pas comment on a besoin de 5.000 boulets de 14, puisque j'ai des boulets de 13. Les 26.000 boulets de 12, les 10.000 boulets de 6 et les 30.000 boulets de 3 seraient nécessaires si je ne voyais qu'il y a 11.000 cartouches de 12, 39.000 cartouches de 6, et 26.000 cartouches de 3.

Je suppose que toutes ces cartouches ont leur boulet. Cela étant, il n'y aurait que les boulets de 3 qui manqueraient.

Il faut ôter le manque de 900.000 cartouches puisqu'il y en a plus de 5 millions.

Je vois également qu'il y a 3.000 obus chargés.

Je suppose que les cartouches à balle et à boulet ont de la poudre; ainsi, je vois qu'indépendamment des 920 milliers de poudre, il y a 320.000 de poudre confectionnée, ce qui fait 1.240.000 de poudre, quantité suffisante pour le service de la place.

Je voudrais donc que dans l'état ci-joint les calculs de la colonne *manquant* fussent plus rigoureux et qu'on n'y portât que ce qui manque réellement.

NAPOLÉON.

6286. — DÉCISION.

Amsterdam, 22 octobre 1811.

Le maréchal Berthier rend compte que le neuvième convoi de fonds, parti de Bayonne le 16, doit arriver vers le 27 octobre à Burgos, où il attendra de nouveaux ordres.

Lui faire continuer sa marche.

NAPOLÉON.

6287. — DÉCISIONS (1).

Amsterdam, 22 octobre 1811.

On demande à Sa Majesté si on continuera à donner des congés absolus aux militaires du bataillon valaisan dissous, qui ont contracté des enrôlements volontaires, lorsque la durée de ces enrôlements expirera et qu'ils réclameront des congés.

Oui.

Proposition de nommer général de brigade Gouré, chef d'état-major au camp de Boulogne.

Approuvé.

Les dépôts de différents corps étant hors d'état de pourvoir aux places de caporaux et de sous-officiers avec des hommes ayant le temps de service exigé par le décret du 2 août dernier, le Ministre pense qu'il conviendrait de tirer des escadrons et des bataillons de

Approuvé.

---

(1) Non signées; extraites du « Travail du ministre de la guerre avec S. M. l'Empereur et Roi, daté du 17 octobre 1811 ».

guerre un nombre suffisant d'anciens soldats pour être promus à ces grades.

On demande les ordres de Sa Majesté.

Sa Majesté est priée d'approuver les dispositions suivantes, relatives aux adjudants commandants Aussenac et Desroches.

Le premier est autorisé à rentrer en France; il était employé dans la division commandée par le général Souham et ne peut servir activement aux armées, étant prisonnier rentré sur parole; le second va le remplacer dans la division Souham.

Approuvé.

Le général de brigade d'Henin. qui a reçu l'ordre de se rendre à Hamburg, pour être employé au corps d'observation de l'Elbe, fait remarquer qu'étant prisonnier rentré sur parole, il ne peut se rendre à cette destination; il demande à être employé dans l'intérieur, à l'instar du général Pageot.

On ne peut l'employer contre aucun allié de l'Angleterre (1).

On propose à Sa Majesté d'autoriser, d'après la demande du général Maurice Mathieu, le renvoi en Catalogne de 8 matelots prisonniers et d'un patron de barque qui portaient des vivres par mer à Barcelone et qui seraient encore fort utiles pour l'approvisionnement de cette place.

Approuvé.

On propose à Sa Majesté de conférer l'emploi de colonel du 7ᵉ régiment de chevau-légers, vacant par la promotion du sieur Konopka, au grade de général de brigade, au

J'y ai nommé.

---

(1) Publié par Chuquet, *Lettres et Apostilles de Napoléon*, t. II. p. 204. mais avec variante.

sieur Klicki, major de ce régiment, nommé colonel surnuméraire par décret du 14 août 1809, et qui se trouve présent aux escadrons de guerre en Espagne.

6288. — DÉCISIONS (1).

Amsterdam, 22 octobre 1811.

On propose à Sa Majesté d'accorder la décoration de la Légion d'honneur au capitaine Esmenard, adjoint à l'état-major de l'armée de Portugal; cette récompense a été demandée en sa faveur par M. le maréchal duc d'Elchingen, après les sièges de Ciudad-Rodrigo et d'Almeida.

Refusé.

On soumet à Sa Majesté, d'après ses ordres, la demande d'une sous-lieutenance de cavalerie que fait le sieur Manant, frère d'un sous-officier de grenadiers à cheval de la garde impériale.

Accordé, on le placera comme sous-lieutenant dans l'infanterie

Cette demande ne paraît pas devoir être accueillie à cause du grand nombre de sous-lieutenants surnuméraires qui existent dans les troupes à cheval.

On soumet à Sa Majesté la demande d'une sous-lieutenance dans l'infanterie légère faite par M. Labarbe (J.-M.), élève depuis un an de l'Ecole polytechnique, par M. le comte de Cessac, qui lui a délivré de très bons témoignages de conduite et de capacité.

Accordé.

On propose à Sa Majesté de nommer à un emploi de chef d'es-

Refusé.

(1) Extraites du « Travail du ministre de la guerre avec S. M. l'Empereur et Roi, daté des 4 et 5 octobre 1811 ».

cadron vacant au 1ᵉʳ régiment de carabiniers, par la promotion du sieur Fauconnet à un emploi de major en second, le sieur Levisse de Montigny, chef d'escadron surnuméraire.

6289. — DÉCISION.

Amsterdam, 22 octobre 1811.

Le duc de Plaisance demande si les 4ᵉˢ bataillons des 2ᵉ, 3ᵉ, 37ᵉ, 46ᵉ, 105ᵉ et 123ᵉ de ligne devront être dirigés sur le corps d'observation de l'Elbe, aussitôt qu'ils auront été complétés avec des conscrits refractaires.

J'ai déjà donné l'ordre que les 4ᵉˢ bataillons des 2ᵉ, 19ᵉ, 46ᵉ, 93ᵉ, 56ᵉ, 37ᵉ et 123ᵉ fussent complétés à 900 hommes, habillés, armés et envoyés à Minden, où le prince d'Eckmühl en fera une ou deux brigades spéciales sous les ordres d'un général de brigade, en les tenant éloignés des côtes de France, afin de rendre la désertion impossible. Quant aux 3ᵉ et 105ᵉ, je désire que ces bataillons restent à Strasbourg pour le service de la place. Mais à cet effet, il faut que le général Lebrun n'y mette point de déserteurs, mais les jeunes gens les plus dociles et desquels on a le plus à espérer. Qu'il complète bien le 4ᵉ bataillon et même le 5ᵉ; car je verrais avec plaisir que chaque régiment eût 1.200 hommes, c'est-à-dire 600 hommes par bataillon. Ce serait 2.400 hommes qui seraient utiles à Strasbourg pour garder cette place importante et laisser les bourgeois tranquilles. Il faut prendre des mesures pour que les majors, les chefs des 4ᵉ et

5° bataillons soient présents, que tous les officiers et sous-officiers surtout soient présents, et que le général Lebrun ne mette dans les bataillons que des hommes qui puissent être utiles.

NAPOLÉON.

6290. — AU MARÉCHAL BERTHIER.
Amsterdam, 23 octobre 1811.

Mon Cousin, faites compléter vos états, et faites-moi connaître si le cadre du 1er régiment de tirailleurs et celui du 1er de voltigeurs reviennent à Paris. Il y a huit mois que j'ai donné cet ordre. Si vous n'en trouvez pas trace, écrivez au général Dorsenne pour qu'il fasse partir sans délai ces cadres, vu que ces régiments ne doivent pas avoir un cadre différent de ceux des autres régiments de la garde, et que ces cadres me sont nécessaires pour organiser les régiments de chasseurs et de grenadiers de la vieille garde.

Faites-moi connaître la situation de la réserve de Bayonne et remettez-moi un projet pour doubler deux des régiments de marche de l'armée de Portugal, des régiments de marche de l'armée du Nord et des régiments de marche de l'armée d'Aragon. Remettez-moi sous les yeux leur composition actuelle et leur situation. Bayonne, devant avoir reçu les conscrits de la réserve, doit avoir renforcé d'une ou de deux compagnies ces régiments de marche que je garde, à cet effet, dans la Navarre et dans la Biscaye.

Présentez-moi la composition du régiment de marche de l'armée de Portugal, qui est, je crois, le premier qui n'a pas été formé à Bayonne. Faites-moi connaître où il est est, désirant l'envoyer dans la Navarre.

Enfin, faites-moi connaître ce que les dépôts de Saintes, de Niort et celui du 15e de chasseurs, à Auch, peuvent envoyer en cavalerie à leurs régiments dans le courant de novembre.

NAPOLÉON.

6291. — AU MARÉCHAL BERTHIER.
Amsterdam, 23 octobre 1811.

Mon Cousin, il est nécessaire que vous écriviez, par l'estafette de ce soir, au général Caffarelli pour lui faire comprendre que tout le mouvement se portant aujourd'hui sur Valence, il est nécessaire qu'au moindre avis du général Reille, il fasse passer dans la Navarre toutes les troupes nécessaires, afin que ce général puisse se porter au secours du maréchal Suchet avec toute sa division. L'arrivée des huit bataillons du régiment de marche de l'armée du Midi et du 15e régiment de chasseurs doivent (*sic*) donner au général Caffarelli des troupes disponibles. Mon intention même est que, si sa présence était nécessaire, il parte avec toute sa division pour, conjointement avec le général Reille, soutenir le maréchal Suchet. Le régiment de marche de l'armée du Midi, le régiment de marche de l'armée du Nord, le régiment de marche de l'armée de Portugal, le 130e régiment, ce qui fait près de 20 bataillons, et tout ce que, dans une circonstance urgente, le général Monthion s'empresserait d'envoyer en Biscaye, sont trois fois plus qu'il ne faut. Il faut donc qu'avec sa division, composée des 3e, 52e et 105e de ligne et des 5e et 10e légers, du 15e de chasseurs et de ses 20 pièces d'artillerie, il puisse se porter, si cela devenait nécessaire, en Aragon. Écrivez dans le même sens au général Reille. Réitérez l'ordre au général Caffarelli de renvoyer tout ce qui appartient à la colonne du général Vandermaësen et à l'armée de Portugal, hormis les trois régiments de marche, et de ne garder aucun homme isolé. Je vois, dans son état de situation du 5 octobre, beaucoup d'hommes qui appartiennent à la division du général Vandermaësen et qui sont à Vitoria, à Soria, etc... Il faut que tous ces hommes se mettent en marche pour rejoindre leurs corps.

Napoléon.

6292. — AU GÉNÉRAL CLARKE.

Amsterdam, 23 octobre 1811.

Monsieur le duc de Feltre, il y a un grand nombre d'Espagnols parmi les prisonniers, surtout parmi ceux venant de Catalogne, qu'il faudrait détenir dans des prisons d'État; ce sont des brigands qui tiennent des propos atroces : étant fort rusés, et sans aucun honneur, ils s'échapperaient et nous feraient beaucoup de mal. Prenez des renseignements à cet égard auprès du ministre de la police. Faites-en dresser l'état et prenez des mesures sur-le-champ pour leur arrestation et leur détention dans des prisons d'État.

Napoléon.

6293. — AU GÉNÉRAL CLARKE.

Amsterdam, 23 octobre 1811.

Monsieur le duc de Feltre, j'ai désigné Besançon pour y placer les bataillons croates qui arrivent. Mais le vice-roi me mande que la désertion s'y fait à main armée. Cela étant, il serait dangereux de les mettre trop près des frontières de la Suisse. D'ailleurs, il est contraire au principe de confier une place forte à des étrangers. Je désire donc qu'après le passage du Simplon, on fasse filer ces bataillons sur la Saône, en les tenant le plus loin possible de la Suisse. Il est convenable de leur faire prendre tout de suite la direction du nord; on pourrait les diriger droit sur Dijon. Vous me rendrez compte du jour où ils arriveront et de leur situation à leur passage à Genève, afin que je détermine leur destination ultérieure.

Écrivez au général Bertrand pour lui signaler les déserteurs, et pour que les colonels en fassent une sévère justice. Sans quoi, je perdrai toute confiance dans ces régiments.

NAPOLÉON.

6294. — AU GÉNÉRAL CLARKE (1).

Amsterdam, 23 octobre 1811.

Monsieur le duc de Feltre, je reçois votre lettre du 19. Je croyais vous avoir fait connaître mon intention de faire atteler, par les quatre bataillons du train qui sont en Allemagne, les 24 pièces d'artillerie légère des deux divisions qui se réunissent à Cologne et à Bonn. Toutefois, je désire que vous désigniez, des compagnies du train qui sont à Metz et à Strasbourg, ce qui est nécessaire pour atteler l'artillerie de ces deux divisions. Cet attelage provisoire subsistera jusqu'à ce que j'aie assigné à ces divisions des cantonnements pour y passer l'hiver. Lorsque je leur aurai donné une destination d'hivernage, je vous ferai connaître mes intentions. Vous aurez soin de faire faire l'échange et d'atteler avec les bataillons du train qui sont en Allemagne l'artillerie de ces deux divisions et de celle qui est à Munster.

Je vous ai fait connaître ce que chaque régiment de cuirassiers

---

(1) Non signé, copie conforme.

et de carabiniers doit avoir, c'est-à-dire un caisson d'ambulance et une forge de campagne.

Ces divisions doivent avoir des officiers du génie, d'artillerie, des adjoints et des administrateurs dans la proportion observée dans les campagnes précédentes; mais, comme je vous l'ai mandé, cela doit se faire insensiblement dans le courant de l'année.

Quant à l'artillerie, ce doit être l'objet d'un rapport particulier; je ne puis me souvenir de ce qui s'est fait dans mes campagnes passées, mais le plus simple est de suivre ce qui a eu lieu antérieurement.

Les batteries attachées à la cavalerie tirent beaucoup; il faut donc qu'elles soient bien approvisionnées.

J'avais dans mes campagnes passées attaché un parc de réserve aux divisions; on sera toujours à temps de les réunir en parc général des divisions.

Il faut qu'il y ait ce qui est nécessaire pour faire la guerre, c'est-à-dire un simple approvisionnement marchant avec les pièces, et un demi-approvisionnement, selon ce qui a été pratiqué pour l'armée de Pologne, qui soit toujours au parc de chaque division; il faut que tout cela existe au complet dans les lieux où je ferai hiverner ces divisions, de sorte que, si je suis dans le cas de former une réserve de cavalerie, la réunion de l'artillerie de réserve des quatre divisions forme le parc de réserve.

Dans ce cas, un général d'artillerie sera nécessaire pour commander ce parc, comme cela s'est pratiqué.

Si, au contraire, je juge à propos d'envoyer ces divisions dans les corps d'armée, elles conserveront leur parc d'artillerie qui se joindra au parc de réserve du corps d'armée.

Il me semble que j'ai ordonné que chaque régiment de cuirassiers eût un certain nombre de carabiniers. Les régiments que j'ai passés en revue n'en ont pas. Faites-moi un rapport là-dessus; il est insensé que, parmi 3.000 hommes, il n'y en ait pas un qui ait une arme à feu; il me semble qu'autrefois les cuirassiers étaient armés de mousquetons. Faites-moi connaître les ordres que j'ai donnés et ce qui s'est pratiqué depuis six ans, et pourquoi les cuirassiers n'ont plus aujourd'hui de carabines.

6295. — AU GÉNÉRAL LACUÉE.

Amsterdam, 23 octobre 1811.

Monsieur le comte de Cessac, je vous envoie une lettre d'un de mes officiers d'ordonnance sur ce qui se passe à Pau.

NAPOLÉON.

6296. — DÉCISION (1).

Amsterdam, 24 octobre 1811.

On propose à Sa Majesté d'accorder la décoration de la Légion d'honneur à M. O'Meara, colonel du régiment irlandais.	Accordé.

6297. — DÉCISION.

Rotterdam, 25 octobre 1811.

Le général commandant à Brest demande des ordres au sujet de la destination à donner aux hommes embarqués sur la frégate *la Clorinde*.	Renvoyé au ministre de la guerre. Se servir de ces hommes, au lieu de les renvoyer à leurs corps, pour compléter les compagnies destinées à tenir garnison sur les vaisseaux qui sont dans la 13e division militaire.

NAPOLÉON.

6298. — AU GÉNÉRAL CLARKE.

Rotterdam, 26 octobre 1811.

Monsieur le duc de Feltre, le 4e bataillon du 22e régiment d'infanterie légère a débarqué à la Spezia le 14 de ce mois. Donnez ordre que, de Rome, il rejoigne son régiment. Vous chargerez le général Grenier de faire faire le tiercement de ce bataillon, c'est-à-dire de faire répartir les officiers, sous-officiers et soldats également dans quatre bataillons, de manière qu'ils soient parfaitement égaux.

NAPOLÉON.

---

(1) Non signée; extraite du « Travail du ministre de la guerre avec S. M. l'Empereur et Roi, daté du 17 octobre 1811 ».

6299. — AU GÉNÉRAL CLARKE.

Rotterdam, 26 octobre 1811.

Monsieur le duc de Feltre, il résulte de la situation des régiments de cavalerie du corps d'observation de l'Elbe que les quatre régiments de cuirassiers, les quatre régiments de chasseurs et les deux régiments de hussards, ce qui fait dix régiments, ont 9.900 hommes présents sous les armes en Allemagne; qu'il y a 1.000 hommes aux dépôts, et qu'il manque à ces régiments, pour avoir 1.100 hommes chacun, 400 hommes, savoir :

26 hommes au 2ᵉ régiment de cuirassiers,
120 hommes au 3ᵉ id.;
90 hommes au 9ᵉ id.;
110 hommes au 12ᵉ id.;
14 hommes au 3ᵉ régiment de chasseurs;
16 hommes au 16ᵉ id.;
22 hommes au 7ᵉ de hussards.

Donnez ordre au prince d'Eckmühl de choisir ces 400 hommes parmi les hommes venant des dépôts de Strasbourg et de Wesel et destinés aux différents régiments d'infanterie, en ayant soin de ne point prendre de déserteurs, mais seulement des conscrits réfractaires, de l'ancienne France, forts et vigoureux, et ayant l'habitude du cheval.

La 3ᵉ division de cuirassiers, composée des 4ᵉ, 6ᵉ, 7ᵉ et 14ᵉ régiments, manque de 600 hommes. Donnez ordre que le dépôt de Strasbourg fournisse 400 hommes et le dépôt de Wesel 200; ces 600 hommes seront donnés, savoir :

200 hommes au   4ᵉ de cuirassiers;
170   —   au 6ᵉ   id.;
140   —   au 7ᵉ   id.;
100   —   au 14ᵉ   id.

Les deux tiers de ces hommes seront fournis par le dépôt de Strasbourg et le tiers par le dépôt de Wesel. On ne prendra que des hommes de l'ancienne France, ayant trois ou quatre pouces, déjà exercés au cheval, étant conscrits réfractaires et non déserteurs. Les dépôts de ces quatre régiments recevront l'ordre d'envoyer des habits de cuirassiers à Wesel et à Strasbourg, pour l'habillement de ces 600 hommes. Les cuirassiers seront envoyés directement à Erfurt, de sorte que ces hommes recevront aux dépôts de Wesel et de Strasbourg tout ce qui tient à la masse de linge et chaussure et leur premier habillement, et que leur équipement sera complété à Erfurt. Par ce moyen, les régiments de cette division seront complétés à 1.100 hommes.

Vous donnerez ordre que ce que les dépôts de ces quatre régiments de la 3ᵉ division pourront fournir se dirigent sur Wesel par détachements de 25 hommes, habillés et équipés.

Je désirerais que les 1.000 hommes qui sont aux dépôts de dix régiments qui sont actuellement en Allemagne, et les 400 hommes qu'ils ont à recevoir de la conscription fussent en route pour l'Allemagne avant le 10 décembre, et que les 1.500 hommes que les quatre régiments de la 3ᵉ division ont à leurs dépôts fussent également partis avant cette époque, en déduisant toutefois de l'effectif de 1.100 hommes les 50 hommes nécessaires pour ouvriers, etc., de manière que cet effectif soit au 1ᵉʳ janvier, en Allemagne, de 1.050 hommes. Quant aux chevaux, mon intention est que chaque régiment, en Allemagne, ait 1.000 chevaux. Il en manque 500 aux dix régiments; donnez ordre au prince d'Eckmühl de les acheter sur-le-champ et de les équiper. Il manque 800 chevaux aux quatre régiments de la 3ᵉ division. Il faut que le prince d'Eckmühl les achète également en Allemagne, de sorte qu'au mois de janvier j'aie en Allemagne deux régiments de hussards, quatre *idem* de chasseurs, et huit *idem* de cuirassiers, ayant chacun, à l'effectif, 1.050 hommes et 1.000 chevaux.

Faites part de ces dispositions au ministre directeur de l'administration de la guerre.

NAPOLÉON.

6300. — AU GÉNÉRAL CLARKE.

Rotterdam, 26 octobre 1811.

Monsieur le duc de Feltre, je ne sais si je vous ai mandé que j'avais donné ordre à la 3ᵉ division de cuirassiers, qui est à Munster, de continuer sa route sur Erfurt. Cette division fera partie du corps d'observation de l'Elbe; elle sera donc nourrie et administrée selon les mêmes principes que le corps d'observation de l'Elbe.

NAPOLÉON.

6301. — AU GÉNÉRAL CLARKE.

Rotterdam, 26 octobre 1811.

Monsieur le duc de Feltre, des frégates chargées de vivres sont en partance à Toulon et à Gênes. Dirigez donc sur ces points les pompes à incendie et autres objets que demande le gouverneur de Corfou et qui sont nécessaires à la défense de cette place.

Napoléon.

6302. — AU GÉNÉRAL LACUÉE.

Rotterdam, 26 octobre 1811.

Monsieur le comte de Cessac, la 3ᵉ division de cuirassiers composée des 4ᵉ, 6ᵉ, 7ᵉ et 14ᵉ régiments, a reçu l'ordre de continuer sa marche de Munster sur Erfurt. Cette division fait partie du corps d'observation de l'Elbe. Les deux autres divisions de cuirassiers, savoir : celle composée des deux régiments de carabiniers et du 1ᵉʳ de cuirassiers, et celle composée des 8ᵉ, 5ᵉ, 10ᵉ et 11ᵉ régiments, qui se réunissent à Cologne et à Bonn, seront probablement envoyées aussi en Allemagne. Je vous ferai connaître la destination que je leur donnerai, lorsque j'en aurai passé la revue.

Napoléon.

6303. — AU GÉNÉRAL LACUÉE.

Rotterdam, 27 octobre 1811.

Monsieur le comte de Cessac, j'ai évalué à 1.000.000 de francs la somme que les communes des sept départements de la Hollande auront à payer pour la différence existant entre le prix de la viande fournie aux troupes et les 5 centimes retenus sur la solde. J'ai décidé, en conséquence, que, pour faire face à cette dépense, les communes paieraient un quinzième de leur revenu ; ce quinzième sera versé au Trésor comme fonds spécial, et le ministre du Trésor mettra, en conséquence, sans délai, 1.000.000 de francs à votre disposition sur cette recette. Faites-moi connaître si cette somme sera suffisante. Je ne pense pas que le quinzième des revenus des communes puisse aller au delà. S'il y avait insuffisance, il faudrait y pourvoir avec les fonds du Trésor. Dans tous les cas, cette mesure ne peut être adoptée que pour 1811, et vous ne devez pas compter sur cette ressource en 1812.

NAPOLÉON.

6304. — AU MARÉCHAL BERTHIER.

Château de Loo, 28 octobre 1811.

Mon Cousin, le régiment de marche de l'armée d'Aragon est composée de deux bataillons. Le premier comprend trois compagnies du 114º, fortes de 300 hommes. Donnez ordre aux trois compagnies du 4º bataillon de ce régiment, qui sont restées à Bayonne, de former une compagnie complétée à 140 hommes, ce qui portera le nombre des compagnies qu'a ce régiment à l'armée d'Aragon à quatre et leur force à 440 hommes.

Le 115º a deux compagnies, ou 240 hommes, au même régiment de marche. Donnez ordre qu'une compagnie de 140 hommes parte de Bayonne, pour porter le contingent du 115º à trois compagnies et à 380 hommes.

Le 116º a trois compagnies ou 400 hommes au même régiment. Faites partir de Bayonne une compagnie du 116º, complétée à 200 hommes; 140 hommes seront pour la compagnie, et 60 hommes seront répartis entre les trois autres. Ainsi, ce régiment aura quatre compagnies ou 600 hommes.

Le 1ᵉʳ bataillon du régiment de marche de l'armée d'Aragon est de 950 hommes. Les 480 hommes dont j'ordonne le départ de Bayonne porteront ce bataillon à 1.400 hommes, ce qui serait trop. Vous ordonnerez que le 114º et le 115º forment le 1ᵉʳ bataillon, qui sera ainsi composé de sept compagnies et fort de 820 hommes.

Les quatre compagnies du 116º formeront le 2º bataillon. Le 2º bataillon actuel du régiment de marche d'Aragon deviendra le 3º. Il est composé aujourd'hui de trois compagnies du 117º, fortes de 300 hommes (faites partir une compagnie de 140 hommes de ce régiment de Bayonne), et de trois compagnies du 121º fortes de 300 hommes. Faites également partir de Blois une compagnie, forte de 160 hommes, pour se joindre à ces trois compagnies. Et par là, le 3º bataillon de marche de l'armée d'Aragon sera fort de huit compagnies et de 800 à 900 hommes.

Le régiment de marche de l'armée d'Aragon sera donc ainsi composé :

1ᵉʳ bataillon : quatre compagnies du 114ᵉ, trois du 115ᵉ;
2ᵉ bataillon : quatre compagnies du 116ᵉ;
3ᵉ bataillon : quatre compagnies du 117ᵉ, quatre du 121ᵉ, formant dix-neuf compagnies; et, au lieu de 1.567 hommes, dont il est aujourd'hui composé, il sera de 2.200 hommes.

Le général Monthion fera former, à cet effet, un bataillon de marche de l'armée d'Aragon, composé de cinq compagnies ou de 760 hommes, bien habillés et bien armés, ayant leurs officiers au complet, et il le dirigera sur Tolosa, d'où il sera envoyé sur Pampelune pour être incorporé conformément aux dispositions exprimées ci-dessus.

RÉGIMENT DE MARCHE DE L'ARMÉE DU NORD.

Donnez ordre qu'un bataillon de marche de l'armée du Nord soit formé à Bayonne et parte sans délai pour Bilbao. Ce bataillon sera composé : d'une compagnie de 140 hommes du 118ᵉ, d'une *idem* du 119ᵉ; de deux *idem* du 120ᵉ, d'une *idem* du 122ᵉ, total : cinq compagnies de 700 hommes.

Ce bataillon, arrivé à Bilbao, sera incorporé dans le régiment de marche de l'armée du Nord, qui sera ainsi porté, de 1.600 hommes qu'il a actuellement, à 2.300 hommes.

2ᵉ RÉGIMENT DE MARCHE DE L'ARMÉE DE PORTUGAL.

Un bataillon de marche de l'armée de Portugal sera formé à Bayonne et composé : d'une compagnie du 17ᵉ léger de 140 hommes, et de deux compagnies du 31ᵉ léger de 280 hommes. Ce bataillon partira sans délai pour Vitoria où il sera incorporé dans le 2ᵉ régiment de marche de l'armée de Portugal qui, de 1.371 hommes, sera porté à 1.700 hommes.

3ᵉ RÉGIMENT DE MARCHE DE L'ARMÉE DE PORTUGAL.

Un bataillon de marche partira de Bayonne, composé : d'une compagnie du 27ᵉ de ligne de 140 hommes, d'une du 59ᵉ de 140 hommes, d'une du 65ᵉ de 140 hommes, d'une du 39ᵉ de 140 hommes, d'une du 69ᵉ de 140 hommes, et d'une du 76ᵉ de 140 hommes, total : six compagnies, ou 840 hommes.

Ce bataillon, arrivé à Vitoria, sera incorporé dans le 3ᵉ régiment de marche de l'armée de Portugal qui, de 1.200 hommes, sera ainsi porté à 2.040 hommes.

Un autre bataillon de marche sera formé à Bayonne et se mettra en marche pour Santona où il rejoindra le 8ᵉ bataillon de marche de la réserve de Bayonne, devenu le 7ᵉ bataillon du régiment de marche de l'armée du Midi. Ce bataillon sera composé : de deux compagnies du 34ᵉ, 280 hommes, et deux compagnies du 75ᵉ, 280 hommes. Total : **quatre compagnies et 560 hommes**, ce qui portera ce 7ᵉ bataillon, de 500 hommes à 1.060 hommes.

Donnez ordre que le 1ᵉʳ bataillon de marche du 1ᵉʳ régiment de marche de l'armée de Portugal, qui est à Vitoria, fort de 700 hommes, se rende à Pampelune où il restera jusqu'à la prise de Valence. Cependant, si l'on était instruit à Vitoria de la prise de Valence, ce bataillon ne ferait pas de mouvement. Vous instruirez le général Reille de l'arrivée de ce bataillon et des renforts qu'il va recevoir, lesquels lui formeront près de 4.000 hommes.

Napoléon.

6305. — AU MARÉCHAL BERTHIER.

Château de Loo, 28 octobre 1811.

Mon Cousin, sur les 400.000 francs que je me suis réservés à Burgos, sur je ne sais quel envoi, donnez ordre que 100.000 francs soient envoyés sur-le-champ, **au compte de l'armée du Nord**, pour le 130ᵉ régiment à Santander; que 100.000 francs soient envoyés à Santona, savoir : 30.000 francs pour mettre au courant la solde des troupes qui s'y trouvent, 50.000 francs pour les travaux du génie, et 20.000 pour les dépenses de l'artillerie.

Napoléon.

6306. — AU GÉNÉRAL CLARKE.

Château de Loo, 28 octobre 1811.

Monsieur le duc de Feltre, j'ai trois régiments portugais : l'un est à Toul, le second à Lyon et Grenoble, et l'autre à Auxonne. Ces régiments sont incomplets.

Faites-moi un rapport sur l'habillement, l'armement et la comptabilité de ces six bataillons. Peuvent-ils entrer en campagne ? Je ne sais pas pourquoi vous portez dans les états de situation un bataillon de dépôt à Grenoble et un autre bataillon d'hommes à la suite. Cela ne doit plus exister.

Faites-moi un rapport sur les régiments suisses; pourraient-ils fournir chacun trois bataillons?

Napoléon.

6307. — AU GÉNÉRAL CLARKE.

Château de Loo, 28 octobre 1811.

Monsieur le duc de Feltre, les deux bataillons du 113ᵉ, qui sont à Cherbourg, et les deux bataillons suisses doivent être réunis. Si les casernes ne peuvent contenir ces quatre bataillons, il faut mettre dans la ville ce qu'on pourra y caserner, et cantonner le reste dans les villages les plus près; cela aura l'avantage de pouvoir exercer ces troupes, et d'en imposer à l'ennemi sur l'existence d'une grande quantité de troupes à Cherbourg.

Napoléon.

6308. — AU GÉNÉRAL CLARKE.

Château de Loo, 28 octobre 1811.

Monsieur le duc de Feltre, faites passer la revue du 4ᵉ bataillon du 14ᵉ de ligne à Sedan, et faites-moi connaître s'il est en état de partir.

Donnez ordre au 3ᵉ bataillon du 28ᵉ de ligne, qui est à Bordeaux, de se rendre à la réserve de Bayonne.

Faites partir de Blois les trois compagnies du 4ᵉ bataillon du 121ᵉ pour se rendre à Bayonne, aussitôt, toutefois, qu'elles seront habillées et équipées.

Donnez ordre que tout ce qui est disponible au 5ᵉ bataillon du 114ᵉ, à Mont-de-Marsan, soit envoyé sans délai à Bayonne pour compléter le 4ᵉ bataillon.

Donnez le même ordre pour les 115ᵉ, 116ᵉ, 117ᵉ, 118ᵉ, 119ᵉ, 120ᵉ et pour le 122ᵉ qui est à Vendôme : que tout ce qui est disponible aux 5ᵉˢ bataillons se rende à Bayonne.

Même ordre pour le 31ᵉ léger.

Toutes ces dispositions sont nécessaires parce que je vois dans les états de situation que ces 5ᵉˢ bataillons ont beaucoup de monde.

Vous ordonnerez au général Monthion de faire compléter les 4ᵉˢ bataillons aussitôt après l'arrivée des détachements.

Envoyez-moi l'état de situation de ces bataillons, afin que je voie ce qu'on pourra faire partir pour compléter les compagnies des régiments de marche.

Faites part de ces dispositions au major général.

NAPOLÉON.

6309. — AU GÉNÉRAL CLARKE.

Nimègue, 30 octobre 1811.

Monsieur le duc de Feltre, je reçois votre rapport du 26 octobre. Mon intention est de lever une nouvelle conscription pour les trois régiments 127ᵉ, 128ᵉ et 129ᵉ, de sorte qu'ils soient portés au grand complet; mais quand chacun n'aurait que 1.800 hommes, avec le 11ᵉ léger cela ferait toujours une division de 7.000 à 8.000 hommes.

Donnez ordre au prince d'Eckmühl de former cette division, et présentez-moi le général de division, les deux généraux de brigade, l'adjudant commandant, les officiers d'état-major, les officiers du génie, les commissaires des guerres, et tout ce qui est nécessaire pour une division.

Je ne veux pas qu'on place de conscrits réfractaires dans ces régiments.

NAPOLÉON.

6310. — DÉCISION.

Nimègue, 30 octobre 1811.

Le général Dorsenne demande qu'il soit fourni 225 chevaux à l'artillerie de la garde et à la compagnie d'artillerie du bataillon de Neuchâtel.

Il faut qu'il s'aide des ressources du pays, et qu'il se procure les chevaux dans le pays.

NAPOLÉON.

6311. — AU MARÉCHAL BERTHIER.

Nimègue, 30 octobre 1811.

Mon Cousin, donnez ordre en Espagne que la compagnie des guides revienne à Bayonne.

NAPOLÉON.

6312. — EXTRAIT D'UN ORDRE DE L'EMPEREUR (1).

Nimègue, 30 octobre 1811.

Monsieur le duc de Feltre, je reçois votre rapport du 26 octobre (concernant la formation de la 6ᵉ division du corps d'observation de l'Elbe, composée des 11ᵉ régiment d'infanterie légère, 127ᵉ, 128ᵉ et 129ᵉ régiments d'infanterie de ligne).

Donnez ordre au prince d'Eckmühl de former cette division, et présentez-moi le général de division, les deux généraux de brigade, l'adjudant commandant, les officiers d'état-major, les officiers du génie, les commissaires des guerres, et tout ce qui est nécessaire à une division.

6313. — AU GÉNÉRAL CLARKE.

Nimègue, 30 octobre 1811.

Monsieur le duc de Feltre, je reçois votre rapport du 26 octobre. Mon intention est qu'il ne soit placé dans le 33ᵉ d'infanterie légère aucun homme des régiments de marche de La Rochelle; mais on peut placer ces hommes dans les anciens régiments, tels que le 30ᵉ, etc...

NAPOLÉON.

6314. — DÉCISIONS (2).

Nimègue, 30 octobre 1811.

Sa Majesté est priée de faire connaître si Elle autorise l'admission dans le régiment des pupilles de la garde d'enrôlés volontaires et de jeunes gens âgés de 15 ans et de moins de 18, qui sont offerts par leurs parents pour servir dans ce corps.

Oui.

Le général de division Decaen, commandant en chef l'armée de Catalogne, demande que l'adjudant

Approuvé.

---

(1) Non signé, extrait conforme.
(2) Non signées; extraites du « Travail du ministre de la guerre avec S. M. l'Empereur et Roi, daté du 24 octobre 1811 ».

commandant Monistrol, disponible, soit employé à cette armée. On demande les ordres de Sa Majesté.

On propose à Sa Majesté d'employer dans la 7ᵉ division militaire l'adjudant commandant Petiet.

Approuvé.

Cet officier supérieur, qui était employé au 1ᵉʳ corps en Espagne, a été autorisé à rentrer en France pour rétablir sa santé;

D'autoriser le chef de bataillon Sevret, ex-aide de camp du prince de Ponte-Corvo, à passer dans son grade à la suite du 7ᵉ régiment de dragons.

Qu'il reste où il est.

On soumet à Sa Majesté la demande d'une convalescence de trois mois que fait le prince de Salm-Kirburg, chef d'escadron au 14ᵉ régiment de chasseurs.

Refusé.

On soumet à Sa Majesté la demande d'un congé de trois mois que fait le général Rapp pour le colonel du 9ᵉ régiment de lanciers polonais, le sieur Przyrsychowski.

Accordé.

Cette demande a été transmise par M. le maréchal prince d'Eckmühl.

Sa Majesté est priée de faire connaître si son intention est d'accorder au colonel Domon, du 8ᵉ régiment de hussards, le congé de deux mois avec appointements qu'il demande pour aller prendre les eaux d'Aix-la-Chapelle.

Accordé.

Proposition d'extraire trois hommes de chacun des régiments ou dépôts des régiments stationnés en deçà des Alpes pour recruter le dépôt de la gendarmerie d'Espagne;

Approuvé.

De nommer à un emploi de chef de bataillon, vacant et à pourvoir au 128ᵉ régiment d'infanterie de ligne, M. d'Esebeck, major démissionnaire du service d'Autriche.

Le service de major en Autriche n'équivaut pas à celui de chef de bataillon ici.

On soumet à Sa Majesté une demande que fait le sieur Bourgeoy (Marin), garde d'honneur de la ville de Rennes, pour obtenir le grade de sous-lieutenant à la suite du 19ᵉ régiment de chasseurs.

Le placer à Saint-Germain.

6315. — DÉCISION.

Utrecht, 30 octobre 1811.

Le général Clarke soumet à l'Empereur les noms des officiers du génie qui paraissent devoir être appelés à Paris pour les conseils du génie de 1811.

J'approuve ce projet, hormis qu'il ne faut faire venir ceux de Hollande avant le 1ᵉʳ décembre, parce qu'ils n'auront pas fini les projets dont ils sont chargés. Mais on peut faire venir en place ceux du Rhin.

NAPOLÉON.

6316. — DÉCISIONS (1).

Nimègue, 31 octobre 1811.

On propose à Sa Majesté d'accorder que, sur les 52.487 fr. 38, montant de la perte faite par le 15ᵉ régiment d'infanterie de ligne à Vigo, le 18 mars 1809, celle de 17.417 fr. 93, qui revient aux hommes présents, sera seulement remboursée par le Trésor impérial;

Accordé.

D'ordonner l'établissement d'une voiture de Séville à Bayonne, destinée à débarrasser les bureaux de

Accordé.

___

(1) Non signées; extraites du « Travail du ministre de la guerre avec S. M. l'Empereur et Roi, date du 24 octobre 1811 ».

poste des armées d'Espagne et de Portugal des papiers de comptabilité dont ils sont encombrés et dont la non-expédition entrave la marche de l'administration des corps;

D'ordonner le remboursement, en faveur du 2ᵉ régiment d'infanterie de ligne, d'une somme de 4.483 fr. 58, qui a été prise par l'ennemi dans le Tyrol, le 13 avril 1809, et dont la caisse de ce corps est à découvert.

Accordé.

On propose à Sa Majesté d'autoriser le remboursement d'une somme de 685 fr. 89, formant le tiers de la masse de linge et chaussure des 10ᵉ et 12ᵉ compagnies du 4ᵉ régiment d'artillerie, prise à ces compagnies par l'ennemi le 9 avril 1811.

Accordé.

On demande à Sa Majesté si Elle approuve qu'il soit accordé à un ancien brigadier des armées d'Espagne, gouverneur de la citadelle de Barcelone, un traitement égal à la solde de retraite à laquelle cet officier aurait pu prétendre en Espagne.

Accordé.

On soumet à Sa Majesté les observations de M. le procureur général de la haute Cour impériale sur la demande du général Chabels, tendant à obtenir la solde entière de son grade, et on demande les ordres de Sa Majesté sur l'objet de cette réclamation.

Refusé.

On rend compte à Sa Majesté de la demande faite par le général de division Quantin d'une somme de 5.866 francs à titre de gratification pour remplir des engagements qu'il a contractés pendant la durée de son commandement à Belle-Ile-en-

Lui accorder la retraite.

Mer et qu'il ne peut acquitter avec la solde de retraite dont il jouit maintenant.

On demande les ordres de Sa Majesté.

Sa Majesté est priée d'accorder une indemnité de 350 francs au sieur Millot, lieutenant de gendarmerie au département du Nord, qui a perdu son cheval dans l'exercice de ses fonctions;

Accordé.

De permettre à un sergent et à deux soldats du 8° régiment d'infanterie légère, admis à la retraite, d'en jouir dans les provinces illyriennes, où ils sont employés dans les douanes.

Accordé.

M. le duc de Dalmatie demande le retour en Espagne d'un prisonnier espagnol à Dijon, fils d'un chef de bataillon au service du roi d'Espagne.

Accordé.

Il a prêté serment et désire prendre du service dans le même régiment où son père est employé.

M. Parker, administrateur du collège des Irlandais à Paris, sollicite le renvoi dans leur patrie de dix-neuf jeunes ecclésiastiques irlandais qui ont fini leurs études à Rome et qui sont à charge à la maison de Paris.

Les faire venir à Paris et les y faire séjourner un an.

6317. — AU GÉNÉRAL CLARKE (1).

Nimègue, 31 octobre 1811.

Monsieur le duc de Feltre, je ne vois pas d'inconvénient à ce que le cadre du 5° bataillon du 7° régiment d'infanterie légère, ainsi que les autres qui sont de retour à Wesel et à Strasbourg, y restent

---

(1) Non signé, copie conforme.

pour qu'on puisse les employer une seconde fois à conduire des conscrits s'il est nécessaire.

6318. — AU GÉNÉRAL CLARKE (1).

Nimègue, 31 octobre 1811.

Monsieur le duc de Feltre, il sera formé au corps d'observation de l'Elbe une 8ᵉ division composée du 2ᵉ de ligne, du 37ᵉ de ligne, et d'un des régiments de la division Compans, chacun de ces régiments à cinq bataillons. Il est donc nécessaire de désigner une compagnie d'artillerie à cheval, une compagnie d'artillerie à pied, une compagnie de sapeurs, et tout ce qui est nécessaire pour organiser cette division.

J'ai fait donner ordre au 37ᵉ et au 2ᵉ de ligne de se rendre à Munster. Le général de brigade Vivier s'y rend avec, et prendra le commandement de cette brigade. Il sera donc nécessaire que les 4ᵉˢ bataillons qui sont à Wesel et à Strasbourg soient complétés de préférence et se rendent, aussitôt qu'ils seront complets, à Munster, où le tiercement aura lieu.

Ces deux régiments n'ont que deux pièces de canon, au lieu de quatre; on ne les augmentera qu'après nouvel ordre.

Il est important que vous donniez ordre au commandant de la 31ᵉ division militaire de diriger sur Munster tous les malades de ces régiments (le 37ᵉ en a 1.000), et que vous donniez également ordre aux dépôts de ces régiments de diriger sur Munster tout ce qui leur est nécessaire.

Le colonel du 37ᵉ n'a pas encore rejoint; faites-moi connaître où il est, car, s'il était en Espagne, il serait urgent de nommer un autre colonel.

Il sera formé une 9ᵉ division qui se réunira également à Munster: elle sera composée de douze bataillons suisses et de quatre bataillons illyriens. Remettez-moi un projet pour la formation et la marche de cette division. Présentez-moi les généraux de division, généraux de brigade, officiers généraux d'état-major, et tout ce qui est nécessaire pour l'organisation des 8ᵉ et 9ᵉ divisions du corps d'observation de l'Elbe.

J'ai donné ordre au 23ᵉ de chasseurs de se rendre à Munster; ce

---

(1) Publié partiellement par A. Chuquet, *Ordres et Apostilles de Napoléon*, t. II, p. 205.

régiment est sans colonel et sans major. Il paraît que ces officiers supérieurs sont en Espagne. Faites-moi un rapport pour y suppléer.

Je donne ordre au 24° de chasseurs de se rendre également à Munster. Proposez-moi un général de brigade de cavalerie pour commander cette brigade, et donnez ordre aux 23° et 24° régiments de se faire rejoindre à Munster par tout ce qu'ils ont de disponible, et spécialement par le 4° escadron du 24°.

Donnez ordre également que tout ce que le 37° et le 2° de ligne ont d'embarqué sur la flottille débarque, soit remplacé par des hommes du régiment qui est à Osnabrück, et vienne rejoindre le régiment à Munster.

NAPOLÉON.

6319. — DÉCISION.

Wesel, 1er novembre 1811.

Attendu les risques à courir et l'énormité de la dépense d'une expédition de projectiles de Cette sur Barcelone, on demande les ordres de l'Empereur pour l'ajournement de cette expédition.

J'ignore qui a donné cet ordre. Me faire connaître ce qui l'a motivé.

NAPOLÉON.

6320. — AU GÉNÉRAL CLARKE.

Wesel, 1er novembre 1811.

Monsieur le duc de Feltre, je désire que vous fassiez faire l'état de situation des régiments de conscrits réfractaires à l'époque du 1er novembre, en spécifiant bien les ordres que j'ai donnés, afin que je voie les mesures que j'ai encore à prescrire. Il est nécessaire de distinguer les conscrits qui existent aux différents régiments de réfractaires de ceux qui ont été envoyés aux armées.

NAPOLÉON.

6321. — AU GÉNÉRAL CLARKE.

Wesel, 1er novembre 1811.

Monsieur le duc de Feltre, j'ai vu à l'arsenal de Delft deux pièces de 48. Faites-les transporter à Anvers. Là on les éprouvera; et s'il est constaté qu'elles ne sont pas d'une grande utilité comme machines de guerre, vous les ferez venir à Paris où on les placera aux Invalides.

Je suppose que l'artillerie prend ses mesures pour pouvoir me proposer aux conseils de décembre l'évacuation de toute l'artillerie de Hollande et le remplacement des canons en fer de la côte en pièces de bronze; il y a en Hollande plus de 500.000 boulets.

J'ai vu à Rotterdam deux pièces de 48 en fer, venant de Liège, destinées à l'armement de Flessingue. C'est par ereur que ces pièces se trouvent là. Elles n'auraient pas dû y venir.

Faites-les partir pour Flessingue, leur destination.

Je désirerais que l'artillerie adoptât pour son service les caronades installées comme elles le sont à bord des vaisseaux. Des caronades de 24, de 18, de 12 en fer, sur des tours et dans toutes les fortifications où il y a peu de terre plein, peuvent être d'une grande utilité. On ne peut pas leur comparer nos obusiers qui ne peuvent jamais faire l'office de canon, au lieu que j'ai employé ces caronades en Syrie, même à battre en brèche et avec succès. Il faudrait faire un mémoire sur leur installation sur des tours et tous ouvrages ayant peu de surface, et que cela soit connu des officiers du génie, afin qu'ils sachent la manière d'en tirer parti.

NAPOLÉON.

6322. — AU GÉNÉRAL CLARKE.

Wesel, 1er novembre 1811.

Monsieur le duc de Feltre, faites revenir le cadre du bataillon du régiment irlandais ou 3e étranger, qui est en Portugal, et faites verser tous les soldats de ce bataillon dans le régiment de Prusse ou 4e étranger qui se trouve à cette armée.

Présentez-moi un rapport pour organiser quatre bataillons à chacun de ces deux régiments que je destine spécialement à la garde de la Hollande. Il y a un bataillon étranger au Texel, qui pourrait être incorporé dans un de ces régiments.

Le 2e bataillon étranger est en Corse; j'ai donné ordre qu'il fût débarqué à Livourne; mais si cet ordre n'était pas encore exécuté, donnez ordre au général Berthier de faire débarquer ce bataillon à Antibes et faites-le venir dans le Nord, pour servir à la réorganisation des deux régiments étrangers. Si cependant ce bataillon était déjà à Rome, il n'y faut plus penser.

Les 123°, 124°, 125° et 126° ont bon nombre d'étrangers. Il faudrait les incorporer dans ces régiments. A cet effet, vous me présenterez un projet de décret pour rapporter celui par lequel j'admettais une portion d'étrangers dans ces régiments, mon intention étant que, désormais, ils soient tous composés de Hollandais. Je pense que cette seule mesure fournira 3.000 ou 4.000 hommes pour ces deux régiments étrangers.

Les régiments hollandais étant des régiments de ligne, je veux pouvoir les mener partout sans craindre la désertion, au lieu qu'en laissant en Hollande le 3° et le 4° régiments étrangers avec de bons officiers et sous-officiers et des sergents-majors et caporaux-fourriers français, ces régiments seront suffisants pour garder les îles de Walcheren, de Schouwen, de Goeree, de Voorne, le Helder et le Texel.

Je vous ai déjà parlé du désir que j'avais d'envoyer les bataillons coloniaux dans le nord de la Hollande. Un décret que je viens de prendre sur le casernement de la Hollande vous fera connaître les mesures que j'ai prises pour conserver l'armée.

Faites-moi connaître si l'on a commencé à exécuter mon ordre qui veut que les déserteurs ou recrues provenant des pays de la Confédération du Rhin et de la Russie soient envoyés dans le 1er régiment étranger, et ce qui vient de la Prusse dans le 2°.

Je n'entends pas dire que cette mesure s'exécute.

NAPOLÉON.

6323. — AU GÉNÉRAL CLARKE.
Wesel, 1er novembre 1811.

Monsieur le duc de Feltre, je viens de voir le 11° régiment d'infanterie légère. J'ai contremandé 900 conscrits réfractaires qui devaient lui être donnés, vu que ce régiment reçoit 1.800 conscrits d'Italie. Il est à 2.400 hommes, ce qui fera son complet de 4.000.

Faites donner une autre destination à ces 900 conscrits réfractaires.

Faites choisir dans les vélites de la garde des sujets qui soient dans le cas d'être sous-lieutenants et qui parlent l'italien.

Il faut les choisir parmi les Corses, les Piémontais, les Génois ou les Romains. Faites-en désigner également cinq à Saint-Cyr ayant les mêmes conditions et envoyez-les à ce régiment.

NAPOLÉON.

6324. — DÉCISION.

Düsseldorf, 3 novembre 1811.

102 voitures sont demandées pour le grand parc du corps d'observation de l'Elbe.	J'ai demandé une nouvelle formation de l'artillerie du corps de l'Elbe, calculée à neuf divisions. Comment doit être composé le parc pour une armée pareille, et en supposant qu'elle doive agir seule? J'ai demandé un état de la réserve de l'artillerie des quatre divisions de cuirassiers.

NAPOLÉON.

6325. — AU MARÉCHAL BERTHIER.

Düsseldorf, 3 novembre 1811.

Mon Cousin, faites partir un dixième convoi de fonds. Ce convoi se composera de 2 millions, dont 1 million en argent et 1 million en traites, et sera distribué de la manière suivante :

	En argent.	En traites.
A l'armée de Portugal..........	250.000 fr.	250.000 fr.
A l'armée du Centre............	150.000 —	100.000 —
Au roi........................	250.000 —	250.000 —
A l'armée du Nord (dans cette somme sera comprise la solde de la division Souham)................	250.000 —	250.000 —
Au dépôt à Burgos pour y être à ma disposition...................	100.000 —	150.000 —
	1.000.000 —	1.000.000 —
	2.000.000	

NAPOLÉON.

6326. — DÉCISIONS (1).

Düsseldorf, 3 novembre 1811.

Sa Majesté est priée de faire connaître si Elle approuve qu'on admette dans le régiment des flanqueurs de la garde des fils et neveux de gardes forestiers qui servent dans les compagnies de réserve, lorsqu'ils en feront la demande et qu'on leur reconnaîtra les qualités requises.

Approuvé les conclusions de ce rapport.

On met sous les yeux de Sa Majesté la demande que forme M. Bureau, capitaine aux chasseurs à cheval de la garde, pour obtenir l'admission dans le 2ᵉ régiment de chasseurs légers lanciers de la garde, du sieur Noblot, son neveu, chasseur au 1ᵉʳ régiment.

Accordé.

Le général de brigade Plaideux, n'ayant droit qu'au traitement de réforme du grade de capitaine, a reçu pendant plusieurs années le traitement de réforme du grade de général de brigade à l'aide d'une altération dans ses titres.

D'après la conduite du général Plaideux, on propose à Sa Majesté de le déclarer indigne de reprendre du service et de lui défendre de porter, à l'avenir, les marques distinctives de son grade.

Approuvé.

On informe Sa Majesté que le major Garavaque, du 5ᵉ régiment de chevau-légers, est autorisé à séjourner à Paris pendant vingt jours pour s'y occuper de différentes parties du service qui exigent une prompte décision.

Approuvé.

---

(1) Non signées; extraites du « Travail du ministre de la guerre avec S. M. l'Empereur et Roi, date du 31 octobre 1811 ».

On rend compte à Sa Majesté des ordres donnés pour faire jouir le général Rousseau, commandant l'île de Kadzand, du traitement extraordinaire de 500 francs par mois attribué aux généraux de division commandant les divisions militaires de la dernière classe. Sa Majesté est priée de confirmer cette mesure.

Approuvé.

6327. — DÉCISIONS (1).

Düsseldorf, 3 novembre 1811.

On propose à Sa Majesté de nommer à une sous-lieutenance dans le 8ᵉ régiment de hussards Hᵗᵉ P. Passy, élève de l'École militaire de Saint-Germain;

Répondre à sa mère que la grâce qu'elle m'a demandée lui sera accordée avant un an.

D'annuler la nomination du sieur Feuillade à l'emploi de major en second du 8ᵉ régiment de cuirassiers et de le maintenir dans celui de chef d'escadron à ce régiment.

Il restera avec le titre de major en second attaché à un escadron du régiment.

6328. — AU GÉNÉRAL CLARKE.

Düsseldorf, 3 novembre 1811.

Monsieur le duc de Feltre, je réponds à votre lettre du 28 octobre. Quatre compagnies de gardes-côtes et une compagnie d'artillerie de ligne, ce qui fait environ 500 canonniers, sont plus que suffisantes en Corse.

Les 31 bouches à feu de Bastia, les 17, de Bonifacio, les 28 de Calvi, les 22 d'Ajaccio, n'ont besoin que de très peu de monde.

Les seules batteries importantes sont celles de Sagone et de Saint-Florent; mais l'une et l'autre de ces batteries peuvent être secourues rapidement par les canonnières des batteries de Bastia et d'Ajaccio.

NAPOLÉON.

(1) Non signées; extraites du « Travail du ministre de la guerre avec S. M. l'Empereur et Roi, daté du 24 octobre 1811 ».

6329. — AU GÉNÉRAL CLARKE.

Dusseldorf, 3 novembre 1811.

Monsieur le duc de Feltre, je reçois votre lettre du 31 octobre, par laquelle vous me demandez la rentrée de 800 voitures d'artillerie qui sont à La Fère, à Metz, à Mayence et à Strasbourg.

Faites rentrer les voitures qui sont à La Fère. Quant à celles qui sont à Mayence, à Metz et à Strasbourg, vous pouvez les faire rentrer, mais après avoir mis en mouvement ce qui est nécessaire : 1° pour l'artillerie des quatre divisions de cuirassiers qui est de 48 pièces de canon, savoir : 12 pièces attachées à chaque division; 2° pour l'artillerie des 7°, 8° et 9° divisions du corps d'observation de l'Elbe, en conséquence de mes dernières dispositions.

L'artillerie de la 8° division doit être réunie sans délai à Munster, puisque déjà deux régiments, le 2° et le 37°, s'y trouvent.

L'artillerie de la 7° division doit être dirigée sur Minden, puisque les régiments qui doivent composer cette division se trouvent dans la 32° division militaire.

Il est nécessaire que l'artillerie et les voitures destinées à la 9° division soient envoyées à Wesel, d'où elles suivront cette division, si elle est formée avant l'hiver; si cette division n'est pas formée avant l'hiver, j'autoriserai la réclusion des caissons à Wesel, dans quelque église.

NAPOLÉON.

6330. — AU GÉNÉRAL CLARKE.

Dusseldorf, 3 novembre 1811.

Monsieur le duc de Feltre, je reçois la nouvelle que le 2° bataillon étranger est arrivé à Livourne. Donnez ordre, dans ce cas, que ce bataillon soit dirigé sur Rome, où il tiendra garnison jusqu'à nouvel ordre.

NAPOLÉON.

6331. — AU GÉNÉRAL CLARKE.

Dusseldorf, 3 novembre 1811.

Monsieur le duc de Feltre, je vois, par votre lettre du 31 octobre, qu'il y a à Magdeburg 82 pontons, 14 bateaux, 4 nacelles et 12 haquets. Je n'ai plus assez présent à l'esprit le détail de cet équipage, pour savoir s'il faut réparer ou non ces pontons. Si avec 42.000 francs cet équipage de 82 pontons peut être mis en état de suivre l'armée partout, de jeter des ponts sur l'Elbe, sur la Vistule, sur le Rhin, j'approuve leur restauration. S'ils ne peuvent servir sur des rivières rapides, mais seulement sur des canaux, il serait préférable d'avoir un équipage de bateaux.

Napoléon.

6332. — AU GÉNÉRAL CLARKE.

Düsseldorf, 3 novembre 1811

Monsieur le duc de Feltre, je vous ai fait connaître mon intention de former la 9e division du corps d'observation de l'Elbe et de la composer de Suisses.

Donnez des ordres, sans délai, au régiment suisse qui est au corps d'observation de l'Italie méridionale, de se rendre à Plaisance. Le dépôt partira également.

Vous m'instruirez de l'époque de l'arrivée de ce régiment à Plaisance.

J'attends le rapport qui me fera connaître ce que les bataillons suisses qui sont à Marseille et à Lille peuvent fournir, afin de porter les régiments à trois bataillons; car je désire avoir en Allemagne dans le courant de janvier douze bataillons suisses ayant au moins 8.000 hommes sous les armes pour former le fonds de cette division.

Napoléon.

6333. — DÉCISION.

Düsseldorf, 3 novembre 1811.

Le général Clarke demande où devront être prélevés les 300 hommes destinés à être embarqués sur les bâtiments qui doivent faire voile de Trieste pour Corfou.

Ecrire au vice-roi qu'il doit fournir des Italiens pour recruter le régiment qui est à Corfou

Napoléon.

6334. — DÉCISION

Düsseldorf, 3 novembre 1811.

Le général Clarke soumet à l'approbation de l'Empereur les dispo-

Je m'en rapporte pour la direction de tout cela au vice-roi,

sitions concertées entre la grande-duchesse de Toscane et le prince Eugène pour la formation de colonnes mobiles destinées à poursuivre les brigands.

qui est plus près et que cela regarde comme commandant de mes troupes en Italie.

Napoléon.

6335. — DÉCISION.
Düsseldorf, 4 novembre 1811.

On propose à Sa Majesté de faire incorporer le 1er bataillon de militaires étrangers dans le 3e régiment d'étrangers, dont il deviendra 3e bataillon sans changer de garnison.

Il faut un système pour ces deux régiments.

Napoléon.

6336. — AU GÉNÉRAL CLARKE.
Düsseldorf, 4 novembre 1811.

Monsieur le duc de Feltre, j'ai organisé en un bataillon l'artillerie du grand-duché de Berg. Ce bataillon est commandé par un colonel commandant, un chef de bataillon, un adjudant-major, un quartier-maître, et composé d'une compagnie d'artillerie légère, d'une compagnie d'artillerie à pied, d'une compagnie de mineurs, sapeurs et pontonniers, d'une compagnie du train et d'une escouade d'ouvriers

Le matériel est composé d'une batterie d'artillerie légère, de 4 pièces de 6 et de 2 obusiers, et d'une batterie d'artillerie de ligne de 8 pièces de 6. Le complet de la compagnie d'artillerie légère doit être de 96 hommes, le complet de la compagnie d'artillerie à pied de 156 hommes, celui de la compagnie de sapeurs, mineurs et pontonniers de 156 hommes, l'escouade d'ouvriers de 30 ouvriers, et la compagnie du train de 166 hommes et de 300 chevaux. Cette artillerie ne peut pas s'instruire à Düsseldorf et n'y est d'aucune utilité.

Je désirerais la réunir à Wesel. Elle serait payée, nourrie, habillée et logée au compte du grand-duché de Berg. Cela aurait le double avantage de donner à la place de Wesel des moyens pour son matériel, pour son armement et pour son service, et de garnir à tout événement cette place.

Il y aurait un inconvénient, celui d'augmenter la garnison de

400 hommes dans une ville où le casernement est difficile; mais le départ prochain des conscrits réfractaires qui occupent une caserne et les fonds que j'ai accordés pour terminer cette caserne de manière que 2.000 hommes y soient logés au mois de décembre, permettront de loger le bataillon de Berg. Les 30 ouvriers, après avoir mis le petit matériel des 14 pièces de ce bataillon en état, pourront être employés à l'arsenal de Wesel pour mettre le matériel de la place dans la meilleure situation.

Faites-moi connaître l'opinion du bureau de l'artillerie sur ce projet et sur la manière de régler le commandement, car, comme le colonel du bataillon est un officier qui sort du service de France, et que ce colonel, ainsi que les principaux officiers, ne sont employés dans ce bataillon qu'en commission seulement, ils ne pourraient pas être commandés par un chef de bataillon ou capitaine d'artillerie qui serait à Wesel.

NAPOLÉON.

6337. — DÉCISION.

Düsseldorf, 5 novembre 1811.

Proposition d'accorder un congé au général Ornano.   Accordé.

NAPOLÉON.

6338. — AU GÉNÉRAL LACUÉE.

Cologne, 6 novembre 1811.

Monsieur le comte de Cessac, les régiments de cuirassiers dont j'ai passé la revue sont en général bien plus faibles que lorsqu'ils ont repassé le Rhin. Mon intention est de les compléter à compte de la remonte de 1812 et de les remonter tous en Allemagne, où il paraît que les remontes sont belles et abondantes. J'ai déjà décidé par un décret ce qui concerne la 3ᵉ division de cuirassiers, qui est à Erfurt. Je crois vous avoir instruit que j'y envoie 600 hommes des dépôts de Strasbourg et de Wesel. Vous avez dû recevoir la distribution de ces 600 hommes entre les quatre régiments. Donnez des ordres dans les dépôts pour qu'on envoie l'habillement et la sellerie nécessaires aux recrues que ces quatre régiments vont recevoir et veillez à ce que les dépôts exécutent vos ordres. Faites-moi un projet de 2ᵉ remonte pour 1812, mon but étant de compléter chaque régiment de carabiniers et de cuirassiers à 900 chevaux. Partez de la situation de ces régiments au 1er novembre; chevaux existants, chevaux qui restaient encore à livrer en conséquence des marchés précédents, manque au complet de 900, et proposition de compléter sur la 2e remonte de 1812. Le 20e de chasseurs a deux escadrons à Bonn; il a 500 hommes, il faut qu'il ait 500 chevaux. Le 7e, qui est à Strasbourg, a, je crois, ses quatre escadrons; il faut les compléter. En général, je désire qu'avant le mois de mars 1812 toute ma cavalerie légère soit à 250 chevaux par escadron. Tous les régiments qui sont sur le Rhin peuvent très bien remonter en Allemagne.

Napoléon.

6339. — AU GÉNÉRAL LACUÉE.

Cologne, 6 novembre 1811

Monsieur le comte de Cessac, tous les régiments de cuirassiers doivent avoir leur forge de campagne et leur caisson d'ambulance : procurez-les-leur sans délai. Tous les régiments de cavalerie légère doivent avoir leur caisson d'ambulance. Procurez ce caisson à tous ceux qui sont en Allemagne. Vous avez une ressource dans l'envoi des 60 caissons. Vous pouvez vous en servir pour donner des caissons d'ambulance à ceux des régiments de cavalerie qui n'en auraient pas. Je viens de supprimer les colonels en second, afin de rendre plus fixe le poste de major, et je les remplace par des majors en 2e qui, pris parmi les chefs d'escadron et les chefs de bataillon, n'ont pas le même inconvénient. De tous les régiments de cavalerie que j'ai passés en revue, le 5e de cuirassiers est celui qui m'a paru le plus mal. J'en ignore la cause. Le 20e de chasseurs est extrêmement mal monté. C'est jeter l'argent dans la rivière que d'acheter de pareils chevaux. Quel est le fournisseur ? Il serait convenable que vous en donnassiez la note au ministre de la police, pour s'informer si cet homme n'aurait pas donné d'argent au régiment ou, du moins, au capitaine de remonte.

Napoléon.

6340. — AU DUC DE PLAISANCE (1).

Cologne, 6 novembre 1811.

Monsieur le duc de Plaisance, je vois par votre état du 31 octobre que 10.000 conscrits vous sont annoncés, que 4.500 sont déjà arrivés et partis, que 2.000 autres déjà arrivés et existant au dépôt sont à faire partir et qu'enfin 3.500 sont encore à arriver. Sur les 2.000 existant actuellement au dépôt, choisissez-en 200 ayant plus de 6 pouces, natifs de l'ancienne France, tous conscrits réfractaires, mais pas déserteurs, tous d'un bon naturel et qu'on puisse espérer d'attacher à l'état militaire; prenez-les, s'il est possible, parmi ceux qui auraient déjà l'habitude du cheval: faites-les habiller avec des pantalons d'écurie, des vestes et des bonnets de police et dirigez-les sur Erfurt, en passant par Wesel. Ils sont destinés à être répartis entre les quatre régiments de cuirassiers qui se trouvent à Erfurt, savoir : le 4e, le 6e, le 7e et le 14e. Le général commandant la division de cuirassiers fera la répartition de ces hommes entre les régiments. Il les fera monter et habiller à Erfurt. Vous chargerez les cadres de deux compagnies du 4e bataillon du 3e de ligne de conduire ces hommes à Erfurt. Après les avoir consignés aux cuirassiers, ces cadres reviendront. Sur les 3.500 hommes que vous devez recevoir, au fur et à mesure que vous trouverez des hommes ayant les qualités ci-dessus exigées, vous les mettrez de côté pour les cuirassiers, jusqu'à la concurrence de 200 autres hommes et, aussitôt que vous en aurez 100, vous les ferez partir de même que les premiers, car vous saurez que votre dépôt doit fournir 400 hommes à la division de cuirassiers qui est à Erfurt, ainsi que le Ministre de la guerre vous l'a mandé ou ne tardera pas à vous le mander.

Il vous restera donc 1.800 hommes. Faites-les incorporer, bien habillés et bien équipés, dans les quatrièmes bataillons du 2e et du 37e de ligne et faites-les partir sans délai pour Munster, toujours en passant par Wesel. Je dis de préférence le 2e et le 37e de ligne parce que ces deux régiments sont à Munster, destinés à former la 8e division du corps d'observation de l'Elbe, et qu'ainsi ces conscrits rejoindront sur-le-champ leurs corps. Quant aux 3.300 hommes qui vous resteront à recevoir, vous en donnerez 300 au 3e de ligne. N'y mettez également aucun déserteur et choisissez

---

(1) Non signé, copie conforme.

des jeunes gens éloignés de Strasbourg et qu'on puisse espérer d'accoutumer au service. Au fur et à mesure de l'arrivée des autres, vous les mettrez en subsistance dans les 4ᵉˢ bataillons que vous avez. Faites-moi connaître les besoins que le bataillon du train, qui est à Strasbourg, le régiment d'artillerie à pied, le régiment d'artillerie à cheval et les pontonniers qui sont à Strasbourg pourraient avoir de recrutement, parce qu'on pourrait leur donner les hommes arrivant au dépôt, en qui l'on pourrait prendre quelque confiance et que vous jugeriez propres à ce service. D'ailleurs, indépendamment des 10.000 hommes qui vous sont annoncés, beaucoup d'autres déserteurs et conscrits réfractaires de 1811 seront dirigés sur Strasbourg, car de nouvelles colonnes mobiles vont être formées et feront de nouveaux envois sur votre dépôt. Envoyez copie de la présente au Ministre de la guerre.

6341. — ORDRE (1).

7 novembre 1811.

Ordre de choisir dans le dépôt de conscrits réfractaires établi à Wesel 200 hommes, destinés à entrer dans le 4ᵉ régiment de cuirassiers; ils seront mis à la disposition du maréchal prince d'Eckmuhl à Wesel;

De choisir dans le dépôt de conscrits réfractaires établi à Strasbourg 410 hommes, destinés à entrer dans les 6ᵉ, 7ᵉ et 14ᵉ régiments de cuirassiers; ils seront dirigés sur Wesel, où ils recevront de nouveaux ordres du maréchal prince d'Eckmühl.

6342. — DÉCISION.

Compiègne, 11 novembre 1811.

Mesures proposées par le duc de Nassau pour compléter les troupes que ce prince entretient à l'armée d'Espagne.	Approuvé. NAPOLÉON.

---

(1) Non signé.

6343. — DÉCISION.

Compiègne, 11 novembre 1811.

Le général Rivaud, commandant la 12ᵉ division militaire, propose de compléter la 8ᵉ compagnie du 3ᵉ régiment d'artillerie à pied avec des recrues prises dans les deux bataillons du 29ᵉ d'infanterie légère.

Approuvé.

Napoléon.

6344. — DÉCISION.

Compiègne, 11 novembre 1811.

Le 30ᵉ régiment de chasseurs, devenu 9ᵉ de chevau-légers, est au corps d'observation de l'Elbe. Nonobstant cette circonstance, devra-t-on en tirer 18 hommes pour être envoyés au dépôt du 6ᵉ régiment d'artillerie à cheval, à Metz, conformément au décret du 18 octobre ?

Non.

Napoléon.

6345. — DÉCISION.

Compiègne, 11 novembre 1811.

Attelage provisoire de l'artillerie attachée aux deux divisions de cuirassiers qui sont à Bonn et Cologne.

Les quatre bataillons qui sont en Allemagne doivent atteler neuf divisions d'infanterie, les deux divisions de cuirassiers qui sont déjà à Erfurt et en Hanovre, et aussi les deux nouvelles divisions, s'il est possible. S'il n'est pas possible, me présenter un projet d'attelage définitif pour ces deux divisions. Le ministre me fera un rapport là-dessus.

Napoléon.

6346. — DÉCISION.

Compiègne, 11 novembre 1811.

On rend compte à Sa Majesté de la difficulté de former les compagnies des 96e, 100e et 103e régiments destinées aux garnisons des vaisseaux.

Faire venir des bataillons de guerre les hommes ayant le temps de service nécessaire. Lever tous les obstacles, se mettre en pleine formation, et toutes ces compagnies avec un peu de temps viendront à l'aide parfaitement.

Napoléon.

6347. — DÉCISION.

Compiègne, 11 novembre 1811.

On rend compte à Sa Majesté de l'impossibilité de compléter les compagnies de garnisons de vaisseaux des 50e et 75e régiments, et on lui demande si Elle veut qu'on les fasse partir telles qu'elles sont.

Les garder à leur dépôt jusqu'à ce qu'elles puissent être complétées à 80 hommes. Demandez en Espagne quelques anciens soldats pour ces compagnies.

Napoléon.

6348. — DÉCISION.

Compiègne, 11 novembre 1811.

Situation de la levée ordonnée en vertu du décret impérial du 6 septembre, pour compléter les régiments d'artillerie à pied.

Les hommes du régiment de Walcheren qui sont malades guériront. Les soixante-trois régiments doivent fournir le nombre demandé à fur et à mesure qu'ils auront des hommes ayant les qualités requises. Par ce moyen, insensiblement le recrutement de l'artillerie s'opérera.

Napoléon.

6349. — DÉCISION.

Compiègne, 11 novembre 1811.

Le général Clarke propose de laisser à Lille le dépôt du 4ᵉ régiment étranger jusqu'à ce que l'organisation du 4ᵉ bataillon de ce corps soit terminée.

Approuvé.

Napoléon.

6350. — DÉCISION.

Compiègne, 11 novembre 1811.

On propose à Sa Majesté de faire passer aux 70ᵉ de ligne et 29ᵉ léger 11 sous-officiers provenant du 1ᵉʳ bataillon expéditionnaire.

On a eu tort de diriger ces hommes sur leurs corps respectifs; mon intention était qu'ils restassent réunis au bataillon expéditionnaire qui est à Brest, ces hommes n'appartenant plus à leurs corps puisqu'ils en avaient été effacés par procès-verbaux. Il faut attacher au bataillon expéditionnaire tous les sous-officiers qui sortent de la garde. On va avoir besoin d'hommes pour Batavia et ceux-ci serviront.

Napoléon.

6351. — DÉCISION.

Compiègne, 11 novembre 1811.

Le général Baraguey d'Hilliers demande à ne plus servir sous les ordres du maréchal Macdonald; il expose les motifs de la mésintelligence qui existe entre le maréchal et lui.

Renvoyé au ministre de la guerre pour me faire un rapport.

Napoléon.

6352. — AU MARÉCHAL BERTHIER.

Saint-Cloud, 12 novembre 1811.

Mon Cousin, donnez ordre que le détachement de gendarmerie d'élite qui est en Espagne rentre à Bayonne.

NAPOLÉON.

6353. — DÉCISION.

Saint-Cloud, 12 novembre 1811.

Proposition de désarmer quelques batteries du haut Escaut pour employer leur armement à Flessingue avant la mauvaise saison.	Approuvé le désarmement. NAPOLÉON.

6354. — AU GÉNÉRAL CLARKE

Saint-Cloud, 12 novembre 1811.

Monsieur le duc de Feltre, je réponds à votre lettre du 6 novembre, bureau de l'artillerie.

Si les mortiers à semelle contenant 12 à 15 livres de poudre ne portent pas le mobile plus loin que les mortiers à la Gomer ordinaires, il serait convenable de n'en pas faire mention. Que m'importe, en effet, qu'ils soient à semelle ou à tourillon, s'ils ne portent pas plus loin? C'est un petit détail d'artillerie. Si, pourtant, les mortiers à semelle portent plus loin, il serait convenable d'en faire la distinction et je désirerais savoir la différence qu'il y a entre leur portée et celle d'un mortier à la Gomer.

A Liège, je n'ai pas trouvé qu'on fît des mortiers à plaque. Cependant, l'officier d'artillerie de marine qui s'y trouve m'a dit qu'on pourrait en fondre deux par semaine. Je désire que vous me remettiez cela sous les yeux dans le conseil de novembre. Cela ne serait pas une grande dépense.

Il paraît qu'à Liège le fer est très bon, et cette fonderie est tout à portée de Flessingue. Nous ne saurions tirer de Liège trop de mortiers en fer, non seulement des mortiers à plaque à 30 livres de poudre, mais aussi des mortiers que vous appelez à semelle ou équivalant à des mortiers ordinaires. Une grande quantité de mortiers est sans inconvénient, puisque cela peut rester en place un siècle, et que les mortiers étant en général peu mobiles, on dégrade facilement les plates-formes par leur déplacement. Dans les postes importants comme l'Escaut, Brest, Cherbourg, Toulon, les îles d'Hyères, il est donc avantageux d'en avoir une grande quantité.

J'ai vu avec plaisir que les pièces de 48 de Liège coûtent en général fort peu, et, à ce qu'on m'assurait, étaient très bonnes.

NAPOLÉON.

6355. — AU GÉNÉRAL CLARKE (1).
Saint-Cloud, 12 novembre 1811.

Monsieur le duc de Feltre, je vous renvoie la lettre du général Lariboisière. Ce général peut faire porter à l'île du Levant les quatre pièces destinées à la nouvelle batterie, avant que la tour modèle en soit faite.

6356. — AU GÉNÉRAL CLARKE.
Saint-Cloud, 12 novembre 1811.

Monsieur le duc de Feltre, j'ai passé à Cologne la revue de deux divisions de cuirassiers.

Il faut que vous me présentiez deux généraux de division et quatre de brigade pour y être employés.

Vous donnerez ordre au général Nansouty d'avoir tous les bagages, les aides de camp, adjudants commandants et officiers d'état-major à Cologne, où sera son quartier général.

Aussitôt que les deux généraux de division seront arrivés, qu'il aura passé en revue ses régiments, reconnu leur état et bien assis leurs quartiers d'hiver, il pourra revenir à Paris pour vous rendre compte, mais laissant à Cologne tout ce qui est nécessaire pour faire la guerre.

Vous lui donnerez ordre de placer les trois régiments qui sont à Cologne, un à Clèves, un entre Clèves et Cologne et le 3ᵉ à Cologne et dans les environs, et quant aux quatre régiments qui sont à Bonn, il en placera un à Coblenz, un à Bonn, un vis-à-vis Bonn, dans le duché de Berg, sans cependant dépasser la hauteur de Cologne, et l'autre entre Bonn et Cologne, dans la plaine, de

---

(1) Non signé, copie conforme.

manière à ce que les troupes ne soient pas gênées, de manière aussi à ne pas trop gêner les habitants, et que les quartiers d'hiver soient tous à l'avantage des régiments, dans les lieux sains, et à des distances telles que les troupes puissent se réunir souvent par escadron et quelquefois par régiment. S'il y avait la moindre difficulté, vous vous en feriez rendre compte et m'en feriez le rapport, mon intention étant que ces sept régiments soient parfaitement bien pendant l'hiver.

Toute l'artillerie légère pourrait être réunie à Wesel, où elle serait placée sous les ordres d'un général de brigade, et mise parfaitement en état.

Donnez des ordres pour que les fonds que j'ai mis à la disposition du génie pour terminer les casernes de Wesel soient promptement réalisés.

Les deux divisions de cuirassiers n'ont rien de commun avec le corps d'observation de l'Elbe.

NAPOLÉON.

6357. — AU GÉNÉRAL CLARKE.

Saint-Cloud, 12 novembre 1811.

Monsieur le duc de Feltre, je vous ai mandé que le général Viviès, avec le 2e et le 37e régiment de ligne, était à Munster. Donnez ordre que des casernes soient établies dans cette ville pour que ces régiments s'y trouvent bien. Donnez ordre qu'aussitôt que les 4es bataillons seront arrivés de Strasbourg, le tiercement ait lieu, de manière que les bataillons se trouvent égaux. Ces deux régiments sont destinés à faire partie de la 8e division du corps d'observation de l'Elbe; mais ils n'en sont pas encore. Ils sont sous vos ordres et sous ceux du commandant de la 25e division. Ils peuvent correspondre avec le maréchal prince d'Eckmühl, mais ils ne sont pas encore sous ses ordres. Il doit en être de même de la brigade Castex, qui se compose des 23e et 24e régiments de chasseurs. Si le prince d'Eckmühl lui demande des renseignements, le général doit les lui donner, mais il n'est pas encore sous ses ordres. Il n'en peut recevoir que des commandants de la division et de vous. Mon intention est que les 23e et 24e régiments soient portés à 1.000 chevaux.

Ils peuvent faire leur remonte dans le pays de Munster même.

NAPOLÉON.

6358. — AU GÉNÉRAL CLARKE.

Saint-Cloud, 12 novembre 1811.

Monsieur le duc de Feltre, mandez au général qui commande la 31° division militaire qu'il est indispensable qu'il parcoure toutes les côtes de son commandement, qu'il soit toujours sur pied et qu'il mette la plus grande activité dans la surveillance de sa division, qu'il doit écrire tous les jours ce qui se passe, qu'il me revient beaucoup de plaintes sur l'indiscipline des militaires et sur leurs discussions avec les douanes.

NAPOLÉON.

6359. — AU GÉNÉRAL CLARKE.

Saint-Cloud, 12 novembre 1811.

Monsieur le duc de Feltre, écrivez au prince Borghese que les 41 conscrits réfractaires, déserteurs du 4° bataillon du 22° d'infanterie légère, qu'on a envoyés au 2° dépôt des conscrits réfractaires, à Gênes, doivent être embarqués pour rejoindre leur régiment à Rome, où ils tiendront prison quelque temps, et seront ensuite incorporés.

Donnez le même ordre pour les autres déserteurs qu'on arrêterait encore et écrivez dans le même sens à la grande-duchesse. Donnez ordre que le 5° bataillon du 22° d'infanterie légère, au lieu de la Spezia, soit transporté à Livourne, et même à Civita-Vecchia, si le temps le permet.

J'avais ordonné que le 4° bataillon du 22° ne fût mis en marche qu'autant qu'il y aurait le chef de bataillon. Il faut que ce chef de bataillon soit bien négligent. Faites-moi connaître son nom et ordonnez-lui les arrêts.

Réitérez l'ordre au général Grenier de faire tiercer ce bataillon avec les autres, de manière que les bataillons soient tous égaux, et que, s'il y avait des sous-officiers qui eussent moins de deux ans de service, il les incorpore et les fasse remplacer par d'anciens soldats qui aient le temps de service exigé.

Il sera donc nécessaire que ce bataillon, au lieu de s'arrêter à Rome, continue sa route pour le quartier du général Grenier.

NAPOLÉON.

6360. — DÉCISION.

Saint-Cloud, 12 novembre 1811.

Avis d'une commission chargée de l'examen de la conduite du colonel Dupuy, prévenu de violences envers les habitants de Bastia, envers un ordonnateur et d'insubordination à l'égard du général Morand; la commission conclut à ce que le colonel Dupuy soit emprisonné pendant un mois dans un poste militaire.

Approuvé.

Napoléon.

6361. — AU GÉNÉRAL LACUÉE.

Saint-Cloud, 12 novembre 1811.

Monsieur le comte de Cessac, je réponds à votre lettre du 27 octobre. Je pense qu'il est désormais prudent de conserver tout ce qui existe à l'approvisionnement de siège de Danzig et de faire, à dater du 1er novembre, le service courant, pour la moitié à mon compte, par des ordonnances que vous délivrerez. Cette décision une fois donnée, vous me ferez connaître quelle sera la situation des approvisionnements de siège au 1er décembre à Danzig. Vous me ferez connaître également ce que j'ai décidé il y a plusieurs semaines sur cet approvisionnement, de sorte que je voie ce qu'il faut donner sur les fonds de 1812 pour compléter cet approvisionnement. Il n'y a pas de doute qu'il doit y avoir de quoi soutenir un siège d'un an, soit dans les magasins de la place, soit en s'assurant de ce qu'il y a dans les magasins de la ville et dans les environs. Ces données vous serviront de base pour le rapport que vous me ferez.

Je vous envoie, de plus, un mémoire sur Danzig. Il paraît qu'à dater de 1812, la ville ne pourra plus supporter sa moitié des dépenses. Faites-moi connaître, dans votre rapport, la portion que pourra supporter la ville et ce qu'il faudra que je garde à ma charge.

Napoléon.

6362. — DÉCISION (1).

13 novembre 1811.

On propose la retraite du colonel d'Aguiar.

Sa Majesté ne refuse pas de récompenser les services du colonel d'Aguiar, mais elle désire qu'au lieu d'une solde de retraite ou d'une pension, Son Excellence propose en sa faveur une gratification pour un an, sauf à la recommencer par la suite.

Daru.

6363. — NOTE (2).

Saint-Cloud, 13 novembre 1811.

Sa Majesté désire que le Ministre de la guerre lui envoie les états de situation les plus récents de l'armée de Catalogne.

6364. — DÉCISIONS (3).

Saint-Cloud, 14 novembre 1811.

Le général commandant la 18ᵉ division militaire demande qu'un général de brigade soit chargé du commandement du département de Saône-et-Loire, où il se trouve sept dépôts de prisonniers espagnols.

Approuvé.

On propose à Sa Majesté de permettre au sieur Nadler, capitaine au 1ᵉʳ régiment de chasseurs espagnol au service de Sa Majesté Catholique, de passer en France, sa patrie, le congé de quatre mois qui lui a été accordé par le roi d'Espagne.

Un officier dont le régiment est devant l'ennemi ne doit pas demander de congé : que celui-ci retourne à son poste.

---

(1) Extraite du « Travail du ministre de la guerre avec S. M. l'Empereur et Roi, date du 7 novembre 1811 ».
(2) Non signée, émanant du cabinet de l'Empereur.
(3) Non signées; extraites du « Travail du ministre de la guerre avec S. M. l'Empereur et Roi, date du 12 novembre 1811 ».

On propose à Sa Majesté de conférer le commandement du département de l'Issel supérieur (17ᵉ division) au général de brigade Osten, en remplacement du général Harty, qui est passé dans la 25ᵉ division militaire.	Approuvé.
On met sous les yeux de Sa Majesté la demande d'un congé de deux mois avec solde faite par le général de brigade Poncet, commandant par intérim la 19ᵉ division militaire.	Accordé.
On rend compte à Sa Majesté du congé d'un mois accordé au colonel d'Aigremont, du 13ᵉ régiment de cuirassiers, pour se marier.	Je ne puis point approuver cela. Ce colonel aurait dû retourner de Barèges à son régiment. C'est par une pareille conduite que l'honneur militaire se perd. La demande d'un congé quand son régiment est devant l'ennemi est un déshonneur; celui qui le remplace peut être tué. Le ministre a tort de ne pas suivre les principes.
On propose à Sa Majesté d'approuver le passage au 16ᵉ régiment de chasseurs à cheval du sieur Lhuillier, lieutenant de carabiniers au 26ᵉ régiment d'infanterie légère.	Approuvé.

6365. — AU GÉNÉRAL CLARKE.

Saint-Cloud, 14 novembre 1811.

Monsieur le duc de Feltre, je désire que vous me fassiez faire un mémoire sur les batteries de côte, sur la manière de les placer, de les construire, de les servir. On y parlera de toutes les espèces de mortiers qu'on emploie dans ces batteries, du service à boulet rouge, de la manière de s'assurer que la poudre a les qualités requises et est suffisamment bonne, des fusées, etc... Cet ouvrage, qu'il faut faire le plus simple et le plus court possible, s'appellera le Manuel des gardes-côtes et vous en enverrez plusieurs exemplaires à chaque batterie (1).

En général, il faut que l'artillerie donne des instructions pour le placement des heurtoirs des affûts de côte. On les met trop près de l'épaulement, de sorte que les pièces ne peuvent pas tourner ; la première condition d'une batterie de côte est que la pièce puisse tirer, non seulement dans la ligne du tir, mais encore dans la direction perpendiculaire de la ligne de tir, c'est-à-dire dans celle du heurtoir. Les pièces doivent découvrir et tirer sur tous les points de la demi-circonférence de 180 degrés. Par le défaut de soin des officiers d'artillerie, cela n'est pas ainsi. Ordonnez les rectifications convenables à toutes les batteries et qu'on n'oublie pas ce principe dans toutes celles qu'on construira.

Lors de la dernière affaire de la Gironde, la frégate anglaise s'est approchée à 800 toises du côté de Royan ; mais les pièces n'ont pas pu tirer parce que le heurtoir était mal placé. Le succès du jeu des batteries dépend cependant de ces détails, et, ici, la faute de l'artillerie me coûte la perte de deux gros bricks, c'est-à-dire de 200 hommes et de 400.000 francs.

Dans toutes les batteries que j'ai visitées, j'ai trouvé dans ce genre des choses de la plus crasse ignorance et de la plus grande honte. On ne peut pas l'attribuer aux officiers des batteries, puisque ce sont les inspecteurs, directeurs et sous-directeurs qui tracent les batteries, mais il y a bien de l'insouciance dans les inspecteurs, directeurs et sous-directeurs.

Napoléon.

6366. — AU GÉNÉRAL CLARKE.

Saint-Cloud, 14 novembre 1811.

Monsieur le duc de Feltre, j'ai ordonné l'établissement de batteries au Saumonard et à la Perrotine, dans l'île d'Oléron, située à une distance de 2.000 toises et qui défendent la rade de Saumonard.

J'ai ordonné qu'un chef de bataillon avec 600 hommes, indépendamment des canonniers, fussent stationnés dans ces batteries pour les défendre et que mes vaisseaux qui vont mouiller dans la rade du Saumonard y soient à l'abri de toute surprise.

---

(1) Ce premier paragraphe a été publié par Brotonne, *Dernières lettres inédites de Napoléon I*, t. II, p. 205.

J'apprends que les 600 hommes sont ainsi répartis : 200 hommes dans la batterie du Saumonard, avec l'artillerie, où ils sont très mal, et 200 ou 300 hommes dans les établissements de la Perrotine, où ces hommes sont également très mal; que les officiers supérieurs demeurent au village de Saint-Pierre, à une lieue de là.

Donnez ordre que l'on construise, au Saumonard, une baraque qu'on pourra chauffer par un poêle, assez grande pour contenir, avec la caserne existant, les 220 hommes à l'aise, et ayant une chambre pour trois officiers.

Je donne ordre au Ministre de la marine de mettre à votre disposition les bâtiments de la Perrotine, de sorte que 400 hommes avec 6 officiers y soient parfaitement casernés.

Il y aura ainsi 600 hommes casernés sur ce point.

Donnez ordre au général commandant l'île, sous sa responsabilité, de tenir la main à ce que tout le monde couche dans les batteries; à ce que les soldats qui sont des conscrits réfractaires soient exercés à la cible, et les canonniers au tir du canon.

Il est nécessaire qu'indépendamment des gardes-côtes, il y ait une compagnie d'artillerie de ligne, qu'un chef de bataillon d'artillerie, officier de confiance, soit là, qu'il y ait des obus jetés par des pièces de 36 sur l'angle de 30 degrés et des mortiers à la batterie de la Perrotine pour jeter le mobile sur tous les points de la rade des Trousses.

Il serait nécessaire qu'un général d'artillerie allât tous les mois faire l'inspection de ces batteries, fît faire l'exercice à feu et tirer des bombes sur des carcasses qui seront disposées à cet effet, de manière à mettre ce point non seulement dans un état de défense respectable, mais encore à donner à la marine qui va mouiller dans cette rade la confiance qu'elle n'a rien à craindre.

NAPOLÉON.

6367. — AU GÉNÉRAL CLARKE.
Saint-Cloud, 14 novembre 1811.

Monsieur le duc de Feltre, j'ai ordonné qu'il y ait à l'île d'Aix des pièces de 36, qui puissent tirer sous l'angle de 40 degrés; je suis instruit qu'il n'y en a pas encore. J'ai donné le même ordre pour la batterie du Saumonard, pour celle de Royan, de la pointe de Grave, et surtout pour la batterie de la Perrotine, afin que des mobiles puissent être lancés à 2.200 et 2.300 toises, dans la rade des Trousses. Pressez l'exécution de mes ordres et rendez-m'en compte.

NAPOLÉON.

6368. — AU GÉNÉRAL CLARKE.

Saint-Cloud, 14 novembre 1811.

Monsieur le duc de Feltre, j'ai pris un décret pour organiser les batteries du Saumonard, de la Perrotine, de Maumusson et de la rivière de la Gironde.

Remettez-moi un tableau présentant, dans une colonne, ce que prescrit mon décret et, dans une autre colonne, ce qu'il y avait d'exécuté au 15 novembre.

La rade de Talmont étant la principale rade, il est nécessaire d'établir un fort sur le plateau de Méché.

Je crois que les projets de ce fort me seront présentés aux conseils de décembre; mais, comme l'achèvement de ce fort demande une ou deux campagnes, il faut ordonner l'établissement d'une batterie de 6 pièces de 36 et de 4 mortiers, et que cette batterie sera faite et armée au 15 janvier.

Ayez bien soin de me faire connaître de quelle espèce sont les mortiers des différentes batteries.

NAPOLÉON.

6369. — AU GÉNÉRAL CLARKE.

Saint-Cloud, 14 novembre 1811.

Monsieur le duc de Feltre, donnez ordre que les cadres des compagnies des 5es bataillons qui ont été au corps d'observation de l'Elbe et qui sont de retour à Wesel rejoignent leurs dépôts. Donnez le même ordre à Strasbourg, vu qu'il ne paraît pas que, quant à présent, ces deux dépôts puissent faire d'autres envois; lorsqu'ils auront complété les cadres des 4es bataillons, il est probable qu'ils seront épuisés. Il est donc convenable que tous les cadres des 5es bataillons soient réunis aux dépôts. Avant de faire partir de Wesel et de Strasbourg les cadres des compagnies des 5es bataillons, vous en ferez passer la revue par les généraux commandant ces deux dépôts, et vous leur donnerez l'ordre de renvoyer aux corps les sergents et caporaux qui ont moins de deux ans de service, et de le mander aux colonels, pour qu'ils envoient des hommes ayant quatre ans de service pour remplacer ces jeunes gens. Vous instruirez de cette disposition le prince d'Eckmühl et les majors. Ecrivez en même temps aux majors d'envoyer en Allemagne les sergents et caporaux qui n'auraient pas deux ans de service; les colonels enverront, pour les remplacer, d'anciens soldats.

NAPOLÉON.

6370. — DÉCISION (1).

Saint-Cloud, 15 novembre 1811.

On propose à Sa Majesté de nommer les commandants d'armes des places de guerre de Catalogne, en exécution du décret du 26 août.

Approuvé.

6371. — DÉCISIONS (2).

Saint-Cloud, 15 novembre 1811.

On propose à Sa Majesté que les remboursements à effectuer sur la solde des corps employés en Espagne et en Portugal, pour paiement des effets de linge et chaussure fournis en exécution du décret des 22 juillet et 22 août 1811, s'effectueront successivement et dans la proportion des acomptes de solde qui seront payés à ces corps;

Ils doivent être fournis aux corps sur les premiers fonds de la solde qu'on leur remet.

D'ordonner le remboursement d'une somme de 14.564 francs au profit du 120ᵉ régiment d'infanterie, pour la valeur de 2.648 paires de souliers prises par l'ennemi, en mer, le 24 avril 1810.

Approuvé.

On propose à Sa Majesté d'ordonner que, sur la somme de 2.439 fr. 12, appartenant à la masse

Approuve.

---

(1) Non signée; extraite du « Travail du ministre de la guerre avec S. M. l'Empereur et Roi, date du 12 novembre 1811 ».
(2) Non signées; extraites du « Travail du ministre de la guerre avec S. M. l'Empereur et Roi, date du 7 novembre 1811 ».

de linge et chaussure et perdue à l'armée de Portugal, le 4 mai 1809, par le 82ᵉ régiment d'infanterie, celle de 1.372 fr. 92, deux tiers, qui revient aux hommes comptant à l'effectif, sera seulement remboursée par le Trésor impérial.

On prend les ordres de Sa Majesté sur la demande de M. le maréchal, duc d'Istrie, tendant à obtenir en faveur du chef d'escadron Rousselet, l'un de ses aides de camp, le traitement de son grade de chef d'escadron.

Le ministre ne devrait pas me proposer des choses contraires aux règlements et au bien du service. Aucun général ne doit avoir plus d'aides de camp que ne comporte l'ordonnance. Faire rentrer tous les autres dans les régiments.

Approuvé.

On rend compte à Sa Majesté de la demande que fait le colonel Peugnet, commandant d'armes au Texel, de deux rations de fourrage pour lui, et d'une ration pour l'adjudant de place employé sous ses ordres, attendu la nécessité où ils sont de se monter pour parcourir les différents postes confiés à leur surveillance.

On demande les ordres de Sa Majesté.

On propose à Sa Majesté de nommer commandant d'armes de Rochefort le sieur Lavilléon, chef de bataillon à la suite du 29ᵉ régiment d'infanterie légère;

Mettre à Rochefort un officier qui ait fait toutes les campagnes de la Grande Armée.

D'accorder un congé de trois mois avec appointements au colonel Goury, commandant d'armes à Carlstadt (Illyrie).

Approuvé.

M. le landamman de la Suisse demande le retour en Suisse de M. Glutz de Blotzheim, fils, qui faisait partie du régiment de Wimpffen à la solde d'Espagne et qui est maintenant prisonnier de guerre en France.

Approuvé.

6372. — AU GÉNÉRAL CLARKE.

Saint-Cloud, 16 novembre 1811.

Monsieur le duc de Feltre, je réponds à votre lettre du 13 novembre. Je ne veux point faire partir de nouvelles troupes de l'île de Ré pour le nord jusqu'à nouvel ordre. Le premier essai n'a pas été satisfaisant. D'ailleurs, voilà la mauvaise saison, qui engagera encore plus les conscrits à déserter. Il faut laisser, pendant l'hiver, aux îles d'Aix, de Ré et d'Oléron, les troupes qui se trouvent dans ces îles, les bien discipliner et former. On pourra, aux premiers jours du printemps, les mettre en marche pour les utiliser. Même chose pour les troupes qui sont à Belle-Ile.

Faites-moi connaître ce qui existe à l'île de Ré, à Belle-Ile, ce qui a été ordonné des cadres des bataillons de Belle-Ile et de Ré. Faites-moi un rapport général sur la désertion qu'ont éprouvée ces bataillons et présentez-moi un projet de décret qui condamne à mort les réfractaires et déserteurs qui auraient été amnistiés dernièrement, qui déserteraient de nouveau, soit **des régiments de** l'armée d'Allemagne, soit de ceux de l'armée d'Italie, soit de tout autre régiment.

L'île d'Oléron et l'île de Ré sont deux très belles îles, qui peuvent contenir beaucoup de monde. L'île d'Aix peut contenir facilement, pendant l'hiver, 2.000 hommes, si l'on ôte l'hôpital. Donnez ordre au général qui commande la division de prendre des mesures pour consolider les cadres actuels et pour que ces hommes passent l'hiver sainement dans ces îles. Donnez le même ordre pour Belle-Ile.

NAPOLÉON.

6373. — AU GÉNÉRAL CLARKE.

Saint-Cloud, 16 novembre 1811.

Monsieur le duc de Feltre, le prince d'Eckmühl doit renvoyer en France un des trois régiments suivants : 127e, 128e ou 129e. Ce régiment ne fera donc plus partie de la 6e division; mon intention est qu'il soit remplacé par un autre. Donnez ordre, en conséquence, au 124e, qui est à Nimègue, de se diriger par le plus court chemin sur Osnabrück, où le prince d'Eckmühl lui donnera des ordres pour sa destination ultérieure. La 6e division sera alors composée du 11e régiment d'infanterie légère, du 124e et de deux régiments des villes hanséatiques.

NAPOLÉON.

6374. — AU GÉNÉRAL CLARKE (1).

Saint-Cloud, 16 novembre 1811.

Monsieur le duc de Feltre, je vous envoie une dépêche du prince d'Eckmühl avec plusieurs états d'artillerie.

Dans la situation actuelle des choses, il faut établir un armement à Stettin, Küstrin et Glogau, tel que ces places puissent se défendre. Je vois qu'il manque beaucoup de bouches à feu, surtout des mortiers et de la poudre.

Faites dresser l'état de tout ce qui est nécessaire, non seulement pour armer ces trois places, mais encore pour y former un équipage de siège, sans les dégarnir aucunement.

Faites faire également le projet d'un équipage de siège pris dans la place de Magdeburg.

Faites-moi connaître d'où l'on pourra tirer les pièces et munitions nécessaires.

Il faudrait que les transports qui se feraient de Wesel à Magdeburg n'occasionnassent aucun frais, en disposant en échelons les chevaux d'artillerie qui sont actuellement au corps d'observation de l'Elbe.

6375. — AU GÉNÉRAL CLARKE.

Saint-Cloud, 16 novembre 1811.

Monsieur le duc de Feltre, je crois vous avoir fait connaître que mon intention était d'envoyer aux différents corps de l'armée un tablier portant sur un de ses côtés : *L'Empereur Napoléon à tel régiment*, et sur l'autre le nom des batailles où s'est trouvé le régiment, savoir : celles d'Ulm, d'Austerlitz, d'Iéna, d'Eylau, de Friedland, d'Eckmühl, d'Essling, de Wagram, et Madrid. Ce tablier doit être à peu près de la grandeur de celui des aigles; la plupart des aigles n'en ont plus; on les renouvellera, d'ailleurs, tous les deux ou trois ans et cela ne fera pas une grande dépense. Faites faire le modèle de ce tablier et le détail de ce qui doit y être mis pour chaque régiment.

Il faut aussi établir une ordonnance pour régler ce qui est relatif à l'arme que doivent porter les deux sous-officiers chargés d'escorter le porte-aigle. Il faut que ce soit une pique forte et dont on

---

(1) Non signé, copie conforme.

puisse se servir avec avantage, indépendamment de la paire de pistolets que ces officiers portent sur la poitrine.

Enfin, mon intention est que les quatre bataillons des régiments aient un guidon sans aucun signe ni inscription : ce sera un morceau d'étoffe attaché au haut d'un bâton, qui sera d'une couleur pour le 1er bataillon, d'une autre pour le 2e bataillon, d'une autre pour le 3e et d'une autre pour le 4e, de sorte qu'à la seule vue du fanion, on reconnaisse le bataillon.

Il n'y aura qu'une aigle par régiment de cavalerie.

Je vous prie de vous occuper de tout cela. Cette partie est très négligée dans les différents corps; il faut la rétablir.

NAPOLÉON.

6376. — DÉCISION.

Saint-Cloud, 16 novembre 1811.

Propositions du général Clarke au sujet des officiers et compagnies du génie à attacher aux 8e et 9e divisions du corps d'observation de l'Elbe.

Me représenter cela dans le mois de décembre.

NAPOLÉON.

6377. — DÉCISION.

Saint-Cloud, 16 novembre 1811.

Le général commandant la 13e division militaire propose de réunir tout entier à Dieppe le 3e bataillon de pupilles de la garde dont une partie est établie à Fécamp.

J'approuve qu'il soit réuni à Dieppe, si à Dieppe on peut le caserner.

NAPOLÉON.

6378. — AU GÉNÉRAL LACUÉE.

Saint-Cloud, 16 novembre 1811.

Monsieur le comte de Cessac, je reçois votre lettre du 16 par laquelle je vois que vous avez dirigé 15.000 habits complets sur Wesel et 15.000 sur Strasbourg. Otez de l'état des corps le 11e régiment d'infanterie légère, puisque ce régiment est nouveau et a beaucoup à faire; ce sera une petite diminution. Otez également les corps dont les dépôts n'ont pas encore leurs draps ou qui auraient des difficultés pour fournir. Le dépôt de Strasbourg ne passera pas 12.000

hommes et celui de Wesel 6.000. Ainsi, au lieu de 30.000 hommes, ces dépôts n'en auront que 18.000. Il est vrai qu'étant dans l'intention de diriger sur ces dépôts tous les grâciés et conscrits qu'on continuera à avoir en 1812, les magasins de Strasbourg et de Wesel pourront se trouver consommés.

Veillez seulement à ce que les effets soient bien conservés et ne soient point changés. Je crois avoir bien lu dans les états qui sont joints à votre lettre que, dans ce nombre de 15.000, sont compris les effets envoyés de Paris et ceux que le général Hogendorp s'est procurés sur les lieux.

NAPOLÉON.

6379. — DÉCISION.

Saint-Cloud, 17 novembre 1811.

L'artillerie ayant vendu et livré les bronzes dont le prix doit servir à rembourser la caisse d'amortissement des avances qu'elle a faites en 1810, on pense que c'est aux débiteurs à payer l'intérêt des sommes qu'ils redoivent à cette caisse.

Tout cela est une mauvaise plaisanterie. C'est l'artillerie qui a vendu. Si elle a mis dans son marché qu'elle ne payerait pas les intérêts, ce qu'on propose n'est pas juste. La caisse d'amortissement ne connaît que l'artillerie; il faut que l'artillerie lui paye les intérêts. Je vois 4.000.000 pour le compte de la marine. Y a-t-il des bons de la marine pour cela? Le fait est que la caisse d'amortissement doit recevoir 6 millions. Elle est tout à fait étrangère à l'Etat.

NAPOLÉON.

6380. — AU GÉNÉRAL CLARKE.

Saint-Cloud, 17 novembre 1811

Monsieur le duc de Feltre, vous pouvez donner ordre au général Lariboisière de revenir à Paris.

NAPOLÉON.

6381. — DÉCISION.

Saint-Cloud, 17 novembre 1811.

Le maréchal Suchet propose de convertir en régiment la division napolitaine, qui ne comprend actuellement que trois bataillons à l'effectif total de 1.200 combattants.

Renvoyé au ministre de la guerre.

Napoléon.

6382. — AU GÉNÉRAL LACUÉE.

Saint-Cloud, 17 novembre 1811.

Monsieur le comte de Cessac, je vous envoie une lettre du prince d'Eckmühl. Vous y verrez que 400 hommes doivent être envoyés du dépôt de Strasbourg, 200 hommes du dépôt de Wesel, et 400 hommes des corps qui sont en Allemagne, aux quatre régiments de cuirassiers qui sont à Erfurt; et que ces régiments recevront également à Erfurt la remonte qu'ils n'ont pas reçue en France de la nouvelle remonte de 1812. J'avais décidé que les dépôts enverraient à ces corps leur habillement. Quoique ces dépôts soient très éloignés, s'ils avaient les effets confectionnés et prêts à partir, ils arriveraient assez à temps; mais il n'est pas probable qu'ils aient une si grande quantité d'effets disponibles. Il me paraîtrait donc convenable de diviser la fourniture des effets en deux, c'est-à-dire que les dépôts confectionnassent et fissent partir pour Erfurt la moitié des effets que doit recevoir la division, et que vous envoyiez aux colonels les fonds et l'autorisation nécessaires pour qu'ils habillent l'autre moitié des hommes.

Écrivez en même temps au ministre de la guerre pour que les cuirasses soient envoyées à Erfurt. Quant aux selles et harnais, il faut les faire partir des dépôts, s'il y en a de faits; si les quantités suffisantes ne s'y trouvent pas, n'en faire partir que la moitié, et donner l'ordre aux colonels de se procurer l'autre moitié sur les lieux. Il est nécessaire de prendre des mesures telles qu'au 15 décembre, les cuirasses, selles, harnachements, soient arrivés, et que tout cela puisse se mettre en mouvement dans le courant de février. Comme vous avez donné l'ordre que les chevaux que cette division de cuirassiers devait recevoir en France s'achetassent en Allemagne, il faudra que les hommes qui sont disponibles aux dépôts de ces régiments se rendent sans délai à Erfurt, hormis ceux qui doivent y recevoir des chevaux en France. Comme il n'y a que vous qui puissiez bien savoir ce qui en est, c'est à vous à provoquer le mouvement de ces hommes sur Erfurt. Par le même principe, c'est à vous à provoquer le départ des harnais et effets d'équipement pour les régiments du corps d'observation de l'Elbe qui reçoivent en Allemagne les chevaux qu'ils devaient recevoir en France. Concertez-vous avec le ministre de la guerre pour ces mouvements.

NAPOLÉON.

6383. — DÉCISION.

Saint-Cloud, 18 novembre 1811.

| Le général Clarke rend compte de la marche des deux bataillons croates qui se rendent à Paris. | Faire venir ces bataillons jusqu'à Provins. Là on les passera en revue, pour s'assurer si l'on peut les faire venir à Paris. On m'en rendra compte, pour que je voie s'il n'y a pas d'inconvénient. |

NAPOLÉON.

6384. — EXTRAIT D'UN ORDRE DE L'EMPEREUR (1).

Saint-Cloud, 18 novembre 1811.

Le système de défense des côtes (dans les 24°, 17° et 31° divisions militaires), sera complété :

1° Par sept compagnies d'artillerie à pied, savoir : deux au Helder, un à Labrielle et à Hellvöetsluis, deux dans l'île de Walcheren, une à Delfzyl, et l'autre sur les côtes de la 31° division;

2° Par les compagnies de canonniers gardes-côtes qu'il faudrait mettre en activité de service, tous les ans, au 1er mai, jusqu'à la saison où la fièvre est moins dangereuse.

6385. — DÉCISION.

Saint-Cloud, 18 novembre 1811.

| Etat de situation des 2e et 4e bataillons du 2e régiment suisse. | Faire venir ces deux bataillons à Paris. |

NAPOLÉON.

---

(1) Non signé, copie conforme.

6386. — DÉCISION.

Saint-Cloud, 19 novembre 1811.

Révolte et désertion d'un détachement du 129ᵉ régiment d'infanterie de ligne en garnison dans l'île de Baltrum et mesures de répression prises par le maréchal Davout.

Approuvé.

NAPOLÉON.

6387. — DÉCISION.

Saint-Cloud, 20 novembre 1811.

Avis du comité d'artillerie sur la réduction à deux chevaux de l'attelage des pièces de 3 et de caissons légers à l'autrichienne.

Il est nécessaire d'ordonner que les pièces, dans les chemins ordinaires et manœuvrant à la prolonge avec les bataillons, ne soient attelées que de deux chevaux et que les deux autres chevaux soient à la réserve, parce que quatre chevaux rendent les mouvements d'une pièce embarrassants et sa manœuvre difficile au milieu des troupes.

NAPOLÉON.

6388. — AU MARÉCHAL BERTHIER.

Saint-Cloud, 20 novembre 1811.

Mon Cousin, donnez ordre au duc de Raguse d'exécuter sans délai mon décret du 7 septembre qui organise le 13ᵉ de chasseurs à huit escadrons.

Il manque des généraux de brigade de cavalerie à l'armée de Portugal. Faites-moi connaître si je n'ai pas donné l'ordre à deux de s'y rendre. Ils y sont nécessaires pour remplacer les généraux Ornano et Lamotte.

Remettez-moi l'état de situation de l'armée d'Espagne en joignant à chaque régiment ce qu'il doit recevoir par les différents régiments, bataillons ou escadrons de marche qui sont entrés en Espagne au 1ᵉʳ novembre.

NAPOLÉON.

6389. — DÉCISION.

Saint-Cloud, 20 novembre 1811.

Le duc de Plaisance fait connaître qu'il n'a pas trouvé au dépôt général d'hommes susceptibles de servir au recrutement de la 3e division de grosse cavalerie à Erfurt.

S'il n'y a pas d'hommes des départements où l'on se sert des chevaux pour la culture, qu'il en prenne d'autres pourvu que ce soient des **Français**.

NAPOLÉON.

6390. — AU GÉNÉRAL CLARKE (1).

Saint-Cloud, 20 novembre 1811.

Monsieur le duc de Feltre, j'approuve que le dépôt du 15e régiment de dragons, qui est à Soissons, soit rapproché du Midi. Placez-le sur la Garonne. Quant au 12e régiment de dragons, qui doit rester en Espagne, ce sera le 25e.

Ainsi, les 2e, 5e, 12e, 13e, 14e, 17e; 19e et 20e régiments de dragons doivent revenir. Le dépôt du 25e, qui se trouve à Strasbourg, se mettra en marche, en conséquence, pour se rapprocher du Midi.

Par ce moyen, il restera : cinq régiments à l'armée du Midi, quatre régiments à l'armée de Portugal, deux régiments à l'armée du Centre et un régiment à l'armée d'Aragon. Total : douze régiments de dragons.

Quant à la question, s'il faut faire revenir les cadres des escadrons que les régiments qui doivent revenir ont en Espagne, ma réponse est négative, cela affaiblirait trop la cavalerie de l'armée d'Espagne. Il faut seulement ordonner :

1° Que les hommes qui sont au dépôt de Saintes, appartenant aux huit régiments de dragons qui doivent revenir, soient incorporés dans les dépôts des douze régiments qui doivent rester et que les officiers et sous-officiers de ces huit régiments aillent à leurs dépôts;

2° Que les huit régiments qui doivent revenir renvoient sans délai le cadre du 4e escadron, bien complet en officiers et sous-officiers, et que les dragons soient versés dans les trois escadrons restants. Recommandez qu'il y ait dans ces cadres un tiers de maréchaux de logis et de brigadiers de plus que ne comporte l'ordonnance, en les composant bien.

(1) Non signé, copie conforme.

Par ce moyen, il y aura en Espagne douze régiments à quatre escadrons et huit régiments à trois escadrons, ce qui fera soixante-douze escadrons. Les douze régiments qui doivent rester en Espagne, ayant leurs dépôts dans le Midi, seront recrutés et soignés de manière à être toujours maintenus complets. Les huit régiments seront conservés à trois escadrons, tant qu'ils auront plus de 500 hommes à l'armée. Quand ils auront moins de 500 hommes, ils seront réduits à deux escadrons et successivement à un; de sorte, que, dans l'espace d'un an, ces huit régiments pourront être retirés. Par ce système, la cavalerie de l'armée d'Espagne ne se trouvera point affaiblie, et l'on arrivera à la réorganisation des dragons. Les huit escadrons revenant, joints à ceux qui sont en France, formeront douze escadrons ou une belle division de réserve. Il sera plus facile de tenir au complet en Espagne les douze régiments de dragons qui resteront.

Napoléon.

P.-S. — Moyennant ces dispositions au 1er janvier, le dépôt de Saintes pourra être supprimé, puisqu'il n'y aura plus que des hommes appartenant aux douze régiments restés en Espagne dont les dépôts seront dans le Midi.

Il faudra me faire un rapport pour voir s'il ne serait pas possible de rapprocher les dépôts de cavalerie légère qui sont en Espagne, pour détruire aussi le dépôt de Niort.

6391. — AU GÉNÉRAL CLARKE.

Saint-Cloud, 20 novembre 1811.

Monsieur le duc de Feltre, par votre lettre du 8, vous me faites connaître que 600 chevaux seront prêts à partir des dépôts de Saintes et de Niort au 15 novembre, et que 600 ou 700 autres seront prêts à partir le 30. Je désire que vous donniez les ordres suivants au général Defrance :

1° Former un régiment de marche de cavalerie légère et de dragons de l'armée du Nord, composé de tout ce que peuvent fournir les 14° et 31° régiments de chasseurs, le 1er de hussards et les lanciers de Berg;

2° Former un régiment de marche de cavalerie légère et de dragons de l'armée de Portugal, composé de tout ce qui est disponible dans les 13° et 26° régiments de chasseurs (en y comprenant la compagnie d'élite du 13° de chasseurs), dans le 3° régiment de hussards et dans les trois régiments de dragons qui sont à l'armée de Portugal;

3° Former un régiment de marche de cavalerie légère et dragons de l'armée du Midi, composé de tout ce qui est disponible dans les dépôts de cavalerie légère et de dragons dont les régiments sont à l'armée du Midi et du Centre.

Ces trois régiments seront sous les ordres d'un général de brigade que désignera le général Defrance. Ils se mettront en marche le 1ᵉʳ décembre pour Bordeaux. Vous me ferez connaître le jour de l'arrivée de ces régiments dans cette ville afin que je donne des ordres pour leur destination ultérieure.

Il sera formé un autre régiment de marche de cavalerie légère, de dragons et de cuirassiers de l'armée d'Aragon, composé de tout ce que pourront fournir les 4ᵉ et 9ᵉ régiments de hussards, le 15ᵉ de chasseurs, les chasseurs napolitains, le 24ᵉ de dragons et le 13ᵉ de cuirassiers. Tous ces détachements se réuniront à Pau pour se former sous les ordres de l'autre général de brigade. Vous me ferez connaître le jour de l'arrivée de ce régiment à Pau, pour que je lui donne des ordres ultérieurs. Faites-moi connaître où est la compagnie d'élite du 14ᵉ de chasseurs.

Par ces dispositions, un nouveau général de brigade de cavalerie sera envoyé à l'armée d'Aragon et un nouveau général de brigade de cavalerie sera envoyé à l'armée de Portugal.

NAPOLÉON.

6392. — AU GÉNÉRAL CLARKE.

Saint-Cloud, 20 novembre 1811.

Monsieur le duc de Feltre, j'ai ordonné le 18 septembre que le régiment de marche d'Illyrie, fort de 1.400 hommes, qui est à l'île Marguerite, fût dirigé sur Gênes, pour être envoyé, de là, en Illyrie, et compléter les bataillons de guerre qui sont dans ces provinces. Faites-moi connaître quand cet ordre sera exécuté.

Envoyez-moi les dernières lettres et situations que vous avez reçues du général Berthier, sur le 1ᵉʳ régiment de la Méditerranée, qui est en Corse et à l'île d'Elbe.

Envoyez-moi le dernier état de situation du régiment de Belle-Ile, en me faisant connaître les compagnies qui ont concouru à former le bataillon de marche, et le nombre de compagnies qu'a actuellement chaque bataillon et leur situation.

Envoyez-moi l'état de situation du régiment de l'île de Ré, afin que je connaisse les compagnies qui ont formé le régiment de marche.

Donnez ordre aux cadres des régiments de l'île de Ré et de Belle-Ile de rentrer aux îles de Ré et d'Oléron et à Belle-Ile, aussitôt qu'ils auront versé leurs hommes au corps d'observation de l'Elbe.

Faites-moi connaître la situation du régiment de Walcheren, et où se trouve le 3º bataillon.

NAPOLÉON.

6393. — AU GÉNÉRAL CLARKE.

Saint-Cloud, 20 novembre 1811.

Monsieur le duc de Feltre, vous ferez connaître au colonel du 2º régiment de la Méditerranée, que, voulant donner une marque de confiance à ce régiment, j'ai destiné les deux premiers bataillons à faire partie du corps d'observation d'Italie, et les 3º, 4º et 5º bataillons à la garde des îles d'Hyères et de Toulon.

NAPOLÉON.

6394. — AU GÉNÉRAL CLARKE.

Saint-Cloud, 20 novembre 1811.

Monsieur le duc de Feltre, je réponds à votre lettre du 19, par laquelle vous m'instruisez que trois bataillons du 2º régiment de la Méditerranée sont partis le 10, de Toulon, sur plusieurs flûtes, pour débarquer à Gênes, et, de là, se rendre à Plaisance. Donnez ordre que les deux premiers bataillons soient dirigés sur Palmanova, où le vice-roi sera le maître de les retenir, et que tous les hommes disponibles du 3º bataillon soient mis à la disposition du vice-roi, pour être incorporés dans les régiments de l'armée d'Italie, qui en ont le plus besoin. Cette opération faite, le cadre rentrera à Toulon. Avant de le faire partir, le vice-roi en fera passer la revue pour que les sergents et caporaux qui n'auraient pas deux ans de service soient replacés, comme soldats, dans les régiments et remplacés par de vieux sergents et par de vieux caporaux.

NAPOLÉON.

6395. — ORDRE.
Saint-Cloud, 20 novembre 1811.

Le chef de bataillon ne demeure pas à la batterie (1), il demeure dans un village, à deux lieues de là. Les canonniers ne sont pas exercés tous les jours. Non seulement on devrait exercer les canonniers, mais même les conscrits d'infanterie chargés de la garde de la batterie, afin qu'à la première alerte l'infanterie puisse se porter aux batteries et aider à la manœuvre. Il y a un général de brigade dans l'île d'Oléron; il faut lui ordonner de rester à la batterie, de faire disposer les pièces sur l'angle de 30 ou 40 degrés, de manière à battre tous les points de la rade des Trousses, de visiter les fusées, de faire tirer des bombes avec des mortiers à plaque contenant dans leurs chambres 25 à 30 livres de poudre, de s'assurer que la bombe ne crève pas en l'air; si elle crève, d'y remédier en refaisant la fusée; de faire faire la même chose avec les obus tirés avec des pièces de 36. Ces épreuves doivent être faites partout. La première chose que je fais en arrivant sur la côte est de faire tirer les pièces que je vois : toutes les bombes crèvent en l'air. Les officiers d'artillerie ne font point d'inspection; on doit éprouver la poudre avec l'éprouvette, avant de s'en servir, pour renvoyer à la fabrique celle qui n'est pas bonne. Il faut que le bureau d'artillerie s'occupe sérieusement de l'artillerie des côtes. La plupart des affûts ne sont point peints, c'est-à-dire qu'ils sont bientôt pourris. Il faudrait faire une bonne instruction qu'on fera imprimer et qu'on enverra aux directeurs, dans laquelle l'usage et la confection des fusées soient bien expliqués, où la manière dont se fait l'épreuve de la poudre et autres petits détails très importants soient bien définis. Il y a dans les gargousses de la poudre qui y a séjourné depuis longtemps et qui s'est avariée. Il faut remédier à tout cela.

NAPOLÉON.

6396. — DÉCISION.
Saint-Cloud, 20 novembre 1811.

Le maréchal Berthier propose de prendre dans les dépôts de Bayonne et dans les bataillons de la division de réserve les 208 hommes qui manquent pour compléter les cinq compagnies d'artillerie à pied de l'armée du Nord.

Accordé, les prendre dans la division de réserve.

NAPOLÉON.

(1) La batterie du Saumonard, dans l'île d'Oléron.

6397. — DÉCISION.

Saint-Cloud, 20 novembre 1811.

Projet présenté par le maréchal Berthier pour compléter à 100 hommes et à 90 chevaux les compagnies d'artillerie à cheval employées aux armées d'Espagne et de Portugal.

Approuvé.

NAPOLÉON.

6398. — DÉCISION (1).

On propose de nommer aux commandements d'armes et adjudances de places dans les places de la 32ᵉ division militaire.

L'Empereur a rayé le colonel Fruhenshott et le colonel Gostler; Sa Majesté veut donner le commandement de ces deux places à des colonels qui aient fait les dernières campagnes de la Grande Armée ou la guerre d'Espagne et qui parlent allemand. Tout le reste est approuvé. Les autres ratures sont sans objet.

Comte DE LOBAU.

6399. — AU MARÉCHAL BERTHIER (2)..

Saint-Cloud (3) novembre 1811.

Mon Cousin, ce n'est point le premier bataillon seulement du 1ᵉʳ régiment de marche d'Aragon que j'ai ordonné qu'on envoyât à Pampelune, mais bien tout le régiment, composé de trois bataillons, ce qui, avec les deux bataillons du 1ᵉʳ régiment de marche du Portugal, fera cinq bataillons qui assureront les débouchés pendant que les généraux Reille et Caffarelli seront hors de Navarre.

---

(1) Sans date; extraite du « Travail du ministre de la guerre avec S M. l Empereur et Roi, daté du 20 novembre 1811 ».
(2) Non signé.
(3) Sans date de jour; expédié le 21.

6400. — DÉCISION.

Saint-Cloud, 21 novembre 1811.

Le général Clarke prie l'Empereur de désigner les compagnies qui devront tenir garnison sur divers navires mouillés dans les ports de Nantes et de Rochefort.

Me faire un rapport général sur toutes les compagnies de garnison.

NAPOLÉON.

6401. — AU GÉNÉRAL CLARKE.

Saint-Cloud, 21 novembre 1811.

Monsieur le duc de Feltre, actuellement que je connais la Hollande, je désire que vous me fassiez un rapport qui me fasse connaître l'organisation du service de la guerre dans ce pays pour les divisions militaires, les directions du génie et d'artillerie et les commandements d'armes. Vous y comprendrez ce qui est relatif aux 24e et 25e divisions militaires et à la 32e division militaire, afin que je voie les changements qu'il faut y apporter.

NAPOLÉON.

6402. — AU GÉNÉRAL CLARKE.

Saint-Cloud, 21 novembre 1811.

Monsieur le duc de Feltre, les batteries du cap Noli, dans la rivière de Gênes, ne sont pas en état; six tartanes viennent d'être prises sous leur canon, par un brick anglais. Les capitaines gardes-côtes vendent aux canonniers gardes-côtes la permission de quitter leur poste. Chargez les inspecteurs d'artillerie d'établir une surveillance sévère sur la côte.

NAPOLÉON.

6403. — DÉCISIONS (1).

Saint-Cloud, 21 novembre 1811.

Le général de division comte Delaborde demande un congé de con-

J'approuve le congé demandé pour le général Delaborde. Un

(1) Non signées; extraites du « Travail du ministre de la guerre avec S. M. l'Empereur et Roi, daté du 20 novembre 1811 ».

valescence que Sa Majesté l'a autorisé à solliciter pour l'hiver prochain.

Si Sa Majesté veut bien accorder ce congé, on propose de confier le commandement provisoire de la 13° division militaire au général de division comte Beker.

Le général de brigade Beaupré, employé au corps d'observation de l'Elbe, a été autorisé par le maréchal prince d'Eckmühl à rentrer en France.

Sa Majesté est priée de faire connaître si Elle approuve cette disposition provisoire et si son intention est d'accorder au général Beaupré un congé de quatre mois avec solde.

général de brigade commandera la division en son absence.

Le général Beker doit rester à Belle-Ile.

Accordé.

6404. — DÉCISION.
Saint-Cloud, 23 novembre 1811.

Mesures prises pour compléter l'habillement et l'équipement des deux bataillons croates qui se rendent à Provins.

Je désire voir ces deux régiments à la parade du 1ᵉʳ décembre, à Paris. Voir s'il est possible d'accélérer leur route, en supposant qu'ils soient dans le cas de paraître à la parade.

NAPOLÉON.

6405. — DÉCISION.
Saint-Cloud, 23 novembre 1811.

On rend compte de l'exécution de l'ordre du 12 de ce mois sur les 3° et 4° régiments d'étrangers.

On expose que les régiments français ne pourront fournir des sous-officiers à ces corps.

Devra-t-on les prendre dans les régiments de la garde ou dans le dépôt d'Angers ?

Me présenter le plus tôt possible les officiers pour composer les cadres des bataillons qui doivent être vacants. Surtout ne me présenter que des officiers sur lesquels on puisse compter. Tirer les sergents-majors et caporaux fourriers, soit des lycées, soit des corps qui sont en Hollande, à Münster et à Boulogne. Ces bataillons n'exigent que 6 sergents-majors et 6 caporaux fourriers, ce qui est très peu de chose.

Napoléon.

6406. — DÉCISION.

Saint-Cloud, 23 novembre 1811.

Nécessité de dérouiller les 80.000 armes qui sont déposées encaissées à Wesel et à Mayence.

Approuvé; et des mesures seront prises pour que ces armes soient réemballées et prêtes à partir au 15 février.

Napoléon.

6407. — DÉCISION.

Saint-Cloud, 23 novembre 1811.

Le général Lacuée expose à Sa Majesté les causes qui ont fait arriver en mauvais état à Burgos deux convois de mulets de bât.

Ces causes sont :

1° L'inexpérience des conscrits arrivés trop tard et auxquels il a fallu confier des mulets, avant qu'on eût pu leur donner la moindre instruction;

2° La faiblesse de beaucoup de mulets levés dans les départements;

3° Leur chargement mal combiné avec leur faiblesse et la route qu'ils avaient à faire;

4° Leur marche avec des voitures roulières, et la nécessité qui en est résultée, par la lenteur de ces dernières, de les laisser charger 10, 12, 15 et même 17 heures de suite.

Renvoyé au major général pour donner des instructions pour la marche de ces mulets.

Napoléon.

6408. — DÉCISION.

Saint-Cloud, 23 novembre 1811.

Le ministre, en mettant sous les yeux de l'Empereur le résultat de l'enquête faite concernant une dénonciation des officiers du 21e régiment de chasseurs à cheval contre M. Steenhaudt, leur colonel, prie Sa Majesté de placer cet officier supérieur dans un autre corps et d'ordonner que les officiers seront sévèrement réprimandés pour s'être permis de dénoncer collectivement leur chef.

Approuvé.

Napoléon.

6409. — DÉCISION.

Saint-Cloud, 23 novembre 1811.

Le général Clarke propose de maintenir aux 23e et 24e régiments de chasseurs les rations de fourrage de pied de guerre, tant que la dysenterie sévira dans ces deux régiments.

Approuvé; qu'ils soient laissés comme ils sont.

Napoléon.

6410. — DÉCISIONS (1).

Saint-Cloud, 23 novembre 1811.

Le prix des fusils versés par les Hollandais dans les magasins de l'artillerie s'élèvera à une somme de 1 million. On prie Sa Majesté de faire connaître si son intention est de faire un fonds spécial pour les payer, ou si cet objet sera porté au budget de 1812.

On demande à Sa Majesté l'autorisation de placer à Montreuil ou à

Où sont ces fusils ? On les payera comme dette de la Hollande de 1810, en bons des syndicats.

Se concerter avec le ministre des finances pour présenter un projet de décret là-dessus.

A Montreuil non; à Amiens, la ville est trop grande. Les mettre

---

(1) Non signées; extraites du « Travail du ministre de la guerre avec S. M. l'Empereur et Roi, date du 20 novembre 1811 ».

Amiens un bataillon de prisonniers de guerre attachés aux travaux des ponts et chaussées.

On met sous les yeux de Sa Majesté l'état de situation du bataillon des équipages de la garde, contenant tous les objets qui lui sont nécessaires en chevaux, voitures et harnais, pour le porter au complet.

Tous ces objets exigeront une dépense de 500.000 francs.

On rend compte à Sa Majesté des excès commis par le 33° régiment d'infanterie légère, qui, à son passage à Bourg, s'est livré au vol et au pillage, et on prie Sa Majesté d'approuver la mesure prise par le prince d'Eckmühl de traduire à une commission militaire ceux des fauteurs qui seront les plus coupables.

Attendu les circonstances atténuantes de la désertion du nommé Raynal, sergent de la garde nationale du département du Tarn-et-Garonne, Sa Majesté est priée de faire grâce à ce sous-officier et d'autoriser son renvoi au bataillon.

On met sous les yeux de Sa Majesté un rapport de M. le prince d'Eckmühl, qui constate les actes de désobéissance et autres faits reprochés à un maréchal des logis du 3° régiment d'artillerie à cheval, et on prie Sa Majesté de décider que ce sous-officier sera cassé de son grade.

plus haut sur la Somme ou dans une autre petite ville de cette force.

Il faut compléter ce bataillon en personnel et matériel. Me présenter un projet de décret en conséquence; prendre les fonds sur les masses de 1812 et à dater de 1812.

Approuvé.

Approuvé.

A-t-il reçu la décoration pour une action d'éclat spécifiée ou simplement pour bonne conduite ?

6411. — AU GÉNÉRAL LACUÉE.

Saint-Cloud, 23 novembre 1811.

Monsieur le comte de Cessac, j'ai reçu votre état pour la remonte de 1812. Les régiments de chevau-légers n'y sont pas portés. Avant de signer le décret, j'ai besoin que vous m'envoyiez la situation de ces régiments, indiquant : 1° les hommes existants au 15 novembre, ce qu'ils avaient encore à recevoir de la conscription; 2° les chevaux existants, ce qu'ils avaient encore à recevoir des remontes. Je désire que vous joigniez à cet état un rapport sur l'organisation de ces régiments et sur leur habillement, étant nécessaire de les avoir au 1er février en état d'entrer en campagne.

NAPOLÉON.

6412. — AU GÉNÉRAL LACUÉE (1).

23 novembre 1811.

Monsieur le comte de Cessac, je vous envoie une lettre du prince d'Eckmühl. Vous y verrez que 400 hommes doivent être envoyés du dépôt de Strasbourg, 200 hommes du dépôt de Wesel et 400 hommes, qui sont en Allemagne, aux quatre régiments de cuirassiers qui sont à Erfurt, et que ces régiments recevront egalement à Erfurt la remonte qu'ils n'ont pas reçue en France, et la nouvelle remonte de 1812... Comme vous avez donné l'ordre que les chevaux que cette division de cuirassiers devait recevoir en France s'achetassent en Allemagne, il faudra que les hommes qui sont disponibles aux dépôts de ces régiments se rendent sans délai à Erfurt, hormis ceux qui doivent y recevoir des chevaux de France. Comme il n'y a que vous qui puissiez bien savoir ce qui en est, c'est à vous à provoquer le mouvement de ces hommes sur Erfurt. Par le même principe, c'est à vous à provoquer le départ des harnais et effets d'équipement pour les régiments du corps d'observation de l'Elbe qui reçoivent en Allemagne les chevaux qu'ils devaient recevoir en France. Concertez-vous avec le ministre de la guerre pour ces mouvements.

---

(1) Non signé, extrait conforme.

6413. — AU GÉNÉRAL CLARKE.

Saint-Cloud, 24 novembre 1811.

Monsieur le duc de Feltre, lorsque le cadre du 3ᵉ bataillon du 2ᵉ régiment de la Méditerranée retournera à Toulon, il sera complété par ce qui est disponible dans les 4ᵉ et 5ᵉ bataillons, afin d'égaliser le 3ᵉ et le 4ᵉ bataillon.

Donnez ordre que tous les hommes du bataillon de Belle-Ile, qui est à Santoña, soient incorporés dans le 130ᵉ à Santoña et que le cadre de ce bataillon revienne à Belle-Ile. Par ce moyen, les cinq bataillons de Belle-Ile seront complets.

Les cadres des huit compagnies du régiment de l'île de Ré qui reviennent du corps d'observation de l'Elbe porteront les cadres de ce régiment au complet. Il sera nécessaire, lorsque ces cadres seront arrivés, de penser à compléter ce régiment, de sorte que l'effectif de chaque compagnie soit de 140 hommes.

Je pense qu'il est convenable de retenir à Wesel le cadre du 3ᵉ bataillon du régiment de Walcheren ; il serait inutile dans l'île de Walcheren, puisqu'il n'y a pas de conscrits réfractaires, que pour compléter les trois bataillons qui s'y trouvent.

NAPOLÉON.

6414. — DÉCISIONS (1).

25 novembre 1811.

On soumet à l'approbation de Sa Majesté un état de proposition à des emplois d'officier dans l'infanterie de ligne pour des sujets étrangers à des corps qui ont paru mériter cette faveur, et aux places vacantes dans les régiments hors ligne.	Approuvé. Il faudrait qu'on sût promptement si les officiers réformés auxquels Sa Majesté rend l'activité acceptent leurs nouveaux emplois, pour arriver à compléter les cadres. Il y a un changement à l'article de M. Kervin. Comte DE LOBAU.
On propose à Sa Majesté de nommer sous-lieutenant au 21ᵉ régiment	Le père le placera à l'école de Saint-Cyr jusqu'à 20 ans (2).

(1) Extraites du « Travail du ministre de la guerre avec S. M. l'Empereur et Roi, daté du 7 novembre 1811 ».
(2) Non signée.

d'infanterie de ligne, en remplacement de M. Arnoux, le sieur Giroult, ex-page de S. M. le roi de Westphalie, et maintenant élève sous-lieutenant à l'Ecole d'artillerie et du génie à Cassel.

6415. — AU GÉNÉRAL CLARKE.

Saint-Cloud, 25 novembre 1811.

Monsieur le duc de Feltre, la 22ᵉ compagnie du 7ᵉ régiment d'artillerie à pied est à Würzburg. Qu'y fait-elle? Y est-elle nécessaire? Une simple garde suffirait; et cette compagnie serait bien mieux placée à Glogau. Faites-moi connaître la situation de cette compagnie.

NAPOLÉON.

6416. — AU GÉNÉRAL CLARKE.

Saint-Cloud, 25 novembre 1811.

Monsieur le duc de Feltre, réitérez les ordres en Corse que les trois bataillons du 1ᵉʳ régiment de la Méditerranée qui se trouvent dans cette île et les deux bataillons du même régiment qui sont à l'île d'Elbe, y restent.

Donnez ordre qu'au 1ᵉʳ janvier prochain, il soit passé une revue de ces cinq bataillons et qu'on vous fasse connaître la situation du personnel, de l'armement, de l'habillement, les officiers présents, les places vacantes, de quels départements sont les conscrits de chaque bataillon, mon intention étant de donner avant le 1ᵉʳ février des ordres, afin qu'ils puissent être exécutés avant l'équinoxe.

Il ne faut pas qu'on déplace d'aucune manière les conscrits des deux bataillons qui sont à l'île d'Elbe, pour les envoyer en Corse. Ces déplacements sont coûteux et aussi dangereux.

Il faut que tout reste comme il se trouve.

Au 1ᵉʳ janvier, on passera également la revue du bataillon du 14ᵉ léger et du 6ᵉ de ligne qui sont à l'île d'Elbe. Je déciderai alors ce qui doit en être fait.

NAPOLÉON.

6417. — AU GÉNÉRAL CLARKE.

Saint-Cloud, 25 novembre 1811.

Monsieur le duc de Feltre, donnez ordre que les hommes du 5ᵉ de tirailleurs et du 5ᵉ de voltigeurs de la garde, qui sont embarqués soit à Boulogne, soit à Calais, Dunkerque ou Ostende, soient débarqués, et rejoignent leur régiment.

Donnez ordre qu'un bataillon du 126ᵉ vienne tenir garnison à Dunkerque, et écrivez au duc d'Elchingen d'envoyer du camp de Boulogne un bataillon tenir garnison à Calais.

Faites partir pour Bruxelles les deux régiments des tirailleurs et des voltigeurs. Donnez ordre qu'un général de brigade de la garde parte pour en prendre le commandement.

Faites-moi connaître si Bruxelles a suffisamment de casernes pour loger ces quatre bataillons.

NAPOLÉON.

6418. — AU GÉNÉRAL CLARKE.

Saint-Cloud, 25 novembre 1811.

Monsieur le duc de Feltre, faites-moi connaître ce que le 33ᵉ régiment d'infanterie légère, le 123ᵉ régiment de ligne, le 124ᵉ *id.*, le 125ᵉ *id.* et le 126ᵉ *id.* avaient à leur dépôt, au 15 novembre, s'ils avaient reçu leur contingent de la conscription et ce qu'ils pourraient faire partir au 1ᵉʳ décembre pour rejoindre leurs bataillons de guerre.

NAPOLÉON.

6419. — AU GÉNÉRAL CLARKE.

Saint-Cloud, 25 novembre 1811.

Monsieur le duc de Feltre, donnez ordre que le 1ᵉʳ escadron et le dépôt du 14ᵉ de chasseurs partent du Piémont pour se rendre à Auch.

NAPOLÉON.

6420. — DÉCISION (1).

On propose à Sa Majesté de reconnaître dans le grade de capitaine et d'employer dans les états-majors de place, comme adjudant de 1re classe, le sieur Cendrecourt, ex-capitaine dans les troupes portugaises et employé en qualité d'adjoint à l'état-major de l'armée de Portugal.

Refusé.
L'Empereur rejette cette proposition; si cet officier ne peut servir activement, on lui donnera sa retraite.

Comte DE LOBAU.

6421. — DÉCISIONS (2).

25 novembre 1811.

On soumet à Sa Majesté la demande faite par S. A. I. et R. le prince Borghese, pour obtenir que deux vélites du bataillon de Turin passent dans les compagnies de ses gardes d'honneur.

Accordé.

On propose à Sa Majesté d'approuver l'admission comme sergent dans le 2e régiment des grenadiers à pied de la garde du sieur Manon, sergent de grenadiers au 23e régiment de ligne, qui a amené les hommes que ce corps a fournis à l'Ecole de Fontainebleau.

Accordé.

Proposition de nommer 14 nouveaux colonels en second.

L'Empereur rejette cette proposition; Sa Majesté veut remplacer et faire remplir les fonctions attribuées aux colonels en second par ses majors. Ce système, qui sera économique, remplira le même objet et causera moins de mutations et de dépla-

---

(1) Sans date, présumée du 25 novembre; extraite du « Travail du ministre de la guerre avec S. M. l'Empereur et Roi, daté du 7 novembre 1811 ».

(2) **Non signées**; extraites du « Travail du ministre de la guerre avec S. M. l'Empereur et Roi, daté du 11 octobre 1811 ».

cements parmi les majors qu'il est essentiel de conserver aux dépôts des corps qu'ils doivent diriger; ainsi Son Excellence fera des présentations pour un plus grand nombre de majors en second.

6422. — DÉCISION (1).

On propose à Sa Majesté de nommer colonel du 6ᵉ régiment d'infanterie légère, en remplacement de M. Devilliers, promu au grade de général de brigade, M. Barré, colonel en second du régiment d'Isembourg.

L'Empereur désire avoir un état de services plus détaillé, qui lui indique dans quel régiment cet officier a servi depuis le grade de capitaine, dans quel régiment il a été nommé chef de bataillon en l'an V, où il a fait la guerre, où il a été blessé, et si on cite en sa faveur des actions de guerre.

Comte DE LOBAU.

6423. — AU GÉNÉRAL CLARKE (2).

Saint-Cloud, 27 novembre 1811.

Monsieur le duc de Feltre, par votre lettre du 14, vous me présentez un projet d'itinéraire pour les corps qui doivent former la 9ᵉ division du corps d'observation de l'Elbe. Mon intention est que les deux bataillons du 2ᵉ régiment suisse se rendent à Paris, où ils passeront ma revue: après quoi, ils continueront leur route sur Nimègue.

Vous donnerez ordre que les deux bataillons du 3ᵉ régiment suisse, qui sont au Helder et à la Haye, se réunissent à Nimègue.

Proposez-moi de faire remplacer à Cherbourg les deux bataillons du 4ᵉ régiment suisse par les bataillons du 3ᵉ ou le 105ᵉ.

On fera venir alors les deux bataillons du 4ᵉ régiment suisse sur

---

(1) Sans date, renvoyée aux bureaux le 27 novembre; extraite du « Travail du ministre de la guerre avec S. M. l'Empereur et Roi, daté du 12 novembre 1811 ».
(2) Publiée partiellement par A. Chuquet, *Lettres et Apostilles de Napoléon*, t. II, p. 208.

Paris, où je les verrai à ma parade. Ils seront ensuite envoyés à Nimègue.

Par ce moyen, cette division se trouvera avoir six bataillons. Aussitôt que les 3ᵉˢ bataillons pourront rejoindre, elle aura neuf bataillons. Il faut désigner un bon général de brigade pour se rendre à Nimègue et prendre le commandement de cette division. Vous lui recommanderez d'avoir un soin particulier de ces troupes.

Il faut donner ordre que le dépôt du 2ᵉ régiment suisse, qui est à Marseille, le dépôt du 3ᵉ régiment qui est à Lille, et celui qui est à Rennes, fassent partir ce qu'ils ont de disponible : 1° pour compléter les bataillons à 140 hommes par compagnie ; 2° pour former un nouveau bataillon de six compagnies. Il paraît que le 2ᵉ régiment peut fournir 400 hommes ; que le 3ᵉ régiment peut en fournir 600, et le 4ᵉ régiment 400, ce qui portera au complet les six bataillons.

Faites-moi connaître quand le régiment d'Illyrie, bien habillé et bien armé, pourra quitter Turin pour se rendre d'abord à Besançon, en passant par le Simplon, et, de là, à Nimègue. La 9ᵉ division se trouverait ainsi formée, dès le premier moment, à dix bataillons, indépendamment des renforts des 3ᵉˢ bataillons, ce qui ferait déjà une belle division. Mon intention est que les régiments suisses et le régiment d'Illyrie n'aient pas d'artillerie régimentaire. Selon la force de la division, au moment où elle entrera en campagne, on augmentera l'artillerie de ligne.

Il est nécessaire que vous me proposiez, pour commander cette division, un général qui parle allemand.

NAPOLÉON.

P.-S. du 27 novembre. — Si, comme je l'espère, le 1ᵉʳ régiment suisse n'est pas nécessaire à Rome, le général Miollis le laissera filer sur Plaisance, d'où l'on pourra, en février, en tirer trois bataillons pour le camp de Nimègue.

6424. — EXTRAIT D'UN ORDRE DE L'EMPEREUR (1).

Saint-Cloud, 27 novembre 1811.

Mon intention est que les régiments suisses et le régiment d'Illyrie (qui doivent former la 9ᵉ division du corps d'observation de

---

(1) Non signé, extrait conforme.

l'Elbe, à Nimègue), n'aient pas d'artillerie régimentaire. Selon la force de la division, au moment où elle entrera en campagne, on augmentera l'artillerie de ligne.

6425. — DÉCISION.

Saint-Cloud, 27 novembre 1811.

Le général Clarke propose d'ajourner au 8 décembre la parade qui devait avoir lieu à Paris le 1er, les deux bataillons croates qui doivent y prendre part ne pouvant arriver à Paris pour cette date.

Cela sera fait ainsi; la parade sera retardée de huit jours.

NAPOLÉON.

6426. — DÉCISIONS (1).

Saint-Cloud, 30 novembre 1811.

Sa Majesté est priée de faire connaître si les vélites à cheval qui ont été nommés à des emplois de brigadiers, de fourriers et de maréchal des logis dans la garde ne doivent pas être considérés comme incorporés dans la garde du jour de leur nomination à des places de sous-officiers et être dispensés de payer la pension à partir du même jour.

Approuvé.

Sa Majesté est priée : 1° de prononcer sur la demande faite par M. le maréchal duc d'Istrie pour qu'un pupille, qui a excité deux de ses camarades à la désertion, soit mis à la disposition du ministre de la marine; 2° de fixer la marche à suivre à l'égard des pupilles âgés de moins de 18 ans et de ceux âgés de 18 ans qui désertent.

La marine n'est pas un égout.

On présente à Sa Majesté, pour le commandement du département

Approuvé.

---

(1) Non signées; extraites du « Travail du ministre de la guerre avec S. M. l'Empereur et Roi, daté du 27 novembre 1811 ».

de la Lippe, le général de brigade Reynaud.

On propose à Sa Majesté d'admettre à la retraite le général de brigade Miquel, qui commande le département de l'Ariège, et de le remplacer par le général Avice, disponible, et l'un de ceux nouvellement nommés.

Approuvé.

Sa Majesté est priée de faire connaître si Elle approuve que le général Barquier soit chargé du commandement du département de l'Ombrone et que le général Pouchin prenne celui du département de l'Arno, ainsi que le désire S. A. I. Mme la grande-duchesse de Toscane. Il ne sera pas nécessaire de remplacer le général Pouchin dans la 30e division militaire, où il y aura encore trois généraux de brigade.

Approuvé.

On présente à Sa Majesté les généraux de brigade Corbineau et Seroux, disponibles, pour aller prendre le commandement des troupes qui sont destinées à réprimer le brigandage aux environs de Rome;

Approuvé pour le général Seroux.

D'accorder un congé de trois mois au colonel Lachâtre, commandant d'armes de la citadelle d'Alexandrie, et de le faire remplacer provisoirement par le colonel Salmon.

Approuvé.

Le sieur Pistre, major du 18e régiment de dragons, nommé sous-inspecteur aux revues par décret du 23 août dernier, demande à être maintenu dans son emploi de major de ce régiment jusqu'à ce qu'il ait atteint sa 30e année de service.

Accordé.

S. A. I. le vice-roi demande qu'il soit accordé un congé de trois mois avec solde au général de brigade Thiry, employé à l'armée d'Italie.	Accordé.
On propose à Sa Majesté d'accorder un secours de 200 francs à M. Passeley, élève sous-lieutenant du génie, de la promotion de 1811, pour le mettre en état de pourvoir à son équipement.	Accordé.

6427. — DÉCISION.

Saint-Cloud, 30 novembre 1811.

On prie Sa Majesté de faire connaître si seize hommes que redoivent les 1er et 3e régiments d'artillerie à pied, pour le recrutement de l'artillerie de la garde, seront répartis entre les autres régiments d'artillerie à pied qui ont complété leur contingent, le 1er et le 3e régiment n'offrant plus de ressources en sujets réunissant les qualités requises.	Oui. NAPOLÉON.

6428. — AU MARÉCHAL BERTHIER.

Saint-Cloud, 30 novembre 1811.

Mon Cousin, faites-moi connaître si le général Monthion pourra faire partir au 15 décembre, savoir :

1° Deux compagnies du 114e fortes de 280 hommes, deux compagnies du 115e fortes de 140 hommes, une compagnie du 116e forte de 140 hommes, deux compagnies du 117e fortes de 280 hommes. Ce qui ferait un bataillon de l'armée d'Aragon complet à 840 hommes;

2° Un bataillon de l'armée du Nord, composé : de deux compagnies du 118e, d'une compagnie du 119e, de deux compagnies du 120e, de deux compagnies du 122e;

3° Un régiment de l'armée de Portugal, composé : d'une compagnie du 17e léger, d'une compagnie du 31e id., de deux compagnies du 27e de ligne, de deux compagnies du 39e, de deux compagnies du 59°, de deux compagnies du 65°, de deux compagnies du 69° et de deux compagnies du 76° et d'un bataillon de six compagnies du 86°;

4° Un bataillon de l'armée du Centre, composé : de trois compagnies du 28°, de deux compagnies du 34° et de deux compagnies du 75°. Ce qui ferait encore un secours de 4.000 ou 5.000 hommes qui compléterait tout à fait les régiments provisoires.

Faites-moi connaître si tout cela pourra partir en décembre ou, au plus tard, au 1er janvier.

NAPOLÉON.

6429. — AU GÉNÉRAL CLARKE.

Saint-Cloud, 30 novembre 1811.

Monsieur le duc de Feltre, j'ai accordé une pension de 3.000 francs sur le Trésor au colonel Villantroys. J'ai envoyé la demande qu'il fait pour son frère au ministre des finances, pour y avoir égard et le placer conformément à son désir.

NAPOLÉON.

6430. — AU GÉNÉRAL CLARKE.

Saint-Cloud, 30 novembre 1811.

Monsieur le duc de Feltre, j'approuve que le dépôt du 21° de chasseurs, qui est à Colmar, soit rapproché des frontières d'Espagne et placé à Libourne.

NAPOLÉON.

6431. — AU GÉNÉRAL CLARKE.

Saint-Cloud, 30 novembre 1811

Monsieur le duc de Feltre, donnez ordre que tout ce qui est disponible au 5° bataillon du 123° soit placé dans le 3° bataillon. Donnez ordre que les majors des 33° léger, 123°, 124°, 125° et 126° soient à leurs dépôts et prennent les mesures nécessaires pour exercer leurs conscrits. Vous me ferez connaître la situation de ces dépôts au 1er janvier, sous le point de vue de l'armement et de l'habillement, et je me déciderai sur le parti à prendre.

Je désire que les 80 hommes du 15° léger, disponibles pour le corps d'observation de l'Elbe, restent au dépôt. La saison est trop avancée, ils s'exerceront et se formeront là pendant l'hiver. Cette décision s'applique à tous les hommes que les dépôts destinent à être envoyés au corps d'observation de l'Elbe. Donnez donc l'ordre que tous les hommes qui ne seraient pas partis au 1er décembre, restent aux dépôts, et là s'exercent, s'habillent, s'arment et achèvent de se former. Vous me rendrez compte de la situation de ce dépôt au 1er février.

Napoléon.

6432. — AU GÉNÉRAL CLARKE.
Saint-Cloud, 30 novembre 1811.

Monsieur le duc de Feltre, écrivez aux commandants militaires de Toulon, de Brest, de Lorient, de Rochefort, du Texel, d'Anvers, de vous envoyer tous les jours un rapport des mouvements extérieurs des escadres, c'est-à-dire de tout ce qui se voit. Recommandez que ces rapports soient faits sans que la marine en ait connaissance.

Napoléon.

6433. — DÉCISION.
Paris, 2 décembre 1811.

Le duc de Feltre soumet à l'Empereur diverses questions proposées par les généraux chargés de l'inspection des 127e et 128e régiments, en ce qui concerne la nationalité des soldats qui en font partie.	Le ministre répondra sur des différents objets conformément à mes intentions. Napoléon.

6434. — DÉCISION.
Paris, 2 décembre 1811.

Le général Clarke propose de faire rentrer en France deux compagnies du 9e bataillon *bis* du train d'artillerie qui sont devenues inutiles à l'armée d'Aragon.	Approuvé. Napoléon.

6435. — DÉCISION.

Paris, 2 décembre 1811.

Demande de congé de convalescence en faveur de M. Breton, capitaine adjoint à l'état-major de l'armée du Centre, en Espagne.

Accordé.

NAPOLÉON.

6436. — DÉCISION.

Paris, 2 décembre 1811.

Le général Clarke propose de faire rentrer en France la 1re compagnie du 4e bataillon principal du train.

Approuvé.

NAPOLÉON.

6437. — AU GÉNÉRAL CLARKE.

Paris, 2 décembre 1811.

Monsieur le duc de Feltre, donnez ordre au duc de Plaisance, commandant le dépôt de Strasbourg, de donner 400 hommes aux régiments d'artillerie à pied, à cheval, aux pontonniers et bataillons du train qui sont à Strasbourg.

Vous lui ferez connaître qu'aussitôt qu'il aura remis ces 400 hommes à l'artillerie, et que le bataillon du 123e sera parti, il ait à remettre le commandement du dépôt au général Desbureaux et à revenir à Paris.

Tous les hommes qui arriveraient désormais seront donnés aux 3e de ligne et 105e, jusqu'à ce que ces régiments aient le nombre d'hommes qu'ils doivent avoir.

NAPOLÉON.

6438. — AU GÉNÉRAL CLARKE.

Paris, 2 décembre 1811.

Monsieur le duc de Feltre, il paraît que les deux seules compagnies du 5e bataillon du 1er régiment de ligne ont débarqué à Gênes. Les deux autres compagnies resteraient encore au château d'If. Faites-moi connaître la situation de ces deux compagnies.

NAPOLÉON.

6439. — AU GÉNÉRAL CLARKE.

Paris, 3 décembre 1811.

Monsieur le duc de Feltre, une compagnie d'artillerie est nécessaire à Delfzyl; une autre compagnie est nécessaire à Groningue pour se porter selon les circonstances sur la côte, ce qui, joint à trois compagnies gardes-côtes, assurera le service de la 31° division militaire.

Deux compagnies d'artillerie sont nécessaires au Helder, une compagnie à Naarden, une compagnie à l'île de Goeree; une compagnie à Hellevoetsluis et à Brielle et une compagnie à La Haye.

Cette dernière est destinée à se porter sur un point quelconque, selon les circonstances imprévues. Il y aura ainsi six compagnies d'artillerie pour le service de la 17° division militaire auxquelles se réuniront les compagnies gardes-côtes du Texel, de Medemblick, d'Amsterdam, de l'île de Voorne, de l'île de Goeree, de manière que toutes les batteries puissent, par l'appel des gardes-côtes, être défendues.

Dans la 24° division militaire, une compagnie d'artillerie est nécessaire à Berg-op-Zoom, une à Willemstad, deux compagnies dans l'île de Walcheren, deux compagnies dans l'île de Kadzand, et huit ou dix compagnies à Anvers, en dépôt, pour le service de tout le Nord.

Indépendamment de ces compagnies, il doit y avoir dans l'île de Walcheren deux ou trois compagnies de plus qui ont été recrutées par des conscrits réfractaires.

Je ne désire pas que le 9° régiment d'artillerie ait son état-major à Anvers; il doit rentrer dans l'intérieur de la France et aller à Douai.

Le 8° régiment sera à Anvers, afin qu'il y ait là le plus possible d'officiers supérieurs et autres, anciens Français.

NAPOLÉON.

6440. — DÉCISION.

Paris, 3 décembre 1811.

Le général Clarke rend compte que les deux bataillons croates qui doivent assister à la parade de Sa Majesté arriveront le 7 à Paris,	Oui, les vétérans prendront le service.
	NAPOLÉON.

ainsi que le 2ᵉ régiment suisse, et il demande si les autres troupes de la garnison de Paris prendront part à la même parade.

6441. — DÉCISION.

Paris, (1) décembre 1811.

Rapport du maréchal Berthier, concluant à la justification de l'adjudant commandant Dentzel, qui commandait un convoi pillé par les Espagnols.

Faire interroger le colonel Lafitte sur cet objet.

NAPOLÉON.

6442. — AU GÉNÉRAL CLARKE.

Paris, 4 décembre 1811.

Monsieur le duc de Feltre, je réponds à l'une de vos lettres du 2. Je n'approuve pas qu'il y ait à la suite d'un régiment de cavalerie plus d'une forge de campagne. Deux forges sont, non seulement inutiles, mais encore très encombrantes. Un sellier par compagnie, un chef maréchal ferrant et deux maréchaux ferrants sont suffisants. Le prince d'Eckmühl va trop loin.

Du reste, comme il faut que tout se fasse en règle, présentez-moi un projet de décret pour, dans le courant de février, former une compagnie de dépôt aux régiments de cavalerie qui n'ont pas cinq escadrons faisant partie de la Grande Armée, et en partant de la circonstance de cette nouvelle compagnie qui permet de laisser huit compagnies aux escadrons de guerre, régler le nombre de vétérinaires, maréchaux des forges, etc., aux escadrons de guerre et au dépôt.

Réglez cela sagement, de manière à ne pas encombrer les régiments d'artistes qui ne sont pas militaires.

Les régiments de carabiniers et de cuirassiers sont, à plus forte raison, dans ce cas.

NAPOLÉON.

---

(1) Sans date de jour. Le rapport est du 3 décembre.

6443. — AU GÉNÉRAL CLARKE.

Paris, 4 décembre 1811.

Monsieur le duc de Feltre, donnez ordre que tout ce qui appartient au 2ᵉ de ligne et au 37ᵉ de ligne, qui se trouve embarqué sur les différentes flottilles, soit débarqué et renvoyé à ses corps respectifs.

Il y a beaucoup d'emplois vacants dans le 11ᵉ régiment d'infanterie légère, entre autres un chef de bataillon et le major. Il est important de nommer sans délai à ces places.

NAPOLÉON.

6444. — AU GÉNÉRAL CLARKE.

Paris, 4 décembre 1811.

Monsieur le duc de Feltre, dans les états de situation où vous portez le corps d'observation de l'Elbe, il faudra porter le corps de réserve de cavalerie, afin que je voie d'un coup d'œil la composition de tout ce corps.

NAPOLÉON.

6445. — AU GÉNÉRAL CLARKE (1).

Paris, 4 décembre 1811.

Monsieur le duc de Feltre, je vous renvoie les procès-verbaux des épreuves des mortiers à la Villantroys. Donnez des ordres pour qu'il ne soit essayé aucune bombe, sans qu'il y ait de la poudre et une fusée, et qu'on soit bien assuré que la poudre qui est dans la bombe brûle.

NAPOLÉON.

6446. — DÉCISIONS (2).

| On propose à Sa Majesté d'arrêter que les vélites de la garde impériale qui sont privés de la première mise de 800 francs par le dé- | Refusé, tous les vélites doivent être assujettis à faire cette dépense. |

---

(1) Publié inexactement par Brotonne, *Dernières lettres inédites de Napoléon Iᵉʳ*, t. II, p. 221.
(2) **Non** signées; extraites du « Travail du ministre de la guerre avec S. M. l'Empereur et Roi, daté du 4 décembre 1811 ».

cret du 12 avril 1807 auront droit à la gratification accordée par l'arrêté du 9 frimaire an XI, lorsqu'ils pourront justifier des cinq ans de service exigés par cet arrêté.

On met sous les yeux de Sa Majesté un résumé du travail que le général Radet a établi pour le placement définitif des brigades de la 34° légion de gendarmerie (villes hanséatiques). — Approuvé.

On prie Sa Majesté de faire connaître ses intentions sur la demande d'un congé d'un mois que fait M. le baron Bauduin, colonel du 93° régiment d'infanterie de ligne. Ce corps est au camp d'Utrecht. — Approuvé.

M. le landamman de la Suisse appuie du plus grand intérêt la demande de retour dans ses foyers d'un lieutenant du régiment suisse de Kaiser, au service d'Espagne. qui est détenu comme prisonnier de guerre à Dijon. — Approuvé.

Le nommé Thomas Moor, qui est entièrement privé de la vue, sollicite, en raison de son infirmité, l'autorisation de rentrer dans sa patrie. — Accordé.

On propose à Sa Majesté d'accorder au colonel Vallin, du 6° de hussards, un congé de trois mois pour soigner sa santé. — Accordé.

Renseignements demandés par Sa Majesté sur l'instruction du jeune d'Oultremont, élève de l'école de Saint-Germain, pour lequel sa mère a demandé une sous-lieutenance. — Ajourné à un an.

Sa Majesté est priée d'accorder une gratification de 800 francs au — Accordé.

capitaine Laperny, employé au Prytanée militaire de la Flèche.

Proposition d'acheter quelques vieilles maisons pour désobstruer l'entrée de l'arsenal de Metz. Ces achats seront de 16.000 francs et payés sur les fonds de l'artillerie.

Approuvé.

On propose à Sa Majesté d'approuver la formation de la 3ᵉ compagnie de police dans les états romains, ainsi que l'emplacement des escouades de cette compagnie.

Approuvé.

On met sous les yeux de Sa Majesté la proposition d'autoriser la formation de quatre nouvelles brigades de gendarmerie, dont trois à cheval et une à pied, dans la 27ᵉ légion de cette arme (ci-devant Piémont).

Approuvé.

6447. — DÉCISION.

Paris, 4 décembre 1811.

Le sieur Muller de Friedberg, officier suisse, arrêté comme prévenu d'avoir désobéi à un ordre du commandant d'armes de Granville, ayant fourni des moyens qui le justifient, le ministre prie Sa Majesté de permettre que cet officier soit mis en liberté.

Approuvé.

NAPOLÉON.

6448. — AU GÉNÉRAL LACUÉE.

Paris, 4 décembre 1811.

Monsieur le comte de Cessac, les 2ᵉ, 9ᵉ et 12ᵉ bataillons du train des équipages militaires sont complets et destinés à l'armée d'Allemagne. Il est nécessaire de mettre en état, pendant l'hiver, les 6ᵉ et 7ᵉ bataillons, qui sont à Nancy et à Metz, et de les porter à la même organisation que le 2ᵉ bataillon, c'est-à-dire à 800 hommes, à 1.244 chevaux et à 252 voitures; de sorte que j'aie à la Grande Armée cinq bataillons ayant 1.250 voitures. Faites-moi un rapport sur ce qu'il y a à faire pour cet objet.

NAPOLÉON.

6449. — DÉCISION (1).

Répartition des 26 compagnies d'artillerie de ligne dans les 17e, 24e et 31e divisions militaires, conformément aux ordres de Sa Majesté, en date du 3 de ce mois. Mouvements à faire exécuter.

Approuvé ces dispositions.

NAPOLÉON.

6450. — DÉCISION (2).

On propose à Sa Majesté de relever de la déchéance l'hospice de Monza (Italie) et de permettre que son état pour traitement de militaires français en 1809, montant à 39 fr. 50, soit admis en liquidation.

Approuvé.

6451. — DÉCISION (3).

Le général Clarke rend compte que le général Kindelan, commandant le régiment espagnol de Joseph Napoléon, sollicite le renvoi en Espagne de quatre officiers de ce corps qui ne sont plus en état de servir.

Approuvé.

NAPOLÉON.

---

(1) Sans date; le rapport du ministre de la guerre est du 4 décembre 1811.
(2) Sans signature ni date; extraite du « Travail du ministre directeur de l'administration de la guerre avec S. M. l'Empereur et Roi, daté du 4 décembre 1811 ».
(3) Non datée; le rapport du général Clarke est du 4 décembre 1811, le renvoi de la decision aux bureaux est du 5.

6452. — DÉCISION (1).

Le 33ᵉ régiment d'infanterie légère ayant le plus grand besoin de sous-officiers français, on prie Sa Majesté d'ordonner, si telle est son intention, qu'il en recevra 12, savoir : 6 sergents-majors et 6 fourriers, que le prince d'Eckmühl fera extraire des corps qui se trouvent sous son commandement.

Approuvé.

NAPOLÉON.

6453. — DÉCISION (1).

Sa Majesté le Roi des Deux-Siciles témoigne le désir de conserver à son service deux conscrits, dont l'un a été admis dans la légion napolitaine de Bari, et l'autre est employé à son service particulier.

Accordé.

NAPOLÉON.

6454. — AU GÉNÉRAL CLARKE.

Paris, 5 décembre 1811.

Monsieur le duc de Feltre, je reçois votre lettre du 4 décembre sur le 5ᵉ bataillon du 1ᵉʳ de ligne. Ce compte rendu me paraît entièrement satisfaisant. Je vois avec plaisir qu'il n'y a pas eu de désertion dans les conscrits réfractaires qui ont été à l'armée d'Italie.

NAPOLÉON.

6455. — AU GÉNÉRAL CLARKE.

Paris, 5 décembre 1811.

Monsieur le duc de Feltre, je reçois votre rapport sur les trois régiments portugais. Il est inutile de tirer du 2ᵉ et du 3ᵉ les Portugais qui s'y trouvent pour les mettre dans le 1ᵉʳ: faites-en seulement ôter les Prussiens et les Russes qui s'y trouveront; envoyez-les aux régiments étrangers, et qu'on n'admette que des Portugais et des Espagnols dans ces trois régiments.

---

(1) Non datée; le rapport du général Clarke est du 4 décembre 1811, le renvoi de la décision du 5.

Ordonnez au général d'Alorna d'en passer la revue de rigueur au 1er janvier; faites-le accompagner d'un inspecteur aux revues parlant espagnol, qui puisse observer leur esprit, et donnez des ordres pour que leur habillement, armement et équipement soient mis en état, de manière qu'au 1er janvier ces régiments puissent partir pour se rendre à l'armée d'Allemagne.

Faites également passer la revue de la cavalerie portugaise.

Faites-moi connaître de quelle nation sont les hommes qui s'y trouvent, et ce qu'il faudrait faire pour la mettre en état d'entrer en campagne dans le courant de janvier. Je désire que tout cela se rende au corps d'observation de l'Elbe.

NAPOLÉON.

6456. — AU GÉNÉRAL CLARKE.

Paris, 5 décembre 1811.

Monsieur le duc de Feltre, je ne puis que témoigner mon mécontentement à l'artillerie de l'inexécution de mes ordres pour les batteries importantes de l'île d'Oléron. La batterie de Boyardville, au 25 novembre, n'avait pas encore le revêtement de son parapet terminé; 8 maçons seulement y travaillaient; aucun officier d'artillerie n'était là pour surveiller l'ouvrage. Les bois pour les plates-formes n'étaient pas arrivés; les canons et les affûts y étaient rendus, mais on n'a pu les placer puisque les plates-formes n'étaient pas encore commencées. Au lieu de 10 mortiers de 12 pouces à la Gomer, comme je l'ai ordonné, il n'était arrivé que 4 mortiers de 8 pouces. Le chef de bataillon d'artillerie qui est là, chargé de ces travaux, est malade depuis longtemps et demeure au château d'Oléron. Une grande partie de la compagnie d'artillerie est également malade, parce que les établissements de la marine où on les loge à Boyardville sont malsains et qu'ils n'y ont pas de lits. A la batterie du Saumonard, il n'y a que la moitié du revêtement du parapet qui soit terminé. A la batterie de Grun, qui doit avoir 4 mortiers et 6 canons, on n'a pas même encore commencé le tracé. Ainsi toutes mes opérations maritimes se trouvent compromises. J'avais demandé ces batteries pour octobre. Nous voici en décembre et il n'y a rien. Il n'était pas cependant si difficile de prendre des mesures pour réussir. Faites-moi un rapport là-dessus et sur la manière de loger les hommes qui doivent travailler à ces batteries et les défendre. Cet objet est important. Mais le bureau de l'artillerie, quand il a donné des ordres, n'en suit pas l'exécution. Les marins désireraient qu'à la batterie circulaire de l'île d'Aix, on plaçât les canons qui sont sur la gauche, au centre, en place des 14 mortiers. Faites-moi un rapport sur le meilleur placement à faire de ces pièces de l'île d'Aix pour bien protéger nos vaisseaux. Les mortiers peuvent sans inconvénient tirer par-dessus une partie de nos vaisseaux, ce que ne peuvent faire les pièces.

Napoléon.

6457. — AU GÉNÉRAL CLARKE.

Paris, 5 décembre 1811.

Monsieur le duc de Feltre, on propose d'adapter aux canons des batteries de côte les plus importantes des batteries à détente, de sorte que le canonnier pût tirer immédiatement après avoir pointé; car il est nécessaire de pouvoir tirer promptement sur un vaisseau qui change de place. Faites-moi un rapport là-dessus.

Napoléon.

6458. — DÉCISION (1).

5 décembre 1811.

On soumet à Sa Majesté une demande de S. A. I. Mme la grande-duchesse de Toscane, ayant pour objet que les 4 officiers d'ordonnance attachés à sa personne soient assimilés, pour le grade et le traitement militaire, aux officiers d'ordonnance de Sa Majesté.

Elle ne doit pas avoir des officiers d'ordonnance : cela est très ridicule. Les supprimer sur-le-champ. La proposition de s'assimiler à mon service est plus déplacée encore.

6459. — DÉCISION.

Paris, 6 décembre 1811.

Le maréchal Berthier rend compte des dispositions prises en vue de compléter les compagnies d'artillerie à cheval en Espagne.

Approuvé.

Napoléon.

---

(1) Non signée; extraite du « Travail du ministre de la guerre avec S. M. l'Empereur et Roi, daté du 4 décembre 1811 ».

6460. — AU GÉNÉRAL CLARKE.

Paris, 6 décembre 1811.

Monsieur le duc de Feltre, donnez ordre à la demi-brigade que commande le major Verset, et qui est composée des bataillons du 8e léger, 18e léger et 23e de ligne, de se rendre à Perpignan.

Donnez le même ordre à la demi-brigade commandée par le major Ouduin et qui est composée des bataillons du 5e, 11e et 79e.

Donnez le même ordre au premier bataillon du 102e.

Tous les hommes que ces bataillons ont embarqués à bord de l'escadre ou ailleurs seront sur-le-champ débarqués et réunis à leurs bataillons.

Ces sept bataillons doivent former un total de 5.000 hommes de renfort.

Donnez ordre qu'ils ne partent que lorsque tout ce qui est embarqué aura rejoint.

Donnez ordre au 4e de chasseurs qui est à Turin de se rendre à Avignon.

Je vois que le dépôt du 15e régiment de chasseurs n'a que 99 hommes et 110 chevaux, et que celui du 29e a 114 hommes et 64 chevaux seulement. Il faudrait envoyer des hommes du 29e au dépôt du 15e pour les chevaux de surplus.

Le 116e régiment a à Tarbes un 5e bataillon de 637 hommes. On pourrait le compléter et l'envoyer à Venasque où il renforcerait la garnison de ce poste important.

NAPOLÉON.

6461. — EXTRAIT D'UN ORDRE DE L'EMPEREUR.

Paris, 7 décembre 1811.

Il sera organisé une compagnie d'artillerie pour chaque régiment suisse, c'est-à-dire que chaque régiment aura deux pièces de 3, trois caissons de munitions, deux caissons d'infanterie, deux caissons de transports militaires, un caisson d'ambulance; ces caissons seront donnés à ces régiments dans la 32e division militaire, où ces régiments doivent se rendre.

Il sera également donné aux Croates une compagnie et le même nombre de caissons par deux bataillons.

NAPOLÉON.

6462. — AU GÉNÉRAL CLARKE.

Paris, 9 décembre 1811.

Monsieur le duc de Feltre, donnez ordre au général Castex, commandant la brigade composée des deux régiments de chasseurs (le 23° et le 24°) qui sont à Munster, d'être aux ordres du prince d'Eckmühl, et d'exécuter sur-le-champ ceux que le maréchal lui donnera.

Napoléon.

6463. — AU GÉNÉRAL CLARKE.

Paris, 9 décembre 1811.

Monsieur le duc de Feltre, on m'assure que le 2° de ligne et le 37° ont à leur 5° bataillon des hommes disponibles. S'il y a plus de 50 hommes, donnez ordre qu'ils partent et aillent rejoindre leur régiment à Munster. Ils s'embarqueront à Strasbourg sur le Rhin. Le 2° et le 37°, ayant cinq bataillons à l'armée, doivent avoir un major en second. Proposez-moi sans délai la nomination de ce major en second.

Napoléon.

6464. — AU GÉNÉRAL CLARKE.

Paris, 9 décembre 1811.

Monsieur le duc de Feltre, donnez ordre que le 4° bataillon du 24° d'infanterie légère soit tiercé avec les autres bataillons, afin que les bataillons soient égaux en anciens soldats. Les compagnies de grenadiers et de voltigeurs seront formées, mais tous les hommes devront avoir fait la guerre, et les sergents et caporaux avoir deux ans de service. Les sergents et caporaux qui n'auront pas deux ans de service rentreront dans les compagnies comme soldats, et il en sera nommé d'autres.

Vous donnerez ordre au régiment suisse de rester à Paris. Mon intention étant de le voir encore une fois, quand les deux compagnies de voltigeurs qui sont absentes seront arrivées, vous m'en rendrez compte. Donnez ordre que tout ce que le dépôt de Marseille a de disponible parte pour venir les rejoindre à Paris.

Donnez ordre que les bataillons suisses qui sont sur la côte de Hollande se rendent à Nimègue, et que ce qu'il y a de disponible au dépôt de Lille s'y rende avec le colonel, pour former ce régiment à 1.200 hommes.

Donnez ordre aux deux bataillons suisses qui sont à Cherbourg de se rendre à Versailles et donnez ordre au dépôt qui est à Rennes d'envoyer à Versailles ce qu'il a de disponible pour compléter ces deux bataillons à 1.600 hommes.

Aussitôt que le 1er régiment suisse sera arrivé à Plaisance, donnez ordre que les quatre compagnies de grenadiers et voltigeurs soient formées à 160 hommes vieux soldats, et que ces deux bataillons, formant 1.280 hommes, officiers non compris, se dirigent par Besançon sur le Simplon, de sorte que ce régiment arrive à Nimègue fort de 1.200 hommes.

Donnez ordre que le régiment illyrien qui est à Turin en parte pour se rendre à Besançon. On le fera marcher par bataillon. Je suppose que ce régiment est bien habillé et bien équipé, qu'il a ses capotes et tout ce qui est nécessaire. Le 5e bataillon versera tout ce qu'il a disponible dans les quatre premiers bataillons, et le cadre de ce 5e bataillon restera à Turin pour recevoir les conscrits.

Par ce moyen, la 9e division du corps d'observation de l'Elbe sera composée de quatre bataillons du régiment illyrien et de huit bataillons suisses, total douze bataillons ou 8.000 à 9.000 hommes.

Aussitôt que la nouvelle capitulation sera faite, on pourra concevoir l'espérance d'envoyer quatre nouveaux bataillons suisses à cette division, c'est-à-dire un bataillon par régiment.

Il sera organisé une compagnie d'artillerie pour chaque régiment suisse, c'est-à-dire que chaque régiment aura deux pièces de 3, trois caissons de munitions, deux caissons d'infanterie, deux caissons de transports militaires, un caisson d'ambulance. Ces caissons seront donnés à ces régiments dans la 32e division militaire où ces régiments doivent se rendre.

Il sera également donné aux Croates une compagnie et le même nombre de caissons par deux bataillons.

Vous donnerez ordre que les deux bataillons croates soient placés à Melun et Fontainebleau et dans les environs et soient habillés sans délai.

Donnez ordre au 105e régiment d'envoyer deux de ses bataillons complets à Cherbourg et au bataillon des pupilles de la garde de se rendre à Cherbourg. Ordonnez au général commandant la division de ne faire aucun détachement de ces pupilles, mais de les tenir réunis et dans les forts de Cherbourg pour veiller à leur instruction.

Faites connaître cette décision au chef de bataillon, afin que, si on faisait faire à ces pupilles quelques détachements, il vous en instruise, mon intention étant qu'ils restent toujours réunis.

NAPOLÉON.

6465. — DÉCISION.

Paris, 9 décembre 1811.

Sire, j'ai l'honneur d'adresser à Votre Majesté une lettre confidentielle que je reçois du général comte Monthion, relativement à un convoi rentrant en France qui paraît porter beaucoup d'argent et notamment 1.968 onces de vaisselle appartenant au général Darricau.

ALEXANDRE.

Le prince de Neuchâtel donnera ordre que tout ce qu'il y a d'effets précieux ou d'argenterie, etc., à Irun, à Bayonne et sur la route, soit séquestré et transporté à la citadelle de Bayonne. Sur le compte qui me sera rendu, je déciderai ensuite ce qui devra en être fait.

Il faut en général établir une surveillance pour arrêter toutes les choses précieuses qui arriveront.

NAPOLÉON.

6466. — DÉCISION.

Paris, 10 décembre 1811.

Le maréchal Berthier demande des ordres de mouvement pour la marche d'une colonne composée de détachements d'infanterie et de cavalerie appartenant à la garde impériale qui vient d'arriver à Vitoria.

Donner ordre que cette colonne se rende à Paris.

NAPOLÉON.

6467. — DÉCISION.

Paris, 10 décembre 1811.

Le général Foucher demande l'autorisation de tirer de Pampelune 3 obusiers pour augmenter l'armement du fort de Burgos.

Approuvé.

NAPOLÉON.

6468. — DÉCISION.

Tuileries, 11 décembre 1811.

Rapport de la section de la guerre du Conseil d'Etat sur la conduite de M. Henry, adjudant de place à Philippeville, accusé de prévarication. M. Henry ayant déjà subi un emprisonnement de trois mois, le Conseil d'Etat propose que cet officier soit remis en liberté et rétabli dans ses fonctions d'adjudant de place.

Approuvé.

Napoléon.

6469. — AU GÉNÉRAL CLARKE.

Paris, 12 décembre 1811.

Monsieur le duc de Feltre, donnez ordre au détachement de gendarmerie d'élite qui est à Strasbourg, et à celui qui est à Wesel, de se rendre à Anvers. Ces détachements seront placés au Ruppel, dans les lieux où ils seront jugés nécessaires pour réprimer la désertion des matelots de l'escadre.

Napoléon.

6470. — AU GÉNÉRAL CLARKE.

Saint-Cloud, 12 décembre 1811.

Monsieur le duc de Feltre, je reçois votre rapport du 9 décembre, relativement à l'inspection des batteries que fait le préfet maritime de Rochefort. Cette inspection est nécessaire, puisqu'il est impossible que la marine puisse exécuter les mesures que j'ai ordonnées, si elle n'est pas assurée de l'état des batteries.

Donnez ordre sur toutes les côtes que, toutes les fois que les préfets maritimes feront la revue en personne des batteries de côtes qui défendent le mouillage des escadres, les passes et entrées de mes rades et de mes forts, les officiers d'artillerie aient à faire faire les épreuves qui seront nécessaires pour les assurer de l'effet des batteries.

Napoléon.

6471. — DÉCISION.

Paris, 12 decembre 1811.

Le général Clarke demande si l'Empereur autorise une exportation de 300 chevaux des pays de Holstein et d'Oldenburg en Italie pour les remontes de la cavalerie de ce royaume.

Renvoyé au ministre de la guerre, approuvé.

NAPOLÉON.

6472. — DÉCISION.

Paris, 12 decembre 1811.

Le colonel du 125ᵉ régiment demande à conserver environ 300 étrangers qui sont très anciens au service et qui ont rang pour la plupart parmi les sous-officiers ou grenadiers.

Non seulement, je consens que ces 300 hommes restent au régiment, mais il faut donner l'explication suivante :

1° Tout individu marié en Hollande sera considéré comme Hollandais.

2° Tout individu qui est depuis plus de huit ans au service de Hollande sera considéré comme Hollandais.

3° Tout individu qui aurait fait au service de Hollande les campagnes de Stralsund et d'Ulm sera considéré comme Hollandais.

Enfin, s'il se présentait quelques cas particuliers, les colonels sont autorisés à garder les individus provisoirement, en en rendant compte au ministre.

Le principal but de ces mesures est d'empêcher la désertion en parcourant la Prusse et le nord de l'Allemagne.

NAPOLÉON.

6473. — AU GÉNÉRAL LACUÉE.

Paris, 12 décembre 1811.

Monsieur le comte de Cessac, je vois qu'il y a à Würzburg 16.000 litres de vin et 8.000 litres d'eau-de-vie de vin. Si ces denrées sont de bonne qualité, il vaudrait mieux les envoyer à Magdeburg que les vendre. De Magdeburg on pourra les diriger un jour sur Danzig.

NAPOLÉON.

6474. — AU GÉNÉRAL LACUÉE.

Paris, 13 décembre 1811.

Monsieur le comte de Cessac, vous recevrez le décret que je viens de prendre relativement aux drapeaux. Vous trouverez ci-joint un état qui vous fera connaître les batailles où chaque corps s'est trouvé. On ne doit mettre pour chaque régiment que le nom de la bataille où il était présent. La manière de porter l'étendard à peu près comme à la procession ne me paraît pas bonne. Toutefois, faites faire un nouveau modèle; on les comparera. Il faut aussi me proposer le choix d'une étoffe peu pesante et qui cependant puisse durer longtemps. Il faut disposer cela de manière que cet étendard puisse se placer facilement, de sorte que l'aigle reste toujours la même et que l'on n'ait jamais à changer que l'étendard. On conçoit que, dans deux ou trois siècles, ce sera pour les régiments un objet d'émulation que de voir le même aigle que j'ai donné et qui a assisté à telles et telles batailles. Ainsi, il ne faut pas changer les aigles; mais tous les deux ou trois ans on leur remettra les drapeaux. Quant aux compagnies départementales et autres corps particuliers, ils ne seront autorisés à avoir qu'un fanion ou petit drapeau. Il en sera de même pour les gardes d'honneur et toute compagnie isolée, sous quelque prétexte que ce soit.

NAPOLÉON.

6475. — AU MARÉCHAL MARMONT (1).

Paris, 13 décembre 1811.

Je vous préviens, Monsieur le Maréchal, que l'Empereur après avoir pris connaissance de la lettre par laquelle vous exposez la dif-

---

(1) Non signé, mais portant des corrections de la main de Napoléon.

ficulté que vous avez de vous procurer des subsistances, et considérant en outre l'importance de donner le commandement de toute la frontière du Portugal à un seul général en chef, Sa Majesté a décidé que la province d'Avila, celle de Salamanque, celle de Plasencia, de Ciudad-Rodrigo, le royaume de Léon, la province de Palencia, les Asturies et enfin tout ce qui forme les 6° et 7° gouvernements de l'Espagne feront partie de l'arrondissement de l'armée de Portugal.

Indépendamment de vos troupes, c'est-à-dire des six divisions qui composent maintenant l'armée de Portugal, vous aurez sous vos ordres la division du général Souham, stationnée en la province de Salamanque qui formera votre septième division et la division du général Bonet, stationnée dans les Asturies, qui vous formera une 8° division.

L'intention de Sa Majesté, Monsieur le Duc, est que vous vous rendiez sans délai à Valladolid pour prendre le commandement militaire administratif; que vous fassiez relever de suite la garnison de Ciudad-Rodrigo par des troupes de votre armée; que vous occupiez toutes les plaines de la Castille avec votre cavalerie et Astorga par une brigade ou une division.

Au moyen de ces dispositions vous enverrez dans le 5° gouvernement :

Tout le 34° régiment d'infanterie légère, le 113° régiment d'infanterie de ligne, le 4° régiment d'infanterie de la légion de la Vistule, et enfin, tout ce qui appartient aux régiments suisses, au bataillon de Neuchâtel et à la garde impériale, ainsi que le 1er régiment de hussards et le 31° régiment de chasseurs.

Le général Dorsenne portera son quartier général à Burgos où il doit réunir toutes ses troupes, infanterie et cavalerie; il en résultera une nouvelle formation des deux armées de Portugal et du Nord, conformément aux deux états ci-joints.

Il est nécessaire, Monsieur le Maréchal, que vous gardiez à Plasencia un corps d'infanterie et de cavalerie avec lequel vous communiquerez par les cols des montagnes dont vous aurez grand soin d'augmenter les ouvrages de défense : cette communication devient de la plus grande importance pour Madrid, pour l'armée du Centre, pour celle du Midi et pour savoir ce qui se passe dans cette partie. Le point de Plasencia devient tellement important que l'Empereur vous laisse le maître de placer deux divisions de ce côté.

Il est indispensable que le général Bonet reste dans les Asturies parce que, dans cette position, il menace la Galice et contient les habitants des montagnes; il vous faudrait plus de monde pour garder les bords de la plaine depuis Léon jusqu'à Saint-Sébastien que pour garder les Asturies; la théorie avait établi et l'expérience a prouvé que, de toutes les opérations, la plus importante est d'occuper les Asturies, ce qui appuie la droite de l'armée à la mer et menace continuellement la Galice.

Si le général Wellington, après la saison des pluies, voulait prendre l'offensive, alors vous pourriez réunir vos huit divisions pour livrer bataille et être secouru et soutenu par le général Dorsenne qui, de Burgos, marcherait pour vous appuyer; mais cela n'est pas présumable, les Anglais ayant perdu beaucoup de monde et éprouvant beaucoup de peine à recruter leur armée; tout doit porter à penser qu'ils s'en tiendront simplement à la défense du Portugal.

En réfléchissant à la situation des choses, il paraît à l'Empereur qu'au lieu d'établir votre quartier-général à Valladolid, il serait préférable que vous l'établissiez à Salamanque, si cela est possible; nous n'avons pas de plan de cette ville; si l'on pouvait la fortifier sans de trop grandes dépenses et de temps, ce travail serait fort utile.

Il faut, Monsieur le Duc, que vous fassiez augmenter les fortifications d'Astorga par des ouvrages en terre qui en défendent l'enceinte et qui mettent cette place en état de soutenir un siège, de manière que, dans le cas où votre armée serait obligée de rétrograder jusqu'à Valladolid, même jusqu'à Burgos, vous puissiez, après avoir réuni vos forces et les secours qui vous arriveraient, faire lever le siège que l'ennemi aurait pu entreprendre sur Salamanque ou Astorga.

Tout porte à penser qu'avant la fin de la saison des pluies, Valence sera pris et qu'alors les détachements que vous avez faits pour soutenir l'expédition sur cette place vous rejoindront; la grande quantité de cavalerie que vous aurez pour battre la plaine vous mettra à même de détruire les guérillas, de pacifier le pays, d'en organiser l'administration, de faire payer les contributions et enfin de former des magasins.

Par vos différentes dépêches il ne paraît plus possible, en effet, de prendre l'offensive contre le Portugal; Badajoz est à peine approvisionné et Salamanque n'a pas de magasins; il faut donc forcément attendre la nouvelle récolte et que les nuages qui obscurcissent en ce moment la politique du Nord soient dissipés. Sa Majesté ne doute pas que vous ne profitiez de ce temps pour organiser et administrer les provinces de votre commandement avec justice et intégrité, ainsi que pour former de gros magasins; avec la quantité de troupes que vous allez avoir sous vos ordres, vous serez à même de bien assurer vos communications avec le général Bonet dans les Asturies; il faut faire bien administrer cette province et faire tourner au profit de l'armée toutes les ressources de ce pays qui, jusqu'à ce jour, ont été employées à des profits particuliers.

Vous devez sentir, Monsieur le Maréchal, l'importance que met l'Empereur à ce que les troupes du général Dorsenne rentrent à Burgos; il n'est pas même impossible que Sa Majesté soit dans le cas de rappeler sa garde.

C'est à vous, Monsieur le Duc, qu'est réservée la conquête du Portugal et l'immortelle gloire de battre les Anglais; vous devez donc employer tous les moyens pour vous mettre en mesure d'entreprende cette campagne lorsque les circonstances permettront de l'ordonner; vous devez porter le plus grand soin à organiser le matériel de votre armée et avoir des approvisionnements en tout genre, de vivres et de munitions.

Plusieurs opinions ont été émises pour détruire Ciudad-Rodrigo; l'Empereur pense que ce serait commettre une très grande faute, car l'ennemi s'appuyant sur cette position, se trouverait intercepter par ses avant-postes la communication de Salamanque à Plasencia, ce qui serait un très grand malheur. Les Anglais savent bien que, s'ils serrent ou assiègent Ciudad-Rodrigo, ils s'exposent à recevoir bataille, ce qu'ils sont bien loin de vouloir faire. Enfin, s'ils s'y exposaient, il faudrait, Monsieur le Maréchal, réunir toute votre armée et marcher droit à eux.

Aussitôt que Valence sera pris, le duc de Dalmatie a l'ordre de renforcer considérablement le 5ᵉ corps, afin d'arrêter et maintenir le général Hill dans l'Alentejo.

L'intention de l'Empereur est que vous conserviez pour intendant général des provinces formant l'arrondissement de l'armée de Portugal le maître des requêtes Dudon; vous aurez toute la plénitude de l'autorité, mais en agissant légalement et suivant les formes prescrites tant pour l'administration militaire que pour la Trésorerie de l'Empire; continuez d'employer dans les provinces les auditeurs au Conseil d'Etat qui s'y trouvent.

Entendez-vous avec le général Dorsenne pour l'exécution des dispositions relatives à la nouvelle organisation des deux armées et adressez-moi des rapports très détaillés de tout ce que vous ferez à cet égard afin que je puisse en rendre compte à Sa Majesté.

6476. — DÉCISION.

Paris, 13 décembre 1811.

Peut-on suspendre le départ des officiers et sous-officiers étrangers qui se trouvent au dépôt du 33ᵉ léger jusqu'à l'arrivée de ceux qui doivent les remplacer ?	J'ai donné une décision générale pour ces objets. Napoléon.

6477. — AU MARÉCHAL SOULT (1).

Paris, 13 décembre 1811.

L'Empereur, Monsieur le Maréchal duc de Dalmatie, m'autorise à vous faire connaître les dispositions que je viens de prescrire pour la nouvelle organisation des armées du Nord et de Portugal, etc., etc... (extraits à faire).

L'Empereur ordonne, Monsieur le Duc, que vous renforciez, autant qu'il sera possible, le corps qui est sur la Guadiana en opposition au général Hill; il faut que l'Alentejo soit menacé et les Anglais obligés de rester sur la rive gauche et les empêcher de rien entreprendre sur Madrid, ni sur le Tage, dans le cas où lord Wellington voudrait opérer dans le nord de l'Espagne, ce qu'il ne pourrait faire s'il ne peut retirer ses troupes de l'Alentejo (2).

Sa Majesté vous recommande de faire tout ce qui est possible pour approvisionner Badajoz, pour un an. Nous espérons apprendre la prise de Valence dans le courant de janvier au plus tard : cet événement aura une grande influence sur les affaires d'Espagne, et Sa Majesté ne doute pas que vous n'ayez fait tout ce qui aura été en votre pouvoir pour établir une forte diversion dans la province de Murcie, en faveur des opérations du maréchal Suchet sur Valence.

---

(1) Minute, avec corrections de la main de Napoléon.
(2) Ce paragraphe, depuis « sur la Guadiana... », est la transcription de la main de Berthier, d'un paragraphe ajouté en marge par l'Empereur.

6478. — AU GÉNÉRAL CAFFARELLI (1).

Paris, 13 décembre 1811.

L'Empereur, Monsieur le Comte, vous suppose en ce moment à Saragosse, avec votre division. Je n'ai pas besoin de vous recommander de veiller à ce que Lerida, Mequinenza, Tortose et toute autre place, ne soient bloquées par les partisans ennemis. Sa Majesté vous ordonne de vous porter au secours de ces places, et partout où votre présence serait nécessaire pour les débloquer. C'est là le principal but que vous devez vous proposer dans votre mouvement en Aragon et protéger les derrières et les communications du général (sic) Suchet.

6479. — DÉCISIONS (2).

Paris, 14 décembre 1811.

On rend compte à Sa Majesté que tous les généraux de brigade employés dans la garde reçoivent le traitement de colonels de la garde avec celui de leur grade dans la ligne.	Accordé.
Le Ministre croit que M. le général Dériot doit être traité aussi favorablement, puisqu'il serait le seul officier de la garde qui n'aurait aucun des avantages accordés par Sa Majesté à sa garde.	
On prend les ordres de Sa Majesté sur la demande, faite par le Ministre de la marine en faveur du général Janssens, de traitement de non-activité de son grade pendant son séjour à l'île de Java.	Accordé.
On propose à Sa Majesté de dispenser de la portion du déficit qui leur est imputé comme membres du	Approuvé.

(1) Minute, avec corrections de la main de l'Empereur.
(2) Non signées; extraites du « Travail du ministre de la guerre avec S. M. l'Empereur et Roi, daté du 11 décembre 1811 ».

conseil d'administration, un maréchal des logis et un gendarme à cheval de la compagnie de gendarmerie du Morbihan, attendu que c'est à eux qu'on doit en partie la connaissance des abus reconnus dans l'administration de cette compagnie.

On propose à Sa Majesté d'employer dans la 5ᵉ division militaire le général de brigade Beurmann, pour être chargé de l'inspection des dépôts de cavalerie, en remplacement du général Castex, qui vient d'être envoyé à Munster pour commander la brigade de cavalerie légère.

Approuvé.

M. le maréchal prince d'Eckmühl demande que le général de brigade Breissand soit employé au corps d'observation de l'Elbe, dans la division que commande le général Dessaix.

Approuvé.

On propose à Sa Majesté d'approuver l'ordre donné à l'adjudant commandant Mergès de se rendre à Cologne pour servir dans la division de cavalerie, et la proposition de placer l'adjudant commandant Briatte, l'aîné, disponible à Paris, au corps d'observation de l'Elbe;

Approuvé.

De laisser encore pendant six mois à l'état-major du gouverneur général des 17ᵉ et 31ᵉ divisions militaires l'adjudant commandant Théophile Briatte et le chef de bataillon Vermasen.

S. A. S. le prince architrésorier assure qu'ils y rendent d'utiles services;

Approuvé.

De laisser l'adjudant commandant Dupont Derval dans la divi-

Approuvé.

sion de cuirassiers à laquelle il a été attaché provisoirement comme chef d'état-major de cette division.

On propose à Sa Majesté de considérer comme hors du cadre de l'inspection aux revues les inspecteurs et sous-inspecteurs aux revues attachés à la garde impériale.

Approuvé.

M. le maréchal duc de Tarente sollicite pour M. Aubrée, colonel du 11° régiment d'infanterie de ligne, un congé de convalescence de six mois pour se rendre dans sa famille, afin d'y rétablir sa santé, altérée par les fatigues de la guerre.

Le faire remplacer par le major, envoyer le colonel au dépôt, à Genève.

On met sous les yeux de Sa Majesté la demande faite par M. Guéhéneuc, colonel du 26° régiment d'infanterie légère, qui sollicite un congé de convalescence de trois mois pour venir à Paris, se rétablir d'une fièvre dont il est atteint depuis six semaines.

Accordé.

On propose à Sa Majesté d'accorder un congé de trois mois au sieur Jules Lante, né Romain, sous-lieutenant de cavalerie, qui vient de perdre son père, le duc Lante;

Accordé.

D'admettre à la solde de retraite MM. les colonels du génie Sorbier, Luzy et Lagastine.

Accordé.

Le landamman de la Suisse demande le renvoi dans leur patrie de deux officiers suisses du régiment de Reding, faits prisonniers.

Accordé.

Le général Maurice Mathieu, gouverneur de la province de Barcelone, demande le retour dans cette ville de M. Merlin d'Estreux, Français d'origine, colonel au service d'Espagne depuis 1782, qui a

Accordé.

fait sa soumission et dont la femme possède de grands biens en Catalogne et s'est fait estimer par la sagesse de ses opinions.

Le nommé Clément Lenprière, un jeune marin pêcheur, de Jersey, retenu aux dépôts des prisonniers de guerre anglais à Arras, sollicite son renvoi dans ses foyers.

Accorde.

6480. — AU MARÉCHAL BERTHIER.

Paris, 14 décembre 1811.

Mon Cousin, j'ai à Pau des détachements de six bataillons des équipages militaires, avec des mulets, des chevaux et des voitures. Remettez-m'en la situation afin que j'ordonne le départ pour l'armée du Nord et l'armée de Portugal de tout ce qu'il y a de disponible. Il y a aussi à Carcassonne et à Auch des détachements du train d'artillerie et des chevaux. Il y a également à Bayonne des détachements d'équipages militaires et des officiers, qui sont destinés à faire partie de la réserve; remettez-m'en l'état afin que j'en dispose définitivement, en me faisant connaître où sont les compagnies des mêmes bataillons.

NAPOLÉON.

6481. — DÉCISION.

Paris, 14 décembre 1811.

Le général Clarke demande quelle est la destination des quatre régiments de marche de cavalerie organisés conformément aux ordres de l'Empereur par le général Defrance.

Le major général donnera ordre à ce régiment de se rendre à Burgos, hormis celui d'Aragon qui se rendra à Pampelune.

A leur arrivée à Bayonne, le ministre me remettra leur état de situation, et me demandera de nouveaux ordres pour la destination ultérieure.

NAPOLÉON.

6482. — AU GÉNÉRAL CLARKE.

Paris, 14 décembre 1811.

Monsieur le duc de Feltre, je reçois votre rapport du 13. Mon intention n'est pas de supprimer les dépôts généraux de Saintes et de Niort. Ces dépôts subsisteront tant qu'il y aura des hommes disponibles.

Je crois avoir donné l'ordre au 4e de chasseurs de faire approcher son dépôt des Pyrénées. Faites-moi connaître où sont les dépôts des dragons et des chasseurs italiens.

Le général Defrance restera à Niort et à Saintes. Il sera chargé du commandement supérieur des dépôts de cavalerie de l'armée d'Espagne; il les parcourra, verra les hommes, à mesure qu'ils arriveront à chaque dépôt, et s'assurera de ce qui leur manquera; il sera chargé de la réception définitive des chevaux de ces dépôts. Il sera chargé de la formation des régiments de marche destinés à l'armée d'Espagne. Les dépôts de Saintes et de Niort seront, en réalité, supprimés, lorsqu'il n'y aura plus d'hommes; mais ils existeront toujours d'une manière fictive, dans le sens que tous les dépôts de l'armée d'Espagne seront censés en faire partie. Faites-moi connaître le nombre d'hommes présents, à l'effectif, le nombre de selles, de harnais, de chevaux et ce qu'il faudrait pour monter tous les hommes qui se trouvent dans ces dépôts.

NAPOLÉON.

6483. — AU GÉNÉRAL LACUÉE.

Paris, 14 décembre 1811.

Monsieur le comte de Cessac, je vous envoie un rapport du ministre de la guerre sur les dépôts de Saintes et de Niort. Vous y verrez qu'il y a 276 chevaux de chasseurs et environ 200 chevaux de dragons. Faites-moi un rapport sur ces dépôts, et faites-moi connaître si les commandes que j'ai ordonnées sont faites, ce qui reste à fournir, et l'époque où tout sera fourni.

Faites-moi un rapport sur les dépôts des douze régiments de dragons et des régiments de cavalerie légère de l'armée d'Espagne, en me faisant connaître leur situation en hommes, en chevaux, en selles, en habillement.

Il est nécessaire de faire une remonte extraordinaire pour ces dépôts, et indépendamment des chevaux nécessaires pour monter tous les hommes à pied, il est bon d'avoir 100 chevaux de plus pour suffire à remonter tous les hommes qui arriveraient.

J'ai pris dernièrement un décret sur les remontes. Faites-moi connaître l'état de situation des remontes que j'ai ordonnées par les décrets que j'ai pris en 1811. La rentrée de ces chevaux devient de la plus grande urgence, vu le besoin que j'aurai de ma cavalerie, à la fin de février pour tout délai. Il faut donc prendre des mesures telles que toutes les commandes soient réalisées et que j'aie à cheval le nombre d'hommes que je dois avoir.

On peut encore tirer beaucoup de chevaux d'Allemagne.

NAPOLÉON.

6484. — AU GÉNÉRAL LACUÉE.
Paris, 14 décembre 1811.

Monsieur le comte de Cessac, faites-moi connaître ce qu'il y a à Bayonne et à Pau, en équipages militaires, qui soit disponible, et qu'on pourrait envoyer en Espagne, soit en hommes, soit en mulets de bât, soit en voitures.

NAPOLÉON.

6485. — AU MARÉCHAL BERTHIER.
Paris, 15 décembre 1811.

Mon Cousin, je vous prie de me faire connaître où sont les 4ᵉˢ bataillons de l'armée d'Espagne, ceux qui sont arrivés en France et ceux qui sont en route. Désignez-moi également les cadres des 4ᵉˢ bataillons dont on pourrait ordonner le retour en France, pour recevoir la nouvelle conscription.

NAPOLÉON.

6486. — AU GÉNÉRAL CLARKE.
Paris, 15 décembre 1811.

Monsieur le duc de Feltre, je désire que vous me fassiez connaître l'état de situation de tous les 4ᵉˢ bataillons qui sont en ce moment en France et dont les bataillons de guerre sont à l'armée d'Espagne ou en marche pour s'y rendre. Faites-moi connaître le nombre de compagnies qui s'y trouvent.

Il est également nécessaire que vous donniez ordre aux colonels de tous les régiments qui sont en Espagne d'envoyer à leur 5ᵉ bataillon les caporaux et sergents qui manquent. Je crois que chacun des régiments des armées de Portugal, du Midi et d'Aragon, pourraient très bien envoyer 12 sergents et 24 caporaux, ce qui ferait une quarantaine d'hommes ayant plus de deux ans de service et capables de remplir ces places.

Donnez ordre à tous les régiments qui sont en Italie de compléter en officiers et sous-officiers les cadres de leur 5ᵉ bataillon.

Donnez le même ordre à tous les régiments qui ont leurs bataillons de guerre en France.

Enfin, donnez le même ordre à tous les régiments qui ont leurs bataillons de guerre au corps d'observation de l'Elbe, au camp de Boulogne, etc.

Il est important que les officiers et sous-officiers soient au complet, mais surtout que les sergents et caporaux aient au moins deux ans de service; car les 4ᵉˢ bataillons qui sont en France, et les 5ᵉˢ bataillons sont spécialement destinés à recevoir la conscription de 1812, ce qui fera une force de 150.000 hommes destinés à la garde de la France et de l'Italie; il faut donc s'y prendre dès aujourd'hui pour compléter ces cadres.

Remettez-moi un état qui me fasse connaître la situation des 5ᵉˢ bataillons qui sont en France et de ceux qui feraient partie du régiment de marche en Espagne, afin que je puisse accélérer le retour de ces cadres, vu la grande importance d'avoir ces 5ᵉˢ bataillons complets.

Mon intention est de lever la conscription de 1812. Voici la répartition que je désire en faire :

1° Compléter tous les 4ᵉˢ bataillons qui sont en France;

2° Compléter tous les 5ᵉˢ bataillons qui sont en France et en Italie;

3° Compléter les 4ᵉˢ escadrons de dragons qui reviennent d'Espagne;

4° Compléter tous les régiments de chevau-légers; enfin, compléter plusieurs bataillons des équipages d'artillerie.

Le 20ᵉ de cette conscription sera destiné pour recruter la petite garde.

Mon intention est de laisser toute cette levée dans les 4ᵉˢ bataillons qui sont en France et dans les 5ᵉˢ bataillons pour la défense de toute la France; les majors se trouveront naturellement les commander.

Vous devez donc sentir l'importance de recruter promptement les cadres des 5es bataillons par de bons sous-officiers et officiers.

J'ai 131 régiments de ligne qui peuvent recevoir chacun 500 conscrits dans leur 5e bataillon, indépendamment des cadres et de ce qui s'y trouve dès aujourd'hui; cela ferait donc un emploi de 65.000 hommes.

Mon intention est de former ces cent trente et un bataillons en demi-brigades; chaque brigade composée de quatre bataillons de 500 hommes, ce qui ferait 2.000 hommes pour l'effectif de chaque demi-brigade et 64.000 hommes pour les trente-deux demi-brigades.

En supposant la conscription levée dans le courant de janvier, les conscrits seront rendus et habillés en février. Dès le commencement de mars, les demi-brigades seront formées, et, en avril, elles pourront camper et seront réunies en divisions.

Je suppose que j'ai aujourd'hui en France quarante 4es bataillons qui, recevant chacun 700 hommes, formeraient une réserve de 28.000 hommes; cette réserve pourrait se mettre en mouvement dans le courant de mai; elle composerait un corps d'observation sur les derrières de l'armée et la maintiendrait à portée de revenir sur la Hollande et l'Escaut et de se porter partout où il serait nécessaire.

Les conscrits devant être envoyés en majeure partie aux 5es bataillons, il faut les faire marcher le moins possible, hormis les conscrits italiens qu'il faut faire venir en France et les Languedociens qu'il faut envoyer en Italie.

Vous voyez, que moyennant ces dispositions, tout ce qui est actuellement sous les armes devient disponible et que pas un homme de la conscription de 1812 n'entrera dans la première composition de la Grande Armée.

Je pense qu'il ne faut pas perdre de temps pour appeler cette conscription.

NAPOLÉON.

6487. — AU GÉNÉRAL CLARKE.

15 décembre 1811.

Monsieur le duc de Feltre, donnez ordre au duc de Plaisance, commandant le dépôt de Strasbourg, de faire partir le plus tôt possible les hommes qu'il a disponibles pour les cuirassiers. On prendra pour conduire ces hommes des détachements des 1er et 105e ou des escortes détachées d'Erfurt à cet effet.

Donnez ordre que les 1.000 premiers grâciés ou déserteurs amnistiés qui arriveront au dépôt de Strasbourg, qui sont destinés au corps du prince d'Eckmühl, soient dirigés, savoir : 300 hommes sur le 2e de ligne et 700 hommes sur le 37e.

On les habillera et on les équipera en règle, et on les fera partir sous l'escorte des détachements du 3e de ligne ou du 105e, qui les conduiront à ces deux régiments. Les cadres retourneront à Strasbourg.

Je crois vous avoir déjà mandé de me proposer des majors en second pour les 2e et 37e qui sont à cinq bataillons.

Napoléon.

6488. — AU GÉNÉRAL LACUÉE.

Paris, 15 décembre 1811.

Monsieur le comte de Cessac, au 1er décembre, le 23e et le 24e régiments de chasseurs, qui sont à Munster, n'avaient pas encore reçu de fonds pour acheter des chevaux. Cependant, ces régiments sont dans un bon pays où ils peuvent se procurer des chevaux facilement et à un prix avantageux.

Napoléon.

6489. — AU GÉNÉRAL LACUÉE.

Paris, 15 décembre 1811.

Monsieur le comte de Cessac, je réponds à votre rapport du 11 décembre sur les 6e et 7e bataillons des équipages militaires. Je désire diviser le travail en deux parties : les trois premières compagnies de ces deux bataillons, et les trois dernières. Il faut d'abord compléter les cadres des six compagnies de chaque bataillon; ensuite laisser les trois dernières avec le cadre et former complètement les trois premières. Trois compagnies d'équipages militaires complètes exigent 381 hommes et 612 chevaux, ce qui fera pour les deux bataillons 762 hommes et 1.224 chevaux. Vous avez en ce moment 471 hommes et 595 chevaux. C'est 291 hommes et 629 chevaux qui manquent. Je viens de prendre un décret pour y pourvoir. Vous me présenterez en janvier le travail relatif aux trois dernières compagnies; mais, en attendant, je complète pour la Grande Armée quatre bataillons ou 1.000 voitures. Quant aux voitures, je voudrais que toutes fussent du nouveau modèle. Il me semble que vous en faites faire à Danzig. Il faut me faire un rapport général là-dessus, car je désire que les compagnies qui restent à former soient également attelées à des voitures du nouveau modèle.

Napoléon.

6490. — AU GÉNÉRAL CLARKE (1).
16 décembre 1811.

Monsieur le duc de Feltre, donnez ordre au général Bertrand de mettre deux autres bataillons de Croates en état, et de les armer et habiller, de manière qu'ils puissent entrer en campagne dans le courant de février.

6491. — DÉCISION.
Paris, 17 décembre 1811.

Le prince Eugène propose de faire revenir en Italie les cadres des deux bataillons du 5ᵉ de ligne employés en Espagne, pour instruire les recrues qui se réunissent au dépôt.

Renvoyé au major général pour ordonner ce mouvement; en prévenir le vice-roi.

Napoléon.

6492. — AU GÉNÉRAL CLARKE.
Paris, 17 décembre 1811.

Monsieur le duc de Feltre, envoyez-moi l'état des cinquante-huit 4ᵉˢ bataillons et des cent trente-trois 5ᵉˢ bataillons qui sont en France et en Italie. Je crois ce nombre exagéré.

Napoléon.

6493. — AU GÉNÉRAL LACUÉE.
Paris, 17 décembre 1811.

Monsieur le comte de Cessac, il y a à Pau, au 11ᵉ bataillon des équipages militaires, 141 hommes et 173 chevaux. Cela est bien

(1) Non signé, copie conforme.

considérable pour un petit dépôt. Faites-moi connaître d'où cela provient et si cela forme un cadre. Le 3ᵉ bataillon d'équipages militaires, qui est à Pau, le 4ᵉ et le 13ᵉ *idem.*, ont chacun fait partir deux compagnies de mulets de bât pour l'armée de Portugal. Il est donc parti six compagnies, c'est-à-dire 880 hommes, 864 mulets de bât et 144 chevaux. Il reste encore une compagnie de chacun de ces bataillons, ce qui fait trois compagnies ou 440 hommes, 432 mulets et 72 chevaux. Faites-moi connaître quand ces trois compagnies pourront partir. Chacun de ces bataillons a, en outre, sa 1ʳᵉ compagnie organisée en voitures : ce qui fait 371 hommes, 624 chevaux et 126 voitures. Faites-moi connaître également si ces compagnies sont en état de partir. Enfin, le 10ᵉ bataillon devrait avoir au complet de ses trois compagnies 390 hommes (il n'en a que 340), 624 chevaux (il n'en a que 450). Il manque donc 50 hommes et 174 chevaux. Les voitures paraissent être au complet de 126. Je remarque que, sur les 450 chevaux existants, on en porte 150 à refaire ou à réformer. Comment se fait-il que, parmi des chevaux neufs et qui n'ont encore rien fait, il y en ait à refaire ou à réformer ? Donnez-moi des éclaircissements à cet égard. Il y aurait donc 252 voitures qui seraient prêtes à partir. J'attendrai votre rapport pour donner des ordres.

Napoléon.

6494. — DÉCISION.

Paris, 18 décembre 1811.

Le général Clarke demande quelles sont les intentions de l'Empereur en ce qui concerne les propositions faites antérieurement au sujet des compagnies et officiers du génie à attacher aux 8ᵉ et 9ᵉ divisions du corps d'observation de l'Elbe.	Me présenter au 15 janvier. <div align="right">Napoléon.</div>

6495. — AU GÉNÉRAL CLARKE.

Paris, 18 décembre 1811.

Monsieur le duc de Feltre, donnez ordre au 4ᵉ régiment de chasseurs, qui est parti de Turin pour se rendre à Avignon, de se diriger sur Vienne où est son dépôt. Vous me ferez connaître la situation de ce régiment, à son arrivée à Vienne.

NAPOLÉON.

6496. — AU GÉNÉRAL CLARKE.

Paris, 18 décembre 1811.

Monsieur le duc de Feltre, le livret qui contient l'état de situation des corps par ordre numérique, du 15 novembre au 1er décembre, est plein de fautes. Ordonnez qu'il soit fait avec plus d'exactitude. Je vais en relever quelques-unes.

Le 5e bataillon du 3e léger y est porté comme étant à Gênes; ce dépôt est à Parme.

Le 6e régiment de chasseurs est porté comme ayant un effectif de 598 hommes; on porte ensuite en encre rouge 203 hommes en marche pour rejoindre; mais ces 203 hommes font partie de l'effectif, ce qui fait 801 hommes et 733 chevaux. A un grand nombre de corps de cavalerie, on fait la même faute.

Au 10e régiment de ligne, il n'est pas question du 6e bataillon.

NAPOLÉON.

6497. — DÉCISION (1).

Sa Majesté est priée de faire connaître si son intention est d'accorder au général de brigade Bouvier des Eclaz, employé à l'armée du Midi en Espagne, le congé qu'il sollicite pour venir se marier à Paris. Cet officier général est arrivé à Bayonne avec un convoi de blessés.	L'employer dans une division de cuirassiers.

6498. — DÉCISION.

Paris, 19 décembre 1811.

On soumet à l'Empereur l'état des outils nécessaires pour un ba-	Renvoyé au ministre de la guerre pour me faire connaître

---

(1) Sans signature ni date; extraite du « Travail du ministre de la guerre avec S. M. l'Empereur et Roi, date du 18 décembre 1811 ».

taillon de 800 ouvriers militaires de la marine. si ces outils sont conformes à ce que désirent le génie et l'artillerie.

Napoléon.

6499. — AU GÉNÉRAL CLARKE.

Paris, 19 décembre 1811.

Monsieur le duc de Feltre, quand le 6ᵉ bataillon du 10ᵉ de ligne, qui est à Monaco, partira-t-il pour l'Italie? Lui en avez-vous donné l'ordre?

Faites partir le 4ᵉ bataillon du 8ᵉ d'infanterie légère, complété à 900 hommes par des conscrits réfractaires, pour se rendre à Gênes par mer. Il y débarquera et, de là, se dirigera sur Laibach où on le réunira aux trois autres bataillons que ce régiment a en Illyrie.

Napoléon.

6500. — AU GÉNÉRAL CLARKE.

Paris, 19 décembre 1811.

Monsieur le duc de Feltre, je vois que le régiment de l'île de Ré a un dépôt de 400 hommes. Il serait bon de répartir ces 400 hommes entre les quatre premiers bataillons.

Les 3ᵉ et 4ᵉ régiments étrangers ne prennent pas figure : il serait bien important cependant de les organiser, de manière à ce qu'ils puissent servir et remplir cet été la destination de défendre les côtes de la Hollande.

Je ne vois pas où se trouvent les cadres des bataillons de l'île de Ré, qui ont conduit des conscrits en Allemagne. Je ne vois pas non plus où se trouve le cadre du 3ᵉ bataillon du régiment de Walcheren, qui a eu la même destination. Ces cadres doivent être de retour d'Allemagne.

Je remarque que le 29ᵉ de ligne a 230 hommes à Montpellier; je ne puis pas comprendre cela. Que font là ces hommes, à moins que ce ne soit quelque compagnie de voltigeurs employée dans une colonne mobile?

Napoléon.

6501. — AU GÉNÉRAL CLARKE.

Paris, 19 décembre 1811.

Monsieur le duc de Feltre, donnez ordre que tout ce que les 5es bataillons des régiments, qui ont leur 4e bataillon à la réserve de Bayonne, et qui sont placés dans la 11e division militaire, envoient tous leurs hommes disponibles pour compléter les cadres de leurs 4es bataillons. A cet effet, ils remettront leur état de situation au général Monthion, qui leur enverra des ordres de départ pour leurs détachements, au fur et à mesure qu'il en aura besoin.

NAPOLÉON.

6502. — AU GÉNÉRAL CLARKE.

Paris, 19 décembre 1811.

Monsieur le duc de Feltre, je ne vois pas la nécessité de faire aller à l'île d'Oléron le 4e bataillon du 29e léger qui est à l'île de Ré. Il en résulterait des désertions en route. D'ailleurs, il y a 2.500 hommes à l'île d'Oléron. C'est tout ce qu'il y faut. Je préfère tenir les deux bataillons du 29e réunis à l'île de Ré, d'où l'on peut les faire sortir plus facilement.

NAPOLÉON.

6503. — AU GÉNÉRAL CLARKE.

Paris, 19 décembre 1811.

Monsieur le duc de Feltre, faites-moi connaître la situation et la composition du 5e bataillon du 6e de ligne, qui est à l'île d'Elbe, de quel pays sont les hommes et s'ils sont habillés. Le 3e bataillon de ce régiment, qui est à Rome, n'a que 600 hommes; le 4e bataillon n'a également que 600 hommes. Ce qui existe dans le 5e bataillon est donc nécessaire pour compléter ces deux bataillons. Le 7e bataillon du 6e de ligne, qui a déjà 150 hommes partis pour Corfou, doit rester à l'île d'Elbe, afin de passer insensiblement à Corfou. Faites-moi également connaître la situation du 5e bataillon du 14e d'infanterie légère, qui est à l'île d'Elbe, de quel pays sont les hommes qui le composent et quelle est la situation de l'habillement. Remettez-moi le dernier état de situation du régiment de la Méditerranée, qui est en Corse, et faites-moi connaître de quel pays sont les hommes, afin que j'envoie les dispositions qu'il convient de prendre pour tirer le meilleur parti de ces hommes. Recommandez au général Miollis de tenir en réserve et en bon état les bataillons du 6ᵉ de ligne et du 14ᵉ d'infanterie légère, et d'employer sur les côtes les bataillons étrangers et autres troupes de cette espèce, mais de ne placer les bataillons français que dans des pays sains. Je vois avec peine qu'il y a beaucoup de malades; il faut qu'il y porte un soin particulier.

NAPOLÉON.

6504. — AU GÉNÉRAL CLARKE.

19 décembre 1811.

Monsieur le duc de Feltre, je réponds à votre lettre du 17 de ce mois. J'approuve qu'on mette en activité les deux moulins à poudre qui sont près de Danzig. Peut-être serait-il nécessaire de les exploiter au compte de l'artillerie. On pourrait y envoyer plusieurs employés des poudres.

J'approuve qu'on fasse un marché pour l'exploitation du moulin qui est sur le territoire prussien. Comme ces trois moulins réunis ne pourront fabriquer que 200 milliers de poudre par année, j'approuve que l'on achète le salpêtre et les matières nécessaires pour les 200 milliers, c'est-à-dire pour la fabrication de toute l'année 1812; mais, si l'on pouvait confectionner 400 milliers de poudre, j'approuverais qu'on achetât du salpêtre, pour en faire 400 milliers.

Quant à l'argent, le fonds de réserve de 1.300.000 francs est à peu près épuisé. J'accorderai volontiers le restant. J'attendrai un rapport sur ce qu'on peut fabriquer.

Je croyais que le salpêtre était cher et difficile à se procurer dans le Nord.

NAPOLÉON.

6505. — AU GÉNÉRAL CLARKE.

Paris, 19 décembre 1811.

Monsieur le duc de Feltre, je vois, par la lettre ci-jointe, que je vous renvoie, que les quatre bataillons illyriens ne pourraient pas partir avant le 1ᵉʳ février, attendu qu'il leur manquerait 1.200 habits, 200 vestes et 1.800 capotes. Chargez le prince Borghèse de prendre des mesures pour faire confectionner partie de ces objets, de manière que deux bataillons de ce régiment, bien habillés et bien équipés, partent le 1er janvier, le 3e bataillon le 10 janvier, le 4e bataillon le 5. Faites comprendre au prince Borghese que les effets manquants doivent être confectionnés avant cette époque et qu'il doit prendre, pour cela, des mesures extraordinaires. Les fusils leur seront fournis à Besançon. Enfin, s'il y avait des hommes qui n'aient pas pu être habillés, on les laisserait au 5e bataillon, avec quelques officiers, et on les ferait partir en compagnies de marche; mais, en général, il faut qu'on évite cette mesure, et que tous les hommes soient habillés pour les époques déterminées.

NAPOLÉON.

6506. — AU GÉNÉRAL CLARKE.

Paris, 19 décembre 1811.

Monsieur le duc de Feltre, je désire que vous fassiez connaître aux majors des 1er, 2e, 3e, 4e et 5e de chevau-légers que leur régiment doit être organisé, habillé, monté et équipé de manière à pouvoir fournir deux escadrons de 250 hommes chaque, c'est-à-dire 500 hommes à cheval et prêts à partir au 15 février prochain. Mandez-leur de vous faire connaître où en est l'instruction, l'armement, la construction des lances, la remonte, etc., et prenez toutes les mesures convenables pour être assuré que les deux premiers escadrons seront prêts avant le 15 février, et que les deux autres, également de 250 hommes chaque, seront prêts dans le courant de mars.

Faites-moi, dans les premiers jours de janvier, un rapport sur ces cinq régiments.

Faites connaître aux majors des 6e et 8e id. qu'ils doivent fournir au 15 février leurs quatre escadrons, présentant, par régiment, 900 chevaux bien équipés.

NAPOLÉON.

6507. — DÉCISION.

Paris, 19 décembre 1811.

Le général Clarke soumet à l'Empereur la liste des élèves de l'école d'application d'artillerie de Metz promus lieutenants en second et il propose le renvoi d'un autre élève pour cause d'incapacité.

Approuvé: présenter les décrets.

NAPOLÉON.

6508. — DÉCISION (1).

Paris, 19 décembre 1811.

Rapport favorable sur le caractère et la manière de servir de M. Bonneville, directeur des douanes à Danzig, qui a eu dans cette ville, avec le général Rapp, une discussion au sujet du mode de versement des recettes de la douane et de l'exécution des décrets relatifs au blocus continental. M. Bonneville demande d'ailleurs son rappel.

Renvoyé au prince d'Eckmühl pour faire connaître son opinion.

NAPOLÉON.

6509. — DÉCISION.

Paris, 19 décembre 1811.

Le préfet du département d'Eure-et-Loir propose de répartir le 1er régiment de chevau-légers entre les villes de Chartres et de Châteaudun.

J'approuve qu'on exécute ce mouvement, mais seulement quand il y aura à Chartres plus de 300 chevaux au 1er régiment de lanciers, et alors on m'en rendra compte.

NAPOLÉON.

6510. — DÉCISIONS (2).

Paris, 19 décembre 1811.

On prend les ordres de Sa Majesté sur une proposition de S. A. I. le prince gouverneur général des départements au delà des Alpes, tendant à faire transformer en caserne de cavalerie, pour un régiment au complet, le château de la Vénerie, situé à proximité de Turin.

Cette proposition pourrait être approuvée, si on ne met pas dans cet emplacement une école dans le genre de celle d'Alfort.

On soumet à Sa Majesté un pro-

Je ne vois pas la raison de

---

(1) **Extraite** des *Papiers Davout*.
(2) **Non** signées; extraites du « Travail du ministre de la guerre avec S. M. l'Empereur et Roi, daté du 18 décembre 1811 ».

jet de décret pour régulariser l'établissement d'ouvriers d'augmentation aux régiments de cavalerie du corps d'observation de l'Elbe pour la création d'une neuvième compagnie de dépôt et l'établissement d'une forge de campagne à ceux de ces corps qui n'en ont pas.

faire une exception pour la cavalerie du corps d'observation de l'Elbe. Toute la cavalerie doit être traitée suivant la même règle.

On propose à Sa Majesté d'approuver l'ordre donné par M. le maréchal duc de Dalmatie, pour faire remplacer dans les régiments de l'armée du Midi et en particulier dans le 8e régiment de ligne les sous-officiers, caporaux et tambours prisonniers de guerre.

Approuvé.
Généraliser cette mesure, partout les officiers et sous-officiers prisonniers de guerre doivent être remplacés.

On propose à Sa Majesté d'autoriser M. le maréchal prince d'Eckmühl à remettre à la disposition du gouvernement de Westphalie 16 militaires nés dans ce royaume et renvoyés par erreur, comme originaires de la 32e division militaire.

Approuvé.

On rend compte à Sa Majesté de la levée subite d'un second bataillon de gardes nationales mobiles dans les départements de l'Ariège et des Pyrénées-Orientales à l'occasion de l'invasion des insurgés espagnols dans la Cerdagne française et des payements de solde que ce mouvement a occasionnés. Sa Majesté est priée de vouloir bien approuver ces payements.

Approuvé.

On propose à Sa Majesté de remplacer, dans le commandement de Belle-Ile, par le général de division Durutte, le général de division Beker, qui doit être admis à la retraite.

Un général de brigade est plus que suffisant dans cette île.

On propose à Sa Majesté de remplacer par le sieur Tarbé, major

Approuvé.

en second, qui se trouve en ce moment disponible à Paris, le sieur de la Bourdonnais, chef d'escadron, commandant une colonne sur les côtes de Rochefort. Cet officier supérieur est malade:

De faire passer au 7ᵉ régiment de chasseurs le prince de Salm-Kirburg et de le remplacer dans son emploi de chef d'escadron au 14ᵉ régiment de même arme par le capitaine Guerbe, de ce dernier corps.

Ce jeune homme ne sait rien, ce sera un mauvais chef d'escadron, si l'on ne tient la main à ce qu'il serve rigoureusement et à ce qu'il ne s'absente pas de son régiment d'ici à plusieurs années. Je signe le projet de décret proposé.

Approuvé.

Le Ministre de l'intérieur demande le renvoi dans sa patrie du nommé Emmanuel Diesse, prisonnier espagnol du dépôt de Luxembourg, qui a sauvé, au péril de sa vie, une jeune fille prête à périr dans la rivière d'Alzette.

Le Ministre de Bavière demande le retour du sieur L. Goegel, lieutenant-colonel au service d'Espagne, né Bavarois, et qui a fait sa soumission aussitôt après son arrivée d'Espagne en France.

Approuvé.

6511. — AU GÉNÉRAL CLARKE.

Paris, 20 décembre 1811.

Monsieur le duc de Feltre, je viens de prendre un décret qui répond à votre travail sur l'armement des places de Magdeburg, Stettin, Küstrin et Glogau. J'ai trouvé qu'on demandait trop et j'ai fait des réductions. Je me suis contenté d'un équipage de 130 bouches à feu à Danzig et d'un autre de semblable force à Magdeburg. Cet équipage doit faire partie de l'armement de la place. J'ai réglé la colonne nécessaire sur ce qui existe, à l'exception d'un petit nombre d'articles qu'on retirera d'une place sur l'autre. Tout en désirant que l'approvisionnement soit à 1.000 coups par pièce, mon intention est, cependant, qu'il ne soit rien tiré de France qu'autant que cela serait nécessaire pour porter cet approvisionnement au minimum de 800 coups par pièce et de 600 coups par mortier. J'ai réglé également la quantité de poudre nécessaire à 600 coups par pièce, en n'y comprenant pas les cartouches que j'ai portées à 2.000.000 pour Magdeburg, 1.000.000 pour Küstrin, 1.000.000 pour Stettin et 1.000.000 pour Glogau. Actuellement, faites dresser les états en détail; mais, en attendant, faites partir 1 million de poudre. Vous devez prendre cette poudre à Wesel et à Grave, qui sont encombrés. Je crois qu'il y a encore des pièces à Magdeburg et pays voisins. Je crois aussi qu'il y a en Hollande plus de poudres qu'il ne faut. Faites transporter ces poudres jusqu'à Magdeburg, par des chevaux d'artillerie du prince d'Eckmühl. J'ai approuvé le projet que vous m'avez présenté pour confectionner la poudre à Danzig. Je crois, cependant, qu'il faudra qu'on en envoie; mais, à quelque somme que se monte la quantité de poudre qui sera nécessaire, d'après les bases que j'ai établies, je pense que le million une fois envoyé suffira à tout, puisqu'il se trouvera placé en échelons et qu'on pourra en tirer facilement 300 milliers de Stettin et Magdeburg, sauf à les remplacer. Il faut que les états d'approvisionnement d'artillerie soient très détaillés. L'état des deux équipages de siège doit comprendre les charrettes, forges de campagne, chariots à boulets, plates-formes, artifices et tout ce qui est nécessaire à un siège. Il faut que tout existe dans les places jusqu'aux plus petits détails. Quelques outils de mineurs pourraient être nécessaires à Küstrin.

Napoléon.

6512. — AU GÉNÉRAL CLARKE.

Paris, 20 décembre 1811.

Monsieur le duc de Feltre, pour compléter l'effectif des régiments du corps d'observation de l'Elbe à 150 hommes par compagnie, officiers compris, c'est-à-dire 900 hommes par bataillon, il manque 3.400 hommes. Je ne porte le 33ᵉ que pour quatre bataillons. Je ne compte pas les Espagnols. Je désire faire l'envoi de ces 3.400 hommes en envoyant d'abord ce qui est disponible aux dépôts des seize régiments du corps d'observation de l'Elbe. Le 15ᵉ léger peut, je crois, envoyer 200 hommes; le 33ᵉ léger peut envoyer 500 ou 600 hommes; les autres dépôts peuvent tous envoyer plus ou moins. En joignant ces détachements à ce que ce corps recevra du régiment de l'île de Ré, dont l'incorporation n'était pas consommée au 1ᵉʳ décembre, date de l'état de situation envoyé par le prince d'Eckmühl, sur lequel j'ai fait mes calculs, ces régiments se trouveront parfaitement complets. Faites donc faire le dépouillement de ce que les dépôts de ces seize régiments pourront envoyer. Quant au régiment espagnol, il doit avoir 1.800 hommes. Faites partir de son dépôt ce qui manque pour le compléter. Il y a des officiers espagnols de bonne volonté qui ont prêté serment. Il y a aussi des soldats.

La création d'un **bataillon de sapeurs espagnols** pourrait être utile. On l'éparpillerait entre les différentes divisions, ou bien on l'emploierait au parc du génie.

NAPOLÉON.

6513. — AU GÉNÉRAL LACUÉE.

Paris, 20 décembre 1811.

Monsieur le comte de Cessac, tous les régiments de cavalerie légère vont être embrigadés. Ainsi les réceptions provisoires pourront être faites par les généraux de brigade.

NAPOLÉON.

6514. — AU GÉNÉRAL DUMAS.

Paris, 20 décembre 1811.

Monsieur le comte Dumas, le 11ᵉ régiment d'infanterie légère doit recevoir : 300 hommes des tirailleurs du Pô, 500 hommes des tirailleurs corses, 1.800 hommes provenant de Rome et de la Toscane.

Mais la Toscane et Rome ne se trouvant pas comprises dans vos livrets, je vous les renvoie donc pour que vous y fassiez ajouter ces provinces. Faites-y mettre également la Hollande, la Lippe et l'Elbe, afin que d'un coup d'œil je voie ce que chaque corps reçoit et doit recevoir pour 1811, à quelque titre que ce soit, la conscription étant une et ne supportant pas de division.

NAPOLÉON.

6515. — DÉCISION.

Paris, 21 décembre 1811.

Le maréchal Berthier propose de faire déposer à Burgos l'argent du dixième convoi de fonds, destiné à	Approuvé. NAPOLÉON.

l'armée du Nord, à Valladolid l'argent destiné à l'armée de Portugal, après quoi le convoi continuera sa marche sur Madrid.

6516. — AU GÉNÉRAL CLARKE.
Paris, 21 décembre 1811.

Monsieur le duc de Feltre, je vous renvoie la lettre du général Vandamme. Les deux bataillons du 113° sont complets, puisqu'il ne leur manque que quatre hommes. Les 336 hommes qui sont aux hôpitaux doivent guérir. Cependant je ne m'oppose pas à ce que vous envoyiez 60 hommes à chaque bataillon pris dans le dépôt, lesquels seront mis dans les compagnies les plus faibles, mais à condition qu'on ne recrutera plus ces bataillons qu'ils ne soient revenus à leur effectif ordinaire. Chargez l'inspecteur aux revues de rétablir l'effectif tel qu'il est et d'ôter les 300 hommes qui sont aux hôpitaux.

NAPOLÉON.

6517. — AU MARÉCHAL BERTHIER.
Paris, 22 décembre 1811.

Mon Cousin, donnez ordre au duc de Dalmatie de renvoyer à Burgos le 10° régiment de chasseurs et le 20° régiment de dragons. Ces régiments partiront immédiatement après en avoir reçu l'ordre. Donnez-lui l'ordre de renvoyer également le 34° et le 40° régiment d'infanterie. Il fera de ces quatre régiments une seule colonne à laquelle il donnera deux pièces de canon pour s'en servir dans la route. Il y joindra tous les hommes à pied des compagnies qui ne sont pas montés, tous les hommes du train et des équipages militaires qui n'auraient pas de chevaux, et il y mettra un nombre proportionné d'officiers et de sous-officiers du train; enfin, il fera partir avec cette colonne les cadres des 4es escadrons de dragons qui doivent rentrer en France.

NAPOLÉON.

6518. — AU MARÉCHAL BERTHIER.
Paris, 22 décembre 1811.

Mon Cousin, donnez ordre au 4° bataillon du 130° qui est à Mançanarès (armée du Centre), de se rendre à Burgos, à l'armée du Nord.

NAPOLÉON.

6519. — AU GÉNÉRAL CLARKE.

Paris, 22 décembre 1811.

Monsieur le duc de Feltre, dans les livrets que vous me remettez il faut avoir le soin de faire noter, en marge des régiments de dragons, ceux que j'ai destinés à rester en Espagne.

NAPOLÉON.

6520. — AU GÉNÉRAL CLARKE.

Paris, 23 décembre 1811.

Monsieur le duc de Feltre, donnez ordre à la compagnie du génie qui est à Bayonne (destinée au corps de réserve d'Espagne), d'en partir avec ses chevaux et ses outils, et de se rendre à Metz.

Donnez ordre aux trois compagnies d'équipages militaires du 10e bataillon, qui sont à Pau, de partir avec ses hommes et ses chevaux, ses harnais et 120 voitures, et de se diriger sur Bordeaux. Vous me ferez connaître le jour où il arrivera dans cette ville. Je suppose que l'artillerie ni l'administration de la guerre n'ont rien à transporter du Midi dans le Nord, sans quoi, ces 120 voitures pourraient servir à ce transport.

NAPOLÉON.

6521 — AU MARÉCHAL BERTHIER.

Paris, 24 décembre 1811.

Mon Cousin, donnez ordre que les 6e et 17e régiments d'infanterie légère et les 39e, 69e, 76e, 27e et 59e de ligne qui ont trois bataillons en Espagne fassent rentrer en France les cadres des six compagnies de leur 4e bataillon; que ces cadres soient bien complets, qu'il y ait même 6 sergents et 12 caporaux par compagnie, au lieu de 4 sergents et 8 caporaux.

Donnez le même ordre pour les 25e léger, 50e, 15e et 22e de ligne; pour les 31e léger et 86e de ligne; pour les 26e, 66e et 82e; et pour les 7e, 16e, 114e, 116e et 117e de ligne, ce qui fera rentrer en France les cadres de 21 bataillons. Recommandez expressément qu'il y ait le nombre de sergents et de caporaux ayant plus de deux ans de service, que j'ai déterminé ci-dessus. Instruisez de cet ordre le ministre de la guerre.

NAPOLÉON.

6522. — AU MARÉCHAL BERTHIER.

Paris, 24 décembre 1811.

Mon Cousin, j'approuve l'opinion du général Monthion d'avoir toujours à Bayonne une force disponible et bien organisée. Elle sera composée de la manière suivante :

1er *bataillon*. — Trois compagnies du 3e bataillon du 31e léger et deux compagnies du 4e bataillon du même régiment : 700 hommes.

2e *et* 3e *bataillons*. — Trois compagnies du 3e bataillon du 28e de ligne et quatre compagnies du 4e bataillon du même régiment : 700 à 800 hommes.

4e *bataillon*. — Le 4e bataillon du 86e, complété à 800 hommes.

5e *bataillon*. — Un bataillon provisoire de l'armée d'Aragon, composé d'une compagnie du 114e, d'une du 115e, d'une du 116e et d'une du 122e, formant 560 hommes.

6e *bataillon*. — Un bataillon provisoire de l'armée du Nord, composé d'une compagnie du 118e, d'une du 119e, d'une du 120e et d'une du 117e, formant 560 hommes.

7e *bataillon*. — Un bataillon provisoire de l'armée de Portugal, composé de deux compagnies du 27e, de deux du 59e, de deux du 39e, formant 840 hommes.

8e *bataillon*. — Un second bataillon provisoire de l'armée de Portugal, composé de deux compagnies du 65e (200 hommes), de deux du 69e (200 hommes), de deux du 76e (200 hommes) : 600 hommes.

Ces huit bataillons formeront à peu près 6.000 hommes. On y joindra 6 pièces de canon de 6 et 2 obusiers, et 150 chevaux. Un général de brigade commandera cette colonne, sous les ordres du général Monthion. Elle aura quatre majors en second, et gardera en réserve Bayonne, Saint-Jean-de-Luz, Saint-Jean-Pied-de-Port et la Bidassoa, et sera prête à se porter partout. Le général Monthion l'aura formée le 10 janvier. Il fera venir tout ce qui est disponible aux dépôts et aux 5es bataillons de ces régiments. Il fera des garnisons dans la vallée de Bastan qui sera sous ses ordres. Il marchera au secours du Passage, de Saint-Sébastien, et des côtes des départements des Hautes et Basses-Pyrénées, si elles étaient attaquées. Il faut donc qu'il organise parfaitement cette réserve pour qu'elle puisse se porter partout.

NAPOLÉON.

6523. — AU GÉNÉRAL CLARKE.

Paris, 24 décembre 1811.

Monsieur le duc de Feltre, je réponds à votre lettre du 24. 3.000 carabines, 2.000 paires de pistolets, 2.000 sabres de cuirassiers, 2.000 sabres de hussards et de chasseurs, 500 sabres de dragons, et 1.000 haches d'infanterie, de celles qui sont destinées à remplacer les briquets, et qu'on fera porter à la guerre, vu l'importance de ces outils, seront expédiés à Danzig.

Il est nécessaire qu'un pareil approvisionnement soit envoyé à Magdeburg, s'il n'y existe déjà.

Des pièces de rechange pour 15.000 fusils français seront également envoyées à Danzig. Vous tiendrez la main à ce que ces 15.000 fusils français ne soient distribués que par mes ordres.

Napoléon.

6524. — AU GÉNÉRAL CLARKE.

Paris, 24 décembre 1811.

Monsieur le duc de Feltre, donnez ordre aux bataillons de guerre des 8e et 18e légers et du 23e de ligne, qui sont en Illyrie, d'envoyer chacun 50 hommes au dépôt de Fontainebleau, en prenant des hommes sachant lire et écrire, ayant plus de trois ans de service, de la capacité, et propres à faire de bons caporaux et de bons sergents.

Donnez ordre au vice-roi d'envoyer 25 hommes ayant les mêmes qualités, pris dans chacun des sept régiments de ligne qui sont en Italie, lesquels seront destinés pour le dépôt de Fontainebleau.

. Donnez ordre à la grande duchesse de Toscane d'envoyer 50 hommes du 112e.

Donnez ordre au général Miollis d'envoyer 25 hommes du 6e de ligne et 25 hommes du 14e léger.

Donnez ordre au général Grenier d'envoyer 50 hommes du 22e léger qui est dans le royaume de Naples.

Enfin donnez ordre que le 29e qui est à Toulon envoie 25 hommes.

Ce qui fera un total de 600 hommes qui, joints aux 2.000 que la jeune garde envoie à Fontainebleau, remontera ce dépôt, et mettra à même d'y trouver des moyens pour recruter les régiments.

Napoléon.

P.-S. — Le cinquième de ces hommes, c'est-à-dire 120, devront être propres à faire des sergents; les autres quatre cinquièmes propres à faire des caporaux. Tous devront avoir trois ans de service.

6525. — AU GÉNÉRAL CLARKE.

Paris, 24 décembre 1811.

Monsieur le duc de Feltre, donnez à ma garde les ordres suivants :

Les cadres du 4ᵉ régiment de voltigeurs et du 4ᵉ régiment de tirailleurs qui sont en Espagne, en partiront le 10 janvier pour rentrer en France. Les cadres seront bien complets en officiers et surtout en sous-officiers. Chaque compagnie gardera 25 hommes d'élite au-dessus du cadre, lesquels seront désignés par les chefs de bataillon et les capitaines : tout le reste sera versé dans les trois premiers régiments pour les compléter.

Ces cadres recevront, en outre, en subsistance et pour les conduire à Paris, 200 hommes, sachant très bien lire et écrire, pris dans les régiments des fusiliers-chasseurs, et 200 hommes pris dans le régiment des fusiliers-grenadiers (ces 400 hommes seront destinés au dépôt de Fontainebleau, pour recruter les fusiliers-sergents); plus 400 hommes que les régiments de voltigeurs fourniront et 400 hommes qui seront fournis par les régiments de tirailleurs, sachant lire et écrire et ayant plus de deux ans de service, qui seront destinés à faire partie des voltigeurs et des tirailleurs caporaux du dépôt de Fontainebleau; et, en outre, 100 hommes de gardes nationaux de la garde, également destinés pour les caporaux.

Les cadres du 4ᵉ régiment de voltigeurs et du 4ᵉ régiment de tirailleurs reviendront donc, composés chacun de 160 hommes pour les cadres d'un régiment, de 200 hommes pour les 25 hommes d'élite, de 200 hommes pour les fusiliers-sergents et de 400 hommes pour les caporaux. Total 960 hommes et 1.920 hommes pour les deux régiments; en y joignant les 100 hommes des gardes nationaux de la garde, on aura 2.020 hommes.

Les 5ᵉˢ régiments de voltigeurs et de tirailleurs qui sont à Bruxelles enverront chacun au dépôt de Fontainebleau 100 hommes d'élite de la première formation, très intelligents, et ayant l'étoffe nécessaire pour faire des caporaux.

Les quatre régiments de voltigeurs et de tirailleurs qui sont en Espagne fourniront chacun 100 hommes d'élite sachant lire et écrire pour recruter les fusiliers. Cette opération sera faite sans délai en Espagne, à la réception de votre ordre; de sorte que les fusiliers, qui auront perdu 200 hommes qu'ils fournissent au dépôt de Fontainebleau, en gagneront 400.

Les 7.000 conscrits qui sont appelés pour la garde, pour la conscription de 1812, seront distribués de la manière suivante, savoir :

Au 5ᵉ régiment de voltigeurs..	300 hommes.		
Au 6ᵉ régiment id...........	600 —		
Au 4ᵉ id....................	1.340 —		3.140 hommes.
A répartir entre les trois premiers régiments, aussitôt qu'ils arriveront à Paris, et le régiment de gardes nationales........	900 —		
Au 5ᵉ régiment de tirailleurs..	400 —		
Au 6ᵉ id....................	700 —		
Au 4ᵉ id....................	1.340 —		3.000 hommes.
A répartir entre les trois premiers régiments, à leur arrivée à Paris......................	560 —		

Les 860 hommes restants serviront à combler le déficit de l'artillerie, du train et autres besoins de la garde.

Tous les conscrits arrivant à la garde seront dirigés sur Courbevoie à leur arrivée; le départ en sera fait, par rang de taille, entre les grenadiers et les chasseurs.

Les premiers arrivés seront destinés à compléter les 5ᵉˢ régiments et, aussitôt habillés, dirigés sur Bruxelles. Immédiatement après, on complètera les 6ᵉˢ régiments. Après avoir complété les 6ᵉˢ régiments, on complètera les 4ᵉˢ. Après avoir complété les 4ᵉˢ régiments, on enverra à Fontainebleau et en subsistance les 1.500 hommes destinés à recruter les régiments qui sont en Espagne.

NAPOLÉON.

6526. — DÉCISIONS (1).

25 décembre 1811

On demande de nouveau les ordres de Sa Majesté pour la régularisation d'une somme de 50.000 francs, mise à la disposition du général Verdier, et que le prince

Accordé.

---

(1) Non signées; extraites du « Travail du ministre de la guerre avec S. M. l'Empereur et Roi, daté du 25 décembre 1811 ».

vice-roi d'Italie annonce avoir été employée en dépenses secrètes, frais d'espionnage.

On propose à Sa Majesté d'ordonner, au profit de la 4ᵉ compagnie de canonniers vétérans, le remboursement d'une somme de 369 fr. 93, volée par un sergent qui a disparu.

Accordé.

On propose à Sa Majesté d'ordonner que, sur la perte faite par le 122ᵉ régiment d'infanterie à Vigo, le 26 mars 1809, il lui sera remboursé une somme de 8.218 francs qui revient aux sous-officiers et soldats de ce régiment présents à l'effectif.

Accordé.

On propose à Sa Majesté d'accorder au général de brigade Avril, commandant le département du Pas-de-Calais, un congé de trois semaines avec appointements pour se rendre à Bordeaux où il a des affaires d'intérêt à régler.

Accordé.

6527. — AU GÉNÉRAL LACUÉE.

Paris, 25 décembre 1811.

Monsieur le comte de Cessac, je vous envoie l'état de la formation des brigades de cavalerie légère, telles que je viens de les organiser. Vous verrez que chaque brigade a dès à présent son général de brigade, qui peut être chargé de présider aux remontes. Voyez ces généraux avant leur départ et mettez-les au fait de ce qui concerne leur brigade. Ils seront chargés d'en passer la revue, de veiller à la réception des chevaux et à ce que tout soit de bonne nature et susceptible d'un bon service. Faites-moi connaître où les quatre brigades doivent se remonter. Tous ces régiments doivent finir par se diriger sur Mayence, Düsseldorf et Munster. On pourrait même les réunir dans des points centraux sur le Rhin, si les remontes devaient venir de ce côté. J'attendrai un rapport là-dessus.

NAPOLÉON.

6528. — TABLEAU DE LA FORMATION DES TREIZE BRIGADES DE CAVALERIE LÉGÈRE, ARRÊTÉ PAR ORDRE DE SA MAJESTÉ, DU 25 DÉCEMBRE 1811 (1).

1re brigade, commandée par le général de brigade Pajol : 2e régiment de chasseurs et 9e régiment de cavalerie légère polonais (à Danzig).

2e brigade, commandée par le général de brigade Bordessoulle : 1er et 3e régiments de chasseurs.

3e brigade, commandée par le général de brigade Jacquinot : 7e de hussards et 9e de chevau-légers.

4e brigade, commandée par le général de brigade Piré : 16e de chasseurs et 8e de hussards.

5e brigade, commandée par le général de brigade Castex : 23e et 24e de chasseurs.

6e brigade, commandée par le général de brigade Corbineau : 7e et 20e de chasseurs et 8e de chevau-légers.

7e brigade, commandée par le général de brigade Saint-Geniès : 11e et 12e de chasseurs.

8e brigade, commandée par le général de brigade Burthe : 5e et 9e de hussards.

9e brigade, commandée par le général de brigade Mouriez : 11e de hussards et 6e de chevau-légers.

10e brigade, commandée par le général de brigade Gérard : 6e et 25e de chasseurs.

11e brigade, commandée par le général de brigade Gauthrin : 6e de hussards et 8e de chasseurs.

12e brigade, commandée par le général de brigade Ferrière : 9e et 19e de chasseurs.

13e brigade italienne, commandée par le général de brigade italien Villata : 2e et 3e régiments de chasseurs italiens.

6529. — DÉCISION.

Paris, 25 décembre 1811.

Le général Marulaz demande l'autorisation de faire venir successivement de Dôle à Besançon 100 à 150 hommes du 6e régiment de chevau-légers, afin de perfection-

Approuvé.

NAPOLÉON.

---

(1) Non signé; de la main de Meneval.

ner l'instruction de ce corps, notamment en ce qui concerne les exercices et manœuvres avec la lance.

6530. — DÉCISION (1).

On soumet à Sa Majesté les demandes de sous-lieutenances faites par Mme la grande-duchesse de Toscane en faveur de cinq sous-officiers du bataillon des vélites de Florence.

Sa Majesté est priée de faire connaître si le décret du 2 août dernier sur l'avancement est applicable aux bataillons de vélites de Florence et de Turin.

L'intention de l'Empereur est que ces jeunes gens continuent encore quelque temps à servir comme sous-officiers. S. M. n'a pas donné de décision relativement à l'application du décret du décret du 2 août dernier.

Comte DE LOBAU.

6531. — AU GÉNÉRAL CLARKE.

Paris, 26 décembre 1811.

Monsieur le duc de Feltre, la garde se trouve composée de 38 bataillons français et de 6 bataillons italiens, total : 44 bataillons, y compris ce qui est en Espagne. Mon intention est de partager, pour la campagne qui se prépare, la garde en quatre divisions, chaque division ayant son administration, ses transports, son artillerie et génie, de manière à pouvoir agir convenablement, les quatre divisions formant un corps.

La cavalerie aura cinq régiments, formant 6.000 chevaux ; les lanciers formeront une division, les trois autres régiments en formeront une autre.

Je ne vois pas de nouveaux ordres à donner pour l'administration de la garde, ses ambulances, équipages, etc...., si ce n'est de les compléter. Donnez vos ordres à cet effet.

J'ai ordonné que le 4e bataillon principal et le 7e bataillon *bis* du train fussent réunis à la garde avec 250 voitures de nouveau modèle, portant un million de rations, ce qui, joint à ce que portent les

---

(1) Sans date ; extraite du « Travail du ministre de la guerre avec S. M. l'Empereur et Roi, daté du 25 décembre 1811 ».

caissons de la garde, fera 1.550.000 rations ou des vivres pour une armée de 50.000 hommes pendant trente jours. La remonte et l'administration de ces deux bataillons seront payées par l'administration de la guerre, qui se servira seulement de l'intermédiaire de l'ordonnateur de la garde. Faites-vous rendre compte de toutes les parties du matériel et de l'administration de la garde pour la compléter et la mettre en état d'entrer en campagne au mois de février.

Génie. — Les trois premières divisions de la garde seront servies par le génie de l'armée; à cet effet, trois capitaines, trois lieutenants et trois sous-lieutenants et trois compagnies de sapeurs, seront attachés aux trois premières divisions de la garde. La compagnie de sapeurs qu'a la garde servira la 4° division. La compagnie de sapeurs de la garde devra avoir ses caissons d'outils et être organisée comme les compagnies de sapeurs de l'armée. Désignez les compagnies de sapeurs et les officiers, et faites vos dispositions en conséquence.

Artillerie. — La garde aura 208 pièces de canon, savoir : 176 pièces françaises et 32 pièces italiennes.

Des 176 pièces françaises, 72 seront servies par la ligne et 104 par la garde.

Les 32 pièces italiennes seront :

1° Pièces de régiments servies par les compagnies de la garde italienne. 18
2° Une batterie servie par une compagnie d'artillerie à pied. 8
3° Une batterie servie par une compagnie d'artillerie à cheval. 6

Total.................. 32

L'artillerie, servie par la ligne, sera composée :

1° De 4 batteries d'artillerie à cheval........... 24 pièces ⎫
2° De 6 batteries d'artillerie à pied............ 48 — ⎬ 72

Des 6 batteries à pied, 2 seront de pièces de 12 et d'obusiers à grande portée.

L'artillerie, servie par la garde, sera composée :

1° De pièces de régiment................... 32 pièces ⎫
2° De 6 batteries d'artillerie à pied............ 48 — ⎬ 104
3° De 4 batteries d'artillerie à cheval........ 24 — ⎭

Les 176 pièces françaises formeront donc 32 pièces de 4.

Report..... 32
              80 pièces de 6.
              24 — de 12.
              40 obusiers, dont 8 à grande portée.
              ―――――
              176.

Le train d'artillerie français se trouvera être de 1.000 voitures, ce qui exigera 5.000 chevaux, dont 3.000 chevaux de la garde et 2.000 chevaux de la ligne. Il faut, pour servir les 3.000 chevaux de la garde, 1.800 officiers, sous-officiers et soldats du train. Ils existent. Il faut, pour servir les 2.000 chevaux de la ligne, 1.100 à 1.200 officiers, sous-officiers et soldats. Ils existent dans les 4ᵉ et 7ᵉ bataillons du train, en supposant la rentrée des hommes qui sont en Espagne.

La garde, en y comprenant la 2ᵉ compagnie de 1812, aura 2.200 chevaux. On peut supposer que 400 chevaux reviendront d'Espagne, ce qui fera 2.600. Elle est portée dans la 3ᵉ commande pour..... (1); les dispositions sont donc faites pour lui procurer les 3.000 chevaux qui lui sont nécessaires.

Il faut activer l'achat des chevaux pour le 4ᵉ bataillon principal et pour le 7ᵉ bataillon *bis*. Comme le..... (1) bataillon arrivera à la Fère, il est nécessaire que les chevaux soient achetés d'avance, si le général commandant l'artillerie a besoin de quelques centaines d'hommes pour recruter les compagnies soit d'artillerie, soit du train de la garde, il les prendra dans les conscrits de la levée de 1812 destinés pour la garde.

En fournissant 4 compagnies d'artillerie à cheval et 6 compagnies à pied, la ligne devra fournir un colonel, un chef d'escadron d'artillerie à cheval, deux colonels et deux chefs de bataillon d'artillerie à pied. Il faudra prendre aussi dans la ligne un général pour commander l'artillerie de la garde, sous les ordres du général Sorbier.

Comme l'artillerie de l'armée d'Espagne ramènera une partie de son matériel, peut-être le matériel d'artillerie de la garde se trouvera-t-il complété. Aussitôt que vous saurez que cette artillerie aura passé Bayonne, et que vous aurez l'état du matériel qu'elle ramène

―――――
(1) Ces points de suspension existent dans le document.

avec elle, vous vous empresserez de commander le supplément à la Fère, à Metz, à Mayence et à Strasbourg.

NAPOLÉON.

6582. — AU GÉNÉRAL CLARKE.

Paris, 26 décembre 1811.

Monsieur le duc de Feltre, je reçois votre lettre du 26. J'approuve entièrement la composition de l'état n° 1, qui porte à 424 le nombre des voitures nécessaires pour la formation de trois équipages de pont.

Je persiste à désirer que tout soit fait à Danzig, et que rien ne soit fait à Magdeburg ni à Strasbourg. Si l'on venait à perdre ces équipages, et à battre en retraite sur l'Elbe, on serait fort aise de trouver dans ces places de quoi se remonter.

Faites cependant garder en réserve les haquets que vous avez à Magdeburg et à Strasbourg, afin que si, au 1er mars ni au 15 avril, ces objets ne peuvent pas être faits à Danzig, vous preniez mes ordres pour les faire filer de Magdeburg sur Danzig.

Quant aux caisses nécessaires pour porter les outils des ouvriers de la marine, correspondez pour cela avec le Ministre de la marine, qui peut les faire faire dans ses arsenaux, et donnez des ordres de concert pour qu'aussitôt qu'elles pourront partir avec les outils, elles partent; mais comme il faut prévoir le cas où ces outils pourraient se perdre, il est nécessaire qu'il en ait de rechange à Danzig.

Je ne m'oppose pas à ce que vous fassiez partir de Strasbourg les outils que vous proposez d'en faire partir: bien entendu qu'il faut considérer ce qui passera le Rhin comme perdu, et que, quand cet équipage sera parti, on travaillera à en former un de même force pour remplacer celui-ci, s'il venait à disparaître.

Il serait bon de ne pas compter sur les 100 voitures de paysans qui sont à Danzig: elles pourront cependant servir, mais il faut faire construire des voitures indépendamment de celles-là. Ces 100 voitures de paysans pourraient être gardées en réserve pour l'équipage de siège.

Quant aux 100.000 francs que vous demandez pour ces achats, ils vous seront donnés sur la distribution de janvier.

Quand vous m'aurez remis l'organisation des équipages de siège à tirer de Magdeburg et des places de l'Oder, selon les bases que j'ai indiquées dernièrement, le travail général se trouvera arrêté et vous n'aurez plus qu'à me rendre compte deux fois par mois du progrès des remontes et de la formation du matériel.

NAPOLÉON.

6533. — AU GÉNÉRAL CLARKE.

Paris, 26 décembre 1811.

Monsieur le duc de Feltre, le 13° régiment d'infanterie légère fera partir, pour recruter ses bataillons de guerre, 60 hommes du 5° bataillon.

Le 15° léger fera partir une compagnie du 5° bataillon complétée à.	150 hommes du 5° bataillon.	
Le 33° de ligne, qui est à Mayence, fera partir...........	140	— —
Le 48° fera partir.............	100	—
Le 7° léger fera partir.........	100	—
Le 21° de ligne fera partir.....	140	—
Le 25° de ligne fera partir.....	60	—
Le 61° de ligne fera partir.....	60	—
Le 111° fera partir...........	60	—.

810 hommes.

Le 33° d'infanterie légère fera partir de Givet deux compagnies de son 5° bataillon, bien armées et bien équipées, en prenant les hommes les plus forts. Ces deux compagnies seront complétées à 300 hommes.

Pour que les hommes du 33° léger ne côtoient pas la Hollande, vous les dirigerez sur Coblenz, et de là sur Bonn. De Bonn, ils passeront dans le grand-duché de Berg, et seront dirigés droit sur Magdeburg. Par ce moyen, ils passeront loin de la Hollande et il n'y aura pas de désertion.

Vous me ferez connaître quand la 3° compagnie du 33° léger, complétée à 200 hommes, pourra partir.

NAPOLÉON.

6534. — DÉCISION.
Paris, 26 décembre 1811.

On fait connaître à l'Empereur en vertu de quel ordre il y a à l'île de Ré et ailleurs des sapeurs de l'île d'Elbe.

Comment s'administrent-ils ? Quel rapport ont entre elles ces compagnies ?

NAPOLÉON.

6535. — DÉCISION.
Paris, 27 décembre 1811.

Le général Watier propose de ne conserver à l'armée d'Espagne que trois escadrons du 31ᵉ régiment de chasseurs et de faire organiser au dépôt à Niort le 4ᵉ.
On prie Sa Majesté de faire connaître ses intentions à ce sujet.

Il n'y a pas d'inconvénient à ce que le 4ᵉ escadron verse ses hommes dans les trois premiers et que le cadre vienne en France prendre des chevaux et des hommes, en amenant avec lui les hommes démontés.

NAPOLÉON.

6536. — DÉCISION.
Paris, 27 décembre 1811.

Le maréchal Mortier propose de diriger de Versailles sur Dunkerque le 6ᵉ bataillon du régiment des pupilles qui est formé et prêt à partir.

Si les casernes d'Evreux sont libres, il faut y envoyer ce bataillon, qu'on y laissera passer l'hiver, afin d'être certain que ces jeunes gens sont bien reposés et bien équipés avant de les envoyer plus loin.

NAPOLÉON.

6537. — DÉCISION.
Paris, 27 décembre 1811.

Le général Clarke demande ce qu'il faut faire des détachements que les 26ᵉ, 82ᵉ, 121ᵉ et 122ᵉ régiments d'infanterie avaient été envoyés à Nantes pour être mis à la disposition de la marine.

Ces détachements retourneront à leur dépôt.

NAPOLÉON.

6538. — DÉCISION.

Paris, 27 décembre 1811.

Faut-il envoyer à Strasbourg plutôt qu'à Wesel la compagnie de sapeurs, mineurs et pontonniers du grand-duché de Berg ?

S'il y a des pontonniers à Mayence, on enverra les pontonniers du grand-duché à Mayence.

NAPOLÉON.

6539. — DÉCISION.

Paris, 27 décembre 1811.

Le général Thouvenot demande qu'il soit envoyé de Bayonne des souliers pour les régiments de marche.

Donnez ordre que leurs dépôts et 4es bataillons leur envoient des souliers de Bayonne. Le général Monthion tiendra la main à cela.

NAPOLÉON.

6540. — DÉCISION.

Paris, 27 décembre 1811.

Le général Buquet demande que les détachements du 5e escadron de gendarmerie qui sont à l'armée de Portugal soient réunis à Vitoria.

Approuvé.

NAPOLÉON.

6541. — AU GÉNÉRAL CLARKE.

Paris, 28 décembre 1811

Monsieur le duc de Feltre, le bataillon des pupilles qui est prêt à partir de Versailles se rendra à Evreux ou à Beauvais. Le bataillon qui sera prêt à partir après celui-là sera dirigé sur une de ces villes, près de Paris; mon intention étant de placer ces enfants près de Paris, pendant l'hiver, afin que le conseil d'administration puisse les habiller et équiper plus facilement, et que le major aille les voir souvent, pour s'assurer qu'ils sont bien administrés.

Vous recommanderez aux généraux des divisions où ils se trouvent, en général, d'en prendre un soin particulier.

NAPOLÉON.

6542. — DÉCISION.

Paris, 29 décembre 1811.

Le maréchal Davout rend compte d'un désir manifesté par le prince royal de Suède d'introduire dans les troupes de ce royaume la manière de battre la caisse, en usage dans l'armée française.

Le prince d'Eckmühl ne fera aucune réponse. Si on le presse, il répondra qu'il n'a pas d'ordres et qu'il a écrit.

NAPOLÉON.

6543. — AU MARÉCHAL BERTHIER.

Paris, 29 décembre 1811, 5 heures du matin.

Mon Cousin, je vous renvoie vos dépêches. Expédiez-les sur-le-champ. Je suis fort d'avis que vous mettiez la lettre au maréchal duc de Raguse en chiffres.

NAPOLÉON.

6544. — DÉCISION.

Paris, 29 décembre 1811.

Le général Clarke demande si l'intention de l'Empereur est que les deux compagnies de voltigeurs du régiment espagnol Joseph-Napoléon, qui sont employées en colonne mobile sur les côtes de la 31e division militaire, rejoignent leurs bataillons respectifs au corps d'observation de l'Elbe.

Oui.

NAPOLÉON.

6545. — AU GÉNÉRAL CLARKE.

Paris, 29 décembre 1811.

Monsieur le duc de Feltre, donnez ordre aux généraux commandant les 5e, 6e, 7e, 8e et 9e brigades de cavalerie légère de partir avant le 3 janvier, pour aller passer la revue en détail de leur brigade. Donnez-leur ordre de faire partir, au 15 janvier, savoir : la 5e brigade, un escadron à pied de 200 hommes de chacun des 23e et 24e de chasseurs, lesquels se rendront à Hamburg, pour y recevoir des chevaux. Ces hommes seront bien armés, bien équipés et devront avoir leurs selles.

6ᵉ brigade : une compagnie de 100 hommes du 20ᵉ de chasseurs et 300 hommes du 7ᵉ qui, bien armés et bien équipés, se rendront, avec leurs selles, à Hanovre.

7ᵉ brigade : 150 hommes du 11ᵉ et 200 hommes du 12ᵉ, qui se rendront de même à Hanovre, pour recevoir des chevaux.

8ᵉ brigade : le 3ᵉ escadron du 5ᵉ de hussards, fort de 300 hommes, et le 3ᵉ escadron du 9ᵉ, de même force, qui se rendront, avec leurs selles, à Düsseldorf, pour y recevoir leurs chevaux.

Enfin, 9ᵉ brigade : 280 hommes du 11ᵉ de hussards, qui seront dirigés, 180 sur Hamburg et 100 sur Hanovre.

Si tous ces régiments ne pouvaient pas faire partir ces hommes en bon état au 15 janvier, ils en feraient partir la moitié ou le tiers à cette époque, et le reste partirait successivement tous les dix jours.

NAPOLÉON.

6546. — AU GÉNÉRAL CLARKE.

Paris, 29 décembre 1811.

Monsieur le duc de Feltre, le 124ᵉ régiment ne doit fournir que trois bataillons à la 8ᵉ division. Donnez donc les ordres que tout ce qui est disponible dans le 4ᵉ bataillon soit incorporé dans les trois premiers; le cadre de ce 4ᵉ bataillon retournera à son dépôt pour y attendre les conscrits.

Donnez le même ordre au 125ᵉ et au 126ᵉ.

Je n'approuve pas l'idée d'envoyer le 124ᵉ à Munster. Munster est, d'ailleurs, fort encombré. Vous manderez au prince d'Eckmühl que, lorsque la division qui se réunit à Osnabrück sera réunie, il place ce régiment plus loin, dans les environs de Magdeburg.

NAPOLÉON.

6547. — AU GÉNÉRAL CLARKE (1).

Paris, 29 décembre 1811.

Monsieur le duc de Feltre, je vous prie de m'envoyer les états de situation de l'armée de Catalogne au 15 décembre.

---

(1) Non signé, copie conforme.

6548. — AU GÉNÉRAL CLARKE.

Paris, 29 décembre 1811.

Monsieur le duc de Feltre, le 24° régiment de chasseurs a 60 hommes employés à Lyon; il a 300 hommes encore employés en Hollande. Donnez ordre que ces détachements se dirigent sur-le-champ sur Munster.

NAPOLÉON.

6549. — AU GÉNÉRAL CLARKE.

Paris, 29 décembre 1811.

Monsieur le duc de Feltre, je crois vous avoir déjà écrit qu'il était nécessaire que le général Bertrand envoyât une compagnie de marche de 300 hommes pour recruter le régiment croate.

NAPOLÉON.

6550. — AU GÉNÉRAL CLARKE.

29 décembre 1811

Monsieur le duc de Feltre, je vois, dans les derniers états d'artillerie, que vous avez 233.000 pelles rondes ou carrées, 242.000 pics, 247.000 outils tranchants, en tout 7 à 800.000 outils. Cela est évidemment inutile et je désire que vous me présentiez un projet de décret pour céder ces outils au génie. L'artillerie n'a pas besoin de ce grand nombre d'outils, et le génie, ne les ayant pas sous la main, me fait faire aujourd'hui des achats qu'on peut éviter.

Dans les objets divers d'artillerie, je voudrais avoir des moutons et quelques sonnettes.

Il y aurait besoin d'un grand nombre de charrettes à boulets pour l'équipage de siège de Danzig.

Je vois qu'il y a à Amsterdam 15.000 pelles, 20.000 pics et beaucoup d'outils tranchants, beaucoup de bronze, beaucoup de sacs à terre, beaucoup de mèches; qu'il y a 143 pièces de 24, 90 de 18, 169 de 12, 245 de 6, 30 de 3 (tout cela est en bronze), et qu'il y a, en outre, 400 à 500 pièces en fer. J'y vois également bon nombre de voitures; je vois même bon nombre de pièces de campagne, soit à Amsterdam, soit à Groningue; bon nombre de projectiles et une assez grande quantité de poudres.

Il est temps de procéder enfin à l'évacuation de toute l'artillerie qui est en Hollande. Faites-moi un rapport à cet égard. Tout doit être transporté à Anvers, afin que si l'ennemi venait à faire une invasion dans la Hollande, il ne pût y trouver que l'artillerie qu'on doit y laisser pour la défense.

Je vois, dans ce même état de situation de l'artillerie, qu'on ne porte que 4 millions de cartouches à l'armée d'Allemagne; mais, rien que dans les caissons chargés dans les places de l'Oder et à Danzig, il y en a bien plus que cela.

NAPOLÉON.

6551. — AU GÉNÉRAL CLARKE.

Paris, 29 decembre 1811.

Monsieur le duc de Feltre, ayant prescrit différentes dispositions au vice-roi, il me mande qu'il lui manque les officiers dont l'état est ci-joint. Je vois qu'il lui manque beaucoup de capitaines, les colonels des 35° et 92°, du 7° de dragons, du 8° de chasseurs, un chef d'escadron du 30° de dragons. Je vous prie de me présenter le travail de ces remplacements mercredi prochain, afin que je signe et que je sois assuré que ces corps sont complets en officiers.

NAPOLÉON.

6552. — AU GÉNÉRAL CLARKE (1).

Paris, 29 décembre 1811.

Monsieur le duc de Feltre, il me paraît convenable que la marine, qui a de grands moyens, procure les outils nécessaires pour les ouvriers, les caissons et même les attelages.

Faites-moi un rapport qui me fasse connaître quels sont les outils nécessaires pour 800 ouvriers ? Combien faut-il de caissons et quel en est le modèle ? Enfin quel est le nombre de chevaux nécessaires ?

6553. — AU GÉNÉRAL CLARKE (1).

Paris, 29 décembre 1811.

Monsieur le duc de Feltre, vous devez avoir une très grande facilité pour faire transporter des effets d'artillerie à Magdeburg,

---

(1) Non signé, copie conforme.

puisque les douanes emploient une grande quantité de voitures à faire venir des marchandises coloniales de Magdeburg en France.

Le chargement de ces voitures en retour peut être fait en munitions d'artillerie, et peut-être une partie de ce que j'ai demandé pour Magdeburg pourrait être envoyé de cette manière.

Vous pouvez vous concerter, à cet effet, avec le directeur général des douanes.

6554. — EXTRAIT D'UN ORDRE DE L'EMPEREUR (1).

29 decembre 1811.

Je désire voir (à la parade du 12 janvier) les compagnies d'artillerie, les caissons et les chevaux du 3ᵉ régiment provisoire croate, des 2ᵉ et 4ᵉ régiments suisses (ce dernier arrivera le 7 janvier à Paris), et du 24ᵉ d'infanterie légère.

6555. — NOTES REMISES AU MINISTRE A LA SORTIE DU CONSEIL DU DIMANCHE 29 DÉCEMBRE 1811 (1).

Songez aux armes et aux lances des chevau-légers.

Il y a une variante que connaît M. Daru pour la marche des chevau-légers.

Savoir si la conscription suffit pour porter les régiments à leur complet.

Les hussards ont jusqu'à 1.200 hommes : il faut en augmenter les remontes.

A quel régiment a-t-on formé un nouvel escadron ?

Hausser la taille des chevau-légers et baisser celle des hussards, la rendre la même.

6556. — DÉCISION.

Paris, 29 decembre 1811.

Les outils que la marine compte donner à ses ouvriers destinés aux équipages de pont sont suffisants et convenables; on désirerait seu-	Le ministre écrira au ministre de la marine, pour lui faire connaître les outils qu'il veut et dans quelles caisses il veut qu'ils

(1) Non signé, extrait conforme.

lement qu'il y eût 40 cordiers par bataillon. soient renfermés pour les transporter sur les caissons du génie.

NAPOLÉON.

6557. — AU GÉNÉRAL LACUÉE.

Paris, 29 décembre 1811.

Monsieur le comte de Cessac, je désire que vous envoyiez au vice-roi, par la plus prochaine estafette, une copie du nouveau modèle que j'ai adopté pour les équipages militaires. Vous lui ferez connaître que cet envoi vient de ma part.

NAPOLÉON.

6558. — AU GÉNÉRAL LACUÉE.

Paris, 29 décembre 1811.

Monsieur le comte de Cessac, vous recevrez de la secrétairerie d'Etat le décret que je viens de prendre sur les équipages militaires. J'ai chargé l'artillerie de construire à l'arsenal de Turin 120 caissons pour le 9e bataillon. L'artillerie d'Italie en construira 40 à Paris. Le ministre de la marine vous en fournira 200 à Anvers. Enfin, l'artillerie de France vous en construira 120 pour le 7e bataillon dans les arsenaux voisins du Rhin. Activez les constructions de Plaisance, de manière que cet atelier puisse fournir 60 caissons, ou au moins 40, en février ou avril. L'artillerie fournira les forges; dans le cas où quelques-unes de ces mesures éprouveraient du retard les anciens caissons sont là qui serviront. Activez les constructions de Danzig.

Je ne parle pas de crédit ni d'argent. Ces dispositions vous serviront de base dans le projet de budget que vous allez faire et qui sera mis sous mes yeux cette semaine.

Ce que vous fournira la marine sera porté pour mémoire.

NAPOLÉON.

6559. — AU GÉNÉRAL LACUÉE.

Paris, 29 décembre 1811.

Monsieur le comte de Cessac, je donne l'ordre au ministre du Trésor d'envoyer à Barcelone 1 million. 500.000 francs seront pour la solde de 1811. 500.000 francs seront pour achats de blés, viande, légumes et boulangerie, et seront ordonnancés par vous.

NAPOLÉON.

6560. — AU GÉNÉRAL LACUÉE (1).

Paris, 29 décembre 1811.

Monsieur le comte de Cessac, les 320 chevaux qu'on doit fournir à la 5ᵉ brigade de cavalerie légère, commandée par le général Castex, seront pris sur les 500 qu'on offre de fournir à Hamburg sur la deuxième commande de 1812. Les 180 restant seront fournis au 11ᵉ de hussards, également sur la seconde commande. A cet effet, le 11ᵉ de hussards enverra son 4ᵉ escadron, complété en officiers, sous-officiers et soldats à 280 hommes, qui seront dirigés sur Hamburg. Ils y prendront d'abord les 180 chevaux restant sur la livraison de Hamburg. 2° 100 chevaux sur la livraison qui se fait à Hanovre. Le 23ᵉ et le 24ᵉ de chasseurs, de la 5ᵉ brigade, feront partir sans délai chacun 200 hommes de leur dépôt, bien armés, bien équipés, pour se rendre à leurs escadrons de guerre. Ces hommes se mettront en marche le 15 janvier et conduiront avec eux 200 selles. Le général Corbineau ira passer la revue de la 6ᵉ brigade. Il fera partir du 7ᵉ, qui est à Strasbourg, 300 hommes, et du 20ᵉ, qui est à Bonn, 100 hommes. Les 300 hommes du 7ᵉ formeront le 4ᵉ escadron; le détachement du 20ᵉ formera une compagnie du dernier escadron. Ces détachements, bien équipés et avec leurs selles, se rendront à Hanovre et recevront les 300 chevaux du 7ᵉ et les 74 du 20ᵉ.

Le colonel du 11ᵉ de chasseurs fera partir sans délai la 8ᵉ compagnie de ce régiment, forte de 150 hommes bien armés et bien équipés, avec 150 selles. Cette compagnie se joindra à la 8ᵉ du 12ᵉ de chasseurs, qui sera forte de 200 hommes, et ensemble elles se rendront à Hanovre où elles recevront 330 chevaux dus à la 7ᵉ brigade. Le général de brigade Burthe ira passer la revue des 5ᵉ et 9ᵉ de hussards. Il fera partir le 3ᵉ escadron du 5ᵉ, fort de 300 hommes et le 3ᵉ escadron du 9ᵉ, de même force: les hommes bien équipés, bien armés et avec leurs selles. Ces hommes se rendront à Düsseldorf où ils recevront leurs 484 chevaux sur les 600 qui doivent y être livrés. Ainsi :

---

(1) Copie conforme de l'extrait d'un ordre de l'Empereur.

La 5ᵉ brigade recevra à Hamburg............	320 chevaux.
La 6ᵉ en Hanovre........................	374 —
La 7ᵉ en Hanovre........................	330 —
La 8ᵉ à Düsseldorf.......................	184 —
Enfin, la 9ᵉ (à Hamburg, 180 chevaux; à Hanovre, 100 chevaux........................	280 —
Il y aura donc de distribué à compte de la deuxième commande.....................	1.788 chevaux.

ce qui laisse disponible, sur les 2.000 chevaux que le prince d'Eckmühl a en Allemagne, 212 chevaux. Il est bien important que ces cinq brigades qui, au 1ᵉʳ décembre, avaient encore 1.400 ou 1.500 chevaux à recevoir des commandes, les reçoivent sans délai. Si elles pouvaient les avoir reçus en janvier, ces brigades se trouveraient alors en position d'entrer en campagne. Vous aurez soin d'ordonner que si les régiments qui doivent faire partir des détachements au 15 janvier ne pouvaient pas faire partir en bon état tous les hommes qu'on leur demande, ils aient à faire partir du moins la moitié ou le tiers du nombre indiqué. Chaque régiment enverra un chef d'escadron de confiance pour surveiller ses remontes.

NAPOLÉON.

6561. — DÉCISION.

Paris, 29 décembre 1811.

Le général Clarke demande si l'intention de l'Empereur est que le dépôt du 2ᵉ régiment suisse soit transféré de Marseille à Besançon, ainsi que l'a demandé le colonel, en vue de faciliter le recrutement de ce corps.

Les cadres des bataillons et le dépôt de ce régiment suisse se mettront en marche de Marseille et se dirigeront sur une petite place d'Alsace qui ne soit pas frontière. En règle générale, et pour votre gouverne, il ne faut jamais placer de régiments suisses à Besançon ni sur leurs frontières.

NAPOLÉON.

6562. — DÉCISION.

Paris, 30 décembre 1811.

Le 6ᵉ bataillon du 10ᵉ de ligne a été embarqué à Monaco pour être transporté à Gênes et de là se rendre à Parme.

Renvoyé au ministre pour charger le vice-roi de faire incorporer ces hommes dans ses six régiments et renvoyer le cadre au dépôt pour y attendre des conscrits.

Napoléon.

6563. — AU MARÉCHAL BERTHIER.

Paris, 30 décembre 1811.

Mon Cousin, je vous prie de me faire le dépouillement des corps de l'armée du Midi, de sorte que je voie d'un coup d'œil la situation de chaque régiment d'infanterie, en présents sous les armes, détachés n'importe où, malades, etc..., en ne comprenant que ce qui est à l'armée du Midi. Après cela, vous ferez le même dépouillement pour ce qui se trouve dans les arrondissements de l'armée du Centre ou de l'armée du Nord, appartenant à l'armée du Midi.

Vous ferez faire le même travail pour l'artillerie à pied, en réunissant toutes les compagnies du même régiment qui se trouvent à l'armée du Midi, sans faire attention aux corps. Vous ferez la même chose pour le train, pour les équipages militaires, pour le génie, sapeurs, mineurs.

Ce travail m'est nécessaire pour voir ce qu'il me convient de faire pour resserrer les cadres, surtout de l'artillerie et du génie, et en faire revenir quelques-uns en France.

Témoignez mon mécontentement au duc de Raguse de ce que je n'ai pas d'état de situation de l'armée du Portugal depuis le 1ᵉʳ octobre. Vous ferez faire le même dépouillement pour cette armée.

Napoléon.

6564. — DÉCISION.

Paris, 30 décembre 1811.

Un officier suisse, prévenu d'avoir voulu livrer Belle-Ile aux Anglais, devant être jugé par une

Le ministre l'a bien jugé. Cette réclamation est absurde.

Napoléon.

commission militaire, M. d'Affry, colonel du 4ᵉ régiment suisse, invoque l'article 19 de la capitulation des troupes suisses, d'après lequel les militaires de cette nation ne sont justiciables que des tribunaux militaires suisses.

Le général Clarke estime qu'il n'est question dans l'article 19 que des délits relatifs à la discipline et que, par conséquent, cette disposition ne peut être appliquée dans la circonstance présente.

6565. — AU GÉNÉRAL CLARKE.

Paris, 30 décembre 1811.

Monsieur le duc de Feltre, je reçois votre rapport du 29 sur les équipages de siège et sur l'approvisionnement des places de Magdeburg, de Stettin, de Küstrin et de Glogau. Il me semble qu'il n'y manquera rien de bien important, lorsque les règlements seront faits, si ce n'est la poudre.

Je ne vois pas d'inconvénient à ce que vous dirigiez 500 milliers de poudre de Mayence sur le Main, et que vous profitiez des voitures des douanes qui viennent apporter à Francfort des denrées coloniales, pour faire transporter cette poudre; ou, si vous ne pouviez pas faire usage de ces voitures, vous feriez remonter le Main à ces poudres jusqu'à Würzburg, d'où on les ferait filer sur Glogau par terre. Ces 500 milliers, joints au millier de poudre qui doit être envoyé en conséquence de mon décret, fera 1.500 milliers de poudre en Allemagne.

Avant de faire venir de nouveaux projectiles, il faut voir ce qu'il y a à Hanovre et dans les débris de la place d'Hameln. On m'assure qu'il y a beaucoup de boulets dans ces places.

Je vois que vous avez retiré de Wesel 526 milliers de poudre et 150 milliers de Grave, de sorte qu'il ne reste plus dans la première de ces places que 64 milliers de poudre et 30 milliers dans la seconde. Ne perdez pas un moment pour remplacer ces poudres, en en faisant venir de Juliers, ou Venloo, ou Metz, Strasbourg ou Mayence.

Vous avez donc à trouver encore 124 milliers de poudre pour

compléter le million. Je pense qu'il ne faut rien retirer de Muiden, ni de Delft, ni de Cœverden. Prenez les 120 milliers qui sont à Wierikschans. Il ne vous manquera plus que 4 milliers de poudre, que vous tirerez d'Amsterdam (il manquera encore 200.000 L. pour compléter le million).

Donnez ordre à Magdeburg et à Danzig que l'on prépare l'équipage de siège, de manière qu'il n'y manque rien. La poudre et les cartouches feront partie de l'approvisionnement de la place. Il faut que les plates-formes, artifices, engins, etc..., tout soit prêt.

Les porte-corps, les camions, les chariots à canon, les charrettes à munitions me paraissent nécessaires. Ainsi, sur les 888 voitures que vous portez pour Danzig, vous en portez 600 de réquisition; il vous en reste 288; sur les 867 de Magdeburg, vous en portez également 600 de réquisition; il en reste 267. J'approuve l'affectation que vous faites de ces différentes voitures; il faut prendre les mesures nécessaires pour les y avoir.

J'approuve le travail que vous m'avez présenté pour les compagnies d'ouvriers. Présentez-moi un projet de décret pour que le détachement de la 6ᵉ compagnie, qui est en Espagne, revienne en France et qu'une moitié de la 3ᵉ compagnie soit fondue dans la 18ᵉ.

J'approuve que la 11ᵉ compagnie se rende à Wesel, que la moitié de la 16ᵉ se rende à La Fère pour l'équipage de la garde, que la 17ᵉ compagnie se rende de Delft à Minden, que la 18ᵉ se rende à Magdeburg.

J'approuve qu'on attache la 7ᵉ compagnie au corps d'observation de l'Elbe, la 5ᵉ au corps d'observation de l'Océan, la 10ᵉ au corps d'observation d'Italie, la 11ᵉ à la réserve de cavalerie, la 16ᵉ à la réserve de la garde, la 15ᵉ et la 17ᵉ compagnies au parc général et la 6ᵉ compagnie en entier à Danzig.

J'approuve que vous envoyiez à Danzig une nouvelle compagnie de pontonniers, et qu'elle soit remplacée à Minden par celle qui est à Strasbourg.

Le 7ᵉ bataillon principal du train doit se rendre à La Fère; avant qu'il y soit arrivé, j'aurai disposé d'une partie des chevaux de la garde, pour désencombrer La Fère. J'approuve que le 11ᵉ bataillon *bis* se rende à Maëstricht, du moins les hommes à pied. Il me semble que j'ai ordonné que ceux qui avaient des chevaux partissent sans délai pour atteler les divisions de cuirassiers qui sont à Erfurt et à Hanovre; il faut qu'ils attellent aussi la 5ᵉ division.

Il est donc nécessaire que vous me fassiez connaître les compagnies que vous destinez à cette 5ᵉ division. Comme elle est en avant, il est plus pressé qu'elle ait son artillerie que celles qui sont sur le Rhin. Il est urgent que cette artillerie arrive le plus tôt possible à Hanovre, afin que cette division ait ses 12 pièces d'artillerie légère, comme les autres divisions.

Je crois vous avoir mandé que si je manquais de compagnies d'artillerie à cheval, on pourrait les prendre en ôtant la compagnie d'artillerie à cheval qui est attachée à la 7ᵉ division, qui a déjà une compagnie d'artillerie à cheval polonaise, et en ôtant à une des divisions du corps d'observation de l'Océan sa compagnie d'artillerie à cheval. Il y serait suppléé par une compagnie d'artillerie à pied.

NAPOLÉON.

6566. — AU GÉNÉRAL CLARKE (1).

Paris, 30 décembre 1811.

Monsieur le duc de Feltre, je désirerais bien avoir mes états de situation au 15 décembre, surtout l'état par ordre numérique.

6567. — AU GÉNÉRAL CLARKE.

Paris, 30 décembre 1811.

Monsieur le duc de Feltre, le 28ᵉ de chasseurs a un escadron en Espagne et trois escadrons en France. Ce régiment et le 4ᵉ de chasseurs, qui est à Vienne, formeront une 14ᵉ brigade de cavalerie légère, qui sera commandée par le général de brigade Beurmann. Donnez ordre au 28ᵉ régiment de chasseurs de se tenir prêt à entrer en campagne.

Le 4ᵉ et le 28ᵉ régiments enverront à Munster chacun 200 hommes à pied pour y recevoir 400 chevaux. Vous donnerez ordre que ces 400 hommes, bien armés et bien équipés, partent avec leurs selles et brides.

Donnez ordre aux 6ᵉ, 8ᵉ, 9ᵉ et 25ᵉ de chasseurs et au 6ᵉ de hussards de former un escadron provisoire de marche, composé de 2 officiers et de 60 hommes à pied, de chacun de ces cinq régiments, sous les ordres d'un chef d'escadron. Ce détachement de

---

(1) Non signé, copie conforme.

300 hommes, bien armés et bien équipés et munis de leurs selles, se rendra à Hamburg pour y recevoir 300 chevaux. Il restera à Hamburg pour y attendre les régiments qui, d'Italie, doivent se rendre sur l'Elbe.

Donnez ordre que 100 hommes à pied, avec leurs selles et bien en règle, de chacun des 7e, 8e, 9e et 11e régiments de hussards, partent pour se rendre à Hamburg, où ils recevront des chevaux.

Napoléon.

6568. — AU GÉNÉRAL CLARKE (1).

Paris, 30 décembre 1811.

Monsieur le duc de Feltre, réitérez l'ordre au dépôt de Strasbourg de faire partir sans délai les hommes destinés aux régiments de cuirassiers qui sont à Erfurt.

J'ai déjà donné l'ordre plusieurs fois dans ce sens et j'avais prescrit de prendre un cadre du 3e de ligne pour conduire ce détachement; mais le commandant du dépôt a jugé devoir faire autrement, sous prétexte que le prince d'Eckmühl envoyait des cadres à la rencontre de ces hommes.

Donnez le même ordre au dépôt de Wesel.

Faites-moi connaître ce que ces deux dépôts ont pu procurer aux cuirassiers qui sont à Strasbourg, et ce que peuvent procurer les dépôts qui sont en France.

Il paraît que les régiments de cuirassiers qui sont à Erfurt ont des chevaux et manquent d'hommes.

Le 4e régiment doit avoir du monde à son dépôt à Caen, le 6e à son dépôt à Ath, le 7e à son dépôt à Rouen, le 14e à son dépôt à Lille. Donnez ordre que 100 hommes de chacun de ces dépôts, bien armés et équipés, à pied, partent avec leurs selles pour se rendre à Erfurt, puisque les chevaux sont à Erfurt.

6569. — EXTRAIT D'UNE LETTRE DE L'EMPEREUR.

30 décembre 1811.

Le prince d'Eckmühl me mande que les fournisseurs qui devaient fournir 600 chevaux à Düsseldorf préfèrent en fournir 800 à Munster. Je donne ordre que le 4e de chasseurs et le 28e de chasseurs

---

(1) Non signé, copie conforme.

dont j'ai formé une brigade de cavalerie légère fassent partir chacun 200 hommes bien armés et équipés avec leurs selles et brides pour se rendre à Munster où ils recevront 400 chevaux.

Le prince d'Eckmühl me mande également qu'au lieu de 500 chevaux que les fournisseurs doivent fournir à Hamburg, ils offrent d'en fournir 1.000 dans la même ville; c'est donc 500 nouveaux chevaux. Je donne ordre que le 6e, le 8e, le 9e et le 25e de chasseurs, et le 6e de hussards, forment un escadron de marche composé de 2 officiers et de 60 hommes de chacun de ces régiments et que ce détachement de 300 hommes, sous les ordres du chef d'escadron, se rende à Hamburg pour y recevoir 300 chevaux. Ces détachements resteront à Hamburg pour y attendre les régiments qui, d'Italie, doivent se rendre sur l'Elbe.

Il restera encore 200 chevaux à Hamburg, lesquels seront donnés, en conséquence d'une seconde commande supplémentaire à la seconde commande de 1812, et conformément à mon décret de ce jour, savoir :

100 chevaux au 7e de hussards;
100 chevaux au 8e id.;
100 chevaux au 9e id.;
100 chevaux au 11e id.

Ces quatre régiments enverront à Hamburg chacun 100 hommes armés et équipés avec leurs selles pour recevoir ces chevaux.

Ainsi, dans ce nouvel état de la question, le prince d'Eckmühl fournit :

    800 chevaux à Munster;
  1.000 chevaux à Hamburg;
    900 chevaux à Hanovre.

Total. 2.700 chevaux.

Par ma lettre d'hier, la 5e brigade de cavalerie légère reçoit...	320 chevaux.	
La 6e brigade reçoit.........	374 —	
La 7e.................	330 —	1.788 chevaux.
La 8e.................	484 —	
La 9e.................	280 —	

Par les dispositions de la présente lettre :

La 14ᵉ brigade en reçoit.....	400 chevaux.	
Les 6ᵉ, 8ᵉ, 9ᵉ, et 25ᵉ de chasseurs, et 6ᵉ hussards..........	300 —	} 1.100 chevaux.
Les 7ᵉ, 8ᵉ, 9ᵉ et 11ᵉ de hussards.	400 —	
TOTAL............	2.888 chevaux.	

Les 200 chevaux que j'accorde aux trois escadrons du 28ᵉ régiment de chasseurs porteront ce régiment à 750 hommes montés, savoir : 273 présents, 277 à recevoir des commandes de 1811 et les 200 de la nouvelle commande. Total : 750.

6570. — AU GÉNÉRAL LACUÉE.

Paris, 30 décembre 1811.

Monsieur le comte de Cessac, j'ai signé le décret que vous m'avez présenté sur les caissons et forges des régiments. J'ai rectifié quelques erreurs dans votre travail. Le 11ᵉ régiment d'infanterie légère doit être compté pour quatre bataillons. Le 8ᵉ et le 18ᵉ régiment d'infanterie légère ont leur artillerie; ils ont leurs chevaux et leurs caissons depuis longtemps. Le 36ᵉ, le 53ᵉ et le 51ᵉ n'ont pas de compagnie d'artillerie, mais leurs bataillons seront chargés de se fournir d'un caisson. Notez qu'ils n'auront ni cartouches, ni forges, ni pièces de campagne. Quant aux forges, j'ai chargé le ministre de la guerre de vous les faire fournir par l'artillerie. Les différents changements que j'ai faits au décret, et surtout la suppression de la dépense des forges, me font penser qu'au lieu de 400.000 francs, vous n'en dépenserez pas 250.000. Je ne porte pas ce crédit dans le décret, parce que vous rédigerez en conséquence votre budget de 1812.

Vous avez tous les anciens caissons que les nouveaux remplacent; ainsi, vous avez de quoi fournir à tous les besoins. Du reste, tous les caissons qui resteraient dans la 32ᵉ division militaire, appartenant au 12ᵉ bataillon et provenant du remplacement qui aurait été fait par les nouveaux, seront dirigés sur Magdebourg, où on les tiendra en bon état; car s'il en était besoin, on trouverait moyen de les atteler par réquisition et de s'en servir sur les derrières de l'armée.

NAPOLÉON.

6371. — AU GÉNÉRAL DUMAS.

Paris, 30 decembre 1811.

Monsieur le comte Dumas, je vous renvoie l'état de répartition de la conscription de 1812; cela me paraît bien pensé.

NAPOLÉON.

6372. — AU MARÉCHAL BERTHIER.

Paris, 31 decembre 1811.

Mon Cousin, donnez l'ordre au 1ᵉʳ bataillon d'équipages militaires, qui est à Madrid, de ne garder que le détachement nécessaire pour servir les 80 chevaux qu'il a dans cette ville et d'envoyer les hommes d'excédent au dépôt des équipages à Pau.

Donnez ordre à la brigade de mulets de bât, qui se trouve également à Madrid, de se rendre à l'armée de Portugal. Réitérez l'ordre en Espagne de renvoyer tous les hommes à pied, qu'on n'espère pas remonter, soit de la cavalerie, soit du train d'artillerie, soit des équipages militaires.

NAPOLÉON.

6573. — AU MARÉCHAL BERTHIER (1).

Paris, 31 decembre 1811.

Mon Cousin, l'armée de Portugal a dans les 4ᵉ, 5ᵉ et 3ᵉ gouvernements le régiment de marche de l'armée du Nord et trois régiments de marche de l'armée de Portugal. Ces quatre régiments doivent, à mon sens, faire 7.000 à 8.000 hommes. Il serait donc convenable d'ordonner à l'armée de Portugal d'envoyer à Burgos une division complète de quatre régiments ou de 6.000 hommes. Cette division resterait organisée comme elle se trouverait, de manière à pouvoir marcher en avant, si les circonstances venaient a l'exiger. Elle ferait partie du corps d'observation du Nord et tiendrait garnison dans le pays. En échange, le général Dorsenne enverrait à l'armée de Portugal les régiments de marche de Portugal et du Nord. Ces régiments seraient incorporés dans leurs régiments définitifs et les cadres reviendraient à Bayonne.

Aussitôt que Valence sera pris, la division Palombini viendrait

(1) Non signé. En marge, on lit : « Fait renyoi à l'Empereur le 1ᵉʳ janvier. »

tenir garnison à Pampelune et dans la Navarre, où elle ferait partie de l'armée du Nord. Alors le régiment de marche d'Aragon serait dissous et les différents détachements qui le composent seraient dirigés sur les lieux où leurs régiments définitifs se trouvent. Ces régiments se trouvent aujourd'hui très éloignés les uns des autres et il y faudra avoir égard dans la direction des détachements qui devront les rejoindre. Ainsi l'armée du Nord se trouverait composée : 1° d'une division de Portugal, forte de 6.000 hommes environ ; 2° de la division Palombini, 6.000 hommes ; 3° des 130°, 34°, 113° régiments et des Suisses, 6.000 hommes ; 4° des sept bataillons de marche de l'armée du Midi, 6.000 hommes : ce qui ferait 24.000 hommes d'infanterie. Il serait nécessaire de réitérer les ordres que toutes les troupes du général Vandermaësen, qui se trouvent à Soria, rejoignent sans délai leurs régiments respectifs. La cavalerie se trouverait composée du 1er de hussards, du 31° de chasseurs, des lanciers de Berg et des dragons Napoléon, ce qui, avec les gendarmes à cheval des quatre escadrons, ferait 3.000 hommes de cavalerie. L'artillerie se composerait de l'artillerie de la division Palombini, de celle de la division de Portugal et des 22 pièces qui remplacent l'artillerie de la garde. Ma garde tout entière, infanterie, cavalerie et artilerie, reviendrait en France. Faites-moi un rapport sur ces mouvements.

6574. — AU MARÉCHAL BERTHIER.
Paris, 31 décembre 1811.

Mon Cousin, donnez l'ordre par l'estafette à la 1re compagnie du 3e bataillon du train, à la 1re du 4e et à la 1re du 13e, de partir de Pau avec leurs hommes, leurs chevaux et leurs voitures et de se rendre à Bordeaux. Prévenez-les qu'ils y seront incorporés dans le 10e bataillon, dont ils suivront la destination. Le secrétaire d'État vous envoie copie du décret que je viens de prendre pour cette incorporation.

NAPOLÉON.

6575. — EXTRAIT DU PROCÈS-VERBAL DE LA SÉANCE DU CONSEIL DU GÉNIE, TENUE MARDI 31 DÉCEMBRE 1811 (1).

L'Empereur passe à l'examen des travaux de la place d'Abbe-

---

(1) Non signé, extrait conforme.

ville. Sa Majesté ordonne que le ministre de la guerre prescrive à l'artillerie d'armer cette place.

6576. — AU GÉNÉRAL CLARKE.

Paris, 31 décembre 1811.

Monsieur le duc de Feltre, je vous prie de me faire connaître quels sont les derniers renseignements qu vous avez sur l'artillerie de l'armée de Portugal, tant sur le matériel que sur le personnel et les attelages.

NAPOLÉON.

6577. — AU GÉNÉRAL CLARKE.

Paris, 31 décembre 1811.

Monsieur le duc de Feltre, donnez ordre que les conscrits réfractaires, qui ont été placés dans le 5ᵉ bataillon du 62ᵉ, qui est à Marseille, soient réunis dans le cadre d'une compagnie et embarqués à Marseille pour être transportés à Gênes, d'où ils seront dirigés sur Milan, à la disposition du vice-roi qui les fera incorporer dans un des régiments de l'armée d'Italie.

NAPOLÉON.

6578. — AU GÉNÉRAL CLARKE.

Paris, 31 décembre 1811.

Monsieur le duc de Feltre, je vous prie de me faire connaître les dernières correspondances et les derniers renseignements que vous avez sur les bataillons du 29ᵉ léger qui sont destinés à la 3ᵉ division du corps d'observation du Rhin et qui se trouvent à l'île de Ré, sur le 4ᵉ bataillon du 10ᵉ d'infanterie légère, qui est également à l'île de Ré, enfin, sur toutes les autres troupes que j'ai de ce côté et que je voudrais faire refluer sur l'Allemagne. Le temps actuel me paraît assez propice; l'hiver, n'étant pas très rigoureux, offre des avantages pour les marches. D'ailleurs, si l'on attendait plus tard, il y aurait l'inconvénient de les faire rencontrer sur les routes avec la conscription.

Je voudrais savoir aussi ce que je pourrais tirer de Belle-Ile.

Je désire que vous me remettiez aussi sous les yeux tout ce qui est relatif aux deux régiments de la Méditerranée et aux revues de l'île d'Elbe et de la Corse, et tous les détails nécessaires pour me faire connaître la situation de ces corps et de quelle nation sont les hommes qui en font partie.

Enfin, remettez-moi un carton complet sur la situation des régiments de réfractaires, afin que je puisse voir à les utiliser avant le printemps.

Les 3° et 4° régiments étrangers sont toujours bien faibles. Faites-moi connaître les mesures qui ont été prises pour compléter ces régiments. Vous savez que je désire qu'ils puissent m'être de quelque utilité sur les côtes de Hollande.

J'attends le rapport sur la revue des trois régiments portugais, pour en disposer.

NAPOLÉON.

6579. — AU GÉNÉRAL CLARKE.

Paris, 31 décembre 1811.

Monsieur le duc de Feltre, je suis étonné que le 112° n'ait que 2.600 hommes. Je lui ai cependant fait donner des conscrits des Bouches-du-Rhône, des conscrits du 6° de ligne et de plus des conscrits réfractaires. Ce régiment devrait être de plus de 3.400 hommes. D'où vient cette diminution?

NAPOLÉON.

6580. — AU GÉNÉRAL LACUÉE.

Paris, 31 décembre 1811.

Monsieur le comte de Cessac, donnez l'ordre à l'officier d'ordonnance Montesquiou de se rendre à Sampigny et d'en passer en revue l'établissement ainsi que le 2° bataillon d'équipages. Il verra les hommes, les chevaux, les voitures et rendra compte de tout dans le plus grand détail.

NAPOLÉON.

6581. — AU GÉNÉRAL LACUÉE.

Paris, 31 décembre 1811.

Monsieur le comte de Cessac, il y a suffisamment d'hommes et de cadres des bataillons d'équipages militaires en Espagne, mais ces cadres et ces hommes n'y sont pas en nombre proportionné avec les chevaux et les voitures. J'avais réuni un bataillon ou 240 voitures de nouveau modèle, sur la frontière d'Espagne, pour l'expédition de Portugal; les circonstances me portant à différer cette expédition, j'ai jugé convenable d'incorporer les trois compagnies qui avaient des voitures du nouveau modèle dans le 10° bataillon. Ainsi le 10° arrivera complet à l'armée, ayant tous ses caissons. Donnez ordre que ces trois compagnies passent à Bordeaux, où elles pourront charger de l'eau-de-vie, comme les trois premières.

Un travail devient nécessaire pour les équipages de l'armée d'Espagne. Faites faire le dépouillement de la situation des différents cadres qui les composent; proposez-moi de faire revenir tous les hommes à pied, de resserrer les bataillons et de faire même revenir quelques cadres pour recevoir des conscrits, afin de pouvoir, dans le courant de l'année, envoyer des renforts à ces équipages. Je vois qu'à presque tous il y a plus d'hommes que de chevaux, et beaucoup plus de cadres que ne comporte le nombre d'hommes. Par exemple, il y a à l'armée du Centre 126 hommes du 1er bataillon des équipages militaires et il n'y a que 80 chevaux.

NAPOLÉON.

6582. — AU GÉNÉRAL LACUÉE.

Au palais des Tuileries, 31 decembre 1811.

Monsieur le comte de Cessac, il est nécessaire que vous donniez l'ordre à tous les régiments qui doivent faire partie de la Grande Armée de s'approvisionner de souliers, de manière que tous les hommes aient en partant une paire de souliers aux pieds, deux dans le havresac et une quatrième paire qui serait transportée à la suite du régiment, pour remplacer celle qui aurait été usée dans la route. Il en résultera qu'en sortant de la frontière les corps auront quatre paires de souliers par homme. Cet ordre peut se donner de suite. Il n'y aura, ce me semble, aucune indemnité à payer aux corps, parce qu'ils confectionneront ces souliers sur leur masse de linge et chaussures.

NAPOLÉON.

TABLE DES NOMS DE PERSONNES [1]

A

ABDELAL, ex-aga des janissaires d'Egypte, 5.
ABÉMA, général-major hollandais, 189.
AFFRY (D'), colonel du 4e régiment suisse, 527, 895.
AGUIAR (D'), colonel, 792.
AIGREMONT (D'), colonel du 13e cuirassiers, 793.
ALBIGNAC, capitaine aide de camp de Ney, 624.
ALBUQUERQUE (D'), colonel du 1er régiment de la légion portugaise, 310.
ALMEIDA (Pierre D'), marquis D'ALORNA, général de division, 837.
AMBERT, général de division, 131.
AMBRUGEAC (D'), chef de bataillon au 93e de ligne, 393.
AMEIL, colonel du 24e chasseurs, 104.
AMULLER (Wilhelm), habitant de Stuttgart, mis en état d'arrestation, 43.
ANDRÉOSSY, général de division, 42, 642.
ANTHING, général de brigade, 526.
ANTHOUARD (D'), général, 702.
ARDIVILLIERS (D'), refus de l'admettre dans la garde, 730.
ARELLANO, chef de bataillon au régiment Joseph-Napoléon, 744.
ARNOUX, proposé pour un emploi d'officier, 819.
ARRIGHI, duc de Padoue, général de division, 142, 293.
ASSAS (Le chevalier D'), 405.
AUBART, sous-lieutenant au 13e dragons, 741.
AUBERNON, auditeur au Conseil d'Etat, 106.
AUBRÉE, colonel du 11e de ligne, 852.
AUBRY, colonel du 19e de ligne, 291.
AUBRY, lieutenant en retraite, 37.
AUDIBERT, maréchal des logis, 646.
AUGEREAU (batterie à Brest), 598.
AUGEREAU (Maréchal), duc de Castiglione, 5.
AUGIER, fusilier-grenadier, 128.
AULTANNE (D'), général de division, 85.
AUSOU, ex-trompette-major de la garde impériale, 66.
AUSSENAC, adjudant commandant, 749.
AUXY DE LAUNOIS (D'), auditeur au Conseil d'Etat, 165.
AVICE, général de brigade, 677, 825.
AVRIL, général de brigade, 252, 877.
AVY, général de brigade, 343, 376, 474, 516.
AZÉMAR, général de brigade, 240.

B

BADE (Grand-duc de). V. CHARLES-FRÉDÉRIC.
BAILLET DE LATOUR, général de brigade, 174, 285.
BAILLY DE MONTHION, général de brigade, 256, 269, 313, 325, 329, 337, 348, 375, 376, 399, 430, 437, 441, 460, 473, 474, 510, 516, 517, 530, 556, 558, 570, 590, 591, 593, 622, 643, 651, 652, 656, 663, 735, 741, 753, 761, 763, 826, 842, 863, 873, 885.
BARAGUEY D'HILLIERS, général de division, 10, 43, 64, 121, 165, 188, 252, 336, 646, 724, 786.
BARDET, général de brigade, 464.
BAROIS (Laurent-Joseph), major, aide de camp du général Decaen, 37.
BARQUIER, général de brigade, 825.
BARRÉ, colonel en second du régiment d'Isembourg, 822.
BARRY, chef d'escadron, 37.
BAUDINOT, fusilier grenadier, 128.

---

[1] Les noms de *Berthier*, *Clarke*, qui se retrouvent à chaque page, n'ont pas été mentionnés dans cette table.

BAUDUIN, colonel du 93e de ligne, 551, 833.
BAUMGARTEN, capitaine au 7e d'artillerie à pied, 312.
BAUVENT, fusilier-grenadier, 128.
BAVIÈRE (Le roi de). V. MAXIMILIEN-JOSEPH.
BEAUPRÉ, général de brigade, 813
BÉCHET, adjudant commandant, 677.
BEHR (Johan-Marten), adjudant commandant, colonel du 6e de ligne hollandais, puis colonel à la suite du 33e léger, 33, 502.
BEKER, général de division, 42, 43, 188, 681, 813, 867.
BELLIARD, général de division, 64, 181, 333, 337, 375, 380.
BENOÎT, ex-carabinier au 18e légère, 251.
BERCKHEIM, général de brigade, 144.
BÉRENGER, ouvrier au bataillon du train d'artillerie de la garde, 104.
BERGERDUIN (Comte DE). V. DUMONCEAU.
BERNADOTTE, prince royal de Suède, 201, 766, 886.
BERRUYER, colonel, 705.
BERTHELMY, adjudant commandant, 252, 700, 730.
BERTHIER (César), général de division, 5, 196, 494, 495, 546, 647, 660, 664, 665, 666, 732, 772, 808.
BERTIN, lieutenant au 24e de ligne, 644.
BERTRAND, général de division du génie, aide de camp de l'Empereur, 1, 436, 504, 514, 529, 533, 549, 569, 587, 609, 618, 754, 859, 888.
BERTRAND (J.), général de brigade, 336, 693.
BESSIÈRES (A.-L.), élève au prytanée de La Flèche, 393.
BESSIÈRES (maréchal), duc d'Istrie, 18, 20, 21, 68, 86, 104, 108, 114, 117, 118, 119, 127, 153, 210, 296, 323, 330, 348, 349, 375, 391, 393, 413, 456, 553, 626, 653, 798, 824.
BEURMANN, général de brigade, 851, 897.
BEVERLEY (Lord), otage anglais, 551.
BIANCHETTI, lieutenant au 1er régiment de Prusse, 50.
BIGI, chef de bataillon, 66.
BLANCHON, commissaire ordonnateur, 494.
BLANMONT, colonel du 105e d'infanterie, 17, 156.
BOHME, soldat au 1er régiment de Prusse, 342.
BOMAL (veuve), mère d'un vélite tué à Eylau, 310.
BONET, général de division, 492, 554, 559, 632, 846, 848.

BONNAMY, général de brigade, 361
BONNEVILLE, directeur des douanes à Danzig, 866.
BONNIOT, père d'un vélite tué à Wagram, 126.
BONS, sous-lieutenant au 127e d'infanterie, 394.
BOPPING, militaire du 128e de ligne, 583.
BORDESSOULLE, général de brigade, 878.
BORGHESE, adjudant commandant, 244.
BORGHESE (Prince), 58, 153, 188, 245, 285, 361, 385, 397, 544, 673, 790, 821, 864, 865, 866.
BORGORELLI D'ILON, chef de bataillon, ex-commandant d'armes du château de Gand, 645.
BOSSET, négociant de Nantes, 463.
BOUCHARD, adjudant commandant, 310.
BOUCHOT, capitaine d'artillerie, 73.
BOUISSON, fusilier-grenadier, 128.
BOURBIER, fusilier-grenadier, 128.
BOURCIER, soldat du train d'artillerie, 337.
BOURCIER, général de division, 642.
BOURDEAUX, fils de l'ex-ministre de Hollande en Danemark, 535.
BOURGADE, chef de bataillon, 50.
BOURGEOY, garde d'honneur de la ville de Rennes, 767.
BOURSIER, exproprié par l'administration de la guerre pour une écurie affectée au casernement, 285.
BOUVIER DES ECLAZ, général de brigade, 861.
BOYELDIEU, colonel du 4e régiment de ligne, 235.
BOYER, adjudant commandant, 729.
BRAUN, colonel du 8e régiment de ligne, 302.
BREISSAND, général de brigade, 851.
BRETON, capitaine adjoint à l'état-major de l'armée du Centre, en Espagne, 829.
BREUILLE, colonel, 591, 705.
BRIATTE (Théophile), adjudant commandant, 851.
BROSSET, major du régiment de Walcheren, 334.
BROTONNE, éditeur des « Dernières Lettres inédites de Napoléon Ier », 794, 832.
BROUSSE, capitaine, 37.
BRUCE (David), général hollandais, 17.
BRUN, général de brigade, 361.
BRUNSWELD-VANHULTEN, ex-directeur du dépôt des colonies de Hollande, 32.
BRUYERE, général de division, 183.

Buck (Denis), pilote de Douvres, 734.
Buquet (Louis-Léopold), général de brigade, 605, 663, 885.
Bureau, capitaine aux chasseurs à cheval de la garde, 775.
Burthe, général de brigade, 878, 892.

C

Cabanès, major au 8e chasseurs, 729.
Cacault, général de division, 114.
Caffarelli, général de division, 163, 172, 173, 323, 337, 348, 353, 358, 516, 558, 570, 576, 594, 599, 663, 742, 753, 811, 850.
Carcome-Lobo, général de division, 156, 528.
Carrère, fusilier-grenadier, 128.
Carrière, commandant d'armes du château de Lourdes, 357.
Casabianca, colonel du 31e d'infanterie légère, 515.
Casenove frères, prisonniers anglais, 17, 51.
Casier, adjudant de place, à Guise, 66.
Cassagne (René), général de brigade, 315, 483.
Castellan, colonel, 642.
Castex, général de brigade, 298, 789, 840, 851, 878.
Castiglione (J.-E.), Italien détenu à Mont-Dauphin, 739.
Catuélan, commissaire des guerres, 741.
Caux (de), colonel du génie, chef du bureau du personnel de l'arme au ministère de la guerre, 642.
Cauzon (François-Gabriel), vélite aux chasseurs à pied de la garde, 307.
Cavallero, lieutenant-colonel du génie espagnol, 310.
Cazals, général de brigade du génie, 53, 258.
Cazou (François), vélite aux chasseurs à pied de la garde, 307.
Cendrecourt, ex-capitaine dans les troupes portugaises, 821.
Cetto, lieutenant de cavalerie à la légion hanovrienne, 527.
Chabels, général de brigade, 768.
Chambarlhiac, général de brigade du génie, 441.
Champagny, duc de Cadore, 66, 165, 201, 235.
Charles-Emmanuel II, roi de Sardaigne, 552.

Charles-Frédéric, grand-duc de Bade, 362.
Chastel, général de brigade, 552.
Chaudron, chef de bataillon au 122e d'infanterie, 65.
Chauve, dit Richard, capitaine au 24e dragons, 527.
Chavardel, adjudant commandant, 183.
Cherisey, capitaine au régiment de Prusse, 482.
Cherrier, capitaine au 1er régiment étranger, 608.
Choiseul (Auguste de), major au 2e régiment de chasseurs espagnols, 5.
Choiseul-Beaupré (César), capitaine, 340.
Choisy, colonel du 4e régiment de chasseurs d'Illyrie, 620.
Christophe, colonel du 25e chasseurs, 5.
Chuquet, *Ordres et apostilles de Napoléon*, 259, 749, 770, 822.
Clauzel, général de division, 191.
Clavel, colonel, 393.
Colbert, général de brigade, 144, 256, 337.
Colinion, sous-lieutenant au 64e d'infanterie, 664.
Collaert, général de brigade, 6, 258.
Compans, général de division, 444, 770.
Compère, général de division, 334.
Contamine, adjudant commandant, 700.
Coppens, membre du collège électoral de Jemmapes, 127.
Corbineau, général de brigade, 825, 878, 892.
Corozis, chef de bataillon, 174.
Cotty, colonel d'artillerie, 117.
Coutant, major au 3e dragons, 335.
Cox, lieutenant-colonel anglais, ex-gouverneur d'Almeida, 335.
Croiset, général du génie, 200.
Czernitchef, aide de camp de l'Empereur de Russie, 358.

D

Daendels, général, gouverneur de Java, 440, 624.
Dagot, capitaine de gendarmerie, 29.
Dalton, prisonnier anglais, 310.
Dannemary, sous-lieutenant au régiment d'Isembourg, 310.
Darmaignac, général de division, 85.
Darancey (Joseph-Gabriel), dit Aubry, général de brigade, 644.
Darricau, général de division, 842.

DARU (Comte), intendant général de la maison de l'Empereur, 476, 548, 890.
DAUTANCOURT, major du 1er chevau-légers de la garde, 730.
DAVOUT, élève à l'Ecole de Saint-Cyr, parent du maréchal, 77, 101, 103.
DAVOUT (Maréchal), prince d'Eckmuhl, 7, 8, 15, 23, 36, 39, 40, 46, 49, 77, 82, 90, 91, 122, 129, 132, 135, 136, 138, 140, 145, 146, 147, 150, 151, 152, 163, 165, 166, 171, 177, 184, 192, 205, 223, 227, 228, 235, 252, 262, 263, 264, 267, 292, 294, 298, 305, 312, 316, 332, 333, 334, 341, 342, 349, 361, 363, 439, 442, 444, 464, 465, 487, 534, 541, 552, 561, 566, 570, 583, 610, 619, 628, 648, 661, 676, 681, 684, 686, 714, 723, 726, 742, 746, 747, 751, 757, 758, 764, 765, 783, 789, 797, 799, 800, 803, 805, 813, 816, 817, 831, 840, 851, 858, 866, 867, 869, 870, 886, 887, 898, 899.
DAVOUT (Papiers du maréchal, aux archives de la guerre), 866.
DECAEN, général de division, 37, 765.
DECANS, adjudant de place a l'île d'Ouessant, 164.
DECOUS, général de brigade, 169, 508.
DECUYPER, fusilier-grenadier, 128.
DEFLUE (Nicolas), chef de bataillon au 1er suisse, 363.
DEFLUE (P.-M.), ancien sous-lieutenant au régiment suisse de Traxler, 235.
DEFLUE, landamman du canton d'Unterwalden, 311.
DEFRANCE, général de brigade, 145, 166, 326, 344, 346, 364, 376, 377, 447, 449, 452, 498, 531, 571, 592, 594, 603, 605, 628, 653, 722, 807, 808, 853, 854.
DEFRANCE, sous-lieutenant au 6e chevau-légers, 528.
DELABORDE (Henri-François) (Comte), général de division, 117, 258, 385, 726, 812.
DEL BARCO, officier espagnol, prisonnier de guerre, 336.
DELISLE, au service du roi d'Espagne, 678.
DELMAS, général de division, 57.
DELONGE, fusilier-grenadier, 128.
DELZONS, général de division, 258, 284, 288, 463.
DENTZEL, adjudant commandant, 174, 831.
DÉRIOT, général de brigade, 850.
DESAILLY, général de brigade, 110.
DÉSARGUS, colonel, 145.
DESBUREAUX, général de division, 829.
DESCHAMPS, major au 27e chasseurs, 335.

DESJARDINS, capitaine aide de camp du général Schaal, 50.
DESNOYERS, général de brigade, 620.
DESPLAN, sous-officier au 102e de ligne, 255.
DESROCHES, adjudant commandant, 749.
DESSAIX, général de division, 134, 183, 851.
DESSOLLE, général de division, 490.
DESTABENRATH, général de brigade, 310.
DÉTRIMONT, fusilier-chasseur, 128.
DEVEYE, capitaine du génie hollandais, 158, 645.
DEVILLIERS, général de brigade, 822.
DEWINTER, amiral, 219.
DIESSE (Emmanuel), prisonnier espagnol, 868.
DIGONNET, général de brigade, 156.
DODE, général du génie, 188.
DOMON, colonel du 8e hussards, 766.
DONNADIEU (Gabriel), général de brigade, 683, 685.
DONZELOT, général de division, 59, 77, 193, 538, 539, 550, 619, 674.
DORÉ, fusilier-grenadier, 128.
DORIA, maison patricienne de Gênes, 733.
DORSENNE, général de division, 9, 10, 348, 455, 458, 554, 575, 594, 596, 599, 624, 632, 650, 712, 741, 752, 764, 846, 847, 848, 901.
DRAYE, sous-lieutenant au 40e de ligne, 701.
DROUET D'ERLON, général de division, 7, 20.
DROUOT, colonel d'artillerie, 42.
DRUET, lieutenant au 20e dragons, 58.
DRUJON, commandant au 3e bataillon étranger, 665.
DRUT, général de brigade, 482.
DUBOST, fusilier-grenadier, 128.
DU CASSE, éditeur du « Supplément à la Correspondance de Napoléon Ier », 244.
DUC, ex-officier dans un régiment suisse à la solde de l'Espagne, 528.
DUCOURET, sous-lieutenant dans légion portugaise, 156.
DUDON (Baron), intendant général de l'armée du nord de l'Espagne, 575, 632, 848.
DUFOUR, fusilier-chasseur, 128.
DUFOUR, quartier-maître au 2e chevau-légers lanciers de la garde, 307.
DUFRESNE, général de brigade, 501.
DU HAMEL DE QUERLANDE, major démissionnaire du service d'Autriche 488.
DULAULOY, général de brigade, 482, 644.

DULIN, capitaine adjudant de place, 382.
DUMAS, capitaine au 21e dragons, 51.
DUMAS (Mathieu), général de division, 96, 232, 233, 261, 292, 300, 335, 369, 388, 399, 400, 407, 410, 423, 429, 434, 441, 471, 493, 499, 503, 504, 509, 515, 542, 562, 569, 586, 602, 642, 710, 870, 901.
DUMONCEAU, comte de Bergerduin, général de division, 50, 699.
DUMORTIER, entrepreneur des fortifications à Flessingue, 500.
DUMOULIN, général de brigade, 337.
DU MUY, général de division, 95, 308, 648, 673, 688. 689, 709, 726.
DUPEYE, lieutenant au 1er régiment de Prusse, 50.
DUPONT-DERVAL, adjudant commandant, 851.
DUPUY, colonel, 642, 791.
DUQUESNE (Fort), 214, 215, 221, 222, 223.
DURAND, chirurgien sous-aide de l'hôpital de Bayonne, 184.
DURELLE, chef de bataillon au 6e d'artillerie à pied, 156.
DUROC, duc de Frioul, 42, 124, 272.
DUROSNEL, général de division, 141, 142, 143, 211, 338.
DUROURE, général de brigade, 663.
DURRIEU, adjudant commandant, 58.
DURUTTE, général de division, 505, 867.
DUTRUY, général de brigade, 43.

E

EBERLÉ, général de brigade, 620.
Elisa BONAPARTE, grande-duchesse de Toscane, 458, 473, 494, 621, 779, 790, 825, 838, 874, 879.
ELTZ-HUBENACH, élève à Saint-Cyr, 126.
ESCLIGNAC (D'), lieutenant au 1er régiment de Prusse, 156.
ESCRAGNOLLE (Robert D'), lieutenant au 1er régiment de Prusse, 620.
ESEBECK, major démissionnaire du service d'Autriche, 767.
ESMENARD, capitaine adjoint à l'état-major de l'armée de Portugal, 750.
Eugène DE SAVOIE (Le Prince), 601.
EUGÈNE-NAPOLÉON (vice-roi d'Italie), 11, 55, 130, 138, 230, 264, 702, 724, 725, 778, 779, 809, 826, 859, 894.
EULNER, colonel du 7e hussards, 51.
EVAIN, colonel d'artillerie, directeur-adjoint de l'artillerie au ministère de la guerre, 71, 642.

F

FABER, ex-capitaine adjudant-major de l'Ecole militaire de La Haye, 548.
FABVIER, lieutenant d'artillerie dans la garde impériale, 234.
FAIN (Baron), secrétaire du cabinet de l'Empereur, 248, 376.
FALKOWSKI, major commandant le dépôt de la légion de la Vistule, 291, 453.
FAUCONNET, major en second, 751.
FAUVERGE (Grégoire), autorisé à se rendre à Barcelone, 551.
FEREY, général de division, 191.
FERRIÈRE, général de brigade, 878.
FEUILLADE, major en 2e au 8e cuirassiers, 776.
FICATIER, général de brigade, 729.
FIERECK, colonel d'artillerie, 702.
FLORAINVIL, colonel de la 10e légion de gendarmerie, 189.
FONTANGES (Louis, marquis DE), ancien maréchal de camp, 102.
FORBES, major, prisonnier anglais, 235, 358.
FOREST, sous-lieutenant au 24e d'infanterie légère, 118.
FORTIN (M.-J.-B.), sollicite un emploi de sous-lieutenant, 621.
FOUCHER DE CAREIL, général de division, 381, 842.
FOURN, adjudant commandant, 139, 647.
FOURNEAU, fusilier-chasseur, 128.
FOURNIER-SARLOVÈSE, général de brigade, 191.
FOUSSENQUY, chef de bataillon, 164.
FRAMERY, capitaine dans l'artillerie de la garde, 646.
FRÉDÉRIC II (Guillaume-Charles), roi de Wurtemberg, 57, 334.
FRESIA, général de division, 118.
FRESSINET, général de brigade, 508.
FREYTAG, général de division, 118.
FRIRION, inspecteur aux revues, secrétaire général du ministère de la guerre, 88, 91, 101, 123, 140.
FRIANT, général de division, 90.
FRUHENSHOTT, colonel, 811.

G

GALLÉ, fusilier-grenadier, 128.
GALLO, colonel, 5.
GAMBIN, général de brigade, 426.

GARAVAQUE, major au 5e chevau-légers, 775.
GARDANE, général de brigade, 7.
GAREAU, général de brigade, 61, 63, 120.
GASSENDI, général de division, 92, 423, 602, 642, 721.
GAULT, général de brigade, 677.
GAUTHRIN, général de brigade, 878.
GAY DE VERNON, colonel, commandant en second l'Ecole polytechnique, 700.
GAZAN, général de division, 85.
GAZZERA, employé en Illyrie, 366.
GÉRARD, général de brigade, 878.
GÉRARD, chef du bureau des opérations militaires au ministère de la guerre, 92.
GILLY, général de division, 162, 256, 279, 366, 439, 520, 540, 541.
GIMONT, ex-capitaine au 26e légère, 418.
GIORELLO, fusilier-grenadier, 128.
GIOVANNONI, conscrit du département du Golo, 335.
GIRARDIN (DE), colonel, 366.
GIRARDIN, sous-lieutenant de cavalerie, 620.
GIRARDOT, général de brigade, 43, 662.
GIROULT, proposé pour un emploi d'officier, 819.
GLUTZ DE BLOTZHEIM, prisonnier de guerre en France, 798.
GOBET, fusilier-grenadier, 128.
GODART, général de brigade, 482.
GŒBEL, déserteur du régiment de Hochberg, 291.
GŒGEL (L.), lieutenant-colonel au service d'Espagne, 868.
GÖLDLIN, lieutenant au 1er régiment de Prusse, 50.
GOMER (Mortiers à la), 111, 484, 493, 580, 598, 640, 656, 666 à 668, 680, 716, 739, 787, 837.
GONNET-TASSIGNY, capitaine au régiment de La Tour d'Auvergne, 290.
GORDON, colonel, aide de camp du général DAENDELS, 440, 624.
GOSTLER, colonel, 811.
GOULLY, ancien caporal au 24e de ligne, 645.
GOURDCIN DE GRANDMAISON, caporal du 6e d'artillerie à pied, 730.
GOURÉ, général de brigade, 748.
GOURY, colonel, 798.
GOUVION SAINT-CYR, général de division, 642.
GOYON, capitaine, 644.
GRAMET, garde du génie, 728.
GRANDJEAN, colonel du 8e cuirassiers, 155.

GRANDJEAN (Balthasar), général de brigade, 155, 200.
GRATIEN, général de brigade, 464.
GRENIER, général de division, 125, 363, 508, 609, 686, 756, 790, 874.
GRESSOT, adjudant commandant, 174.
GRIBEAUVAL, lieutenant-général, 721.
GROBON, colonel du 53e de ligne, 730.
GROS, fusilier-grenadier, 128.
GRUNDLER, adjudant commandant, 4, 582.
GUAITA, capitaine au régiment d'Isembourg, 312.
GUÉHÉNEUC, colonel du 26e légère, 852.
GUENAL, sous-lieutenant retraité, 236.
GUERBE, capitaine au 14e chasseurs, 868.
GUÉRET, colonel, 36.
GUÉRIN, fusilier-chasseur, 128.
GUIBERT (Mme), veuve de l'auteur de l'« Essai général sur la tactique », 286.
GUILLAUME, ex-employé à la Trésorerie de l'armée, 312.
GUILLOT, général de brigade, 188.
GUYOT DE SAINT-AMAND (Mme veuve), née Wimpffen, 57.
GUYOT, fusilier-grenadier, 128.

H

HAMAONY (Joseph), ancien chef d'escadrons de mamelucks, 728.
HAMILLE (Augustin), fusilier-grenadier, 128.
HARTLIEB, capitaine au 6e chasseurs illyriens, 37.
HARTMANIS, colonel du 1er régiment de Prusse, 386.
HARTY, général de brigade, 550, 793.
HAUTPOUL (Redoute D'), 564, 565.
HENIN (D'), général de brigade, 749.
HENRY, adjudant de place à Philippeville, 843.
HENRY, colonel de gendarmerie, 143.
HEUDELET, général de division, 191.
HILL, général anglais, 848, 849.
HOGENDORP, général de division, 504, 537, 637, 698.
HOMBACH, ex-adjudant-major du régiment d'artillerie hollandais, 30.
HORTENSE (La reine), 482.
HUGUES, vélite, chasseur à cheval, 76.
HUGUET, chef de bataillon au 1er régiment d'infanterie légère, 466.
HULIN, général de division, 78, 297, 669, 720.

HUPET, chef d'escadrons au 1er lanciers de la Vistule, 254.

I

ISEMBOURG (Régiment d'), 47, 59, 158, 220, 310, 312, 349, 419, 506, 539, 609, 619.
ISSOIRE, employé dans l'administration des vivres en Italie, 102.

J

JACQUINOT, général de brigade, 134, 878.
JAIMEBON, chef de bataillon, 139.
JAMETH, maître de poste à Langres, 701.
JANKEWITZ, prisonnier autrichien, 165.
JANSSENS, général de division, 850.
JAUBERT, évêque de Saint-Flour, 483.
JEAN-JOSEPH, réfugié égyptien, 103.
JEANTREL, fusilier-chasseur, 128.
JÉRÔME-NAPOLÉON, roi de Westphalie, 49, 153, 361, 819.
JOACHIM-NAPOLÉON, roi de Naples et des Deux-Siciles, 11, 12, 38, 72, 103, 125, 138, 155, 158, 188, 230, 258, 265, 334, 343, 370, 500, 620, 646, 695, 836.
JOBERT, ex-officier de vétérans, 132.
JOLLY, chef de bataillon, 645.
JOSEPH-NAPOLÉON (Régiment), 204, 282, 362, 382, 383, 503, 744, 745, 835, 886.
JOSEPH-NAPOLÉON, roi d'Espagne, 5, 6, 20, 37, 64, 102, 117, 134, 181, 201, 310, 336, 360, 375, 456, 465, 553, 623, 624, 646, 651, 652, 678, 744, 792.
JOSSET SAINT ANGE, adjudant commandant, 729.
JOURDAN, adjudant du génie, 155.
JOURDAN (Maréchal), 619.
JUMILHAC, major de cavalerie, 200.
JUNOT, duc d'Abrantès, général de division, 191, 318.

K

KELLERMANN, général de division, 252.
KERVIN, proposé pour un emploi d'officier, 818.
KINDELAN, général de brigade, 118, 223, 835.

KLECKE, capitaine dans la gendarmerie westphalienne, 361.
KLICKI, major au 7e chevau-légers, 750.
KOCK, patron de navire, 342.
KONOPKA, général de brigade, 749.
KRASINSKI, colonel du 1er chevau-légers lanciers de la garde impériale, 186.
KRÜDENER (Baron DE), 358.

L

LABARBE (J.-M.), élève à l'Ecole polytechnique, 750.
LABASSÉE, général de brigade, 464.
LABORDE (Claude), dit HUE, général de brigade, 17.
LABOURDONNAYE, chef d'escadrons, 170, 658, 868.
LACHATRE, colonel, commandant d'armes à Alexandrie, 825.
LACOSTE (Fort), 564.
LACOSTE, général de division, 502.
LACROIX, chef de bataillon au 108e d'infanterie, 466.
LACROIX (François-Joseph-Pamphile), général de brigade, 96, 183.
LACUÉE, général de division, ministre de l'administration de la guerre, 3, 8, 11, 19, 23, 39, 47, 53, 58, 68, 69, 71, 72, 74, 87, 92, 93, 96, 108, 115, 124, 127, 132, 133, 138, 140, 146, 152, 185, 189, 198, 199, 203, 206, 207, 209, 213, 230, 231, 241, 242, 245, 252, 260, 263, 271, 276, 281, 289, 297, 299, 302, 303, 305, 306, 312, 314, 316, 319, 323, 346, 347, 350, 352, 359, 365, 374, 379, 387, 392, 398, 404, 405, 406, 415, 416, 418, 420, 430, 433, 434, 447, 448, 455, 460, 480, 486, 492, 497, 499, 503, 509, 512, 513, 524, 533, 534, 542, 549, 567, 577, 583, 584, 595, 607, 616, 625, 632, 655, 660, 661, 662, 671, 672, 679, 694, 696, 710, 715, 731, 732, 738, 746, 750, 756, 759, 780, 781, 791, 801, 803, 814, 817, 834, 845, 854, 855, 858, 859, 870, 877, 891, 892, 900, 904, 905.
LA FERRIÈRE-LEVESQUE, général de brigade, 334, 438.
LA FERTÉ SENECTÈRE, capitaine du génie, 483.
LAFFITTE, banquier, 51.
LAFFITTE, capitaine de cavalerie, 623.
LAFITTE, colonel, 831.
LAFOREST (Comte DE), ambassadeur de France à Madrid, 5, 291.
LAGASTINE, colonel, 852.

La Grange, colonel, prisonnier en Angleterre, 235, 358.
Lagrange (Joseph), comte, général de division, 29, 141, 143, 178, 236, 338.
Lahoussaye, général de division, 134, 181.
Lallemant, capitaine adjudant-major au 11e dragons, 503.
La Loyère (Armand de), aide de camp du général Nansouty, 94.
Lamartinièrl, général de brigade, 374.
Lambert, colonel du 23e chasseurs, 362.
Lambert (Veuve), mère d'un grenadier du 9e de ligne, 678.
Lamer, inspecteur aux revues, ex-général de division, 551.
Lamotte (Gourlez de), général de brigade, 805.
Lange officier au service d'Espagne. 583.
Lante (Duc), 852.
Lante (Jules), sous-lieutenant de cavalerie, 852.
Laperny, capitaine au Prytanée de La Flèche, 834.
Larcilly, colonel du 13e de ligne, 33
Lariboisière, général de division, 42, 62, 212, 224, 244, 633, 634, 636, 685, 788, 802.
Lasalcette, général de brigade, 334.
La Torre Y Gonzalès (de), membre de la municipalité de Cordoue, 333.
La Tour d'Auvergne (Régiment de), 56, 121, 151, 168, 255, 290, 291, 349, 406, 573, 609.
Latour, imprimeur, 361.
Laurent (Albert), colonel d'artillerie, 308.
La Vanda (de), officier espagnol, 358.
Lavilléon, chef de bataillon au 29e légere, 798.
Lavillette, commandant de Bellegarde, 384.
Lebrun (Anne-Charles), duc de Plaisance, général de brigade, 144, 537, 751, 752, 782, 806, 829, 857.
Lebrun (Charles-François), architrésorier, 727, 851.
Le Camus de Monlignon, général de brigade, 20, 281.
Lecestre (Léon), éditeur des *Lettres inédites de Napoléon Ier*, 7, 244.
Leclaire, général de division, 118.
Leclerc, déserteur du 32e de ligne, 251.
Ledard, colonel du 6e chasseurs, 502.
Lefebvre-Desnoëttes, général de division, 551.
Lefebvre, sergent au 9e de ligne, 701.
Lefranc, major du 58e de ligne, 750.

Legrand, général de division, 645.
Legrand, général de brigade, 464.
Legray, sous-lieutenant au 23e d'infanterie légère, 357, 358.
Legros, sous-lieutenant au 25e chasseurs, 677.
Legros, major, commandant de la place de Cologne, 608.
Le Marois, général de division, 143.
Lemoine, colonel du 14e chasseurs, 502.
Lenglemé de Sangles, sous-lieutenant au 3e de ligne, 132.
Lenoir, capitaine au 2e régiment d'infanterie légère, 728.
Lenormand, adjudant de place, 384.
Lenprière (Clement), marin-pêcheur, 853
Lepic, général de brigade, 552, 553.
Levasseur, adjudant commandant, 619.
Levasseur, ex-lieutenant de gendarmerie, 132.
Levielleuze, colonel espagnol, 117.
Levisse de Montigny, chef d'escadrons, 751.
Lhuillier, lieutenant au 26e d'infanterie légère, 793.
Liébert, général de division, 657.
Loison, général de division, 191.
Lorencez, général de brigade, 582.
Lorin, fusilier-grenadier, 128.
Loritz, chef de bataillon commandant d'armes à Dieppe, 126.
Lostin, lieutenant quartier-maître des compagnies d'administration de la garde, 385.
Louis XVI, roi de France, 273.
Luchaire, colonel du 7e d'infanterie légère, 57, 103.
Luzy, colonel du génie, 852.

M

Macdonald (Maréchal), duc de Tarente, 4, 17, 41, 201, 312, 438, 447, 603, 657, 707, 852.
Macors, général de division, 187, 334
Maison, général de brigade, 501.
Malnuit, fusilier-grenadier, 128.
Malus, inspecteur en chef aux revues, 826.
Manant, candidat à un emploi de sous-lieutenant, 750.
Manon, sergent au 23e de ligne, 821.
Marchand (Jean-Gabriel) (Comte), général de division, 190, 464.

MARCHANT, commissaire ordonnateur, 318.
MARCOGNET, général de brigade, **191**, 464.
MARÉCHAL, chef de bataillon, 72.
MARET (Duc de Bassano), ministre secrétaire d'Etat, 4, 13, 21, 43, 96, 149, 192, 199, 336, 383.
MARIE-LOUISE, impératrice des Français, 86.
MARIE-THÉRÈSE (Ordre de), 329.
MARIN, fusilier-grenadier, 128.
MARIOTTI, adjudant commandant, 621.
MARMONT (Maréchal), duc de Raguse, 13, 14, 43, 61, 81, 134, 186, 187, 190, 234, 329, 346, 350, 373, 374, 379, 391, 458, 461, 462, 490, 517, 519, 595, 596, 599, 626, 649, 651, 652, 805, 845, 886, 894.
MARQUION, conscrit de 1811, 254.
MARTANGE, capitaine au 3ᵉ bataillon étranger, 357.
MARULAZ, général de division, 878.
MASSÉNA (Maréchal), prince d'Essling, 20, 190, 191, 335.
MASSEUR, lieutenant du génie hollandais, 158.
MASSON, employé des douanes en Illyrie, 459
MASUYER, lieutenant au 70ᵉ de ligne, 551.
MATA (S. DE), lieutenant espagnol, 465.
MATHIEU (DE LA REDORTE) (Maurice), général de division, 749, 852.
MAUCUNE, général de division, 190.
MAUGIN, fusilier-grenadier, 128.
MAULNOIR (Mademoiselle), sœur du colonel, 678.
MAULNOIR, colonel du 19ᵉ chasseurs, 678.
MAUPETIT, général de brigade, 36.
MAURICE, maréchal-ferrant aux grenadiers à cheval de la garde impériale, 273.
MAXIMILIEN-JOSEPH, roi de Bavière, 4, 189.
MAYNAT, major au 29ᵉ chasseurs, 662.
MECKENEM, chef d'escadrons, 145.
MÉNARD, juge de paix, 744.
MENGAUD, général de division, 118
MERGÈS, adjudant commandant, 851.
MÉRIAGE, adjudant commandant, 188.
MERLIN, colonel du 1ᵉʳ hussards, 592, 731
MERLIN (Christophe-Antoine), général de division, capitaine-général au service d'Espagne, 678.
MERLIN (Jean-Baptiste-Gabriel) (baron), général de brigade, 309.

MERLIN D'ESTREUX, colonel au service d'Espagne, 852.
MERMET, général de division, 464.
MESNIL, aide de camp du prince Félix, 621.
MEUNIER, capitaine au 24ᵉ dragons, 527.
MEUZIAU, colonel du 5ᵉ hussards, 729.
MEYER, officier suisse au service d'Espagne, 647.
MILLOT, lieutenant de gendarmerie, 769.
MIOLLIS, général de division, 152, 470, 485, 497, 609, 695, 823, 864, 874.
MIQUEL, général de brigade, 825
MISSIESSY, amiral, 217, 218.
MOLARD, adjudant commandant, 50
MOLITOR, général de division, 140, 147, 150, 518, 627, 677.
MOLLE, fourrier au 19ᵉ chasseurs, 251.
MOLLIEN, ministre du Trésor public, 110, 382, 431.
MONCEY (Maréchal), duc de Conegliano, 132, 419.
MONISTROL, adjudant commandant, 766.
MONNIER, sous-lieutenant dans l'armée napolitaine, 418.
MONOREVILLE, capitaine, attaché au ministère de la police générale, 498.
MONSIEUR (Les écuries de), à Versailles, 13.
MONSIGNY, chef d'escadron, 646.
MONTEBELLO (Fort), 111, 498, 580, 680.
MONTESQUIOU, officier d'ordonnance de l'Empereur, 904.
MONTFALCON, adjudant commandant, 141
MONTHION (V. BAILLY DE MONTHION).
MONTMORIN, ministre de Louis XVI, 273.
MONTRICHARD, général de division, 384.
MOOR (Thomas), prisonnier anglais, 833.
MORAND, général de division, 84, 85, 192, 196, 197, 314, 791.
MORANGIÉ, général de brigade, 551.
MORGAN DE FRUCOURT, lieutenant au 8ᵉ dragons, 363.
MORGAN, général de brigade, 619.
MORTIER (Maréchal), 884.
MOTTE, général de brigade, 36.
MOURILZ, général de brigade, 878.
MOUTON, général de division, comte de Lobau, 34, 285, 286, 302, 340, 363, 394, 440, 498, 621, 626, 811, 818, 821, 822, 879.
MULLER, grenadier au 3ᵉ régiment de grenadiers de la garde, 701.

MULLER, sergent au régiment des pupilles de la garde, 310.
MULLER DE FRIEDBERG, officier suisse, 834.
MUNERET, ex-soldat à la 5e demi-brigade de ligne, 677.
MURAT. (V. JOACHIM-NAPOLÉON.)

N

NADLER, capitaine au 1er régiment de chasseurs espagnols, 792.
NANSOUTY, général de division, 94, 340, 722, 788.
NAPOLÉON (dragons), 902.
NAPOLÉON (Fort), 563 à 565
NASSAU (Duc de), 40, 736, 783.
NEY (Maréchal), duc d'Elchingen, 624, 676, 750. 820.
NIVENHEIM, sous-lieutenant au service du grand-duché de Berg, 678.
NOBLOT, chasseur au 1er chevau-légers lanciers de la garde, 775.
NOGUÈS, adjudant commandant, 63.
NORMAND, adjudant commandant, 619.
NOURY, général de brigade, 550.

O

OBERKIRCH, ex-capitaine au service de Wurtemberg, 527.
OELS (La bande des partisans D'), 584, 655.
OFFENSTEIN, général de brigade, 483.
OLIVIER, fusilier-grenadier, 128.
OLIVIER, général de division, 386.
OLLAGNIER, capitaine au prytanée de La Flèche, 37.
O MEARA, colonel du régiment irlandais, 756.
ONSLOW, proposé pour un emploi d'officier, 394.
ORAISON (Henry DE FULQUE (Comte D'), maréchal de camp, 551.
ORDONNEAU, adjudant commandant, 4.
ORNANO, général de brigade, 780, 805.
ORTIZ, officier espagnol, prisonnier de guerre, 336.
OSTEN, général de brigade, 793.
OSTERRY, membre du petit conseil de Zürich, 647.
OUDINOT (Maréchal), duc de Reggio, 158, 318, 505, 582, 610, 619, 632, 645, 663.
OUDUIN, major, 839.

OULTREMONT (D'), élève à l'école de Saint-Germain, 833.
OULTREMONT (F. D'), sous-lieutenant de cuirassiers, 32.

P

PAGEOT, général de brigade, 749.
PAJOL, général de brigade, 134, 878.
PALLAVICINI, élève au prytanée militaire de La Flèche, 730.
PALMAROLE, général de brigade, 63, 729.
PALOMBINI, général de division, 587, 684, 901, 902.
PANIS, colonel, 132.
PARKER, administrateur du collège des Irlandais, 769.
PARNY (Mme DE), née Contat, 620.
PASSELEY, élève sous-lieutenant du génie, 826.
PASSY (H.-P.), élève de l'école militaire de Saint-Germain, 776.
PEDRO DE MOLLO, lieutenant à la légion portugaise, 528.
PELLETIER, général de brigade, 744.
PENNE, général de brigade, 647.
PERDUCET (Veuve), 291.
PÉRIGNON (Maréchal), 156, 166.
PÉROUD, sergent-major au 22e d'infanterie légère, 528.
PERREGAUX, banquier, 51.
PÉTIET, adjudant commandant, 766.
PEUCHET, homme de lettres, 133.
PEUCHET, hussard au 10e régiment, fils du précédent, 133.
PEUGNET, commandant d'armes au Texel, 798.
PEYRI, général italien, 270.
PHARAON (Elias), réfugié égyptien, 76.
PHILIPPON, général de division, 490.
PICARD, chef d'escadrons, 158.
PIOLAINE, colonel commandant d'armes, à Granville, 547.
PINTHON, adjudant commandant, 506, 543.
PIRÉ, général de brigade, 878.
PISSIN, lieutenant au 2e régiment des chasseurs des montagnes, 548.
PISTRE, major du 18e dragons, 825.
PITTALAGA, capitaine de navire marchand, 677.
PIZARD, fusilier-grenadier, 128.
PLAIDEUX, général de brigade, 775.
PLANTADE, lieutenant de l'ex-garde hollandaise, 30.
PLAUZONNE, général de brigade, 63, 195, 197, 211, 252, 253, 294, 355.

PODESTA (J.-B.), déserteur gracié, 341.
POLI, commandant d'armes du fort Saint-Ange, 139.
PONCET, général de brigade, 793.
PONIATOWSKI (Prince), 357.
PORSON, général de brigade, 259, 679.
PORTOLA, capitaine espagnol, 273, 336.
POUCHIN, général de brigade, 142, 143, 825.
POUGET, général de brigade, 483, 502, 677.
POUSSY, fusilier-grenadier, 128.
PRISYE, inspecteur aux revues, 583.
PRZYRSYCHOWSKI, colonel du 9e cuirassiers polonais, 766.
PUGET-BARBENTANE (Hilarion-Paul-François-Bienvenu DU), lieutenant-général, 7.

Q

QUANTIN, général de division, 42, 768.
QUESNEL, général de division, 10, 23, 41, 64, 79, 120, 209.
QUINETTE, général de brigade, 699.

R

RADET, général, inspecteur général de la gendarmerie, 419, 833.
RAIMOND, lieutenant au 9e d'infanterie légère, 385.
RAMEL, adjudant commandant, 438, 502.
RAPP, général de division, 121, 129, 263, 552, 696, 766, 866.
RATCLIFF, prisonnier de guerre, 336.
RAYNAL, sergent de la garde nationale de Tarn-et-Garonne, 816.
RAZOUT, général de division, 662.
REBILLY (Mme), mère d'un vélite, 29.
REGNAUD DE SAINT-JEAN-D'ANGÉLY (Comte), ministre d'Etat, président de section au Conseil d'Etat, 51.
REILLE, général de division, 20, 22, 46, 107, 244, 299, 348, 510, 516, 570, 574, 576, 588, 600, 603, 663, 753, 762, 811.
REYNAUD (Nicolas), général de brigade, 142, 338, 825.
REYNIER, général de division, 63, 191.
RICHETERRE, grenadier au 64e d'infanterie, 664.
RIGHETTI, caporal de vélites, 702.
RIGOLLOT, fusilier-grenadier, 128.
RIGOULOT, déserteur du 2e d'infanterie légère, 465.

RIVA (Ant.), capitaine suisse, 744.
RIVAUD LA RAFFINIÈRE, général de division, 320, 585, 631, 725, 784.
ROBQUIN, chef d'escadron de gendarmerie, 36.
ROEDERER, ministre secrétaire d'Etat du grand-duché de Berg, 312, 679.
ROEST VAN ALKEMADE, général de brigade, 36.
ROLLAND, colonel, 142.
ROME (Le roi de), 483, 645.
ROQUES, sous-lieutenant au 29e chasseurs, 727.
ROSETTI, chef d'escadron, 155.
ROSSI, proposé pour une sous-lieutenance d'infanterie, 406.
ROSTAN, officier-payeur au camp des vétérans, 383.
ROSTEIN, capitaine adjudant-major dans la garde, 701.
ROSTOLLAN, général de brigade, 527.
ROUFLARY, capitaine de vétérans, 583.
ROULLAND, général de brigade, 188.
ROUSSEAU, général de division, 716.
ROUSSEL D'HURBAL, général de brigade, 608.
ROUSSELET, aide de camp du maréchal Bessières, 798.
ROUSSEL, ex-général-major au service d'Autriche, 255, 529.
ROUYER (Jean-Victor), général de brigade, 663.
ROUYER (Marie-François), général de division, 4.
RUSCA, général de division, 43.
RUYTER (Fort), 214, 221, 222, 481.

S

SAINT-FLOUR (Evêque de). V. JAUBERT.
SAINT-GENIÈS, général de brigade, 878.
SAINT-HEREM-MONTMORIN, capitaine hospitalisé aux Invalides, 273.
SAINT-HILAIRE (Fort), 111, 498, 563, 580, 680.
SAINT-LAURENT, général de division, 550.
SAINT-SULPICE, général de division, 143, 144.
SAINTOU, capitaine au 34e de ligne, 76.
SALME, général de brigade, 132.
SALM-KIRBURG (Prince DE), 551, 766, 868.
SALMON, colonel, 825.
SANDICK, général de brigade, 36.
SANQUAN, capitaine d'artillerie, 76.
SARDAIGNE (Roi de), V. CHARLES-EMMANUEL II.
SAVARY, général de division, 209.
SCHAAL, général de division, 50, 309.

Schill (La bande de), 584, 655.
Schmid, soldat, 235.
Schneider (dit Lux), lieutenant de chasseurs à cheval de la légion hanovrienne, 527.
Schwanden, officier suisse, 406.
Schwartz, chef de bataillon, 689.
Schwarzenberg (Prince de), 336.
Sébastiani, général de division, 491, 622.
Ségur de Bouzéli, adjudant commandant, 386.
Sénécal, général de brigade, 258, 290.
Séras, général de division, 98, 118.
Séron, colonel du 7e dragons, 66.
Séroux, général de brigade, 825.
Serralonga (Victor), fusilier au 1er de ligne, 361.
Sévéroli, général de division, 587, 588.
Sevret, adjudant commandant, 766.
Siméon (Raphaël), page de l'ancienne cour de Toscane, 458.
Simmer, adjudant commandant, 139.
Simon, général de brigade, 464.
Simonin, adjudant commandant, 174.
Simpson (John), prisonnier anglais, 189.
Siscé, général de brigade, 744.
Sobral, employé civil retraité, 117.
Somasso, fusilier-grenadier, 128.
Sommer, adjudant-major à l'école militaire du royaume de Westphalie, 702.
Sommer (François-Joseph), commandant de l'école militaire du royaume de Westphalie, à Brunswick, 702.
Sorbier, colonel du génie, 852.
Sorbier (Jean Barthelmot) (Comte), général de division, 125, 496, 881.
Souham, général de division, 164, 436, 440, 507, 510, 570, 574, 575, 576, 594, 600, 663, 749, 774, 846.
Soult (Maréchal), duc de Dalmatie, 20, 110, 134, 194, 283, 364, 461, 489, 519, 522, 595, 623, 624, 769, 848, 849, 867, 871.
Soyez, général de brigade, 334.
Steenhaudt, colonel du 21e chasseurs, 815.
Suchet, général de division, puis maréchal, 20, 41, 44, 210, 269, 373, 414, 519, 522, 587, 588, 602, 622, 684, 707, 729, 753, 803, 849, 850.
Syberg, élève du prytanée militaire de La Flèche, 731.

T

Talhouet, chef d'escadron, 143.
Tarbé, major en second, 867.
Taskin, capitaine du génie, 728.
Tharreau, général de division, 43.
Thévenin, major des équipages militaires, 106.
Thinon, sergent-major, 733.
Thiry, général de brigade, 57, 826.
Thouvenot (Pierre), général de brigade, 79, 885.
Tilly (Delaitre-), général de division, 456.
Tisserand, chef de bataillon en retraite, 608.
Tolédo, fonctionnaire espagnol, 291.
Tousard, général de brigade, 17.
Toussaint (Georges), conscrit du département de la Moselle, 335.
Travers, général de brigade, 76.
Travot, général de division, 548.
Trifari, sous-officier au 3e bataillon de militaires étrangers, 528.
Tromelin (de), colonel du 6e régiment illyrien, 438, 620.
Tschudy, major du régiment Joseph-Napoléon, 503.
Tuffet-Saint-Martin, colonel, directeur général des manufactures d'armes, 117.

U

Ulrich, soldat suisse, 235.

V

Vachot, général de brigade, 43.
Vaillant, lieutenant du génie hollandais, 48.
Vallet, colonel hollandais, 37.
Vallin, colonel du 6e hussards, 833.
Vandaële, chef de bataillon au 18e d'infanterie légère, 439.
Vandamme, général de division, 152, 244, 291, 544, 545, 571, 626, 871.
Vanderhaegen-Mussain, auditeur au Conseil d'Etat, 16.
Vandermaësen, général de division, 417, 419, 456, 458, 461, 463, 475, 517, 543, 558, 594, 595, 599, 649, 650, 753, 902.

VANDERNOOT, lieutenant au 1er régiment de chevau-légers lanciers de la garde, 16.
VAN OMMEREN, chef de bataillon au 26e d'infanterie légère, 418.
VAN ORSCHOOT, sous-lieutenant d'infanterie, 286.
VAN SANDICK, général hollandais, 419.
VASSEROT, colonel du 17e de ligne, 36.
VAUBAN (Fort), 453.
VEERSTEEG, capitaine hollandais, 48.
VENCE, chef d'escadron, 170.
VERDIER, général de division, 55.
VERMASEN, ex-officier d'état-major hollandais, aide de camp du duc de Plaisance, 155, 156, 727, 851.
VERSET, major, 839.
VIDAL Y CORTA, officier espagnol, 336.
VILATTE, chef d'escadron, 201.
VILLANTROYS, colonel d'artillerie, 42, 737, 827, 832.
VILLARET-JOYEUSE, vice-amiral, 641.
VILLATA, général de brigade italien, 878.
VILLEMANZY, intendant général de l'armée d'Allemagne, 593.
VILLENEUVE (A. DE), sous-lieutenant surnuméraire au 8e hussards, 286.
VINCENT, colonel d'artillerie, 706.
VINTIMILLE DU LUC (Mademoiselle DE), 366.
VION (Anne-Charles), aide de camp du général Digonnet, 156.
VION, ex-lieutenant d'ouvriers pontonniers, 30.
VIVIER, général de brigade, 770.
VIVIES, général de brigade, 789.
VOËT, général de brigade, 36, 419.
VOL, fusilier-grenadier, 128.

W

WALTHER, général de division, 646.
WASDORF, officier des troupes de la confédération du Rhin, 312.
WATIER DE SAINT-ALPHONSE, général de division, 884.
WEDEL, général de brigade, 160, 284, 486.
WELLINGTON (Lord), général anglais, 7, 847.
WÉRY, ex-major du 6e hussards, 35.
WIMPFFEN, colonel du 2e régiment d'infanterie de ligne, 29.
WINTER, ex-administrateur des hôpitaux anglais en Espagne, 189.
WINTZINGERODE, ministre de Westphalie, 701.
WURTEMBERG (Roi de). V. FRÉDÉRIC II (Guillaume-Charles).
WURZBURG (Le grand-duc DE), 4.

Z

ZÉGLER, officier d'origine suisse, frère et fils du landamman d'Unterwald, 165.
ZENOWITZ, chef de bataillon au 4e d'infanterie de ligne, 73.

ERRATA

Tome II, page 567. — Au lieu de Ponio-Rostra, lire Puñon-Rostro.
Tome III, page 533. — Au lieu de Omalins-d'Halloy, lire Omalius-d'Halloy.
Tome IV, page 76. — Au lieu de Languan, lire : Sanquan. Page 583 — Au lieu de Lauge, lire : Lange.

Librairie Militaire Henri CHARLES-LAVAUZELLE
PARIS ET LIMOGES

Général ZURLINDEN, ancien ministre de la guerre. — **Hautes études de guerre**. — **Haut commandement**. — **Avancement**. — Volume in-8° de 144 pages.. 3 »

Général LAMIRAUX. — **Etude sur le fusil modèle 1886 et sur son rendement dans le tir individuel et dans le tir collectif**. — Volume in-8° de 384 pages, avec 23 croquis............................ 5 »

Général LAMIRAUX. — **Etudes pratiques de guerre**.
Tome I (4° édition). — Volume grand in-8° de 314 pages, accompagné de 20 croquis ou cartes dans le texte, broché................ 6 »
Tome II. — Volume grand in-8° de 448 pages, accompagné de 46 croquis, broché.. 8 »

Général LAMIRAUX. — **Etudes de guerre : la manœuvre de Soult** (1813-1814). — Volume grand in-8° de 482 pages, avec 15 croquis dans le texte.. 8 »

Général LALUBIN. — **Dans quelle mesure l'infanterie peut-elle compter sur l'artillerie pour appuyer son attaque ?** In-8° de 168 pages... 3 50

Général LALUBIN. — **Considérations stratégiques sur la campagne de 1800 en Italie**. — In-8° de 188 pages, avec 2 cartes hors texte..... 3 »

Général LE JOINDRE. — **Tirs de combat individuels et collectifs** (2° édition mise à jour). — Volume in-8° de 144 pages, 20 figures, broché... 3 »

Général PHILEBERT. — **En vue de la guerre**. — Volume in-18 de 140 pages.. 2 »

Général PHILEBERT. — **La 6° brigade en Tunisie**, orné d'un portrait du général, de 13 gravures et d'une carte en couleurs hors texte du théâtre des opérations. — Volume in-8° de 232 pages, broché............. 5 »

Général H. CREMER. — **Arbitrages et conventions des manœuvres**. — Brochure in-8° de 24 pages, avec 2 croquis dans le texte......... » 60

Général LUZEUX. — **Notre politique au Maroc**. — Volume in-8°. 3 50

Général LITZMANN, ancien directeur de l'Académie de guerre de Berlin. — **Thèmes tactiques et jeu de la guerre**. Contribution à l'Instruction tactique de nos officiers. Comment poser et résoudre des thèmes tactiques. Introduction à la pratique du jeu de la guerre, traduit de l'allemand par le capitaine CORTEYS, du 140° régiment d'infanterie. — Volume in-8° de 214 pages, avec 3 cartes hors texte, broché........ 5 »

Général LITZMANN, ancien directeur de l'Académie de guerre de Berlin. — **Exercices de service en campagne pour officiers**. Préparation et Direction. Critique par le Directeur. Compte rendu par les chefs de parti, traduit de l'allemand avec l'autorisation de l'auteur, par A. G. — Volume in-8° de 162 + XVI pages, avec trois croquis et une carte hors texte... 4 »

Général Albert POLLIO. — **Waterloo (1815)**, avec de nouveaux documents. Traduit de l'italien par le général GOIRAN, ancien Ministre de la guerre. Grand in-8° de 642 p., avec couverture illustrée en couleurs, 11 gravures et 5 cartes en couleurs hors texte..................... 12 »

Général DEVAUREIX. — **Souvenirs et observations sur la campagne de 1870** (armée du Rhin), depuis son départ du camp de Châlons jusqu'à la capitulation de Metz. Travail rédigé par l'auteur durant sa captivité à Lübeck, d'après ses notes personnelles prises jour par jour, comme lieutenant au 66° d'infanterie. — In-8° de 746 pages, avec appendice : siège de Paris contre la Commune, broché............................. 7 50

www.ingramcontent.com/pod-product-compliance
Lightning Source LLC
Chambersburg PA
CBHW071228300426
44116CB00008B/954